지속가능한 도시발전과 CPTED

환경설계와
범죄예방

최선우

박영사

서문

PREFACE

범죄는 인간의 사회적 상호작용과정에서 나타나는 자연스러운 결과물 가운데 하나로서, 어느 시대와 장소를 막론하고 일정수준 존재한다고 본다. 따라서 범죄문제를 근원적으로 해결하는 것은 불가능한 일이며, 가능하다면 이를 최소화 할 수 있는 대응방법을 모색하는 것이 관건이라고 할 수 있다.

이러한 범죄대응전략 가운데 하나로서 최근 '환경설계에 의한 범죄예방'(CPTED: Crime Prevention Through Environmental Design)은 많은 관심과 연구의 대상이 되고 있다. 인간의 행동이라는 것은 개인적 특성·성향에 따른 정도의 차이가 있을 뿐 본질적으로 환경의 영향을 받기 때문에 이에 대한 어떠한 변화 내지 개선이 이루어진다면, 범죄를 저지르고자 하는 개인의 의욕이나 기회를 일정부분 통제할 수 있다는 논리이다. 그러나 환경에 대한 개인의 지각·인식, 그리고 반응·행태는 각기 다르기 때문에 환경설계를 통해서 범죄와 같은 부정적인 인간행동을 일률적으로 억제한다는 것은 쉬운 일이 아니라고 본다.

한편, 도시(都市)는 이러한 환경을 거시적으로 형성하는 기본적인 틀이라 할 수 있다. 지난 19세기~20세기는 산업화·과학화에 따른 근대도시화가 급속하게 이루어진 변화의 시기라 할 수 있으며, 따라서 대부분의 인간 삶은 이러한 도시에 기반을 두고 있다고 볼 수 있다. 그러나 이러한 도시화에 따른 편리성과 물질적 풍요로움 이면에 경제적 빈곤, 환경오염, 사회적 양극화 문제 등은 더욱 노정되고 있는 것이 현실이다. 어떻게 보면, 범죄의 양적·질적 심화는 이의 결과물이라고 할 수 있다. 이로 인해 그 동안 '지속가능한 도시발전'(SUD: Sustainable Urban Development)이 중요한 화두(話頭)가 되어 활발하게 논의되고 있음은 주지의 사실이다.

따라서 이 책에서는 도시의 환경설계를 통해서 범죄를 일정부분 예방하기 위한 전략으로서 거시적으로 지속가능한 도시발전 개념을 토대로 도시의 발전 상태를 진단하고, 중시적·미시적으로 CPTED를 적용하고자 하였다. 그러나 양자의 개념정의 및 접근방법이 다소 추상적이고, 또 양자의 적절한 상호결합 내지 연계가 결코 쉽지가 않다는 것을 깨닫기까지는 그리 오랜 시간이 필요하지 않았다. 따라서 한국연구재단의 지원(2014~2016)을 받아 이 연구를 진행하고, 이제야 그 성과를 내놓게 되었지만, 여전히 부족한 마음을 감출 수가 없다. 후속연구를 통해서 부족한 부분을 최대한 보완·수정하고자 하는 마음뿐이다.

서문

PREFACE

이 책을 발간하는데 많은 격려와 도움을 주신 분들께 감사의 마음을 전하고자 한다. 특히, 우리대학 동료교수인 김경태교수님, 대구한의대학교 박동균교수님께 감사의 마음을 전한다. 그리고 원고교정에 많은 도움을 준 류채형박사에게도 감사의 마음을 전한다. 그리고 부족한 이 책을 발간하는데 물심양면으로 도와준 박영사 이영조 차장님에게도 감사의 마음을 전한다. 끝으로, 이 책의 발간기쁨을 사랑하는 가족과 함께 하고자 한다. 항상 미안함과 고마움이 교차한다. 좋은 인연에 감사할 따름이다.

2020년 새해
진월동 연구실에서 최선우 씀

차례

CONTENTS

CHAPTER

04

범죄현상의
분석

CHAPTER
05

범죄원인의
이해

CHAPTER
08

물리적
환경의
규모와
인간의 행동

CHAPTER
09

CPTED의
제도화

CHAPTER

12

결 론

Chapter **01**

서 론

CHAPTER 01 서 론

SECTION 01 **현대도시의 안전과 인간의 삶**

1. 범죄 등 무질서 문제

　도연명(陶淵明, 365~427)의 『도화원기(桃花源記)』에 나오는 무릉도원(武陵桃源)이나 토머스 모어 (Thomas More, 1478~1535)의 『유토피아(Utopia, 1516)』와 같은 평화롭고 이상적인 사회가 세상이 존재할 수 있는가?[1] 그러나 불행하게도 동서고금을 막론하고 수많은 사람들은 범죄와 전쟁, 빈부의 격차, 빈곤과 질병 등의 문제를 직·간접적으로 경험하고 있는 것이 현실이다. 그동안 국가와 사회는 이러한 문제를 해결하고자 노력하여 왔으나 여전히 해결의 실마리는 보이지 않고 있다.

　생각건대, 인간은 인간 자신이 외부 여건에 좌우되는 무기력한 존재이기 보다는 어떤 일을 발생케 하고 그 결과를 주도하는 주체적인 존재가 되기를 원한다고 본다.[2] 이러한 동기가 바로 '환경에 대한 통제의 욕구'이다. 어떻게 본다면, 환경에 대한 통제의 욕구는 다른 모든 욕구들의 근간(根幹)이 된다고 볼 수 있다.

　만약 우리에게 환경에 대한 통제 능력이 결여된다면, 어떤 다른 욕구도 충족시키기 어려울 것이다. 반대로 우리가 우리에게 주어진 환경을 적절하게 통제할 수만 있다면, 모든 상황을 자신의

---

[1] 마르크스주의(Marx主義)자들은 인류의 역사라는 것은 '생산관계의 모순'에 저항하는 프롤레타리아의 계급투쟁에 의해 결국은 사회주의의 형태로 발전해간다고 주장하였다. 이에 따라 인간이 유토피아를 꿈꾸는 것을 경원시하고 있다. 즉, 마르크스는 애덤 스미스(Adam Smith)의 '보이지 않는 손'(Invisible Hands)이 제시하는 유토피아를 거부하기 위해 노력하였고, 그 어떤 유토피아에 대한 논의도 마찬가지로 철저하게 배격하였다. 그러나 하비(D. Harvey)는 『희망의 공간』에서 좌파들이 유토피아에 대한 모든 논의를 폐기하는 것은 그리 적절하지 않다고 하면서, 그 이유로 유토피아에 대한 희망 없이 우리의 삶을 항해하는 것을 원하지는 않기 때문이라고 하였다. D. Harvey/최병두·이상률·박규태 역(2001), 희망의 공간, 서울: 한울, pp. 258~259.; 김용창(2011), "새로운 도시발전 패러다임 특징과 성장편익 공유형 도시발전 전략의 구성", 공간과 사회 21(1), p. 106 재인용.
[2] Stuart Miller & Judith K. Schlitt/류효창 역(2000), 실내디자인과 환경심리, 경기: 유림문화사, pp. 20~21.

목적에 따라 조절할 수 있게 된다. 따라서 환경에 대한 통제 목적은 우리의 삶을 좀 더 안전하고, 쾌적하고, 풍요롭게 해준다고 볼 수 있다.[3] 그러나 사람들은 환경에 대한 통제가 쉽지 않거나 불가능한 상황에서 살아가고 있는 것이 현실이다.

주지하는 바와 같이 지난 19~20세기는 산업화·도시화·과학화·정보화의 진전이 급속하게 이루어진 변화의 시기였으며, 이데올로기의 양극화 및 붕괴가 진행되는 과정 속에서 민주주의가 보편적 국가이념으로 자리 잡은 시기였다고 볼 수 있다. 그러나 역사 이래로 동시대와 같이 범죄와 무질서(광의적으로는 전쟁과 각종 사회적 일탈을 포함)가 심각하게 대두된 적이 또한 없었다.[4] 범죄와 무질서의 심화는 21세기를 낙관적으로 바라보면서도 한편으로는 부정적이고 불확실하게 바라보게 하는 요인이 되고 있다.

오늘날 전세계에서 가장 선진국이라 할 수 있는 미국의 예를 든다면, 1990년대 후반에 이르러 이전보다 범죄통제에 대한 국가적 노력(예산상의 지원 등)을 훨씬 많이 하고 있으나 100만 명이 넘는 범죄자들이 교정기관에 수용되어 있으며, 여전히 범죄문제는 해결될 기미를 보이지 않고 오히려 악화되고 있는 실정이다.[5] 이는 우리나라도 마찬가지이다. 개개인이 통제할 수 없는 수많은 범죄가 우리 사회 곳곳에서 발생하고 있으며, 그 수준은 이미 심각한 수준이라고 볼 수 있다. 따라서 범죄에 소요되는 사회적 비용 역시 상상을 초월하는 수준이다.[6]

사실, 과거와 비교해 볼 때, 우리는 물질적으로 보다 풍요로운 사회에 살고 있다고 볼 수 있다. 그러나 공공부문과 민간부문에서 제공하는 재화와 서비스의 수요와 공급에 있어서 '사회적 균형'(社會的 均衡, Social Balance) 또는 '형평성'이 갈수록 붕괴되는 것은 아닌가 하는 위기감을 느끼게 하고 있다. 과거에는 형사절차상 피의자 또는 피고인의 지위에서 흔히들 '유전무죄 무전유죄'(有錢無罪 無錢有罪)를 언급하고 하였으나, 이제는 범죄피해자의 지위에서 '유전무피 무전유피'(有錢無被 無錢有被)를 말하는 상황이 되고 있다. 돈 없는 자가 범죄피해를 더 당하고, 돈 있는 자는 안전한 곳에 사는 것이 아닌가 하는 의문이 드는 까닭이다.[7]

---

3 최선우(2016), "방어공간의 영역성 연구", 경찰학논총 12(1), p. 108.

4 Eric Hobsbawm(2008), Globalisation, Democracy and Terrorism, London: Abacus, p. 15.

5 Samuel Walker(1998), Popular Justice: A History of American Criminal Justice, NY: Oxford University Press, p. 1.

6 이와 관련하여 한국형사정책연구원의 한 연구에 의하면, 2008년 기준 국내 17개 유형의 범죄에 대한 사회적 비용(Social Cost)이 약 158조에 이르고 있는 것으로 나타났다. 2008년 우리나라 국내총생산(GDP: Gross Domestic Product)이 977.8조 원이므로, 범죄의 사회적 비용이 GDP의 약 16.2%에 해당됨을 알 수 있다. 또한 2008년 우리나라 총인구가 4,861만 명이므로, 국민 1인당 약 326.5만 원을 범죄의 사회적 비용으로 부담하였음을 알 수 있다. 박경래 외(2010), 범죄 및 형사정책에 대한 법경제학적 접근Ⅱ: 범죄의 사회적 비용추세, 한국형사정책연구원.; 박준휘 외(2014), 셉테드(CPTED)이론과 실무(Ⅰ), 한국형사정책연구원, p. 5 재인용.

7 위의 책, p. 5.

이처럼 저소득 계층 또는 저소득 지역에 범죄피해 및 발생의 위험이 더 높은 상황에서,[8] 더 이상 공식적인 형사사법기관의 종래와 같은 대응방식에만 의존하는 것은 한계가 있음을 알 수 있다. 더욱이 민간경비(Private Security)산업의 발달로 소득수준이 높은 계층은 국가차원의 보호뿐만 아니라 스스로가 사적으로 비용을 부담하여 안전관련 서비스를 이용하는 것이 증가하는 추세에 있다.

거시적인 차원에서 볼 때, 범죄와 무질서 등의 문제는 도시(都市)와 밀접한 관련성을 가지고 있다고 볼 수 있다. 범죄문제의 약 90% 이상은 모두 도시(대도시, 중·소도시)에서 발생하고 있기 때문이다. 주지하는 바와 같이, 오늘날의 도시 형태는 근대국가(近代國家) 등장 이후 형성된 근대도시화모델에 기반을 두고 있다고 볼 수 있다. 따라서 오늘날의 도시에 내재하는 범죄문제를 진단하고, 그에 대한 대책을 강구하기 위해서는 거시적인 관점에서 근대도시가 어떠한 특징과 한계를 가지고 있는지를 살펴볼 필요가 있다고 본다.

2. 근대도시화모델의 발전과 한계

근대도시화모델은 19세기 후반 산업혁명(産業革命)에 따른 급속한 도시성장, 도시생활의 혼란(범죄 등)과 무질서, 도시위생불량 등의 문제에 대응하기 위해 등장한 것이라 할 수 있다고 볼 수 있다. 이러한 근대도시화모델은 출발단계부터 기술적 요소와 이데올로기적 요소의 영향을 크게 받았다. 기술적 측면에서는 산업화·공업화에 의해 야기된 부정적 외부성(外部性)을 개선하기 위한 것이었고, 이데올로기적 측면에서는 국가 또는 지배계급의 정치적 목적 달성을 위한 수단이었다.[9]

그런데, 자본주의의 발전과 더불어 등장한 근대도시화모델인 만큼 자본주의가 드러내는 문제에 상응하는 많은 문제점을 드러내고 있다. 즉, 근대도시화모델은 급속한 도시화와 그에 상응하는 사회적 약자들을 양산하면서도 이들을 도시에 적절하게 수용하는데 한계를 드러냈고, 사회공간적 요소의 배재는 더욱 심화되었던 것이다. 이러한 문제로 인해 근대도시화모델은 21세기 도시들이 직

---

8 2006년 한국형사정책연구원이 범죄피해자 492명을 대상으로 조사한 결과, 응답자의 62.8%가 가구소득 200만 원 이하인 것으로 나타났으며, 주관적으로 자신의 지위를 평가하라고 하였을 때, 98%의 응답자가 자신의 가족이 중간층도 되지 않는다고 답변하였다. 또 2012년 한국형사정책연구원이 서울과 경기 지역을 중심으로 한 조사에서는 상대적으로 저소득지역의 범죄발생 위험성이 그렇지 않은 곳보다 20%이상 높은 것으로 분석되었다. 위의 책, pp. 5~6 재인용.

9 UN−HABITAT(2009), Planning Sustainable Cities: Global Report on Human Settlements(2009), p. 49.; 김용창(2011), 앞의 논문, p. 106 재인용.; 고대 도시국가(都市國家)의 형태를 보면, 무질서한 주거형태를 통제하고, 외부의 침입에 대비하는 형태를 갖추고 있음을 알 수 있다. 또 중세초기의 유럽의 도시 역시 외부의 침입에 대한 방어체계의 구축(성벽 등)은 매우 중요한 의미를 가졌다. 즉, 봉건영주인 지배계층의 정치권력의 유지와 농노들의 안전보장이라는 공동이익을 위한 새로운 결속 형성된 것이다. 대한국토·도시계획학회 편(2012), 서양도시계획사, 서울: 보성각, p. 103.

면하고 있는 많은 문제점에 적절하게 대응하는데 실패했다는 비판을 받고 있다.[10]

특히, 현대도시가 경제성장 일변도의 논리와 지나치게 밀접하게 연계되면서 인간적·자연적 적합성(人間的·自然的 適合性)을 잃어버리는 상황에까지 이르면서 과연 이러한 도시변화가 인간과 자연관계, 인간과 인간관계의 미래를 지속적으로 보장할 수 있는가에 대한 회의가 일고 있다.[11] 예컨대, 교외지역의 무분별한 확산과 몰장소성(沒場所性), 중심도시의 쇠퇴, 커뮤니티(Community) 내의 소득계층별 분리현상의 증가, 맞벌이 경제체제 안에서의 베드타운(Bed Town)화와 자녀 양육문제, 그리고 모든 일상생활에서 자동차를 사용하지 않으면 안 되도록 설계된 도시구조하의 지역연대기반의 약화 등은 이의 결과물이라고 할 수 있다.[12]

🔺 현대도시와 익명성

인류의 역사 차원에서 볼 때, 현대도시는 엄청난 성취일 것이다. 인류역사를 통틀어 도시가 이렇게 고밀화·집약화 되고, 빠르게 성장·발전하는 경우는 찾아보기 어렵다. 이는 정치적·경제적·사회문화적으로 안정되어 있어야 가능할 뿐만 아니라 기술적으로도 각종 상하수도 시스템, 전기시스템, 교통시스템 등이 받쳐주기 때문에 가능한 일이다. 이러한 점에서 현대도시는 인류 문명의 성취를 보여주는 결과물이라 할 수 있다.

그러나 현대도시의 비약적인 발전과 성과 뒤에는 어두운 그림자도 함께 만들어졌다. 예컨대, 거대한 산업자본에 힘입어 도시내에 건축할 수 있는 건물의 크기도 점점 커져 갔으나, 인간의 크기는 그대로이니 우리는 상대적으로 스케일(scale) 면에서 점점 위축되고, 소외감을 느끼고 있다. 그리고 교통수단은 점점 더 빨라지는데 인간의 걸음걸이나 달리는 속도는 그대로이기 때문에 육체적인 한계를 더욱 실감하게 된다. 도시발전 속도에 인간이 따라가지 못하는 까닭이다. 물론, 높은 아파트에 살거나 자동차를 이용한다면, 그 순간만큼은 만족감을 느낄 수 있지만, 일시적일 뿐이다.

한편, 과학기술과 사회경제시스템이 점점 발달할수록 모든 사람들은 대체가능한 존재가 되어 가고 있다. 어떠한 분야의 전문가도 분업화와 과학기술 앞에서는 무용지물이다. 인간이 인간을 대체하고, 기계가 인간을 대체함으로써 인간은 점점 소립자(素粒子)가 되어가고 있는 셈이다. 하나의 기계처럼 잘 돌아가는 도시시스템 내에서 인간은 소외될 수밖에 없다. 일찍이 리스먼(D. Riesman, 1909~2002)이 저술한『고독한 군중』(the Lonely Crowd, 1950)에서 전통지향사회, 내부지향사회, 그리고 타인지향사회로 변화되는 과정에서 사회경제적 계층회, 가치갈등, 인간소외와 고독, 그리고 인간관계의 단절 등의 현상을 지적한 바 있다. 그리고 이로 인한 범죄 등을 비롯한 수많은 사회적 일탈(社會的 逸脫)이

---

10 김용창(2011), 앞의 논문, p. 106.

11 위의 논문, p. 106.

12 뉴어바니즘협회/안건혁·온영태 역(2003), 뉴어바니즘 헌장: 지역, 근린주구·지구·회랑, 블록·가로·건물, 서울: 한울, p. 1.

노정되고 있는 것은 주지의 사실이다.

물론, 이러한 현대도시의 특징이 전적으로 부정적이지만은 않다. 도시의 규모가 커질수록 인간은 소외되지만 동시에 익명성(匿名性, anonymity)에 따른 자유를 얻기도 한다. 과거 1차산업 중심의 농경사회에서는 한 사람이 태어나서 죽을 때까지 반경 10km를 벗어나지 않았다고 한다. 그러다 보니 마을 사람들은 서로 다 아는 사이였다. 이러한 작은 마을에서는 일거수일투족을 감시당하고, 때에 따라서는 좋지 못한 소문의 주인공이 되기도 하였다. 반면, 오늘날의 도시민들은 어디를 가든 내가 모르고 나를 모르는 사람들에 둘러싸여 있다.

그래서 우리가 해외여행을 가서 느끼는 그러한 편안함이 일상 속에 있는 것이 사실이다. 누군가는 이러한 모습을 '군중 속의 외로움'이라고 했지만, 사실, 이는 '군중 속의 자유'이기도 하다. 1980년대에 사람들이 아파트로 이사를 갔던 큰 이유 가운데 하나는 주부가 출입문을 잠그고 외출하는 것이 가능했기 때문이다. 이는 내가 집에 있으나 없으나 무슨 일을 하든지 주변인들이 간섭하지 않는 자유를 가졌다는 뜻이다. 그것이 우리의 도시생활이다.

출처: 유현준(2018), 어디에 살 것인가: 우리가 살고 싶은 곳의 기준을 바꾸다, 서울: 을유문화사, pp. 117~118.

따라서 미래가 아닌 허황된 현재 직면한 이익을 약속하는 것이 유일한 대안이 되어버린 오늘날의 도시발전 체제에 대한 대안이 모색되고 있다. 이에 따라 경제성장 중심의 도시발전 패러다임을 바꾸어보자는 논의가 활발하게 이루어지고 있고, 대안적 발전모델들이 다양하게 나오고 있다.[13]

근대도시화모델은 19세기 유럽의 도시계획, 통상 종합계획(Master Planning) 또는 근대주의 도시계획(Modernist Urban Planning)이라 부르는 시대적 조류의 연장선에 있다고 볼 수 있다. 이러한 모델의 확산은 식민주의, 시장확장 및 전문지식교류 등의 메커니즘을 통하여 이루어졌으며, 전문가단체와 개발관련 국제기구 역시 중요한 역할을 수행하였다. 그러나 이러한 도시화모델의 확산은 '좋은 계획사상'의 확산과 수입이라는 관점보다는 종종 정치적·인종적 또는 민족적·계급적 지배 및 배제를 목적으로 수입하기도 하였다. 이러한 경우 지배계급의 이데올로기를 강화하는 수단으로서 도시발전모델이 기능한다는 것이다.[14]

우리가 흔히 말하는 대도시와 대도시 생활은 제2차 세계대전 이후 자본주의 역사에서 가장 안

---

13 김용창(2011), 앞의 논문, p. 107.
14 예컨대, 중산층 이상의 집단들이 자신들의 부동산가격을 유지 또는 높이기 위해 저소득 집단이나 소수 인종집단을 자신들의 거주지에서 배제하는 방법으로 다양한 도시계획 기법이나 토지이용 규제 장치를 활용하는 사례(예컨대, 외부인의 출입이 통제된 형식(Gated Community)의 타워팰리스 또는 전원주택 등)는 대부분의 도시에서 흔히 볼 수 있다. 위의 논문, pp. 107~108.

정적으로 번영하였던 이른바 '포디즘'(Fordism)[15] 시대의 도시발전 형태라고 할 수 있다. 따라서 현대 도시위기는 주로 세계대전 전후 대량생산, 대량소비체제에 토대를 두고 있는 도시개발 패러다임의 위기를 주로 지칭하는 것이다.[16]

카스텔(Castells) 등은 지금까지의 이러한 전후 도시화모델 즉, 거대도시와 교외지역 성장을 거대한 금융사기시스템에 근거를 둔 발전체제였다고 신랄하게 비판하고 있다. 현대도시는 거대한 폰지사기(Ponzi Scheme)시스템을 토대로 발전한 것이고, 개발업자와 은행의 이윤, 그리고 토건업자, 건축업자, 대출브로커, 대금업자, 부동산중개인, 주택거래자의 이윤만을 약속하는 개발체제일 뿐이라는 것이다. 그리고 제이콥스(Jacobs)는 '아무런 감각이 없는 거대한 황폐공간'(greater blight of dullness)만을 양산하는 발전 체제라고 비판하였다.[17]

이처럼 현대 거대도시는 많은 만성적 병폐를 노정시키고 있는데, 이러한 문제를 크게 공간효율성, 생활양식, 환경영향의 측면에서 살펴볼 수 있을 것이다.[18]

먼저, 공간이용 효율성 측면의 병폐는 자본축적 중심의 공간생산체제가 주기적으로 공황을 낳거나 강제적인 도시생애주기의 단축을 가져오면서 자원 및 공간이용의 비효율성을 증대시켰다는 점이다. 그리고 개인공간의 극대화, 특색 없는 표준 공간의 생산과 과도한 경쟁논리의 지배는 공간생산의 무정부성, 과잉생산과 과소이용의 병존이라는 모순된 상황을 낳고 있다.

둘째, 생활양식측면에서는 개인 이동중심의 도시구조와 거대자본의 개입증가에 따른 거주 지역에 대한 주민통제의 감소, 장소성의 소멸로 인한 문화적 다양성의 퇴보, 소비고객으로서의 위상만을 강조하는 이데올로기에 따라 평생 부채를 짊어지는 생활양식의 양산이 현대 도시생활의 또 다른 병폐라 할 수 있다.

셋째, 환경적 측면의 병폐로는 개별자본 중심의 개발이윤을 극대화하려는 도시개발 방식 때문

---

15 포디즘(Fordism) 또는 포드주의란 조립라인 및 연속공정 기술을 이용한 표준화된 제품의 대량 생산과 대량 소비의 축적체제를 일컫는 말이다. 이것은 제2차 대전 후의 싸고 풍부한 석유와 에너지에 기초한 것으로서, 에너지를 많이 소모하는 속성을 지닌다. 포디즘에 의한 대량 생산은 곧 에너지, 자원의 고갈과 대량의 산업폐기물을 가져왔고, 또 대량 소비는 생활폐기물의 엄청난 증가로 이어져 결국 에너지 및 생태환경의 위기가 자본주의 핵심적 위기의 하나로 나타나고 있는 것이다. 포드주의 생산기술은 자연을 무한으로 착취한 나머지 새로운 기술에 대한 사회의 혐오감을 증대시켰다. 따라서 이 사회적 저항을 극복하기 위한 새로운 기술발전은 자연 훼손 및 자연자원의 한계를 뛰어넘는 것이어야 한다. 자연을 보호하지 않고 진행되는 과도한 경제성장에 대한 저항은 환경보호운동에서 표현된다. 따라서 이 문제는 장기적 호황을 추진하기 위한, 넘어야 될 또 하나의 한계이다.

16 김용창(2011), 앞의 논문, p. 110.

17 L. Burkhalter and M. Castells(2009), "Beyond the Crisis: Toward a New Urban Paradigm", in Lei Qu. et al.(eds) The New Urban Question: Urbanism Beyond Neo-Liberalism, International Forum on Urbanism, pp. 21~43.; 김용창(2011), 앞의 논문, p. 111 재인용.

18 이하 위의 논문, pp. 111~112 재인용.

에 자연환경에 대한 파괴가 커지고, 에너지 과소비형 개발이 만연하며, 도시전체적인 연관성 없는 고립적인 독불장군식의 공간생산으로 자연적·사회적 재난은 오히려 커지는 문제를 들 수 있다.

이와 같은 도시의 역기능으로 인해 개인과 개인, 개인과 집단 상호간의 수많은 갈등이 표출되고 있으며 특히, '범죄문제'는 도시화가 진전될수록 양적·질적으로 심화되고 있는 것이 사실이다. 이로 인해 시민들은 자신들의 삶이 범죄로부터 더 이상 안전하지 못하다는 생각을 하고 있으며, 따라서 범죄의 두려움은 더욱 증대되고 있는 것이 현실이다. 범죄문제는 주거지역과 직장, 길거리에 이르기까지 도시 곳곳에 항상 잠재되어 있는 것이다.[19]

SECTION 02 | 이 책의 접근방법

범죄는 인간의 사회적 상호작용과정에서 나타나는 필연적인 현상으로서 동서고금을 막론하고 상존하고 있다고 볼 수 있다. 그렇다면, 오늘날과 같이 도시화된 우리 사회에서 범죄문제가 심각한 수준에 이르고 있는 것은 무슨 까닭인가? 그리고 이러한 범죄문제를 예방 또는 감소시킬 수 있는 방법은 무엇인가?

위에서 범죄문제는 거시적·근본적으로 근대도시화모델이 안고 있는 한계와 밀접한 관련성이 있음을 언급한 바 있다. 즉, 범죄라는 것은 결국 도시환경(都市環境) 속에서 발생한 것이며, 따라서 도시환경에 대한 적절한 진단과 분석, 그리고 그에 상응하는 적절한 대안이 개발되어야 한다고 본다.

최근 범죄문제에 대한 형사정책적 대응전략 가운데 하나로서 '환경설계를 통한 범죄예방'(CPTED: Crime Prevention Through Environmental Design)은 많은 관심과 연구가 이루어지고 있다. 물리적 환경개선을 통한 영역성 강화(1세대 CPTED)와 사회적 응집력 강화(2세대 CPTED) 등을 핵심 요소로 삼고 있는 CPTED의 전략적 접근은 우리의 삶의 공간 즉, '도시'(都市)를 바탕으로 한 것이다.

그런데, 각각의 도시가 가지고 있는 고유한 정치·경제·사회문화적 특성을 체계적으로 분석하지 못하고 피상적으로 어떠한 시설 또는 장소에 CPTED를 적용하는 것은 소기의 성과를 거두기가 어렵다고 본다. 도시라는 것은 그 자체가 일정한 환경과 경계(境界)를 가지고 있는 하나의 생태계(生態界, Ecosystem)로서 저마다 일정한 특징과 주기(週期)를 가지고 성장·발전·소멸하기 때

---

19 Randall I. Atlas,(ed.)(2013), 21st Century Security and CPTED: Design for Critical Infrastructure Protection and Crime Prevention, N.Y.: CRC Press, p. 402.

문이다. 또 도시의 구성요소인 수많은 시설들(주거시설, 상업시설, 교육시설, 공공시설, 대중교통시설, 판매시설, 여가시설 등) 역시 각각의 특징을 가지고 있기 마련이다. 이는 도시에 대한 전체적 접근과 각 구성요소들에 대한 개별적 접근이 통합적·종합적, 그리고 유기적으로 이루어져야 한다는 것을 의미한다.

따라서 이 글에서는 다음과 같은 관점에서 접근하고자 한다. 먼저, 거시적인 관점에서 근대도시발전모델을 한계를 극복 또는 개선할 수 있는 하나의 대안으로 등장한 '지속가능한 도시발전'(SUD: Sustainable Urban Development)개념을 바탕으로 도시의 발전모델을 제시하고자 한다.[20]

그리고 지속가능한 도시발전의 핵심요소(경제, 환경, 사회) 중에서 특히, '사회적 지속가능성'에 초점을 두고자 한다. 사회적 지속가능성은 인간의 '삶의 질', 예컨대, 안전성(安全性: 범죄 및 무질서 등으로부터 자유로운 상태의 확보·유지) 등과 밀접한 관련성을 갖기 때문이다.[21]

다음으로 중시적·미시적 관점에서 CPTED관점에서 보다 구체적으로 범죄를 예방할 수 있는 방법(도시재설계, 시설 등 물리적 환경개선, 관련법 마련, 사회유대강화 등)을 모색하고자 한다. CPTED는 그동안 경찰학, 범죄학 등 관련영역에서 적지 않게 논의되어 왔음은 주지의 사실이다. 종래의 '1세대 CPTED'가 미시적 관점에서 구체적 물리적 환경개선 차원에서 접근한 것이라면, 새롭게 논의되고 있는 '2세대 CPTED'는 중시적 관점에서 지역사회 유대감 강화 차원에서 접근한 것이라 할 수 있다.[22] 이를 도식화 하면 아래 그림과 같이 나타낼 수 있을 것이다.

---

20 지속가능한 도시발전을 위한 하나의 방법으로 뉴어바니즘(New Urbanism)을 들 수 있다. 뉴어바니즘은 현대도시가 겪어온 여러 가지 문제점들을 해결하기 위하여 도시중심을 복원하고, 확산하는 교외를 재구성하며, 파괴적인 개발행위를 계속하려는 정책과 관행을 바꾸려는 운동에서 비롯된 것이다. 이는 신전통주의(Neo Traditional Planning)운동에 그 기반을 두고 있는데, 단순히 전통으로의 회귀가 아닌 현대적 삶을 수용하면서도 도시민들의 삶의 질을 높이고 교외화 현상이 시작되기 이전의 인간적인 척도를 지닌 근린주구(近隣住區, Neighborhood Unit)가 중심인 도시로 회귀하자는 것이다. 최근, 국가차원에서 범죄감소를 위한 몇 가지 혁신적인 대안들은 뉴어바니즘이 제안하는 내용의 일부와 적지 않은 유사점을 가지고 있다. 뉴어바니즘협회/안건혁·온영태 역(2003), 앞의 책, p. 8.; 대한국토·도시계획학회 편(2012), 앞의 책, pp. 483~484, 530~533.

21 지속가능한 도시발전에서 의미하는 환경적인 요소는 말 그대로 '자연환경'(Natural Environment)과 관련된 것이다. 따라서 CPTED에서 의미하는 '범죄예방차원의 환경'과는 개념적으로 다소 차이가 있다. 다만, 지속가능한 도시발전에서 의미하는 환경적 요인 역시 도시위생과 관련된 것이며, 이는 도시에서 생활하는 인간의 사회적 지속가능성(쾌적하고 자연친화적인 환경을 통한 평온함과 이를 통한 인간의 순화(純化) 가능성, 그리고 더 나아가 인간의 범죄성 억제 가능성 등)과도 밀접한 관련성을 가지고 있다고 본다.

22 사회문화적 차원의 개선과 공동체의식의 회복을 위한 노력이 병행되어야 한다는 '제2세대 CPTED'는 특히, 뉴어바니즘과 밀접한 관련성을 갖는다고 볼 수 있다. 김연수(2013), "도시재생사업과 범죄예방: 도시재생사업과 CPTED, 무질서, 그리고 범죄두려움의 관계를 중심으로", 한국경찰학회보 15(5), pp. 23~59.; Randall Ⅰ. Atlas(ed.)(2013), op. cit., pp. 91~106, pp. 401~409.

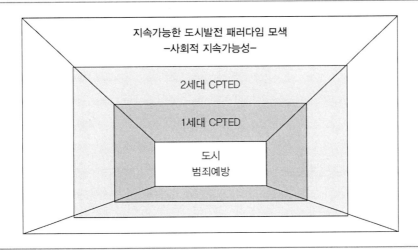

이와 같이 도시의 환경설계에 의한 범죄예방을 모색하고자 하는 것은 경찰·검찰·법원·교정기관 등 형사사법기관의 한계와 밀접한 관련이 있다. 주지하는 바와 같이 형사사법기관은 본질적으로 예방적 차원에서 조직이 운영되기보다는 사후대응 즉, 이미 발생한 범죄에 대응하는 것을 기본으로 하고 있다.

물론, 형사사법기관의 적절한 역할을 통해 고전주의 관점에서 말하는 범죄에 대한 일반예방(一般豫防)의 효과도 전혀 없는 것은 아니지만, 이러한 접근방법 자체의 한계(즉, 범죄 및 처벌관련 정확성·적시성·엄격성 구현의 한계)는 불가피한 것이며, 또 이미 발생한 범죄에 초점을 두고 접근하는 방식은 본질적인 한계(원상회복 불가능 등)가 있기 때문에 '범죄예방'의 실효성을 크게 기대하는 것은 어려운 일이다.

또 형사사법기관은 이미 발생한 범죄에 대한 대응만으로도 과중한 업무부담에 시달리고 있다. 그리고 이들 기관들은 예산의 대부분이 인건비로 지출되고 있으며, 범죄예방을 위한 사업 또는 프로그램 운용은 극히 낮은 상황이다.

사실, 근대국가 성립이후 국방, 외교 등과 함께 범죄관련 치안서비스는 국가차원에서 제공하는 순수공공재의 영역으로 인식되었다. 그러나 방어공간(防禦空間, Defensible Space)의 관점에서 볼 때, 국가가 관여할 수 있는 영역은 제한되어 있고, 또 범죄라는 것은 다양한 사회적 상호작용의 결과물이기 때문에 단순히 공식적 형사사법기관을 중심으로 대응하는 것도 한계가 있다는 점은 이론의 여지가 없다고 본다. 따라서 치안활동에 있어서 공식적 형사사법기관 뿐만이 아닌 공적·사적 영역을 포함하는 다양한 주체(조직과 집단, 개인 등)들이 적극적으로 참여하지 않으면 안 되는 상황에 많은 이들이 공감하고 있다.

이러한 상황에서 범죄자 개개인에 초점을 둔 것이 아닌 도시의 환경설계라는 거시적인 관점에서 지역사회 내의 물리적 환경을 개선하고 유관기관 및 주민과의 유기적인 상호작용을 통해서 범죄문제에 대응하고자 하는 노력은 역사적 필연성을 가지고 있다고 본다.

Chapter **02**

지속가능한 도시발전 패러다임

CHAPTER 02 지속가능한 도시발전 패러다임

SECTION 01 도시발전의 의의

1. 도시의 형성과 발전

도시(都市, City)라는 것은 '일정한 사람이 모여 사는 취락 가운데서 특히 그 규모가 크고, 일정한 지역의 정치·경제·문화의 중심이 되는 곳'을 말한다. 이러한 도시발생에 관한 기존의 정설은 수렵채집의 시기가 지나고 농업이 시작되면서 사람들이 한 곳에 머물러 살게 되어 만들어 졌다고 보고 있다. 즉, 정착생활이 도시의 전제조건이라는 가설이 오랫동안 유지되어 왔던 것이다.[1]

그러나 괴베클리 테페(Gobekli Tepe, 터키와 시리아의 경계지역) 유적의 발견으로 정착생활과 도시의 형성 및 발전 사이의 관계가 재검토되고 있는 것도 사실이다. 괴베클리 테페는 일종의 종교적인 건축물로써, 이를 건설하기 위해 많은 사람들이 한곳에 일정기간 동안 생활[의식주]하는 것이 필요했다는 것이다. 즉, 농업[정착생활]으로 사람들이 한곳에 모여 살면서 건축이 시작된 것이 아니라, 건축을 하기 위해서 농업이 이루어진 것이다.[2]

이러한 점에서 어떠한 도시를 이해하는데 있어서 관련 집단 내지 구성원들의 종교(宗敎)와 문화(文化)를 이해하는 것은 매우 중요한 일이다(이에 대해서는 제7장 SECTION 01에서 살펴보기로 한다). 이는

---

1 유현준(2018), 어디에 살 것인가: 우리가 살고 싶은 곳의 기준을 바꾸다, 서울: 을유문화사, pp. 7~8.
2 괴베클리 테페 유적은 기존 인류 역사 내지 도시발전 역사를 뒤집는 새로운 것이라 할 수 있다. 괴베클리 테페는 터키어로 '배불뚝이 언덕'(해발 760미터에 위치)이라는 뜻으로, 지금으로부터 1만 2천년(기원전 80~100세기) 전에 건설된 것으로 추정되고 있다. 이는 신석기 초기에 해당하는 시기로서 영국의 스톤헨지보다 6천년이나 앞선 것이라 한다. 실존하는 초고대문명이라 할 수 있다. 이 괴베클리 테페는 장례식 등을 치렀던 신전(神殿)으로 추정되며, 따라서 주변에 마을이나 도시의 흔적이 없다. 당시 농경이나 목축이 있었던 시대가 아니라 수렵채집 시대였기 때문에, 사람들은 단지 종교적 목적을 위해 이 신전을 설치한 것으로 보고 있다. 요약건대, 사람들이 한 장소에 모여 살기 전부터 종교가 존재하였고, 종교를 중심으로 농업 및 정착생활을 토대로 한 문명이 생겨난 것이 아닌가 하는 추측을 가능하게 해준다. https://volitan.tistory.com/20.

● 선사시대의 유적: 괴베클리 테페

출처: https://hsj8404.tistory.com/1107.

현대도시를 이해하는데 있어서도 의미가 있다고 본다.

이처럼 인류역사상 도시형성 및 발전의 역사는 매우 오래되었다고 볼 수 있다. 그리고 고대도시에서 중세도시, 근대도시, 탈산업화시대의 도시발전에 이르기까지 도시의 역사를 살펴보면, 수많은 도시들이 생성되고 성장하였으며, 또 쇠퇴와 소멸의 과정을 거쳐 왔음을 알 수 있다. 즉, 도시는 살아있는 유기체(有機體)와 같이 인구가 집중되고, 정치·경제·사회문화 등 다양한 중심 기능을 수행하는 과정에서 생성·성장·쇠퇴·소멸의 과정을 거치게 된다고 볼 수 있다.[3]

오늘날의 모든 도시 역시 이러한 과정을 거치고 있으며, 특히 현대 도시화과정은 근대국가의 출현과 자본주의 경제발전 과정의 변화만큼이나 형태와 내용 면에서 빠르고 다양하며, 끊임없는 변화를 거치고 있는 것이 사실이다.

도시가 인간의 '지배적인 거주 지역'으로 자리잡기 시작한 것은 근대국가와 함께한 산업화(産業化) 이후라고 할 수 있다. 우리나라에서 이러한 도시화가 본격적으로 이루어진 것은 비교적 최근의 일이라고 할 수 있다. 대한민국 정부수립 이후 우리나라의 도시화율, 즉 전체 인구 중에서 도시에 거주하는 인구의 비율은 1970년에 50%를 간신히 넘어섰지만, 1980년에는 68.7%, 2005년에는 90%에 이를 정도로 급속한 속도로 증가하였다. 따라서 전술한 바와 같이 우리나라는 급속한 도시발전 과정에 따른 이의 폐해 내지 폐단이 그대로 노정되고 있다고 볼 수 있다.[4]

도시발전과정을 도시의 외형적 성장패턴을 도시생애주기(都市生涯週期, City Life Cycle)의 관점에서 구분하면, 일반적으로 도시화 → 교외화 → 반도시화 → 재도시화의 경로를 밟는다고 한다. 그리고 자본주의 발전에 따른 변화모습을 구분한다면 상업도시, 공업도시, 대량소비도시, 기업가주의도

3 송주연(2014), "한국의 도시성장과 사회적 지속가능성에 관한 연구", 대구대학교 박사학위논문, p. 11.
4 황익주 외(2016), 한국의 도시 지역공동체는 어떻게 형성되는가: 현실·운동·과제, 서울대학교출판문화원, p. 263.

시 등으로 나눌 수 있다. 명칭에서 알 수 있듯이 자본주의 발전양식에 따라 도시의 성격도 변한다는 것을 알 수 있다.[5]

2. 도시발전의 개념

도시발전 내지 성장은 역사적, 경제적, 사회·문화적 요인들이 서로 어우러진 종합된 결과의 산물로 나타난 것이다. 따라서 도시발전을 한마디로 정의하는 것은 결코 쉬운 일이 아니다.[6] 다만 종래의 여러 학자들의 견해들을 종합해보면, 도시발전이라는 의미는 단순히 이와 관련된 양적(외형적)인 요소뿐만 아니라 질적(내형적)인 요소들이 모두 성장하는 것을 의미한다고 볼 수 있다.[7] 역으로 도시쇠퇴는 이러한 요인들이 저하되는 것을 의미한다.

1) 양적 도시발전

양적 도시발전은 전통적인 관점으로서 경제, 인구, 시설, 도시화 면적 등 규모 증가와 공간적 확대와 관련된다. 이 가운데 특히, 경제(經濟)와 인구(人口)는 대부분의 도시발전 연구에서 공통적으로 다루고 있는 대표적인 요소이다.[8]

따라서 도시발전과 관련하여 경제학자들은 '산업화'(産業化)와 관련시켜 정의를 내리고 있다. 즉, 도시발전이란 지역생산 증대, 생산요소 규모의 증대, 효율적 산업구조와 1인당 지역소득의 증대 등을 의미하는 것이다. 그리고 이와 더불어 실질소득의 증대로 높은 구매력을 지니고, 도시민에 의한 기업경영과 원만한 재투자가 이루어지고 있으며, 실업률이 낮아 높은 잠재력을 지닌 경제환경을 가지고 있을 때를 말한다.[9]

이처럼 도시발전은 무엇보다도 경제적 성장을 전제로 하지 않으면 안 된다. 경제적 성장이 이루어지지 않으면, 도시민들이 도시생활을 가능하게 하는 시설의 공급 및 유지가 힘들어지며, 이는 곧 인구유출을 유발하여 결과적으로 도시는 쇠퇴하게 된다.[10]

인구 또한 중요한 요소가 된다. 인구는 도시의 힘을 평가하는 절대적인 수단으로 받아들여지

---

5 김용창(2011), "새로운 도시발전 패러다임 특징과 성장편익 공유형 도시발전 전략의 구성", 공간과 사회 21(1), p. 107.
6 송상열(2007), "비성장형도시의 쇠퇴원인 분석과 도시재생 방안에 관한 연구", 강원대학교 박사학위논문, p. 10.
7 위의 논문, p. 10.
8 송주연(2014), 앞의 논문, p. 12.
9 홍기용(2004), 도시경제론, 서울: 박영사, p. 77.; 송상열(2007), 위의 논문, p. 10 재인용.
10 위의 논문, p. 10.; 송주연(2014), 위의 논문, p. 12.

며, 도시경쟁력을 대변하는 요소가 되기 때문이다. 사실, 도시가 발전한다는 것은 해당 도시로 인구 및 산업이 이동하여 집중된다는 것을 의미한다. 따라서 해당 도시의 인구가 감소하게 되면, 마치 도시 전반에 걸쳐 침체를 경험하고 있는 것처럼 각인될 정도로 중요한 척도가 된다.[11]

이러한 이유로 일반적으로 중심도시(中心都市)와 주변도시(周邊都市)로 비교할 때, 인구증가율은 중요한 지표가 된다. 이는 인구가 도시를 구성하는 가장 기본적인 요소이며 도시의 생활주체로서 도시를 구성하는 동시에 도시공간을 끊임없이 변화시키는 능동적인 주체가 되기 때문이다. 인구는 도시발전의 주도적인 역할을 하며, 발전한 도시일수록 인구성장의 잠재력이 크게 나타난다. 이러한 점에서 인구는 도시발전의 원인으로 작용하는 동시에 도시발전의 결과를 반영하는 중요한 요소가 된다.[12]

⬛ 인구 10만 명 붕괴: 상주시 공무원 검정 넥타이 출근

경북 상주시 공무원들이 2019년 2월 21일 검정 넥타이를 매고 출근하였다. 상주시의 인구가 사상 처음으로 10만 명 아래로 떨어졌기 때문이다. 상주시는 지난 20일에 1,000여 명의 직원들에게 "21일 출근할 때 검정 넥타이와 검은색 옷을 입고 출근하라"고 통보하였다.

이에 따라 남자 직원들은 검정 넥타이를 매고, 여직원들은 검은색 계통의 복장을 입고 업무를 보고 있다. 상주시 2019년 2월 현재 인구는 9만 9,986명으로 집계되었다. 1965년 26만 5,000명으로 최고치를 기록한 뒤 54년 만에 10만 명 선이 무너진 것이다. 상주시는 작년부터 인구 10만 명 사수를 위해 전 공무원이 나서 '내고장 주소 갖기 운동' 등을 펼치며 안간힘을 써왔다. 그러나 취업과 진학을 위한 청년층 도시 유출로 인해 인구 감소를 막지 못하였다.

상주시 인구는 지난해 8월말 10만 62명으로 최저치를 기록한 이후 9월 10만 67명, 10월 10만 139명, 11월 10만 273명, 12월 10만 297명으로 반등세를 보였지만 지난 8일 9만 9,986명을 기록하며 10만 명 선이 붕괴되었다. 상주시 관계자는 "10만 명 인구 붕괴를 자책하는 의미로 21일을 '공직자 성찰과 다짐의 날'로 정하고 근조(謹弔) 넥타이를 매기로 한 것"이라고 하였다.

출처: 뉴시스(2019.02.21.).

---

11 김종완(2004), "인구변화에 따른 도시성장요인 분석에 관한 연구", 조선대학교 박사학위논문, pp. 1~2.
12 송주연(2014), 앞의 논문, p. 12.

한편, 새로운 도시를 개발하는데 있어서 해당도시의 장래인구(기존인구＋유입인구＋유동인구 등)의 규모를 적절하게 예측하는 것은 매우 중요하다. 이를 토대로 도시전반에 걸친 물질적·비물질적인 시스템을 갖추기 때문이다. 그러나 우리나라 도시발전 역사를 보면, 인구성장 속도에 준하는 도시계획시설의 공급이 제대로 이루어지지 못한 부분이 적지 않았다. 즉, 정부주도로 국토균형개발이라는 미명하에 도시계획을 발표(신도시, 산업도시, 혁신도시 등)하고 이에 따른 개발을 추진하였으나, 그 과정에서 지나치게 높은 도시인구를 설정하여 과밀개발의 결과만 초래하여 그로 인한 부작용 적지 않았던 것도 사실이다.

생각건대, 도시의 경제발전과 인구증가는 일정부분 비례관계를 보여주며, 어떻게 보면 동전의 양면과도 같다고 할 수 있다. 그리고 경제발전이 독립변수라면 인구증가는 종속변수라고도 할 수 있다. 바꿔 말하면, 한 도시 또는 특정 지역·장소의 경제가 발전하게 되면, 자연히 그곳으로 인구가 집중되기 마련이다. 인간의 가장 근원적인 욕망 가운데 하나가 '생존욕구'(生存慾求)이며, 경제적 기반이 형성되지 않은 곳에 사람들이 모이지 않는 것은 당연한 사실이다.

🔵 국가발전과 인구의 관계: 인구절벽의 위기

① 로마제국 등 서구유럽의 도시발전과 쇠퇴

역사를 통틀어 로마제국만큼 강력한 인구정책을 편 나라도 드물다. 지중해를 둘러싸고 도너츠 형태로 2,400km를 달하는 국경선을 지킬 수 있는 힘의 근원이 인구에 있다는 것을 로마의 황제들은 누구보다 잘 알고 있었기 때문이다. 로마초대 황제였던 아우구스투스(Augustus, B.C 27～A.D 14)는 독신풍조가 유행할 조짐을 보이자 기원전 18년 '정식혼인에 관한 율리우스법'을 제정하였다. 이 법의 내용은 단순하였다. 25～60세의 남자와 20～50세의 여자가 결혼하지 않으면 세금을 내도록 한 것이다. 독신남녀에게 부과하는 이른바 '독신세'(獨身稅)다(근현대에 들어서도 유럽과 미주 일부 국가에서 저출산을 막기 위해 독신세를 거둔 사례가 있다. 국내에서는 2005년 독신세 도입이 검토되다 여론악화로 백지화되었다).

로마제국은 이 법에 따라 일정 규모 이상의 재산을 가진 독신자의 경우, 수입의 1%를 독신세로 내게 하였다. 또 독신남녀가 50세가 넘으면 어떤 재산을 상속받지도, 상속하지도 못하도록 하였다. 그리고 여성의 경우 결혼만으로 면제해주지 않고, 아이를 3명 낳아야 납세 의무를 면제해 주었다. 아울러 아이를 3명 이상 낳은 여성에게는 남성과 동등한 경제적 지위를 부여해주었다. 원로원 진출 등 공직자 선출 과정에서도 독신자에 대한 차별을 확실히 하였다. 획득한 표가 같을 경우에는 독신자보다 기혼자, 기혼자 중에서도 자녀가 많은 사람에게 우선권을 부여한 것이다. 자녀를 낳지 않는 독신자들에게 직접적인 불이익을 준 이 제도는 결혼과 출산을 장려해 인구와 국력을 유지하기 위한 장치였던 것이다. 당시 아우구스투스는 "생명을 만들지 않는 것은 살인과 같은 중죄"라는 말을 서슴지 않았다고 한다. 위안부 망언으로 논란이 되었던 일본 작가 시오노 나나미(鹽野七)의 『로마인 이야기』에 나오는 일화를 보면, 아우구스투스는 8명의 자식과 35명의 손자, 18명의 증손자를 둔 평범한 집안의 노인을 수도로 초대해 극진히 대접하기도 하였다고 한다. 일종의 출산 캠페인을 벌였던 것이다.

그러나 로마의 이와 같은 다소 과격한 인구정책에도 불구하고 결국 인구는 줄어들기 시작하였다. 강력한 정책으로도 인구 감소를 막기는 역부족이었던 것이다. 로마의 인구가 급감하던 이 시기를 몰락의 시초로 보는 전문가가 적지 않다. 영국의 역사가 에드워드 기번(Edward Gibbon)은 『로마제국 쇠망사』에서 인구 급감이 로마의 쇠망을 불러온 한 요인이라고 분석하였다. 역사적으로 인구 감소가 제국이나 문화권의 멸망으로 이어진 사례는 많다. 중세유럽 역사에서는 흑사병 유행으로 인구의 1/3이 희생되면서 봉건제도가 무너졌다는 분석이 정설이다. 유럽인들이 아메리카 대륙에 진출했을 때도 천연두 등으로 아메리카 대륙의 원주민이 급감하면서 아즈텍제국과 잉카제국 등이 한순간에 쇠락하였다.

최근 국제정치 무대에서는 우크라이나 사태에 대한 러시아의 강경대응을 인구 문제 차원에서 접근한 시도도 있다. 러시아가 세계 9위의 인구 대국으로 막대한 영토와 핵무기, 천연자원 등을 보유하고 있지만 지속적인 인구 감소와 인적 자원의 감소에 시달리면서 우크라이나 동남부 지역 흡수를 꾀하고 있다는 해석이다. 러시아에서는 옛 소련 해체 후 겪었던 인구 감소추세가 이민자 증가와 사망률 감소 등으로 멈춘 상태지만 출산율이 1.7명으로 기존인구를 유지하는데 필요한 수준보다 20%나 낮아 한세대 후에는 인구가 20% 감소할 것이라는 전망이 나오고 있다.

② 일본과 한국의 인구절벽 위기

최근 저출산·고령화로 골머리를 앓고 있는 일본의 지방 소도시에서는 아이들의 모습을 보기가 어려운 것이 상당부분 현실화 되고 있다. 실제로 일본의 유력한 한 민간기구가 2014년 발표한 보고서에 의하면, 1,800곳의 일본 지방자치단체 중 절반(49.8%)에 해당하는 896곳이 인구감소로 2040년경에 소멸할 가능성이 있다고 예상하였다. 일본 정부도 '2050 국토 그랜드 디자인'을 발표하면서 2050년이 되면 전체지역의 20%에서 사람이 살지 않을 것이라는 전망을 내놓기도 하였다.

홍성국 KDB대우증권 리서치센터장의 최근 저서 『세계가 일본된다』에서 "일본의 한 연구소는 30년 후면 1,000여개 마을에서 출산적령기의 여성이 사라지고, 4,200만 명의 인구가 줄어 1억 3,000만 명에 육박하던 인구가 8,500만 명 선이 될 것으로 보고 있다"고 하였다. 이어 "피터 드러커(Peter Drucker, 1909~2005)는 '인류의 최대 혁명은 인구가 줄어드는 인구혁명'이라고 지적하였는데, 일본에서 인구혁명이 나타나고 있다"며 "이러한 현상은 일본사회가 성장하기 어려운 극단적인 불안정 사회로 가고 있음을 보여주고 있다"고 말하였다.

대한민국의 상황도 마찬가지다. 저출산과 고령화 측면에서 빠른 속도로 일본의 전철을 밟고 있기 때문이다. 이러한 이유로 전세계에서 가장 먼저 사라질 국가로 꼽히고 있다. 양승조 국회의원은 국회입법조사처 분석결과를 바탕으로 2750년 대한민국 인구가 '제로'(0)이 되면서 국가가 사라질 것이라는 전망을 내기도 하였다.

● 총인구, 생산가능 인구, 경제활동 인구의 변화   (단위: 만 명, 증감(▲, ▼))

구분	2015년	2025년	2035년	2045년	2055년	2065년
총인구	5,101 (100.0)	5,261 (▲ 3.1)	5,283 (▲ 3.6)	5,105 –	4,743 (▼ 7.5)	4,302 (▼18.6)
생산가능 인구[13]	3,744 (100.0)	3,576 (▼ 4.7)	3,168 (▼18.2)	2,772 (▼35.1)	2,442 (▼53.3)	2,062 (▼81.6)
경제활동 인구[14]	1,979 (100.0)	1,808 (▼ 9.6)	1,534 (▼29.0)	1,289 (▼53.5)	1,108 (▼78.7)	1,015 (▼95.0)

이러한 극단적인 사례가 부담스럽다면 현재 진행되는 현상에서도 징후를 찾을 수 있다. 통계청에 따르면, 올해는 저출산 고령화로 대한민국 인구의 중위연령이 최초로 40대에 진입할 것으로 전망하였다. 중위연령(中位年齡, median age: 전체 인구를 연령 순서대로 세웠을 때 정 중간에 있는 사람의 나이)은 지난해까지 30대였지만 올해 40세, 2040년이면 52세까지 높아질 것으로 예측되고 있다. 참고로 53세는 현재 평균 퇴직연령이다. 26년 뒤엔 인구의 절반을 차지하는 은퇴자와 4분의 1수준의 어린이를 뺀 나머지 4분이 1이 모든 일을 떠맡아야 한다는 의미이다. 일하는 사람이 줄어든다는 것은 세금의 감소와 국가의 재정 악화로 직결되고, 결국 국력이 약화된다는 것을 의미한다.[15]

최근 세계경제가 브릭스(BRICs)로 불리는 브라질·러시아·인도·중국에 주목하는 이유도 여기 있

---

13 생산가능 인구란 15세부터 64세까지 인구를 이르는 말이다. 이 인구 집단은 생산활동이 가능하다고 여겨지므로 국가의 실업률 통계, 부양가능 인구 통계와 같은 경제적 통계에서의 기초 자료로 활용된다. 14세 이하의 인구를 유소년, 65세 이상의 인구를 노령 인구로 구분하고 이들은 생산 능력이 없거나 부족하다고 판단하여 국가에서 다양한 사회적 정책으로 이들의 생활을 보조해 주고 있다. 최근 저출산, 인구의 고령화 등으로 인해 총인구에서 생산가능 인구가 차지하는 비중이 점차 줄어들고 있다. 이러한 현상이 지속되면 노동력이 줄어들어 경제의 활력 및 생산성 저하, 경제 성장 감소, 부양비 증가 등 다양한 문제가 발생하게 된다. 따라서 정부는 외국인 근로자 고용, 출산 장려 대책, 정년 연장과 임금 피크제 등 다양한 정책을 활용하고 있다. 다음백과 (http://100.daum.net/encyclopedia).

14 만 15세 이상 64세 이하의 생산가능 인구 가운데, 재화나 서비스를 생산하기 위해 생산활동에 참여할 의사가 있는 사람을 경제활동 인구라 한다. 경제활동 인구는 실제로 생산활동에 참여하고 있는 취업자와 생산활동에 참여하지 못하나 취업을 위해 노력하는 실업자로 구분된다. 비경제활동 인구란 만 15세 이상 인구 중 취업자도 실업자도 아닌 사람, 즉 일할 능력은 있어도 일할 의사가 없거나 일할 능력이 없는 사람, 이를테면 집안에서 가사에 종사하는 가정주부, 학생, 자발적으로 자선사업이나 종교단체에 관여하고 있는 자들이다. 경제활동 인구는 한 나라의 '잠재노동력'을 나타내는 개념으로, 현재 일을 하고 있는 취업자와, 일은 하고 있지 않지만 일을 찾고 있는 실업자를 모두 포함한다. 따라서 경제활동 인구에서 취업자수를 빼면 그것이 곧 실업자수가 된다. 또한 경제활동 인구에 대한 취업자의 비율에서 취업률을, 경제활동 인구에 대한 실업자의 비율에서 실업률을 얻을 수 있다. 다음백과(http://100.daum.net/encyclopedia).

15 2016년 지난해 우리나라 합계출산율이 1.17명으로 역대 최저치를 기록한 가운데 전국 초·중·고교 중 올해 신입생이 5명 미만인 학교가 763곳에 달하는 것으로 나타났다. 이 가운데 전국 130개 교의 입학생이 '0'명으로 나타났다. 뉴스1코리아(2017.05.01.).

다. 이들은 공통적으로 거대한 영토와 풍부한 지하자원 외에 막대한 인구를 갖추고 있다. 인구는 그 나라의 생산력만이 아니라 내수시장을 뜻한다. 가까이 중국의 IT산업이 삼성전자와 LG전자로 대표되는 국내 IT산업을 턱밑까지 따라붙은 데도 13억 명이라는 거대한 내수시장의 뒷받침이 있기 때문이다.

역사적으로는 프랑스가 17~18세기 근대 유럽을 호령할 수 있었던 이유를 루이 14세나 나폴레옹의 리더십이 아니라 당시 프랑스 인구에서 찾는 학자들도 있다. 당시 서유럽에서 프랑스 인구는 2,800만 명으로 러시아와 맞먹을 정도였으며, 이를 유지하기 위해 관계법령을 제정하기까지 했다는 기록이 있다. 일본의 경우, 오래전부터 경제활동 인구 감소를 극복하기 위해 인구 1억 명 유지를 위한 막대한 예산을 쏟아 부었지만 지속가능한 인구정책을 만드는 데 번번이 실패하고 있다. 결국 재정적인 부담만 늘면서 오히려 악순환 구조만 양산하고 있는 실정이다. 서동필 우리투자증권 100세시대연구소 연구위원은 "인구 문제는 단기간에 해결되는 문제가 아니라 뚝심과 일관적인 정책이 필요한 사안"이라며 "출산 문제와 직결된 노동법, 사회보장법 등을 포함해 한국적 특수성이 충분히 체화된 맞춤형 정책이 나와야 한다"고 지적하였다. 미래예측서인 『유엔미래보고서 2040』의 저자 박영숙 유엔미래포럼 대표는 "인구는 국력과 직결된다"며 "인구감소가 시작된 선진국은 예외 없이 국력이 쇠퇴했다"고 진단하였다. 아울러 "유럽의 경우 인구 감소가 시작된 것이 8년 전"이라며 "EU가 몰락의 길을 걷고 있는 것은 인구 감소가 권력의 축소를 불러온다는 미래예측의 법칙에 예외가 없음을 보여 준다"고 하였다.

출처: 머니투데이(2014.11.07.)

2) 질적 도시발전

위에서 살펴본 경제, 인구 중심의 양적인 도시발전에 대한 논의는 논리성 및 타당성을 갖추고 있는 것처럼 보일 수 있지만, 도시민의 삶을 중심으로 한 효용의 측면과 도시를 관리하는 공공적 측면에서 모두 공감할 수 있는 도시발전의 개념과는 다소 거리가 있다.[16]

이러한 점에서 질적 도시발전이 논의되고 있는데, 이는 도시의 산업구조의 고도화 및 문화생활의 고도화 등에 따른 도시민들의 '삶의 질'(Quality of Life) 향상을 의미한다.[17] 이는 최근 활발하게 논의되고 있는 '지속가능한 도시발전'을 지향하는 관점으로서, 그동안 양적 도시발전 방식에 대한 반성과 더 나아가 어떻게 하면 도시민들의 삶의 질을 제고시킬 수 있을 것인가와 관련된다(지속가능한 도시발전에 대해서는 뒤에서 다시 살펴보기로 한다). 근대도시발전 패러다임에 토대를 둔 양적 도시발전에 치중한 결과, 범죄와 무질서, 빈곤과 사회양극화, 복지 등 여러 가지 사회적 문제를 초래하게 되었고, 도시발전의 이익이 적절하게 분배되지 않음으로써 '형평성'(衡平性) 문제가 제기되었다는 것이다.[18]

---

16 김종완(2004), 앞의 논문, p. 7.
17 송상열(2007), 앞의 논문, p. 11.
18 송주연(2014), 앞의 논문, pp. 12~13.

▲ 경제성장과 분배문제에 따른 빈곤과 상대적 박탈감

양적 도시발전 요소로서 경제성장이 일차적 의의는 물질적으로 풍요로운 사회가 이루어지고 국민 내지 시민들의 평균소득이 증가하는데 있다고 볼 수 있다. 그러나 경제성장과 관련하여 국가 및 사회가 지향하는 것은 총량적인 성장을 넘어서 성장의 혜택이 사회적으로 공평하게 돌아가도록 하는 것, 즉 빈부의 격차를 줄여가고자 하는 것일 것이다.

롤스(J. Lawls, 1971)의 사회정의론(社會正義論)에 기초하여 규정하자면, 바람직한 경제성장은 무엇보다도 빈곤율을 낮추는 성장이라고 할 수 있다. 그렇다면, 경제성장은 빈곤문제를 불식시킬 수 있는가? 19세기 사회사상가이자 경제학자인 죠지(H. George, 1879)는 경제성장이 지속적으로 이루어지는 가운데서도 빈곤문제가 상존하는 것을 목격하고, 그 근본원인이 정의롭지 못한 분배구조에 있음을 주장하였다. 현대 경제학자들 역시 빈곤을 줄이는데 있어서 경제성장은 필요조건(必要條件)이지 충분조건(充分條件)은 아니라는 점에 동의하고 있으며, 개발도상국을 지원하는 국제기구 등은 경제적 성장과 빈곤과의 관계를 중심 연구과제 가운데 하나로 삼고 있다.

한편, 경제성장에 따른 분배와 관련하여 대두되는 또 다른 문제는 '상대적 박탈감'(relative deprivation)의 문제이다. 이는 근본적으로 분배의 불균등 문제로부터 비롯되지만, 경제성장 과정에서 사회적으로 정의롭지 못한 과정으로 부(富)가 축적되는 경우 사회적으로 크게 표출되는 경향이 있다. 이러한 상대적 박탈감은 범죄 및 무질서 등의 문제로 연결될 가능성은 매우 높다고 본다.

그런데 이러한 상대적 박탈감이 사회적으로 표출되는 시기는 대부분의 국민이 낮은 소득 상태인 경제성장 초기가 아니라는 것이다. 이는 경제성장 과정에서 소득이 일정 수준에 이르러 개인들이 어느 정도의 경제력을 가지며 사회적으로 세력화 될 수 있는 한편, 성장에 따라 상대적 분배상태가 개선되지 않거나 악화되는 시기에 나타난다. 상대적 박탈감 문제는 우리 사회의 지속적인 성장을 위해서도 정책적으로 중요하게 다뤄져야 할 과제이다. 생각건대, 분배 면에서 바람직한 것은 경제성장에 따라 상대적 분배상태가 개선되거나, 적어도 악화되지는 않으면서 되도록 빠른 속도로 빈곤도가 낮춰지는 성장이라 할 것이다.

출처: 이종철(2004), "경제성장 - 분배 - 빈곤의 삼중적 인과관계", 한국동서경제연구 16(1), p. 102.

한편, 탈산업화(脫産業化)로 인한 시대적 상황도 질적 도시발전에 관심을 불러일으키고 있다. 오늘날 도시의 양적인 발전(예컨대, 단순한 경제적 총량적인 성장)은 한계에 다다르는 이른바 '저성장시대'(低成長時代)에 접어들고 있기 때문이다.[19]

---

19 위의 논문, p. 13.; 경제학적 관점에서 저성장시대는 경제규모가 커 가는 정도가 낮아지는 시대를 의미한다. 즉, 저출산 및 고령화 등의 영향으로 경제성장률이 지속적으로 떨어지는 시대를 말한다. 파이낸셜타임즈는 2015년 세계무역이 지난 2009년 금융위기 이후 6년 만에 최저의 성장률을 기록할 것이라고 보도한 바 있다. 네덜란드 경제정책분석국(CPB)의 9월 세계무역통계에 따르면 교역량 기준 세계무역 규모는 올 상반기에 작년 동기보다 감소했으며 3분기에는 0.7% 증가한 것으로 나타났다. 과거 경제 성장률의 2배 정도로 빠르게 증가했

⬢ 저성장의 시대: 늙은 도시에 빈집이 증가하고 있다

도시의 저성장의 시대가 본격화하고 있다. '저성장'(底成長)이라는 것은 도시가 쇠퇴하고 있다는 의미이며, 이는 머지않아 소멸된다는 의미이다. 사람들은 늙고, 그들이 사는 집도 늙고 있다. 도시도 늙어가고 있다. 늙은 도시에는 버짐처럼 빈집이 생겨난다. 빈집은 주변 집을 다시 빈집으로 만든다. 우리나라에 앞서 장기간의 저성장을 경험한 일본에선 10가구 중 1가구꼴로 빈집이 생겨나 사회문제시 되고 있다.

1. 도시의 빈집들

지난 2017년 2월 6일 오후 인천남중학교(인천 남구 숭의동) 뒷담에 기댄 쇠락한 골목엔 인기척이 없었다. 골목 입구의 2층짜리 붉은 벽돌주택 옥상에서 하얀 개가 연신 시끄럽게 짖어댔지만, 나와 보는 이는 아무도 없었다. 이곳 8개 주택 가운데 절반가량이 비어 있었다. 먼지 쌓인 유리창과 낙엽, 지푸라기가 골목길에 쌓였다. 골목 끝단 2층 단독주택 대문엔 인천남부경찰서장 명의의 '특별순찰구역' 스티커가 나붙었다. 요금 체납을 이유로 물 공급 중단을 통보한 '수도전 정수장'과, 전기공급을 끊는다는 한국전력공사 제물포지사의 노란 안내문도 함께했다. 수신되지 않은 요금 고지서에는 지난해 9월부터 1천원 대의 금액이 찍혀 있었다. 9월부터 사람이 살지 않았던 것이다. 대문의 철제 문살 사이로 보이는 마당엔 아무렇게나 쌓여 말라버린 낙엽들이 그득했고, 유리창 안으로 보이는 거실은 가구 하나 없이 비어 있었다.

맞은편 1층 집은 마당이 어지러웠다. 붉은색 고무대야, 플라스틱 바구니, 고무호스, 검은 비닐봉지, 깨진 형광등, 부서진 가구가 파리한 나뭇가지와 함께 널렸다. 담벼락 일부는 불에 그슬렸고, 잠긴 대문 건너 창문 안으로 곰팡이가 시커멓게 장악한 벽지가 눈에 들어왔다.

● 인천 남구 숭의동 '석정마을' 내의 빈집

던 세계무역 규모는 최근 몇 년간 성장 둔화세를 보이고 있다. 중국을 비롯한 신흥국의 성장 둔화 영향이 가장 크고 달러 강세로 미국의 수출이 저조한 것도 영향을 미친 것으로 분석된다. 세계무역기구와 국제통화기금은 각각 올해 세계 무역 성장률을 2.8%와 3.1%로 전망한 바 있다. OBS News(2015.11.25.).

2. 쇠퇴한 원도심

　서울대 연구팀이 지역별 특성에 따라 빈집 발생 양상을 정리한 논문('구시가지 빈집 발생의 원인 및 특성에 관한 연구', 2016)을 보면, 인천은 주요 광역시·도 중 단독주택만을 놓고 따진 '빈집률'(해당 지역 총 단독주택 수에 견준 빈집 수)이 매우 높은 편(7.1%, 2010년 주택 총조사)이다. 같은 조사에서 경기도는 6.2%, 광주는 5.3%, 부산 4.3%, 울산 3.8%, 서울은 2.1%를 기록하였다. 논문은 재개발이나 재건축 같은 정비사업구역 이외 지역의 빈집만을 계산하였다. 정비사업구역은 개발을 위해 의도적으로 빈집 집단을 발생시키기 때문이다. 아파트 같은 공동주택도 제외시켰다. 공동주택의 빈집은 통상 매매나 임대, 이사, 수리 등의 한시적 이유로 생겨났다 사라지기 때문이다. 이렇게 해서 단독주택만을 따진 빈집이 인천의 '원도심'인 남구에 216개(2015년 8월 기준)가 분포한다. 그중 33%인 80개 빈집이 숭의동에 있다.

　인천은 1990년대 들어 주요 산업인 제조업이 쇠퇴하였다. 뒤따라 옛 도심과 옛 시가지 일대가 정체와 쇠퇴를 겪었다. 지난해 인천발전연구원이 인천의 도시 쇠퇴 특성을 분석해 발간한 보고서('복합쇠퇴지수를 활용한 인천시 도시쇠퇴 특성 분석')를 보면, 2003년부터 2013년까지 10년간 인천의 원도심(중·동·남구) 인구는 6.5%가 줄었다. 반면 같은 기간 '신도시' 남부(연수·남동구)와 서북(서구) 생활권의 인구 증가율은 각각 49.8%, 50.2%로 폭발적으로 늘었다. 서울과 가까운 동북(계양·부평구) 생활권도 5.1% 증가하였다. 원도심 주민들이 살던 곳을 떠날 때, 남부와 서북으론 새 이주민들이 유입되었다. 버려진 원도심은 쇠퇴 속도가 빠르게 진행되었다. 전체 가구 중 세대주 나이가 65살 이상이면서 세대원이 세대주 자신뿐인 가구(독거노인)의 비율은 원도심이 12.1%(2013년 가구 수 대비 2015년 행정동별 독거노인 수)였다. 원도심 중 한 곳인 중구 동인천동은 이 수치가 무려 22.8%에 달했다. 지어진 지 30년이 넘은 노후 건축물의 비율도 원도심은 66.1%(2013년)에 달했다. 빈집이 발생할 가능성이 큰 노후 건축물은 원도심을 중심으로 경인전철·경인고속도로 주변에 집중 분포하고 시 외곽으로 갈수록 적었다. 개항장이 있는 원도심 인천 중구는 빈집률이 14.7%에 이른다.

　수도권 지하철 1호선 도원역에서 멀지 않은 숭의1·3동 주민센터 인근에도 버려진 골목이 있다. '석정마을'이라 부르는 3000평 가까운 대지에 모두 80개가량의 저층 주택이 모여 있다. 주변의 대로와 맞닿은 집 몇 곳을 제외하곤 일대가 거의 빈집이다.

　지난 6일 오후 인기척 없는 비좁은 골목은 대낮인데도 어둡고 을씨년스러웠다. 사람이 겨우 다닐 만큼 좁은 골목들 사이로 여기저기 고양이 먹이가 놓여 있었다. 골목을 돌아 나갈 때마다 매번 다른 고양이가 나타났다. 사람이 없는 집들로 고양이가 몰렸고, 주변에 사는 누군가가 이들에게 먹이를 주고 있었다. 쓰러져가는 집 주변과 골목에 각종 생활폐기물과 쓰레기, 동물의 배설물이 함부로 널렸다. 여러 냄새가 섞여 났다.

　인천 남구는 낙후된 제물포 역세권을 2007년 3월 재정비촉진지구로 지정하였다. 이곳도 정비구역에 포함됐지만 2010년 2월 주민들의 반대로 지구지정이 해제되었다. 정비구역 지정과 해제는 쇠퇴를 가속화시켰다. 개발이익을 기대한 외지인들이 집을 사들여 방치하였고, 주민들은 수년간 팔리지 않는 집을 버려두고 다른 곳으로 이사하였다. 사정이 이러다 보니 빈집이 느는 속도가 점점 빨라졌다. 좁은 골목을 빠져나오니 큰길에 '가로주택정비사업'을 준비 중이라는 내용의 현수막이 걸렸다. 석정마을은 서울 중랑면목지구, 경기 부천 중동지구, 수원 파장1·2지구와 함께 지난해 국토교통부에 의해 가로주택 정비사업 시범지구로 지정되었다. 대규모 정비사업이 여의치 않자 소규모 정비사업으로 방향을 돌린 것이다. 가로주택정비사업은 면적이 1만㎡(3025평) 미만에, 4면이 모두 도로로 둘러싸인 지역에서 공동주택을 신축하는 정비사업이다. 지역 내 노후건축물 수가 전체의 3분의 2 이상이고, 20가구가 넘는 곳에서 기존 기반시설과 도로를 그대로 둔 채 최대 15층 높이(서울시는 7층)로 지을 수 있다. 대규모 주택정비사업과 달리 사업 기간을 줄일 수 있고 각종 규제가 완화되는 특례를 적용받지만, 규모가 작아 사업비 조달이 어렵고 시공사 선정이 쉽지 않다. 석정마을의 정비사업이 제 궤도에 오를 때까지 빈집들은 이대로 방치될 가능성이 높다.

3. 빈집은 '깨진 유리창': 체계적인 빈집에 대한 선행조사 필요

빈집은 '공가'(空家)나 '폐가'(廢家)로도 불린다. 비게 된 원인, 건물의 용도와 유형, 비어 있던 기간, 파손 정도 등에 따라 의미가 다르다. 국내 빈집 현황은 통계청이 5년마다 시행하는 인구주택 총조사를 통해 확인된다. 조사 시점에 훼손도가 50% 미만인, 사람이 살지 않은 집을 모두 계산한다.

1995년 36만 5,466가구였던 국내 빈집은 2000년 51만 3,059가구, 2005년 72만 7,814가구, 2010년 79만 3,848가구에서 2015년 106만 8,919가구로 늘었다. 전체주택 대비 빈집 수를 따진 빈집률도 같은 기간 3.8%, 4.5%, 5.5%, 5.4%, 5.6%로 늘었다. 뚜렷한 증가 추세에 있음을 알 수 있다.

● **국내 빈집 현황**

구분	1995	2000	2005	2010	2015
빈집가구수	365,466	513,059	728,814	793,848	1,068,919
빈집율	3.8%	4.5%	5.5%	5.4%	5.59%

빈집율: 총주택 대비 빈집수
출처: 통계청 인구주택총조사

그런데, 빈집은 인구가 적은 지방에만 있는 것은 아니다. 서울 같은 대도시에도 빈집이 적지 않다. 서울의 빈집은 1995년 3만 9,806가구에서 2000년 5만 6,642가구로, 2005년 7만 9,800가구로 증가한 뒤 10년간 이 수준을 유지(2010년 7만 8,702가구, 2015년 7만 9,049가구)하고 있다. 가장 최근 조사인 2015년 서울의 빈집 중 가장 많은 1만 1,764가구가 강남구에, 7,007가구가 서대문구에 있었다. 강남구는 개포 재건축을 앞두고 비워진 집들이, 서대문구는 가재울뉴타운의 완공된 아파트 중 미처 입주하지 않은 집들이 포함된 것으로 보인다. 5년 전인 2010년 조사에선 은평뉴타운이 들어선 은평구에서 빈집(7,367가구)이 서울 25개 자치구 중 가장 많았다.

통계청은 2005년부터 빈집을 조사하면서 '매매·임대·이사', '미분양·미입주', '현재 수리 중', '일시적(가끔) 이용', '영업용', '기타'로 사유를 구분하였다. 비어 있던 기간도 함께 조사하였다. 지역의 경관을 훼손하고, 자원의 낭비와 치안 문제를 야기하는 빈집은 주로 '기타' 사유로 장기간 방치된 경우다. 정비사업구역으로 지정되기 전 인천 남구 숭의동 석정마을의 빈집들처럼 살 수도, 팔 수도, 세입자를 들일 수도 없는 집들이 보통 이런 경우다. 2010년 조사에서 전체 빈집의 21.9%인 17만 3,770가구가 '기타' 빈집이었다. 1년 이상 빈집(사유 무관)은 33.2%인 26만 3,228가구로 나타났다. 2005년 각각 8만 1,750가구, 19만 929가구에서 큰 폭으로 늘었다(2015년 조사는 빈집이 된 원인과 기간을 아직 정리하지 못했다).

빈집은 지역 공동체와 위생, 안전, 미관에 부정적 영향을 미친다. 방치되고 깨진 유리창이 범죄를 확산시킨다는 '깨진창이론'(Broken Window Theory)은 빈집 문제를 설명하는 대표적 사례다. 빈집은 도시 쇠퇴의 징후이자 결과이지만, 빈집 자체가 다시 쇠퇴를 가져오는 원인이 된다.

그런데, 우리나라는 빈집에 대한 관리체계가 제대로 갖춰져 있지 않다. 유선종 교수는 "매매형이나 임대형 빈집은 시장의 변화에 맡기면 되지만, '기타 사유'의 빈집은 문제가 된다. 이러한 빈집은 담벼락이 쓰러지거나 지붕이 무너져도 아무도 관리하지 않는다. 사유재산이라 철거가 어려운데다, 건물이 있는 건부지가 나대지보다 재산세가 덜 나오는 구조라 집주인들은 형체만 있어도 건물을 그대로 두려해 문제가 더 악화되고 있다"고 하였다.

빈집문제가 본격화된 일본의 빈집률은 13.5%(820만 가구, 2013년)에 이른다. 빈집이 빠르게 늘자 일본 정부는 2015년 5월 '빈집 등 대책 추진에 관한 특별조치법'을 만들어 '특정 빈집'에 대한 강제 철거를 가능하게 하였다. 일본 국토교통성이 빈집의 실태를 조사하는 지방자치단체에 인센티브를 부여하고, 빈집에 대한 '재생촉진사업'도 시행하고 있다. 유 교수는 "빈집이 늘어난다는 말은 그 지역이 사람이 살지 못하는 곳이 되어가고 있다는 뜻이다. 우리나라도 본격적으로 관리를 해야 하는 단계에 와 있다. 서울만 해도 8만 가구 가량의 빈집 중 1만 2천 가구가 관리되지 않은, 기타 사유의 빈집으로 강북 등 구시가지에 많이 분포하고 있다"고 하였다.

4. 지역자원으로 활용 모색

2017년 1월 20일 국회에서 '빈집 및 소규모 주택 정비에 관한 특례법' 제정안이 본회의를 통과하였다. 도시 내 빈집을 공공 목적에 맞게 활용하고, 소규모 주택 정비를 간소화하는 게 주요 골자이다(이 법은 2018년 2월에 시행되었다). 법이 시행되면 지방자치단체장은 빈집에 대한 실태조사를 벌여 정비 계획을 수립해 시행할 수 있고, 안전사고나 범죄 발생의 우려가 높은 경우 철거 등 필요한 조치를 할 수 있다. 직권 철거도 가능하다. 빈집을 활용하는 법안이 만들어진 건 그만큼 빈집에 대한 관리 필요성이 높아지고 있다는 반증이다.

지금까지 전국 20곳 가량의 광역·기초 지방자치단체가 관련 조례를 만들어 빈집을 관리해왔다. 서울에서는 노원구(2011년 10월 조례 제정)와 관악구(2014년 2월)가, 경기도에선 안양시(2015년 4월)가 관련 조례를 만들어 시행하였다. 인천에선 남구(2015년 3월)가 구 차원에서 빈집을 관리 중이다. 주로 빈집 소유주와 협약을 맺어 건물을 정비하고, 이를 작업실과 마을기업, 사회적 기업에 내주거나 노인복지시설 등 공공이용시설로 활용하는 식이다. 그러나 관리 대상 빈집이 제한적인데다 실제 관리는 주로 정비사업구역에 한정되어 있다.

재개발·재건축이 쉽지 않은 '저성장'이 본격화된 것도 빈집에 대한 관심이 필요한 이유다. 저성장으로 개발이 어려워지면서 낙후된 지역과 그나마 개발이 이뤄지는 지역으로 양극화가 심화될 수 있다. 남지현 경기연구원 연구위원은 관련 보고서('빈집도 지역자산이다', 2015)에서 "빈집의 형성 과정은 곧 도시개발 과정에 따른 지역의 문제를 여실히 보여주는 근거이며, 이에 대한 철저한 조사는 곧 지역을 이해하고 추후 지역활동에 있어 밑거름이 될 수 있는 중요한 요소다. 빈집을 지역자원으로 인식하고 활용하기 위해 지자체 차원의 체계적 빈집 조사가 선행돼야 한다"고 강조하였다.

출처: 한겨레(2017.02.11.)

3) 도시발전의 개념 정립

그런데, 양적인 도시발전과 질적인 도시발전은 논의의 편의상 이루어진 것으로서 실제에 있어서는 이와 관련된 각종 지표들이 상호 연관되어 있고, 이들 지표들 가운데 어느 하나가 도시발전과 정체, 쇠퇴 현상을 충분히 나타내준다고 보기는 어렵다. 그리고 특히, 질적 도시발전의 구성요소에 대한 뚜렷한 기준설정 및 계량화가 어렵다는 본질적인 한계를 안고 있다.[20]

이러한 이유로 양적인 요인(경제적 요인으로서 일자리와 소득수준 등)을 일차적 요인으로 하면서, 질적인 요인을 아울러 고려하여 이를 토대로 도시발전 정도를 진단하기도 한다. 질적인 요인으로서 우리나라는 특히, 교육적인 측면(이른바 '학군')을 고려하지 않을 수 없으며, 여기에 범죄·무질서·사고 등으로부터 안전한 환경, 쾌적하고 편리한 환경, 사회문화적인 기반시설의 확충 등도 중요한 요인이 된다.[21] 한편, 이러한 양적·질적인 요인들을 가지고 도시의 복합적인 상태를 분석하여 발전형도시[성장형도시] 또는 비발전형도시[비성장형도시]로 구분하기도 한다.[22]

발전형도시는 "경제발전과 사회경제적 변화, 그리고 도시개발정책 등의 과정을 통해 외연적 확대와 규모의 증가가 이루어지고, 도시민들의 삶의 질을 향상시킬 수 있는 '자원'(資源)과 '기회'(機會)를 가진 도시"로 정의된다.

반면, 비발전형도시는 "도시의 여러 가지 여건들이 구조적이고 만성적으로 정체 및 쇠퇴되는 과정에 있는 도시"를 말한다. 다만, "이러한 불리한 여건들에 대한 적절한 대응책을 세워 극복해 나간다면 발전형도시로 변할 수 있는 가능성을 아울러 가지고 있는 도시"를 의미한다. 바꿔 말하

---

20 송상열(2007), 앞의 논문, p. 11.
21 질적인 도시발전에 대한 논의는 상당히 주관적이고, 추상적이다. 예컨대, '살기 좋은 도시', '인권 도시', '사회적 도시', '행복한 도시' 등 키워드를 가지고 도시민들의 삶의 질을 충족시킬 수 있는 여러 요소들을 제시하고 있다. 송주연(2014), 앞의 논문, p. 13.
22 송상열(2007), 앞의 논문, pp. 11~12.

● 발전형도시와 비발전형도시의 특징

구분	발전형도시	비발전형도시
특징	• 도시의 규모 등 평면적 확대 등이 도시계획의 핵심사항이 됨 • 인구의 증가(젊은 활동인구 확보) • 산업발전에 따른 지속적인 경제성장 • 소득수준의 향상 • 제조업의 발달 • 금융·교육·의료 등 서비스업이 발달 • 산업구조의 고도화 • 과학기술의 발달 • 교통수단의 발달에 따른 접근성 향상 • 문화생활의 고도화 • 삶의 질 향상 • 토지이용의 고도화 • 정책적인 도시개발 등	• 도시의 평면적 확대보다는 기존 시가지의 정비 및 도시재생이 도시계획의 핵심사항이 됨 • 인구 및 세대수의 감소 • 고령인구의 증가 • 출산율 감소(소자녀화 현상) 심화 • 경제성장율 저하에 따른 고용기회 및 소득감소 • 낮은 재정자립도 • 제조업의 영세성 • 열악한 산업규모 • 3차 산업(서비스업)의 증가 • 기반시설의 부족 및 노후화 • 소비중심으로의 가치의식 변화 • 도시정체성 회복의 필요 • 도시문제를 스스로 해결할 시민의식과 시민의 힘이 필요 • 정책적 수혜에서 제외 등

출처: 송상열(2007), "비성장형도시의 쇠퇴원인분석과 도시재생 방안에 관한 연구", 강원대학교 박사학위논문, p. 14 재인용.

면, 비발전형도시는 도시의 쇠퇴원인의 분석에 따른 적절한 정책적 대안마련과 집행이 없으면, 시간이 경과할수록 점점 더 쇠퇴되어 결국에는 회생가능성이 없게 되는 도시라 할 수 있다. 위의 표에서는 이러한 발전형도시와 비발전형도시의 특징을 보여주고 있다(물론, 이러한 논의는 상대적이다).

SECTION 02 지속가능한 도시발전의 모색

1. 지속가능한 도시발전의 의의

따라서 이상과 같은 근대도시발전모델이 노정시켜온 현대도시의 문제를 극복하기 위해서 새로운 대안적 도시발전모델이 논의되고 있음은 주지의 사실이다.[23] 그리고 새로운 도시발전 패러다임으로

---

23 근대주의 도시계획이론을 기능주의라고 비판한 제이콥스(Jacobs)는 대안적 도시발전모델로서 도시의 다양성을 강조하였다. 도시의 다양성을 위한 조건으로 ① 다양한 생활을 가능하게 하는 복합용도제, ② 사람들의 교류와 소통을 가능하게 하는 모퉁이가 많은 소형 가로 설계, ③ 다양한 시대와 조건을 갖춘 건축물의 구성, ④ 획

서 '지속가능한 발전'(SD: Sustainable Development) 내지 '지속가능한 도시발전'(SUD: Sustainable Urban Development) 개념이 태동하게 된 것이다.[24]

1) 지속가능한 도시발전의 개념적 논의: 경제 – 환경의 이중적 위기

사실, 지속가능한 도시발전에 대한 초기 관심은 '환경'(環境)에 대한 경각심에서 먼저 시작되었다.[25] 이와 관련하여 1972년 환경파괴로 인해 더 이상의 도시발전은 어려울 것이라는 암울한 예측을 담은 로마클럽의 지구환경보고서 『성장의 한계』(the Limits to Growth)가 발간되었다. 이 보고서에서는 인구, 식량생산, 천연자원, 산업발전, 환경오염 다섯 가지 요소를 가지고 미래사회에서 어떻게 상호작용하는지를 시뮬레이션을 통해서 밝혀내고자 하였다.

시뮬레이션의 결과는 경제성장과 환경보존이 양립할 수 없는 상충관계(trade off)로 나타났다. 그리고 이러한 문제를 해결하기 위한 하나의 대안으로 '지속가능한 발전'(Sustainable Development)이라는 개념을 태동시킨 계기가 되었다. 이후 지속가능한 도시발전을 '공식적'(公式的)으로 사용한 것은 1972년 스웨덴 스톡홀름에서 개최된 UN인간환경회의(UNCHE: United Nations Conference on the Human Environment)이다.[26]

이러한 초기의 노력들은 환경적 위기가 곧 경제적 위기로 이어져 이중적 위기에 봉착할 수 있다는 경각심을 일깨워 주었고, 경제성장 못지않게 환경보존이 중요하다는 인식을 제기하였다는 점에서 중요한 의의를 갖는다. 그러나 다른 한편으로는 형평성(衡平性) 측면을 고려하지 못했기 때문에 국제적인 공감대를 이끌지는 못하였다.

1972년 개최된 UN인간환경회의(UNCHE) 이후, 1987년 브룬트란트 보고서에서 정립된 지속가능한 도시발전 개념은 1992년 브라질 리우데자네이루에서 열린 'UN환경개발회의'(UNCED: United Nations Conference on Environment and Development, 일명 '리우회의')를 통해 전세계적으로 확산되었다.[27] 그리고 이러한 노력의 일환으로 각국의 정상과 환경전문가들이 참여한 이 회의에서는 지속

일적 도시를 지양할 수 있는 개발밀도의 적정성 유지 등을 들었다. 김용창(2011), 앞의 논문, p. 114 재인용.

24 환경 등의 문제는 비단 '도시'에만 국한되지 않은 '지구전체의 인간사회'가 직면한 문제라 할 수 있다. 이러한 점에서 '지속가능한 발진'이 논의되고 있는 것이다. 다만, 여기에서는 '도시'라는 단어를 중심으로 해서 '지속가능한 도시발전'이라는 차원에서 논의의 전개하고자 한다.

25 이하 송주연(2014), 앞의 논문, pp. 16~19 재인용.

26 UN인간환경회의(UNCHE)의 결과로 UN환경기구(UNEP: United National Environment Programme)가 조직되었다. 그리고 UN환경기구 산하의 세계환경개발위원회(WCED: World Commission on Environment and Development)의 회장인 부른트란트(G. Brundtland)는 1987년 『우리 공동의 미래』(Our Common Future)라는 보고서를 발간하였다. 이 보고서를 통해서 지속가능한 발전에 관한 체계적인 개념화가 이루어졌으며, 따라서 현재 전세계적으로 사용하는 지속가능한 발전의 개념이 이 보고서에서 기원하고 있다. 위의 논문, p. 17.

27 위의 논문, p. 18.

가능한 도시발전을 위한 개별 국가차원의 실천과 노력을 강조하는 '21세기 지구환경실천강령'(Agenda 21)을 채택·선언하였다.[28]

2) 지속가능한 도시발전의 개념적 확대: 사회적 형평성 고려

이상에서 살펴본 바와 같이 지속가능한 도시발전 개념은 본래 환경문제를 해결하기 위해서 범국가적인 차원에서 논의되어 왔는데, 2002년 남아공화국 요하네스버그회의(WSSD: World Summit of Sustainable Development)에서 보다 발전적인 접근방법과 방향이 제시되었다.[29]

지난 1992년 리우회의(UNCED)에서는 지구환경문제에 대한 인식과 지속가능한 발전에 대한 개념을 전세계에 정착시킨 중요한 계기가 되었다면, 2002년 요하네스버그회의(WSSD)에서는 리우회의 이후 10년간 국제사회의 지속가능한 도시발전의 추진 실적을 종합·평가하고, 향후 지속가능한 도시발전에 대한 미래 국제사회의 구체적인 실천방향을 제시할 수 있었던 중요한 계기가 되었다.[30]

그리고 주목할 만한 것은 요하네스버그회의 이후 지속가능한 도시발전의 중심 가치는 환경문제뿐만이 아니라 경제, 사회 등의 영역까지 확대되어 이들 요소들 간의 통합적 접근이 강화되었다는 점이다. 더 나아가 다양한 참여 주체의 논의 구조의 중요성이 강조되어 정부·기업·시민사회 간의 파트너십(Partnership)을 통한 사회적 합의구조가 강조될 것으로 기대되었다.[31]

● **지속가능한 도시발전과 관련된 국제적 논의과정**

스톡홀름 UNCHE(1972)		리우데자네이루 UNCED(1992)		요하네스버그 WSSD(2002)
인간환경 (환경)	⇨	환경과 개발 (환경 + 경제)	⇨	지속가능한 발전 (환경 + 경제 + 사회)

출처: 대한국토·도시계획학회 편(2012), 서양도시계획사, 서울: 보성각, p. 481.

---

28 대한국토·도시계획학회 편(2012), 서양도시계획사, 서울: 보성각, p. 479.

29 위의 책, p. 480.

30 위의 책, p. 480.; 사실, 리우회의 이후 요하네스버그회의가 이루어지기까지 10년 동안의 활동결과는 그다지 성공적이지 못했다. 세계의 경제생산이 증가했음에도 불구하고 환경파괴와 사회적 불균형으로 인한 빈곤, 실업률, 범죄문제는 감소되지 않고 증가한 것이다. 뿐만 아니라 회의가 개최되기 바로 전인 2001년 미국에서 9·11테러가 발생함으로써 사회적 불안은 고조되었다. 따라서 요하네스버그회의에서는 사회적 불균형으로 인한 범죄와 테러 등 사회불안 요소를 해결하기 위해 '세대내 형평성'을 강조하게 되었고, 지속가능한 도시발전에서 '경제와 환경, 그리고 사회적 측면'을 동시에 고려해야 함을 더욱 확고히 하였다. 송주연(2014), 앞의 논문, pp. 18~19.

31 대한국토·도시계획학회 편(2012), 앞의 책, p. 481.

한편, 2012년 브라질 리우데자네이루에서 다시 한번 UN지속가능발전회의(UNCSD: UN Conference on Sustainable Development)가 개최되었다. 이 회의에서 세계 각국 정상들은 '우리의 공동비전'을 통해서 각각 정상의 의지를 확인하고, 그동안의 지속가능발전 관련 정치적 공약을 재확인하였다.[32]

그러나 이상과 같은 국제적 노력에도 불구하고 경제, 환경, 사회 각 분야에서 여전히 해결해야할 과제들이 남아 있다. 세계화, 지방화 논리 속에서 각국은 여전히 생존경쟁을 하고 있으며, 이로 인해 환경 및 에너지위기, 금융위기, 실업과 빈곤, 범죄와 무질서 문제 등은 여전히 해결될 기미를 보이지 않고 있다. 특히, 세계 인구 가운데 10억 명 이상이 아직도 절대빈곤에 처해있는 실정이다.[33]

2. 지속가능한 도시발전의 핵심요소와 접근모델

1) 지속가능한 도시발전의 핵심요소

이상의 논의를 바탕으로 한다면, 지속가능한 발전이 이루어지는 '지속가능한 도시'(Sustainable Urban or City)란 단순히 개발과 보전이 조화를 이룰 수 있도록 생태계를 보전·복원하고, 각종 도시에너지와 수자원(水資源)의 순환이 가능한 도시시스템을 구축하는 것에 그치지 않는다. 이는 도시의 공간[물적]구조뿐만 아니라 이와 상호작용하는 도시의 경제 및 사회시스템까지 안정적이고 친환경적인 도시로 구축하는 것을 의미한다. 즉, 지속가능한 도시는 '환경적·경제적·사회적 지속가능성을 모두 포괄하는 도시'라 할 수 있다. 이는 다음과 같이 요약된다.[34]

첫째, 인간과 자연이 공생할 수 있도록 환경적 지속가능성을 추구할 수 있는 '생태적인 도시'가 만들어져야 한다. 인간은 생태계의 일부에 불과한 존재임을 인식하고, 개발과 보전을 위한 판단기준에 있어서 인간의 효용뿐만 아니라 생태계의 안정과 균형까지 배려하는 '생태적 지속가능성'(Ecological Sustainability)이 확보되도록 해야 한다는 의미이다. 이를 위해서는 환경이 지탱할 수 있는 범위 즉, 지역수용능력(regional capacity)의 범위 내에서 도시개발이 이루어지도록 하고, 이미 심하게 파괴된 생태계를 복원하기 위해 노력해야 한다.

둘째, 인간은 '역사적 존재'임을 인식하고 세내산의 공생을 염두해 두고 발전하는 '경제적 지속가능성'(Economical Sustainability)을 추구해야 한다. 이를 위해 '에너지와 자원을 절약하는 도시'를

---

32 송주연(2014), 앞의 논문, p. 19.
33 김종환(2012), "우리가 원하는 미래, Rio+20 정상회의 목적, 과정 그리고 결과", 한국전과정평가학회지 13(1), pp. 13~25.; 송주연(2014), 앞의 논문, p. 20 재인용.
34 대한국토·도시계획학회 편(2012), 앞의 책, pp. 481~482.

지향해야 한다. 자연은 현세대뿐만 아니라 미래세대의 생존기반임을 인식하고, 현세대의 욕망을 위해 지나치게 많은 토지와 자원을 소비하지 않도록 절제하는 도시시스템을 갖추어야 한다. 따라서 재생 불가능한 자원을 절약하고, 재생 가능한 자원이라 할지라도 '재생성'(再生性)이 확보될 수 있는 범위 내에서 신중한 이용이 이루어지도록 해야 한다.

셋째, 인간은 '사회적 존재'임을 인식하고 현세대 내의 사회구성원들 간의 공생이 가능하도록 분배의 정의에 입각한 '사회적 지속가능성'(Social Sustainability)이 추구되는 '균형발전의 도시사회'를 모색해야 한다. 저개발지역의 주민이나 도시민, 그리고 사회하층은 빈곤, 질병, 범죄와 무질서 문제 등에 쉽게 노출되어 있으며, 이들은 생존을 위해서 불가피한 선택을 하는 경우가 없지 않다. 반대로 개발된 지역, 그리고 사회상층은 개발목적을 위해 쉽게 환경을 파괴하고, 자본주의 논리에 의해 각종 이권을 독과점하고 그러한 과정에서 불법적인 행동을 자행하게 된다. 따라서 지속가능한 도시발전을 위해서는 지역간·계층간의 자원배분이 가능한 한 공평하게 이루어지도록 해야 하며, 비록 풍요롭지는 않지만 '나눔의 미덕'을 가지는 도시공동체(都市共同體, Urban Community)를 구축해야 한다.

요약건대, 우리가 추구하는 지속가능한 도시란 인간과 자연이 변증법적으로 통합되어 있다는 통찰에서 출발하며, 그간에 소외되었던 인간과 자연, 인간과 인간, 인간과 역사와의 관계를 회복시킬 수 있는 도시공동체를 구현하는 의미하는 것이라 할 수 있다.[35]

2) 지속가능한 도시발전의 접근모델

이상에서 살펴본 것처럼, 지속가능한 도시발전에 관한 주요 영역에 대한 많은 논의가 이루어져 왔지만 기본적인 입장은 '경제, 환경, 사회'라는 세 가지 영역을 통합하려는 엘킹턴(Elkington)의 'TBL모델'(Triple Bottom Line Model)이라 할 수 있다.[36]

지속가능한 도시발전의 대표적 접근방법이라 할 수 있는 TBL모델은 합리적으로 사회적 형평성을 도모하고, 환경적인 문제를 최소화하면서 동시에 경제적 성장을 증진시키고자 하는 것이다. 이러한 접근을 어떻게 실천할지에 대해서는 동심원모델과 중첩원모델 두 가지로 논의된다.[37]

---

35 위의 책, p. 483.
36 TBL(Triple Bottom Line)이라는 개념이 직접 사용된 것은 1997년 엘킹턴(Elkington)에 의해서이다. 이는 경제적 관심뿐만 아니라 환경적·사회적 관심이 통합되어야 한다는 의미이며, 이후 지속가능성 논의에서 대표적으로 사용되고 있다. J. Elkington(1997), Cannibals with Forks: the Triple Bottom Line of 21st Century Business. Oxford, UK: Capsotone.; 송주연(2014), 앞의 논문, pp. 20∼22 재인용.
37 두 가지 모델에 대한 내용은 위의 논문, pp. 21∼22 재인용.

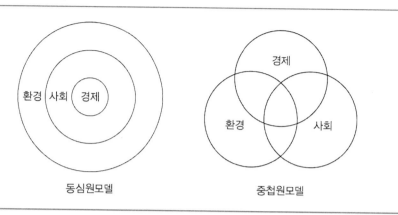

동심원모델   중첩원모델

출처: 송주연(2014), "한국의 도시성장과 사회적 지속가능성에 관한 연구", 대구대학교 박사학위논문 p. 21 재인용.

(1) 동심원모델

동심원모델(Concentric Model)은 환경이라는 동심원 속에 사회가, 그리고 사회 속에 경제가 위치한 모습이다.

기본적으로 경제의 모든 영역이 인간활동과 닿아 있다는 점에서 경제적 영역이 사회적 영역 내에 존재하는 형식이다. 사회적 영역은 단순한 재화와 서비스의 교환 이상의 관계를 의미하기 때문에 경제적 영역보다 더 큰 영역을 형성하고 있다. 같은 방식으로 환경적 영역이라는 것은 그러한 경제적 영역과 사회적 영역을 포함하는 전체적인 것으로서 존재하는 것으로 보고 있다.

(2) 중첩원모델

중첩원모델(Overlapping Model)은 동심원모델보다 더 최근에 제시되었는데, 이 모델이 동심원모델보다 더 보편적으로 사용되고 있다.

이 모델은 동심원모델과 같이 경제는 환경에, 환경은 다시 사회적 영역에 포섭되어 있는 관계로 보지 않는다. 그 대신 경제, 환경, 사회라는 세 영역이 동등한 관계를 가지며, 동시에 이들 간에 일정부분이 중첩되고, 그에 따른 상호 연관성 또는 연계성을 가지고 있다고 보고 있다. 이 모델을 채택한나면 사회적 지속가능성은 경제적·환경적 지속가능성과 동등하게 이해되어야 한다는 것을 의미한다. 즉, 이 모델의 초점은 그동안 경제와 환경에 관한 지속가능성 연구가 활발하게 진행되어 온 반면, 사회적 영역에 대해서는 깊이 있는 연구가 진행되지 못하고 있어 지속가능한 발전의 본질적 의미가 퇴색되고 있음을 반영한 것이라 할 수 있다.

즉, 지속가능한 발전은 경제, 환경, 사회의 세 영역을 균형적으로 고려해야 함에도 불구하고, 특정 영역(경제 등)에 강조점을 두면서 자의적 융통성을 발휘하여 본질을 왜곡하기도 하였다는 것이다. 예컨대, 성장지상주의는 경제성장을 극단적으로 강조하고 환경보호와 사회정의는 무시하거나 경제성장을 위한 도구로 간주한다는 것이다. 마찬가지로 생태중심주의는 환경보호를 좌파사회주의는 사회정의를 지나치게 강조하는 경향이 있으며, 이에 따라 다른 영역들을 간과하거나 무시하게 된다는 것이다.[38]

TBL모델을 제시한 엘킹턴은 세 가지 지속가능성의 최소한의 기초적인 수준의 이행이 없다면, 경제적·환경적·사회적 지속가능성의 희망적인 수준은 실현되는 것이 불가능하다고 지적하였다.[39]

3. 사회적 지속가능성의 중요성과 삶의 질

1) 사회적 지속가능성의 중요성

이상과 같은 지속가능한 도시발전 영역(경제·환경·사회) 가운데서 최근 들어 사회적 지속가능성(SS: Social Sustainability)에 대한 중요성이 크게 부각되고 있음은 주지의 사실이다.

경제적 지속가능성은 '인간과 재화의 관계', 환경적 지속가능성은 '인간과 자연의 관계'로 본다면, 사회적 지속가능성은 '인간과 인간의 관계'로 이해할 수 있다. 여기에서 사회적 지속가능성은 '인간과 인간의 관계'에 초점을 둔다는 점에 주목할 필요가 있다. 이러한 사회적 지속가능성은 인간과 인간의 관계이기 때문에 지속가능한 도시발전을 위한 필수적인 부분이자, 어떻게 보면 이의 실천을 위한 목표라고 할 수 있다.[40] 이에 더하여 삭스(I. Sachs), 그리고 아세파와 프로스텔(G. Assefa & Frostell)은 사회적 지속가능성을 분리된 독립체로 확립하는 일뿐만 아니라 이를 넘어서 지속가능한 발전을 위하여 가장 우선적으로 고려되어야 할 목표라고 주장하고 있다.[41]

38 S. Connelly(2007), "Mapping Sustainability Development as a Contested Concept", Local Environment, 12(3), pp. 259~278.; 송주연(2014), 앞의 논문, p. 22 재인용.

39 위의 논문, p. 23 재인용.; 최근 TBL모델을 바탕으로 하여 더욱 다양한 영역을 포함하고자 하는 확장모델이 제시되고 있다. 대표적인 확장모델 가운데 의사결정과정에 정치적 요인을 고려한 'TBL+1모델', 여기에 도시공간에서의 물리적 건축환경의 지속가능성을 고려한 'TBL+2모델' 등을 들 수 있다. 전자에 대한 세부적 내용은 최병두(2012), "지속가능한 발전, 지속가능한가", 박삼옥 외, 지식정보사회의 지리학 탐색, 경기: 한울, pp. 366~398 참조. 후자에 대한 내용은 M. Pacione(2009), Urban Geography: A Global Perspective, UK: Routeledge 참조.; 송주연(2014), 앞의 논문, pp. 23~24 재인용.

40 위의 논문, p. 40.

41 I. Sachs(1999), "Social Sustainability and Whole Development", in Becker, E. & Jahn, T. (eds). Sustainability and the Social Science, N.Y.: USA: Zed Books and UNESCO, pp. 25~36.; Assefa, G. & Frostell, B.(2007), "Social Sustainability and Social Acceptance in Technology Assessment: A Case Study of Energy Technologies", Technology in Society 29(1), pp. 63~78.; 송주연(2014), 앞의 논문, p. 40 재인용.

● 사회적 지속가능성의 기본원칙과 내용

기본 원칙	내용	관련개념
형평성	• 모든 시민들(특히, 빈곤계층과 취약계층)을 위한 공평한 기회와 결과를 제공하는 것	사회적 정의 공평성 공평한 접근 권리의 분배
다양성	• 차이와 다양성의 가치를 증진하고 격려하는 것 • 예컨대 주류 집단뿐만 아니라 유소년과 노년층, 여성 등 다양한 집단의 요구를 존중하고, 문화적·민족적·인종적 차이를 인정하며, 다양한 관점과 가치, 신념 등을 받아들이는 것 • 다양성이 풍부한 사회는 다름을 인정하는 관용적이고 포용적인 사회이기 때문에 분열과 사회적 약자에 대한 배제를 감소시킬 수 있음	포섭(inclusion) 화합 조화 사회적 통합
상호 연계	• 공식적·비공식적·제도적 수준에서 지역사회 내외적으로 연결을 증진시키는 사회적 과정과 체계를 의미 • 사회적 연결망은 사람들 간 교류와 상호작용을 증진시키고 자연스러운 신뢰를 쌓게 하므로 사회적 자본의 형성을 가능하게 만듦	커뮤니티 상호작용 사회적 관계 사회적 자본
민주성 및 거버넌스	• 민주적인 절차와 개방적이고 책임감 있는 거버넌스 구조 • 거버넌스는 지역의 정치적 의사결정과정이 과거와 같이 지방정부의 행정부서 내에서 이루어지는 것이 아니라 지역사회 내의 다양한 행위자들이 참여하고 협력하는 방식을 의미 • 이러한 맥락에서 민주성과 거버넌스 원칙은 지역사회 여러 조직들의 자발적인 참여를 강조	적응성 정치적 참여
삶의 질	• 개인적·조직적인 그리고 커뮤니티 수준에서 기본적인 인간의 욕구를 충족시키고자 하는 것 • 주거와 고용, 소득, 교육, 건강, 그리고 치안여건(범죄와 무질서로부터의 안전) 등	복지 안전성(security) 안정성(stability) 생활조건

출처: 송주연(2014), "한국의 도시성장과 사회적 지속가능성에 관한 연구", 대구대학교 박사학위논문, p. 34 재인용.

그런데 이러한 도시발전의 지속가능성 요소 가운데 사회적 지속가능성은 다른 영역(경제·환경 영역)보다 그 실체 또는 지표가 훨씬 추상적(抽象的)이고 모호하다. 또 그 범위도 복잡다양하기 때문에 이에 대한 접근이 쉬운 일이 아니다. 따라서 이와 관련된 여러 가지 논의가 이루어지고 있는데, 이를 보다 구체화시키기 위한 노력의 일환으로써 전문가들은 이의 기본원칙을 제시하고 있다.[42]

---

42 위의 논문, pp. 32~33.

이와 관련하여 배런과 건틀렛(Barron & Gauntlett, 2002)은 체계적인 분석틀을 제시하고 있는데,[43] 후속연구들 역시 이들이 제시한 다섯 가지 원칙을 크게 벗어나지 않고 있다. ① 형평성(equity), ② 다양성(diversity), ③ 상호연계(inter connectedness), ④ 민주성과 거버넌스(democracy & governance), 그리고 ⑤ 삶의 질(quality of life)이 바로 그것이다.

이상과 같은 다섯 가지 사회적 지속가능성 원칙에 토대를 두고 보다 구체적인 하위지표들을 설정할 필요가 있다. 이러한 하위지표들은 사회적 지속가능성을 측정·평가하기 위한 일련의 과정이라고 할 수 있다(물론, 여전히 계량화하기 어려운 추상적인 요소는 남아 있다). 그리고 종래에는 이러한 하위지표는 객관적이고 '하드'(hard)한 것들이 중심을 이루었으나 최근에는 주관적이고 다소 추상적인 '소프트'(soft)한 주제로 변하고 있는 것이 특징이다.[44]

⬣ 거버먼트(Government)와 거버넌스(Governance)

거버먼트(Government)가 정부 중심의 국정운영이라면, 거버넌스(Governance)는 정부와 시민사회가 협력하여 사회문제를 해결하는 것을 말한다. 로즈(Rhodes, 1997)에 의하면, 'Governance'라는 용어는 정부의 의미 변화, 또는 공적인 업무의 수행방법의 변화를 지칭한다고 하였다. 즉, 'Government'는 공식적인 권위에 근거한 활동을 지칭하는 반면, 'Governance'는 공유된 목적에 의해 일어나는 제반활동을 의미한다.

이러한 논리에 근거하여 최근에는 '정부 없는 거버넌스'(Governance without government) 또는 '정부에서 거버넌스로'(from government to governance)로 표현하기도 한다. 거버넌스의 가장 중요한 특징은 중앙정부, 지방정부, 정치적·사회적 단체, NGO, 민간 조직 등의 다양한 구성원들로 이루어진 네트워크를 강조한다는 점이다. 다양한 참여자로 구성된 네트워크 상황은 참여자들이 상호독립적(相互獨立的)이라는 것을 의미한다. 그러나 모든 구성요소들이 상호독립적이라는 것이 모든 참여자가 동등하다는 것을 의미하는 것은 아니다. 특히 정부는 전통적 정부처럼 우월한 것도 아니고, 항상 동등한 입장도 아니다. 즉, 정부는 기본적으로 동등한 입장에서 전체 네트워크를 관리하는 조정자의 입장에 있다고 하여야 할 것이다.

그리고 이러한 네트워크의 연결성도 순수시장 메커니즘보다는 종속적이지만, 계층제적인 전통적 조직보다는 덜 종속적이다. 이러한 네트워크 구조의 영향으로 정부와 사회의 역할분담의 균형점이 이동하고 있다. 전통적인 하향적이고 집권적인 조향에서 사회의 자기조향 능력(Self-steering capacity)이 강조되고, 공동

---

43 L. Barron & E. Gauntlett(2002), Housing and Sustainable Communities Indicators Project: Stage 1 Report—Model of Social Sustainability, Report of Housing for Sustainable Community: the State of Housing in Australia.; 송주연(2014), 앞의 논문, p. 34 재인용.

44 T. Dixon(2011), Putting the S—Word Back into Sustainability: Can We be More Social?, UK: Berkeley Group, p. 14.; 송주연(2014), 앞의 논문, p. 37 재인용.

이상과 같은 기본원칙(형평성, 다양성, 상호연계, 민주성·거버넌스, 삶의 질 등) 하의 하위지표들은 각각의 단일원칙에 적용되는 것이 아니라 여러 원칙들 속에서 적용될 수 있다는 점을 이해할 필요가 있다.

예컨대, 범죄문제(범죄발생 및 범죄두려움 수준 등)과 관련된 '안전'(security)은 '삶의 질'과 관련된 대표적인 하위지표 가운데 하나라고 볼 수 있다. 그러나 이뿐만 아니라 형평성의 원칙에서는 사회적 지위와 신분고하를 막론하고 형사사법서비스의 혜택을 받는 정도가 해석될 수 있고, 다양성의 원칙에서는 치안서비스 제공주체의 다원화(國 국가차원의 경찰 및 형사사법시스템, 민간경비산업의 활성화 등)로 해석될 수 있다. 그리고 상호연계의 원칙에서는 경찰과 시민의 협력 및 경찰과 민간경비의 연계, 거버넌스 원칙에서는 경찰 및 형사사법에 대한 시민참여 정도 등으로 해석될 수 있을 것이다.

2) 사회적 지속가능성에서 형평성과 삶의 질이 갖는 의미

(1) 형평성

형평성(衡平性, Equity)의 원칙은 대부분의 사회적 지속가능성 연구에서 중요하게 다루고 있다. 형평성의 원칙은 사회적 지속가능성뿐만 아니라 지속가능한 도시발전 전체의 근간이 되는 중요한 원칙이기 때문이다.[45] 생각건대, 수많은 사회적 갈등의 기저에 있는 형평성 문제가 심화됨으로써 비롯된 것이라 할 수 있다.

경제성장에 초점을 두었던 기존의 도시발전 전략은 경제적 편익의 증가를 가져왔지만 공평한 분배가 이루어지지 못했고, 경제성장에 따라 환경적 비용은 항상 부담해야 하는 결과를 초래하였다. 특히, 소득 불평등 현상은 심각한 문제로 대두되었고, 빈곤층의 경제적·정치적 기회가 박탈되면서 빈부격차의 문제는 더욱 심화되있다. 따라서 사회적 지속가능성에서 형평성의 원칙은 공정한 분배와 조건의 평등, 사회적 약자에 대한 차등적인 배려를 의미한다.[46]

---

45 위의 논문, p. 35.
46 위의 논문, p. 35 재인용.

(2) 삶의 질

사회적 지속가능성의 기본원칙 가운데 '삶의 질'이 제시되고 있는데, 이 개념 또한 중요한 의미를 가지고 있다. 도시환경 속에서 인간 또는 개인이 얼마나 인간다운 삶을 누릴 수 있느냐를 측정하는 기준으로서 이 개념을 널리 사용하고 있음은 주지의 사실이다(그리고 형평성 문제가 많이 노정된 사회는 삶의 질 역시 저하된다고 볼 수도 있다). 아래에서는 이러한 삶의 질 개념을 중심으로 살펴보기로 한다.

삶의 질이란 어떠한 절대적인 개념이라기보다는 한 국가 또는 사회의 정치·경제·사회의 발전 수준과 사회구성원들의 개인적 특성, 생활조건, 가치관과 관습에 따라 변화할 수 있는 상대적 개념이기 때문에 '삶의 질 지수'(quality of life index) 즉, 삶의 질을 구성하는 요소를 개발하는 것은 결코 쉬운 일이 아니라고 본다.[47] 따라서 삶의 질을 구성하는 요소는 보는 관점에 따라 다양하게 나타나고 있고, 이러한 이유로 개별 국가와 경제협력개발기구(OECD)와 같은 국제기구 차원에서 이와 관련된 지표개발을 위해 많은 노력을 하고 있음은 물론이다.

삶의 질을 구성하는 요소(만족감, 안전감, 편리감, 쾌적감, 신뢰감, 행복감 등) 가운데 '안전'(安全, Security or Safety)이 중요한 비중을 차지하고 있다.[48] 안전은 인간이 추구하는 가장 본질적인 욕망 가운데 하나이기 때문이다.[49] 그리고 오늘날 안전과 관련하여 가장 밀접한 관련성을 가지고 있는 것이 바로 범죄와 무질서 문제라고 할 수 있다. 이러한 점에서 삶의 질을 연구하는 데 있어서 범죄와 무질서 문제에 대한 체계적인 분석과 대책의 마련은 매우 중요한 의미를 갖는다.

생각건대, 인간의 안전에 관한 관심은 비단 어제 오늘의 일이 아니라고 본다. 개인의 생명과 재산을 보호한다는 것은 인류역사상 가장 오래된 과제 중의 하나라고 할 수 있다. 즉, 인간은 열악한 자연환경과 이로 인한 자연재해, 그리고 인간 상호간의 공격으로부터 자신을 스스로 보호하기 위한 방법을 강구하지 않을 수 없었을 것이다. 따라서 인류는 본능적으로 스스로를 보호하기 위하여 적절하게 주거형태를 선택 또는 건설해왔다고 볼 수 있다. 예컨대, 절벽에 위치한 동굴, 높

---

47 차용진(2013), "삶의 질 측정에 관한 실증적 연구", 한국공공관리확보 27(2), P. 2.
48 이경태·권영주(2010), "삶의 질 측정에 관한 연구: 경기도민을 중심으로", 사회과학연구 17(1), pp. 97~132.; OECE(2012), Measuring Well−Being and the Progress of Society.; 차용진(2013), 앞의 논문, pp. 1~26.
49 매슬로우(A. Maslow)의 생래적·내재적 욕구 5단계에서 안전의 욕구는 인간이 생리적 욕구(의·식·주) 다음으로 추구하는 근원적인 것이라 할 수 있다. 여기서 안전의 욕구라는 것은 외부의 위험이나 위협으로부터 정신적·육체적으로 보호되기를 바라는 마음이라고 할 수 있다. 따라서 생리적 욕구와 안전욕구가 충족되지 않은 상태에서 그 다음 단계인 애정에 대한 욕구, 존경에 대한 욕구, 그리고 자기실현의 욕구를 달성한다는 것은 결코 쉬운 일이 아니다. Jay M. Shafritz, J. Steven Ott(ed.)(1996), Classics of Organization Theory, N.Y: Wadsworth Publishing Company, pp. 163~175.

● 삶의 질 구성요소

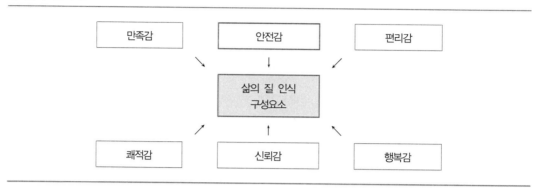

은 나무 위 또는 수상에 지어진 집 등은 이러한 기능을 하였음을 알 수 있다.

안전과 관련하여 고대문헌이나 성서 같은 많은 자료에서 개인과 사회는 자신들의 생명과 재산을 보호하고 질서유지 등을 위해 야간감시자(night watchman)나 경비원(guard)을 배치하였다는 사실은 얼마든지 발견할 수 있다. 자경주의(自警主義, vigilantism) 차원에서 볼 때, 국가 이전의 민간 차원의 보호활동은 인류의 역사와 더불어 시작되었고, 국가라는 실체의 등장 이후 공적인 보호활동이 제도적으로 이루어졌음을 알 수 있다. 그런데, 개인의 자유와 권리가 신장되고, 경제적·사회 문화적 수준도 향상되었음에도 불구하고 범죄문제는 양적·질적으로 심화되고 있으며, 따라서 이와 관련된 치안수요(治安需要)는 더욱 커지고 있는 실정이다.

삶의 질과 관련하여, 1995년도에 중앙일보사에서는 국내최초로 전국 74개 도시의 거주민들을 대상으로 '삶의 질' 대한 비교 평가·분석하는 작업을 실시한 바가 있다. 이와 관련된 전체 36가지의 세부항목별 중요도에 있어서는 인구 1만 명당 범죄 발생건수가 3위, 교통사고 발생건수가 4위, 강력범죄 발생건수가 11위, 경찰관 수가 33위를 차지하고 있다. 여기에서 삶의 질에 대한 분야별 중요도를 살펴보면, 전체적으로 안전한 생활부문(즉, 치안여건)은 두 번째로 중요한 비중을 차지하고 있음을 알 수 있다.[50]

이러한 범죄문제의 심각성과 이에 대한 예방을 어떻게 할 것이냐 하는 것은 특정 국가 및 도시에 한정된 것이 아닌 범세계적인 관심사항이라 할 수 있다. 독일의 경우, 범죄문제가 실업문제 다음으로 심각한 문제로 지적되고 있음은 우리에게 시사하는 바가 크다.

---

50 안전한 생활의 평가항목으로는 인구 만 명당 ① 범죄발생건수, ② 강력범죄 발생건수, ③ 교통사고 발생건수, ④ 경찰관 수, ⑤ 소방장비 수, ⑥ 화재 발생건수, ⑦ 유흥업소 수 등이 포함되고 있다. 다만, 범죄 발생건수 뿐만 아니라 범죄에 대한 두려움, 범죄피해 정도 등도 중요한 측정기준이 되는데 이 조사에서는 다루어지지 않았다. 중앙일보사(1995), 전국 74개시 비교평가 자료집: 삶의 질 입체분석, p. 7.

● 삶의 질에 대한 분야별 중요도 평가 사례

순위	분야	중요도(가중치)
1	건강·쾌적한 생활 부문	0.2205
2	**안전한 생활 부문(치안여건 부문)**	0.1970
3	교육·복지 부문	0.1875
4	경제적 생활 부문	0.1385
5	편리한 생활 부문	0.1345
6	문화생활 부문	0.1220

출처: 중앙일보사(1995), 전국 74개시 비교평가 자료집: 삶의 질 입체분석, p. 7.

또 한 연구에서 보면, 우리나라의 시민의 안전과 삶의 질을 위협하는 가장 큰 불안요인으로 거론되는 것으로서 첫 번째가 범죄발생(18.3%), 두 번째가 경제위기(15.4%), 그리고 세 번째가 환경오염(13.5%) 순으로 조사되었다.[51] 그리고 2016년 '통계청 사회조사'에서 시민들은 사회의 가장 주된 불안요인으로 범죄 발생(29.7%)을 꼽았다. 국가안보(19%), 경제적 위험(15%)보다 범죄문제에 더 많은 두려움 내지 불안을 느끼고 있음을 알 수 있다.[52]

한편, 실질적으로 각국의 범죄 및 범죄에 대한 두려움이 증가하였음을 예측할 수 있는 방법이 있다.[53] 이러한 예측 가능한 방법으로 다음과 같은 것을 들 수 있다. 먼저, 어떤 국가가 범죄자를 보다 엄중하게 처벌하고자 할 때 그리고 교도소 최대 수용능력 또는 그 이상으로 범죄자를 수용시키고자 할 때에는 그 사회에 범죄문제가 심각한 수준에 이르렀다고 볼 수 있다. 또 다른 예측 가능한 방법은 시민들이 범죄예방 및 통제를 위해 노력하는 경찰 등 형사사법기관에 의지하고자 하는 정도가 높을 때에 범죄 및 범죄에 대한 두려움이 높게 나타나고 있음을 알 수 있다. 범죄 및 범죄에 대한 두려움 등 여러 가지 불안하고 열악한 치안환경에 직면하게 되면, 시민은 경찰에 대해 배타적이라기보다는 의지하고자 하는 성향을 갖고 있기 때문이다.

---

51 민수홍(2009), "사회 안전과 삶의 질", 한국사회학회 특별 심포지엄, p. 199.
52 SBS(2017.03.09.) "최초공개 2016 전국범죄지도: 절도·폭력·성폭행이 많은 지역의 특성은?" 뉴스 자료 (http://news.sbs.co.kr/news/endPage).
53 최선우(2017), 경찰과 커뮤니티: 커뮤니티 경찰활동, 서울: 박영사, p. 252.

범죄예방과 CPTED

CHAPTER 03 범죄예방과 CPTED

SECTION 01 범죄예방의 의의와 구조모델

1. 범죄예방의 의의

1) 범죄예방의 개념

범죄예방의 의미를 살펴보기에 앞서 범죄(犯罪, Crime)의 개념에 대해서 간단히 살펴볼 필요가 있다. 주지하는 바와 같이 범죄라는 용어는 그 의미가 매우 가변적이기 때문에 일률적으로 정의하기가 어렵다. 동서고금(東西古今)을 통해 범죄로 간주되는 전통적인 범죄(예 살인, 강도, 강간, 방화, 폭행, 절도 등)도 있는가 하면, 시대와 장소에 따라 범죄로 간주되는 범죄(예 간통, 도박, 마약, 기타 질서범 등)도 얼마든지 있다.

이러한 이유로 범죄가 무엇인지에 대해서는 학자들마다 다양한 견해가 제시되고 있지만, 일반적으로 '범죄'라는 용어는 법률(法律)적 규정에 따르는 경향이 있다.[1] 즉, 법에서 일정한 행위에 대해서 금지하고, 이를 위반했을 경우 일정한 형벌(刑罰)이 부과되는 것을 말한다. 그러나 복잡한 현대사회 속에서 인간의 반사회적 행위 또한 다양한 형태로 나타나기 때문에 이 모두를 법률로 규정하는 것은 불가능하다. 그리고 이러한 반사회적 행위가 법률에 규정되어 있지 않다고 해서 그것을 범죄가 아니라고 배제하는 것도 문제가 있다. 그리고 개인의 사소한 일탈행위가 장래에 심각한 범죄로 발전할 가능성도 있다고 본다.

범죄예방(犯罪豫防, Crime Prevention) 역시 범죄와 마찬가지로 보는 관점에 따라 개념정의가 다양하다. 일반적으로 범죄예방이라는 것은 범죄를 방지하기 위한 모든 사전활동이라 할 수 있다. 그리고 미국의 국립범죄예방연구소(NICP: National Institute of Crime Prevention)는 "범죄예방은 범

---

1 김형중·이도선·정의롬(2015), 범죄학, 서울: 그린, pp. 14~15.

죄의 위험을 예측, 인식, 평가하여 범죄를 감소 또는 근절시키기 위한 사전활동"으로 정의하고 있다.[2]

엑블롬(Ekblom)은 "범죄예방은 범죄와 무질서한 사건의 발생위험 그리고[또는] 그 결과의 잠재적 심각성을 감소시키기 위해 그러한 사건의 원인에 대해 취해지는 조치"라고 하였다.[3] 이러한 개념정의 속에는 범죄와 그것으로 인한 개인 내지 사회에 미치는 영향을 포함하고 있다.

범죄의 결과는 피해자에게 매우 심각한 고통 또는 손실을 가져다준다. 그런데, 지금까지의 범죄예방은 대부분 범죄의 양적 수준을 감소시키거나 그 증가를 억제하는 것으로 규정하는 경향이 있었다. 그리고 이러한 범죄예방의 개념에 '범죄의 두려움'과 '지각된 수준의 범죄와 범죄피해'를 포함하는 경우는 거의 없었다. 따라서 범죄예방의 개념을 다음과 같이 좀 더 확대하여 접근할 필요가 있다고 본다.[4]

> **범죄예방:** 범죄의 양적 수준 또는 인지된 범죄의 두려움 수준을 감소하기 위한 모든 활동

이러한 범죄예방활동은 공식적인 형사사법기관(刑事司法機關: 경찰·검찰·법원·교정 등)의 활동뿐만 아니라 다른 여러 국가·지방기관, 그리고 더 나아가 개인 및 민간단체의 활동까지도 포함한다고 본다. 범죄를 유발하는 원인이 다양하듯이, 범죄를 예방할 수 있는 방법도 다양한 관점에서 접근되어야 하기 때문이다.[5]

이 책에서 접근하는 '환경설계와 범죄예방'은 이러한 공적 차원의 활동과 민간차원의 활동을 모두 포함하고 있다(그리고 공식적인 형사사법기관의 역할뿐만 아니라 좀 더 거시적인 관점에서 다른 국가·지방기관과 다양한 민간참여를 보다 강조하고자 하였다).

한편, 엄격한 의미에서 범죄예방과 범죄통제는 같은 것은 아니라고 본다. 범죄예방은 분명히 범죄를 처음 저지르기 이전 또는 또 다른 범죄행위를 하기 전에 범죄가 발생하지 않도록 하는 제반노력이라고 할 수 있다. 반면, 범죄통제(犯罪統制, Crime Control)는 일정한 목표 수준 또는 현재의 수준으로 범죄발생을 유지하고 그러한 정도의 범죄를 관리하는 것을 의미한다. 또한 범죄통제는 범죄의 두려움에 관한 문제를 적절히 고려하지 않는 경향이 있다(이러한 양자의 구분방식에는 논란의 여지가 있음은 물론이다).[6]

---

2 허선영(2013), "범죄발생과 범죄두려움 공간분석을 통한 안전도시 조성연구", 경상대학교 박사학위논문, p. 2 재인용.

3 Steven P. Lab/이순래·박철현·김상원 역(2011), 범죄예방론, 서울: 그린, p. 46 재인용.

4 위의 책, p. 46.

5 위의 책, p. 46.

6 위의 책, p. 47.

2) 범죄예방의 인식 전환

기본적으로 범죄문제에 대한 접근(예방, 통제 등)에 있어서 공식적 형사사법기관의 역할과 책임은 이론의 여지가 없이 중요하다고 본다. 국가는 범죄와 무질서로부터 개인의 자유와 권리를 보호해줄 책임이 있음은 주지의 사실이며, 형사사법기관은 이를 위해 존재하는 것이기 때문이다.

따라서 범죄예방에 있어서도 이와 같은 국가 중심적 또는 형사사법기관의 역할을 중심으로 하는 사고(思考)가 그동안 지배적인 가치를 형성하고 있었던 것이 사실이다. 그러나 이러한 형사사법기관의 역할뿐만 아니라, 어떻게 보면 범죄와 직접적으로 무관할지도 모르는 사회환경 내지 도시환경의 변화·개선, 도시민들이 인식전환 등을 통해서도 범죄예방(더 나아가 범죄통제)의 효과를 거둘수 있다는 논의도 크게 설득력을 얻고 있다.

그리고 이러한 노력들이 오히려 공식적 형사사법기관보다도 더 근본적이고 중요한 문제라고 인식하는 수준에 이르고 있다. 아래에서 설명하고 있는 범죄예방 구조모델도 바로 이러한 인식전환을 바탕으로 한 것이다.

 범죄예방의 인식전환

범죄억제·처벌을 통한 범죄예방	범죄처우·사회복귀를 통한 범죄예방
• 공식적 형사사법기관의 역할 강조 • 형벌의 정확성·적시성·엄격성을 실현하여 위화감 조성을 통한 일반예방과 범죄자 개인의 격리를 통한 특별예방의 기대 • 범죄발생 후의 철저한 통제정책을 통한 예방효과 기대	• 공식적 형사사법기관을 위주로 하면서 다른 공식적·비공식적 유관기관의 역할분담 강조 • 범죄에 대한 철저한 통제 및 위화감 조성보다는 치료적 측면에서 정상적인 사회복귀를 지원 • 임상적 치료, 지역활동, 교육, 직업훈련 등을 통한 예방효과 기대

환경설계에 의한 범죄예방

- 공식적 형사사법기관보다는 공식적·비공식적 유관기관의 능동적인 역할 강조
- 범죄자의 범행기회를 사전에 차단할 수 있는 사회환경적 조건을 조성
- 형사정책에 국한하지 않고, 도시환경·주거환경 등 물리적 환경 개선과 사회구성원들에 대한 인간관계 개선 등 포괄적 접근을 통한 예방효과 기대

2. 범죄예방의 구조모델

모든 사회현상 속에서 발생하는 문제점에 대한 대응방식은 각각의 현상에 따라 상이하다. 따라서 범죄, 질병, 재해, 무질서 등에 대한 사전 예방적, 그리고 사후 대응적 조치는 주어진 문제의 특성에 따라 각기 다른 처방이 이루어져야 한다는 것은 분명한 사실이다. 그런데 이들 문제에 대해서 '사전 예방'이나 '사후 대응'과 관련하여 자체에 내재된 본질적 문제 인식 및 접근방식은 궁극적으로 예방을 지향한다는 점에서 동일하다고 본다. 따라서 '예방'이라는 본질적 개념은 동일하다는 전제하에 범죄예방을 하나의 구조모델(Structure Model)을 통해서 단계적으로 살펴보기로 한다.

이러한 범죄예방의 단계적 접근방법은 질병에 대한 의학적 치료를 위한 의료모델에 기원을 두고 있는데, 이는 3단계 차원에서 논의된다. 각 단계별 질병예방을 응용한다면, 범죄예방의 구조모델을 ① 1차적 범죄예방, ② 2차적 범죄예방, ③ 3차적 범죄예방으로 나누어 접근할 수 있을 것이다.

범죄예방 구조모델에 관한 체계적인 분류는 브란팅햄과 파우스트(P. J. Brantingham & F. L. Faust, 1976)에 의해서 소개되었다. 그리고 독일의 쿠베(E. Kube, 1996)는 이 구조모델을 '주사위모델'로 응용하여 이해하기 쉽도록 소개하고 있다.[7] 이러한 범죄예방 구조모델은 아래의 표와 같이 정리할 수 있을 것이다. 그런데, 범죄예방의 각 단계가 확연히 구분되는 경우도 있지만, 주사위의 직육면체의 모서리가 만나듯이 서로 중첩 부분도 존재한다는 점을 인식할 필요가 있다. 단계별 접근방법이 특정 대상에만 전적으로 국한되는 것은 결코 아니라는 것이다.

생각건대, 발생 가능한 어떠한 문제에 대한 범죄예방 조치는 다양한 관점에서 주어진 상황에 맞도록 이루어져야 하고, 또 일정한 우선순위를 두고 이루어져야 한다고 본다. 이러한 점에서 상황에 따른 일정한 단계를 설정하는 것은 의미가 있다.[8]

● 범죄예방 구조모델

구분	1차적 범죄예방	2차적 범죄예방	3차적 범죄예방
대상	일반시민	잠재적 범죄자	상습범죄자
내용	일반시민을 대상으로 일반적인 사회환경에서 범죄원인이 되는 조건들을 발견·개선하는 예방활동	범죄를 저지를 우려가 높은 잠재적 범죄자를 초기에 발견하고, 이들의 범죄행위를 저지하기 위한 예방활동	상습범죄자(전과자)를 대상으로 이들에 의한 범죄가 더 이상 발생하지 않도록 하는 예방활동

---

7 P.J. Brantingham and F.L. Faust(1976), "A Conceptual Model of Crime Prevention", Crime & Delinquence, p. 22.; 임준태(2009), 범죄예방론, 서울: 대영문화사, pp. 56~66 재인용.

8 L.K. Gaines, et al.(1994), Policing in America, Cincinnati: Anderson Publishing Co., pp. 353~355.; 이하 Steven P. Lab/이순래·박철현·김상원 역(2011), 앞의 책, pp. 59~66.; 임준태(2009), 앞의 책, pp. 48~52 재구성.

1) 1차적 범죄예방

1차적 범죄예방을 설명하기에 앞서 1차적 질병예방에 대해서 살펴보자. 1차적 질병예방은 가장 일반적·기본적인 접근방법으로서 모든 국민(불특정 다수)을 대상으로 이루어진다. 모든 인간은 질병에 걸릴 수 있으며, 따라서 평상시에 일정한 예방적 조치(공중보건)가 필요하게 된다.

이러한 예방적 방법은 대표적으로 예방접종과 위생관리 등을 들 수 있다. 예방접종 대상으로는 예컨대, 결핵, B형간염, 홍역, 수두, 일본뇌염 등을 들 수 있다. 위생관리는 거시적·환경적으로는 환경보존 및 오염원 감소 등이 있으며, 개인적으로는 손발 씻기, 적절한 식습관·운동·수면, 동성애 금지 등을 들 수 있다. 이러한 예방접종 및 위생관리가 이루어진다면 어느 정도 질병을 예방할 수 있다고 본다(그러나 이러한 1차적 조치를 통해서 모든 사람이 질병을 예방할 수 있는 것은 아니다).

1차적 질병예방과 마찬가지로 1차적 범죄예방(Primary Crime Prevention)에서는 거시적 차원의 환경개선, 범죄가 유발될 수 있는 환경설계, 이웃감시활동, 민간경비의 이용,[9] 매스미디어(TV, 인터넷 등)의 활용, 범죄 및 범죄예방 관련 교육 등을 들 수 있다. 이러한 점에서 볼 때, 공식적인 형사사법기관(경찰·검찰·법원·교정 등)은 1차적 범죄예방에 직접적으로 개입하는 여지는 많지 않다고 본다(물론, 범죄 진단, 예방교육 및 안내 등은 가능하다).

거시적 차원의 환경개선이라는 것은 사회적 결함 또는 결핍구조의 개선과 관련된 것으로서 어떻게 보면, 범죄문제와 직접적인 연관성을 가지고 있지 않으면서도 또 한편으로는 밀접한 관련성을 가지고 있는 요소라고 할 수 있다. 예컨대, 실업문제, 교육문제, 사회화문제, 열악한 주거환경 및 노동조건 등도 이에 포함된다.

범죄가 유발될 수 있는 '환경설계'(環境設計, Environmental Design)라는 것은 범죄자에게는 범죄의 실행을 어렵게 하고, 주민들에게는 감시·주의 효과를 증대시켜, 아울러 평온함과 안전감을 증대시킬 수 있는 다양한 범죄예방활동을 말한다. 안전을 고려한 거시적 차원의 도시계획에서부터 개별 시설물(주거시설, 상업시설, 교육시설, 여가시설, 금융시설, 공공시설 등)에 대한 건축설계, 그리고 구체적으로는 CCTV·보안조명·센서·잠금장치·소유물 표시 등도 이에 포함된다.

그리고 이웃감시와 순찰활동 등을 통해서 지역 또는 단지 내의 주민들은 주변을 통제할 수 있는 능력이 향상되며, 결과적으로 잠재적 범죄자를 감시하고 이들의 활동을 억제할 수 있는 가능성은 커지게 된다.

---

9 여기에서 말하는 민간경비(Private Security)는 개인이 취하는 안전조치나 이웃감시활동, 그리고 경찰과 연계된 자율방범활동이 아닌 경비업법(警備業法) 등에 의해 도급계약을 체결하고 관련 치안서비스를 제공하는 '영리기업'(Profit-Oriented Enterprise)을 의미한다. 이에 대한 자세한 내용은 최선우(2019), 민간경비론, 인천: 진영사, pp. 23~36 참조.

이러한 1차적 범죄예방의 핵심은 '범죄를 저지를 약간의 가능성이 있는 사람'이 쉽게 범죄를 저지르지 못하도록 하는 것이라 할 수 있다. 그런데, 주의할 것은 1차적 범죄예방에서 말하는 '범죄를 저지를 약간의 가능성이 있는 사람'은 기본적으로 성악설(性惡說)의 관점에서 바라보는 일반인 모두를 지칭한다고 볼 수 있다.

견물생심(見物生心)이라는 옛말이 있듯이 모든 사람(비록 준법시민이라 할지라도)은 어떠한 '조건' 또는 '기회'(예컨대, 인적이 드문 외진 곳에 어떤 차량이 일정 기간 동안 방치되어 있는데, 그 차량의 창문이 열려져 있고 그 안에는 많은 현금이 시각적으로 노출되어 있을 때)가 주어지면 평소에는 생각하고 있지도 않은 범죄 또는 일탈의 욕망이 생기고, 그것을 실행할 가능성이 높다는 것이다.

> ### 🔺 기회가 도둑을 만든다
>
> 견물생심(見物生心) 즉, "기회가 도둑을 만든다"(Opportunity makes a thief)라는 말은 전세계적으로 통용되는 명언 내지 속담이라 할 수 있다.[10] 이는 역설적으로 말하면, 도둑을 비난하기 보다는 당한 사람의 부주의를 지적하는 말이기도 하다. "기회가 도둑을 만든다"라는 말을 범죄예방적 관점에서 다시 표현한다면 "기회가 도둑을 막는다 또는 기회가 도둑을 예방한다"도 될 수 있을 것이다.
>
>
>
> 출처: http://blog.naver.com/PostView.nhn?blogId=joannes4u&logNo=220373069974.

즉, 위와 같은 상황이라면, 누구나 절도의 충동은 충분히 가질 수 있다고 본다. 따라서 적어도 해당 차량에 대한 기본적인 안전조치(장시간 방치하지 않고, 잠금 및 창문개폐를 확실하게 하는 조치 등)는 이루어져야 할 것이다. 일반시민에 대해서는 이정도의 안전조치만으로도 충분히 범죄를 예방할 수 있다고 본다. 어쨌든, 1차적 범죄예방은 범죄에 대한 '첫 번째 단계의 방어선'(the first line of defense)을 구축해 주는 제반활동이라고 볼 수 있다.

---

10 이를 제목으로 19세기 이탈리아 오페라무대를 화려하게 장식했던 낭만주의자 로시니(Gioacchino Antonio Rossini, 1792~1868)의 '도둑의 기회/기회가 도둑을 만든다(L'occasione fa il ladro) -부제: 바뀌어진 가방, 1812'이라는 유명한 작품이 있다.

2) 2차적 범죄예방

2차적 질병예방은 질병에 걸릴 가능성이 높은 사람들에 관한 것이다. 즉, 선천적 요인(유전적·신체적 결함 등) 또는 후천적 요인(작업장의 위해물질 노출 등)에 의해 질병에 쉽게 노출되기 쉬운 사람들이 있는데, 이들에 대해서는 1차적 질병예방조치 외에 특별한 개별적 조치가 필요하다고 본다. 선천적으로 신체의 특정부분(간, 심장, 폐 등)이 정상인보다 허약한 사람의 경우에는 그에 대한 추가적인 조치(정기검사, 약물투여, 식이요법 등)가 이루어져야 할 것이며, 후천적으로 특정한 환경(반도체 공장, 석면공사장 등)에서 작업하는 사람의 경우에는 특별한 관리 및 보호조치가 이루어져야 할 것이다.

2차적 질병예방과 마찬가지로 2차적 범죄예방(Secondary Crime Prevention)은 일반시민이 아닌 '잠재적 범죄자' 또는 '범죄발생율이 높은 지역'에 초점을 두고 이루어지는 제반활동을 말한다. 여기에서의 '잠재적 범죄자'는 일반적인 사람(1차적 범죄예방에서 말하는 '범죄를 저지를 약간의 가능성이 있는 사람')이 갖는 욕망의 수준을 넘어선 사람들이다. 즉, 이들은 어떠한 '기회'(機會, Opportunity) 또는 '상황'(狀況, Situation)만 주어지면, 범죄적 행동을 할 가능성이 높은 사람을 의미한다고 볼 수 있다.

이와 관련하여 경찰과 같은 공식적 형사사법기관에서는 범죄의 지리적·공간적 분석을 통해서 잠재적 범죄자가 범죄를 저지를 가능성이 있는 기회 또는 장소(우범지역 내지 취약지역 등)를 사전에 정확히 판단하고 예측함으로써 범죄가 발생할 가능성을 감소 또는 제거할 수 있을 것이다.

이러한 2차적 범죄예방과 관련하여 가장 널리 알려진 것이 바로 '상황적 범죄예방'(Situational Crime Prevention)이라 할 수 있다. 상황적 범죄예방은 미시적 수준에서 현재 존재하는 범죄발생 관련 위험성을 분석·판단하고, 주어진 문제해결을 위하여 특별한 대책방안을 강구하고 이를 실행하는 것이다. 이러한 점에서 2차적 범죄예방은 잠재적 위험성이 높은 특정개인과 특정지역에서 범죄를 야기시키는 문제점이 무엇인지를 파악하는 것은 중요한 일이다. 이러한 확인과정을 거쳐 잠재적 범죄자들이 범죄를 저지르고자 하는 의지 또는 욕망을 제거 또는 감소시킬 수 있기 때문이다.

🔵 **범죄기회와 범죄발생에 관한 10가지 원칙**

1. 범죄기회는 모든 범죄를 발생시키는 역할을 한다.
2. 범죄기회는 아주 구체적이다.
3. 범죄기회는 '시간'(the time), 그리고 '장소'(the place)와 결합되어 있다.

4. 범죄기회는 (잠재적 범죄피해자의) 일상적인 이동습관에 의해 만들어진다.

5. 하나의 범죄는 다른 범죄발생 기회를 만들어 낸다.

6. 일부의 범죄는 더 많은 범죄발생 기회를 만들어 낸다.

7. 사회적·기술적 발전은 새로운 범죄발생 기회를 만들어 낸다.

8. 범죄기회는 감소될 수 있다.

9. 어떠한 범죄기회를 감소시키는 보통 다른 범죄로 대체시키지는 않는다.

10. 범죄기회에 초점을 둠으로써, 더욱 광범위한 범죄감소 효과를 낼 수 있다.

출처: 임준태(2009), 범죄예방론, 서울: 대영문화사, p. 61 재인용.

물론, 2차적 범죄예방은 1차적 범죄예방과 상당부분 유사하고, 또 양자간의 구분이 명확하기 이루어지지 않는 부분이 있다. 다만, 1차적 범죄예방은 일반인들이 범죄를 저지르고자 하는 기회를 제거하는데 초점을 두고 있는 것에 비해 2차적 범죄예방에서는 잠재적 범죄자의 범행기회 또는 욕망억제에 초점을 두고 있다는 점에서 차이가 있다. 그리고 1차적 범죄예방 프로그램들은 범죄행위의 발생을 유발할 수 있는 문제를 해결하는 부분에 더욱 관심을 둔다면, 2차적 범죄예방 프로그램들은 이미 존재하는 일탈행위를 부추기는 요인들에 더욱 관심을 두고 있다는 점에서 차이가 있다고 본다.

그리고 2차적 범죄예방은 1차적 범죄예방보다 그 접근방법 및 내용에서 보다 많은 시간과 노력, 그리고 비용이 요구된다. 잠재적 범죄자들을 대상으로 한 2차적 범죄예방은 앞에서 1차 범죄예방의 예를 든 것에서와 같이, 범죄피해의 위험성이 높은 차량에 잠금장치를 설치하는 것만으로는 효과를 거두기 어렵다고 본다. 일반시민이 아닌 잠재적 범죄자의 범죄행동을 억제해야 하기 때문이다. 따라서 2차적 범죄예방을 위해서는 잠금장치 외에 '경보장치' 등을 추가적으로 설치해야 어느 정도 예방효과가 있을 것이다.

전통적으로 도시 내지 지역사회 수준에서 이루어진 2차적 범죄예방활동의 한 예는 미국 시카고(Chicago)의 범죄예방 프로젝트를 들 수 있다.[11] 시카고 범죄예방 프로젝트는 먼저 범죄가 많이 발생하는 구역을 구분하였고, 이후 이들 구역의 범죄유발요인에 초점을 두고 접근하였다. 이 프로

---

11 시카고시는 일리노이주 북동부의 도시로 미국에서 3번째로 인구(2016년 현재 약 270만 명)가 많은 시이자 대도시이다. 1830년대까지는 미시간 호 남서쪽 끝 부근에 있는 늪지성 강어귀의 작은 교역소에 불과하였다. 내륙에 있으면서도 수로를 끼고 있는 입지조건 덕분에 미국의 도시 및 산업발전과 더불어 세계적인 공업 및 상업단지의 중심이 되었다. 시카고의 발전은 미국 전체의 발전상을 단적으로 보여주는 것이며, 이 시의 문제점은 곧 현재 미국이 안고 있는 문제이다. 한마디로 시카고는 전형적인 미국의 도시라 할 수 있다. 시카고 대도시권의 인구는 일리노이 주 전체인구의 약 2/3를 차지하고 있다. 다음백과(http://100.daum.net/encyclopedia).

젝트에서 실제 적용된 사항들은 물리적 환경의 변화, 사회적 상호작용의 개선, 문제 있는 청소년 들에 대한 강화된 감시활동 등이 있다.[12]

🔺 시카고의 범죄예방 프로젝트와 한계

미국 시카고시는 2008년 FBI 출신 웨이스(J. Weis)를 시카고경찰청(CPD: Chicago Police Department)의 청장으로 임명하였다. 당시까지만 해도 시카고는 '범죄도시'(犯罪都市)라는 오명을 안고 있었다. 웨이스는 이러한 범죄문제를 해결하기 위해 다소 혁신적인 범죄예방 프로젝트를 실시 하였다.

이는 마치 영화 '마이너리티 리포트'(Minority Report, 2002)에 서 나오는 범죄시스템처럼 범죄발생 이전에 이를 예방하고자 한 것이다.[13]

즉, 컴퓨터 범죄분석시스템에 의해 범죄관련 자료를 수집·분석 하여, 이를 토대로 범죄가 자주 발생하는 '위험지역·장소'(hot spot)를 구분하고, 범죄를 유발하는 물리적 환경의 개선, 주민 상 호간의 사회적 상호작용 개선 등의 조치가 이루어졌다.

더 나아가 '잠재적 범죄자'들에 대한 리스트(list)까지 작성하고, 경찰은 이에 대한 조치를 취하였다. 경찰은 범죄분석시스템에 의 해서 지목된 잠재적 범죄자를 미리 찾아가서 경고를 하는 방법이 다. 예컨대, 22살의 맥다니엘은 고등학교 중퇴를 했지만 전과기록 은 없었다. 그러나 어느 날 경찰관이 불시에 방문하여 당사자에게 "우리는 너를 주목하고 있다"(We're watching you)라는 경고메 시지를 전함으로써 잠재적 범행의지를 억제토록 하였다.

영화 〈마이너리티 리포트(2002)〉

컴퓨터 전문가 골드스테인(B. Goldstein)의 도움으로 이 시스템은 2010년에 시행되었는데 그 결과 는 매우 경이적이었다. 시행 첫해에 5%의 살인범죄가 감소하였고, 2011년 여름까지 살인사건 사망자 수가 400명 미만으로 떨어지면서 1965년 이래 최저값을 달성하였던 것이다. 그러나 이 범죄분석 및 예측시스템은 오래가지는 못하였다. 무엇보다도 시카고시 재정적자가 악화되자 오바마 전 미국대통령 의 비서실장을 역임했던 램 임마뉴엘시장이 CPD의 예산을 압박하였고, 결국 이 프로젝트는 축소되었 다. 흥미 있는 사실은, 이 범죄예방 프로젝트의 축소와 동시에 살인사건이 증가하였는데, 2011년 10월

---

12 Steven P. Lab/이순래·박철현·김상원 역(2011), 앞의 책, p. 51.

13 영화 '마이너리티 리포트'(2002): 2054년 미국 워싱턴시는 범죄가 발생하기 전에 범죄를 예측하여 범죄자를 체 포하는 최첨단 치안시스템 '프리크라임'(free crime)을 개발하였다. 이 프리크라임 시스템을 통해서 범죄가 일 어날 시간과 장소, 범행을 저지를 사람까지 미리 예측해 내고, 이를 바탕으로 프리크라임 특수경찰은 잠재적 범죄자들을 체포하였다. 유능한 특수경찰인 주인공 존 앤더튼(톰크루즈)은 이러한 과정에서 사건에 휘말리게

에만 살인사건이 23% 증가한 것으로 나타났다.

그러나 예산과 관련된 문제 외에도 이 시스템을 계속 진행하기 어려웠던 것은 시스템운영 자체가 인종적인 편견을 가지고 있다는 비판 때문이었다. 시카고 역시 다른 대도시처럼 흑인 밀집지역이 존재하였는데, '위험지역·장소'(hot spot)로 지목된 곳은 시카고 남부의 흑인거주지역이 대부분이었고, 요주의 관찰대상도 흑인이 대부분이었다고 한다.

즉, 이러한 예측시스템이 운용되기 위해서는 과거의 범죄경력 및 개인정보를 필요로 하는데 사생활 침해, 그리고 결과론적이지만 특정 인종에 차별문제와 같은 문제를 노정시켰던 것이다. 요약건대, 범죄 예측시스템의 성과에도 불구하고, 그것이 지속되기에는 정치적·사회적 부담이 컸다고 할 수 있다.

출처: https://www.clien.net/service/board/park/6415346.

⬤ 뉴욕경찰의 이웃경찰활동 프로그램

최근 들어 미국의 시카고, 볼티모어, 밀워키, 멤피스 등 4대 도시의 강력범죄가 급증하여 국가적·사회적 관심과 우려를 불러일으키고 있다. 이에 대해서 일각에서는 빈곤과 실업 그리고 경찰의 치안대응력 부재 등을 원인으로 지목하고 있지만, 월스트리트저널은 조금 다른 관점에서 분석하였다.

전통적인 공업도시 시카고의 경우, 2016년 기준 인구 10만 명당 28명의 강력범죄를 기록하였다. 이의 원인은 인종갈등에 의한 것도 있지만, 특이한 것은 시카고 전체 인구의 10% 미만인 5개 지역에서 전체 강력범죄의 1/3이 발생했다는 점이다. 이들 지역은 대도시 뒷골목인 할렘가로서 마약과 약물, 그리고 불법작물 등이 거래되는 우범지역으로 꼽혔다.

월스트리트저널은 미국 내의 35개 도시 가운데 27개 도시가 최근 2년간 강력범죄 발생율이 증가했지만, 특이한 점은 이 가운데 인구밀도가 가장 높은 뉴욕과 LA의 범죄발생율은 지속적으로 하락하고 있다고 분석하였다.

그렇다면, 그 비결은 무엇인가? 뉴욕의 경우에는 뉴욕경찰(NYPD)이 현재 시행하고 있는 이웃경찰활동 프로그램(Neighborhood Policing Plan)을 꼽았다. 이 프로그램은 이전에 LA경찰이 효과를 본 것으로, 이후 뉴욕경찰이 도입한 것이다(전 뉴욕경찰청장이었던 윌리엄 브라튼은 LA경찰청장에서 3번의 임기동안 검증된 이 범죄예방대책을 체계화 한 후 뉴욕경찰에 도입한 것이라고 함). 이러한 이웃경찰활동 프로그램에 의해 강력범죄는 눈에 띄게 줄었고, 이에 따라 시카고와 볼티모어경찰 역시 경찰관들을 뉴욕경찰로 연수를 보내어 관련프로그램을 교육받고 실진에 활용할 수 있도록 지원하고 있는 것으로 나타났다.

된다. https://travelernews.tistory.com/37.

　이웃경찰활동의 핵심 내용 가운데 하나는 경찰관들을 관할구역에 배치하여 범죄발생 가능성이 높은 군(群)의 사람(즉, 잠재적 범죄자)들을 집중감시하고, 동시에 이웃주민들로 하여금 서로 누가 어디 살며 무슨 일을 하는지에 대해 의무적으로 파악할 수 있도록 안내 및 지도하는 것이다. 범죄는 이방인이 아닌 주변사람들에 의해 발생하는 경우가 적지 않고, 따라서 이웃감시는 범죄예방의 중요한 요소라는 것이다.

　비록, 주민들이 상호 감시한다는 점에서 서로 불신하는 풍토를 조장하는 우려도 있지만, 이보다는 경찰의 범죄예방활동에 협조하면서, 의미 있는 시민참여활동을 한다는 점에서 의의가 있다. 그리고 이러한 과정에서 이웃 상호간의 정보가 많아지고 또 이것이 경찰관들과 공유됨으로써 강력범죄는 자연스럽게 감소될 수밖에 없다는 것이다.

출처: 브릿지경제(2017.02.22.).

　이 밖에도 2차적 범죄예방으로서 경찰이 주최하는 스포츠행사(축구, 야구 등)를 통해 청소년들에게 여가활동의 기회를 제공함으로써 비행에 빠지기 쉬운 청소년들을 건전한 방향으로 유도하는 효과도 얻을 수 있을 것이다. 또 교정기관 체험학습 프로그램을 통해 청소년들이 범죄자가 되는 것을 예방하는 효과도 기대할 수 있을 것이다. 따라서 2차적 범죄예방은 주로 지역사회 내의 다양한 구성원(경찰, 교육자, 부모, 사회복지사 등)들과 연계되어 이루어짐을 알 수 있다.

3) 3차적 범죄예방

　3차적 질병예방은 이미 한번 이상 관련 질병에 걸린 사람들을 대상으로 하는 것으로서 이들의 상태를 보다 호전시키고, 또 치료가 완료되었다면 이후 다시 재발하지 않도록 조치를 취하는 것이다. 그리고 치료가 완료되지 않았다면 주기적으로 통원치료를 해야 하고 경우에 따라서는 입원 치료를 계속해야 할 것이다. 물론, 한번 질병에 걸린 사람(암수술 환자 등)이 정상인으로 생활하는 것은 쉬운 일이 아니라고 본다.

마찬가지로 3차적 범죄예방(Tertiary Crime Prevention)은 실제로 범죄를 저지른 경력이 있는 사람(즉, 전과자 또는 형사사법기관에 입건되어 처벌을 받지 않았을 뿐 실제로 범죄를 저지른 자 등)을 대상으로, 이들이 더 이상 다른 범죄를 저질지 않도록 하기 위한 제반활동을 말한다. 그런데 실제로 범죄를 저지른 사람들에 대한 범죄예방대책은 위의 질병예방과 마찬가지로 쉬운 일이 아니다.

따라서 3차적 범죄예방은 대부분 공식적 형사사법기관의 활동영역(체포, 기소, 수감, 처우 및 교화개선 등)에 속한다. 즉, 3차적 범죄예방 목적을 달성하기 위해 경우에 따라서는 특정 범죄자들에 대해 무기형(無期刑) 등을 선고하여 오랜시간 동안 사회로부터 격리시키기도 한다. 또 교정시설에서 구금과 처우 및 교화개선이 병행되기도 하는데, 이 역시 범죄의 재발 가능성을 제거하기 위한 것이다. 이러한 공식적 형사사법기관의 활동 외에 민간차원의 교정프로그램, 지역사회에서의 전환처우, 사회내처우 등도 이에 해당된다.

1차적 범죄예방과 2차적 범죄예방의 연장선 과정에서 접근한다면, 3차적 범죄예방은 보다 강화된 환경통제 절차라고 볼 수 있다. 위에서 설명한 예를 토대로 한다면, 1차적·2차적 범죄예방에서 이루어진 대응 이상의 어떠한 조치가 필요하다는 것을 의미한다. 즉, 차량 문을 잠그고(1차적 예방), 경보장치를 설치하고(2차적 예방), 거기에 경비원을 배치하는 추가적인 조치(3차적 예방)가 이루어지는 '일련의 과정'(a serial process)을 의미한다고 본다.

그런데, 각 예방단계의 경계가 확연히 구분되는 경우도 있지만, 상호 중첩되는 부분이 있으며, 적용하는 방법과 목적·대상에 따라 그것이 1차 예방도 될 수 있고, 2차 예방도 될 수 있으며, 또 3차 예방도 될 수 있을 것이다. 그리고 비용 면에서 각 단계적으로 살펴봤을 때 1차적 예방이 가장 적은 비용이 소요될 것이며, 3차적 예방은 가장 많은 비용이 든다고 볼 수 있다.

SECTION 02 CPTED의 의의

1. CPTED의 등장배경

이상에서 범죄예방 구조모델을 살펴보았는데, 이는 어떻게 보면 누구를 대상(즉, 일반시민, 잠재적 범죄자, 전과자 등)으로 범죄예방을 할 것인가와 관련된다고 본다. 그리고 이를 위하여, 각 단계별 공식적인 형사사법기관 뿐만 아니라 다른 유관기관, 그리고 커뮤니티(Community) 내의 다양한 개인과 다양한 집단의 총체적인 노력이 필요하다는 점을 인식할 수 있다. 마찬가지로 학문적으로도 형법학 내지 경찰학·범죄학과 같은 특정학문이 아닌 가능한 한 모든 학문분야를 이용하는 '복합학문적·종합학문적'(Interdisciplinary) 접근이 요구된다.

그리고 이러한 복합학문적·종합학문적인 접근을 토대로 최근 새롭게 부각되고 있는 것 가운데 하나가 바로 '환경설계에 의한 범죄예방'(CPTED: Crime Prevention Through Environmental Design)이라 할 수 있다.[14] 이러한 환경설계에 의한 범죄예방은 환경적인 요소가 인간의 행동과 심리적인 성향을 자극하여 범죄를 저지르지 못하게 하는 환경행태학(環境行態學)적 이론을 기초로 하고 있다.

환경행태학적 관점에서 본다면, 인간의 행동은 규칙적이면서도 동시에 불규칙적이며, 이것은 본인의 주관적 의사(意思)뿐만 아니라 외부환경적 요인에 영향을 받게 된다는 것이다. 여기에서 환경이란 개별적인 인간이 주변에서 접하는 모든 것을 의미한다.

그렇다면, 환경과 인간은 어떠한 관계를 가지고 있는가? 환경은 인간의 행동에 어떠한 영향을 미치는가? 이와 관련하여 환경결정론(Environmental Determinism), 환경개연론(Environmental Probabilism), 그리고 환경가능론(Environmental Possibilism)이 제기되어 왔다.[15]

사실, 인간이 환경을 극복하는 것은 본질적으로 불가능하다고 본다. 인간을 포함한 모든 존재는 환경종속적(環境從屬的)이며, 따라서 주어진 환경에 의해 결정될 수밖에 없다고 본다. 그러나 이는 전체적·종국적인 차원에서 환경결정론적으로 귀결되는 것이지 특정장소, 특정시점에서 나타나는 인간의 행동들은 개인차가 있기 마련이다. 이러한 점에서 볼 때, 환경개연론적 관점에서 인간의 행태를 연구하는 것이 현실적으로 오히려 타당하다고 본다.

어쨌든, 환경개연론적 관점에서 본다면, 더 좋은 환경 또는 더 좋은 공간·장소는 더 좋은 사람들을 만드는데 기여한다고 본다. 바꿔 말하면, 좀 더 개선된 환경을 조성하면, 범죄문제 역시 일정부분 줄일 수 있다는 논리이다.[16]

---

14 북미에서는 주로 CPTED라는 용어를 많이 사용하고 있으나, 영국을 중심으로 한 서유럽에서는 DOC(Designing Out Crime)이라는 용어를 사용하고 있다. 나라마다 그리고 지역마다 정도의 차이는 있지만 '환경적 요인'을 적절하게 설계하여 범죄예방에 적용한다는 점에서는 차이가 없다고 본다. 박현호(2014), 범죄예방 환경설계: CPTED와 범죄과학, 서울: 박영사, p. 25.

15 철학적으로 어떠한 현상의 인과관계(因果關係, causation)와 관련하여 ① 개연성(蓋然性, probability)은 필연성(必然性)과 상대되는 말로서 가능성이 크지만 그렇다고 해서 필연적인 것까지는 아니라는 의미이다. 즉, 일정한 조건 하에서 일정한 현상이 확률적으로 일어날 가능성이 높다는 뜻이며, '가능성이 꽤 크다', '어느 정도는 확실하다'라는 의미를 갖는다. ② 가능성(可能性, possibility)은 불가능성(不可能性)과 상대되는 말로서 모순이 없음을 의미한다. 즉, 불가능한 것은 아니기 때문에 '현실성은 있다'는 의미이다. 그러나 개연성보다는 약한 의미이다. 요약건대, 어떠한 현상의 인과관계는 필연성 > 개연성 > 가능성 > 불가능성의 관계로 표현할 수 있다.

16 박현호(2014), 앞의 책, p. 24 재인용.

🔺 환경이 인간심리 및 행동에 미치는 영향 인식

수 천 년 동안 통치권자, 군사전략가, 형사사법 종사자, 도시계획 및 건축설계사, 그리고 주거자 등은 관련환경이 인간행동(人間行動)에 일정한 영향을 미친다는 인식을 해 왔으며, 환경을 보다 적절하게 설계함으로써 인간행동을 바람직한 방향으로 이끌고자 하였다.

이와 관련하여 예컨대, 고대 그리스 신전들은 빛을 차단시킴으로써 인간의 두려움을 자아내도록 설계되었다. 플로렌스(Florence, 이탈리아 중부 도시)와 같은 초기 도시들은 입법과정을 속행하기 위하여 말 그대로 지붕을 급경사 하게 하여 심리적 감동을 자아내도록 하는 집회장소를 설계하였다. 마찬가지로 오늘날의 대부분의 상업시설들은 친절하고, 신속한 서비스를 제공한다는 환상을 불러일으키기 위해 건물설계를 하고 있다. 예컨대, 맥도날드는 자신들의 햄버거 판매량을 극대화시키기 위해 인간의 감각과 행동을 교묘하게 조종하는 자신들만의 물리적 환경(내부색상, 의자, 음향 등)을 최대한 설계·활용하고 있다.

따라서 주어진 환경이 인간심리 및 행동에 일정한 영향을 미치고 있다는 것을 인식하는 것은 중요한 일이다. 이것은 단순히 건물의 구조와 같은 환경뿐만 아니라 빛, 색, 소리, 냄새, 촉각 등과도 밀접한 관련성을 갖는다. 예컨대, 아파트 단지 내에 설치된 조명이 지나치게 높이 설치되어 있으면, 저층 주민들에게는 빛이 들어오기 때문에 불편함을 미칠 수 있다. 또 단지 내의 조명이 밝지가 않고 어둡게 느껴질 때에는 아파트 분위기가 초라해지고, 범죄예방 차원에서는 특히 불안한 분위기가 형성된다. 물론, 조명이 지나치게 밝은 경우에도 불편한 점이 발생할 것이며, 따라서 적재적소에 적절한 조명을 설치하는 것은 중요한 일이다.

또 우리가 잘 아는 사찰의 처마 밑에 풍경 또는 출입문의 작은 종 역시 적절하게 사용한다면 상당히 긍정적인 분위기를 조성한다는 사실을 알 수 있다. 그런데, 이는 단순히 좋은 소리를 듣기 위한 것만은 아니다. 종종 식당이나 은행 출입문에 종을 설치하는 경우가 있는데, 이는 좋은 소리를 내어 고객들의 마음을 편안하게 해주는 목적도 가지고 있지만 이 외에도 두 가지 목적을 더 갖는다.

첫째, 출입문에 종이 달려있음으로 해서 사람들이 출입하는 상황을 쉽게 파악할 수 있다는 점이다. 둘째, 범죄예방 차원에서 종소리는 잠재적 범죄자들에 대해서 일종의 보이지 않는 '장벽'(障壁) 역할을 한다는 점이다.

즉, 종소리를 하나의 장벽으로 이를 통해 내부인은 외부인의 출입을 감지할 수 있고, 외부인 가운데 좋지 못한 의도를 가지고 들어오려는 사람은 출입문을 여는 순간 울리는 그 소리에 긴장하게 된다는 것이다. 실제로, 1970년대 중반 강도사건이 빈번하게 발생했던 미국 캘리포니아의 어느 은행은 관련전문가의 조언에 따라 은행 출입문에 작은 종을 설치하였는데, 이후 강도사건이 재발하지 않게 되었다고 한다. 이는 일견 단순해보이기도 하지만, 문이 열릴 때마다 종이 울리게 되어 범죄를 저지르고자 하는 심리를 위축시키는 효과를 가져다준 것이다.[17]

요약건대, 빼앗으려는 자와 지키려는 자의 상호작용에서 누가 승리하느냐 하는 것은, 누가 환경적 특성을 보다 잘 파악하여 자신에게 유리하게 활용하느냐 하는 것이라고 할 수 있다.

출처: 최선우(2019), 민간경비론, 인천: 진영사, pp. 393~394.

---

17 S. Rossbach/황봉득 역(1995), 풍수로 보는 인테리어, 서울: 동도원, p. 38.

일반적으로 환경(環境, Environment)은 자연환경과 인공환경으로 나뉜다. 여기서 자연환경은 범죄여건과 큰 관련성이 있지 않은 편이며, 인공환경이 개별 범죄에 큰 영향을 미친다는 견해가 있다.[18] 그러나 인공환경뿐만 아니라 자연환경 역시 중요하며, 본질적으로 인간의 삶이라는 것은 자연환경을 바탕으로 한 것이기 때문에 이에 대한 많은 관심을 가져야 한다고 본다(물론, 인공환경과 자연환경의 경계가 명확하지 않은 것도 사실이다).

🌀 풍수(風水)와 CPTED

동양의 '풍수'(風水, Feng Shui) 관점에서 본다면, 환경(자연환경과 인공환경)은 개인 및 집단의 삶과 행동에 지대한 영향을 미친다고 보고 있다.[19] 이와 관련하여 미국과 유럽에서는 CPTED 못지않게 이에 대한 관심이 크게 일어나고 있으며, CPTED 전문가들도 이에 대한 연구를 하고, 더 나아가 이를 활용하고자 노력하고 있음은 주지의 사실이다. CPTED 전문가인 크로웨(T. Crowe) 역시 그의 저서에서 다소 미흡한 수준이기는 하지만 이에 대한 관심과 적용방법을 보여주고 있다.[20]

풍수는 인간의 삶에 '긍정적인'(positive) 또는 '부정적'(negative)인 영향을 미치는 에너지(energy) 즉, 기(氣)의 이합(離合) · 집산(集散) 등을 고려하여 도시설계 및 건축설계를 하는 방법이라고 할 수 있다. 이와 관련하여 예컨대, 배산임수(背山臨水), 방위(方位: 동서남북, 360도 분할 등)와 기압(氣壓: 고지대와 저지대 등), 사신사(四神砂: 산의 좌우, 전후에 있는 산) 등은 중요한 분석요소가 된다. 인공적 환경 요소 역시 이러한 점을 고려하여 조성한다면, 마찬가지로 인간의 삶에 영향을 미침은 물론이다.

범죄라는 것은 특정 공간 내지 장소에서 부정적인 에너지가 형성 · 표출될 때 발생하는 것이며, 따라서 어떻게 하면 그러한 공간 내지 장소를 긍정적인 에너지가 형성 · 표출되는 곳으로 만드느냐가 관건이라 할 수 있다.

설계(設計, Design)라는 것은 어떤 일을 하는데 있어서 미리 이와 관련된 계획과 도면, 세부내역을 마련하는 일이다. 따라서 CPTED는 환경을 적극적으로 활용하여 범죄를 예방하고자 하는 목적을 가지며, 이에 따르는 세부적인 계획을 마련하여 적용하는 과정을 말한다. 그러나 앞의 범죄예방 단계에서 살펴보았듯이, 모든 범죄에 대해서 CPTED가 효율성을 갖는다고 단정하는 것은 한계가 있다.

---

18 L.B. Verbrugge & R.B. Taylor(1976), Consequences of Population Density: Testing New Hypotheses, Maryland: John Hopkins University, p. 31.

19 풍수이론 및 건축과 관련해서 박시익(1999), 한국의 풍수지리와 건축, 서울: 일빛.; 장태상(2012), 풍수총론, 서울: 한메소프트 등 참조.

20 T. Crowe(2000), Crime Prevention Through Environmental Design: Application of Architectural Design and Space Management Concepts, Boston: Butterworth-Heinemann, pp. 107~109.

◎ 범죄원인에 대한 CPTED의 접근방식

오늘날 범죄원인에 대한 접근은 매우 다양한 관점에서 이루어지고 있다. 일차적으로 범죄에 대한 적절한 대응을 위해서는 범죄원인에 대한 심도 있는 접근이 선행되어야 한다. 이와 관련하여 범죄원인을 이른바 생물학적·심리학적·사회학적 관점에서 다양하게 규명하고자 하는 노력이 전개되어 왔음을 알 수 있다. 여기에서 범죄자의 개인적인 특성 또는 사회환경적인 특성에서 범죄원인을 접근하고 있다. 이러한 범죄원인론은 전반적으로 범죄자와 일반인(엄밀하게는 준법시민)의 일정한 차이를 인정한데서 출발하고 있다.

그러나 여기에서 논의하고자 하는 CPTED관점에서는 기본적으로 일반인과 범죄자에 대한 어떠한 명확한 차별성을 전제하지 않는다. 즉, 누구나 일정한 상황에 놓이게 되면 범죄를 저지를 수 있다는 논리이다. 이와 같은 관점에서 본다면, CPTED는 "인간은 본질적으로 선하다"라고 하는 맹자의 성선설(性善說)보다는 "인간은 본질적으로 악하다"라고 하는 순자의 성악설(性惡說) 쪽에 보다 가까운 접근방식으로 볼 수 있다. 그러나 CPTED는 이러한 인간의 본성에 대한 2분법적 논리에 근거를 두고 접근한다기보다는 인간의 양면적인 특성(상황에 따라서 행동하는), 혹은 의식구조의 복합적인 면을 인정한 전제에서 출발한다고 보아야 할 것이다.

인간이 모두 선하고, 도덕적이고, 법을 준수한다면 군이 대문을 잠그는 등의 행위를 할 필요는 없을 것이다. 그러나 인간사회는 저마다 개개인의 의식구조가 복잡하게 얽혀 있기 때문에 일괄적으로 이렇다 저렇다 평하기가 어렵다.

일부의 인간들은 이른바 '법 없이도 살 사람'들도 있으며, 일부의 인간들은 아무리 좋은 상황이 주어지더라도 범법행위를 할 것이며, 일부의 사람들은 주어진 상황에 따라 이러한 양자의 행동을 선택적으로 취한다고 보아야 할 것이다. CPTED는 첫 번째의 경우보다는 후자 즉, 본질적으로 범죄행위를 하고자 하는 사람들과 주어진 상황에 따라 범죄행위를 하고자 하는 사람들에 대한 대응적 차원에서 접근되는 것이라 할 수 있다.

그런데 CPTED가 '환경설계에 의한 범죄예방'이기 때문에 범죄원인론적 관점에서 본다면 범죄원인이 범죄자 개인의 특성에서 비롯되었다기보다는 주어진 환경에 일차적인 책임이 귀속된다. 즉, 인간의 본성은 선 혹은 악의 개념에 비추어 볼 때, 극단적인 위치에 있는 것이 아니라 이들 사이에 존재하며 따라서 어떠한 환경에 놓이게 되느냐가 범죄성을 결정짓는 것이라고 해야 할 것이다. 즉, 환경이 개선되어 있으면 범죄를 저지를 가능성이 적다는 것이며, 아니면 적어도 환경개선을 통해 범죄를 저지를 의욕 또는 기회를 감소시킬 수 있다는 것이다. 환경이 개선되어 있지 않으면 범죄를 저지를 가능성이 그만큼 높다는 것이다.

CPTED는 환경의 적절한 설계와 이의 효율적인 활용은 사고와 범죄의 두려움을 감소시킬 수 있고, 아울러 삶의 질까지도 향상시킬 수 있다는 이론적 근거에 기초를 두고 있다. 우리가 인적·물적 자원을 보다 효율적으로 활용할수록, 이익은 보다 증대되고 손실은 보다 감소할 것이다. 최근 연구에서는 범죄원인을 개인의 '결정론'(決定論, Determinism)적인 관점에서 파악하기보다는 오히려 외부의 '상황적 기회'(Situational Opportunity)에서 파악하는 경향이 크게 나타나고 있음은 주지의 사실이다.

그러나 그동안 수많은 범죄학자 및 전문가들은 우리 사회에서 발생하는 수많은 범죄들에 대한 원인을 밝혀왔지만 사실상 명쾌한 원인을 밝히는데 실패하였다. 즉, 인간의 사회적 상호작용 가운데 나타나는 수많은 요인들을 하나의 변수로서 파악하여 범죄원인을 밝히고자 하였으나, 그러한 요인들이 수많은 범죄원인 가운데 단지 일부에 해당된다는 것이다. 어떤 면에서 완벽한 범죄예방이라는 것은 본질적으로 완벽한 범죄원인의 진단을 전제로 하는 것인데, 이는 또한 본질적인 한계인 것이다(범죄원인에 대한 자세한 논의는 제5장에서 다루기로 한다).

출처: 최선우(2019), 민간경비론, 인천: 진영사, pp. 399~400.

2. CPTED의 개념적 발전

1) 전통적 CPTED

환경설계에 의한 범죄예방 전략은 오늘날 새로운 접근방식이라기보다는 인류의 역사와 더불어 시작된 것은 분명한 사실이다. 예컨대, 동굴, 주거지역(집과 울타리), 성곽(우리나라의 천리장성, 중국의 만리장성, 중세유럽의 성 등). 나무 위의 집과 같은 것들은 외부의 적(인간, 동물 등), 자연재해 등으로부터 환경설계를 통해 개인 및 집단방어를 위해 만들어진 것이라 할 수 있다.

따라서 CPTED가 지향하는 범죄예방 방법은 현대사회의 독특한 현상은 결코 아니다. 인류역사의 시작과 함께 동서고금을 막론하고 개인 또는 집단은 자신의 가족, 재산, 더 나아가 국가를 지키기 위하여 외부의 침입을 가장 효율적으로 막기 위하여 물리적 환경을 개선시켜 왔음은 분명한 사실이다.

다만, 전통적·고전적 CPTED 접근방식은 단순히 '외부 공격으로부터 보호대상을 강화하는 방법'(THA: Target Hardening Approach)을 강조하여, 가급적 공격자가 보호하는 대상에 원천적으로 접근하지 못하도록 하는 방법을 주로 활용하였다고 볼 수 있다. 예컨대, 공격자로부터 보호대상물을 보호하기 위하여 자연적인 장벽(산, 강, 절벽 등)의 활용하고, 성벽을 높이 쌓거나 깊은 함정을 파고, 문을 견고하게 하는 것 등을 들 수 있다. 이러한 물리적 접근통제 방법은 소극적인 성격을 가진 CPTED 전략이며, 오늘날의 접근방법과는 다소 차이가 있다.

사실, 전통적 CPTED 접근은 경우에 따라서는 지나치게 외부와의 연결을 차단시킴으로써 보호대상자의 일상생활까지 구속하는 경향이 있다. 또한 전통적 접근방법은 자연적 감시나 자연적 접근통제를 간과하는 경향이 있다는 점이 지적된다.

● 전통적 CPTED 예: 중국고대 만리장성(좌)과 중세의 유럽성(우)

출처: https://blog.naver.com/ssh1276/6284887(좌). http://blog.naver.com/tbvjaos80/40129898177(우).

2) 현대적 CPTED

현대적 CPTED는 전통적인 THA방식에 의한 CPTED와는 상당히 차별화된다. 단순히 범죄와 같은 공격에 대한 방어능력을 강화하는 것 이상의 의미를 갖기 때문이다. 즉, "범죄 및 범죄에 대한 두려움을 감소시키면서 한편으로는 '삶의 질'을 향상시킬 수 있는 것"까지 고려하기 때문이다.[21]

이는 범죄자에게는 공격은 더 어렵게 하고, 거주자에게는 자신들의 환경 속에서 더욱 더 안전을 느끼고, 아울러 자신들이 추구하는 '본래의 활동'(주거, 교통, 여가, 쇼핑 등) 역시 원활하게 이루어지는 것까지 고려하는 것을 의미한다. 그리고 더 나아가 '적극적으로 범죄문제에 대응'하는 방향으로 발전하고 있다.

그러나 오늘날과 같이 복잡·다양한 사회구조·과정 속에서 발생하는 범죄문제에 대한 접근은 결코 쉽지 않다고 본다. 이러한 이유로 CPTED 역시 그 개념과 접근방법 내지 전략에 있어서 계속 변화하고 있음은 주지의 사실이다. 이는 ① 물리적 환경개선 등에 초점을 둔 1세대(First Generation) CPTED에서, ② 커뮤니티 관계 및 연계성 등을 강화하는 2세대(Second Generation) CPTED로 요약된다.

(1) 1세대 CPTED 발전과정

현대적 CPTED의 논의는 세이콥스(J. Jacobs) 등에서 부터 시작되었다고 볼 수 있다. 제이콥스는 저서 『미국 대도시의 죽음과 삶』(The Death and Life of Great American Cities, 1961)을 통해 다양한 관점에서 도시문제를 진단하였고, 도시재개발의 비극을 예상하였다.[22]

---

21 "the proper design and effective use of the built environment can lead to a reduction in the fear of crime and the incidence of crime, and to an improvement in the quality of life." Ibid., p. 1.
22 이에 대한 자세한 내용은 J. Jacobs/유강은 역(2010), 미국 대도시의 죽음과 삶, 서울: 그린비 참조.

즉, 도시재개발이 진행되면서, 이들 전통 지역사회가 파괴되었고, 범죄 등 도시문제가 발생하기 시작했다는 것이다. 무분별한 도시재개발은 도시재생(都市再生)에 기여하기보다는 오히려 도시쇠퇴의 원인이 된 것이다. 따라서 그녀는 '거리의 눈'(eye of street)이라는 개념과 토지의 다양한 용도로의 사용(즉, 특정 지역에 주거, 상업, 사무시설 등이 서로 어울리는 것)을 통해서 범죄를 예방하고 삶의 질을 높일 수 있다고 하였다.[23]

⬣ 제이콥스(Jacobs)

제이콥스(Jane Jacobs, 1916~2006: 도시계획가, 사회운동가, 언론인)는 저서 『미국 대도시의 죽음과 삶』에서 1950년대 미국의 도시재생 정책을 날카롭게 비평하였으며, 단순한 도시계획 이슈를 뛰어 넘어 시대정신에까지 영향을 주었다.

그리고 그녀의 유명한 저술만큼 그녀가 널리 알려지게 된 것은 지역공동체를 파괴할 수도 있었던, 도시재생 프로젝트를 저지하는 시민운동에도 헌신을 기울였기 때문이다.

그녀는 미국 로어맨하튼 고속도로를 무산시키는데 핵심적 역할을 했으며, 1968년 캐나다로 이주한 후에는 스파디나 고속도로 건설과 고속도로네트워크 연합회의 결성을 저지하는데도 영향을 미쳤다.

그녀는 도시계획 뉴스를 전하는 웹사이트 플레니티즌(en:planetizen)이 2009년 9월 14일에 선정한 '100명의 위대한 도시 사상가' 중에서 1위에 선정되었다.

출처: http://idreamup.com/220695153463.

제이콥스의 도시재생 연구에 영향을 받은 범죄학자 제프리(Jeffery)는 『환경설계에 의한 범죄예방』(Crime Prevention Through Environmental Design, 1971)이라는 책을 발간하였는데, 그의 책 제목에서 'CPTED'라는 용어가 탄생되어 오늘날에는 범죄예방 영역에 있어서 하나의 '고유명사'(固有名詞, proper noun)화 되어 널리 사용되고 있음은 주지의 사실이다.[24]

제프리(Jeffery)와 뉴만(Newman) 이후, CPTED는 범죄학 등 여러 학문 분야와 융합되었고, 동

---

23 박준휘 외(2014), 셉테드(CPTED)이론과 실무(Ⅰ), 한국형사정책연구원, p. 9 재인용.

24 C. R. Jeffery(1971), Crime Prevention Through Environmental Design, California: Saga Publication.; Timothy. Crowe(2000), op. cit., p. 1.

시에 독립적인 연구영역으로 발전하였다(뉴만에 대해서는 뒤에서 살펴보기로 한다). 이와 관련하여 1970년 대와 1980년대 초에는 범죄지리학(犯罪地理學)이 등장하여 사회생태학적 이론을 발전시켰으며, 최근에는 환경범죄학이 공간을 단위로 범죄와 범죄행위, 범죄피해에 관한 연구를 진행하고 있다. 예컨대, 윌슨(Wilson)과 켈링(Kelling)은 이른바 '깨진창이론'(Broken Window Theory)을 통해서 '사회적 결속력'(社會的 結束力)과 비공식적 사회통제 수준에 대한 물리적 지표로서 '환경유지'(環境維持)의 절대적 중요성을 강조하였다.[25]

깨진창이론에 의하면, 어떠한 장소에 있는 건물의 깨진창을 그대로 방치하는 것은 그곳 주변에 거주하거나 통행하는 사람들에게 나쁜 사회심리적 영향을 미치며, 더 나아가 건물의 창문이 깨진 채로 방치된다는 것은 그것에 대한 관리의식이 약해지고 있음을 보여주는 것이다. 깨진창이론은 적절히 관리되지 못하는 건물이나 지역은 범죄자 내지 잠재적 범죄자들에게는 좋은 활동 공간이 될 수 있으며, 그것이 방치될 경우 악순환을 통해 순식간에 건물 전체 혹은 지역 전체가 황폐해질 수 있음을 주장하고 있다. 따라서 신속하고 철저하게 '깨어진 창문'이나 '낙서'와 같이 무질서한 상황을 용인해주는 '신호'(sign)를 가능한 한 신속하게 제거하고, 교체하여 청결하게 함으로써, 그 장소가 적절하게 관리되고 관심 받고 있다는 신호를 줌으로써 범죄와 같은 악순환이 지속되는 것을 방지하거나 차단해야 한다(이상과 같은 논의를 바탕으로 한 1세대 CPTED의 기본 전략에 대해서는 다음 절에서 살펴보기로 한다).[26]

(2) 2세대 CPTED 발전과정

그런데, 위에서 살펴본 1세대 CPTED에서는 경찰 및 행정기관 등 국가기관이 주도하여 범죄에 취약한 특정 지역의 물리적 환경을 개선하고자 하였는데, 일정한 한계가 노정되었다. 즉, 국가 주도의 접근방식은 처음에는 범죄예방 등에 있어서 그 성과가 기대되는 듯 했으나 일정기간이 지난 후에 다시 문제가 재발하거나 더 오히려 악화되는 경우도 발생한 것이다. 특정 지역에 실질적으로 거주하는 도시민의 이해관계를 반영하지 못한 까닭이다. 이러한 문제인식을 바탕으로 1세대 CPTED가 적용되는 대상 지역의 주민의 관심과 참여가 강조되는 이른바 '2세대 CPTED'가 주목받기 시작했다.

이러한 점에서 2세대 CPTED는 기존의 1세대 CPTED가 갖고 있는 한계에서 출발하고 있다고 볼 수 있다. 그동안 여러 국가에서 1세대 CPTED 연구가 활발하게 이루어지면서 도시나 건축물 설계, 출입통제시스템 및 CCTV 등과 같은 물리적·기계적 감시에 대한 과도한 믿음이 생겨났지만, 다른 한편에서는 이에 대한 실망과 더 나아가 이를 비판하는 논의 또한 진행되었던 것이다.[27]

---

25 박준휘 외(2014), 앞의 책, p. 70 재인용.
26 박현호(2014), 앞의 책, p. 34 재인용.
27 박준휘 외(2014), 앞의 책, p. 71.

먼저, 1세대 CPTED를 적용하기 위해서는 엄청난 비용이 소요된다. 이러한 이유로 CPTED보다는 기존의 전통적인 범죄예방 및 통제프로그램이 비용대비 효과적이라는 주장이 부각되기도 하였다. 또한 1세대 CPTED 전략은 기대한 만큼의 범죄예방 효과를 가져다주지 못했다는 점이다. 그 이유는 물리적 환경 개선 등을 통해 특정 환경의 '범죄기회'를 감소시킴으로써 잠재적 범죄자의 의사결정과정(즉, 범죄를 저지르고자 하는 결심)에 영향을 줄 수 있다고 생각했는데, 실제로 발생하는 수많은 범죄들은 저마다 복잡·다양한 범죄원인과 범죄수단의 결과물이기 때문에 단순한 물리적 환경의 개선만으로는 이를 예방하기가 어려웠던 것이다.

◐ 단편적·지엽적 환경설계의 문제

범죄발생의 공간적 특성 차원에서 보면, 범죄발생은 도시 전체에 고르게 분포하지 않고 일정한 장소에 집중되어 나타난다. 이를 좀 더 축소시켜 본다면, 같은 단지 내지 지역 내에서도 범죄발생이 고르게 분포되지 않고, 특정 장소에서 그러한 현상이 두드러지게 나타나고 있다는 점이다.[28]

따라서 범죄문제를 일정부분 해결하기 위해서 환경적인 요소를 일정부분 개선하여 특정 지역과 장소에서 발생하는 범행기회를 제공하지 않도록 하는 것은 매우 의미 있는 것이다. 그러나 주의할 것은 범행기회는 단순히 경비·보안요원의 배치, 울타리의 강화, 출입통제장치와 CCTV 등의 설치가 이루어진다고 해서 근본적으로 억제·차단된다고 볼 수는 없다고 본다.

물론 특정장소, 예컨대, 타워팰리스(Tower Palace) 및 전원주택 형식의 '외부인 통제마을'(Gated Community)과 같이 내부적으로 철저한 인적 요소와 물리적·기계적인 요소의 설계를 통해 범행기회를 차단시킬 수는 있다. 또 특정 도시지역에 CCTV 등을 광범위하게 설치하여 범죄의 감시효과를 높임으로서 범행기회를 줄일 수 있다.

그러나 이러한 특정장소 또는 특정지역에 대한 편향적 조치는 결국에는 범죄의 전이 내지 이전(replacement) 문제를 야기시키고, 이 문제를 해결하기 위해서는 결과적으로 더 많은 국가적·사회적 비용문제를 가져다준다. 우리가 살고 있는 도시의 범행기회를 제거하기 위해서 적용하는 단편적·지엽적인 물리적 설계만으로는 소기의 성과를 거둘 수 없다는 의미이다.

근본적으로 사회환경적 차원에서 보다 거시적이면서, 동시에 중시적·미시적인 어떠한 접근을 시도하지 않으면 안 된다고 본다. 거시적으로 도시환경 자체가 구성원들 간의 유대감이 강화되고 안정성이 향상되는 방향으로 설계되어야 하며, 중시적·미시적으로 시설에 대한 인적·물리적·기계적인 시큐리티 요소가 통합·적용되어 안전성이 향상될 수 방안을 강구해야 할 것이다. 이렇게 되었을 때, 범죄가 억제되고, 아울러 사회구성원들 스스로가 상호 결속하여 범죄자화(犯罪者化) 되지 않는 평화로운 안정 상태를 유지하게 될 것이다.

---

28 강준모·권태정(2002), "고밀주거단지 내 범죄발생장소의 공간적 특성에 관한 연구: 'Space Syntax Theory'를 적용하여", 한국도시설계학회 춘계학술대회, p. 139.

그런데, 2세대 CPTED는 종래의 1세대 CPTED에 대한 배타적 접근이라기보다는 이에 대한 보완적·발전적 관점에서 접근한 것이라 할 수 있다. 즉, 범죄로부터 안전하며, 건강하고 지속가능한 공동체를 형성·유지하기 위해서는 종래의 접근방법에 의한 도시와 건축물의 설계변화는 첫 단계에 불과하기 때문에 한계가 있으며, 한발짝 더 나아가 사회적·경제적·문화적 측면과 물리적 측면을 통합한 총체적 발전을 도모할 필요가 있다는 것이다.[29]

따라서 2세대 CPTED는 예컨대, 지역현황을 잘 알고 있는 지역주민들이 적극적으로 참여할 수 있도록 한다면, 이를 통해 '지역 맞춤형' 범죄예방 전략을 도출해 낼 수 있고, 더 나아가 주민들이 애착을 가지고 개선된 환경을 지속적으로 유지 및 관리를 할 수 있다면, 그 성과는 보다 긍정적으로 나타날 것이라고 기대하고 있다. 그러나 주민들이 참여하는 2세대 CPTED는 기존 1세대 CPTED에 비해서 많은 시간과 노력이 소요됨은 물론이다. 경찰 및 행정기관 등 공공분야 뿐만 지역사회 내의 각계각층의 구성원들이 함께 참여하여 의사결정을 해야 하기 때문에 자칫하면 이들 간의 갈등이나 불신 역시 쉽게 표출될 수 있기 때문이다. 그러나 이러한 이유로 주민참여 등을 고려하지 않는다면, 범죄예방의 성과를 기대하는 것도 어려울 것이다.[30]

이상과 같은 논의를 바탕으로 2세대 CPTED와 관련하여 사빌과 클리블랜드(Saville and Cleveland)는 지역사회의 물리적 요소와 사회적 요소를 연결시켜 범죄예방을 강화시킬 수 있는 방법들을 제시하였다. 1세대 CPTED가 물리적 요소를 통해 영역성과 방어공간 등을 강화하는데 목표를 두었다면, 2세대 CPTED는 지역사회 내의 긍정적인 행동방식 및 이웃공동체에 대한 기준이 공유되어야만 영역성과 방어공간이 실효성을 가질 수 있다고 보고 있는 것이다. 영역성과 방어공간이 확보되기 위해서는 지역주민들이 실제로 이웃과 지역 내의 공간에 관심을 가져야 하고, 관심의 대상은 공공장소에 한정되는 것이 아니라 자신이 일하고, 놀고, 생활하는 지역 내 모든 공간을 포함하여야 한다는 관점에서 2세대 CPTED를 이해할 수 있을 것이다(이상과 같은 논의를 바탕으로 한 2세대 CPTED의 기본 전략에 대해서는 다음 절에서 살펴보기로 한다).[31]

29 최선우(2019), 앞의 책, p. 407.
30 박준휘 외(2014), 앞의 책, p. 71.
31 G. Saville, G. Cleveland(1997), 2nd Generation CPTED: An Antidote to the Social Y2K Virus of Urban Design, Paper presented at the 2nd Annual International CPTED Conference, Orlando, Florida, December, pp. 3~5.; 박준휘 외(2014), 앞의 책, p. 72 재인용.

방어공간과 CPTED의 기본전략

1. 방어공간

1) 방어공간의 개념

건축학자인 뉴만(Newman)은 위에서 언급한 제프리의 (1세대) CPTED이론을 발전시켜 이를 '방어공간'(Defensible Space, 1972)이라는 개념으로 정립하였다.[32] 이 방어공간이론을 통해서 CPTED는 이론적·실천적으로 보다 체계화되었다고 볼 수 있다.[33]

● 방어공간의 구성요소

구성요소	주요내용
영역성	• 특정 지역·장소에 대한 (배타적) 권리를 주장할 수 있는 합법적인 이용자들의 역량. 해당 지역·장소에서 무엇인가 잘못되었을 때, 그에 대한 적절한 대응을 하게하는 통제력(의지·의식)을 의미 • 특정 지역·장소에 대한 통제력은 공간적 경계(境界)를 만들어주고, 합법적인 이용자와 낯선 사람을 구별하게 해주고, 이용자들 사이에 일반적인 공동체 분위기를 형성해줌으로써 가능해짐
자연적 감시	• 특정 지역·장소에 속한 주민들이 이웃과 낯선 사람들 모두의 일상활동(특히, 범죄)을 관찰하고, 더 나아가 적절한 대응을 할 수 있도록 함 • 원칙적으로 특별한 기계적 장치(예: CCTV 등)의 도움 없이, 내부 또는 외부에서 자연스러운 관찰이 이루어질 수 있도록 환경을 설계함
이미지	• 특정 지역·장소의 특정인이 범행을 하기 쉬운 대상으로 여겨지지 않도록 하는 것을 의미 • 이웃공동체로부터 고립되지 않고, 보호받고 있으며, 문제가 발생했을 때 외견상 당사자가 스스로가 적절한 조치를 취할 수 있을 것으로 여겨지도록 함
주변여건	• 기본적으로 주거지는 범죄율이 낮고, 관찰 및 감시활동이 잘 이루어지는 지역·장소에 건축하는 것이 바람직함. 따라서 주변여건을 고려하지 않고 주거장소를 건축하는 것은 근본적으로 잘못된 것임

출처: Steven P. Lab/이순래·박철현·김상원 역(2011), 범죄예방론, 서울: 그린, pp. 85~86 재인용.

---

32 O. Newman(1972), Defensible Space: Crime Prevention Through Urban Design, NY: Macmillan Publishing Company.; 박현호(2014), 앞의 책, p. 26 재인용.

33 사전적인 의미로서 '방어'(防禦)라는 것은 위협이 되는 외부의 공격을 예방 및 억제하고자 하는 행동을 말한다. 그런데, 이는 비단 인간에게 국한되는 것이 아니라 모든 생물체는 스스로를 지키려고 하는 방어 메카니즘을 가지고 있다고 본다. 따라서 모든 생물체는 자신들이 활동하는 영역에 대해서 일정한 방어공간(防禦空間, Defensible Space)을 형성하고자 하는데, 이는 선험적(先驗的)·본능적(本能的)인 성격이 강하다고 본다. 그런데, 인간은 국가 및 도시의 발전에 따라 방어공간에 대한 접근방법을 과학화·체계화하여 그 효과성을 높이는 노력을 경주해 왔다고 볼 수 있다.

뉴만이 정립한 방어공간이론은 수많은 도시의 시설 가운데 특히, '주거환경'(住居環境)에 초점을 두고 있다. 주거환경은 모든 인간 삶의 출발점이자 중심이기 때문이다. 그는 방어공간에 대해서 "주거환경의 범죄예방 및 통제를 위하여 '자체적'으로 방어할 수 있는 사회구조의 물리적 요소를 창출하고자 하는 하나의 '모델'(model)"로 설명하였다.[34]

그리고 이러한 주거지역에 대한 방어공간은 ① 영역성(Territoriality), ② 자연적 감시(Natural Surveillance), ③ 이미지(Image), 그리고 ④ 환경 내지 주변여건(Milieu)이라는 네 가지 구성요소로 형성된다고 하였고, 결과적으로 이들 각 요소들의 수준에 따라서 해당지역의 범죄에 영향을 미친다고 보았다.

2) 방어공간의 영역성

(1) 방어공간의 영역성 개념

뉴만은 방어공간의 구성요소 가운데 특히, '영역성'(領域性, territoriality)에 중점을 두었는데, 이는 방어공간을 형성하는데 가장 기본이 되기 때문이다. 여기에서 '영역'(領域)이라는 것은 사람이 평상시 익숙하고 친숙하여 자신의 것으로 느끼는 '특정한 장소'로, 일반적으로 주거지역을 중심으로 고정적(固定的)이며 가시적(可視的)인 특성을 갖는다. 이러한 영역성은 사람뿐만 아니라 동물에서도 흔히 볼 수 있는 행태이다.[35]

동물세계에서의 영역성은 생존과 관계되는 먹이 확보, 종족 번식 등의 기능과 밀접한 관련성을 가지고 있으며, 이러한 목적 달성을 위하여 영역 내에서 다른 개체의 공격에 대한 방어 그리고 동일 개체 내의 경쟁이 이루어진다고 볼 수 있다. 따라서 동물세계에서 한 동물이 다른 동물들의 영역을 침범했을 때에는 극단적인 공격을 하며, 경우에 따라서는 평상시의 먹이사슬관계가 역전되기도 한다.

예컨대, 아프리카 초원에서 육식동물인 사자 한마리가 초식동물인 버팔로 무리가 있는 영역으로 들어갔다가 공격을 받아 죽음을 당하는 경우도 발생하는 것을 볼 수 있다(범죄예방적 관점에서 본다면, 예컨대 물리적인 경계뿐만 아니라 주민들 간의 유대감과 결속력이 중요하다는 것을 보여준다).

인간사회에서 영역은 개인 노는 일정한 집단의 사람들이 사용하며, 실질적인 또는 심리적인 소유권을 행사하는 일정한 '지역'(地域)을 말한다고 볼 수 있다. 그리고 인간사회에서의 영역성은 동물세계에서처럼 전적으로 생존에 관계된다기보다는 일정한 영역에 대한 귀속감(歸屬感)을 느끼게

---

34 O. Newman(1972), op. cit., p. 3.
35 P.A. Bell, J.D. Fisher & R.J. Lomis(1978), Environmental Psychology, Philadelphia: W.B. Saunder Company.; 임승빈(2007), 환경심리와 인간행태: 친인간적 환경설계연구, 서울: 보문당, p. 161 재인용.

● 자신들의 영역을 침범한 사자를 공격하는 버팔로

출처: http://blog.daum.net/ehs600/6369.

함으로써 심리적 안정감을 주며, 외부와의 사회적 상호작용을 하는데 있어서 '구심점'(求心點)을 형성해주는 역할을 하게 해준다.[36] 이러한 구심점이 결여된다면 인간은 심리적 또는 사회적 불안감을 느끼게 될 것이다.

(2) 방어공간의 영역성 계층화

어떠한 환경의 방어공간의 영역성은 모두 동일한 특성을 가지고, 동일한 수준으로 형성되는 것은 아니다. 이와 관련하여 뉴만 방어공간의 영역성을 기본적으로 크게 4단계로 계층화하여 설명하고 있다.[37]

① 사적 영역(Private Area), ② 준사적 영역(Semi - Private Area), ③ 준공적 영역(Semi - Public Area), ④ 공적 영역(Public Area)이 바로 그것이다. 뉴만은 이러한 영역 가운데, 특히 '준사적공간'과 '준공적공간'의 범죄발생 위험성이 높다는 점에 주목하여, 이들 공간의 영역성을 강화하는 범죄예방정책을 제안하였다.[38]

이러한 영역성 공간을 우리의 생활공간인 아파트 단지에 연결시켜 설명한다면, 첫 번째 단계인 사적 영역은 거주자가 임의대로 생활하는 공간인 아파트 내의 자기 집을 의미한다. 두 번째 단계인 준사적 영역은 아파트 내부의 거주자들이 공동으로 사용하는 복도 및 엘리베이터 등을 들 수 있다. 세 번째 단계인 준공적 영역은 아파트 단지 내의 정원이나 놀이공원, 주차장 등을 들 수 있다. 마지막으로 네 번째 단계인 공적 영역은 아파트 단지 밖의 길거리(street) 등을 들 수

---

36 위의 책, pp. 161~162.
37 O. Newman(1972), op. cit., pp. 9~10.; 최선우(2019), 앞의 책, p. 180 재인용.
38 박준휘 외(2014), 앞의 책, p. 9 재인용.

있다.[39]

물론, 이러한 영역 설정은 다분히 상대적이며, 이를 개인주택이나 산업시설 및 상업시설, 그리고 빌딩 등 여러 공간에 응용하여 설명할 수 있다. 또 최근 크게 개발되고 있는 이른바 '타워팰리스' 등 고급 아파트 단지 그리고 특정상업시설 등은 이러한 영역설정을 하는데 고려할 점이 있다. 이들 고급 아파트 단지 등은 위에서 설정한 세 번째 단계까지 사적인 영역성(물론, 거주민들 간에는 다시 영역 설정이 이루어지겠지만)이 상당히 강하다는 점이다. 고급 아파트의 경우, 아파트 단지 전체를 일종의 요새화하고, 그 안에서 첨단경비시스템이 작동되고 민간경비원이 경계·순찰활동을 실시함으로써 거주자 이외의 사람들이 아파트 단지 내에 들어오는 것을 철저하게 통제하고 있다.

3) 방어공간의 영역성 설정이 갖는 의미

그렇다면, 방어공간의 관점에서 볼 때 이들 영역 설정은 어떠한 의미를 갖는가. 이것은 두 가지 차원에서 논의할 수 있을 것이다. 첫 번째는 배타성의 정도이며, 두 번째는 민간차원과 국가차원의 범죄예방 및 통제활동 내지 개입의 한계를 의미하는 것이다.[40]

(1) 배타성의 정도

배타성의 정도는 자신이 생활하는 공간에 대해서 어느 정도 영향력을 행사할 수 있는가 하는 문제인데, 예컨대, 사적 영역인 자기 집안 내부에 대해서는 집주인은 절대적인 권한을 행사할 수 있다. 헌법에서 보장하는 사생활불간섭 원칙, 사주소불가침의 원칙은 국가공권력 뿐만 아니라 타인에 대해서도 중요한 의미를 갖는다. 즉, 허가받지 않고 사적인 영역에 무단으로 침입하는 것은 범죄로 간주되며, 사적공간의 소유자 및 이용자는 자신의 영역을 적절한 상태로 보존·유지하기 위하여 외부침입에 대한 일정한 차단조치 내지 방어벽을 구축할 수 있는 것이다.

물론, 준사적 영역에서부터는 이러한 배타적인 권한이 아주 제한된다. 그러나 완전히 제한되는 것은 아니다. 즉, 아파트주민이 아닌 사람이 아파트 복도 및 엘리베이터를 이용할 경우 주민들은 이들에 대해 일정한 제한조치(출입금지 및 확인 등)를 가할 수 있고 일정한 감시활동을 수행하기노 한다(최근 만들어진 아파트나 다세대주택은 건물현관에 출입통제장치가 설치되어 거주자 이외의 자가 건물 내로 들어오는 것을 방지할 수 있도록 설계되고 있다). 이러한 제한조치는 준공적 영역인 아파트 단지 내의 정원이나 주차장에 대해서도 어느 정도 행사할 수 있게 된다.

---

39 최선우(2019), 앞의 책, p. 180.
40 위의 책, pp. 181~183.

(2) 국가차원과 민간차원의 활동 정도

중요한 것은 이와 같은 4단계 방어공간의 영역설정은 국가차원과 민간차원의 활동영역 및 활동정도를 결정짓는다는 점이다. 바꿔 말하면, 형식적·명목적으로는 국가차원의 활동(즉, 경찰이 관할구역 내의 모든 시민의 안전과 관련하여 일정한 책임을 지고 있지만) 현실적으로 개인이 거주하는 집안 내부의 사적공간에 대해서까지 직접적으로 보호하는 것은 불가능하다는 점이다. 아울러 아파트 내의 복도 및 엘리베이터 공간, 그리고 아파트 단지 내의 정원이나 주차장에 대해서도 평상시에 경찰이 보호활동을 하는 것은 어렵다.

결국, 경찰과 같은 공경비가 평상시에 범죄와 같은 여러 가지 위해로부터 시민을 보호해줄 수 있는 공간은 주로 길거리와 같은 '공적 장소'(public area)를 중심으로 이루어질 수밖에 없다는 것을 의미한다. 물론 경찰의 범죄예방활동 가운데 방범심방활동이 있어 관할구역 내의 각 가정, 기업체, 기타 시설을 방문하여 범죄예방, 청소년선도, 안전사고방지 등의 지도계몽과 상담 및 연락을 행하고 민원사항을 청취하여 주민의 협력을 얻어 예방경찰상의 기초 자료를 수집하는 활동을 하기도 한다.[41]

이러한 점에서 본다면 기본적으로 민간차원의 범죄예방 등의 활동은 사적인 영역에서 개입하고, 국가차원의 경찰 등은 공적인 영역에서 개입하고 있음을 알 수 있다. 물론 그렇다고 해서 반드시 사적인 공간에서는 사적인 범죄예방활동이 시작하고, 공적인 공간에서는 공적인 범죄예방활동이 시작된다는 것은 아니다. 이 역시 상대적인 것이다.

● 방어공간의 계층구조와 국가차원과 민간차원의 활동 영역

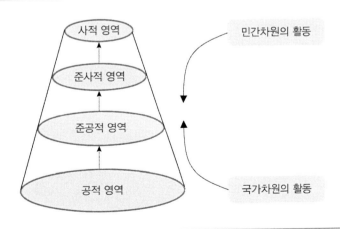

출처: 최선우(2019), 민간경비론, 인천: 진영사, p. 182.

---

41 정경선(1998), 경찰방범론, 경찰대학, p. 108.

2. CPTED의 기본전략

1) 1세대 CPTED의 기본전략

1세대 CPTED의 기본 전략 내지 구성요소는 이상에서 논의한 뉴만의 방어공간이론 등을 토대로 형성·발전된 것이라 할 수 있다(이후, 많은 전문가들의 연구를 토대로 일정부분 보완되어 오늘에 이르고 있으며, 논자에 따라서 이의 구성요소들이 다소 차이가 있음은 물론이다).

이러한 1세대 CPTED의 기본전략은 ① 자연적 접근통제(Natural Access Control), ② 자연적 감시(Natural Surveillance), ③ 영역성 강화(Territorial Reinforcement), 그리고 이에 더하여 ④ 활동성 지원·증대(Activity Support), ⑤ 유지 및 관리(Management and Maintenance) 등으로 요약된다.

(1) 자연적 접근통제와 자연적 감시

접근통제(接近統制, Access Control)와 감시(監視, Surveillance)는 물리적 환경설계의 1차적 핵심요소로 인식된다. 접근통제와 감시는 어떠한 대상을 보호하기 위한 가장 기본적·본질적인 수단이기 때문이다. 이러한 이유로 CPTED 초기부터 이에 대한 많은 관심을 두고 접근하였다. 그리고 접근통제와 감시는 상호 배타적인 것이 아니라 상호 지원하는 관계라고 할 수 있다. 물론, 각각의 운용방법은 분명한 차이가 있다.[42]

이러한 접근통제와 감시에 있어서 '자연적'(自然的, natural)인 방법내지 수단이 우선적으로 고려되고 있다. 여기에서 '자연적'이라는 말은 정상적으로 주어진 환경을 이용하는 과정에서 '자연스럽게' 접근통제와 감시를 하는 것을 의미한다는 점에 주의할 필요가 있다.[43] 바꿔 말하면, 어떤 대상을 보호하기 위하여 인위적·기계적으로, 그리고 외관상으로 뚜렷하게 접근통제를 하고 감시활동을 하기보다는 드러나지 않으면서 즉, 주변 일상적인 생활에 거부감을 일으키지 않는 차원에서 이루어지는 것을 말한다. 이러한 논의가 필요한 이유는 '자연적 통제'라는 말이 한편으로는 '자연적인 장벽'(절벽, 호수, 숲 등)을 이용하는 통제에 대해서도 사용될 수 있으며, 고전적 접근통제는 바로 이러한 자연물을 이용한 통제가 주요 방법이었기 때문이다.

① 접근통제

접근통제는 합법적인 용건을 가진 사람에 한해서 어떤 건물이나 장소에 대한 출입을 허용하는 것을 의미한다. 이는 범죄를 저지르기 위해 어떠한 건물이나 장소에 출입하는데 필요한 노력을 증가시킴으로써 범죄의 기회를 감소시킬 목적을 가지고 만들어진 설계개념이다.[44]

---

42 T. Crowe(2000), op. cit., pp. 36~38.
43 최선우(2019), 앞의 책, p. 401.
44 Steven P. Lab/이순래·박철현·김상원 역(2011), 앞의 책, p. 88.

이러한 접근통제 전략은 전형적으로 ㉠ 조직적 통제(경비원 출입통제 등), ㉡ 기계적 통제(장벽, 차단장치, 잠금장치 등), 그리고 ㉢ 자연적 접근통제(공간구획 등)로 구분된다. 접근통제 전략의 핵심은 범죄자가 목표물에 접근하는 것을 차단하는 것이고, 범죄자에게 체포의 위험을 인식시키는 것이다.

여기서 자연적 접근통제는 인위적·조직적으로 경비원이 출입문을 통제한다거나, 출입차단장치 및 장벽을 설치하는 등의 조치를 통해서 외부의 접근을 통제하는 방식이 아니라 이를테면, '공간구획'(空間區劃) 등을 통해서 실행하는 방법이다. 공간구획이라는 것은 건물의 위치, 정원의 위치, 도로의 진입로, 출입문의 위치 등과 같은 요소들을 일정지역에 적절하게 배치함으로써 외부의 침입을 자연스럽게 통제하도록 하는 것을 말한다.

② 감시

감시는 주민들이 범죄자의 행동을 효과적으로 관찰하는데 목적을 두고 만들어진 설계개념이다. 감시전략 역시 접근통제와 마찬가지로 ㉠ 조직적 감시(경비원 배치 및 순찰활동 등), ㉡ 기계적 감시(경비조명, 감시카메라 등), 그리고 ㉢ 자연적 감시(창문 등)로 분류된다.

자연적 감시라는 것은 거주자가 일상적인 생활을 하면서 자신들의 영역 내에 침입하는 것을 시각적·청각적인 방법에 의해 자연스럽게 감시하는 것으로서 이는 경비원 등 그 자체를 직무로 하는 사람들의 감시와는 구별된다. 이러한 자연적 감시활동은 '창문'으로 대표되기도 한다. 인간이 창문을 통해서 다른 사물을 보는 것이 가장 자연스러운 감시활동이라는 것을 의미한다고 볼 수 있다.

이러한 감시는 다양한 여러 가지 방법에 의해서 강화될 수 있다.[45] 예컨대, 야간 감시효과를 높이기 위해서 가로등을 설치하는 것을 들 수 있다. 또 집 밖의 거리에 활동 및 보행하는 사람들의 수를 증가시켜 감시효과를 높일 수 있다. 이는 일종의 '거리의 눈'(eye of street) 개념에 해당하는 것으로 특정 공간이 거주자 및 통행인들에 의해 자연적인 감시를 받게 되는 것을 말한다. 어떻게 보면, 범죄자가 범죄를 저지르고 발각되지 않고 도망갈 수 있는 기회는 거리에 있는 사람들이 많아질수록(즉, 이를 감시 또는 목격하는 사람이 많아질수록) 줄어든다.

물론, 이러한 생각의 이면에는 만약 사람들이 범죄자나 어떤 의심스러운 사람을 목격했을 때, 경찰에 신고하거나 범죄를 통제하기 위해서 어떠한 다른 행동을 취할 것이라는 가정을 전제로 한다.

③ 접근통제와 감시설계의 개선

설계개념에서 볼 때, 전통적인 기존의 접근통제와 감시는 환경의 이용을 최소화 하거나 무시하면서 단지 조직적·기계적 예방방법만을 강조하는 경향이 있었다. 즉, 주어진 환경을 최대한으로 활용하지 못하고 인위적인 방법에 치중하였다고 볼 수 있다.

---

45 위의 책, p. 89.

기존의 접근통제와 감시설계

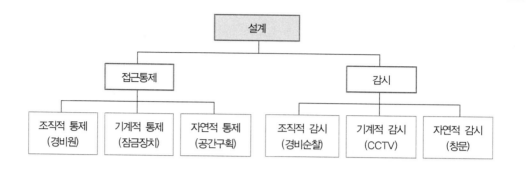

출처: Timothy. Crowe(2000), Crime Prevention Through Environmental Design: Application of Architectural Design and Space Management Concepts, Boston: Butterworth‑Heinemann, p. 37.

　　그러나 최근에는 조직적·기계적 전략보다는 자연적인 기회를 활용함으로써 자연스럽게 범죄를 예방하는 방법을 강조하고 있다. 즉, 1차적으로 자연적 접근통제와 감시방법을 고려하고 2차적으로 조직적·기계적 접근통제와 감시방법을 적용하는 것이다.

　　이상과 같은 논의는 접근통제와 감시설계는 가능한 한 주변환경과 조화될 수 있도록 자연스럽게 이루어져야 한다는 것을 의미한다. 따라서 자연적 감시를 위해서는 이를테면, 범죄발생의 구

접근통제와 감시설계의 개선

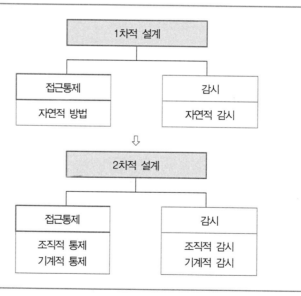

출처: Timothy. Crowe(2000), Crime Prevention Through Environmental Design: Application of Architectural Design and Space Management Concepts, Boston: Butterworth‑Heinemann, p. 38.

성요소라 할 수 있는 범죄자, 피해자, 그리고 장소(환경을 구성하는 요건)들 간의 상관성을 분석하여 일반인들에 의한 가시권(可視圈, visual range)을 최대화시킬 수 있도록 건물이나 시설물을 배치해야 한다.[46]

자연적 접근통제 역시 접근통제에 있어서 과도한 불편을 야기하면서 사람들의 통행을 통제하기 보다는 공간구획 등을 통해 이용자들의 통행에 큰 불편을 야기하지 않으면서 보호대상 건물이나 장소에의 접근을 적절한 수준에서 자연스럽게 제한하는 것을 말한다. 기존의 여러 연구들을 살펴보면, 일반적으로 타운, 주택, 주거단지를 관통하는 도로나 출입구의 수가 많을수록, 또는 주요 도로나 간선로에 인접한 주택가일수록, 침투성(permeability)·연결성(connectivity)·접근성(accessibility) 등이 높으며, 이러한 요인들은 더 많은 '침입절도'(burglary) 등의 범죄피해를 당할 가능성을 높여준다는 것이다. 따라서 접근통제는 이러한 침투성, 연결성, 접근성을 다소 통제하여 범죄피해를 감소시키는 원리라고 할 수 있다.[47]

(2) 영역성 강화

앞에서 살펴본 바와 같이, 영역(領域)이라는 것은 사람이 평상시 익숙하고 친숙하여 자신의 것으로 느끼는 장소를 말한다. 따라서 '영역성'(領域性, territoriality)이란 어떤 장소 또는 시설에 대한 합법적인 이용을 의미하며, 그러한 영역에 대한 통제는 '경계의 설정'에 기반을 두고 있다. 그리고 이러한 영역성은 특정 공간에 대한 '소유의식' 또는 '지배의식'을 의미하는 것이다.[48]

생각건대, 사람을 포함해서 모든 생물체들은 일정한 영역성을 가지고 있다고 볼 수 있다. 이는 바로 방어공간과 밀접한 관련을 갖는 것이다. 예컨대, 사람은 자신이 거주하는 장소[집]에 대해서 배타적 권리를 행사하고, 또 거리를 이동하는 경우에도 자신을 둘러싼 일정한 공간에 대해서 영역성을 확보하고자 한다. 마찬가지로 개나 사자, 고양이와 같은 동물들 그리고 각종 나무들도 그러한 영역성을 가지고 있다.

범죄예방 차원에서 이러한 영역성을 확보·구현하는 방법은 간단하면서도 복잡한 면을 가지고 있다고 본다. 예컨대, 소유자 또는 거주자의 입장에서는 특히 보호받아야 할 사적인 자신의 주거영역이 침범당하지 않도록 소유건물 내지 경계지점부터 바닥재(재질, 색 등)를 달리 한다거나, 잔디를 심어서 방어적 완충공간(buffer)을 형성하거나, 낮은 수목울타리 식재 등을 심어서 자신이 관리 및 소유하고 있다는 의사를 '명확하게 표시'(clear demarcation)해 줄 수 있다.[49] 이에 더하여 경계지

---

46 박현호(2014), 앞의 책, p. 35.
47 위의 책, p. 35.
48 최응렬(1994), "환경설계를 통한 범죄예방에 관한 연구: 주거침입절도를 중심으로", 동국대학교 박사학위논문, p. 24.
49 박현호(2014), 앞의 책, p. 36.

점에 CCTV를 설치함으로써 불법침입시 감시하고 있다는 경고의 메시지를 전달하고, 또 출입통제 장치를 설치하여 불법침입을 차단함으로서 영역성을 보다 강화시킬 수 있을 것이다.

⬥ 환경정비를 통한 영역성 강화 방법

영역성을 강화시키기 위해서는 대상지역이 주민들에 의해서 잘 관리되고 있음을 잠재적 범죄자들에게 인식시킬 수 있도록 환경을 정비하거나, 공간과 시설을 쉽게 인식하고 올바르게 이용할 수 있도록 계획하는 방법이 많이 사용되고 있다. 환경정비(環境整備)를 위해서 가장 많이 사용되는 방법에는 노후화된 가로시설의 정비, 빈 공지나 자투리 공간에 화단 설치, 그리고 벽면 도색 등이 있다.

이러한 관점에서 영역성을 강화시키는 방법 가운데 하나는 예컨대, 복잡한 골목길 구조를 가급적 단순하게 변경하고, 각종 시설물을 쉽게 인식할 수 있도록 설계하는 것이다. 가로환경이 단순해진다면, 길 찾기가 쉬울 뿐만 아니라 주변시야를 좀 더 넓게 확보할 수 있기 때문에 범죄 및 두려움도 감소시킬 수 있을 것이다. 또한 각종 안내시설과 방범시설이 눈에 잘 띄고 이해하기 쉽도록 설계한다면, 고립되거나 위험한 환경으로 들어서는 기회를 사전에 차단할 수 있으며, 긴급 상황이 발생하더라도 신속하게 신고하는 등의 방어적 행동을 할 수 있다.

최근에 각 지방자치단체에서 시행되고 있는 공공디자인 계획이나 간판정비사업, 주요 가로등이나 CCTV 설치대, 비상벨에 차별적인 색체를 적용하는 것은 시각적인 측면에서 영역성 등을 강화시키는 전략이라고 할 수 있다.

벽면 도색이나 벽화작업은 지역 이미지를 긍정적으로 만들고 시각적으로도 가로환경이 개선된 것으로 보이는 효과를 가장 쉽게 확인할 수 있도록 해주기 때문에 최근 들어 많은 지역에서 이를 사용하고 있다. 그러나 벽면 도색이나 벽화만으로는 범죄예방 효과를 기대하는 것은 어렵고, 이러한 활동 자체가 CPTED의 목적은 아니기 때문에, 주민참여나 관심을 유도하기 위한 하나의 방법으로서 활용되는 것이 바람직하다.

출처: 박준휘 외(2014), 셉테드(CPTED)이론과 실무(Ⅰ), 한국형사정책연구원, p. 80.

이러한 점에서 본다면, 적절한 접근통제 및 감시설계는 특정지역 내지 장소에 대한 영역성을 강화하는 제반 과정이라고 할 수 있다. 이러한 과정을 통해서 합법적인 이용자들의 소유의식 내지 소속의식을 강화하고, 잠재적인 범죄자에 대해서는 그와 같은 배타적 영역성의 존재를 인식할 수 있도록 하자는 것이다. 이렇게 되면 환경을 합법적으로 이용하는 이용자들은 자신들의 영역보호에 더욱 관심을 갖게 될 것이고, 반대로 잠재적 범죄자들은 더 많은 위협(범죄를 저질렀을 경우 체포될 가능성 등)을 느끼게 될 것이다.

이상과 같은 접근통제, 감시, 그리고 영영성은 개념적으로는 구분된다 할지라도 실제로 이를 적용하는 과정과 목표는 일정부분 중첩되어 있다고 본다. 따라서 접근통제와 감시, 그리고 영역성의 강화를 독립적인 것으로 생각하기보다는 이들을 통합적으로 고려하여 그 효과를 극대화하는 것이 중요하다고 본다.

(3) 활동성 지원·증대

활동성 지원 내지 활동성 증대는 사람들이 공간과 시설을 활발하게 이용할 수 있도록 환경을 설계하는 것을 의미한다. 이러한 활동성을 지원·증대하게 되면, 자연스럽게 잠재적 범죄자의 행위를 통제하고, 아울러 감시 기회를 증대시킬 수 있다는 점이다.

교통정온화기법

교통정온화(Traffic Calming)는 번역표현으로서 '교통을 진정시킨다'는 의미이다. 즉, 보행자 및 자전거 이용자가 도로를 안전하고 편리하게 이용할 수 있도록 차량의 통행량 및 교통흐름을 조절하는 교통기법이다. 한마디로 사람과 차량이 서로 마찰 없이 공유하고 공존할 수 있게끔 하는 것이다. 교통정온화기법은 1960년대 네덜란드에서 시작된 이래로 이후 많은 나라에 영향을 끼쳤다.[50]

이러한 교통정온화기법에는 S자 도로(시케인, Chicane), 차로폭 줄임(초커, Chocker), 고원식 교차로 및 고원식 횡단보도, 요철포장, 그리고 포장패턴 차별화 등이 있다.

S자 도로 (시케인)	도로 선형을 S자로 계획하여 차량의 감속 유도	
차로 폭 줄임 (초커)	차로 폭을 물리적 또는 시각적으로 좁게 하여 차량의 감속 유도	
고원식 교차로· 고원식 횡단보도	교차로 전체 또는 횡단보도 구간을 보도 연석과 같은 높이로 계획하여 차량의 감속 및 교통약자 등 보행자이용 편의 제공	
요철포장	차도를 석재나 벽돌로 포장하여 차량의 감속 및 운전자 주의환기	
포장패턴 차별화	보차혼용도로 등에서 차량과 보행자 통행구간을 포장패턴으로 차별화하여 안전사고 예방	

출처: http://blog.naver.com/PostView.nhn?blogId=pressman0520&logNo=220628593518.

---

50 https://korealand.tistory.com/760.

앞에서 언급한 바와 같이 제이콥스(J. Jacobs)가 도시재개발 즉, 도시재생과정에서 해당 지역·장소를 다양한 용도(주거, 상업, 교육, 여가 등)로 사용할 수 있도록 설계함으로써 범죄를 예방하고 삶의 질을 높일 수 있다고 한 것은 바로 이러한 활동성 지원·증대와 관련된 것이라 할 수 있다.

이러한 전략은 주로 공공부문에서 적용되고 있는데, 어떠한 시설에 대한 다양한 활동을 유도하고 공간을 활성화시키는 것은 사용자들의 편의를 증진시키면서 동시에 범죄예방의 효과도 기대할 수 있기 때문이다.[51]

이러한 방법을 활용하여 주거지역 등에서 방치된 공터나 빈집, 그리고 주변환경에 비추어 볼 때, 부적절한 용도로 사용되고 있는 공간을 주민 욕구에 맞는 공간(휴게벤치, 놀이·운동시설, 텃밭, 정자 등)으로 개조시킴으로써 활용성을 높이고, 지역사회를 재생시키는 효과도 기대할 수 있을 것이다. 또 주거지역 내의 이면도로나 보차혼용도로에서 보행자의 안전을 확보하면서, 보행공간을 활성화시킬 수 있는 '교통정온화'(Traffic Calming) 기법 등도 지역 내지 공간의 활동성을 지원·증대시키는 방법이라 할 수 있다.[52]

(4) 유지 및 관리

마지막으로 어떤 시설물이나 장소는 처음 CPTED가 적용된 상태로 이용될 수 있도록 지속적으로 유지 및 관리하는 것이 중요하다. 따라서 파손된 도로, 변색된 벽화, 깨어진 가로등, 무성해진 잡초, 방치된 쓰레기, 낡은 교통표지판 등에 대해서 지방자치단체, 경찰 등 관계기관은 지속적으로 관심과 정책적 지원을 해야 한다. 그리고 지역주민의 이에 대한 관심과 협조 역시 지속적으로 이루어져야 한다.

만약에 이러한 지속적인 유지 및 관리가 이루어지지 못한다면, 처음 CPTED가 적용되기 전보다도 오히려 상황이 악화될 수 있을 것이다. 그리고 지속적 유지 및 관리는 2세대 CPTED에서 강조하고 있는 지역주민 참여 등과 연계성을 가지고 있기 때문에 그 의미가 크다고 본다.

> ⚠ **CPTED의 한계와 3D 접근방법**
>
> **1. CPTED의 한계**
>
> 모는 보호대상에 동일하게 적용할 수 있는 CPTED모델을 개발하는 것은 어려운 일이다. 모든 범죄는 때와 장소에 따라 그 발생 양상이 다르며, 동일한 장소일지라도 '때'(계절, 요일, 시간대 등)에 따라서 상황이 변하기 때문이다. 그리고 과학기술의 발달은 CPTED의 기술적·기계적 발전 등을 가능하게

---

51 박준휘 외(2014), 앞의 책, p. 81.
52 위의 책, p. 81.

하였지만, 범죄자들 역시 과학기술을 이용하여 이를 무력화시킬 수 있는 수단으로도 활용할 수 있다. 이러한 점에서 '지키고자 하는 자와 뺏고자 하는 자'는 항상 평행선상에서 상호작용하고 있다고 볼 수 있다.

따라서 CPTED는 실제 발생하는 범죄상황에 효과적으로 적용될 수 있도록 끊임없이 보완되고, 개선되어야 한다. 이를 위해서는 수많은 경험과 지식체계를 CPTED에 적용해야 한다. 그리고 가능하다면, 모든 보호대상에 '기본적·표준적'으로 적용 가능한 접근방법을 모색하는 것이 '효율성'(效率性) 면에서 필요하다고 본다.

그런데 모든 보호대상(사람 또는 시설 등)은 그 존재이유로서 범죄예방이 궁극적 목표인 것은 아니다. 이는 범죄예방을 향상시킬 수 있는 CPTED가 궁극적인 목표가 아니라는 것을 의미한다. 모든 보호대상(주거시설, 상업시설, 산업시설, 공공시설 등)은 본연의 목표를 가지고 있다. 따라서 보호대상에 CPTED가 부적절하게 적용되었을 경우, 보호대상이 가지고 있는 본래의 기능과 목적에 제약을 가져다줄 우려가 있다고 본다.

2. 3D 접근방법

CPTED의 적용은 그 보호대상이 본래의 목적을 달성하기 위해 가지고 있는 '공간'(空間, Space) 또는 '장소'(場所, Place)가 가지고 있는 특성을 극대화시키면서 적용되어야 한다.

일반적으로 인간이 활용하고 있는 '공간'은 세 가지의 기능을 가지고 있다. 첫째, 인간이 활용하는 공간은 일정한 목적을 가지고 있다는 점이다. 둘째, 그러한 공간은 지역적·문화적·자연적·과학적 기타 여러 가지 환경적 요인에 의해 영향을 받는다는 것이다. 셋째, 그러한 공간은 인간의 행동을 극대화시키면서 한편으로는 인간의 행동을 통제하는 역할도 한다는 점이다.

여기에서 언급하고자 하는 '3D 전략'은 이상과 같이 어떠한 '공간'이 가지고 있는 본연의 기능을 명확하게 확인하는 과정이라고 할 수 있다. 3D는 ㉠ 지정(Designation), ㉡ 정의(Definition), ㉢ 설계(Design)의 영문 머릿글자 'D'를 따온 것이다.[53] 범죄예방 및 손실예방을 위해 CPTED의 설계를 담당하는 사람은 3D와 관련된 다음의 질문을 스스로에게 제기해야 하며, 그에 따라서 나타나는 문제점을 해결하기 위한 노력을 해야 할 것이다.

결론적으로 CPTED의 세 가지 기본전략 즉, 접근통제, 감시활동, 영역성 등은 모두 3D 개념에서 출발한 것이다. 한편으로는 3D는 CPTED의 근원적인 문제점과 시행상의 문제점을 발견하는데 가장 유용하게 사용되는 방법이라고 할 수 있다.

3D 관련 검토사항

① 지정(Designation)
- 이 공간이 무엇을 위해 필요한 것인가?
- 이 공간은 어떤 목적을 가지고 있는가?
- 현재 이 공간은 효율적으로 사용되고 있는가?
- 다른 요소와의 마찰은 없는가?

---

② 정의(Definition)
- 공간의 범위가 명확하게 한정되어 있는가?
- 공간의 소유자가 분명한가?
- 주어진 공간을 사용하는데 있어서 외부의 제약은 없는가?
- 공간의 사용목적과 실제 사용용도가 충돌하지는 않는가?

③ 설계(Design)
- 공간은 본래의 기능을 충분히 발휘할 수 있도록 설계되어 있는가?
- 공간의 설계대로 사람들의 행동을 유도하고 있는가?
- 공간의 설계내용이 사람들의 활동에 큰 제약을 가하지는 않는가?
- 공간의 설계내용과 실제 적용상에 마찰이나 부작용은 없는가?

출처: 최선우(2019), 민간경비론, 인천: 진영사, pp. 405~406 재인용.

2) 2세대 CPTED의 기본전략

이상에서 살펴본 1세대 CPTED는 특히, 물리적 환경설계를 강조한 접근방식이라 할 수 있다. 그러나 범죄예방은 물리적 환경설계뿐만 아니라 지역사회 내의 여러 유관기관과의 유기적 연계성 강화 및 주민들의 적극적인 참여와 협조가 더해져야 효과를 거둘 수 있다고 본다.

생각건대, 안전하고 건강한 사회는 지역사회 내의 각 기능들이 적절하게 이루어지고, 활기차고, 범죄율이 낮은 공동체를 의미한다고 본다. 안전한 지역사회에서는 주민들의 참여가 광범위하게 이루어지고, 사회응집력을 고양할 수 있는 다양한 프로그램들이 실시되고, 공동체 내의 의사소통과 파트너쉽이 활발하게 진행된다. 결국, 이러한 지역공통체가 형성되기 위해서는 지역적 이기주의 내지 집단적 이기주의가 보다 더 큰 사회적 가치(즉, 공동체의식) 속에서 통합될 때 가능하다고 본다.

이러한 논의 속에서 등장한 것이 바로 2세대 CPTED라 할 수 있다. 기존의 1세대 CPTED가 도시설계에 초점을 맞추었다면, 2세대 CPTED는 여기에 사회적 문제와 심리적 문제를 사회생태와 함께 고려할 것을 강조한 것이다. 즉, 1세대 CPTED이론을 확장하여 '환경설계 – 범죄논쟁'에 '사회적 요소'(social facts)를 통합하는 것이었다.[54] 이러한 점에서 볼 때, 2세대 CPTED는 1세대

---

53 T. Crowe(2000), op. cit., pp. 39~40.

54 '사회적 요소'에 대한 강조는 그 뿌리를 1세대 CPTED의 초기 이론가인 뉴만(O. Newman)과 크로우(T. Crowe)의 '활동지원전략'(activity support strategy)이나 1세대 CPTED의 제안자인 제이콥스(Jacobs)의 안전한 지역사회의 핵심적 요소로 강조한 '이웃공동체'에 두고 있다. 강은영 외 4인(2010), 범죄예방을 위한 환경설계의 제도화 방안(Ⅲ): 학교 및 학교주변 범죄예방을 중심으로(총괄보고서), 한국형사정책연구원, p. 46.

핵심요소	내용
사회적 응집	• 지역사회 내의 지역행사와 조직에 참여 • 지역사회 내의 문제해결활동에 자발적인 참여 • 지역사회 내의 갈등을 긍정적으로 해소하고자 하는 노력(회복적 사법프로그램 등)의 확대 • 지역사회 내의 폭력대응 교육프로그램(가정폭력 피해 여성에 대한 지원과 가해 남성이 온전한 사람으로 될 수 있는 교육훈련 등)의 존재 • 지역사회 내의 광범위한 친분네트워크의 확대 등
연계성	• 외부 지역사회 및 기관과의 네트워크 형성(웹사이트 공유 등) • 지역사회 내의 의사결정권자(자치단체장 등)와의 연결창구 확대 • 지역사회 외부 조직과의 공식적 연계활동 실시 • 지역사회 외부와 연결해주는 교통도로 및 시설의 공유(함께 타기, 자전거길, 대중교통 등) 등
지역사회 문화	• 양성평등 및 성소수자 평등 전략의 존재와 효과성 증대 • 성(gender)문제 해결 프로그램(성폭력예방 프로그램 등)의 실시 • 지역사회 및 이웃 간의 사회적·문화적 다양성 인정 • 지역사회 내의 특별한 장소, 축제, 행사의 실시 • 지역사회 내의 전통과 문화적 활동(아트페어, 놀이 등) • 지역사회(이웃) 내의 입주자 또는 거주민의 인구사회학적 특성에 바탕을 둔 자부심 고취 등
한계 수용량	• 인구밀도, 토지이용밀도, 다양성을 인정하는 한계수준 • 사회적 안전장치의 균형성(지역사회 내의 공원, 길거리 행사, 길거리 음식점 등) • 혼잡·밀집 최소화 대(vs.) 사용의 최대화 • 한계치 이하의 범죄유발 요인(지역사회 내의 빈집 및 유흥시설 등의 수)의 유지 등

출처: Saville, G. and Cleveland, G.(2013), "Second-Generation CPTED: Rise and Fall of Opportunity Theory", in Randall I. Atalas(ed.), 21st Century Security and CPTED: Design for Critical Infrastructure Protection and Crime Prevention, N.Y.: CRC Press, pp. 94~99 재구성.

CPTED를 포함하면서, 이의 한계를 극복하기 위한 대안으로 등장하였다고 볼 수 있다.

사빌과 클리블랜드(Saville and Cleveland)는 이러한 2세대 CPTED 기본전략으로서 ① 사회적 응집(Social Cohesion), ② 연계성(Connectivity), ③ 지역사회 문화(Community Culture), 그리고 ④ 한계수용량(Threshold Capacity) 네 가지로 요약하고 그 특징을 제시하고 있다.[55]

(1) 사회적 응집

영역성이 1세대 CPTED의 핵심 전략이었다면, 이에 대응하는 2세대 CPTED의 핵심전략은 '사회적 응집'이라 할 수 있다. 사회적 응집은 지역 주민들 간의 관계를 강화시키는 전략을 의미한다.

---

55 이하 위의 보고서, pp. 50~53 재인용.

종래의 이웃감시(Neighborhood Watch)는 감시활동을 하는 사람들 간의 네트워크를 강화시킬 수는 있지만, 지역사회에 거주하는 사람들에게 문제해결 방법이나 갈등해소 방법을 알려주지는 못한다. 이것이 바로 1세대 CPTED의 활동성 지원·증대 전략이 장기적으로 사회적 응집을 만들어내는데 실패하게 된 이유라 할 수 있다. 사회적 응집을 위한 노력은 위의 표에서 보는 바와 같다.

이러한 사회적 응집은 다시 두 가지 구성요소로 나뉘는데, 바로 사회적 결속(social glue)과 긍정적 자아존중감(positive esteem)이다. 먼저 사회적 결속은 지역사회 구성원인 자신들이 거주하는 지역 내의 길거리, 관공서, 조직, 마을 등에 대한 '책임감'(責任感)을 공유하도록 하는 전략을 말한다. 예컨대, 지역주민들은 범죄 위험을 감소시킬 수 있는 행사 내지 캠페인을 계획하거나, 문제기반 학습(PBL: Problem Based Learning)을 하는 것을 들 수 있다.[56]

다음으로 긍정적 자아존중감은 사회적 응집을 가능하게 해주는 지역주민들의 개인적 특성(자기확신 및 갈등해소 기술·능력, 정서적 이해력 등)을 의미한다. 지역주민들이 갈등해소 기술이 부족하게 되면, 문제해결을 위한 상호작용(토론 등)이 잘 이루어지기가 어렵고, 결과적으로 상호간에 고립 및 소외감을 겪게 된다. 또한 갈등을 긍정적으로 해결해내지 못하면, 언쟁이 물리적 수준으로 확대되고 폭력이 발생할 수도 있다. 따라서 지역사회 내의 주민들이 긍정적 존중감을 가지고 있을 때, 문제해결 역량이 증가하고, 그 결과 사회적 응집이 강화될 수 있다.

(2) 연계성

연계성은 지역주민들이 중앙정부 및 경찰, 구청, 그리고 지역사회 내의 사업체 등 여러 기관·조직 및 외부사회와 긍정적인 관계를 유지하는 것을 의미한다. 즉, CPTED 전략이 성과를 내기 위해서는 잠재적 범죄자들의 범죄기회뿐만 아니라 '범죄동기'까지 감소시키는 것이 필요한데, 이를 위해서는 내부적 응집력과 함께 여러 기관·조직 및 외부사회와의 긍정적 관계형성이 필요하다는

---

56 문제기반 학습(PBL)은 다음과 같은 특징을 갖고 접근하는 학습방법을 말한다. ① PBL은 어떠한 '문제'로부터 학습이 시작된다. 여기에서 문제는 자신과 상관없는 주제가 아닌, 실생활에서 경험할 수 있는 사실적·실질적인 문제를 말한다. 그리고 하나의 정답이 제시되는 구조화된 문제가 아니라 다양한 대안과 방법이 요구되는 비구조화된 문제이다. 지역사회 내에서 발생하는 범죄문제 역시 좋은 주제가 된다. ② PBL은 학습자 중심으로 이루어진다. 즉, 어떠한 리더 또는 책임자의 일방적인 진행으로 지식·정보가 전달되는 것이 아니라 학습자의 활동으로 진행된다. 따라서 학습자들은 스스로가 주어진 문제에 대한 판단과 해결책 등을 제시해야 한다. 이러한 과정에서 문제해결 능력 내지 책임의식을 갖게 된다. ③ PBL은 기본적으로 그룹활동 중심으로 이루어진다. 그룹활동을 통해 학습자는 여러 사람들의 다양한 의견을 접하고, 이들과 효율적으로 학습하는 방법을 배우게 된다. ④ PBL은 자기주도적 학습을 통해서 새로운 지식 내지 정보를 습득한다. 즉, 그룹활동만 하는 것이 아니라, 스스로가 새로운 지식과 정보를 얻고 학습하는 과정에서 전문성을 갖게 되고, 문제해결과정에 적극적으로 참여하게 된다. ⑤ PBL에서 리더 또는 책임자가 존재하는데, 이들은 단순히 지식전달자 내지 의사결정권자가 아닌 문제해결을 위한 학습진행자 또는 촉진자로서의 역할을 수행한다. https://jkjs22.tistory.com/4.

의미이다.

중앙정부 및 경찰, 구청, 그리고 사업체 등으로부터는 범죄예방과 관련된 지식과 정보를 전달받을 수 있고, 특히 '재정적인 지원'을 받을 수 있을 것이다. 그리고 유사한 문제를 안고 있는 다른 지역사회와 연계하여 지식과 정보를 공유하고, 공동으로 대응책을 마련하는 것도 강구할 수 있을 것이다. 이러한 연계성을 갖기 위해서 여러 가지 대중매체(언론, 인터넷, SNS 등)를 이용할 수도 있다.

(3) 지역사회 문화

1세대 CPTED에서는 '거리의 눈'(eyes of street)이라는 표현을 통해 지역주민 내지 이용자들에 의한 주변의 감시활동을 강조한 바 있다. 그러나 2세대 CPTED에서는 주변에 대한 감시활동보다는 주민들이 이용하고 있는 지역·공간을 스스로 보호하고, 주의를 기울이고자 하는 '공동체의식'(共同體意識)을 함양하는 것을 강조하고 있다.

이러한 점에서 지역사회 문화는 중요한 의미를 갖는다.[57] 지역사회 내에 일정한 공동의 문화 또는 다른 문화를 이해하게 될 때, 사람들 간의 조화로운 삶이 이루어질 수 있다고 본다. 그리고 이렇게 되었을 때, 지역사회에 대한 의식·애착심, 그리고 영역 통제에 대한 필요성을 인식하게 된다. 어떻게 보면, 오늘날과 같은 '다문화사회'(多文化社會)에서 각 구성원들의 특성을 이해하고, 이를 바탕으로 지역사회에 고유한 문화를 형성·계승하는 것은 사회문제를 해결하는 가장 근본적인 방법일지도 모른다.

1세대 CPTED의 가장 큰 약점 가운데 하나는 집 밖에서 발생하는 범죄 또는 외부인에 의한 범죄를 예방하는 것에만 치중함으로써, 그 결과 가정폭력과 같은 가정 내의 범죄 그리고 성범죄와 같이 면식범(面識犯)의 비중이 높은 범죄, 그리고 장애인·성적 소수자 등 사회적 약자에 대해서는 특별한 대책을 제시하지 못하였다는 점이다.

---

57 문화(文化, Culture)는 한 사회 집단이 활동하는 토대를 의미하며, 이는 그 집단에 의해 얻어진 지식·믿음·도덕·법·관습·관행 등으로 이루어진다. 따라서 문화는 '사회구성원이 공유하는 전반적인 삶의 방식'(The total way of life shared by members of a society)으로 정의될 수 있다. 그리고 문화에는 언어·가치 및 상징적인 의미뿐만 아니라 기술과 물질적인 대상도 포함된다. 한편, 문화의 개념은 사람들의 사고방식·감정·태도와 다른 사람과의 대화도 포함한다. 사람들은 자기 주변의 사람들로부터 문화를 배우게 되는데, 여기에는 말하는 것, 얼굴표정, 신체적 언어(Body Language)와 신념 등이 포함된다. 그런데 사람들은 항상 새로운 사상 및 새롭게 개발된 과학기술 등을 접하게 됨으로써 자신들이 속한 문화는 변화하게 된다. 예컨대, 페미니즘(Feminism)과 컴퓨터가 우리 문화에 접목됨으로써 새로운 문화적 변동을 가져다주고 있음을 알 수 있다. 최선우(2017), 경찰과 커뮤니티: 커뮤니티 경찰활동, 서울: 박영사, pp. 149~150 재인용.

(4) 한계수용량

2세대 CPTED는 사회생태학적 접근을 모색하고 있다. 1세대 CPTED는 환경설계에 의해 범죄 기회를 최소화하는데 목적을 두고 있다면, 2세대 CPTED는 이와 더불어 적정한 인구밀도, 균형적인 토지·시설의 이용 등을 강조하고 있다.

여기에서 한계수용량은 지역사회가 불균형상태로 진행되는 움직임 즉, 특정시설, 특정사업·상업 등이 적정수준의 역량을 넘어서는 것을 의미한다.[58] 예컨대, 지역사회 내의 음식점, 술집, 노래방, 게임숍, 커피숍, 체육시설, 공원 등 사람들의 도시 삶의 질을 높여주는 중요한 요소들이다. 각각의 시설들이 모두 필요하며, 어느 것은 부정적이고, 어느 것은 긍정적인 시설이라고 단정해서는 안 된다. 그러나 특정 시설 예컨대, 술집과 노래방이 일정수준을 넘어섰을 때, 그것은 불균형을 초래하여 무질서한 문제가 야기될 수 있을 것이다. 좁은 장소에 술집 등이 너무 많이 들어서게 되면, 폭행, 음주운전, 소란, 쓰레기 등의 문제가 양산되기 때문이다. 또한 지역사회 내에 버려진 건물 또는 빈집이 많으면 특정 유형의 범죄를 유인하는 자석 역할을 하게 될 수도 있을 것이다.

● 사회적 지속가능성과 2세대 CPTED

제2장에서 지속가능한 도시발전 논의 속에서 사회적 지속가능성의 중요성을 논의하였다. 그렇다면, 2세대 CPTED와 사회적 지속가능성과 어떠한 관계 내지 연관성을 가지고 있는지 살펴볼 필요가 있다.

제2장의 사회적 지속가능성의 구성요소는 ① 형평성, ② 다양성, ③ 상호연계, ④ 민주성 및 거버넌스, 그리고 ⑤ 삶의 질을 가지고 살펴보았다. 그리고 2세대 CPTED의 전략은 ① 사회적 응집, ② 연계성, ③ 지역사회 문화, 그리고 ④ 한계수용량을 가지고 살펴보았다.

이렇게 본다면, 양자 간에 상당히 중첩되는 부분과 개별적인 부분이 존재함을 알 수 있을 것이다. 즉, 사회적 지속가능성과 2세대 CPTED의 기본원칙 또는 핵심요소를 보면 다양성 – 지역사회문화, 상호연계 – 연계성, 민주성 및 거버넌스 – 사회적 응집은 정도의 차이는 있지만 그 내용면에서 많은 공통점 또는 유사성이 있음을 발견할 수 있다.

그리고 양자 간의 개별적인 부분은 사회적 지속가능성의 경우 형평성과 삶의 질이며, 2세대 CPTED의 경우 한계수용량이라 할 수 있다. 사회적 지속가능성의 형평성과 삶의 질은 도시발전에 있어서 가장 본질적이고 거시적인 영역이기 때문에 이는 2세대 CPTED의 개념을 포괄하는 요소라고 볼 수 있

---

58 한계수용량은 이른바 '티핑 포인트'(tipping point)와 관련된다. 티핑 포인트라는 것은 '예상하지 못한 일이 한꺼번에 몰아닥치는 극적인 변화의 순간'을 의미하는 것으로 어떤 상황이 처음에는 미미하게 진행되다가 어느 순간 갑자기 모든 것이 급격하게 변화하기 시작하는 극적인 순간을 말한다. 즉, 일정한 공간 내지 장소의 어떠한 대상(인구밀도, 시설 등)이 한계치에 다다랐을 경우, 극적인 변화(주로 부정적인 면)가 나타날 수 있다는 것을 의미한다. 다음백과(http://100.daum.net/encyclopedia).

다. 예컨대, 삶의 질의 여러 구성 요소 가운데 하위 요소로서 안전(즉, 범죄예방)이 들어 있음을 알 수 있다.

한편, 2세대 CPTED의 구성 요소 가운데 한계수용량은 전적으로 사회적 지속가능성의 내용이 전혀 없는 것은 아니지만 기본적으로 범죄예방을 위한 일정한 기준을 제시한 것이라고 할 수 있다.

요약건대, 사회적 지속가능성은 2세대 CPTED보다 거시적이면서, 동시에 일정부분 공통부분을 공유하고 있다고 볼 수 있다. 따라서 2세대 CPTED의 성공적인 적용을 위해서는 기본적으로 사회적 지속가능성을 모색하고, 그 가운데서 2세대 CPTED의 고유한 영역을 개발 적용해야 할 것이다.

Chapter **04**

범죄현상의 분석

CHAPTER 04 범죄현상의 분석

공식범죄통계 분석

1. 공식범죄통계의 의의

우리 사회에 발생하는 범죄현상 또는 범죄실태를 파악할 수 있는 방법은 무엇인가? 일반적으로 범죄현상을 파악하기 위해서 가장 널리 사용하는 것이 범죄와 관련된 공식통계(公式統計)이다. 공식통계는 경찰·검찰 등 형사사법기관에 의해 적발되고 기록된 범죄에 대한 집합적 통계를 의미한다.[1]

이러한 공식통계는 여러 가지 장점을 가지고 있어서 많은 사람들이 이를 활용하고 있다. 국가 차원에서 범죄에 대한 정보를 수집하여 제공하기 때문에 방대한 자료를 손쉽게 얻을 수 있으며, 범죄현상 내지 경향을 쉽게 파악하는 것을 가능하게 해준다. 이러한 특성으로 공식통계는 범죄를 연구하는 사람들이 '경험적 연구'(經驗的 研究)의 출발점으로 삼고 '준거'(準據, authority cited)로 삼고 있다.[2]

이처럼 공식통계가 범죄의 연구에서 유용하게 사용되지만 한편으로는 적지 않은 한계점을 가지고 있다. 가장 큰 한계는 공식통계가 '숨은 범죄'(Hidden Crime) 또는 '숨은 비행'을 집계할 수 없다는 점이다. 공식통계에 기록된 범죄는 실제로 발생한 범죄의 일부분에 불과하며, 밝혀지지 않은 숨은 범죄가 얼마나 되는지는 사실상 파악할 방법이 없다.

---

1 셀린(T. Sellin)은 범죄통계는 "① 숫자로 표시된 범죄건수 또는 범죄자의 수에 관한 통일된 자료, ② 공식기관(경찰, 검찰, 법원, 교정기관 등)의 기록에서 나온 것, ③ 도표화된 항목들 간의 관계를 확립하기 위해 분류되고 도표화되고 분석된 것, ④ 매년 또는 정기적으로 통일된 양식으로 출판된 것"이라고 정의하였다. T. Sellin(1953), "The measurement of criminality in geographical areas", Proceedings of the American Philosophical Society 97, p. 163.; 노성호·권창국·김연수(2012), 피해자학, 서울: 그린, p. 33 재인용.
2 이하 위의 책, pp. 33~34 재인용.

우리 사회에서 발생하는 범죄현상을 파악하기 위해서 공식통계를 사용하는 것이 적합하다고 인정받기 위해서는 두 가지의 조건이 충족되어야 한다. 하나는 신고되어 이미 알려진 범죄와 신고되지 않은 범죄 간의 비율이 해마다 일정하게 유지되어야 한다는 점이다. 다른 하나는 해마다 이미 알려진 범죄의 분포가 신고되지 않은 범죄의 분포와 동일해야 한다는 점이다. 이러한 가정이 충족되어야만 공식통계자료를 이용해서 전체범죄의 발생과 분포를 살펴보는 것이 의미를 가질 수 있다. 그러나 실제로 이러한 조건이 충족되는지의 여부를 검증할 수 있는 방법은 없으며, 논리적으로도 불가능하다. 발생하는 모든 범죄가 신고되는 것이 아니며, 신고율도 범죄유형이나 인구사회학적 집단에 따라서 상이하다. 신고가 된다고 해도 신고된 모든 사건이 공식통계에 집계되는 것이 아니며, 이 과정에서 여러 가지 누락이 발생하게 된다.

신고율의 변동은 공식통계의 '신뢰성'(信賴性, reliability)에서 가장 큰 영향을 미친다. 전체적인 범죄의 양에 변동이 없어도 다른 어떠한 이유로 신고율이 증가하게 되면 공식통계상의 범죄율은 증가하는 것으로 나타난다.

그리고 공식통계는 범죄발생을 중심으로 기록되는 것이기 때문에 기본적으로 '가해자'(加害者) 중심으로 관련내용들이 제공된다. 그런데, 범죄라는 것 역시 인간의 상호작용의 결과물이라 할 수 있다. 바꿔 말하면, 범죄현상을 정확하게 파악하기 위해서는 가해자뿐만 아니라 '피해자'(被害者)에 대한 정보 역시 파악되어야 한다는 것을 의미한다. 일반적으로 공식통계를 통해서 얻을 수 있는 범죄정보는 다양하게 수집할 수 있지만 범죄피해나 피해자에 대한 정보는 상세하게 제시되어 있지 않다(물론, 부분적으로 피해자 등에 관한 정보는 얻을 수 있다. 범죄피해조사와 관련된 내용은 이 장 SECTION 03에서 상세하게 살펴보기로 한다).

우리나라의 대표적인 공식통계로는 대검찰청에서 발간하는 『범죄분석』과 이를 적절하게 분석하여 일반인들이 접근하기 용이하게 발간한 법무연수원의 『범죄백서』가 있다. 그리고 경찰청에서 발간하는 『경찰통계연보』, 『경찰백서』 등이 있다.

그런데, 우리나라의 경우에는 범죄발생 등과 관련된 검찰단계의 공식통계자료가 경찰단계의 통계자료보다 많다. 검찰단계에서 발표하는 공식통계자료는 전국 각급 수사기관(검찰, 경찰, 특별사법경찰 등)에서 범죄 사건을 수사하면서 작성·전산입력한 각 범죄통계원표(발생통계원표, 검거 통계원표, 피의자통계원표)를 토대로 범죄현상을 분석한 것이기 때문이다.[3]

---

3 여기에서는 전체 범죄통계를 보다 일목요연하게 정리·제시해 주고 있는 법무연수원의 『범죄백서』를 중심으로 하였다. 『범죄백서』에서는 범죄건수 및 범죄자인원수 관련 통계는 대검찰청 『범죄분석』을 기본적으로 원용하고 있다.; 한편, 미국의 경우에는 공식범통계와 관련하여 연방수사국(FBI: Federal Bureau of Investigation)의 표준범죄보고서(UCR: Uniform Crime Report)가 대표적이다. FBI의 표준범죄보고서(UCR)는 미국에서 가장 많이 사용되고 인용되는 공식통계이다. UCR은 경찰에 신고된 범죄사건들을 집계한 통계자료이다. UCR은 범죄율(crime rate)을 보여주고 있는데, 여기에서 범죄율은 제1유형의 범죄(㉠폭력범죄: 살인, 강간, 강도, 중폭행, ㉡

2. 공식범죄통계의 주요 내용

1) 전체범죄의 발생 및 검거 현황

지난 10년간(2007~2016) 우리나라 전체범죄의 발생 및 검거 현황은 아래 표에서 보는 바와 같다.

먼저, 발생건수는 2007년 1,965,977건에서 2016년 2,008,290건으로 지난 10년간 2.2% 증가하였으나, 범죄율(인구 10만 명당 범죄 발생건수)은 같은 기간 중 3,990.3건에서 3,884.8건으로 2.6% 감소하였다.

검거건수는 2007년 1,723,355건에서 2016년 1,691,370건으로 1.9% 감소하였다. 그리고 검거율은 2007년 87.7%를 시작으로 2009년 89.3%로 가장 높았다가 2011년 이후 2014년까지 70%대로 떨어졌으나 2015년에는 81.1%로 80%대를 회복하였고, 2016년에는 84.2%로 증가추세이다. 검거인원은 2007년 1,790,833명에서 2016년 2,020,196명으로 지난 10년간 12.8% 증가하였다.

전체범죄는 크게 형법범죄(刑法犯罪)와 특별법범죄(特別法犯罪)로 나눌 수 있다.[4] 이와 관련하여 아래 표에서는 2015년과 2016년의 전체범죄를 형법범죄와 특별법범죄로 구분하여 이의 발생건수, 범죄율, 검거건수, 검거율을 보여주고 있다.

2016년도의 전체범죄 발생건수는 2,008,290건으로 2015년 대비 0.6% 감소하였고, 범죄율은 0.9% 감소하였다. 반면, 전체 검거건수는 3.2%, 전체 검거율은 3.1% 증가하였음을 알 수 있다.

재산범죄: 침입절도, 단순절도, 자동차절도, 방화)만을 대상으로 추출한 것이다. 제2유형으로 분류되는 범죄(예컨대, 사기, 유괴, 마약범죄 등)는 범죄율의 계산에 포함되지 않는다. 따라서 UCR에서 범죄율이란 형사사법기관이 처리한 전체범죄의 일부만을 대상으로 계산한 수치라고 할 수 있다. Steven P. Lab(2010)/이순래·박철현·김상원 역(2011), 범죄예방론, 서울: 그린, p. 13.

4 ① 형법범죄라는 것은 '형법'(刑法)이라는 명칭의 법전이 규정하고 있는 범죄를 말한다. 그러나 현행 범죄의 종류는 이에 국한되지 않는다. 즉, 어떠한 범죄행위에 대한 형벌을 법적 효과로 갖는 수많은 개별 법률들이 존재하는데, 이를 '특별형법'(特別刑法)이라고 하며, 이를 위반한 범죄를 특별형법범죄로 또는 특별법범죄로 명명하고 있다. 예컨대, 국가보안법 등이 대표적인 특별형법이라 할 수 있다. 그러나 이러한 특별형법이라는 개념은 상대적이고 또한 매우 복잡한 구조를 가지고 있고 특별법범죄 역시 형법범죄 못지않게 많다. 이러한 특별형법의 비대화문제는 일본형법(우리나라와 동일한 형식의 법률체계를 가지고 있음)의 영향에서 비롯된 것이라 할 수 있으며, 따라서 이에 대한 보다 체계적인 연구의 필요성이 오래전부터 제기되어 왔다. 배종대(1996), 형법총론, 서울: 홍문사, pp. 55~57.; ② 한편, 특별형법의 존재 필요성은 다음과 같은 점에서 제시되고 있다. 현대사회가 날로 복잡 다양해지고 있는 추세이고, 형사사법 분야에서도 예외는 아니라는 점이다. 따라서 입법자는 형사정책적인 관점에서 형법전 이외에 다른 단행 법률로서 또는 다른 법률의 일부분으로 형벌을 규정할 필요성을 인식하게 된 것이다. 이에 따라 형법에서 일반적으로 다루고 있는 범죄를 별도로 '특정한 범죄'로 취급하여 구성요건적 상황(범죄가 성립되는 사항) 및 처벌에 대하여 구체적으로 정하여 규율하게 된 것이다. 사실, 특별법이라는 것은 거의 대부분이 이슈화된 사회적 문제(사회적 약자보호 등)를 해결하기 위하여 정책적인 차원(쉽게 개정·폐지될 수 있는 법률)에서 만들어진 것이다. ③ 요약건대, 법률이 쉽게 개정 또는 폐지 등으로 바뀐다면, 국민의 입장에서 법적안정성에 대한 침해가 발생할 수 있기 때문에 '기본법'이라 할 수 있는 형법과 같은 일반법은 되도록 개정하지 않으면서 당장 문제가 되고 있는 범죄나 사회문제에 대처하기 위해서 특별법을 제정하여 이를 규율하기 함으로써 그러한 법적안정성에 대한 침해를 최소화하기 위한 것이라 할 수 있다. http://ccibomb.tistory.com/188.

● 전체범죄 발생·검거 현황   (단위: 건, 명, %)

연도 \ 구분	발생건수	범죄율	검거건수	검거율	검거인원
2007	1,965,977	3,990.3	1,723,355	87.7	1,790,833
2008	2,189,452	4,419.5	1,917,528	87.6	2,246,833
2009	2,168,185	4,356.1	1,936,637	89.3	2,288,423
2010	1,917,300	3,795.5	1,625,241	84.8	1,780,917
2011	1,902,720	3,750.4	1,499,675	78.8	1,727,176
2012	1,934,410	3,796.8	1,488,756	77.0	1,896,191
2013	1,996,389	3,903.7	1,536,442	77.0	1,907,721
2014	1,933,835	3,767.6	1,518,792	78.5	1,879,548
2015	2,020,731	3,921.5	1,638,549	81.1	1,948,966
2016	2,008,290	3,884.8	1,691,370	84.2	2,020,196

범죄율: 인구 10만 명당 범죄 발생건수
출처: 법무연수원(2018), 범죄백서, p. 76.

● 전체범죄(형법범·특별법범) 발생·검거 현황   (단위: 건, %)

연도 \ 구분	2015			2016			증감률		
	전체범죄	형법범죄	특별법범죄	전체범죄	형법범죄	특별법범죄	전체범죄	형법범죄	특별법범죄
발생건수	2,020,731	1,047,761	972,970	2,008,290	1,005,689	1,002,601	−0.6	−4.0	3.0
범 죄 율	3,921.5	2,033.3	1,888.2	3,884.8	1,945.4	1,939.4	−0.9	−4.3	2.7
검거건수	1,638,549	784,441	854,108	1,691,370	789,278	902,092	3.2	0.6	5.6
검 거 율	81.1	74.9	87.8	84.2	78.5	90.0	3.1	3.6	2.2

범죄율은 인구 10만 명당 범죄 발생건수
출처: 법무연수원(2018), 범죄백서, p. 76.

◎ 외국과의 범죄율 비교

아래 표는 2007년에서 2016년까지 10년 동안 우리나라와 미국, 독일, 일본과의 범죄 발생건수 및 범죄율을 비교한 것이다. 세 국가 모두 우리나라의 형법범죄(刑法犯罪)에 해당되는 범죄 발생건수를 공표하고 있으므로 우리나라의 범죄 발생건수도 형법범죄를 기준으로 비교하였다. 그러나 각 나라마다 구체적인 범죄집계방식이 동일하지 않아 정확한 비교에는 한계가 있다는 점을 감안할 필요가 있다.

그리고 각 나라마다 인구수가 다르다는 점을 고려하여 범죄율을 기준으로 주요국과 우리나라의 현황을 비교해보면, 2016년 독일의 범죄율이 인구 10만 명당 7,755건으로 가장 높고, 그 다음이 미국 2,837건, 한국 1,945건, 일본 784건으로 나타났다. 독일이 미국에 비해 범죄율이 2.7배 이상 높은 것으로 나타났는데, 이는 미국이 8가지 지표범죄(살인, 강간, 강도, 상해, 방화, 불법침입, 자동차절도, 절도) 중 방화를 제외한 7가지 유형의 범죄에 대해서만 전국적인 통계를 집계하여 공표하는 반면에, 독일은 형법 중죄 및 경죄에서 교통범죄와 국가보호범죄를 제외한 범죄를 모두 포함하여 공표하기 때문인 것으로 해석된다.

주요 국가별로 지난 10년간의 범죄율의 추이를 살펴보면, 우리나라의 경우에는 2007년 1,722건에서 2016년에는 1,945건으로 지난 10년간 13.0% 증가하였다. 범죄율이 가장 높게 나타난 독일의 경우에는 2007년 7,635건에서 이후 지속적으로 감소하여 2010년 7,253건으로 최저치를 기록하였으나 이후 조금씩 증가 추세를 보이고 있다. 미국의 경우에는 2007년 3,748건에서 지속적으로 감소하여 2016년 2,837건으로 감소하였다. 마지막으로 범죄율이 가장 낮은 일본의 경우에는 2007년 1,494건에서 지속적으로 감소하여 2016년에는 784건으로 10년 전에 비해 대폭 감소한 것으로 나타났다. 요약해보면, 우리나라의 경우에는 지난 10년간 범죄율이 증가한 반면에, 독일은 약간 증가, 미국과 일본은 감소 추세를 보이고 있음을 알 수 있다.

● 한국과 외국의 범죄율 비교 (단위: 건, %)

연도	미국		독일		일본		한국	
	발생건수	범죄율	발생건수	범죄율	발생건수	범죄율	발생건수	범죄율
2007	11,305,182	3,748	6,284,661	7,635	1,909,270	1,494	848,573	1,722
2008	11,168,613	3,673	6,114,128	7,436	1,818,374	1,424	902,501	1,822
2009	10,662,956	3,473	6,054,330	7,383	1,703,369	1,336	998,594	2,006
2010	10,363,873	3,351	6,933,278	7,253	1,586,189	1,239	943,585	1,868
2011	10,266,737	3,295	5,990,679	7,328	1,481,098	1,164	1,000,849	1,973
2012	10,189,900	3,246	5,997,040	7,327	1,382,121	1,083	1,037,166	2,036
2013	9,795,658	3,120	5,961,662	7,404	1,314,483	1,030	1,056,704	2,066
2014	11,205,833	3,514	6,082,064	7,530	1,962,912	1,387	1,016,209	1,980
2015	9,191,335	2,860	6,330,649	7,797	1,098,969	865	1,047,761	2,033
2016	9,167,220	2,837	6,372,526	7,755	996,120	784	1,005,689	1,945

* 자료
  - 한국: 대검찰청, 『범죄분석』, 각년도.
  - 미국: 법무부 사법통계국 『미국에서의 범죄』(Crime in the United States) 각년도.
  - 독일: 독일연방형사청 『경찰범죄통계』(Polizeiliche Kriminalstatistik) 각년도.
  - 일본: 법무성 법무총합연구소 『범죄백서』(犯罪白書) 각년도.
* 미국은 살인, 강간, 강도, 상해, 불법침입, 자동차절도, 절도범죄를 집계한 수치이고, 독일은 형법 중죄 및 경죄 중에서 교통범죄와 국가보호범죄를 제외한 수치이며, 일본은 형법범죄에서 자동차운전 과실치사상죄를 제외한 '일반형법범죄'수치임.
* 미국통계에서 2014년도의 경우, 가장 최신의 통계연보에서 새로 조정하여 제시된 수정치임. 2013년도 이전에도 사후에 수정된 수치들이 존재하나 큰폭의 조정은 아니므로, 그 경우엔 작년(범죄백서 2016)에 제시되었던 수치들을 그대로 두고자 함.
* 2016.12.31. 기준 작성·보고된 외국 범죄통계자료를 기준으로 함.
출처: 법무연수원(2018), 범죄백서, pp. 84~85.

2) 주요범죄의 발생 및 검거 현황 등

(1) 강력범죄

강력범죄(強力犯罪)는 「검찰통계사무규정」이나 「검찰예규」 등에 의하면 형법범죄 가운데 살인, 강도, 강간, 방화, 폭행, 상해, 협박, 공갈, 약취·유인, 체포·감금과 「폭력행위 등 처벌에 관한 법률」 위반행위를 의미한다.

아래에서는 이러한 강력범죄 가운데 생명과 신체에 중대한 위해를 가하는 '흉악범죄'(凶惡犯罪)인 살인, 강도, 성폭력(이하 성폭력에는 「성폭력범죄의 처벌 등에 관한 특례법」상의 성폭력범죄 포함), 방화의 발생 및 검거현황을 중심으로 살펴보기로 한다.[5]

① 강력범죄의 발생 및 검거 현황

　㉠ 전체 강력범죄(흉악) 발생 및 검거 현황: 아래 표에서 보는 바와 같이 지난 10년간(2007~2016)의 전체 강력범죄(흉악)의 발생 및 검거 현황을 살펴보면 다음과 같다.

　　먼저, 강력범죄(흉악)의 발생건수는 2007년 21,636건에서 2016년 32,963건으로 지난 10년

● 강력범죄(흉악) 발생 및 검거 현황 　　　　　　　　　　　　　　　　　(단위: 건, 명, %)

연도 \ 구분	발생건수	범죄율	검거건수	검거율	검거인원
2007	21,636	43.9	19,592	90.6	14,746
2008	24,023	48.5	21,647	90.1	20,495
2009	27,014	54.3	25,161	93.1	23,273
2010	28,134	55.7	25,086	89.2	25,566
2011	29,382	57.9	24,870	84.6	26,935
2012	28,895	56.7	24,334	84.2	26,935
2013	33,780	66.1	30,079	89.0	29,726
2014	34,126	66.5	32,309	94.7	29,861
2015	35,139	68.2	33,846	96.3	31,775
2016	32,963	63.8	31,668	96.1	33,529

출처: 법무연수원(2018), 범죄백서, p. 88.

---

5 『범죄분석』 및 『범죄백서』에서는 강력범죄를 크게 ① 흉악(살인, 강도, 방화, 강간)과 ② 폭력(폭행, 상해, 협박, 공갈, 약취와 유인, 체포와 감금, 폭력행위등 처벌에 관한 법률위반 등)으로 구분하고 있다. 이하 법무연수원 (2018), 범죄백서, pp. 87~98.; 흉악범죄 외의 강력범죄에 관한 세부적인 내용은 위의 책, pp. 98~110 참조.

간 52.4% 증가하였다. 범죄율(인구 10만 명당 범죄 발생건수)도 2007년 43.9건에서 2016년 63.8건으로 기간 중 45.3% 증가하였다. 연도별로 보면 2012년을 제외하고 전반적으로 증가 추세를 유지하고 있다가 2016년에는 전년보다 다소 감소하였음을 알 수 있다. 이처럼 지난 10년간 강력범죄 발생건수 및 범죄율이 적지 않게 증가하고 있다는 점은 우려할 만한 수준이라고 본다.

다음으로 강력범죄(흉악)의 검거건수는 2007년 19,592건에서 2016년 31,668건으로 61.6% 증가하였으며, 검거율은 84%~96% 사이에서 등락하고 있는데, 2016년은 96.1%로 나타났다.

ⓒ 죄명별 발생 현황: 아래 표에서 보는 바와 같이 지난 10년간 강력범죄(흉악)의 죄명별 발생 현황과 추이를 살펴보면, 성폭력은 이 기간 중 무려 105.0% 증가하였으나, 강도는 73.6%, 살인은 15.7%, 방화는 12.8% 감소한 것으로 나타났다.

살인은 2009년 1,390건으로 최고치를 기록한 후 지속적으로 감소 추세를 보이고 있고, 2016년에는 전년보다 소폭 감소한 948건으로 나타났다. 강도는 2009년 6,381건으로 최고치를 기록한 후 지속적으로 감소 추세를 보이고 있고, 2016년에는 전년보다 다소 감소한 1,181건으로 나타났다. 방화는 2007년 1,694건에서 2012년 1,882건에 이르기까지 증감을 반복하였으나 이후에는 감소 추세를 보이고 있고, 2016년에는 전년보다 소폭 감소한 1,477건으로 나타났다.

● 강력범죄(흉악) 죄명별 발생 현황 (단위: 건(%))

연도 \ 죄명	합계	살인	강도	방화	성폭력
2007	21,636(100)	1,124(5.2)	4,474(20.7)	1,694(7.8)	14,344(66.3)
2008	24,023(100)	1,120(4.7)	4,828(20.1)	1,946(8.1)	16,129(67.1)
2009	27,014(100)	1,390(5.1)	6,381(23.6)	1,866(6.9)	17,377(64.3)
2010	28,134(100)	1,262(4.5)	4,402(15.6)	1,886(6.7)	20,584(73.2)
2011	29,382(100)	1,221(4.2)	4,021(13.7)	1,972(6.7)	22,168(75.4)
2012	28,895(100)	1,022(3.5)	2,626(9.1)	1,882(6.5)	23,635(80.9)
2013	33,780(100)	959(2.8)	2,001(5.9)	1,730(5.1)	29,090(86.1)
2014	34,126(100)	938(2.7)	1,618(4.7)	1,707(5.0)	29,863(87.5)
2015	35,139(100)	958(2.7)	1,472(4.2)	1,646(4.7)	31,063(88.4)
2016	32,963(100)	948(2.9)	1,181(3.6)	1,477(4.5)	29,357(89.1)

출처: 법무연수원(2018), 범죄백서, p. 90.

성폭력은 2007년 14,344건에서 2015년 31,063건에 이르기까지 지속적으로 증가 추세를 보이고 있다(2016년에는 전년보다 소폭 감소한 29,357건을 기록). 그리고 성폭력은 특히, 2012년 이후 크게 증가하였기 때문에 이의 원인에 대한 체계적인 분석 및 대책이 마련되어야 한다고 본다.

② 강력범죄의 특징

㉠ 발생지역: 아래 표에서 보는 바와 같이 2016년도 강력범죄(흉악) 발생지역별 구성비를 보면, 각 대도시와 중·소도시에 대부분 집중되어 있음을 볼 수 있다.

즉, 살인은 대도시가 38.8%, 중·소도시가 50.6%, 강도는 대도시가 55.9%, 중·소도시가 40.2%로 나타났다. 그리고 방화는 대도시가 44.1%, 중·소도시가 46.9%, 성폭력은 대도시가 53.2%, 중·소도시가 42.0%로 나타났다.

이처럼 살인·방화의 발생비율은 중소도시가 가장 높은 반면, 강도·성폭력의 발생비율은 대도시가 가장 높게 나타나고 있음을 알 수 있다(다만, 이러한 발생비율은 인구수를 비교하지는 않았다는 점을 고려할 필요가 있다).

● 강력범죄(흉악) 발생지역별 분포(2016)   (단위: 건(%))

죄명 \ 구분	계	대도시	중·소도시	도시 이외
살 인	948(100)	368(38.8)	480(50.6)	100(10.5)
강 도	1,181(100)	660(55.9)	475(40.2)	46(3.9)
방 화	1,477(100)	651(44.1)	693(46.9)	133(9.0)
성폭력	29,357(100)	15,604(53.2)	12,332(42.0)	1,421(4.8)

대도시는 특별시 및 광역시
출처: 법무연수원(2018), 범죄백서, p. 92.

㉡ 발생시간대: 아래 표는 2016년도 강력범죄(흉악)의 죄명별 발생시간대 분포를 나타낸 것인데, 범죄 유형에 따라 집중적으로 발생하는 시간대가 차이가 있음을 알 수 있다.

먼저, 살인은 21시~24시(20.4%), 15시~18시(12.9%), 18시~21시(11.5%)의 순으로 특히, 18시에서 24시 사이에 31.9%가 발생하였음을 알 수 있다.

강도는 3시~6시(16.9%), 0시~3시(12.7%), 21시~24시(12.0%)의 순으로 특히, 0시에서 6시 사이에 29.6%가 발생하였음을 알 수 있다. 방화는 21시~24시(18.1%), 18시~21시(14.2%), 3시~6시(12.5%)의 순으로 특히, 18시에서 24시 사이에 32.3%가 발생하였음을 알 수 있다. 끝으로 성폭력은 21시~24시(16.7%), 18시~21시(12.6%), 0시~3시(9.9%)의

강력범죄(흉악) 발생시간별 분포(2016)

(단위: 건(%))

구분 죄명	계	00:00 ~ 02:59	03:00 ~ 05:59	06:00 ~ 08:59	09:00 ~ 11:59	12:00 ~ 14:59	15:00 ~ 17:59	18:00 ~ 20:59	21:00 ~ 23:59	미상
살 인	948 (100)	77 (8.1)	70 (7.4)	75 (7.9)	98 (10.3)	102 (10.8)	122 (12.9)	109 (11.5)	193 (20.4)	102 (10.8)
강 도	1,181 (100)	150 (12.7)	200 (16.9)	78 (6.6)	77 (6.5)	107 (9.1)	86 (7.3)	136 (11.5)	142 (12.0)	205 (17.4)
방 화	1,477 (100)	170 (11.5)	185 (12.5)	104 (7.0)	120 (8.1)	141 (9.5)	155 (10.5)	210 (14.2)	267 (18.1)	125 (8.5)
성폭력	29,257 (100)	2,897 (9.9)	2,852 (9.7)	2,202 (7.5)	1,996 (6.8)	2,241 (7.6)	2,894 (9.9)	3,710 (12.6)	4,903 (16.7)	5,662 (19.3)

출처: 법무연수원(2018), 범죄백서, p. 93.

순으로 특히, 18시부터 24시 사이에 29.3%가 발생하였음을 알 수 있다.

요약건대, 강력범죄(흉악) 가운데, 살인, 방화, 성폭력은 18시~24시에 많이 발생하고, 강도는 0시~6시에 많이 발생하고 있음을 알 수 있다. 다만, 범죄발생 시간대를 정확히 알 수 없는 경우(미상)도 적지 않기 때문에 이에 대한 추가적인 분석(예컨대, 범죄피해조사 등)이 필요하다고 본다.

③ 강력범죄자의 특징

㉠ 연령: 아래 표는 2016년 강력범죄자(흉악)의 연령별 구성비를 보여주고 있다. 이 가운데, 살인은 41세 이상 60세 이하가 약 50.0%로 나타나 매우 높은 비중을 차지하고 있음을 알 수 있다. 그리고 강도는 18세 이하가 17.5% 그리고 31세 이상 40세 이하가 21.0%로 나타나고 있는데 특히, 청소년이 차지하는 비중이 다른 강력범죄에 비해 높게 나타나고 있음을 알 수 있다.

그리고 방화는 41세 이상 60세 이하가 약 54%로 나타나 매우 높은 비중을 차지하고 있음을 알 수 있다. 성폭력은 31세 이상 50세 이하가 약 50.%로 높은 매우 비중을 차지하고 있음을 알 수 있다. 이와 같은 상황을 볼 때, 가장 왕성한 사회적 활동을 하는 40대, 50대에 의한 강력범죄가 적지 않음을 알 수 있다.

● 강력범죄자(흉악) 연령별 구성비(2016)　　　　　　　　　　　　　　　　　　(단위: 명(%))

연령＼죄명	살인	강도	방화	성폭력
계	1,043(100)	1,846(100)	1,351(100)	29,289(100)
18세 이하	19(1.8)	317(17.2)	147(10.9)	2,860(9.8)
19~25세	70(6.7)	333(18.0)	83(6.1)	4,723(16.1)
26~30세	65(6.2)	166(9.0)	49(3.6)	3,336(11.4)
31~40세	194(18.6)	388(21.0)	191(14.1)	6,039(20.6)
41~50세	289(27.7)	285(15.4)	355(26.3)	5,527(18.9)
51~60세	240(23.0)	171(9.3)	378(28.0)	4,328(14.8)
61세 이상	129(12.4)	58(3.1)	146(10.8)	2,346(8.0)
미상	37(3.5)	128(6.9)	2(0.1)	130(0.4)

통계수치는 강력범죄자 처분인원 기준
출처: 법무연수원(2018), 범죄백서, p. 96.

ⓛ 전과 횟수: 아래 표는 2016년 강력범죄자(흉악)의 전과횟수를 나타내는데, 살인, 강도, 방화
에 있어서는 4범 이상이 가장 많았고, 성폭력의 경우는 초범이 가장 많았다.
　　살인은 4범 이상이 32.8%, 초범이 25.9%인데 초범이 많은 것은 우발적, 격정적 범죄특
성에 기인한 것으로 보인다. 강도의 경우는 4범 이상이 45.0%, 초범이 17.3%이고, 방화는
4범 이상이 37.9%, 초범이 24.4%로 나타났다.

● 강력범죄자(흉악) 전과횟수 구성비(2016)　　　　　　　　　　　　　　　　(단위: 명(%))

전과횟수＼죄명	살인	강도	방화	성폭력
계	1,043(100)	1,846(100)	1,351(100)	29,289(100)
전과없음	270(25.9)	319(17.3)	330(24.4)	10,932(37.3)
1범	113(10.8)	182(9.9)	161(11.9)	3,779(12.9)
2범	80(7.7)	134(7.3)	128(9.5)	2,232(7.6)
3범	61(5.8)	101(5.5)	91(6.7)	1,621(5.5)
4범 이상	342(32.8)	831(45.0)	512(37.9)	6,078(21.8)
미상	177(17.0)	279(15.1)	129(9.5)	4,647(15.9)

출처: 법무연수원(2018), 범죄백서, p. 98.

성폭력의 경우는 초범이 37.3%로 다수를 차지하고 있는데 이는 성폭력이 강도나 방화와는 다른 특징을 가진 범죄인 점을 시사하는 것이므로 이에 대한 대응도 다른 각도에서 접근할 필요성이 있음을 나타내는 것이라고 할 것이다(그러나 성폭력의 경우 '숨은 범죄'의 특성을 강하게 가지고 있기 때문에 형사사법기관에 인지되지 않았을 뿐 반복적·상습적으로 이루어졌을 가능성을 배제하기 어렵다고 본다).

④ 강력범죄(흉악) 피해자 현황

㉠ 성별 현황: 일부의 피해자 없는 범죄를 제외하고 모든 범죄에는 피해자가 있기 마련이다.[6] 이와 관련하여 2016년을 기준으로 할 때, 전체 형법범죄 872,983명 가운데 남성피해자(547,609명, 62.7%)가 여성피해자(325,374명, 37.3%)의 약 2배 정도 더 많은 것으로 나타났다. 지난 10년(2007~2016) 형법범죄 피해자의 남녀 비율은 약간의 차이는 있지만 비슷한 수준을 보이고 있다.[7]

그러나 아래 표에서 보는 바와 같이, 강력범죄(흉악) 피해자의 경우에는 여성피해자가 남

● 10년간 강력범죄(흉악) 피해자의 성별 현황 (단위: 명(%))

연도 \ 구분	계	남	여
2007	21,053(100)	4,387(20.8)	16,666(79.2)
2008	23,175(100)	4,768(20.6)	18,407(79.4)
2009	26,059(100)	5,709(21.9)	20,350(78.1)
2010	25,921(100)	4,427(17.1)	21,494(82.9)
2011	28,233(100)	4,557(16.1)	23,676(83.9)
2012	28,260(100)	3,843(13.6)	24,417(86.4)
2013	31,739(100)	3,738(11.8)	28,001(88.2)
2014	31,074(100)	3,507(11.3)	27,567(88.7)
2015	31,431(100)	3,491(11.1)	27,940(88.9)
2016	30,323(100)	3,306(10.9)	27,017(89.1)

성별, 연령 미상은 제외
출처: 법무연수원(2018), 범죄백서, p. 191.

---

6 피해자에 대한 현황자료는 대검찰청에서 발간하는 『범죄분석』을 기초로 살펴보기로 한다. 대검찰청에서 발간하는 『범죄분석』은 경찰과 검찰 등과 같은 수사기관에서 작성하는 범죄통계원표 중 인지사건을 단위로 작성되는 발생통계원표에 포함되어 있는 피해자 관련항목을 기초로 피해자에 관한 정보를 제공하고 있다. 발생통계원표에서 피해자에 관한 항목 수집 시 피해자가 여러 명인 경우 가장 중한 피해자 1명에 대해서만 작성한 것임을 밝혀둔다. 위의 책, p. 184.

7 위의 책, p. 185.

성피해자보다 약 8배 정도 더 많은 것으로 나타났다는 점에 주목할 필요가 있다(여기에서는 성폭력과 같은 범죄의 경우 피해자가 여성인 점을 고려할 필요가 있다).

이와 관련하여 지난 10년간 강력범죄(흉악) 피해자의 성별 구성비의 추이를 살펴보면, 2007년 강력범죄(흉악) 피해자 중 여성이 79.2%, 2008년 79.4%, 2009년 78.1%로 등락을 보이다가 2010년 82.9%, 2011년 83.9%, 2012년 86.4%, 2013년 88.2%, 2014년 88.7%, 2015년 88.9%, 2016년 89.1%로 최근 7년간 지속적으로 증가하는 경향을 보이고 있다.

ⓒ 연령층별 현황: 아래 표에서는 지난 10년간 강력범죄(흉악) 피해자의 연령층별 분포의 추이를 보여주고 있다. 이를 살펴보면, 2007년에는 30세 이하가 30.6%로 가장 높은 비율을 차지하였고, 그 다음이 50세 이하 16.3%, 20세 이하 16.2%, 40세 이하 15.4%, 15세 이하

● 10년간 강력범죄(흉악) 피해자의 연령층별 현황 (단위: 명(%))

구분	계	15세이하	20세이하	30세이하	40세이하	50세이하	60세이하	61세이상
2007	21,053 (100)	2,290 (10.9)	3,414 (16.2)	6,446 (30.6)	3,246 (15.4)	3,425 (16.3)	1,399 (6.6)	833 (4.0)
2008	23,175 (100)	2,725 (11.8)	3,929 (17.0)	6,602 (28.5)	3,494 (15.1)	3,661 (15.8)	1,731 (7.5)	1,033 (4.5)
2009	26,059 (100)	2,607 (10.0)	4,895 (18.8)	7,436 (28.5)	3,824 (14.7)	4,139 (15.9)	2,131 (8.2)	1,027 (3.9)
2010	25,921 (100)	3,076 (11.9)	5,110 (19.7)	7,786 (30.0)	3,451 (13.3)	3,583 (13.9)	1,929 (7.4)	986 (3.8)
2011	28,233 (100)	2,925 (10.4)	5,722 (20.3)	8,698 (30.8)	3,724 (13.2)	3,738 (13.2)	2,315 (8.2)	1,111 (3.9)
2012	28,260 (100)	3,200 (11.3)	6,300 (22.3)	9,000 (31.8)	3,514 (12.4)	3,183 (11.3)	2,077 (7.3)	986 (3.5)
2013	31,739 (100)	3,442 (10.8)	6,794 (21.4)	10,233 (32.2)	4,115 (13.0)	3,509 (11.1)	2,541 (8.0)	1,105 (3.5)
2014	31,074 (100)	3,577 (11.5)	6,241 (20.1)	10,482 (33.7)	4,007 (12.9)	3,295 (10.6)	2,369 (7.6)	1,103 (3.5)
2015	31,431 (100)	3,373 (10.7)	5,920 (18.8)	11,072 (35.2)	4,054 (12.9)	3,387 (10.8)	2,410 (7.7)	1,215 (3.9)
2016	30,323 (100)	3.060 (10.1)	5,723 (18.9)	10,469 (34.5)	3,999 (13.2)	3,316 (10.9)	2,544 (8.4)	1,212 (4.0)

성별, 연령 미상은 제외
출처: 법무연수원(2018), 범죄백서, p. 193.

10.9%, 60세 이하 6.6%, 61세 이상 4.0% 등의 순이었다.

2007년 가장 높은 비율을 차지하고 있던 30세 이하의 피해자의 비율은 2008년과 2009년에 각각 28.5%로 2007년보다 약간 낮아졌다가 2010년 이후 지속적으로 증가하여 2015년에는 35.2%를 차지하였다가 2016년에는 34.5%로 전년보다 약간 감소하였다. 대체적으로 30세 이하의 피해자는 지난 10년간 증가하였다고 평가할 수 있다.

반면에, 40세 이하의 피해자의 비율은 지속적으로 감소하여 2012년 12.4%로 최저치를 기록하였다가 2013년 13.0%, 2014년과 2015년 각각 12.9%를 기록하여 약간 증가하였으나 2007년에 비해서는 낮은 수치로 지난 10년간 40세 이하 피해자의 비율은 감소하였다고 평가할 수 있다. 마찬가지로 50세 이하의 피해자의 비율도 감소경향을 보여 2016년에는 10.9%를 기록하였다. 60세 이하 피해자의 비율은 2007년 6.6%에서 증가하여 2016년에는 8.4%를 기록하였고, 61세 이상 피해자의 비율은 2007년 4.0%를 기록한 후 등락은 있었으나 2016년 4.0%를 기록하여 변동이 없었다.

그리고 20세 이하의 비율은 2007년 16.2%에서 증가하여 2012년에는 22.3%로 최고치를 기록하였다가 이후 2013년 21.4%, 2014년 20.1%, 2016년 18.9%를 차지하여 다소 감소하였다.

아래 표에서는 2016년을 기준으로 하여 강력범죄(흉악) 피해자의 연령층별로 성별 분포를 보여주고 있다. 각 연령층별로 성별 분포는 큰 차이를 보여, 20세 이하와 30세 이하의 연령층에서는 여성피해자의 비율이 93.6%, 93.7%로 압도적인 다수를 차지하고 있다고 볼 수 있다.

반면에, 고령으로 갈수록 여성피해자는 감소하고 남성피해자는 상당히 증가하고 있음을

⬤ 강력범죄(흉악) 피해자의 성별·연령별 현황(2016)

(단위: 명(%))

성별＼연령	계	15세 이하	20세 이하	30세 이하	40세 이하	50세 이하	60세 이하	61세 이상
계	30,323 (100)	3,060 (100)	5,723 (100)	10,469 (100)	3,999 (100)	3,316 (100)	2,544 (100)	1,212 (100)
남	3,306 (10.9)	331 (10.8)	369 (6.4)	661 (6.3)	463 (11.6)	566 (17.1)	558 (21.9)	358 (29.5)
여	27,017 (89.1)	2,729 (89.2)	5,354 (93.6)	9,808 (93.7)	3,536 (88.4)	2,750 (82.9)	1,986 (78.1)	854 (70.5)

성별, 연령 미상은 제외
출처: 법무연수원(2018), 범죄백서, p. 194.

알 수 있다. 즉, 60세 이하에서는 남성피해자가 21.9%, 61세 이상에서는 29.5%를 보여주고 있다.

ⓒ 피해자와 범죄자와의 관계: 강력범죄(흉악) 피해자와 범죄자와의 관계를 살펴보는 것도 범죄원인 및 대책을 강구하는데 있어서 유용하다고 본다. 아래 표에서는 지난 10년간 강력범죄(흉악) 피해자와 범죄자와의 관계를 보여주고 있다.

　이와 관련하여 2007년의 경우 타인의 비율이 67.9%로 가장 높고, 그 다음이 이웃/지인 9.9%, 기타 7.8%, 친족 4.4%, 업무관계인 3.8% 등의 순이었다. 이후 강력범죄(흉악) 피해자

● 10년간 강력범죄(흉악) 피해자와 범죄자의 관계별 현황　　　　　　　　(단위: 명(%))

구분 / 연도	계	국가/공무원	업무관계인	친구	애인	친족	이웃/지인	타인	기타
2007	12,024 (100.0)	68 (0.6)	460 (3.8)	270 (2.2)	406 (3.4)	530 (4.4)	1,189 (9.9)	8,159 (67.9)	942 (7.8)
2008	16,631 (100.0)	209 (1.3)	617 (3.7)	369 (2.2)	560 (3.4)	773 (4.6)	1,749 (10.5)	11,070 (66.6)	1,284 (7.7)
2009	18,405 (100.0)	199 (1.1)	640 (3.5)	479 (2.6)	643 (3.5)	824 (4.5)	1,902 (10.3)	12,195 (66.3)	1,523 (8.3)
2010	18,366 (100.0)	140 (0.8)	719 (3.9)	524 (2.9)	598 (3.3)	862 (4.7)	1,863 (10.1)	11,828 (64.4)	1,832 (10.0)
2011	20,485 (100.0)	104 (0.5)	802 (3.9)	512 (2.5)	668 (3.3)	853 (4.2)	1,713 (8.4)	12,978 (63.4)	2,855 (13.9)
2012	21,691 (100.0)	98 (0.5)	1,013 (4.7)	693 (3.2)	741 (3.4)	1,026 (4.7)	2,535 (11.7)	14,603 (67.3)	982 (4.5)
2013	25,053 (100.0)	99 (0.4)	1,385 (4.5)	833 (3.3)	933 (3.7)	1,112 (4.4)	2,690 (10.7)	16,030 (64.0)	1,971 (7.9)
2014	25,580 (100.0)	98 (6.0)	1,530 (6.0)	812 (3.2)	916 (3.6)	1,160 (4.5)	2,893 (11.3)	17,286 (67.6)	885 (3.5)
2015	27,289 (100)	125 (0.5)	1,591 (5.8)	868 (3.2)	1,023 (3.7)	1,228 (4.5)	2,695 (9.9)	18,329 (67.2)	1,430 (5.2)
2016	28,359 (100)	108 (0.4)	1,729 (6.1)	1,103 (3.9)	1,204 (4.2)	1,214 (4.3)	2,765 (9.7)	18,807 (66.3)	1,429 (5.0)

성별, 연령 미상은 제외
출처: 법무연수원(2018), 범죄백서, p. 195.

와 범죄자의 관계별 구성비는 큰 변화가 없어 2016년에도 여전히 타인이 66.3%로 가장 높은 비율을 차지하고 있고, 그 다음으로는 이웃/지인이 9.7%, 업무관계인 6.1%, 기타 5.0%, 친족 4.3%, 애인 4.2%, 친구 3.9% 등의 순으로 나타났다.

강력범죄(흉악)는 타인뿐만 아니라 이웃/지인에 의해 자행되는 경우도 평균적으로 10% 내외로 적지 않은 비중을 차지하고 있기 때문에 이에 대한 많은 관심과 적절한 대책이 강구되어야 한다고 본다.

(2) 재산범죄

① 발생 및 검거 현황

㉠ 전체 재산범죄의 발생 및 검거 현황: 아래 표에서 보는 바와 같이 지난 10년간(2007~2016)의 전체 재산범죄(財産犯罪)의 발생·검거 현황 및 추이를 살펴보면 다음과 같다.[8]

재산범죄 발생건수는 2007년 469,654건에서 2016년 573,445건으로 22.1% 증가하였다.

● 10년간 재산범죄의 발생 및 검거 현황   (단위: 건, 명, %)

연도 \ 구분	발생건수	범죄율	검거건수	검거율	검거인원
2007	469,654	953.2	321,153	68.4	296,347
2008	503,302	1,015.9	342,967	68.1	336,156
2009	561,972	1,129.1	433,408	77.1	397,954
2010	568,623	1,125.6	378,055	66.5	342,360
2011	605,361	1,193.2	340,753	56.3	341,559
2012	633,602	1,243.6	328,848	51.9	414,463
2013	667,214	1,304.6	349,378	52.4	435,589
2014	617,119	1,202.3	346,535	56.2	411,083
2015	622,126	1,207.3	394,144	63.4	431,741
2016	573,445	1,109.3	389,937	68.0	429,896

출처: 법무연수원(2018), 범죄백서, p. 112.

---

8 여기에서 살펴보고자 하는 재산범죄는 형법상의 재산적 법익을 침해하는 범죄 중에서 절도, 사기, 횡령, 배임, 장물, 손괴죄를 의미한다. 물론, 환경설계와 범죄예방 차원에서 접근한다면, 이러한 재산범죄 가운데 절도, 장물, 손괴 등이 관련된다고 본다. 다만, 『범죄분석』 및 『범죄백서』의 재산범죄에 대한 통계분류상의 한계가 때문에 이들 모두를 포함하여 살펴보기로 한다. 이하 법무연수원(2018), 앞의 책, pp. 111~117.

10년간의 발생건수를 보면, 2007년 40만 건대를 시작으로 2008년부터 50만 건대를 유지하다가 2011년부터 60만 건을 넘어서는 등 대체로 증가세를 보이고 있다가 2016년에는 다시 50만 건대로 하락하였다. 그리고 재산범죄의 범죄율(인구 10만 명당 범죄 발생건수)은 2007년 953.2건에서 2013년에 1,304.6건으로 약 36.9%로 크게 증가하였다. 2016년에 이르러서는 1,109.3건으로 2007년 대비 약 16%가 증가하였음을 알 수 있다.

그리고 재산범죄 검거건수는 2007년 321,153건에서 2016년 389,937건으로 21.4% 증가하였다. 재산범죄의 검거율은 2007년 68.4%의 낮은 검거율을 보이다가 2009년에는 77.1%의 비교적 높은 검거율을 기록하였으나, 2010년부터 낮아지기 시작하여 2012년 및 2013년에는 52% 전후로 상당히 낮은 검거율을 기록하였다. 2016년에는 68.0%를 기록하여 전년보다 4.6% 증가하였다.

ⓛ **죄명별 발생 현황**: 아래 표에서는 지난 10년간 재산범죄의 죄명별 발생건수와 구성비율을 나타내고 있다.

먼저, 절도는 2007년 212,530건에서 2012년 291,055건에 이르기까지 증가 추세를 보이다가 최근 4년간은 감소 추세를 보이고 있다.

장물(臟物)은 2007년부터 2012년까지 2~3,000건대에서 등락을 반복하다가 2013년 6,472건으로 대폭 증가하였고, 2014년에는 3,668건으로 다시 대폭 감소하였고 2015년에는 4,263건으로 증가하였다가 2016년에는 2,086건으로 전년에 비해 대폭 감소하였다.[9] 그리고 손괴(損壞)는 2007년 39,581건에서 2011년 61,551건에 이르기까지 증가 추세를 보이다가 2013년에 소폭 감소하였고, 2014년부터 다시 소폭으로 증가하기 시작하였다.[10]

---

9 장물관련 범죄에 대한 통계적 수치는 일관성이 매우 떨어진다고 본다. 경찰 등 형사사법기관의 정책 및 관행상의 문제인지 아니면, 또 다른 요인이 존재하는지에 대해서 체계적인 검토가 필요가 있다고 본다.

10 사기는 2007년 186,115건에서 2008년 205,140건을 기록한 후 2016년 250,600건에 이르기까지 20만건 내외에서 등락을 반복하고 있다. 횡령은 2007년 24,122건에서 2011년 27,882건에 이르기까지 27,000건 내외에서 등락을 반복하다가 2012년 처음으로 3만건 대로 증가하였고, 이후에도 계속 증가 추세를 보이고 있다. 그리고 배임의 경우 2007년 5,256건을 기록한 후 2010년 14,619건으로 급격히 증가한 후 2011년부터 5,000건대에서 등락을 반복하고 있다. 2016년에는 5,757건을 기록하여 전년에 비해 소폭 감소하였다. 위의 책, p. 113.

연도 \ 죄명	합계	절도	장물	사기	횡령	배임	손괴
2007	469,654 (100)	212,530 (45.3)	3,050 (0.6)	186,115 (39.6)	24,122 (5.1)	5,256 (1.1)	38,581 (8.2)
2008	503,302 (100)	223,264 (44.4)	2,212 (0.4)	205,140 (40.8)	26,750 (5.3)	5,135 (1.0)	40,801 (8.1)
2009	561,972 (100)	256,680 (45.7)	3,381 (0.6)	224,889 (40.0)	27,362 (4.9)	6,709 (1.2)	42,951 (7.6)
2010	568,623 (100)	268,007 (47.1)	3,206 (0.6)	205,913 (36.2)	26,312 (4.6)	14,619 (2.6)	50,566 (8.9)
2011	605,361 (100)	281,561 (46.5)	2,606 (0.4)	226,360 (37.4)	27,882 (4.6)	5,401 (0.9)	61,551 (10.2)
2012	633,602 (100)	291,055 (45.9)	3,847 (0.6)	239,720 (37.8)	32,811 (5.2)	5,332 (0.8)	60,837 (9.6)
2013	667,214 (100)	288,757 (43.3)	6,472 (1.0)	272,664 (40.9)	35,961 (5.4)	5,406 (0.8)	57,954 (8.7)
2014	617,119 (100)	266,784 (43.2)	3,668 (0.6)	244,008 (39.5)	38,646 (6.3)	5,819 (0.9)	58,794 (9.4)
2015	622,126 (100)	246,424 (39.6)	4,263 (0.7)	257,620 (41.4)	48,795 (7.8)	5,843 (0.9)	59,181 (9.5)
2016	573,445 (100)	203,573 (35.5)	2,086 (0.4)	250,600 (43.7)	52,069 (9.1)	5,757 (1.0)	59,360 (10.4)

출처: 법무연수원(2018), 범죄백서, p. 114.

② 재산범죄 가운데 절도범죄의 특징: 아래 표에서는 최근 10년간의 절도사건을 범행수법별로 보여주고 있다. 이와 관련하여 2016년의 경우 주거 등 침입절도가 18.9%, 소매치기 등 치기절도가 10.8%를 차지하고 있다.

침입절도의 발생건수는 2007년 72,921건에서 2016년 38,361건(2007년의 53% 수준)으로 10년이 지나는 동안 대폭 감소하였다. 이에 비해 치기절도는 10년 동안 21% 증가(2016년 수치는 2007년의 121% 수준)한 것으로 나타나고 있다. 차량이용절도는 2007년 4건이 발생하였고, 2016년은 2건이 발생하였는데 10년 동안 매년 0~4건 정도 발생수치를 보이고 있다.

2016년의 기타 절도의 비중이 전체의 70.3%를 차지하고 있는데, 이는 침입절도나 치기절도의 어느 한 유형에 포함시키기 어려운 다양한 유형의 절도(신용카드를 이용하여 현금을 인출하는

● 10년간 절도수법별 발생건수 현황   (단위: 건(%))

연도 \ 구분	계	침입절도	치기절도	차량이용절도	기타절도
2007	212,923(100)	72,921(100)	18,063(100)	4(100)	121,935(100)
2008	223,578(105)	73,619(101)	16,854(93)	1(25)	133,104(109)
2009	257,306(121)	81,053(111)	19,086(106)	4(100)	157,163(129)
2010	268,008(126)	80,086(110)	15,871(88)	–	172,051(141)
2011	281,559(132)	77,341(106)	25,451(141)	–	178,767(146)
2012	283,998(133)	91,100(125)	32,310(179)	4(100)	160,584(132)
2013	282,950(133)	87,120(120)	30,735(170)	1(25)	165,094(135)
2014	266,784(125)	67,528(93)	26,366(146)	1(25)	172,889(142)
2015	245,877(116)	53,645(74)	25,781(143)	–	166,451(137)
2016	203,093(95)	38,361(53)	21,913(121)	2(50)	142,817(117)

( ) 안은 2007년을 기준으로 한 지수/특가법으로 가중처벌 되는 경우 포함/미상 제외
출처: 법무연수원(2018), 범죄백서, p. 116.

행위 등) 발생하고 있다는 사실을 보여주는 것이라고 할 수 있다.

③ 재산범죄 피해자의 현황

㉠ 성별 현황: 아래 표는 재산범죄 피해자의 성별 현황을 나타낸 것이다. 지난 10년간 재산범죄피해자 중 여성피해자의 구성비의 추이를 살펴보면, 최저 32.1%에서 최고 34.2%사이에서 소폭의 증감을 반복하고 있다. 전체적으로 재산범죄 피해자는 여성피해자보다는 남성피해자가 약 2배 이상 더 많으며, 지난 10년간 큰 변화가 없다. 참고적으로 강력범죄(흉악)의 경우에는 여성피해자가 매우 높게 나왔지만, 재산범죄의 경우에는 오히려 남성피해자가 더 많다는 점이다.

(단위: 명(%))

연도 \ 구분	계	남	여
2007	430,029(100)	291,859(67.9)	138,170(32.1)
2008	456,917(100)	310,178(67.9)	146,739(32.1)
2009	505,902(100)	340,789(67.4)	165,113(32.6)
2010	475,626(100)	319,422(67.2)	156,204(32.8)
2011	368,104(100)	246,896(67.1)	121,208(32.9)
2012	595,082(100)	402,819(67.7)	192,263(32.3)
2013	613,486(100)	408,510(66.6)	204,976(33.4)
2014	575,477(100)	383,255(66.6)	192,222(33.4)
2015	575,015(100)	378,474(65.8)	196,541(34.2)
2016	525,349(100)	346,298(65.9)	179,051(34.1)

성별, 연령 미상은 제외
출처: 법무연수원(2018), 범죄백서, p. 206.

ⓒ 피해액수: 아래 표는 재산범죄사건의 피해정도를 죄명별로 나타낸 것이다. 이를 살펴보면, 전체 재산범죄 중 피해액이 100만 원 이하인 경우가 63.5%로 가장 높은 비율을 차지하였고, 그 다음이 1,000만 원 이하(18.3%), 1억 원 이하(11.9%), 10억 원 이하(3.8%), 피해없음(2.0%)의 등의 순이었다.

그리고 피해액수는 재산범죄의 구체적인 유형에 따라 차이를 보이는 것으로 나타났다. 절도범죄의 경우는 피해액이 100만 원 이하인 경우가 157,321명(81.5%)으로 가장 높은 비율을 차지하여 대표적인 곤궁범죄의 성격을 드러내고 있다.[11] 이러한 점에서 볼 때, 절도범죄를 감소시키기 위해서는 형사정책적인 대책뿐만 아니라 국가차원의 경제적 안정성 및 지원 정책이 함께 고려되어야 한다고 본다. 마지막으로 장물과 손괴의 경우에는 피해액이 100만 원 이하인 경우가 각각 59.8%와 88.2%로 가장 높은 비율을 차지하고 있다.

---

11 사기범죄의 경우 피해액이 100만 원 이하인 경우가 44.5%로 가장 높은 비율을 차지하고 있으나, 절도에 비해 점유율이 낮고, 1,000만 원 이하와 1억 원 이하의 비율이 각각 24.8%와 22.0%로 상대적으로 높다. 횡령범죄의 경우도 100만 원 이하의 구성비가 60.5%로 가장 높았으나, 1천만 원 이하가 16.0%(7,656명)로 그 다음으로 높은 비율을 차지하고 있다. 배임은 1,000만 원 초과 1억 원 이하인 경우가 32.9%로 가장 많으며, 10억 원 이하가 27.1%로 그 다음으로 높은 비율을 차지하고 있다. 사기, 횡령, 배임의 경우 다른 재산범죄에 비해 10억 원 이하의 구성비가 상대적으로 높아 경제규모의 확대와 더불어 대형 경제사건도 많이 발생하였음을 보여준다. 위의 책, p. 210.

● 죄명별 재산피해 정도별 현황(2016)   (단위: 건(%))

연도＼구분	계	피해없음	100만 원 이하	1,000만 원 이하	1억 원 이하	10억 원 이하	10억 원 초과
계	535,929 (100)	10,939 (2.0)	340,209 (63.5)	98,173 (18.3)	63,747 (11.9)	20,554 (3.8)	2,307 (0.4)
절도	192,948 (100)	5,230 (2.7)	157,321 (81.5)	27,071 (14.0)	3,062 (1.6)	246 (0.1)	18 (0.0)
사기	235,197 (100)	2,764 (1.2)	104,561 (44.5)	58,237 (24.8)	51,804 (22.0)	16,312 (6.9)	1,519 (1.1)
횡령	47,771 (100)	968 (2.0)	28,883 (60.5)	7,656 (16.0)	7,051 (14.8)	2,797 (5.9)	416 (0.9)
배임	4,081 (100)	156 (3.8)	537 (13.2)	596 (14.6)	1,341 (32.9)	1,107 (27.1)	344 (8.4)
장물	1,461 (100)	199 (13.6)	873 (59.8)	278 (19.0)	82 (5.6)	26 (1.8)	3 (0.2)
손괴	54,471 (100)	1,622 (3.0)	48,034 (88.2)	4,335 (8.0)	407 (0.7)	66 (0.1)	7 (0.0)

미상은 제외, 특가법으로 가중처벌 되는 경우 포함
출처: 법무연수원(2018), 범죄백서, p. 210.

SECTION 02 전국범죄지도 분석

1. 범죄발생 1위 도시·지역

　　이상에서 공식범죄통계를 통해서 전체범죄, 강력범죄(흉악: 살인, 강도, 방화, 성폭력), 그리고 재산범죄를 중심으로 범죄현상을 살펴보았다. 아래에서는 '전국범죄지도'라는 주제를 가지고 범죄현상을 분석해보기로 한다. 이러한 전국범죄지도 역시 공식범죄통계 등을 기초자료로 하고 있지만 특정 지역 내지 도시의 범죄현상을 보다 구체적으로 설명해주고 있다는 점에서 유용성을 갖는다.

　　그렇다면, 2016년도에 전국에서 가장 많은 강력범죄가 일어난 곳은 어디였을까? 그리고 지역 간의 '안전 격차'는 얼마나 될까? 이를 위해 2016년 경찰청 통계자료(2014~2015 포함)를 토대로 하여 범죄의 지역별 특성과 차이를 살펴보고자 한다.[12]

---

12 SBS 데이터저널리즘팀 <마부작침(磨斧爲針)>은 경찰서 관할지에 따라 전국을 234개 지역으로 분류하고 지난 2014~2016년 3년간, 전국 252개 경찰서에 접수된 5대 강력범죄(살인, 강도, 절도, 폭력, 성폭력) 발생 현

다만, SECTION 01에서는 대검찰청 및 법무연수원의 통계자료를 활용하였고, 여기에서는 경찰청 통계자료를 사용하였다는 점에서 통계수치상의 차이가 있다고 본다. 그리고 주의할 것은 SECTION 01에서는 강력범죄(흉악)를 '살인, 강도, 방화, 성폭력'으로 구분하였다면, 여기에서는 강력범죄를 '살인, 강도, 성폭력, 절도, 폭력'으로 구분하였다.

1) 도시·지역 간의 강력범죄 발생건수: 최대 12배 격차

2016년을 기준으로 했을 때, 전국에서 발생한 '5대 강력범죄'(살인, 강도, 절도, 성폭력, 폭력)는 모두 54만 3천 5백여 건으로 나타났다. 폭력(30만 9천여 건), 절도(20만여 건), 성폭력(2만 9천여 건), 강도(1천 1백여 건), 살인(910건)순이다. 2016년 말 전국(전체인구 5,169만 명)기준으로 1만 명당 '105건'의 '5대 강력범죄'(이하 범죄)가 발생하였다고 볼 수 있다.[13]

2016년 전국 234개 지역 가운데 인구 1만 명당 가장 많은 강력범죄가 발생한 곳은 부산 중구(409건)로 나타났다. 이는 전국 평균의 4배 가까운 수치라고 할 수 있다. 전국 최저인 전북 진안군(34.9건)보다 강력범죄 발생 건수가 '12배'나 많았다. 특정 지역의 집값이 유독 비싸듯이 범죄에 있어서도 '지역적 편중'(地域的 偏重) 현상이 존재함을 알 수 있다.

이러한 범죄의 지역적 편중 현상은 5대 강력범죄 발생건수의 3년간 평균치에서도 확인할 수 있다. 즉, 2014~2016년 3년간 발생건수(1만 명당)가 가장 높은 지역은 부산 중구(1만 명당 408건)였고, 반면 가장 낮은 지역은 40.5건에 불과한 전북 진안군이었다. 부산 중구는 3년간의 전국 평균값인 110건 보다 무려 4배 가까이 많았다.

2) 중구(中區)지역의 높은 강력범죄 발생건수: 서울 중구, 부산 중구, 대구 중구

2016년 전국 234개 지역 중 5대 강력범죄 발생건수(인구 1만 명당) 최상위권을 분석하면 공통된 단어가 있다. 바로 '중구'(中區)이다. 강력범죄 발생의 상위 3지역은 ① 부산 중구(409건), ② 서울 중구(377건), ③ 대구 중구(306건) 순으로 나타난 것이다.[14]

이 지역들은 모두 광역시 내 대표적 도심지(都心地)로서 거주인보다 '외지인'(外地人)의 출입이 잦은 지역적 특성을 가지고 있는 것으로 나타났다.

황, 경찰력 현황, 출동시간 등을 분석하여 '전국범죄지도'를 만들었다. 이하 SBS(2017.03.09.) "최초공개 2016 전국범죄지도: 범죄발생 1위 도시는?" 뉴스자료(http://news.sbs.co.kr/news/endPage) 재인용.

13 2014년부터 전국 기준 인구 1만 명당 114건, 2015년 113건으로 소폭으로 감소하곤 있지만, 여전히 100건이 넘는 높은 수치를 기록하고 있다. 그리고 이러한 수치는 국민 전체를 기준으로 한 평균이며, 따라서 지역에 따라서는 큰 차이를 보이고 있다.

14 이 세 지역은 2014년에는 ① 서울 중구, ② 대구 중구, ③ 부산 중구 순이었고, 2015년에는 ① 서울 중구, ② 부산 중구, ③ 대구 중구 순으로 3년간 서로 순서를 달리하였지만, 상위 3지역에는 매년 포함되고 있음을 알 수 있다.

▲ 중구(中區)의 오명: 주간인구 증가율과 범죄

국토의 5.4%에 불과하지만 전체범죄의 45%가 발생하는 곳이 있다. 바로 서울과 부산, 대구, 인천, 광주, 대전, 울산 등 7대 대도시(大都市)다. 범죄가 많은 만큼 경찰력도 집중되어 있다. 2015년 기준 전국 경찰(경찰서별 기준)의 47%가 서울과 6대 광역시에 배치되어 있다.

'사람 있는 곳엔 범죄 있다'라는 말이 있듯이 서울 등 7대 대도시는 전체 범죄에서 차지하는 비중만큼 많은 인구가 밀집되어 있다. 광역지방자치단체별로 살펴보면 각 지자체가 전국 인구에서 차지하는 비중과 전체 범죄에서 각 지자체의 범죄 비중은 거의 같다. 그렇다면 경찰력은 인구에 따라 배치하면 되는 것인가?

그러나 이는 결코 쉬운 일이 아니다. '어떠한 인구'를 기준으로 경찰력을 배분할지부터가 어렵기 때문이다. 일견하기에는 광역지방자치단체별로는 거주하는 인구수에 비례해 경찰력을 배치하면 되겠지만, 범죄발생은 거주자의 숫자에 꼭 비례하지도 않는다. 그렇다면, 각 지역 내 유동인구를 기준으로 경찰력을 배치하면 되는 것인가? 그러나 각 지역별로 범죄 양상이 다르다는 점이 문제이다. 어떤 지역은 강력범죄가 많고, 어떤 지역은 경제범죄가 많기 때문이다. 그래서 범죄와 지역에 대한 분석이 필요하다.

① 높은 강력범죄 발생건수: 범죄는 주로 외지인에 의한 것인가?

대검찰청이 지난해 말 발표한 '2016년 범죄백서'(2015년 발생)의 범죄 발생 현황을 서울과 6대 광역시의 지방자치단체 단위로 나누어 살펴보았다. 살인, 강도, 절도, 성폭력, 폭행 및 상해를 '5대 강력범죄'로, 방화 등을 '기타 강력범죄', 성매매 등을 '기타 성범죄'로 분류하였다.

이러한 범죄가 경찰 1인당 담당 인구수, 인구 만 명당 CCTV 설치대수, 인구대비 기초생활수급권자 비율 등의 행정통계와는 어떤 상관이 있는지 살펴보았다.

● 범죄통계 분석 변수

범죄분류	유형
5대 강력범죄	살인, 강도, 절도, 성폭력, 폭행 및 상해
기타 강력범죄	방화, 약취 및 유인, 체포 및 감금, 주거침입
기타 성범죄	음란행위, 성매매, 아동청소년 음란물, 아동청소년 성매수
경제범죄	통화(화폐위조), 도박, 조세범처벌법 위반(탈세)
마약범죄	대마, 마약, 향정신성 의약품
아동·영유아범죄	아동복지법 위반, 아동영유아보육법 위반

* 행정통계 변수: 인구 1만 명당 주점(酒店) 수(2014년 기준), 인구 1만 명당 CCTV 설치대수, 1km² 당 CCTV 설치대수, 흡연율, 아파트 실거래가, 경찰 1인 당 인구수, 주간인구 및 상주인구(2013년 기준), 주간인구 증가율(2013년 기준), 인구밀도, 인구 1천 명당 외국인 수, 음주율, 재정자립도, 조이혼율[15]

---

15 조이혼율(粗離婚率, Crude Divorce Rate)은 1년간 발생한 총 이혼건수를 당해 연도의 주민등록에 의한 연앙

분석결과, 2015년에 인구 1만 명당 5대 강력범죄가 가장 많이 발생한 곳은 '서울 중구'였고, '부산 중구', '대구 중구' 순으로 뒤를 이었다. 공교롭게도 상위 3곳 모두 '중구'(中區)로 나타났다. 이 3곳에서 서울 등 7대 대도시 평균의 3배를 훌쩍 넘는 1만 명당 300건 이상의 5대 강력범죄가 발생하였다. 좀 더 구체적으로 살펴보면, 절도와 성폭력은 대구 중구가 가장 많았고, 강도는 부산 중구, 폭행 및 상해는 서울 중구에서 가장 많았다.

● 5대 강력범죄 발생건수 상위 7개 도시·지역(2015)

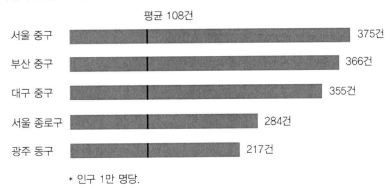

평균 108건

서울 중구	375건
부산 중구	366건
대구 중구	355건
서울 종로구	284건
광주 동구	217건

* 인구 1만 명당.

그런데, 이들 지역은 서울과 부산, 대구에서 가장 인구가 적은 구(區)다. 그러나 이들 지역은 대표적 도심(都心) 지역이며, 사무실과 유흥업소 등이 밀집해 있어서 거주 인구는 적지만 많은 사람이 유입되는 지역이다. 그런데 단순히 낮에 사람이 많다고 해서 5대 강력범죄가 많은 것은 아니었다. 인구 1만 명당 5대 강력범죄 발생건수는 낮 시간에 해당 지역에 있는 인구 숫자, 이른바 '주간인구'와는 별다른 상관관계가 발견되지 않았다. 거주인구와의 상관관계도 마찬가지였다.

반면, '거주인구' 대비 '주간인구 증가비율'은 인구 1만 명당 5대 강력범죄 건수와 밀접하게 비례하였다. 실제로 서울 중구는 주민등록인구 대비 주간인구가 3.28배, 즉 248% 증가해 7대 대도시의 기초단체 가운데 가장 높은 증가율을 보였고, 부산 중구와 대구 중구도 각각 80%와 69% 인구가 증가하는 것으로 나타났다. 이러한 결과는 단순히 주간에 인구가 많은 곳이 아니라 거주인구 대비 주간인구가 많은 지역, 즉 외지인의 출입이 빈번한 지역일수록 5대 강력범죄가 많이 발생한다는 것을 의미한다.

그리고 이러한 결과는 5대 강력범죄가 해당 지자체 거주민이 아닌 외지인에 의해 발생하고 있을 개연성(蓋然性, probability)이 높다는 점을 시사한다. 즉, 외지인의 유입이 많은 곳은 그 지역의 특성상 (상업 등) 사람들에 대한 감시체계가 약하고, 지역민으로서 또는 사람들 간의 책임감·유대감이 약하기 때문에 강력범죄가 발생할 가능성이 높다는 점이다.

인구(年央人口: 7월1일 기준 인구)로 나눈 수치를 1,000분비로 나타낸 것(즉, '조이혼율＝연간 이혼건수÷총인구(연앙인구)×1000')을 말한다. 다음백과(http://100.daum.net/encyclopedia).

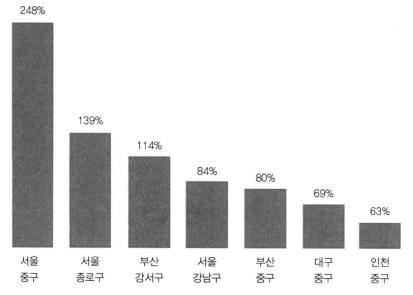

● 주간인구 증가율 상위 7개 도시·지역(2015)

248% 서울 중구
139% 서울 종로구
114% 부산 강서구
84% 서울 강남구
80% 부산 중구
69% 대구 중구
63% 인천 중구

* 주간 인구 증가율: 주민등록인구수 대비 주간에 해당 지자체에 활동하는 사람 수

이에 대해서 곽대경 교수는 "주간인구의 증가율이 높은 곳은 다양한 사람들이 한데 섞이면서 갈등이 증폭될 수 있다"고 하였다. 이어 "거주지가 아닌 다른 지역에서는 지역에 대한 애착과 지역민으로서의 책임감, 평판 관리의 필요성 등이 낮기 때문에 갈등이나 대립상황이 발생할 경우, 그것이 범죄로 좀 더 쉽게 이어지는 경향이 높다"고 설명하였다.

② 강력범죄 유형별 차이 존재

주간인구 증가율과 5대 강력범죄의 연관성이 높지만 각 범죄를 세분화해서 분석해보면 차이가 있는 것으로 나타났다. 같은 강력범죄라도 특성을 달리한다는 의미이다.

분석결과, 5대 강력범죄 가운데 성폭력과 폭행 및 상해, 절도는 주간인구 증가율과 강한 상관관계가 있는 것으로 나타났다. 반면, 강도와 살인 등 흉악범죄는 주간인구 증가율과 상관관계가 낮았고, 이 가운데에서도 '살인'과의 상관관계가 '강도'와의 상관관계보다 낮은 것으로 나타났다. 이처럼 죄질이 나쁜 범죄일수록 주간인구 증가율과 상관관계는 낮은 것으로 나타났는데, 이에 대해서는 향후 이에 대한 세부적인 연구가 필요하다고 본다.[16]

출처: SBS(2017.02.17.), "범죄와 도시: 중구(中區)의 오명 – 외지인 몰리는 동네에 범죄가 많다", 뉴스 자료
(http://news.sbs.co.kr/news/endPage).

---

16 범죄와 돈은 밀접한 관련성이 있다고 본다. 범죄의 상당부분은 돈에서 비롯되기 때문이다. 따라서 5대 강력범죄를 제외한 다른 범죄 가운데 주간인구 증가율과 가장 큰 상관관계가 있었던 것은 경제범죄였다. 본문의 '범

3) 도시와 농어촌 간의 범죄 발생의 격차: 광역시 자치구에 몰리는 범죄

그렇다면, 범죄 발생과 관련하여 도시와 농어촌 간의 차이는 어느 정도 차이가 있는가? 이와 관련하여 전국 234개 지역을 '농어촌, 인구 20만 미만 도시, 인구 20만~40만 도시, 40만 이상 도시, 광역시 자치구' 5구간으로 분류하여 살펴보았다.

분석결과, 2016년 5대 강력범죄(살인, 강도, 절도, 성폭력, 폭력) 발생건수(1만 명당) 상위 20위권을 살펴보면, 다수가 서울을 포함한 광역시에 집중되어 있다. 상위 20위권 중 15곳이 광역시 자치구, 2곳이 '인구 40만 이상 도시', 2곳이 '20만~40만 도시', 1곳이 '20만 미만 도시'로 나타났다.

1만 명당 범죄 발생이 300건 이상인 지역은 앞서 언급한 '부산 중구, 서울 중구, 대구 중구 3곳' 뿐인데, 이들 세 지역은 다른 지역에 비해 범죄 발생비율이 유달리 높았다. 10위를 차지한 서울 영등포구(173건), 18위를 기록한 국내 최대 도심인 서울 강남구(148건)보다도 많게는 2배 이상 높게 나타난 것이다. 이 밖에 안산시 단원구(7위), 제주시(12위), 서귀포시(14위), 성남시 중원구(19위) 등도 상위권에 포함되었다.

반면, 하위 20위권, 즉 1만 명당 5대 강력범죄 발생건수가 가장 낮은 20개 지역은 전북 진안군, 전북 순창군을 비롯해 절대 다수가 '농어촌'(農漁村) 지역으로 나타났다. 하위 20위권 중 도시는 '인구 20만 미만 도시' 구간에 속하는 경기 의왕시가 유일하였다. 이러한 경향은 2014년부터 3년 간 평균치 분석에서도 마찬가지로 나타났다.

이와 같이 지난 3년간 5대 강력범죄 발생건수(1만 명당) 상위 20위권에 농어촌은 단 한 곳도

● 5대 강력범죄 발생 건수 하위 10개 도시·지역(2016)

지역	전북 진안군	전북 순창군	경북 봉화군	전북 임실군	경남 합천군	경북 예천군	경남 창녕군	경남 남해군	강원 철원군	충남 청양군
발생 건수	34.9건	37.0건	38.7건	43.7건	44.1건	47.2건	49.8건	50.5건	50.8건	51.5건

2016년 전국 234개 지역 대상, 인구 1만 명당
출처: SBS(2017.03.09.) "최초공개 2016 전국범죄지도: 범죄발생 1위 도시는?" 뉴스 자료
(http://news.sbs.co.kr/news/endPage).

죄통계 분석 변수표'에서 보는 바와 같이, 경제범죄에는 '화폐위조, 도박, 조세범처벌법 위반(탈세)' 등을 포함시켰다. 경제범죄가 높게 발생하고 있는 '서울 중구, 부산 중구, 대구 중구, 서울 종로구' 등은 주간인구 증가율도 높은 곳인데, 이 지역에는 기업을 비롯해 세무사, 변호사 등 전문직들의 사무실이 몰려 있다. 재화가 집중되어 있고, 재화의 집중이 범죄의 집중으로 이어졌다고 볼 수 있다. 이러한 분석 결과는 주간인구 증가율이 높은 지역에 강력범죄를 담당하는 수사 인력 못지않게 경제범죄를 다루는 전문 수사 인력 배치가 필요하다는 점을 보여준다.

포함돼 있지 않았고, 광역시 자치구의 비중이 월등히 높게 나타났다. 또, 하위 20위권 지역은 2016년과 마찬가지로 의왕시를 제외하곤 전부 농어촌 지역으로 분석되었다. 개별 순위에서도 큰 변동이 없어 범죄가 특정 지역에 집중적으로 일어나는 경향과 함께, 광역시 자치구와 농어촌의 '도시와 농어촌 간의 범죄 격차'가 크다는 사실이 거듭 확인된 것이다.

4) 강력범죄 발생 1위 광역지방자치단체: 제주자치도

전국 234개 지역별 차이만큼 광역지방자치단체별 범죄 격차도 크게 나타났다. 이와 관련하여 서울특별시, 제주자치도, 세종특별자치시를 포함해 전국을 17개 광역자치단체로 분류해 범죄 발생 현황을 분석하였다.

분석결과, 2016년 5대 강력범죄 발생건수(인구 1만 명당)가 가장 높은 지역은 제주자치도(158건)로 나타났다. 17위를 기록한 세종시(63건)보다 2.5배 가까이 많았다. 다음으로 서울(121건), 대전(112건) 순이었다.[17]

> ○ **전국 평균 및 제주자치도 평균 5대 강력범죄 유형별 발생건수 비교**
>
> 제주자치도는 2016년뿐만 아니라 2017년, 2018년(상반기)에도 인구 1만 명당 가장 많은 5대 강력 범죄(살인, 강도, 절도, 성폭력, 폭력)가 발생한 것으로 나타났다. 아래에서 보는 바와 같이 지난 2.5년 간(2016, 2017, 2018년 상반기) 5대 강력범죄를 각 유형별로 비교해 보면, 전국 평균 발생건수와 제 주도 평균 발생건수 간에는 적지 않은 차이가 있음을 알 수 있다. 이로 인해 제주도의 체감안전도(體感安全度) 역시 전국에서 가장 낮은 것이 사실이다(이에 대해서는 후술하기로 한다).
>
> ● **5대 강력범죄 유형별 발생건수 평균(2016～2018 상반기)**
>
> | 구분 | 살인 | 강도 | 절도 | 성폭력 | 폭력 | 계 |
> |---|---|---|---|---|---|---|
> | 전국 평균 발생건수 | 0.17건 | 0.24건 | 39건 | 4건 | 57.1건 | 100.51건 |
> | 제주도 평균 발생건수 | 0.31건 | 0.47건 | 56건 | 5.6건 | 85.7건 | 148.08건 |
>
> 인구 1만 명당
> 출처: 경향신문(2018.10.08.), "전국서 '1만 명당 강력범죄' 가장 많은 곳은 어디?

---

17 제주도는 2014년(172건)과 2015년(163건)에도 범죄 발생이 가장 많아 3년 연속 광역단체 중 1위를 불명예스 럽게 기록하였다.

이러한 결과에 대해서 제주경찰은 제주도가 무비자 입국이 가능한 대표적 관광지라는 특수성 때문에 외국인 범죄가 많아서 이러한 결과가 나온 것으로 보고 있다. 제주도는 내·외국인 방문객이 많은 국내 대표 관광지인 만큼 지역의 특수성을 고려한 치안정책이 이루어져야 할 것으로 보인다.

그리고 지난 3년(2014~2016) 동안 강력범죄 발생건수의 평균 2위는 서울(127.9건), 다음으로 3위 광주(127.5건) 순으로 나타났다. 한편, 세종시는 같은 기간 연속으로 최하위를 기록하였다.

그런데, 17개 광역단체를 기준으로 한 분석 결과에서 주목할 만한 것은 234개 지역을 기준으로 한 결과와 차이다. 234개 지역을 기준으로 했을 때, 지난 3년간 계속해서 상위 3은 '부산 중구, 서울 중구, 대구 중구'였지만, 서울을 제외하고 부산광역시와 대구광역시는 '광역자치단체 기준'으로는 상위 3에 포함되지 않았다는 점이다. 아래 표는 지난 2016년도 17개 광역단체의 강력범죄 발생건수를 보여준 것이다.

● 17개 광역단체 기준 5대 강력범죄 발생건수 순위(2016)

순위	광역단체	발생건수	순위	광역단체	발생건수
1위	제주	158.0	10위	대구	100.7
2위	서울	121.0	11위	경기	100.4
3위	대전	112.34	12위	충남	96.0
4위	부산	112.0	13위	전남	93.3
5위	인천	109.0	14위	경남	92.7
6위	강원	108.5	15위	경북	88.4
7위	울산	107.4	16위	전북	85.7
8위	광주	106.0	17위	세종	63.4
9위	충북	102.2			

인구 1만 명당

출처: SBS(2017.03.09.) "최초공개 2016 전국범죄지도: 범죄발생 1위 도시는?" 뉴스 자료
(http://news.sbs.co.kr/news/endPage).

5) 서울특별시 각 지역(구)별 강력범죄 발생건수

앞에서 살펴본 바와 같이, 1만 명당 300건이 넘는 강력범죄가 발생하는 지역(구)을 가진 부산, 대구가 17개 광역단체 상위 3에 들지 못한 점을 두고 의문이 제기될 수도 있다. 또 국내에서 가장 인구가 많고, 복잡·번화한 서울이 1위를 기록하지 못한 점에 대해서도 의문을 가질 수 있다. 그러나 그 이유는 의외로 간단하다. 각 광역단체 내 자치구 간의 격차가 예상보다 크기 때문이다.

2016년 기준, 서울 중구는 강력범죄 발생건수(1만 명당)가 377건으로 전국 234개 지역에서 2위를 기록했지만, 서울 도봉구는 71건으로 전국 179위에 그쳤다. 또 서울 노원구(81건/154위), 동작구(82건/143위), 양천구(87건/127위) 등도 서울 자치구지만 중구의 5분의 1수준에 그쳤다.

부산도 마찬가지다. 부산 중구는 지난해 강력범죄 발생건수(1만 명당)가 400건이 넘었고, 3년 평균에서도 전국 1등을 기록하였다. 반면, 부산 중구와 바로 인접한 부산 영도구와 사하구는 중구의 4분의 1 수준이다. 이처럼 같은 서울에 살더라도, 같은 부산 하늘아래 있더라도 어떤 지역(구)에 사는지에 따라 범죄에 노출될 가능성도 크게 차이가 난다고 볼 수 있다.

● 서울시 구별 5대 강력범죄 발생건수(2016)

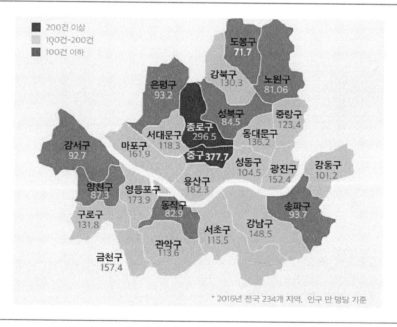

출처: SBS(2017.03.09.) "최초공개 2016 전국범죄지도: 범죄발생 1위 도시는?" 뉴스 자료
(http://news.sbs.co.kr/news/endPage).

6) 살인범죄 최다 발생 도시·지역

2016년 전국 경찰서에 910건의 살인사건이 접수되었다(2014년엔 907건, 2015년엔 919건으로 살인 발생건수는 매년 900건을 넘기고 있다).

아래 표에서 보는 바와 같이, 2016년 전국 234개 지역에서 살인사건이 가장 많이 발생한 곳은 경기 수원시(29건)로 나타났다. 그 다음이 경기 오산·화성시 18건, 안산시 단원구 16건, 경기 시흥시 16건 순 등으로 나타났다.[18]

● **전국 살인사건 상위 10개 도시·지역(2016)**

도시·지역	건수	도시·지역	건수
경기 수원시	29	경기 광주시	13
경기 오산·화성시	18	서울 영등포구	13
경기 시흥시	16	경기 의정부시	13
경기 안산시 단원구	16	인천 남구	12
제주 제주시	15	경기 용인시 기흥·처인구	12

출처: SBS(2017.03.09.) "최초공개 2016 전국범죄지도: 범죄발생 1위 도시는?" 뉴스 자료
(http://news.sbs.co.kr/news/endPage).

3년(2014~2016) 평균을 보면, 경기 수원시 19.3건, 제주시 19건, 경기 오산·화성시 17건, 경기 시흥시 14.6건으로 네 도시에서 발생한 살인사건은 다른 지역에 비해 지속적으로 많았음을 알 수 있다.

그런데, 살인사건은 다른 강력범죄에 비해 상대적으로 접수건수가 적어 인구 1만 명당 기준으로 파악하기 어려운 측면이 있다. 또한 살인의 경우 특히, 특정한 요인으로 설명하는 것이 어려운 것도 사실이다. 그리고 A지역에서 살인을 저지르고, D지역에 시신을 유기할 수도 있어 특정 지역에서 살인사건이 많이 접수됐다는 이유만으로 해당 지역에서 살인사건이 많이 발생한다고 단정하는 것도 어렵다.

---

18 2015년은 제주시 26건, 오산·화성시 20건, 청주시 19건, 인천 남동구 17건, 경기 시흥시 15건, 그리고 서울 영등포구 14건, 경기 수원시, 서울 강남구, 서울 중랑구가 각각 13건 순이었다. 2014년은 경기 수원시, 인천 남동구, 제주시가 각각 16건으로 상위권에 있었다. 출처: SBS(2017.03.09.) "최초공개 2016 전국범죄지도: 범죄발생 1위 도시는?" 뉴스 자료(http://news.sbs.co.kr/news/endPage).

7) 성폭력범죄 최다 발생 도시·지역

아래 표에서 보는 바와 같이, 2016년 전국 234개 지역 중 성폭력 발생건수(1만 명당)가 가장 많은 곳은 서울 중구(27.3건)로 나타났다. 이는 도시권 중 가장 낮은 수치를 기록한 경기 하남시(1.1건)보다 20배 이상 많다고 볼 수 있다.[19]

성폭력범죄 하위 20위권 역시 5대 강력범죄 발생건수 하위권과 유사하게 경북 울릉군(0.9건)을 비롯해 대다수가 농어촌이었다. 다만, 경기 하남시 등 도시 4곳이 포함되었다. 특히 하남시(인구 20만 미만 도시)는 '2014년부터 3년간 성폭행 평균 발생건수'에서도 그 수치가 낮아, 도시권 중 유일하게 하위 20위권(전국 232개 지역 중 227위)에 포함되었다.

● **성폭력 상위 10개 도시·지역(2016)**

도시·지역	건수	도시·지역	건수
서울 중구	27.3	서울 강남구	13.9
대구 중구	20.5	서울 용산구	13.4
서울 종로구	19.8	서울 서초구	13.4
서울 마포구	17.9	서울 영등포구	12.8
부산 중구	14.1	서울 광진구	11.1

출처: SBS(2017.03.09.) "최초공개 2016 전국범죄지도: 범죄발생 1위 도시는?" 뉴스 자료
(http://news.sbs.co.kr/news/endPage).

2. 절도·성폭력·폭력이 많은 도시·지역의 특징

아래에서는 절도·성폭력·폭력이 많은 지역의 특징과 관련하여 2016년 전국 경찰력 배치, 경찰 출동시간, 치안만족도 등의 지표와 전국 230여개 지역의 인구밀도 등 사회지표와의 연관성을 분석하였다.[20]

---

19 성폭력범죄 상위 20위권은 서울 중구를 비롯해 대구 중구, 서울 종로구, 부산 중구 등 16곳이 광역시 자치구인 것으로 나타났다. 그 외 안산시 단원구, 부천시 원미구, 제주시 등 '인구 20만~40만 도시', '40만 이상 도시' 등 일반 도시 3곳도 있다. 5대 강력범죄 상위 20위권과 비슷한 패턴이지만, 농어촌 지역(경기 가평군 8.9건)이 한 곳 포함돼 있다는 차이점이 있다.

20 이하 SBS(2017.03.09). "최초공개 2016 전국범죄지도: 절도·폭력·성폭행이 많은 지역의 특성은?" 뉴스 자료 (http://news.sbs.co.kr/news/endPage) 재인용.

1) 경찰력의 규모와 강력범죄 발생의 관계

어떠한 도시 내에 경찰이 존재하지 않는다면 범죄가 만연하고, 반대로 경찰이 많으면 범죄문제는 감소할 것인가? 전국 경찰서별 경찰력을 분석한 결과, 지난 2016년 전국 기준, 경찰 1인당 담당 인구는 552명으로 나타났다. 이는 전국 평균이며, 따라서 지역별 차이가 있다.[21]

이와 관련하여 전국 234개 지역 가운데 경찰 1인당 담당인구수가 가장 낮은 지역은 서울 중구(125명)로 나타났다. 전국 평균의 4분의1 수준으로, 인구 대비 가장 많은 경찰이 배치된 것이다. 다음으로, 서울 종로구(136명), 부산 중구(144명), 대구 중구(202명) 순으로 나타났다. 그런데 아이러니하게도 이들 지역은 앞에서 설명한 '범죄 발생 1위 도시'에서 국내 도시·지역 가운데 가장 많은 5대강력범죄(살인, 강도, 절도, 성폭력, 폭력)가 발생한 곳이다.

위의 세 지역과 비슷한 인구 규모의 지역 중 경기 용인시 수지구는 경찰 1인당 담당인구가 1,020명으로 5배 이상 많았다. 서울 중구 등 경찰 1인당 담당인구 최상위권을 제외한 다른 상위권은 다수가 농어촌 지역인데, 이 지역들은 경찰의 절대숫자는 도시권보다 훨씬 적지만, 거주민

● 경찰 1인당 담당 인구수 상/하위 5개 도시·지역

상위		하위	
도시·지역	담당 인구수	도시·지역	담당 인구수
서울 중구	125명	용인시 기흥·처인구	1,021명
서울 종로구	136명	용인시 수지구	1,020명
부산 중구	144명	경기 남양주시	989명
경북 울릉군	172명	세종시	934명
전북 진안군	202명	경기 고양시 덕양구	896명

출처: SBS(2017.03.09.) "최초공개 2016 전국범죄지도: 절도·폭력·성폭행이 많은 지역의 특성은?" 뉴스 자료
(http://news.sbs.co.kr/news/endPage).

---

21 그런데, 위에서 제시한 2016년도 경찰 1인당 담당인구수는 아래 표의 경찰내부 통계자료(사이버경찰청)와는 다소 차이가 있다(다만, 위의 자료 역시 하나의 분석기준을 제시하고, 그에 따른 비교분석을 하였기 때문에 특별한 문제는 없다고 본다).

경찰 및 1인당 담당인구 변화
(단위: 명)

구분	2010	2011	2012	2013	2014	2015	2016	2017
경찰	101,108	101,239	102,386	105,357	109,364	113,077	114,658	116,584
담당인구	492	501	498	485	469	456	449	444

출처: 사이버경찰청(https://www.police.go.kr)

이 워낙 적기 때문에 경찰의 1인당 담당인구도 산술적으로 낮은 것으로 분석되었다.

▲ 주간인구 증가율 높을수록 많이 배치된 경찰

경찰 1인당 담당 인구수는 해당 지역에 거주하는 인구뿐만 아니라 유동인구, 집회 및 시위 발생 건수 등 다양한 요소를 종합적으로 검토해 결정된다.

● 주간인구 증가율과 경찰 1인당 담당 인구수(2015)

구분	서울 중구	서울 종로구	부산 강서구	서울 강남구	부산 중구	대구 중구
주간인구 증가율	248%	139%	114%	84%	80%	69%
경찰 1인당 담당 인구	127.78	139.75	311.21	418.66	149.24	206.45

2015년 기준 약 11만 명이 거주하는 서울 중구에는 2개의 경찰서(중부경찰서와 남대문경찰서)가 위치해 있다. 두 경찰서에는 2015년 기준으로 각각 502명과 482명의 경찰이 배치되어 있다. 그 결과 서울 중구의 경찰 1인당 담당인구수는 127.8명으로 서울과 6대 광역시의 자치구 중 최저 수준이다. 그만큼 치안 인력이 다른 지역에 비해 많다는 의미다. 서울 중구 다음으로 경찰 1인당 담당 인구수가 적은 곳은 서울 종로구, 부산 중구, 대구 중구 순이었다.

이들 지역은 공통적으로 거주인구 대비 주간인구 증가율이 높다. 7대 대도시 전체를 살펴본 결과, 주간인구 증가율이 높을수록 경찰 1인당 담당 인구수는 감소하는 경향이 컸다. 주간인구 증가율이 강력범죄 등 범죄와 일정한 상관관계가 나타났다는 점이 고려된 것이라 할 수 있다. 그러나 경찰력에 대한 배치기준이 과거에 비해 많이 합리화되었지만, 여전히 치안수요에 맞춰서 경찰력이 배치되기보다는 행정구역에 맞춰 경찰서를 A급지, B급지 등으로 나누고, 기계적으로 경찰력을 배치하는 경향이 없지 않다.

출처: SBS(2017.02.18.) "범죄와 도시: 부자의 범죄, 빈자의 범죄 – 범죄의 빈부격차", 뉴스 자료
(http://news.sbs.co.kr/news/endPage).

일반적으로 "경찰이 많을수록 범죄가 적다"라고 생각할 수도 있다. 그러나 분석 결과에서 드러났듯 이런 통념은 사실과 다르게 나타났다. 물론, 경찰력이 많이 배치되어 있음에도 불구하고 범죄가 많이 발생하기 때문에 경찰의 효용가치가 낮다고 생각해서도 안 된다고 본다. 역으로 경찰력 배치와 관련된 중요한 기본 원칙 가운데 하나는 치안수요(治安需要)와 관련되기 때문이다.

이에 대해서 이웅혁 교수는 "닭과 달걀의 선후관계처럼 보일 수 있는데, 둘의 관련성을 단순히 원인과 결과 측면에서 생각해선 안 된다"며 "범죄의 근본원인은 경찰수가 많다고 해소되는 게 아

니기 때문"이라고 하였다. 범죄 발생의 요인은 다양하고, 경찰은 범죄에 대한 대응, 즉 범죄자 처벌에 1차적 역할이 있고, 범죄의 근본원인 제거는 경찰이 아닌 사회시스템으로 접근해야 된다는 주장이다.

일반적으로 특정 도시·지역의 범죄가 많이 발생하게 되면, 경찰력도 일정부분 증가한다고 볼 수 있다. 이러한 점에서 볼 때, 범죄가 많이 발생하는 광역시 자치구에 더 많은 경찰력을 투입해 기본 원칙이 잘 지켜졌다고 볼 수 있다. 그러나 일부 지역은 범죄에 비해 경찰력이 턱없이 부족한 것으로 나타났다. 대표적으로 충북 청주시는 지난해 5대 강력범죄 발생건수(1만 명당)가 전국 평균(105건)보다 많은 116건으로, 전국(234개 지역)에서 52위를 기록하는 등 상위권에 포함되었다. 그러나 경찰 1인당 담당인구는 전국 평균보다 많은 713명으로 30위를 기록하였다. 충남 아산시, 경남 김해시도 범죄건수에 비해 경찰력이 부족한 실정이다.

🔺 경찰력 규모와 CCTV 규모

지방자치단체별로 1km²당 CCTV 설치 대수 및 인구 1만 명당 CCTV 설치 대수를 기준으로 살펴보면, 1만 명당 CCTV 설치대수는 경찰 1인당 담당 인구수와 가장 강한 상관관계가 있는 것으로 나타났다. 즉, 1만 명당 CCTV 설치대수가 많을수록 경찰 1인당 담당 인구수가 적은 것으로 나타났다. 이런 분석 결과는 치안 수요가 많은 곳에 CCTV가 많이 설치되어 있다고 해석할 수도 있지만, 치안서비스의 보조적 수단으로서의 기능을 아울러 가지고 있는 CCTV가 경찰관 수에 비례한다는 점에서 지역별 치안서비스의 편차가 크다고 해석할 수도 있다.

범죄예방의 주요 수단인 경찰력을 배치하기 힘든 지역이라면 상대적으로 보조 수단을 많이 구비하고 있어야 하는데 반대의 결과가 나타난 것이다. 그리고 인구 1만 명당 CCTV 설치대수는 지역별 재정자립도와 비례하는 것으로 나타나 CCTV 설치에도 도시·지역 간의 '빈익빈 부익부'(貧益貧 富益富) 현상이 있음을 알 수 있다.

한편, 1km²당 CCTV 설치대수 분석 결과, 특이한 점이 발견되었다. 단위면적당 CCTV 설치대수와 가장 강한 상관관계를 보인 것은 인구밀도로 나타난 것이다. 즉, 두 요소는 강한 비례관계가 있었다. 사람이 많은 곳에 CCTV가 많이 설치되어 있다는 점이다. 다만, CCTV는 경찰이 순찰하기 어려운 곳에 예방적 차원에서 설치돼야 하는데, 지나치게 사람이 많은 곳에 집중되어 있다는 의견도 있다.

출처: SBS(2017.02.18.) "범죄와 도시: 부자의 범죄, 빈자의 범죄 - 범죄의 빈부격차", 뉴스 자료 (http://news.sbs.co.kr/news/endPage).

또한, 경찰자원(예산, 인력, 장비, 시설 등)의 한계로 인해 범죄 발생의 증가 수준에 비례해서 모든 도시·지역에 경찰력을 증대시키는 것도 어려운 일이다. 2014년 대비 2016년 5대 강력범죄가 217건에서 345건으로 60%이상 늘어난 경북 영덕군을 한 예로 들 수 있다. 즉, 2014년 영덕군에 배치된 경찰은 118명(경찰 1인당 담당인구 335명), 2016년 배치된 경찰은 소폭 상승인 121명(1인당 담당인구 322명)에 그치고 있다. 전남 장흥군, 경남 거창군, 강원 태백시도 5대 범죄는 40% 가까이 늘어났지만, 경찰은 조금 늘었을 뿐이다.

생각건대, 무조건적으로 범죄발생 대비 경찰력을 증대시키는 것도 한계가 있다고 본다. 따라서 무엇보다도 중요한 것은 치안수요에 대한 체계적인 분석과 함께 주어진 경찰자원(경찰예산, 경찰시설·장비, 경찰관 등)을 효율적으로 운용하고 재배치하는 일이라고 본다.[22]

2) 강력범죄 유형별 연관성

5대 강력범죄(살인, 강도, 절도, 성폭력, 폭력)는 시민들에게 직접적이고 실질적인 피해를 주는 대표적 범죄로, 사회 안전과 밀접한 관계가 있다. 이러한 특성상 모두 '강력범죄'로 분류되지만, 같은 강력범죄라도 개별적으로는 더 밀접한 연관성을 가지는 범죄가 있다.

이와 관련하여 234개 지역의 범죄분석을 기반으로 5대 강력범죄가 서로 어떤 관계가 있는지 파악하였다(회귀분석을 통해 이를 검증했고 지수화 하였다). 범죄 간의 상관관계가 있다는 것은 환경적 요인이 있을 수 있다는 뜻으로 특정 범죄를 줄이면 상관관계에 있는 또 다른 범죄도 줄일 수 있다는 의미이다.

● 5대 강력범죄별 상관계수

구분	절도	폭력	성폭력	강도	살인
절도					
폭력	0.83				
성폭력	0.79	0.75			
강도	0.67	0.58	0.44		
살인	0.23	0.18	0.06	0.30	

* ± 1에 가까울수록 상관관계가 높음.

출처: SBS(2017.03.09.) "최초공개 2016 전국범죄지도: 절도·폭력·성폭행이 많은 지역의 특성은?" 뉴스 자료
(http://news.sbs.co.kr/news/endPage).

---

22 참고적으로 2017년도의 ① 경찰예산은 약 10조 1천억 원(2018년도는 약 10조 5천억 원으로 전년 대비 4.2% 증가)이며, ② 경찰관서는 경찰청, 17개 지방경찰청, 254개 경찰서, 518개 지구대 및 1,463개 파출소에 이르고 있다. 사이버경찰청(https://www.police.go.kr).

위의 표에서 보는 바와 같이, 가장 상관관계가 높은 범죄는 절도와 폭력으로 나타났다. 상관지수가 0.83(±1에 가까울수록 강한 연관성)으로, 절도가 많은 지역은 폭력이 많았다. 다음으로, 절도와 성폭력의 상관지수는 0.79로 두 범죄의 연관성도 무척 높은 것으로 분석되었다. 또 폭력과 성폭력 역시 연관성(0.75)도 높은 것으로 확인됐다.

강도와 폭력(0.58), 강도와 성폭력(0.44)도 일정한 연관성이 있는 것으로 나타났다. 그러나 살인과 절도(0.23), 살인과 폭력(0.18), 살인과 성폭력과의 연관성(0.06)은 높지 않게 나타났다. 살인과 가장 연관성이 높은 범죄는 강도(0.3)로 나타났다(향후 이러한 연관성이 어떠한 요인에 의해서 비롯된 것인지에 대한 심도 있는 연구가 필요하다고 본다).[23]

3) 그 밖의 요인

효율적인 범죄예방을 위해서는 범죄원인에 대한 파악이 선행되어야 한다. 범죄원인은 기본적으로 인간의 소질과 같은 선천적 요인, 그리고 사회환경과 같은 후천적인 요인으로 구분할 수 있다(이에 대해서는 제5장에서 보다 심도있게 살펴보기로 한다). 일반적으로 유해환경(有害環境) 또는 취약환경(脆弱環境)으로 특정 도시·지역 내의 유흥·숙박업소 수, 음주율, 1인 가구 비율 등을 거론하기도 하고, 또 외국인 비율을 들기도 한다.

아래 표에서는 5대 강력범죄와 이러한 외부환경 요인과의 상관관계를 보여주고 있다. 이와 관련하여 범죄와 연관성이 높은 요인 가운데 하나는 음주율로서 상관지수는 0.35로 분석되었다. 전국에서 음주율이 가장 높은 지역은 거제시로 나타났고, 음주율 상위 20위권의 다수는 광역자치단체 자치구로 나타났다. 즉, 음주율이 높게 나타난 곳은 농어촌 1곳(부산 기장군)을 제외하고는 전부 도시들로 이뤄져 있다.

이러한 음주율은 특히 폭력과 상관지수가 0.36으로 가장 높았고, 다음이 성폭력(0.31)으로 나타났다. 음주 후 생기는 이성적 판단 및 통제의 결여가 결국은 폭력, 성폭력 등과 같은 범죄로 이어진다고도 볼 수 있다. 한편, 음주와 강도·살인과의 연관성은 낮은 것으로 나타났다.

그리고 외국인 수(1천 명당)와 5대 강력범죄(1만 명당)와의 연관성(2016년 12월 기준)은 0.3의 상관

---

23 다른 범죄들 간의 상관관계도 분석하였다. 그 결과 도박범죄가 많은 곳은 성매매도 많이 발생하였다. 마약범죄가 잦은 곳은 강도와 살인사건이 보다 많이 발생하였다. 그리고 강도사건이 많이 발생하는 곳은 아동청소년 성매수 사건도 많이 발생하였다. 이와 같은 결과는 도박장이 많이 개설된 지역에 성매매 업소가 집중되어 있고, 마약범죄에 쉽게 노출되는 지역은 강력범죄에 대한 대비도 충분하지 못하다는 것을 의미한다. 이는 위에서 언급한 바와 같이, 어느 하나의 범죄가 발생할 수 있는 조건을 제거하면 다른 범죄도 이어 줄일 수 있다는 의미이다. 따라서 적극적인 단속을 통해서 도박장을 폐쇄하면 해당 지역에서의 성매매 사건을 감소시킬 수 있고, 마약 노출 기회를 차단하면 강도와 아동청소년 성매수 사건의 발생도 줄일 수 있다는 의미이다. SBS(2017.02.18.) "범죄와 도시: 부자의 범죄, 빈자의 범죄 – 범죄의 빈부격차", 뉴스 자료(http://news.sbs.co.kr/news/endPage).

● 5대 강력범죄와 외부환경 요인과의 상관관계(2016)

	항목	상관계수
1만 명당 5대 강력범죄	음주율	0.35
	1천 명당 외국인 수	0.30
	1천 명당 주점숙박업소 수	0.22
	흡연율	0.16
	1인 가구 비율	0.11

* ±1에 가까울수록 상관관계가 높음.

출처: SBS(2017.03.09.) "최초공개 2016 전국범죄지도: 절도·폭력·성폭행이 많은 지역의 특성은?" 뉴스 자료
(http://news.sbs.co.kr/news/endPage).

관계가 있는 것으로 나타났다. 인구 1천 명당 외국인수가 가장 많은 지역은 서울 영등포구(97명), 다음으로 충북 음성군(88명), 전남 영암군(84명) 순으로 나타났다. 상위 20위권은 광역시 자치구 7곳, 농어촌 5곳, 40만 이상 도시 3곳, 20~40만 도시 3곳, 인구 20만 미만 도시 2곳이다.

서울 중구, 영등포구, 종로구 등 인구 1만 명당 5대 강력범죄 건수 상위권 지역이 외국인이 많은 지역에 포함되기도 했지만, 범죄건수가 낮은 농어촌 지역이 다수 포함된 것을 알 수 있다. 따라서 외국인 수와 범죄발생 간의 어느 정도의 관련성이 있지만, 범죄율 높이는 주된 요인으로 단정하긴 어렵다고 본다. 사실, 우리 사회는 기본적으로 외국인보다 내국인의 범죄가 더 많은데, 외국인 범죄가 최근 증가하고 있다는 체감 때문에 외국인을 주된 범죄 요인으로 보는 시선이 있다고 볼 수도 있다.

이 밖에 1천 명당 주점·숙박업소수와 범죄와의 연관성은 0.22였고, 흡연율과의 연관성(0.16), 1인 가구 비율과 연관성(0.11)은 다른 요인에 비해 낮은 것으로 나타났다.

3. 도시·지역의 재정자립도·인구밀도와 범죄의 상관관계

아래에서는 도시·지역의 재정자립도, 인구밀도, 그리고 경찰의 출동시간과 범죄의 상관관계를 살펴보기로 한다. 그리고 주민의 치안만족도에 미치는 요인이 무엇인지를 아울러 살펴보기로 한다.[24]

---

24 이하 SBS(2017.03.09.) "최초공개 2016 전국범죄지도: 인구밀도의 범죄방정식" 뉴스 자료(http://news.sbs.co.kr/news/endPage) 재인용.

1) 재정자립도와 범죄의 상관관계

일반적으로 한 도시·지역의 재무건전성을 나타내는 재정자립도(財政自立度)가 높을수록 '잘 사는 곳' 또는 '살기 좋은 곳'을 의미한다고 볼 수 있다.[25] 그렇다면, 도시·지역의 재정자립도와 범죄는 어떠한 관계가 있다고 볼 수 있는가?

● 열악한 지방재정과 도시·지역 간의 높은 편차

전국 17개 시·도 중 절반가량이 재정자립도가 50%에도 미치지 못하는 것으로 나타났다. 재정자립도가 가장 낮은 곳은 전북으로 30%대에 그쳤다. 2018년 11월 4일 행정안전부가 '지방재정365' (http://lofin.mois.go.kr)에 공시한 2017년 결산기준 지방재정 현황을 보면 세입결산 및 세출결산액은 전년보다 각각 25조 5000억 원, 23조 5000억 원 증가하였다. 지방세 징수액도 약 4조 9000억 원 늘어났다. 예산 대비 채무비율도 전년보다 1.5%포인트 줄었다. 지방채무는 전국 총액 25조 3000억 원으로, 전년보다 1조 1000억 원(4.3%) 감소하였다.

그러나 지방자치단체가 스스로 살림을 꾸릴 수 있는 능력을 나타내는 재정자립도는 전국 평균이 55.2%로, 전년 대비 0.6%포인트 낮아졌다. 연도별 전국 평균 재정자립도 추이를 보면 2013년 50.2%에서 2014년 51.9%, 2015년 54.9%, 2016년 55.8%로 꾸준히 증가해오다 지난해 소폭 하락하였다.

한편, 지역 간의 재정자립도 편차는 컸다.[26] 서울이 86.4%로 가장 높았으며, 세종(73.6%), 경기(70.7%), 인천(66.8%), 울산(66.2%) 등이 뒤를 이었다. 재정자립도가 가장 낮은 곳은 전북으로 30.3%에 머물렀다. 전북은 전년에도 재정자립도가 30.9%로 전국 최하위를 기록하였다. 강원도의 재정자립도 역시 30.9%로 최하위 수준이었다. 전북·강원도 외에 재정자립도가 30%대인 곳은 전남(32.0%), 경북(35.1%)이었다. 17개 시·도 중 재정자립도가 50% 미만인 지역은 8곳에 달했다.

지자체가 중앙정부의 보조금이나 교부세 등으로 재원을 충당하는 비율이 높아지면 재정자립도는 낮아진다. 현재 국세 대 지방세 비율은 약 8대 2로, 지자체는 재정의 상당 부분을 중앙정부에 의존하는 실정이다. 자치분권 실현을 위해 '재정분권'을 추진해온 정부는 현재 7.6 대 2.4인 국세 대 지방세 비율을 2020년 7.4 대 2.6, 2022년에는 7 대 3으로 개선하겠다고 지난달 30일 발표하였다.

출처: 경향신문(2018.11.04.), "여전히 열악한 지방재정: 자립도 꼴찌는 전북"

---

25 대한민국의 지방재정자립도(地方財政自立度, Financial Independence of Local Government)는 지방재정의 건전성(즉, 지방재정의 자립 수준)을 나타내는 지표이다. 이는 지방정부가 재정활동에 필요한 자금을 어느 정도나 자체적으로 조달하고 있는가를 나타내는 지표로, 지방정부의 일반회계세입에서 자체재원의 정도, 즉 지방세와 세외수입이 차지하는 비율을 말한다. 1995년 민선자치단체장 선출을 계기로 본격적인 지방자치가 실시되었고, 이후 자치재정을 이어왔다. 그러나 2011년을 기준으로 대한민국 전국 평균 지방재정자립도는 51.9% 수준에 불과하다. 위키백과(https://ko.wikipedia.org).

26 2018년 재정자립도의 상위 및 하위 순위(본청 포함)를 살펴보면 1위 서울본청(82.50), 2위 세종본청(69.21), 3위 서울 강남구(67.92), 4위 경기 화성시(64.21), 5위 경기 성남시(63.53), 6위 서울 서초구(63.34), 7위 서울 중

조사결과, 범죄와 재정자립도의 상관지수는 0.34로, 음주율의 상관지수와 비슷한 수준으로 나타났다. 재정상태가 상대적으로 높은 지역일수록 범죄에 노출될 가능성이 높다는 뜻이다. 또 재정자립도와 음주율의 상관지수도 0.61로 나타나 아주 밀접한 연관성이 있었다.

즉, 재정자립도가 높을수록 즉, 경제적으로 여유가 있기 때문에 음주를 많이 한다고 볼 수도 있다. 그리고 재정자립도가 높은 곳은 돈이 모이는 공간이자 소비가 많은 공간이며, 이런 지역은 고급차량이 많고, 지하철역 등 교통이 발달돼 사람들이 많이 모인다는 점에서 범죄 대상, 범죄 기회가 많아진다고 볼 수 있다.

2016년 기준, 전국에서 재정자립도가 가장 높은 지역은 서울 중구(65/100에 가까울수록 재정자립도 높음), 다음으로 강남구, 서초구 순이다. 재정자립도 상위권엔 서울 종로구, 용산구 등도 포함되어 있는데, 이 지역은 5대 강력범죄(1만 명당) 순위에서도 상위권이다. 특히 5대 범죄 중 성폭행(1만 명당)은 재정자립도와의 상관지수가 0.4로 다른 범죄에 비해 더욱 긴밀한 연관성을 보였고, 살인과 상관성은 거의 없는 것으로 나타났다.

● 재정자립도와 범죄 등과의 상관관계(2016)

	항목	상관계수
재정 자립도	음주율	0.61
	1만 명당 성폭력	0.40
	1만 명당 5대 강력범죄	0.34
	1만 명당 절도	0.30
	1만 명당 강도	0.15
	1만 명당 살인	−0.08

* ±1에 가까울수록 상관관계가 높음.

출처: SBS(2017.03.09.) "최초공개 2016 전국범죄지도: 절도·폭력·성폭행이 많은 지역의 특성은?" 뉴스 자료 (http://news.sbs.co.kr/news/endPage).

구(63.31)…237위 강원 화천군(11.31), 238위 경북 청송군(11.30), 239위 경북 봉화군(10.31), 240위 전남 함평군(10.16), 241위 전남 신안군(10.0), 242위 충북 보은군(9.97), 전남 구례군(8.55)로 나타났다. 이에 대한 자세한 내용은 반부패연대(http://blog.naver.com/PostView.nhn?blogId=csrchief&logNo=221270558059) 참조.

◎ 재정자립도 및 경제적 수준과 범죄

1. 재정자립도가 높은 도시·지역: 조세범 증가

어떻게 보면 당연한 이야기이겠지만, 재정자립도가 높은 도시·지역일수록 「조세범 처벌법」 위반사범이 많이 나타났다. 잘 사는 도시·지역일수록 탈세 등 세금 관련 범죄를 저지른 사람이 많다는 의미이다. 재정자립도 상위 10개 지역 중에서 서울 종로구와 서울 송파구, 서울 영등포구를 제외한 7개 지역이 인구 1만 명당 조세범 처벌법 위반 발생건수 상위 10개 지역에 포함되었다.

● 재정자립도가 높은 도시·지역과 조세범 비교(2015)

재정자립도	도시·지역	조세법위반	도시·지역
1위	서울 강남구	1위	서울 중구
2위	서울 중구	2위	부산 강서구
3위	서울 서초구	3위	부산 중구
4위	서울 종로구	4위	인천 동구
5위	인천 중구	5위	부산 동구
6위	울산 울주군	6위	서울 용산구
7위	부산 강서구	7위	인천 중구
8위	서울 송파구	8위	서울 서초구
9위	서울 용산구	9위	울산 울주군
10위	서울 영등포구	10위	서울 강남구

인구 1만 명당 기준.

한편, 재정자립도가 높은 지역일수록 성폭력범죄도 많았다(이는 앞에서 살펴본 바와도 같다). 재정자립도 상위 10위에 포함되는 서울 강남구, 서울 중구, 서울 서초구, 서울 종로구, 서울 영등포구는 인구 1만 명당 성폭력범죄 발생건수에서도 상위 10위권에 올랐다.

2. 절대빈곤 지역: 강도와 가정폭력

빈곤 정도가 높은 지역의 범죄 양상은 재정자립도가 높은 지역과 다르게 나타났다. 이와 관련하여 인구 1만 명당 기초생활수급자 비율로 지역 간 절대적 빈곤 수준을 비교하였다. 그리고 기초생활수급자 비율과 범죄들 간의 연관성을 살펴보았다.

조사결과, 기초생활수급자 비율이 높은 지역일수록 '강도' 사건이 많은 것으로 나타났다. 이는 재정자립도와의 상관관계 비교에서는 나타나지 않았던 결과이다. 또한 기초생활수급자 비율이 높은 지역일수록 가정폭력도 증가하는 양상을 보여 주었다. 이는 재정자립도가 높은 지역일수록 가정폭력이 감소하는 양상을 띠었던 것과는 정반대의 결과다. 반면, 재정자립도가 높은 지역, 즉 잘사는 지역일수록 많이 발생한 탈세나 성폭력 등의 범죄는 기초생활수급자 비율과는 연관성이 없는 것으로 나타났다.

3. 빈부의 격차와 마약류범죄의 특성

지역 간의 부(富) 격차는 동종범죄들 간에서도 차이가 있었다. 바로 마약류범죄다. 「마약류관리에 관한 법률」에 따라 마약류(양귀비, 아편, 코카 잎 등), 향정신성의약품(향정: 필로폰, LSD 등), 대마 3가지로 분류된다. 이러한 마약류범죄 가운데 마약이 가장 중독성과 위험성이 높아서 형량도 '마약-향정-대마' 순으로 높다. 이러한 내용을 바탕으로 7개 대도시에서 발생한 마약류범죄를 분석하였다.

조사결과, 재정자립도가 높은 지역일수록 '대마범죄'가 높은 양상을 보였고, 반면 기초생활수급자 비율이 높은 지역은 '향정범죄'와 비례하는 것으로 나타났다. 즉, 잘 사는 지역일수록 대마범죄가 상대적으로 많았고, 못 사는 지역일수록 향정 범죄가 많았다는 의미이다. 마약류사범의 이러한 특징과 관련하여 전문가들은 "해외 일부에서는 대마가 합법화된 곳이 있는데, 이른바 '유학파 출신'들이 해외에서 이러한 경험을 하고 국내에 들어와 다시 손을 대거나, 부유층끼리 모여 일시적 환각을 즐기겠다며 대마를 태워 수사를 받게 되는 경우가 많다"고 설명하였다. 그리고 "반면, 향정과 마약은 중독성과 강도가 높아 일상생활이 어렵고, 경제적 궁핍, 소외감, 현실 도피 등을 이유로 손을 대는 사람이 상대적으로 많다"며 "외부에서 보기엔 같은 마약사범이지만, 대마에 손을 댄 사람은 '나는 대마는 했지만, 갈 때까지 가서 하는 향정과 마약은 안 한다'고 진술하는 경우도 있다"고 설명하였다. 같은 '마약류범죄'라도 경제적 차이에 따라 달라질 수 있다는 의미이다.

출처: SBS(2017.02.18.) "범죄와 도시: 부자의 범죄, 빈자의 범죄 – 범죄의 빈부격차," 뉴스 자료 (http://news.sbs.co.kr/news/endPage).

2) 인구밀도와 범죄의 상관관계

이상에서 음주율, 재정자립도 등과 범죄 연관성을 살펴보았는데, 일정 부분 연관성이 있음을 알 수 있다. 그렇다면, 범죄와 가장 연관성이 높은 요인은 무엇일까. 일반적으로 사람이 많을수록 범죄가 많이 일어난다고 생각하는 경향이 있다. 이는 틀린 말은 아니지만 다소 부정확하다. 정확히는 '인구밀도'(人口密度, population density)가 범죄와 상관성이 가장 높았다는 점이다.

이와 관련하여 아래 표에서는 전국 234개 도시·지역 가운데 인구밀도 상/하위 10개 도시·지역을 살펴보았다.

조사결과, 단위면적($1km^2$)당 인구가 많은 지역일수록, 5대 강력범죄(1만 명당) 건수가 많았다. 상관지수가 0.41로 높게 분석되었다. 2015년 12월 기준으로 전국에서 인구밀도가 가장 높은 지역은 서울 양천구(27,440명)으로 나타났다. 단위면적당 2만 7천여 명이 살고 있고, 상위권의 또 다른 지역에는 영등포구, 동대문구, 구로구, 마포구, 부산 중구, 대구 중구 등으로 나타났다. 이들 지역은 5대 강력범죄(1만 명당) 건수에서도 상위권에 위치해있는 곳이다. 이들 인구밀도 상위지역은 최하위인 강원 인제(19.89명), 영양군(21.73명) 등 농어촌과 비교할 때 같은 단위면적($1km^2$) 대비 약 1,350배 이상 많은 사람들이 살고 있다고 볼 수 있다.

인구밀도 상/하위 10개 도시·지역(2016)

상위		하위	
도시·지역	인구밀도(명)	도시·지역	인구밀도(명)
서울 양천구	27,740	강원 인제군	19.89
서울 동대문구	24,987	경북 영양군	21.73
서울 동작구	24,525	경북 봉화군	27.91
서울 중랑구	22,216	강원 화천군	28.90
서울 광진구	20,938	강원 평창군	29.59
서울 구로구	20,753	경북 청송군	31.09
서울 송파구	19,416	강원 정선군	31.74
서울 성북구	18,329	전북 진안군	33.03
서울 금천구	18,106	강원 양구군	33.98
서울 강동구	18,070	강원 영월군	35.54

출처: SBS(2017.03.09.) "최초공개 2016 전국범죄지도: 인구밀도의 범죄방정식" 뉴스 자료
(http://news.sbs.co.kr/news/endPage).

그리고 아래 표에서 보는 바와 같이, 이러한 인구밀도는 재정자립도와 마찬가지로, 개별 범죄 중 특히, 성폭행(1만 명당)과 가장 높은 연관성(0.49)이 있는 것으로 나타났고, 살인과의 상관성은 낮게 나타났다.

인구밀도와 범죄의 상관관계

	항목	상관계수
인구밀도	1만 명당 성폭력	0.49
	1만 명당 5대 강력범죄	0.41
	1만 명당 절도	0.40
	1만 명당 폭력	0.37
	1만 명당 강도	0.31
	1만 명당 살인	−0.04

* ±1에 가까울수록 상관관계가 높음.

출처: SBS(2017.03.09.) "최초공개 2016 전국범죄지도: 인구밀도의 범죄방정식", 뉴스 자료
(http://news.sbs.co.kr/news/endPage).

일반적으로 어떠한 개인 및 집단 간의 갈등으로 인한 분노·다툼은 범죄로 이어지는 경우가 없지 않은데, 인구밀도의 정도는 이와 관련이 높다고 볼 수 있다. 예컨대, 동물실험에서 같은 크기의 사육장에 쥐 5마리와 쥐 20마리를 각각 분리해 넣으면, 밀도가 높은 곳에서 싸움이 많이 일어나는 것과 같은 이치다. 이에 대해서 곽대경 교수는 "제한된 공간에 사람들이 몰려있다는 것은, 이해관계의 대립 가능성도 상대적으로 높아진다는 뜻"이라며 "제한된 지역, 한정된 자원에서 이익을 취하고자 하는 사람들이 많아지면 분쟁과 범죄도 늘어날 수밖에 없다"고 설명하였다.

4. 경찰의 대응시간 및 치안만족도와 범죄의 상관관계

1) 경찰의 대응시간과 범죄의 상관관계

일반적으로 경찰이 빨리 출동·대응하는 도시·지역일수록 범죄는 줄어들 것이라고 생각하는 경향이 있다. 그러나 결과론적으로 말한다면, 그렇지 않다(이는 앞에서 미국의 연구조사결과에서도 확인한 바 있다).

즉, 이에 대한 2016년 조사결과, 5대 강력범죄(1만 명당)의 발생건수와 경찰의 평균출동시간의 상관지수는 '-0.34'로 분석되었다. 음(-)의 상관관계라는 것은 출동시간이 빠를수록 범죄빈도가 높았다는 의미이다. 물론 이러한 결과만 가지고 경찰의 신속한 출동시간이 범죄대응에 영향을 미치지 못한다고 예단하는 것은 문제가 있다고 본다.

그리고 이러한 배경은 농촌과 도시의 공간적 차이에서 비롯된 것이라고 볼 수 있다. 즉, 도시권에 비해 범죄빈도가 낮은 농어촌 지역의 경찰 출동시간은 도시권에 비해 오래 걸린다. 극단적으로 강원 인제군의 경찰이 사건 현장에 도착하는 평균 출동시간은 11분 11초, 서울 중구는 3분 48초로 나타났다. 두 지역 간에 무려 8분 이상의 차이가 난다.[27]

---

27 경찰청이 국회행정위원회에 제출한 통계자료(2017.8)에 의하면, 각종 범죄나 생명이나 신체의 위험으로 인한 신고를 받고 현장에 출동하는 112 긴급출동의 평균도착 시간은 5분 20초, 비긴급출동은 5분 51초로 나타났다. 그리고 일반적으로 대도시의 경우, 출동시간이 빨라 4~5분대에 현장에 도착하는 반면, 농·산·어촌지역은 6~7분대의 출동시간을 보이고 있다. 7대 특별·광역시 가운데서는 서울이 4분으로 가상 빨랐고, 충남은 긴급출동 6분 47초, 비긴급출동 6분 51초로 가장 느린 것으로 나타났다. 이에 대해서 충남지방경찰청은 "2개 면 이상을 관할하는 파출소가 많기 때문"이라고 설명하였다. 실제, 충남지방경찰청 산하 지구대와 파출소의 관할구역이 상대적으로 넓은 편인데, 2개 면 이상을 관할하면서 순찰차가 1대뿐인 파출소가 무려 28곳에 달하는 것으로 조사되었다. 특히, 당진경찰서 석문파출소의 경우 순찰차는 3대에 불과하지만 석문면, 고대면, 대호지면, 정미면 등 4개 면을 관할하고 있는 실정이며, 동 파출소는 지난해 총 1,538번 출동했으며, 평균 출동 시간은 12분 11초대로 나타났다. 따라서 이러한 지역의 경우 긴급한 치안수요가 생겼을 때 충분히 대응할 수 있을지 우려되는 부분도 없지 않기 때문에 인력 재배치와 순찰차 추가 도입 등 개선이 필요하다고 본다. 노컷뉴스, 2017.10.04.; 굿모닝충청, 2017.10.29.

● 경찰 출동시간 상/하위 5개 도시·지역(2016)

상위		하위	
도시·지역	출동시간	도시·지역	출동시간
서울 관악구	3분 21초	전북 진안군	8분 45초
서울 노원구	3분 26초	부산 강서구	8분 47초
서울 종로구	3분 36초	경기 가평군	9분 38초
강원 동해시	3분 42초	강원 평창군	10분 46초
서울 도봉구	3분 46초	강원 인제군	11분 11초

출처: SBS(2017.03.09) "최초공개 2016 전국범죄지도: 인구밀도의 범죄방정식", 뉴스 자료
(http://news.sbs.co.kr/news/endPage).

농어촌일수록 지역면적이 넓고, 도로사정이 여의치 않다. 또, 경찰력이 적어 출동시간이 느릴 수밖에 없는 현실적인 어려움이 있다. 반면 범죄빈도가 높은 도시권의 경우, 비록 도심혼잡 등의 문제가 있지만 경찰력이 많이 배치되어 있고, 상대적으로 대응력이 숙련되어 있어 이러한 경향이 나타난다고 볼 수 있다.

도시권만 놓고 보면, 다른 결과를 도출할 수 있다. 출동시간이 빠른 지역이 상대적으로 범죄빈도가 낮은 경우도 없지 않기 때문이다. 예컨대, 지난해 전국에서 출동시간이 2번째로 빠른 서울 노원구(3분 26초)는 5대 강력범죄(1만 명당) 건수에서 전국 154위로 하위권에 위치하는 한편, 서울 25개구 가운데 도봉구 다음으로 범죄건수가 낮았다. 이런 결과는 범죄가 빈번한 도시권에서 출동시간이 빠를수록 범죄에 대한 대응력(현행범 체포 등), 결과적으로 일반예방적 차원에서 범죄발생 빈도를 줄일 수도 있다고 해석할 수 있다. 그러나 최근 우리 사회에서 발생한 강력범죄(2012년 오원춘사건, 2017년 어금니 아빠사건, 2018년 서울 강서구 PC방 살인사건 등)에 대한 경찰의 대응미숙은 시사하는 바가 크다고 본다.

△ '어금니 아빠사건'에 대한 경찰의 부실대응

이른바 '어금니 아빠' 이○○ 씨(35) 사건으로 목숨을 잃은 피해 여중생의 실종사건을 담당했던 경찰관이 112 상황실의 현장출동 지령을 받고도 허위보고를 한 채 사무실에 머물렀던 것으로 경찰 감찰 결과 드러났다. 경찰의 근무태만과 부실한 초동대응이 실종 여학생을 살릴 '골든타임'(Golden Time)을 날려버린 중요한 요인이었음이 분명해지고 있다.

서울지방경찰청 청문감사담당관실은 당시 피해자의 실종사건을 담당했던 중랑경찰서 관계자들을 감찰 조사한 결과 초동대처와 지휘·보고체계 전반에서 문제점이 확인됐다고 2017년 10월 25일 밝혔다.

먼저 지난달 30일 밤 피해자 가족의 실종신고를 받은 112상황실은 중랑서 여성청소년계(여청계) 수사팀에 현장에 출동하라는 '코드1' 지령을 내렸지만, 당시 당직을 서던 경찰들은 "출동하겠다"고 허위보고한 뒤 사무실에 계속 머무른 것으로 드러났다. 피해자 김아무개(14)양은 실종신고 12시간 40분 뒤인 지난 1일 낮 12시경에 살해당했다.

중랑서 여청계 직원들은 같은 날 김양 말고도 3건의 추가 출동지령을 받았지만, 마찬가지로 허위보고한 뒤 사무실에 머문 사실도 확인되었다. 이 가운데 한 건의 신고 대상자도 스스로 목숨을 끊어 다음날 숨진 채 발견되었다. 당시 야간 당직 상황관리관이었던 중랑서 청문감사관은 마찬가지로 '코드1' 지령을 들었음에도 경찰관에게 수색장소를 배정하는 등 적극적으로 수색임무를 부여하지 않았다.

또 중랑서 망우지구대 담당 경찰이 김양의 어머니가 실종신고 직후 이씨 딸과 통화한 내용을 귀담 아듣지 않아 수사의 핵심단서를 놓쳤다는 <한겨레> 보도 내용(10월 16일치 10면)도 경찰 감찰 결과 사실로 확인되었다. 서울경찰청 관계자는 "지구대 담당 직원이 당연히 물었어야 할 피해자의 행적을 묻지 않고 여청수사팀은 허위보고 뒤 출동하지 않았다"며 "초동대응 부실로 골든타임을 놓친 것 같다"고 하였다.

서울경찰청은 중랑서장·여청과장·상황관리관 등 3명은 경찰청에 징계를 요청하고, 여청수사팀장과 팀원 2명, 망우지구대 순찰팀장과 팀원 2명 등 6명은 징계위원회에 회부하였다. 경찰청은 중랑서장을 문책성 전보 조처한 뒤 경고할 방침인 것으로 알려졌다.

한편 '어금니 아빠' 이씨의 의붓아버지 ㄱ(59)씨가 이날 강원도 영월군 자신의 집 근처 비닐하우스에서 목을 매 숨진 채 발견되었다. 앞서 이씨의 아내 ㄴ(32)씨는 ㄱ씨에게 수년간 성폭행을 당했다며 경찰에 고소장을 낸 뒤 서울 자신의 집 5층에서 떨어져 숨졌다. 경찰은 ㄱ씨가 성폭행 혐의로 조사를 받는 데 부담을 느껴 스스로 목숨을 끊은 것으로 보고 있다.

경찰은 또 구속영장이 한차례 기각됐던 이씨의 중학생 딸의 구속영장을 다시 신청했다고 밝혔다. 경찰 관계자는 "가족 및 주거환경조사, 전문가의 심리상태 자문 결과를 바탕으로 증거인멸 우려와 혐의의 상당성·중대성을 고려해 영장을 다시 신청했다"고 말했다.

출처: 한겨레(2017.10.25.), "어금니 아빠 사건 경찰출동 거짓보고 했다"

🔺 미국 경찰현장운용의 효율성에 대한 조사연구

미국 경찰학 및 범죄학 등 관련 전문가들은 조사연구(1970~80년대)를 통해서 범죄문제는 일반 비즈니스와 같은 방법에 의해서는 결코 해결될 수 없다는 사실을 분명히 인식하였다. 이들은 범죄발생율과 경찰차원 및 경찰현장운용상의 효율성에 대한 조사결과를 통해서 다음과 같은 문제점을 지적하였다.

1. 경찰자원과 범죄율

경찰조직의 예산과 인적 자원 등을 증가시켜도 그것이 반드시 범죄율을 감소시키지 않으며, 범죄 해결율을 높이지도 않는 것으로 나타났다. 물론 현실적으로 볼 때, 만약에 경찰이 존재하지 않는다면, 보다 많은 범죄가 발생할 것이다. 그러나 일단 일정한 수준에 이르게 되면, 경찰예산과 인적 자원 등의 증감은 범죄통제 결과에 매우 민감하게 영향을 미치지 않을 것이라는 점이다.

경찰의 범죄통제 수단의 적절성 여부는 이의 결과에 일정한 영향을 미치지만, 결정적인 요소라기보다는 하위 부분을 차지하는 요소라고 할 수 있다. 이보다는 소득·실업·인구 및 사회적 이질성 등과 같은 사회적 조건들은 범죄발생 및 범죄해결에 있어서 보다 중요한 예측·영향요인이 될 것이다.

2. 경찰순찰활동의 효과성

경찰의 무작위 (차량)순찰활동이 범죄를 감소시키거나 범죄자 체포기회를 증대시키지도 못하는 것으로 나타났다. 또한 이와 같은 무작위 순찰이 시민들의 범죄에 대한 두려움에 영향을 미칠 정도로 효과가 있는 것도 아니라는 것이다. 그리고 이러한 활동이 시민의 경찰에 대한 신뢰를 보다 증대시키는 것도 아니다(물론, 이러한 사정에도 불구하고 정선순찰, 난선순찰, 요점순찰, 차량순찰, 도보순찰 등 다양한 순찰방법에 대한 좀 더 심도 있는 연구가 이루어져야 할 것이다).

그리고 비록 규칙적인 도보순찰(徒步巡察)은 범죄율에 영향을 미치지는 못하지만, 시민의 범죄에 대한 두려움을 감소시키는 것으로 나타났다. 범죄율 못지않게 중요한 것이 체감치안을 향상시키는 것(즉, 범죄에 대한 두려움 감소)이며, 따라서 관할구역의 특성에 따라 적절한 도보순찰활동을 실시하는 것은 매우 중요한 의미가 있다는 것이다.

3. 2인 탑승 순찰차량과 1인 탑승 순찰차량

2인 탑승 순찰차량이 1인 탑승 순찰차량에 비교하여 범죄감소 및 범죄자 체포에 있어서 특별한 효과가 있지 않은 것으로 나타났다. 그리고 1인 순찰차량 경찰이 범죄현장 대응과정에서 범죄로 인한 피해를 더 겪을 것이라는 우려와는 달리 특별한 차이가 없는 것으로 나타났다.

만약에 이러한 점이 분명하다면, 경찰인력의 탄력적인 운용방법에 대해서 검토할 필요가 있다고 본다. 다만, 경찰 순찰차량 역시 하나의 '작은 사회(Small Society)'로서 경찰관들이 사회적 상호작용을 하는 중요한 공간이라는 점을 고려할 필요는 있다고 본다.

4. 범죄의 이동

비록 어떤 특정지역에 대한 집중적인 경찰의 순찰·단속활동(또는 CCTV 등에 의한 감시활동의 강화 등)이 그 지역의 범죄감소를 가져다 줄 수는 있지만, 반대로 이러한 특정지역의 범죄감소는 근본적인 범죄문제의 해결책이 되지 못한다. 이로 인해 범죄문제는 다른 지역으로 '이동·대체'(replacement)시켰으며, 오히려 이러한 과정에서 매우 많은 경찰활동 비용이 추가적으로 소요된다.

이러한 방법은 일종의 '미봉책'(彌縫策, temporary remedy)에 불과하며, 따라서 근본적으로 우리사회에 만연되어 있는 범죄문제를 감소시킬 수 있는 방안을 강구하는 것이 관건이라고 할 수 있다.

5. 범죄현장에서의 범인체포

사람들이 이상적으로 생각하는 완벽한 범죄현장에서의 범인체포는 좀처럼 이루어지지 않는 것으로 나타났다. 즉, 순찰경찰이 순찰 도중 현행범죄에 직면하게 되는 경우는 거의 없었다. 대부분의 경우, 순찰경찰은 소극적으로 순찰활동을 실시하고, 비상사태에 대한 대응 정도의 수준에 머무르고 있었다.

6. 경찰의 대응시간

경찰의 대응시간은 사안에 따라서는 그다지 중요하지 않다는 점도 제기되었다. 범죄가 발생한 경우 1분이 경과하였다면, 경찰이 범죄자를 체포할 가능성은 10%에도 미치지 못하며, 심지어는 경찰이 범죄신고와 동시에 대응한다 해도 범죄자를 체포하지 못할 수도 있다는 것이다. 피해자, 목격자 등이 자신이 처한 상황을 파악하고 경찰에 신고하기까지는 일정한 시간이 소요되기기 때문에 신속한 대응 자체만으로는 특별한 의미가 없게 된다(그러나 특정 강력범죄 사건의 경우, 경찰의 신속한 대응이 매우 중요함은 물론이다).

따라서 시민들의 입장에서는 이러한 신속한대응 자체보다는 '예측 가능한 경찰대응'을 원하는 것 같다. 범죄피해자들은 범죄가해자가 보통 경찰이 범죄현장에 도착하는 시간에는 이미 현장에서 떠나 있다는 것을 알고 있다. 시민은 자신들이 믿고, 의지할 수 있는 경찰대응을 원하는 것이다. 즉, 조사결과에서 밝혀진 바와 같이, 신속한 대응보다는 상대적으로 신속하지는 않지만 '정확'(正確)하고 '확실'(確實)한 대응을 선호하는 것이다.

7. 범죄수사활동의 효과성

경찰의 자체적인 범죄수사활동만으로는 상당수준의 범죄가 효과적으로 해결되지 못하는 것으로 나타났다. 일반적으로 범죄가 해결되는 경우는 가해자가 사건발생 즉시 체포되거나, 또는 피해자, 목격자 등이 가해자의 인상착의, 이름·주소·차량 번호 등을 알고 있기 때문이라고 본다. 소설에서 등장하는 명탐정 홈즈(Holmes)와 왓슨(Watson)은 범죄자를 체포하기 위하여 자신들의 직관력 등을 활용하여 미묘하고 사소한 단서(머리카락, 깃털, 모자, 발자국, 담배꽁초 등)에서부터 범죄수사를 시작하여 성과를 내곤 한다.

그러나 실제 발생한 범죄사건에 대응하는 경찰은 자신의 직관력 및 과학수사 등을 활용하기도 하지만, 용의자 등과 관련된 보강증거수집에서부터 수사를 실시한다. 그리고 이러한 증거를 수집하기 위해서는 범죄관련 이해관계인 및 목격자 등의 협조가 필수적이다. 그러나 이러한 사람들이 경찰에 대해서 거부감 또는 반감을 가지고 있거나 신뢰를 하지 않는다면, 이들로부터 유용한 정보를 얻는 것은 쉽지 않을 것이다.

8. 시민참여의 중요성

범죄해결에 있어서 시민참여와 관련된 광범위한 연구가 미국의 랜드협회(Rand Corporation)와 유사한 런던수도경찰청 내의 런던정책연구소(London's Policy Studies Institute)에서 이루어진 바 있는데, 여기에서는 무엇보다도 시민협조가 중요하다는 것을 보여 주었다. 이 연구결과, 범인체포의 1/3이 직접적으로 시민의 신고 또는 정보제공에 의해서 이루어진 것임을 발견하였다. 더욱이 경찰이 사건 발생 후에 범인을 체포하게 되는 수많은 경우에 있어서도 시민의 협조에서부터 가능하게 되었다는 점을 지적하였다. 따라서 일부의 범죄사건(약 14%)만이 경찰의 자체적인 범죄수사에 의해서 해결되며, 이

가운데에서도 상당수가 범죄와 관련되지 않은 문제에 불과하다는 결론을 내렸다.

　이상과 같은 조사결과는 경찰활동에 많은 관심을 가지고 있는 경찰행정가들에게 전통적인 경찰활동 전략·전술들이 범죄를 감소시키거나 잠재적 범죄피해자들을 안심시키지도 못한다는 것을 보여주었다. 따라서 의식 있는 경찰전문가들은 어떤 새로운 경찰철학과 이념, 그리고 현장운용원리를 개발시켜야 할 시점에 이르렀다는 것을 깨닫게 되었다. 그리고 이러한 경찰개혁과정의 핵심은 경찰과 커뮤니티 (Community)가 범죄예방에 있어서 '공동생산자'(共同生産者, Co－producers)로서 상호작용(이른바, Community Policing)을 해야 한다는 것으로 요약된다.

출처: Jerome Skolnick & David H. Bayley, The New Blue Line: Police Innovation in Six American Cities, New York: Free Press, 1986, pp. 43~46.; 최선우(2017), 경찰과 커뮤니티: 커뮤니티 경찰활동, 서울: 박영사, pp. 252~255 재인용.

2) 치안만족도와 범죄의 상관관계

　일반적으로 시민들은 자신들이 생활하는 도시·지역의 치안이 만족스럽다고 느끼기 위해서는 '범죄와 같은 위험요소를 줄이면 된다'라고 생각할 것이다. 그러나 치안만족도는 범죄 발생건수가 아니라 다른 요인과 연관성이 높게 나타났다.

　이와 관련하여 전국 234개 지역의 치안만족도(2016년 각 경찰서별 치안 고객만족도 조사결과)와 5대

● 치안만족도 상/하위 10개 도시·지역(2016)

상위		하위	
도시·지역	치안만족도	도시·지역	치안만족도
전북 진안군	86.1	서울 송파구	70.5
경북 예천군	85.6	경북 경주시	71.2
경북 청송군	85.6	경기 안성시	71.3
경북 영양군	85.5	경기 포천시	71.8
경북 봉화군	85.4	경기 평택시	71.8
경남 고성군	85.3	강원 원주시	72.2
충북 단양군	84.8	경남 창원시 진해구	72.2
전남 곡성군	84.8	서울 강남구	72.4
경남 합천군	84.5	강원 동해시	72.4
경남 산천군	84.3	경기 파주시	72.5

출처: SBS(2017.03.09.) "최초공개 2016 전국범죄지도: 인구밀도의 범죄방정식", 뉴스 자료 (http://news.sbs.co.kr/news/endPage).

강력범죄(1만 명당) 발생건수의 연관성을 분석해본 결과 높은 연관성은 없는 것으로 나타났다. 둘의 상관계수는 −0.29(±1에 가까울수록 강한 연관성)로 음의 상관관계로 분석되었다. 그리고 범죄 발생건수가 낮은 도시·지역의 치안만족도는 높았지만 높은 상관관계는 없었다.

2016년 전국에서 치안만족도가 가장 높은 지역은 전북 진안군, 경북 청송군 등으로 상위 20위권 지역은 대부분 범죄 발생건수가 적은 농어촌 지역이었다. 다만, 대구 중구와 같이 5대 강력범죄(1만 명당) 발생건수가 전국 3위인 지역의 치안만족도가 전국 32위, 범죄 발생건수 15위인 대전 중구의 치안만족도 전국 31위로 상위권에 있었다.

그렇다면, 이러한 치안만족도는 경찰의 빠른 범죄 장악력을 보여주는 '평균출동시간'과 깊은 연관성이 있을까? 2016년 전국 234개 도시·지역에서 경찰 출동시간이 가장 빠른 지역은 서울 관악구(3분 21초)로 나타났다. 상위 20위권은 모두 광역시 자치구 등 도시권으로, 농어촌은 한 곳도 포함돼 있지 않았다. 그러나 정작 관악구의 치안만족도는 전국 217위, 출동시간이 전국에서 두 번째 빠른 서울 노원구의 치안만족도는 74위 수준이다. 이처럼 평균출동시간과 치안만족도의 연관지수는 0.25수준으로 나타났다.

출동시간은 범죄 발생건수와 비슷한 수준의 관련성은 있지만, 높은 수치는 아니었다. 즉, 경찰이 빨리 출동하거나 범죄가 상대적으로 적게 발생해도 시민들이 '우리지역 치안에 만족한다'는 평가를 내리는데 결정적 영향을 주지 못했다는 의미이다.

치안만족도와 연관성이 높은 요인은 의외의 변수에서 찾을 수 있었다. 바로 '경찰 1인당 담당인구수'였다. 둘의 상관지수는 −0.54로, '범죄건수−출동시간' 대비 2배 이상의 연관성을 보였다. 이는 경찰 1명이 담당하는 주민이 적을수록 시민들이 '우리 지역의 치안상태가 좋다'라고 주관적으로 느끼고 있다는 의미이다.

이에 대해 곽대경 교수는 "자주 보이는 경찰, 즉 가시성(可視性)을 말하는데 담당 인구수가 적

● 치안만족도와 범죄의 상관관계

	항목	상관계수
치안 만족도	경찰 1인당 담당인구	−0.54
	1만 명당 CCTV	0.33
	1만 명당 5대 강력범죄	−0.29
	경찰 출동시간	0.25

* ±1에 가까울수록 상관관계가 높음.

출처: SBS(2017.03.09.) "최초공개 2016 전국범죄지도: 인구밀도의 범죄방정식", 뉴스 자료
(http://news.sbs.co.kr/news/endPage).

을수록 경찰 1명과 시민의 접촉빈도와 친밀도가 높아진다"며 "경찰관이 길거리를 돌아다니는 걸 보면 지역주민들이 '경찰이 우리를 위해서 일을 하는구나'라고 심리적 안도감을 느끼는 것과 같은 이치"라고 설명하였다.

SECTION 03 　범죄피해조사

1. 범죄피해조사의 의의

범죄피해조사란 특정 사회에 범죄가 어느 정도 발생하는지를 파악하기 위해서 대표성이 있는 표본(標本, sample)을 추출해서, 일정 기간 동안 이들이 경험한 범죄피해를 설문지 등을 통하여 조사하는 방법을 말한다('전국범죄피해조사 2014' 등은 대표적이다). 앞에서 살펴본 공식범죄통계 및 전국 범죄지도는 주로 '범죄자 관점'에서 범죄현상을 분석한 것이라면, 범죄피해조사는 '피해자 관점'에서 범죄현상을 분석한 것이라 할 수 있다.

이러한 범죄피해조사의 필요성은 공식통계가 한계점을 지니고 있다는 점에서 부각되었다.[28] 일반적으로 범죄피해조사의 목적 또는 유용성은 세 가지를 들 수 있다.[29]

1) 정확한 범죄율의 파악

먼저, 범죄피해조사를 통해 정확한 범죄(피해)율을 파악할 수 있게 해준다. 공식통계자료의 가장 큰 한계는 이른바 '숨은 범죄'(hidden crime)를 포함시키지 못한다는 점이다. 범죄피해조사는 이 점을 보완하여 범죄발생에 대한 좀 더 정확한 기초자료를 확보할 수 있다는 장점이 있다. 물론, 범죄피해조사도 표본조사를 일반적으로 사용하고, 특히 과거의 회상의 의존하는 등의 한계가 있기 때문에 공식통계와 상호 보완적인 관계에서 사용되는 경우가 많다.

이러한 범죄피해조사가 공식통계를 보완하는 방식은 세 가지 측면에서 살펴 볼 수 있다. ① 공식 통계에서 나타나는 범죄실태나 범죄의 동향을 확인하는 자료로 활용될 수 있다. 즉, 범죄피해조사의

---

28 공식통계의 문제는 그동안 많은 학자들에 의해 지적되어 왔다. 이들에 의하면 공식통계는 사회에서 실제 발생한 범죄의 수준을 불완전하게 반영한다는 것이다. 그 근거로 주로 피해자조사의 결과가 제시되었는데, 이들 공식통계조사와 범죄피해자조사 간의 범죄발생 수치에 있어서 현저한 차이가 발생한 것이다. 그러나 두 자료에서 범죄의 시간적 변화추세는 유사한 패턴을 보여주고 있다는 점은 주목할 만하다. Steven P. Lab(2010)/이순래·박철현·김상원 역(2011), 앞의 책, p. 13.

29 이하 노성호·권창국·김연수(2012), 피해자학, 서울: 그린, pp. 36~38 재인용.

자료 분석을 통해서 실제 공식통계의 정확도에 대해 어느 정도의 검증이 가능하다. ② 공식통계의 미비한 점을 알려줌으로써 개선하도록 하는 작용을 한다. 즉, 공식통계의 수집 방법의 적절성이나 변화의 필요성을 파악할 수 있게 해준다. ③ 공식통계는 주로 가해자와 가해자에 대한 형사사법기관을 처분을 다루고 있는 반면, 범죄피해조사는 피해자들의 경험과 태도를 중점적으로 조사하기 때문에 두 자료가 서로 보완적으로 사용함으로써 범죄현상에 대한 제대로 된 설명이 가능하게 해준다.

2) 범죄피해 예방을 위한 대책 제시 등

그리고 범죄피해조사를 통해 피해자의 피해양상과 특성 등을 파악하여 범죄피해 예방을 위한 대책을 제시하게 해준다. 범죄피해자와 관련된 사회인구학적 특성, 생활양식 등과 관련된 정보를 수집하며, 범죄가 발생하는 구체적 상황을 파악하여 예방대책을 수립하는데 기여한다. 더 나아가 사회경제적 배경이나 생활양식 등의 요인을 범죄피해를 당하기 쉬운 사람들에 대해 설명함으로써 범죄피해이론의 정립 및 발전을 위한 자료로 활용될 수 있다.

3) 범죄에 대한 인식조사 등을 통한 상호연관성 파악

마지막으로 범죄피해조사를 통해 범죄에 대한 일반인들의 인식과 태도, 경찰 등 형사사법기관에 대한 일반인의 인식과 태도, 그리고 경찰 등 형사사법기관에 의해 이루어지는 법집행활동의 효율성에 대한 평가 등을 할 수 있다. 그리고 이러한 요소들이 범죄행위의 발생 정도, 신고 등 처리 과정과 어떠한 연관성·관련성을 가지고 있는지를 파악하게 해준다.[30]

2. 범죄피해조사에 의한 피해분석

우리나라 국민이 경험하는 범죄피해의 정도는 어느 정도일까? 이를 정확히 파악하는 것은 불가능하겠지만 이와 관련하여 한국형사정책연구원에서 실시한 '전국범죄피해조사 2014'를 중심으로 살펴보기로 한다. 이 조사는 우리나라의 '만 14세 이상'의 국민들이 2014년 한 해 동안 경험한 범죄피해의 징도를 파악한 것이라 할 수 있다.[31]

---

30 범죄피해조사를 통하여 이상과 같은 세 가지 목적이 모두 달성되어야 하지만, 한정된 예산과 주변여건 하에서 이를 충족시키기 데는 한계가 있다. 이러한 한계를 극복하기 위해서는 가능한 한 엄격한 조사설계가 필요하다. 즉, 범죄피해조사 역시 기본적으로 표본조사(標本調査)의 성격을 지니고 있기 때문에 모집단의 추정을 위해서는 설문지의 적절한 구성과 정확한 표본추출방법의 적용 등이 요구된다. 위의 책, pp. 37~38.

31 2014년에 만 14세 이상의 인구는 44,039,786명으로 추정된다.; 참고적으로 2014년의 전체 인구수는 51,327,916명이며, 2018년의 전체 인구수는 51,826,059에 이른다. 나무위키(https://namu.wiki).

'전국범죄피해조사 2014'는 범죄피해조사의 안정적인 조사자료 구축을 위해 '2012년 기준 범죄피해조사'의 표집 및 조사방법, 조사내용 등의 조사체계를 동일하게 유지하여 2014년 기준 조사결과뿐 아니라 2012년 기준 조사결과와 비교하면서 다음과 같은 연구내용 및 방법으로 분석하였다.[32]

● **2014 전국범죄피해조사의 연구내용 및 방법**

1. 연구내용
   ① 범죄피해유형 분류체계에 따른 주요 범죄피해율과 도시규모별 범죄피해율 및 범죄피해발생의 변화양상 분석
   ② 범죄피해유형별 발생 실태 및 피해결과와 연도 간 비교 분석
   ③ 신고율 및 사건처리과정에 관한 피해자의 경험과 만족도, 경찰신고 및 처리현황 변화에 대한 추세 분석
   ④ 범죄피해의 취약성 요인 및 연도 간 비교 분석
   ⑤ 범죄에 대한 인식 및 두려움과 추세 분석: 범죄발생추세에 대한 인식, 범죄에 대한 두려움, 범죄예방활동 등

2. 연구방법
   ① 모집단
      ㉠ 목표모집단: 조사기준 시점(2015년 5월 29일)에 대한민국영토 중 행정권이 미치는 지역 내에 거주하는 일반가구 및 만 14세 이상 가구원
      ㉡ 조사모집단: 2010년 인구주택총조사 결과의 일반조사구 중 보통조사구(1) 및 아파트조사구(A)의 모든 가구 및 만 14세 이상 가구원
   ② 표집방법
      ㉠ 조사구 추출 방법: 층화확률비례추출법(16개 시도 및 동/읍면을 고려한 25개 층)
      ㉡ 가구 추출 방법: 조사구 내에서 10가구를 계통추출
   ③ 자료수집방법: 조사원이 대상가구를 직접 방문하는 면접조사방법과 자기기입식 병행
   ④ 총 조사표본수
      ㉠ 총 성공 가구 수: 6,960가구
      ㉡ 총 성공 개인 수: 14,976명

---

32 그동안 여러 차례 범죄피해조사가 이루어졌는데, 그 접근방법에 있어서 다소간의 변화가 이루어져 왔다. 예컨대, 지난 2008년도 및 2010년도의 조사에서는 개인범죄와 가구범죄로 나누었으며, 개인범죄의 피해율은 가구원수를 분모로 하여 계산하고 가구범죄 피해율은 가구수를 분모로 하여 계산하였다. 그러나 2012년도 조사에서는 '개인-가구'로 나누는 대신 '폭력피해-재산피해'의 기준으로 나누고 두 경우 모두 가구원수를 분모로 하여 그 피해율을 계산하였다. 김은경·황지태·황의갑·노성훈(2014), 전국범죄피해조사 2012, 한국형사정책연구원, p. 96.; 최수형·김지영·황지태·박희정(2015), 전국범죄피해조사 2014, 한국형사정책연구원, pp. 1~2.

1) 범죄유형별 피해율 및 피해결과

(1) 범죄피해 건수 및 피해율

2014년 기준 범죄피해조사에서 측정한 범죄는 폭력범죄와 재산범죄피해로 구분(유형화)하였다.[33]

● **범죄피해의 유형화**

구분	세부 내용	
폭력범죄	• 강도: 대인강도, 주거침입강도 • 성폭력: 강간, 성추행	• 폭행: 상해, (무상해)폭행 • 괴롭힘
재산범죄	• 절도: 대인절도, 주거침입절도, 자동차(부품)절도 • 사기 • 손괴: 주거침입손괴, 자동차(부품)손괴, 단순손괴 • 기타: 단순주거침입	

● **범죄피해 건수와 피해율 및 피해자수와 피해자 비율(2014)**

사건 구분	범죄피해 총 발생건수	폭력범죄 피해발생건수	재산범죄 피해발생건수	총 인원 (분모 값)
범죄피해 건수	555건 (3.7%)	57건 (0.4%)	498건 (3.3%)	14,976명 (100.0%)
추정피해 건수 (가구원 가중치)	1,612,701건 (3.7%)	163,696건 (0.4%)	1,449,005건 (3.3%)	44,039,786명 (100.0%)
10만 명당 피해율 (가구원가중치 기준)	3,661.9건/10만 명	371.7건/10만 명	3,290.2건/10만 명	100,000명
피해자 구분	총 피해자수	폭력범죄 피해자수	재산범죄 피해자수	총 인원 (분모 값)
피해자 수	511명 (3.4%)	50명 (0.3%)	465명 (3.1%)	14,976명 (100.0%)
추정피해자 수 (가구원 가중치)	1,488,824명 (3.4%)	144,374명 (0.3%)	1,360,697명 (3.1%)	44,039,786명 (100.0%)
10만 명당 피해율	3,380.6명/10만 명	327.8명/10민 명	3,089.7명/10만 명	100,000명

범죄피해 총 발생건수 및 총 피해자수는 사건조사표에 응답한 건수를 의미함.
폭력범죄 피해자들 중 일부는 동시에 재산범죄 피해자에 해당됨.
44,039,786명은 2014년도 만 14세 이상 인구 추정치임.
출처: 최수형·김지영·황지태·박희정(2015), 전국범죄피해조사 2014, 한국형사정책연구원, pp. 90~91.

---

33 위의 보고서, p. 303.

이상과 같은 구분에 따라 2014년을 기준으로 한 범죄피해조사에서 전체 피해율은 3.7%(사건보고 기준으로 14,976명 중에서 555건, 또는 44,039,786명 중 1,612,701건으로 추정) 정도로 나타났다. 이 가운데 폭력범죄의 피해율은 0.4%였고, 재산범죄의 피해율은 3.3%였다.

이 같은 결과를 설문지가 동일한 2012년도 기준 범죄피해조사의 피해율과 비교하면, 전체 피해율(4.6%에서 3.7%로 감소)뿐만 아니라 폭력범죄의 피해율(0.7%에서 0.4%로 감소)과 재산범죄의 피해율(3.8%에서 3.3%로 감소) 모두에서 감소하였다고 볼 수 있다.

(2) 가구대상 범죄피해율

2014년 기준 범죄피해조사 역시 2012년 기준 조사결과와 마찬가지로 범죄피해를 살펴보는데 있어서 가구대상 범죄피해에 대한 별도의 조사를 실시하였다.[34]

가구대상 범죄피해유형은 ① 주거침입 관련 범죄피해유형과 ② 기타 가구대상 범죄피해유형으로 구분하였다. 2014년 조사결과, 주거침입 관련 범죄피해를 경험한 가구는 전체의 1.6%였고 기타 가구대상 범죄피해를 경험한 가구는 1.4%로 나타났으며, 총 피해건수는 주거침입 관련 범죄피해가 123건, 기타 가구대상 범죄피해가 120건이었다.

여기에서 우리의 삶에 있어서 가장 편안하고 안전함을 느껴야 하는 주거침입 관련 범죄피해가 더 높게 나타났다는 점에 주목할 필요가 있다.

① 주거침입 관련 범죄피해: 주거침입 관련 범죄피해 내용을 구체적으로 살펴보면, 사건발생 계절은 '여름', 침입방법으로는 '열린 문이나 창문으로 들어왔다(문단속을 하지 않아서)'는 응답이 가장 많았다. 그리고 피해가구의 주택유형으로는 단독주택이 절반 이상을 차지하였고, 피해가구의 가구전체 소득을 살펴보면, 저소득 가구의 피해경험이 고소득 가구에 비해 상대적으로 더 많은 것으로 나타났다.

그리고 주거침입 관련 범죄피해 발생 계절을 구체적으로 살펴보면, 봄 28건(23.0%), 여름 44건(36.1%), 가을 40건(32.8%), 겨울 10건(8.2%)으로 나타났다. 참고적으로 주거침입 관련 범죄피해 사건발생 시간은 다음과 같다.

---

34 위의 보고서, pp. 304~305.

● 주거침입 관련 범죄피해 사건발생 시간

구분		빈도	백분율(%)
사건 발생시간	새벽(03~06시)	5	3.6
	아침(06~09시)	2	3.6
	오전(09~12시)	3	2.8
	한낮(12~15시)	25	17.9
	오후(15~18시)	17	16.0
	저녁(18~21시)	9	6.8
	밤(21~00시)	6	5.3
	심야(00~03시)	4	2.5
	낮에 발생했지만 시간은 모르겠음	24	20.2
	밤에 발생했지만 시간은 모르겠음	15	11.6
	낮인지 밤인지 모르겠음	13	9.7
	소계	123	100.0

출처: 최수형·김지영·황지태·박희정(2015), 전국범죄피해조사 2014, 한국형사정책연구원, p. 175.

주거침입 관련 범죄피해를 경험한 이후 겪은 정신적 피해를 살펴본 결과, 다른 정신적 피해에 비해 일상생활에서 공황상태나 쇼크 등의 두려움을 느끼는 경우가 전체 피해자 가운데 절반이상을 차지한 것으로 나타났다. 그리고 '사람들에 대한 신뢰감'이 범죄피해 이전이 비해 낮아졌다고 응답하는 비율이 높게 나타났다.

② 기타 가구대상 범죄피해: 기타 가구대상 범죄피해 내용을 구체적으로 살펴보면, 사건발생 계절은 '가을'인 경우가 가장 많았다. 피해가구의 주택유형으로는 아파트가 절반 이상을 차지하였고, 고소득 가구보다는 저소득 가구의 피해율이 더 높은 것으로 나타났다.

기타 가구대상 범죄피해 발생 계절을 구체적으로 살펴보면, 봄 25건(20.8%), 여름 33건(27.5%), 가을 47건(39.2%), 겨울 15건(12.5%)으로 나타났다. 참고적으로 기타 가구대상 범죄피해 사건발생 시간은 다음과 같다.

구분		빈도	백분율(%)
사건 발생시간	새벽(03~06시)	2	1.7
	아침(06~09시)	5	4.2
	오전(09~12시)	6	5.0
	한낮(12~15시)	8	6.7
	오후(15~18시)	8	6.7
	저녁(18~21시)	16	13.3
	밤(21~00시)	9	7.5
	심야(00~03시)	7	5.8
	낮에 발생했지만 시간은 모르겠음	4	3.3
	밤에 발생했지만 시간은 모르겠음	40	33.3
	낮인지 밤인지 모르겠음	15	12.5
	소계	120	100.0

출처: 최수형·김지영·황지태·박희정(2015), 전국범죄피해조사 2014, 한국형사정책연구원, pp. 183~184.

범죄피해경험 이후 겪은 정신적 피해가 있었다고 응답한 경우는 상대적으로 적었으며, 주거침입 관련 범죄피해와 마찬가지로 범죄피해 경험 이후 '사람들에 대한 신뢰감'이 피해 이전에 비해 낮아졌다고 응답한 사람이 절반 이상을 차지하였다.

③ **연도별 가구대상 범죄피해 발생 변화 추세:** 다행인 점인 연도별 가구대상 범죄피해 발생 변화를 살펴보면, 주거침입 관련 범죄뿐만 아니라 기타 가구대상 범죄 모두 감소 추세에 있으며, 반복피해(중복피해와 상습피해) 경험율 역시 감소하고 있다는 점이다.[35] 물론, 이러한 변화 추세에 대한 분석은 2010년부터 이루어진 단기간의 분석이기 때문에 한계가 있다고 본다.[36]

그리고 가구대상 범죄피해 상황을 구체적으로 살펴보면, '열린 문이나 창문으로' 침입하는 경우가 2010년부터 지금까지 가장 많은 것으로 나타나, 주거침입 관련 범죄는 철저한 문단속이 범죄예방에 있어서 매우 중요하다는 점을 시사해준다. 그리고 주거침입 관련 범죄피해 가구의

---

35 중복피해는 어떤 한 사람의 피해자가 같은 기간 내에 서로 다른 종류의 범죄피해를 두 번 이상 경험하는 경우이며, 상습피해는 아주 유사한 유형의 피해를 연속·지속적으로 경험하는 경우를 의미한다. 이에 대한 세부적인 통계 내용은 위의 보고서(pp. 95~98) 참조.
36 그리고 범죄피해가 반복적으로 이루어진다는 것은 특정지역의 특정대상이 범죄에 잠재적으로 노출되어 있다는 것을 의미하기 때문에 이에 대한 집중적인 보호대책이 필요하다는 것을 의미한다고 본다.

주택유형을 살펴보면, 2010년부터 단독주택이 차지하는 비율이 가장 높기는 하지만 아파트가 차지하는 비중이 2010년 13.3%에서 2012년에는 17.8%, 2014년에는 23.6%로 점차 증가하고 있다는 점에 주목할 필요가 있다.

기타 가구대상 범죄피해 가구의 주택유형의 경우는 아파트가 차지하는 비율이 2012년, 2014년 모두 많았으며, 해당 비율이 49.1%에서 52.4%로 다소 증가하였다.

(3) 범죄피해 신고율

① 전체 범죄피해 신고율: 조사가 이루어진 전체 555건의 피해 사례 가운데 123건을 신고하여 22.8%의 신고율을 나타냈다. 이 가운데 폭력범죄피해 신고율(17.5%)에 비해 재산범죄피해 신고율(22.7%)이 상대적으로 더 높게 나타났다.[37]

2008년 이후 신고율이 14.5%에서 2014년 22.8%로 증가하여 오늘날 범죄피해에 대한 신고 의식이 점차 적극적으로 변화되고 있음을 확인할 수 있었다. 다만, 전체적으로 볼 때, 여전히 신고율이 낮게 나타나고 있음을 알 수 있다.

위의 폭력범죄피해를 신고하지 않은 이유 가운데 '피해가 심각하지 않아서'라는 응답이 가장 많기는 하지만, '피해가 알려지는 것이 창피하고 수치스러워서'(22.4%), '보복이 두려워서'(17.8%)가 차지하는 비중이 적지 않음을 고려할 때, 폭력범죄피해의 특성을 고려하여 피해자를 보호할 수 있는 적극적인 방안이 마련되어야 한다고 본다.

(4) 신고사건 처리현황 및 만족도

2014년 기준 조사 결과, 범죄피해 신고에 대한 경찰 조치율에 있어서는 폭력피해사건이 재산피해사건보다 더 높았고, 이는 사건처리에 대한 정보 제공율에 있어서도 마찬가지였다. 경찰조치에 대한 만족도에서 폭력피해사건을 신고한 피해자의 경우 재산피해사건을 신고한 피해자에 비해 전반적으로 긍정적인 응답이 많았다.[38]

피해신고에 대한 경찰의 조치율이나 사건처리절차에 대한 정보 제공율의 경우 2012년에 비해 2014년 기준조사 결과 증가하였고, 2008년 이후 경찰조치에 대한 만족도는 긍정적인 것으로 나타났다.

---

37 위의 보고서, p. 305.
38 위의 보고서, p. 305.

2) 범죄피해의 취약성 요인

아래에서는 범죄피해 취약성 요인과 관련하여 지역특성, 사회인구학적 특성, 생활양식특성, 가구특성 등을 중심으로 살펴보기로 한다.[39]

(1) 지역특성에 따른 범죄피해

① 재산범죄: 재산범죄의 경우, 해당지역의 물리적 무질서와 사회적 무질서 모두 재산범죄피해율에 유의미한 영향을 미쳤다고 볼 수 있다.

거주지역이 물리적으로 무질서하다고 응답한 사람의 5.1%가 재산범죄피해를 경험한 반면 무질서하지 않다고 한 응답자의 2.7%만이 피해를 경험하였다. 또한 경찰활동의 효과성에 대한 인식도 재산범죄 피해 여부에 유의미한 영향을 주고 있는 것으로 나타났다. 즉, 경찰활동이 효과적이라고 인식한 집단의 재산범죄 피해율이 2.6%로 비효과적이라고 인식한 집단의 4.5%보다 낮았다.

② 폭력범죄: 폭력범죄의 경우, 이웃관계와 이웃참여, 경찰활동의 효과성과는 유의미한 관련성은 없었지만 물리적 무질서의 수준에 따른 피해율의 차이는 유의미한 것으로 나타났다. 즉, 물리적 무질서가 낮거나(0.2%), 보통인 경우(0.5%)에 비해서 물리적 무질서가 높은 경우(0.8%), 폭력범죄 피해경험 비율이 높은 것으로 나타났다.

(2) 사회인구학적 특성에 따른 범죄피해

① 재산범죄피해: 재산범죄피해의 경우, 여자(3.6%)가 남자(2.6%)에 비해 피해율이 높았다. 연령과 관련해서 40대의 3.9%가 재산범죄피해 경험이 있다고 대답하여 피해율이 가장 높았고, 그 다음으로 50대의 3.8%, 30대의 3.7% 순이었으며, 10대 응답자의 0.9%만이 재산범죄피해가 있다고 대답하여 가장 낮은 피해율을 보여주었다.

혼인상태에 있어서는 미혼 집단이 기혼 집단에 비해 피해율이 낮았고, 교육수준에 있어서는 전반적으로 교육수준이 높을수록 재산범죄피해율도 높은 것으로 나타났다. 직업의 유형 중에는 서비스나 판매업에 종사하는 집단의 피해율이 4.0%로 가장 높았고 그 다음으로 직업군인 (3.8%), 관리자/전문가(3.7%), 전업주부(3.4%) 등의 순으로 나타났다.

② 폭력범죄피해: 폭력범죄피해의 경우, 성별과 교육수준을 제외한 나머지 사회인구학적 특성들은 모두 폭력범죄 피해율에 유의한 영향을 미치는 것으로 나타났다.

연령대별로 보면 10대(0.8%), 20대(0.9%)가 다른 연령에 비해 피해율이 높았고, 미혼 집단의

---

39 이하 위의 보고서, pp. 4~6.

응답자의 피해율이 그렇지 않은 집단에 비해 높았다. 직업유형의 경우 학생(0.8%), 사무종사자 (0.4%)의 폭력범죄 피해경험 비율이 상대적으로 높았다.

(3) 생활양식 특성에 따른 범죄피해

① 재산범죄피해: 재산범죄피해의 경우 대중교통수단을 거의 또는 전혀 이용하지 않는 경우가 피해율이 낮았고, 밤늦게 매일 귀가하는 집단이 그렇지 않은 집단에 비해 피해경험률이 높았다. 만취해서 귀가하는 빈도나 외출시 화려한 옷을 입거나 유명브랜드의 옷을 입는 등의 생활양식과는 유의미한 차이가 없었다.

② 폭력범죄피해: 폭력범죄피해와 관련해서 볼 때, 대중교통수단 이용에 있어서 일주일에 3~4일 이용하는 경우가 0.6%로 피해율이 가장 높았고 일주일에 5일 이상 대중교통을 이용하는 집단이 0.5%, 1~2일 이용하는 집단은 0.3%, 2~3일 이용하는 경우는 0.1%의 순이었다. 대체적으로 거의 매일 늦게 귀가하는 집단의 피해율이 5.0%로 가장 높았고 만취귀가의 경우는 폭력범죄 피해율과 유의미한 차이가 없는 것으로 나타났다.

(4) 가구특성에 따른 범죄피해

① 재산범죄피해: 재산범죄피해의 경우, 자가주택에 거주하는 사람보다는 월세나 전세 등에 거주하는 사람의 피해율이 더 높았고, 월평균 가구소득 100만 원 미만인 집단의 재산범죄 피해율이 가장 낮았다.

② 폭력범죄피해: 폭력범죄피해의 경우는 가구소득 수준만이 피해율과 유의미한 차이를 보이는 것으로 나타나 월평균 소득 500만 원 이상인 집단의 피해율이 가장 낮았다.

(5) 범죄취약성 요인의 연도별 비교

① 이웃관계 개선 정도: 이웃관계의 경우, 2013년 평균(M=2.63, SD=0.99)보다 2015년 평균이 높아(M=2.79, SD=0.98) 이전 조사 때보다 이웃 간의 관계가 더 좋아졌다는 인식이 강했다.

② 물리적 무질서와 사회적 무질서 수준: 물리적 무질서와 사회적 무질서의 수준은 2013년보다 2015년에 더 나빠진 것으로 나타나 응답자들은 2년전에 비해 자신들이 거주하는 지역이 보다 지저분해지고, 무질서해지고 소란스러워졌다고 인식하고 있었다.

③ 경찰활동에 대한 평가: 이에 반해 경찰활동은 2013년(M=9.54, SD=2.35)보다 2015년(M=10.21, SD=2.12)에 더 긍정적으로 평가되었고, 방범수준의 경우는 2013년(M=4.01)에 비해서 2015년 (M=3.87)보다 낮아진 것으로 나타났다.

④ 생활양식의 변화 정도

  ㉠ 생활양식에 있어서 대중교통 이용 빈도는 2013년(M=2.94, SD=1.18)에 비해서 2015년(M=2.76,

SD=1.21)에 감소한 것으로 나타났다.

ⓒ 늦은 시간에 귀가하는 빈도는 2013년(M=4.04, SD=1.92)에 비해서 2015년(M=4.37, SD= 1.71)에 증가한 것으로 나타났다.

ⓒ 만취해서 귀가하는 빈도도 2013년(M=5.44, SD=1.14)에 비해서 2015년(M=5.49, SD=0.99)에 증가한 것으로 확인되었다.

ⓔ 또한 조사대상자들이 평소 외출 시 고급스런 옷차림이나 액세서리, 유명브랜드의 옷을 입는 다고 응답한 비율도 2013년(M=2.02, SD=0.85)에 비해서 2015년(M=2.14, SD=0.92)에 다소 증가하였다.

3) 범죄에 대한 인식과 두려움

(1) 범죄발생추세에 대한 인식

우리나라 전체 범죄발생추세에 대한 인식과 우리 동네 범죄발생추세에 대한 인식을 비교하였다.

우리나라 전체 범죄발생추세에 대한 인식(평균 3.45점, 표준편차 0.76)이 우리 동네 범죄발생추세에 대한 인식(평균 3.06점, 표준편차 0.65)보다 더 높은 것으로 나타났으며 통계적으로 유의미한 차이를 보여주었다.

(2) 범죄발생추세에 대한 인식에 영향을 미치는 요인들

우리나라 범죄발생추세에 대한 인식은 성별에 따른 유의미한 차이는 없었으나 연령대와 혼인상태, 교육수준, 직업별, 가구소득, 직·간접적인 피해경험, 지역사회의 특성 및 미디어노출에 의해 유의미한 차이가 나타났다.

우리 동네 범죄발생추세에 대한 인식은 성별, 연령대, 혼인상태, 교육수준, 직업, 가구소득, 직·간접적인 피해경험, 지역사회의 특성 및 미디어노출에 따른 차이가 통계적으로 유의미한 수준이었다.

(3) 범죄에 대한 두려움

우리나라 국민들이 밤에 혼자 있거나 돌아다니기 두렵다고 느끼는 일반적 두려움의 경우는 평균 2.34점(표준편차 1.01)것으로 조사되었으며 구체적 유형에 대한 두려움을 살펴보면, 재산범죄 두려움은 평균 2.18(표준편차 0.80), 폭력범죄 두려움은 평균 2.11(표준편차 0.81), 성폭력범죄 두려움은 평균 2.01(표준편차 0.96)의 수준을 보였다.

(4) 범죄의 두려움에 영향을 미치는 요인

남자보다는 여자가, 30대 이상의 연령 집단보다 10대·20대의 연령 집단이, 미혼인 경우가, 교육수준이 높아질수록, 소득수준이 높아질수록 범죄에 대한 두려움은 높아졌다.

범죄피해경험에 따른 범죄에 대한 두려움에 차이가 있는지 살펴본 결과 본인의 직접적인 피해경험이 있거나 가까이 지내는 타인이 범죄피해를 당한 경험이 있는 간접적인피해경험이 있는 경우 범죄에 대한 두려움이 높은 것으로 나타났다.

그리고 지역사회에서 이웃 간 왕래가 활발할수록, 지역사회의 경찰활동이 효율적이라고 지각할수록 범죄에 대한 두려움은 낮아지는 것으로 나타났고, 이와 반대로 물리적 무질서나 사회적 무질서가 높을수록 범죄에 대한 두려움은 높은 것으로 나타났다.

또한 범죄 관련 뉴스나 프로에 자주 노출될수록, 사람들과 범죄에 관한 이야기를 자주 할수록 모든 영역의 범죄 두려움 수준이 유의미하게 높은 것으로 나타났다.

(5) 범죄예방활동 수준 및 영향을 미치는 요인

① 소극적인 범죄예방활동: 소극적인 범죄예방활동의 경우 평균 2.52점, 표준편차 0.79로 남자에 비해서 여자들이 높았고, 10대에서부터 조금씩 증가하다가 30대를 기점으로 점차 감소하는 경향이 있으며, 혼인상태에 따라서는 미혼인 경우, 현재 배우자가 있는 경우, 사별이나 이혼을 한 경우로 갈수록 다소 높아지는 것으로 나타났다.

또한 범죄피해경험이 직접적이거나 간접적으로 있는 경우가 그렇지 않은 경우보다 범죄예방 활동을 더 많이 하는 것으로 나타났으며, 서울 거주자가 다른 지역의 거주자에 비해 범죄예방 활동 수준이 가장 높았다.

② 적극적인 범죄예방활동: 적극적인 범죄예방활동의 경우에는 평균 1.97점, 표준편차 0.98로 남자보다 여자가, 10대와 60대, 70대가 다른 연령대에 비해 낮았고, 교육수준이 높을수록, 현재 배우자가 있는 경우가 그렇지 않은 집단에 비해 높았다.

또한 피해경험에 따라 살펴본 결과 범죄피해경험이 있는 경우 적극적인 범죄예방활동을 하는 것으로 나타났으며 서울 거주자가 다른 지역에 비해 범죄예방활동 수준이 가장 높았다.

(6) 범죄인식 및 두려움과 범죄예방활동의 조사연도별 변화

우리나라의 범죄발생 증가에 대한 응답치는 2009년에 75.7%로 가장 높았고, 2011년에 61.4%로 감소하였지만 2013년에 다시 63.7%로 약간 증가했다가 2015년에 50.2%로 감소하였다.

거주지역의 범죄 증가에 대한 인식도 우리나라 전체 범죄 발생증가에 대한 인식과 같은 추이가 나타났다. 즉, 올해 조사에서 응답치가 현저히 감소한 것이다. 두 번째, 범죄에 대한 두려움 역시 1996년부터 증감을 반복하다가 올해 조사 결과 가장 낮았다.

마지막으로 소극적인 범죄예방활동은 2013년에 실시한 조사결과에 비해 올해 조사에서 더욱 감소하였고 적극적인 범죄예방활동은 증가하였다.

Chapter **05**

범죄원인의 이해

CHAPTER 05 범죄원인의 이해

SECTION 01 범죄원인의 인식방법

1. 범죄원인 규명의 어려움

이상에서 우리 사회에서 발생하는 범죄현상에 대해서 몇 가지 관점에서 살펴보았다. 그렇다면, 사람들이 범죄를 저지르는 원인은 무엇인가?

인간의 사회적 상호작용의 결과로서 발생하는 범죄의 원인을 명확히 규명한다는 것은 결코 쉬운 일이 아니라고 본다. 범죄자의 범죄행동은 그 사람을 둘러싼 수많은 외부환경적인 요인과 내적 요인이 복합적으로 결합되어 표출되기 때문이다. 더욱이 범죄자가 있다면, 그 대상이 되는 피해자가 존재하기 마련이며, 따라서 이들 범죄자와 피해자 상호간의 복잡한 역학관계를 이해하지 않으면 안 되기 때문이다.

따라서 그동안 범죄원인을 규명하기 위한 많은 노력이 이루어져왔는데, 이에 대한 명확한 공통된 의견을 제시하기보다는 이를 인식하는 방법에서 차이가 있었고, 또 어떤 면에서는 이들 주장 간에 상호대립적인 면도 없지 않았다.[1] 사실 범죄라는 것은 역사적 산물로서 그 관념 자체가 시간

---

1 많은 사람들은 '이론'(理論)이란 말을 처음 접할 때 당장 저항감부터 가진다. 그것은 이론이란 무언가 추상적인 것이어서 '현실세계'에 잘 들어맞지 않는다고 보기 때문에 일어나는 감정이다. 그러나 우리는 부지불식간에 항상 이론을 이용하고 있고, 이것은 곧 일상생활의 일부를 이루고 있다. 예컨대, 우리가 하늘의 먹구름을 보고 곧 비가 올 것 같다고 말한다면, 이것은 바로 하나의 이론을 말한 것이다. 이러한 이론은 아주 간단한 것일 수도 있고, 매우 복잡한 것일 수도 있는데, 그것은 표현하는 관계의 수와 형태에 달려 있다. 이론은 또 구체적일수도 있고 추상적일수도 있다. 우리가 세상을 살아가기 위해서는 이론이 필요하다. 사물에 대한 일반화를 하지 못할 경우 우리의 삶은 어찌될 것인가를 생각해보자. 요약건대, 이론은 일종의 '일반화'(一般化)이고, 그것은 둘 또는 그 이상의 사건 내지 현상들이 서로 어떻게 관련되어 있는가를 설명해주는 것이다. 물론, 자연과학은 100% 맞을 때 이론으로 정립되지만 사회과학은 30% 수준에만 이르러도 이론으로 정립될 수 있다고 본다. 상징적 상호작용을 하는 인간의 행태에서 일반성·법칙성을 발견한다는 것은 그만큼 어려운 일이다. Frank P. Williams, Marilyn D. McShane/박승위 역(1994), 사회문제론, 서울: 민영사, p. 11.

적·공간적으로 상대주의적인 면이 강하며, 따라서 절대주의적인 관점으로 보는 것은 한계가 있다. 특히, 법정범(法定犯)의 경우에는 이러한 성향이 더욱 강하다고 본다.

이러한 범죄원인 규명의 어려움은 결과론적으로 적절한 범죄대책을 마련하는데 한계요인이 된다. 예컨대, 의사가 질병환자의 증상에 대한 진단을 하고 그에 대한 처방을 내리듯이 우리는 범죄현상에 대한 진단 즉, 원인을 규명하고 그에 상응하는 적절한 대응책을 강구하는 것이 바람직하다. 의사의 잘못된 진단에 의한 잘못된 처방 또는 치료를 하게 되면 환자의 생명이 위독한 경우도 발생하게 된다. 마찬가지로 범죄대책 역시 적절한 진단 없이 이루어지게 되면 소기의 성과를 기대하기가 어려울 것이다.

어쨌든 인류역사에 있어서 범죄문제는 상존해 왔고, 따라서 개인과 집단, 그리고 사회와 국가는 이 문제를 해결(보다 정확한 표현으로는 최소화)하기 위해서 많은 노력을 경주해 왔다.

범죄이론을 역사적으로 볼 때, 그 기본유형이 신학적(神學的)·초자연적(超自然的)인 것과 자연적(自然的)인 것이 있다.[2] 신학적·초자연적 입장은 우리가 이 세상에서 경험할 수 없는 초현실적인 다른 세계의 힘의 영향으로 발생하는 것으로 간주하고 있다. 그러나 문제는 초현실적인 요소는 관찰대상이 될 수 없다는 점이다. 범죄학이 사회과학의 하나로서 과학적 접근방법에 의해 인식될 수 있어야 하는데 이러한 초자연적 관점은 진단 및 해석에 있어서 한계가 있기 마련이다.[3]

이러한 신학적·초자연적 범죄관과는 대조적으로 범죄의 원인을 우리가 현실세계에서 경험할 수 있는 사실로서 설명하고자 하는 입장이 자연주의적 범죄관이다. 그러나 자연주의적 범죄관도 각자의 범죄관에 따라 서로 다른 준거의 틀에 기초하고 있음을 알 수 있다. 범죄를 보는 준거의 틀이 상이하기 때문에 범죄학이 해결하고자 하는 기본적인 문제의 개념은 물론이고 범죄와 범죄자라는 용어까지도 다르게 정의하고 있다.

예컨대, 범죄자의 관점에서 그들의 범죄행위(behavior of criminal)에 초점을 두고 설명하는 방법에서도 차이가 있다. 즉, 범죄행위는 범죄자 개인의 자유로운 선택의 결과물인지 아니면, 자신이 통제할 수 없는 어떠한 요인에 의해서 야기된 것인가 하는 문제이다.

전자는 범죄를 포함한 인간의 행위는 자신의 자유로운 의사로 결정하는 것이라는 자유의사론(自由意思論, Free Will)에서 바라보는 관점이며, 후자는 인간의 행위는 자신의 자유의사가 아닌 자신이 통제할 수 없는 개인의 특수한 소질조건과 환경조건에 의해서 결정되는 것이라고 보는 결정론

---

2 이윤호(2008), 범죄학, 서울: 박영사, pp. 195~196.
3 그러나 주의할 것은 초자연적 관점에 과학적으로 해결될 수 없다고 해서 전혀 무의미한 것은 아니다. 사실, 자연적 접근의 한 영역이라 할 수 있는 범죄심리학은 비록 과학적 접근을 시도한다 할지라도 그에 내재하는 형이상학적 특성을 통찰하는 것은 어려운 일이다. 생각건대, 범죄심리학은 초자연적인 요소와 자연적 요소가 복잡하게 얽혀 있다고 본다.

(決定論, Determinism)이 그것이다.

그러나 인간은 전적으로 완전한 자유인도 아니고 그렇다고 완전히 환경에 지배되는 것도 아니라고 본다. 오히려 어느 정도는 자유롭고, 어느 정도는 환경의 지배를 받기 때문에 범죄행위를 포함한 인간의 행위 일부는 결정되는 동시에 일부는 자유로이 선택되는 것이므로 자유의사와 환경의 영향은 사람에 따라 개별적으로 동시에 고려하는 것이 마땅하다고 본다.

2. 범죄행동의 추동요인

대부분의 사람들이 공감하는 바와 같이 범죄라는 것은 개인적 요인(個人的 要因)과 환경적 요인(環境的 要因)이 복합적으로 결합하여 나타난 것이라 할 수 있다.

여기에서 중요한 것은 범죄원인으로서 개인적 요인과 환경적 요인이 어떠한 역학관계를 형성하고 있느냐 하는 것이다. 이에 대해서 명확한 답을 제시하기는 어렵지만, 개인적 요인보다는 환경적 요인이 보다 크게 작용한다고 보는 것이 일반적이다.[4] 인간은 살아있는 유기체로서 환경종속적(環境從屬的)이기 때문이다. 이러한 점에서 볼 때, 현대 도시화된 사회가 환경적으로 범죄발생 요인을 많이 내포하고 있음을 알 수 있다.

그렇다면, 어떠한 요인에 의해 인간은 범죄를 저지르게 되는가? 이 문제는 간단하지가 않다. 이에 대해서 무어(Moor) 등은 범죄행동이라는 것은 3가지 요인이 결합되었을 때 발생한다고 보았다. 범죄자의 ① 범행동기(the motivations of offenders), ② 범행기회(the opportunities for criminal offending), ③ 범행능력(their capacities)이 바로 그것이다. 이 세 가지 가운데 어느 하나라도 빠져서는 안 되고 모두 충족되었을 때 범죄를 저지른다고 볼 수 있다.[5]

여기에서 범행동기는 다소 간의 개인적 통제 상태 하의 내적(內的)인 요인으로 인식된다면, 범행기회라는 것은 외적(外的)인 것이며 이는 사회환경적 조건과 과정에 의해 형성되는 것이라 할 수 있다(물론, 범행동기와 범행기회, 그리고 범행 능력은 복잡한 역학관계를 가지고 있기 때문에 그것을 개인적 요인과 환경적 요인으로 이분하는 것 역시 한계가 있지만 논의의 편의상 이분하고자 한다).[6] 그리고 이러한 3가지 요

---

4 John E. Conklin(1998), Criminology, Boston: Allyn and Bacon., pp. 147~148.
5 Mark H. Moor, et al.(1984), Dangerous Offenders: The Elusive Target of Justice, the President and Fellows of Harvard College, pp. 26~27.
6 범행기회와 관련하여 예컨대, 익명성이 강하고, 접근성이 용이한 도심지역 내의 은행지점, 24시간 편의점, 주유소, 빈집 등의 환경은 강도 및 침입절도와 같은 범죄의 기회를 제공해준다고 할 수 있다. 또한 불특정 다수인이 다니는 길거리에 인접한 공동주택은 순찰경찰의 접근용이성을 가진다는 이점이 있는 것과 동시에 강간, 폭행, 그리고 강도와 같은 범행기회 역시 증대시킨다고 볼 수 있다. Lawrence E. Cohen, Marcus. Felson(1979), "Social Change and Crime Rate Trends: A Routine Activity Approach", American Sociological Review 44,

소 가운데 범행 능력은 다소 애매모호한 면이 있다고 본다. 왜냐하면 동기와 기회가 충족되어 있다면, 범행 능력은 그것에 수반되는 것이며, 또 범죄자 자신의 육체적 능력이 부족할지라도 도구(칼, 총기, 컴퓨터 등) 등에 의해서 보충될 수 있기 때문이다.[7]

한편, 범죄발생의 원인과 관련하여 셀리(Sheley)는 ① 범행동기, ② 범행기회, ③ 범행기술(skills), 그리고 ④ 사회적 제재로부터의 자유(the freedom from social constraints)라는 4가지 요소를 제시하였다.[8] 여기에서 범행기술이라는 것은 범행능력과 관련된 것이며, 따라서 셀리의 견해는 앞의 무어(Moor) 등이 제시한 3가지 요소에 '사회적 제재로부터의 자유'가 추가된 것이라고 볼 수 있다.

누군가가 범행을 시도하기 위해서는 다수의 사회적 장애와 제재가 따르기 마련이며, 따라서 실제로 범행이 가능하기 위해서는 이러한 제제가 제거되어야 한다. 이러한 사회적 제재에는 외적 제재(external constraints)와 내적 제재(internal constraints)가 있다. 외적 제재는 범죄행동을 억제하는 국가 또는 사회의 규범(형법 등) 또는 관습 등에 의한 유대감을 의미한다. 내적 제재는 인간의 내면적인 것으로서 어떠한 행동을 하는 것에 대한 양심(良心) 내지 윤리적인 가치판단을 의미한다.

3. 범죄원인의 인식체계

범죄원인에 대한 접근은 본질적으로 범죄자와 피해자의 복잡한 역학관계 속에서 이루어져야 한다고 본다. 물론, 자살, 도박, 마약사범, 매춘 등에 대해서 '피해자 없는 범죄'(Victimless Crime)라고 보기도 하는데, 이 역시 본인 스스로가 가해자이면서 피해자로 인식될 수도 있고 또 그러한 행동에 직간접적으로 원인을 제공한 상대자가 있다고 볼 수 있다(범죄 원인을 제공한 상대자의 책임문제는 차치하기로 한다).

거시적인 관점에서 본다면, 범죄자와 피해자는 어떠한 동일한 환경조건에서 상호작용을 하게 된다고 본다. 양자간의 차이가 있다면, 그러한 환경이 범죄자에게는 자신이 목적한 바대로 범죄를 저지를 수 있는 유리한 환경으로서 작용을 한다면, 피해자에게는 반대로 불리한 환경으로 작용을 한다는 점일 것이다.

그런데, 인간은 살아있는 유기체(有機體, an Organic Body)로서 광물, 돌 등과 같은 무기체(無機體)

---

pp. 588~608.

7 Mark H. Moor, et al.(1984), op. cit., p. 27.

8 Joseph F. Sheley(1987), "Critical Elements of Criminal Behavior Explanation", in Joseph F. Sheley(ed.), Exploring Crime: Readings in Criminology and Criminal Justice, Belmont, CA: Wadsworth Publishing Company, pp. 254~262.

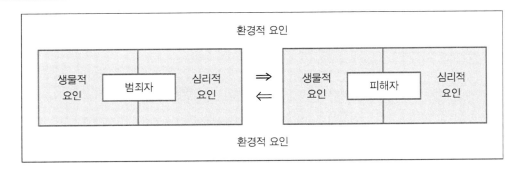

와는 전적으로 다른 것이다. 유기체는 생존을 위해서 환경에 종속되어 살아가게 된다. 환경에 적응하면 생존할 것이며, 적응하지 못하면 소멸함은 당연하다. 그러나 인간은 환경 종속적이면서도 일정부분 환경을 극복하는 의지를 가지고 있다.

따라서 인간의 범죄원인은 전적으로 환경적 요인의 영향을 받는 것은 아니라고 본다. 일정부분 인간 개개인이 가지고 있는 속성 즉, 생물적(生物的) 요인과 심리적(心理的) 요인의 영향을 아울러 받는다고 본다. 여기에서 보다 심도 있게 논의해야 하는 것이 그렇다면 생물적 요인과 심리적 요인의 상호작용은 어떻게 이루어지느냐 하는 문제이다. 즉, 이러한 요인들이 어떠한 역학관계를 형성하고 있느냐 하는 것이다.

생물적 요인과 심리적 요인은 상호 영향을 미친다고 본다. 이를 테면 양자는 '상호 뿌리가 되는 존재' 즉, 호근관계(互根關係)라고 할 수 있다. 이는 정신과 육체의 관계에 해당된다고도 할 수 있다. 정신이 육체에 영향을 미치고 또 육체가 정신에 영향을 미치는 것이지 어느 하나가 일방적으로 영향을 미치는 관계는 아니라고 본다. 그리고 이러한 심리적·생물적 요인은 기본적으로는 환경 종속적이지만 경우에 따라서는 환경적 요인을 극복하는 경우도 있다고 본다. 유기체가 근본적으로 환경을 극복하는 것은 불가능하다고 본다. 그러나 개인차는 있겠지만 일시적인 상황 내지 조건에서는 심리적·생물적 요인이 환경적 요인을 극복할 수 있다는 의미이다.

한편, 범죄피해자 역시 범죄자와의 동일한 환경 속에서 상대적으로 다른 생물적 상태와 심리적 상태를 경험하게 된다고 본다.

요약건대, 범죄원인에 관한 접근은 거시적으로 환경적인 요인을 고려하고 미시적으로 개인적 요인(생물적 요인과 심리적 요인)을 종합적이고 단계적으로 고려함으로써 어느 정도의 윤곽을 그릴 수 있을 것이라고 본다(위의 그림 참조). 아래에서는 이러한 관점에서 범죄원인 살펴보고자 한다(피해자의 개인적 요인 즉, 생물적 요인과 심리적 요인은 생략하기로 한다).

1. 사회환경적 차원의 범죄원인론

인간행동을 설명하는데 있어서 사회학자들은 "사회적 사실들은 다른 사회적 사실들에 의하여 설명되어야 한다"고 강조하고 있다.[9] 즉, 범죄나 일탈행위는 우리 사회에 존재하고 있는 사회 집단·제도·인간관계의 복잡한 네트워크 속에서 발생되기에 그것이 발생하고 있는 사회적 맥락 속에서 원인을 해명하고 대책을 제시하여야 한다는 것이다.[10]

1) 사회생태학적 접근

범죄원인의 설명으로서 사회해체(社會解體, Social Disorganization)의 가장 중요한 가설이 되는 것 가운데 하나가 지역사회에 기초한 공식적·비공식적 통제 메커니즘의 붕괴에서 비롯된 것이라는 견해이다. 이러한 지역사회 내의 통제 메커니즘의 붕괴는 특히, 산업화와 도시화에서 기인한 바가 크다고 볼 수 있다.

사실, 도시라는 것도 영원불변하는 것이 아니라 도시생애주기에 따라 생성, 성장, 발전, 쇠퇴의 과정을 거치고 있다는 점은 주지의 사실이다. 생태학적 관점에서 접근한다면, 도시 역시 생존과 발전을 위해서는 각 구성요소(인구사회학적 특성, 경제구조, 주거·산업·상업시설 등)들이 바람직한 규모와 형태로 상호작용을 하고, 적절한 경쟁이 요구된다.

그런데, 산업화와 도시화로 이러한 각 구성요소가 급격하게 변화하게 되고, 이로 인해 지역사회의 공식적·비공식적 통제를 약화시키는 이른바 '사회해체'를 경험하게 된다는 것이다. 즉, 급격한 사회변동에 따른 지역사회 내의 가치와 규범 등을 바탕으로 한 문화적 갈등 등은 사회해체를 야기시킨다는 것이다.

예컨대, 산업화 도시화로 인한 급격한 인구의 유입으로 도시의 인구가 급증하기도 하고, 원래의 주민이 교외로 빠져 나가는 대신 새로운 인구가 도시로 유입되기도 하는 과정에서 그 지역에 존재하는 기존의 지역공동체 의식 또는 사회유대감이 현저하게 약화되게 된다(반대로 도시의 쇠퇴에 따른 도시공동화 내지 사회유대감 약화도 발생하게 된다). 특히, 이러한 도시변동에 따른 사회해체가 일정

---

9 Jack E. Bynum and William E. Thompson(1989), Juvenile Delinquency: A Sociological Approach, Needham, Massachusetts: Allyn and Bacon, pp. 160~161.
10 전대양(2011), 범죄학개론 I : 기초와 이론 및 사례, 강원: 청송출판사, p. 205.

한 허용한계를 초과하게 되면, 경찰과 같은 공식적 통제기관이 적절하게 대응하는 역시 쉽지 않게 된다.

범죄학적 관점에서 볼 때, 사회해체는 지역사회 내에서 공식적인 통제뿐만 아니라 비공식적인 사회 통제력의 붕괴와 지역사회의 개인, 집단, 그리고 조직이 집합적으로 공통의 문제를 해결할 수 없는 상태를 의미한다고 볼 수 있다.[11]

이러한 사회해체와 범죄의 연계는 쇼와 맥케이(Shaw & McKay)의 연구와도 관련된다. 이들의 연구는 파크와 버제스(Park & Burgess)를 비롯한 시카고학파의 도시성장을 5개의 동심원지역으로 파악한 사회생태학의 원리에 영향을 받은 바 크다.[12] 이 연구는 도시성장을 분석함으로써 범죄와 비행의 분포상태는 물론 그와 같은 도시범죄의 분포이유를 규명하고자 하였다.

예컨대, 공식통계를 이용하여 비행을 측정하고 비행이 발생한 곳이 아니라 비행소년이 살고 있는 지역을 중심으로 분석한 결과, 인구의 이동이 심하고 문화적 갈등이 상존하여 사회의 비공식적 통제력이 약화된 과도기적인 지역의 도심이 가까울수록 비행이 많이 발생하고, 반대로 도심에서 멀어질수록 비행발생이 적어진다는 사실을 발견한 것이다.

이들에 따르면 이러한 현상을 사회해체라고 규정하고 사회해체 개념을 "인구구성의 지속적인 변화, 이방인 문화의 붕괴, 일탈문화의 확산, 그리고 점진적인 산업화가 지역사회의 문화와 조직을 와해시키고 지역사회 전통과 제도의 계속성을 붕괴시켜, 통제단위로서 또는 사회의 도덕적 기준의 전이를 위한 매체로서 지역사회의 효과성이 지대하게 약화된 경우"로 설명하고 있다.[13]

물론, 이러한 사회해체론적 접근이 명확하게 범죄원인을 설명하는 것은 한계가 있다. 그러나 도시의 생태환경이 범죄의 일정부분 영향을 미친다는 사실을 발견하였다. 즉, 이전에는 범죄의 원인이 주로 생물학적 또는 심리학적 결함에서 비롯되었다고 보았기 때문이다. 그리고 사회해체론을 토대로 사회통제이론, 긴장이론, 문화적 갈등이론, 상징적 상호이론 등 범죄사회학의 이론적 발전에 기초를 제공하였다. 그리고 최근 CPTED와 같은 접근하는 방법 역시 이러한 사회해체론을 재해석하여 접근하고 있다는 점에서 그 의의를 찾을 수 있을 것이다.

2) 사회구조적 관점

법의 생성기원과 사회현상을 이해하는데 있어서 두 가지 관점 가운데 하나인 합의론(合意論,

---

11 Donald J. Shoemaker(1984), Theories of Delinquency: An Examination of Explanation of Delinquent Behavior, N.Y.: Oxford University Press, p. 74.

12 이윤호(2008), 앞의 책, pp. 266~267 재인용.

13 Clifford R. Shaw(1951), The Natural History of a Delinquent Career, Philadelphia, PA: Alvert Saifer, p. 15.

Consensus View) 또는 구조기능주의(構造機能主義, Structural Functionalism)에 따르면, 사회의 붕괴를 예방하기 위해서는 어느 정도의 행위를 일탈적인 것으로 규정할 필요가 있으며, 이들 일탈적인 행위를 통제하는 것이 구성원 모두에게 이익이 되기 때문에 전체사회에 기능적인 방향으로 이들 행위를 규제하는 규범에 대하여 사회전체가 적절한 합의를 하게 된다는 것이다.[14]

이러한 접근은 근대 사회계약론에 기초한 전통주의자들의 국가관 또는 질서관념이라고 할 수 있다(갈등론 또는 수정주의자들의 국가관 및 질서관념에서는 지배계층의 피지배계층에 대한 억압과 통제 장치로서 국가형벌권이 존재한다고 보는 점에서 이와는 차이가 있다).

따라서 합의론적 관점에서 보는 사회구조(Social Structure)란 사회적 상호작용의 반복적이고 안정된 유형들을 의미하며,[15] 구성원들은 사회전체의 합의를 통하여 사회가 구조적으로 기능할 수 있도록 한다. 이러한 관점에서 범죄란 구성원과 사회전체의 합의된 사항 즉, 규범을 위반하여 사회의 구조적 기능을 저해하는 행위로 볼 수 있다.

그런데, 현대사회는 계층화·다원화, 그리고 다가치화 된 사회이기 때문에 사회구성원 모두가 합의할 수 있는 규범을 찾기가 어려우며, 또한 구조적 문제로 인하여 합의된 기능을 발휘하지 못하는 경우가 생길 수밖에 없는 것이 현실이다. 특히, 세계화·지방화의 논리 속에서 이러한 현상은 더욱 심화되고 있음은 주지의 사실이다.

또 이러한 사회의 계층화 등의 현상은 부와 권력 그리고 특권 등의 불평등한 분배문제를 노정시키고 있기 때문에 결과적으로 계층간의 갈등은 불가피하게 발생할 수 없는 것이 현실이다. 상대적으로 사회경제적으로 열악한 위치에 놓인 하류계층은 우리 사회에서 요구하는 성공을 위한 기회와 수단이 제한되거나 차단되어 이로 인한 상대적 박탈감을 적지 않게 가지고 있는 것이 사실이다. 따라서 하류계층이 상류계층과 정상적인 방법으로 경쟁하여 이 세상에서 성공하거나 또는 남들로부터 인정받는 것은 결코 쉬운 일이 아니다. 이러한 이유로 하류계층은 경우에 따라서는 일탈적인 방법을 선택하여 자신들의 사회경제적 욕구불만을 표출하게 된다는 것이다.

이처럼 사회경제적 하류계층을 범죄의 주요한 원인으로 규정하는 관점을 사회구조이론이라고 한다. 사회구조이론에는 하류계층의 문화 또는 하위문화를 범죄의 일차적 원인으로 보는 문화적 갈등(Culture Conflict) 관점과 하류계층의 사람들이 상류계층 주도의 현대사회에서 성공할 수 있는 합법적인 수단이 차단됨으로써 경험하게 되는 긴장(Strain)에서 범죄원인을 찾는 긴장이론, 그리고 하위문화적 관점과 기회구조를 동시에 고려하는 하위문화적 긴장이론으로 대별할 수 있다.[16]

---

14 이윤호(2008), 앞의 책, p. 263.
15 A. E. Liska, S. F. Messner/장상희 역(2001), 일탈과 범죄사회학, 서울: 경문사, p. 18.
16 이하 이윤호(2008), 범죄학, 서울: 박영사, pp. 263~264 재인용.

(1) 문화적 갈등이론

문화적 갈등이론은 범죄행위를 하류계층의 문화가치와 전통에 대한 동조의 표현으로 간주하면서, 하류계층의 비공식적 규칙에 대한 복종은 불가피하게 관습적인 사회규범과 마찰과 갈등을 야기시킨다고 보는 입장이다. 즉, 자신이 밀접한 관계에 있는 사람들의 가치를 따르다 보면 종종 법을 위반해야만 하는 위치에 서게 되기도 한다는 점이다.

◎ 다문화사회의 문화적 다양성과 범죄문제

1. 다문화사회의 문화적 다양성

동일한 국가일지라도 문화적 특징이 전체사회에 동일하게 나타나는 것은 아니다. 그것은 성·연령·종교·지역·인종·계층구조 등 수많은 요인에 의해서 전체적인 특성을 공유하면서도 개별적인 특성을 갖는 '하위문화'(下位文化)로 분화되어 나타나기 때문이다. 이러한 시각에서 본다면, 우리 사회는 본질적으로 '다문화사회'(多文化社會)인 것이다.[17] 그럼에도 불구하고 우리가 사용하는 다문화는 특히 '동일한 혈통·인종·민족성' 차원에서 논의되고 있다. 바꿔 말하면, 오늘날 보편화된 국제화 현상 속에서 '한국 속의 세계적 현상'으로서 한국사회에 유입된 수많은 외국인들이 직·간접적으로 형성한 문화적 특성 내지 다양성을 의미하는 것이다.

이러한 다문화 현상은 그 경계가 뚜렷한 것인가, 아니면 불투명한 것인가? 이에 대해 베토벡(S. Vertovec)은 다문화주의라는 것이 몇 개의 인접한 소수 집단의 단위문화가 주류사회의 단위문화를 배경으로 점점이 박혀 있는 모자이크가 아니라(즉, 뚜렷한 경계가 있는 것이 아니라), 다양한 구성요소들이 상호 공존하면서 각자의 색깔과 냄새, 그리고 고유의 개별성을 그대로 유지하면서도 서로 조화되어 또 다른 통합성을 이루어 내는 이른바 '샐러드 그릇'(salad bowl)을 의미한다고 하였다.[18] 물론, 부적절한 음식재료가 첨가되어 샐러드 맛이 버리는 경우도 있을 것이다. 여기에서 중요한 것은 소수 집단의 문화와 주류 집단의 문화가 단순히 이분법적으로 규정될 수 없다는 것을 의미한다. 아울러 문화적 다양성만을 옹호하고, 차이만을 포용하는 단순한 해결책으로는 한계가 있음을 보여주는 것이다.[19]

2. 다문화사회의 문화적 갈등과 범죄문제

그런데, 다문화사회가 진전되는 과정에서 나타나는 범죄문제 등에 대한 어떠한 총체적 노력을 하지

---

17 특정 집단을 다문화라는 용어를 사용하여 지나치게 강조했을 경우 그것은 일종의 '분리주의'(分離主義)를 오히려 조장시키는 결과를 가져다줄지도 모른다. 물론, 우리 사회가 '다문화'라는 용어를 공식적으로 사용한 것은 건설적인 의미를 갖는다. 다문화개념은 2004년 4월 시민단체인 '건강가정 시민연대'가 국제결혼가정, 혼혈인가정 등 차별적 용어의 개선을 목적으로 '다문화가정'이라는 명칭사용을 권장한 것에서 유래된 것이라 하였고, 이후 다문화는 우리와 다른 민족적 배경을 지닌 사람으로 구성된 상황을 통칭하는 의미를 갖게 되었다고 한다.

18 W. Kymlicka, N. Wayne(eds.)(2000), Citizenship in Diverse Societies, N.Y.: Oxford Univ. Press, p. 176.

19 권혜림(2010), "다문화사회의 치안활동에 관한 연구", 한국경찰학회보 12(1), p. 9.

않는다면, 지금보다는 다음 세대에 이르러 더욱 심각한 문제로 발전될 수 있다. 이러한 문제의 심각성을 제기하는 이유는 우리 사회의 다문화진전 속도가 매우 빠르기 때문에 일종의 '급행료'를 지불해야 하지 않나 하는 우려가 제기되기 때문이다. 실제로 우리나라의 외국인 이주가 비교적 최근의 현상이라는 점을 고려하면 다문화의 진전 속도는 가히 '폭발적'이라고 할 수 있다.

현재에도 문화적 갈등 등으로 인한 개인적·집단적 갈등양상은 서서히 노정되고 있으며, 이들 사회적 소수 집단(minority group)의 불만 내지 분노표출은 이들이 일정부분 사회적 세력을 형성하고 힘을 행사할 수 있는 집단화 되었을 때 표면화 된다고 볼 수 있다. 문화적 갈등과 관련하여 1970−80년대 영국의 인종분쟁으로 인한 폭동, 1991년 미국의 백인사회에 대한 흑인의 LA폭동 등은 널리 알려진 사실이다.

물론, 문화적 갈등이라는 것도 본질적으로 개인과 개인의 문제에서 출발한다. 만약 우리가 인간의 자아를 분석적 수준에서 크게 두 가지 측면으로 나눈다면, 사회화 과정에서 발달되어 사회속의 객관적 위치에 의해 규정되는 자아와, 때로는 이 '사회적 자아'(문화적 자아)와는 독립해서 인식되는 이른바 '본질적 자아'로 나눌 수 있다. 이 본질적 자아와 사회적 자아가 조화되지 못할 때 우리는 내부적인 갈등을 경험하게 된다. 여기에서 각 개인이 본질적 자아의 의지로 결합되지 않고, 특정한 목적 달성을 위해 사회적 자아의 의지에 의해 상호작용이 결정되는 이해관계 속에서는 반목과 대립의 가능성은 더욱 증대되기 마련이다. 나아가 각 개인이 몸담고 있는 특정 사회의 전통적인 가치와 통일성을 잃고, 이질적인 규범들이 상충하는 상황에서는 개인 간의 대립과 갈등은 더욱 양성화되기 쉽다.[20]

이러한 사회적 존재로서 개인의 갈등적 상황은 특히 개인과 국가 간의 충돌에서 가장 첨예하게 나타날 가능성이 있다고 본다. 개인에 대해 포괄적이고 강력한 통제력을 발휘하는데 있어서 국가만큼 절대적인 집합체도 없기 때문이다. 혹은 반대로 국가가 특정 개인 내지 집단에 대해 무관심하거나 방치했을 경우에도 이와 유사한 갈등이 노정될 수도 있을 것이다. 결과적으로 다문화사회구조 속에서 각 개인이 범죄와 무질서 문제에 관여하게 되는 것은 부당한 국가의 간섭과 영향력 행사, 혹은 국가의 무관심 혹은 차별적 배려에 대한 갈등표출로 해석될 수도 있을 것이다. 이러한 시각에서 본다면, 현재의 시점에서 다문화사회에 대한 어떠한 본질적·체계적인 진단을 하지 않는다면, 향후 우리 사회에 다문화로 인한 개인과 집단의 갈등표출은 더욱 심각한 수준에 이를 가능성이 있다고 본다.

따라서 다문화사회구조 속에서 직면한 범죄와 무질서 문제에 대응하기 위해서는 개인에 대해 가장 강력한 영향력을 행사할 수 있는 국가적 차원에서 거시적인 노력(사회적 지속가능성, 지역사회 구성원들과의 연대감 강화)과 미시적인 노력(물리적 범죄예방 환경설계와 형사사법기관의 노력 등)이 함께 이루어져야 할 것이다.

출처: 최선우(2010), "다문화사회의 범죄문제와 경찰의 대응", 한국경찰학회보 12(3), pp. 47∼49 재인용.

---

20 박재환(1992), 사회갈등과 이데올로기, 서울: 나남, pp. 37∼39.

(2) 긴장이론

문화적 갈등이론과 마찬가지로 긴장이론도 범죄를 문화적으로 규정된 행위욕구에 대한 집합적 반응으로 간주한다. 그러나 문화적 갈등의 관점이 하류계층문화를 그들만의 독특한 것으로 보는 대신 긴장이론은 문화적 가치와 목표는 모든 계층에 유사한 것으로 보고 있다.

이처럼 모든 계층의 사람들이 유사한 공통의 가치와 목표를 가지고 있음에도 불구하고 하류계층의 사람들이 그들의 사회경제적 불균형 또는 불이익으로 인하여 자신들에게 주어진 관습적인 수단으로는 공통의 목표인 성공을 성취할 수 없기 때문에 비공식적이고 비관습적인 수단 즉, 범죄를 동원한다.

결과적으로 하류계층은 자신을 그러한 사회경제적으로 불리한 하류계층에 소속시킨 사회에 대하여 분노하고 좌절하게 되는데, 바로 이러한 좌절감을 '긴장'(strain)이라고 한다. 이들이 느끼는 긴장으로 인해 때로는 자신의 성공을 성취하기 위하여 관습적이지 못한 대안적 수단으로 범죄 또는 일탈적 수단을 선택하게 된다는 것이다.

3) 사회과정적 관점

사회구조이론은 범죄의 원인을 그 사회의 조직과 사회적 구조의 특성에서 찾고자 한 것이며, 따라서 개인의 특성이 아닌 환경적 특성을 강조하였다고 볼 수 있다. 그러나 사회구조에 초점을 맞춘 이론들은 비록 사회구조와 범죄가 상관성이 있다 할지라도 그 사회의 구성원이 어떻게 범죄자가 되는지에 대해서는 특별한 논의를 하지 않았다는 점에서 한계가 있다.

사회과정이론은 바로 이 점에 초점을 맞추어 어떻게 사람들이 범죄자가 되는 지를 설명하고자 한다. 즉, 범죄를 유발하거나 조장할 수 있는 환경이나 범죄자의 특성이 무엇인가보다는 개인이 범죄자가 되는 과정을 설명하고자 한 것이다.[21]

사회과정(Social Process)은 시간의 경과에 따른 사회적 상호작용의 지속적인 변동 혹은 발전을 가리킨다. 사회과정이론은 일탈행위에 대한 직접적인 원인을 규명하기보다는 사람들이 일탈에 말려들게 되는 일련의 연속적인 단계들을 강조하고 있다.[22]

또한 사회과정이론은 동일한 사회구조적 조건을 가진 모든 사람이 동일한 방법으로 반응하는 것은 아니라는 사실을 분석하는 것에서 발전하였다. 사회구성원의 일부는 건전한 준법시민이 되는 반면, 일부는 범죄자가 되기도 한다. 또한 모든 범죄자가 항상 범죄적 방법으로 반응하는 것이 아

---

21 Sue Titus Reid(1985), Crime and Criminology, N.Y.: Holt, Reinehart and Winston, p. 136.
22 A. E. Liska, S. F. Messner/장상희 역(2001), 앞의 책, p. 19.

닌 반면, 비범죄적인 모든 사람들이 항상 법을 준수하는 것도 아니라는 점에 의문을 제기한다.

따라서 환경에 대한 이러한 차별적 반응을 설명할 수 있는 어떠한 개인적 과정이 분명히 있어야만 한다는 것이다. 이러한 관점에서 사회과정이론에 따르면 인간의 행위란 학습되는 것이며 또한 범죄행위도 우리가 비범죄적 행위를 습득하는 것과 마찬가지의 동일한 방법으로 습득되는 것으로 가정할 수 있으며, 사회과정이 범죄행위의 중요한 결정요인이 되는 것이다.

예컨대, 대도시 도심의 범죄다발지역에 거주하는 하류계층의 청소년이라도 그가 여러 가지 사회화기관(Socialization Agent)과의 접촉을 통해 긍정적인 경험을 하게 된다면, 범죄유인으로부터 성공적으로 벗어날 수 있는 것이고, 반대로 건전한 가정환경과 사회환경 속에 사는 중상류층일지라도 자신이 정상적인 사회화과정을 경험하지 못한다면 범죄의 유인으로부터 벗어나지 못할 수도 있다는 것이다.

이러한 사회과정이론은 크게 세 가지로 나누어 볼 수 있는데, 첫 번째는 범죄적 동료와의 친근한 접촉을 통해서 범죄의 기술을 학습한다는 학습이론(Social Learning)이며, 두 번째는 모든 사람은 범죄적 잠재력을 가지고 있고, 대부분의 사람들은 그들이 맺고 있는 사회적 유대로써 통제를 받지만, 일부 유대가 약화되어 그로 인한 통제약화의 영향을 받은 사람만이 범행을 한다는 사회통제이론(Social Control), 그리고 마지막 세 번째는 사회의 중요구성원이 범죄자로 낙인찍기 때문에 결국 그들이 범죄자가 된다고 보는 낙인이론(Labeling)이다.[23]

(1) 사회학습이론

서덜랜드(Sutherland)는 화이트칼라범죄, 전문절도나 횡령범 등의 범죄는 사회구조론에서 말하는 하류계층 사람들의 부적절한 기능에서 비롯된 것으로 보지 않았다. 즉, 이러한 범죄는 어떠한 계층을 막론하고 어떠한 문화에서도 일어날 수 있는 일탈적인 가치의 학습결과로 본 것이다.

여기에서 그는 인간현상의 두 가지 측면을 설명하고자 하였다. 첫째, 왜 사람의 집단에 따라 범죄율이 서로 다른가 하는 것이다. 이에 대해 그는 차별적 사회조직화 또는 차별적 집단조직화라는 개념을 제시하였다. 차별적 사회조직화라는 것은 우리 사회의 일부는 범죄적 전통을 가지고 있고, 일부는 반범죄적 전통을 가지는 등 서로 다른 집단의 사람들로 구성되었다는 사실을 기본으로 하고 있다. 범죄적 전통을 지닌 집단이 반범죄적 전통을 지닌 집단에 비해 범죄율이 높다는 것이다. 결국 높은 범죄율이나 높은 집단범죄성은 바로 이러한 범죄적 전통의 소산이라는 것이다. 둘째, 그는 왜 대부분의 사람들이 범죄자가 되지 않는 데도 불구하고, 일부 사람들은 범죄자가 되는

---

23 Larry J. Siegel(1986), Criminology, MN: West Publishing Company, p. 224.; 이윤호(2008), 앞의 책, p. 295 재인용.

지의 이유를 설명하고자 하였다. 위의 첫 번째 의문 즉, 특정 지역의 범죄성을 범죄적 전통에서 그 원인을 찾고자 했었던 것에 비해 개인의 범죄성은 바로 개인의 차별적 접촉(Differential Association)에서 그 원인을 찾고 있다. 이 차별적 접촉이론은 특정인이 어떻게 범죄행위에 가담하게 되는가를 다음과 같은 아홉 가지 관점에서 설명해주고 있다.[24]

○ 차별적 접촉이론에 의한 범죄원인

① 범죄행위는 유전되는 것이 아니라 학습되는 것이다.

② 범죄행위는 의사소통과정에 있는 다른 사람과의 상호작용에서 학습된다.

③ 범죄행위 학습의 중요 부분은 친밀한 개인적 집단 내에서 일어난다.

④ 범죄행위의 학습은 때로는 매우 복잡하고, 때로는 매우 단순하기도 한 범행 기술의 학습과 동기, 욕망, 합리화, 그리고 태도와 구체적 방향의 학습을 포함한다.

⑤ 동기와 욕망의 구체적 방향은 법률을 호의적으로 또는 호의적으로 보는 다양한 관점으로부터 학습된다.

⑥ 법률위반에 대한 호의적인 규정이 법률위반에 대한 비호의적인 규정을 초과하기 때문에 사람들은 범죄자가 된다.

⑦ 차별적 접촉은 빈도, 기간, 우선순위, 그리고 강도에 있어서 다양할 수 있다.

⑧ 범죄적 또는 비범죄적 유형과의 접촉에 의해 범죄행위를 학습하는 과정은 여타의 모든 학습에 관련된 모든 기제를 포함한다.

⑨ 범죄행위는 일반적 욕구와 가치의 표현이지만, 비범죄적 행위도 똑같은 욕구와 가치의 표현이므로 그러한 일반적 욕구와 가치로는 설명되지 않는다.

이윤호(2008), 범죄학, 서울: 박영사, pp. 296~297.

---

(2) 사회통제이론

사회통제이론도 차별적 접촉이론과 같은 사회학습이론과 마찬가지로 사회화과정과 사회해체 또는 차별적 사회조직화를 중시하고 있다. 다만 사회통제이론은 사회학습이론과는 달리 범죄를 사회의 일반적인 규범에 대한 '결손적 사회화'(Defective Socialization)로부터 초래되는 비정상적인 일탈행동에 초점을 두고 있다.[25]

---

24 Edwin Sutherland and Donald Cressey(1978), Criminology, Philadelphia: Lip Pincott, pp. 80~82.

25 Travis Hirschi(1969), Cause of Delinquency, C.A.: University of California Press, p. 34.; 이윤호(2008), 앞의 책, p. 311 재인용.

사회통제론의 이러한 주장은 인간은 누구나 법을 위반할 수 있는 잠재력을 가지고 있어서 인간의 범죄경향이 억제되려면 어느 정도 통제되어야 한다는 가정에서 시작된다. 따라서 사회통제론자들은 '왜 일탈하는가?'가 아니라 '왜 일탈하지 않는가?'를 묻고 있다.

이에 대한 전통적 답변은 가장 기본적인 사회통제 요소인 '처벌의 두려움'이다. 그리고 대부분의 사람들은 살아가면서 국가 및 사회제도에 복종과 순응이 정착되어 있기 때문이라고 한다. 바꿔 말하면, 사람들이 일탈적 잠재성이 있음에도 불구하고 일탈하지 않는 것은 자신의 일탈적 동기가 통제받고 있기 때문이며, 반대로 일탈하는 사람들은 그러한 통제가 약화되었거나 붕괴되었기 때문이라고 보는 것이다.

사람들이 이와 같이 사회의 규범과 제도에 동조하는 것은 바로 사회통제 때문인데, 이러한 사회통제는 일반적으로 내적인 것과 외적인 것으로 구분할 수 있다. 내적인 것에는 자아관념(自我觀念)과 같은 개인적 통제가 있고, 외적인 것에는 사회적 통제로서 가정 및 학교와 같은 제도적 통제와 처벌을 통한 법률적 통제가 있다.

내적인 통제는 사람들이 자신의 것으로 내재화하는 사회적 규범과 가치에 관한 것이다. 바로 이 내재화된 규율이 그 사람의 행동을 통제하는데 그 이유는 내재화된 가치와 규율에 맞게 행동했을 때 자기만족과 정의감을 느끼나 그렇지 못한 경우에는 죄책감과 모멸감, 자기 비난감을 갖기 때문이다.

외적 통제는 사회적으로 범죄자로 규정됨으로써 사회적 신분 박탈 및 처벌 등과 관련된다. 즉, 명예와 직장의 상실, 가족과 친구의 상실 등 자기가 얻을 수 있는 보상을 잃게 되고(제도적 통제), 벌금이나 구금 등 처벌의 경험(법률적 경험)으로 인해 잃을지도 모르는 사회적 신분을 유지하기 위하여 자신의 일탈적 동기를 통제한다는 것이다.

(3) 낙인이론

이상에서 논의한 범죄이론들은 주로 범죄행위의 원인을 찾고자 하였던 것에 비해, 낙인이론(Labeling Theory)은 사람들이 범죄자로 지명되는 이유를 밝히고자 한 것이라 할 수 있다. 따라서 낙인이론의 논점은 범죄행위가 아니라 그 행위가 일탈적인 것으로 낙인되는 이유에 관심을 두고 있다. 즉, 특정행위를 한 모든 사람이 일탈자로 낙인되지 않고 그 일부만 낙인되는 이유가 무엇인지를 알고자 한 것이다.[26]

낙인이론자들은 범죄와 같은 일탈을 하나의 상징적 '상호주의'(Symbolic Interactionism)과정으로 해석한다. 상호주의(相互主義)라는 단어가 암시하듯 일탈이라는 것은 한 사람의 행동이 아닌 그 이

---

26 위의 책, p. 323.

상을 포함하는 집합적 행동으로 접근하고 있다. 즉, 범죄자의 범죄행위뿐만 아니라 범죄자와 동조자 간의 상호작용에도 관심을 가지고 있다. 그리고 상징적이라는 단어가 암시하듯 범죄자와 동조자 간의 상호작용은 상호간의 주고받는 의미에 의해서 좌우된다.

이렇게 볼 때, 어떤 행동에 부여하는 의미(상징, 해석, 정의, 낙인 등)는 행동 그 자체보다 훨씬 더 중요한 것이 된다. 결과적으로 어떤 행위의 형태 그 자체가 범죄자와 비범죄자를 구별하는 것은 아니며, 오히려 어떤 행위에 대해 그것을 일탈로 규정짓고 동일시하여 그 사람을 사회적 일탈자로 단정짓게 하는 우리 사회의 동조적이고 관습적인 구성원의 반응을 구별하는 것이다.[27]

요약건대, 낙인이론은 범죄의 원인을 규명하는 정적인 실체로서 범죄를 해석하지 않고, 범죄자와 비범죄자 간의 상징적 상호작용에 의한 동적인 과정으로 이해한다는 것이다. 결과적으로 낙인이론은 '무엇이 범죄행위를 유발하는가?'라는 의문 대신에 '누가 누구에게 낙인지우며, 그 낙인의 결과는 무엇인가?'를 의문의 주체로 삼는다. 상호작용의 관점에서 본다면 누가 누구의 행위를 범죄로 해석하며, 이러한 해석이 상호작용의 당사자의 행위에 어떠한 영향을 미치는가를 관심으로 대상으로 한다.

그렇다면, 누가 누구에게 범죄의 낙인을 지우고 있는가? 일반적으로 법과 질서는 물론 관습적 도덕성의 세력을 대변하는 사람들이 이미 도덕성과 법을 의도적으로 어긴 사람들에게 일탈적 낙인을 붙이게 된다. 사실, 낙인이 붙게 된 범죄자라 할지라도 그들에게 낙인이 붙었다는 것을 제외하고는 비범죄자와 하등의 차이점이 없는 것이다. 어느 사회에서나 범죄자로서의 낙인은 도적적 열등성을 부과하는 하나의 수단에 지나지 않은 것이다. 즉, 범죄자가 비범죄자에 비해 생물학적 또는 심리학적으로 별다른 차이가 없을지라도 우리 사회가 그들에게 반응하는 방법상의 차이를 만드는 것이다.

그런데, 문제는 이러한 범죄자로의 낙인이 부정적인 결과를 초래한다는 것이다. 범죄의 낙인이 그 개인에게 부정적인 결과를 초래하는 데는 크게 두 가지 이유가 있다. 하나는 어느 개인이 범죄자로 낙인이 붙게 되면, 그는 지속적으로 사회통제기관과 사회로부터 감시의 대상이 되며, 차별적 대우를 받게 된다. 따라서 합법적 기회로부터 점점 제외되고 격리되어 자신에 대한 지지를 확보하기 위해 자신과 유사한 낙인 소유자들에게 눈을 돌리게 된다. 결과적으로 그들 스스로 자신이 관습적 사회로부터 소외된 자신을 발견하게 되고, 일탈적 생활에 빠져들게 된다는 것이다.[28]

범죄자 낙인이 초래하는 또 다른 부정적인 결과는 부정적인 자아관념의 문제이다. 자신에게 범

---

27 위의 책, pp. 324~325.
28 Harold Garfinkle(1956), "Conditions of Successful Degradation Ceremonies", American Journal of Sociology vol. 61, pp. 420~424.

죄자로서의 낙인이 붙게 되면 급기야 범죄자 스스로의 눈으로도 자신이 범죄자가 되는 것이다. 즉, 부정적 낙인은 부정적 자아관념을 심어주게 된다는 것이다. 따라서 일단 자신에게 범죄자로서 낙인이 붙게 되면, 스스로 범죄자로 치부하게 되어 범죄행위를 지속하도록 만든다는 것이다. 타넨바움(Tannenbaum)은 바로 이러한 과정을 '악의 극화'(dramatization of evil)라고 하였다.[29]

2. 개인적 차원의 범죄원인론

범죄에 대한 개인적 수준에서의 설명은 주로 범죄의 동기(動機, Motivation)와 관련하여 '왜 그 사람이 범죄를 저질렀을까'에 대한 답변을 구하는 것이라 할 수 있다. 여기에는 범죄생물학(犯罪生物學, Criminal Biology)적 설명과 범죄심리학(犯罪心理學, Criminal Psychology)적 설명 등이 대표적이다. 이러한 이론들은 개인의 범죄행동을 설명하기 위하여 어떠한 개인적 특성과 경험에 초점을 맞추고 있다.

1) 범죄생물학적 관점

(1) 범죄생물학적 관점의 연구대상

범죄생물학은 인간의 생물학적 요소나 특징 및 이상 등이 범죄와 어떻게 연결되는지를 연구한다.

범죄생물학은 초기의 관상학(觀相學, Psysiognomy)이나 골상학(骨相學, Phrenology)에서 시작하여 범죄인류학(犯罪人類學, Criminal Anthropology)의 시기를 거쳤다. 그 후 다양한 생물학적 관점에서 범죄와 어떻게 연결되는지를 심층적으로 연구하게 되었다.

이러한 연구결과, 오늘날 범죄생물학적 접근은 ① 생물학적 요소와 범죄(유전적 요인, 성염색체 이상, 여성 생리 등), ② 생화학적 요소와 범죄(영양결핍 및 과잉, 테스토스테론과 같은 남성호르몬 이상, 신경·뇌 알레르기 과민반응, 납 같은 환경오염물질에 의한 중독증 등), ③ 신경생리학적 요소와 범죄(뇌파이상, 뇌기능 장애, 주의력결핍과 과잉행동장애, 뇌종양·뇌질환, 세로토닌 등 뇌의 화학물질 등) 등의 관점에서 이루어지고 있다.[30]

---

29 Frank Tannenbaum(1939), Crime and the Community, N.Y.: Columbia University Press, p. 5.
30 전대양(2011), 앞의 책, pp. 239~262.

◎ 유전과 범죄

만약 인간의 범죄성이 유전된다면, 부모가 범죄자인 아이는 그렇지 않은 아이에 비해 일탈자가 될 가능성이 높아야 할 것이다. 이른바 '부전자전'(父傳子傳)의 논리인 셈이다. 이와 관련하여 실제로 많은 연구들이 부모의 범죄성과 일탈이 자녀의 비행에 많은 영향을 미친다는 것을 발견하고 있다. 예컨대, 웨스트(West)와 패링턴(Farrington)은 캠브리지 연구(Cambridge Study in Delinquent Development)라고 부르는 영국 청소년에 대한 장기간의 연구를 계속하였다. 이 연구는 약 1,000명의 남자아이들을 그들이 8세일 때부터 현재 30대 이상이 된 사람들을 대상으로 추적연구를 하고 있다. 중간연구발표들을 보면, 범죄자 아버지를 둔 청소년의 약 37%가 전과자가 되는데 비해, 비범죄자 아버지를 둔 청소년의 약 8.4%가 범죄자가 된다고 하며, 이러한 청소년들은 자라서 반사회적인 아이의 부모가 된다는 사실을 확인해 주고 있다.

출처: 전대양(2011), 범죄원인론: 유형과 이론, 강원: 청송출판사, p. 239.

◎ 남성호르몬과 범죄

동물행동학자들은 많은 동물들을 대상으로 실험을 해 본 결과 수컷이 암컷보다 매우 공격적이라는 사실을 발견하였다. 수컷들의 공격성은 주로 남성호르몬과 관련되어 있는데, 쥐를 대상으로 실험한 결과 매우 공격적인 수컷 쥐에게 여성호르몬을 주입하였더니 곧 싸움을 멈추었다고 한다. 또 다른 실험은 새끼를 밴 원숭이에게 남성호르몬을 주입하고 태어난 원숭이새끼는 그렇지 않은 새끼보다 매우 공격적이었다고 본다.

이러한 실험결과들이 사람에게도 그대로 적용되지 않을까 하는 연구가 진행되고 있다. 대표적인 남성호르몬은 안드로겐(androgen)과 테스토스테론(testosterone)이다. 먼저, 안드로겐과 관련된 연구를 보면, 안드로겐이 정상보다 많이 분비되는 경우에는 공격적인 행동을 보인다. 즉, 이 호르몬의 수준이 높으면 자극추구, 충동성, 지배욕구 등이 강하고 반사회적 행동과도 연결된 가능성이 높다. 그리고 특히 문제가 되는 것이 테스토스테론이다. 이는 성욕을 관장하는 호르몬으로, 수염이나 음색 등과 같은 남성의 2차 성징을 통제하는데, 이 호르몬의 수준이 남성의 폭력성과 밀접한 관련이 있다고 한다. 동물실험에서 암컷에게 이 호르몬을 주입하였더니, 매우 공격적인 수컷과 닮아가고 있음을 발견하는 경우도 있다. 한편, 교정시설에 수용중인 재소자 가운데 폭력범죄자가 다른 범죄자에 비해서 테스토스테론의 수준이 매우 높은 것으로 나타난 경우도 있고, 상습범죄자는 일반인에 비해서 월등히 높은 남성호르몬의 수준을 보이고 있다는 연구도 있다. 물론, 이러한 인과관계가 명확한 것은 아니어서 남성호르몬의 수준과 범죄와의 관계를 단정하는 것은 한계가 있다.

그러나 일반적으로 남성호르몬이 인간의 폭력성에 어느 정도 영향을 준다는 것에 대해서는 공감대가 형성되었다고 볼 수 있다. 실제로 여러 나라에서 상습적인 성폭력범죄자들에게 테스토스테론의 양을 줄여주는 억제제를 투여하고 있다. 그리고 여성호르몬 가운데 대표적인 에스트로겐(estrogen)과 프로게스트론(progesterone: 황체호르몬)은 상습성범죄자들의 성적 능력을 감소시키기 위해 투여되고 있다.

출처: 전대양(2011), 범죄원인론: 유형과 이론, 강원: 청송출판사, pp. 252~254.

물론, 초기 범죄생물학적 관점에서도 범죄자는 다른 사람과 뭔가 다르고 비정상적인 신체적 특성을 가지고 있다는 점에서 의문을 가지고 있었다. 즉, 롬브로조(Lombroso)의 연구 이래 많은 추종자들이 나왔지만 자신들의 연구성과를 일반화(一般化)하는 데는 치명적인 약점이 있다는 것을 알게 되었다. 그 결과, 20세기에 접어들기까지 상당기간 동안 '범죄학 주류에서 배제'라는 아픈 상처를 갖게 되었고, 그 대신 범죄사회학(犯罪社會學)의 전성시대를 맞이하게 된 것은 주지의 사실이다.[31]

그러나 오늘날의 범죄생물학은 사회학이나 의학 및 심리학 등의 다양한 학문과 융합 또는 분열하면서 발전하고 있다. 특히, 사회학이 크게 발달하면서 생물학적 지식을 기반으로 한 사회생물학(社會生物學, Sociobiology)이 등장하였다는 점에서 주목할 필요가 있다.

(2) 사회생물학의 태동과 영향

① 사회생물학의 태동

1975년 윌슨(Wilson)의 『사회생물학』(Sociobiology)은 범죄생물학의 중흥을 알리는 새로운 계기가 되었다.[32] 그가 주장한 사회생물학은 기존의 사회학과 생물학의 혼합이라기보다는 생물학적 조건과 유전적 조건이 어떻게 사회적인 행동의 학습과 인지에 영향을 미치는지를 강조한다는 점에서 범죄생물학과 범죄심리학에 더 가까운 인식을 보여주었다. 범죄사회학자들이 '사회환경'(社會環境)의 중요성을 강조한 것에 반해 그는 대부분의 인간행동은 사람 그 자체인 '생물학적 메커니즘'에 의해 통제된다는 것을 강조하였다.

이러한 관점이 시사하는 바와 같이 인간의 생물학적 특성이 인간행동을 통제한다면, 이것이 바로 법 위반행동과 규범순응적 행동 사이의 '선택'을 결정하는 요인이 되는 셈이다. 이러한 범

---

31 그러나 1970년대에 들어오면서 베르겔(Bergel) 등에 의한 비판론을 계기로 범죄사회학적 사고에 대한 근본적인 문제가 제기되기 시작하였다. "지금까지 우리는 범죄행위와 현상을 보는데 있어서 생물학적 관점을 너무나 무시해왔다. 또한 범죄자 개인이 가지고 있는 소질적인 부분을 도외시함으로써 인간이 외부적인 영향에 조종당해 범죄를 저지르고 있다는 그릇된 환상을 심어준 것이 사실이다. 사회학자들이 범죄학에 매달려 이룩해 놓은 것은 범죄학의 진보가 아닌 범죄학을 단순히 사회학의 아류로 만들어 놓은 것에 불과하다. 앞으로 범죄학이 발전하기 위해서는 사회학적인 관점에 덧붙여 범죄자 개인의 행동과 특성을 연구하는 분야가 추가되어야 할 것이다." Pierre van den Bergel(1974), "Bringing the Beast Back in: Toward a Bio-social Theory of Aggression", American Sociology Review 39, p. 779.

32 E. O. Wilson(1975), Sociobiology, Cambridge: Harvard University Press.; 이윤호(2008), 앞의 책, pp. 229~230.

죄원인론적 시각을 특성이론(特性理論, Trait Theory)이라 부른다. 이러한 특성이론들은 사회생물학적 특성이론과 범죄심리학적 특성이론들로 분화와 발전을 계속하고 있다.

② **사회생물학의 영향:** 그런데, 오늘날 특성이론가들은 하나의 생물학적 속성이나 심리학적 속성이 모든 범죄성을 적절하게 설명할 것이라고는 보지 않는다. 이는 기존의 결정론적 시각에서 상당부분 벗어난 것이다. 따라서 각각의 범죄자는 신체적 또는 정신적으로 독특한 특성을 가지고 있는 것으로 간주되지만, 각 개인의 행동에 대해서는 그 외의 다른 설명 즉, 사회학적인 설명이 함께 이루어져야 함을 강조하고 있다. 사람들 중에는 범죄적 성향을 가진 유전을 통해 물려받을 수도 있고, 신경계에 문제가 있는 사람이 있을 수 있다. 그리고 어떤 사람들은 반사회적 행위를 강화시키는 혈중의 화학물질에 이상이 있을 수도 있다. 그러나 이러한 개인들 사이에서도 많은 차이가 나타나는 것은 삶의 질이나 처한 환경에 차이가 있음을 인정해야 한다는 것이다.

특성이론가들은 반사회적 행동패턴과 연결되는 기본적인 인간행동과 심리적 유인(공격성, 폭력성, 충동성 등)에 주목하고 있다. 또한 이들은 개인의 특성만이 범죄성을 낳는 것이 아니며, 범죄를 유발하는 상호작용은 개인적 특성(지능, 성격, 유전적 결함, 화학적 이상 등)과 환경적 요인(가족, 학교생활, 경제적 요인, 주거 등)이 포함된다는 것을 인식하고 있다.

이러한 시각은 범죄사회학적 관점이 보다 많은 비중을 차지하고 있는 것처럼 보인다. 그러나 특성이론 관점에서 생물학적 요소는 그에 못지않게 중요한 의미를 가지고 있다. 한 개인의 출생 때부터 결정되는 생물학적 조건에 의해 범죄자의 행동이 전적으로 통제되는 것은 아니며, 이러한 조건과 사회적·환경적 조건이 결합되어 결과적으로 나타난다고 보고 있다. 따라서 사회생물학적 이론에서는 몇 가지 핵심원칙이 있다. 먼저, 유전적 구성요소 등이 개인의 행동에 상당한 영향을 미친다고 가정하고, 더 나아가 모든 사람이 동일하게 학습과 성취의 잠재력을 가지고 태어나는 것은 아니라는 것이다. 사회생물학적 관점에서는 어떠한 사람도 동일하지 않으며(일란성 쌍둥이 제외), 인간의 유전적 특성과 환경이 결합하여 개인의 행동패턴을 낳는다는 것이다.[33]

이러한 특성이론은 두 개의 주요 하위분야로 나뉘어 발전하고 있다. 하나는 생물학적 구성(사회생물학)을 연구하고, 다른 하나는 심리학적 기능(범죄심리학)을 강조한다. 이 두 분야는 종종 부분적으로 겹치는 부분(뇌의 기능 등)이 있지만, 나름대로 각각의 영역을 가지고 있다.

---

33 반면에 범죄사회학자들은 명시적이나 암묵적으로 모든 사람은 동등하게 태어나며, 이후의 행동은 거의 전적으로 사회적인 환경(부모, 학교, 이웃, 친구, 주거 등)에 의해 통제된다고 보고 있다.

2) 범죄심리학적 관점

(1) 범죄심리학적 관점의 연구대상

범죄원인에 관한 고전주의, 실증주의와 그 이후에 분파된 신고전주의 및 신실증주의는 범죄원인을 설명하기 위한 분명한 목적을 가지고 있었다. 특히, 신실증주의로 대변되는 사회생물학적 특성이론(범죄생물학)과 사회학 이론들은 범죄원인을 보다 과학적으로 설명하기 위해 많은 노력을 기울였다.[34]

그러나 오랜 역사를 가진 심리학은 처음에는 범죄행위 자체에 직접적인 관심을 가지지는 않았다. 예컨대, 1920년대의 정신분석학이론이나 1930년대의 정신장애이론들은 일반적인 인간의 행동, 인지, 정서, 정신병리 등을 설명하기 위한 것이었다. 이후 1940년대 접어들면서 행동주의이론, 욕구불만과 공격이론, 모방이론과 같은 사회학습이론들이 출현하면서 이런 이론들이 범죄자의 범행동기, 범행 전후 및 범행 진행중의 심리상태를 파악하는데 도움을 줄 수 있다는 판단에서 본격적인 심리학적 특질이론들이 나오게 되었다. 이러한 이론들이 오늘날의 범죄심리학(犯罪心理學)의 근간을 이루고 있다고 본다.

이러한 범죄심리학이론 가운데, 정신분석이론(精神分析理論)에 의하면 범죄행위는 이드(id)의 반사회적 충동을 자아(ego)와 초자아(super ego)가 통제하지 못해 발생하는 것으로 보고 있다. 이러한 이드의 반사회적 충동은 오이디푸스 콤플렉스(oedipus complex)로 대표되는 근친상간의 욕구와 그 욕구에 대한 죄책감 및 처벌 받고자 하는 욕구에서 비롯된다고 한다.

성격이론에 의하면 범죄행위는 반사회적 성격(反社會的 性格, antisocial personality)을 가진 사람들이 저지른다고 한다. 여기에서 반사회적 성격이 실제로 무엇인가에 대한 진단기준들이 심리학이나 임상심리학 차원에서 개발되었다. 이러한 반사회적 성격을 가진 사람들이 정말로 위험할 때는 자기 자신을 스스로 통제하지 못할 때라고 보고 있다. 즉, 자기 통제력의 결여이다.

학습이론에 의하면, 범죄행위는 배우고 익히는 학습의 과정과 같다는 것이다. 고전적 조건이론에서부터 최근의 이론들에 이르기까지 학습이론이 내세우는 핵심은 어디까지나 '학습'(學習)이다. 이러한 범죄행위의 학습은 보상이나 처벌과 관련이 있고, 스스로 원해서 이루어지는 경우와 그렇지 않은 경우도 있으며, 각종 자극들이 문제로 등장하는 경우가 많다.

인지이론들에 의하면, 범죄행위는 범죄자들의 비합리적이고 무책임한 사고방식의 산물이라고 본다. 사고방식이나 사고과정의 결함에 의해 범죄가 유발된다고 보는 이 이론은 두뇌의 정보처리과정에서 나타나는 결함과 비합리성에 초점을 두고 있다. 여기에서 지능지수의 문제, 도덕성의 문

---

34 이하 전대양(2011), 앞의 책, pp. 145~146 재인용.

제 등이 주요 관심이 된다.

사회심리이론들에 의하면 범죄행위는 사회학습과 사회정보처리모형에 의해 결정되는 것으로 본다. 이 이론들은 사회 속에서 관찰과 모방을 통해 행동이 습득될 수 있음을 강조하고 있다. 또 사회적인 자극을 처리함에 있어 범죄자들은 일반인과 다르다는 점을 강조하고 있다.

(2) 심리학적 관점

심리학적 이론도 생물학적 이론과 마찬가지로 범죄원인을 사회적으로 규정하지 않고 개인의 심리적 구조와 과정이라는 관점에서 접근하고 있다. 즉, 과거의 사회적 경험이 그 사람의 특정한 심리적 특성을 형성하고, 그러한 심리적 특성이 범죄행동을 유발시킨다는 것이다.

이러한 심리학적 이론 가운데 인성이론은 매우 중요한 위치를 차지하고 있다. 인성이론은 욕구, 경향, 동기 등 인간의 행동에 영향을 미친다고 가정되는 일반적인 심리적 특성의 관점에서 인간행동을 분석하고 있다. 그리고 인성이론은 범죄행동을 동조적 행위도 유발하는 정상적인 인성적 특성의 결과로 보거나, 아니면 정신병질적 또는 사회병질적 인격특성으로 일컬어지는 비정상적인 인격특성의 표현으로 보는 두 가지 견해가 있다.

다만, 범죄행동을 정상적인 인격특성의 결과로 보는 견해는 단지 소수의 사람만이 폭력성을 표출한다는 점을 설명하지 못하고 있다. 따라서 단지 특정의 인격적 특성만이 특정의 상황 하에 특정의 범죄행동을 일으킴과 동시에 다른 상황에서는 마찬가지의 인격적 특성이 동조적 행위를 보여준다고 이론화 하고 있다. 한편, 범죄행동을 비정상적인 인격특성의 소산으로 보는 이러한 견해는 사회적 상황을 무시한 채 희귀하거나 비정상적인 인격특성만을 지나치게 강조한다는 비판을 받기도 한다.

(3) 진화심리학적 관점

이상에서 살펴본 생물학적 접근과 심리학적 접근은 '동전의 양면'과 같은 관계에 있다고 본다. 이러한 점에서 최근 논의되고 있는 진화심리학(Evolutionary Psychology)적 접근에 주목할 필요가 있다.[35] 이는 심리(정신)적 특성과 생물학(육체·장기)적 특성의 불가분리성(不可分離性)을 보여주는 것이며, 인간의 행동이라는 것은 결과적으로 이들 요소 간의 역학관계의 산물로 볼 수도 있을 것이다.

생각건대, 육체라는 것은 '정신을 담는 그릇'으로 볼 수 있기 때문에 예컨대, 인간의 뇌 구조가

---

[35] 진화심리이론이 체계화되기 시작한 것은 불과 20~30년 전인 1970-1980년대부터이며, 아직까지도 보완해야 할 부분이 적지 않다. 그럼에도 불구하고 진화심리학은 과거의 생물학이론과는 확연히 다른, 비교적 탄탄한 이론적 배경을 갖추고서 인간의 생물학적 본성에 대한 탐구에 매진하고 있으며, 현재 계속 발전이 이루어지고 있는 연구 분야라 할 수 있다. 김성한(2008), "진화심리학이 성매매에 시사하는 바는 무엇인가", 철학연구 82, p. 98.

변화되었다면, 그것에 따라 결과적으로 뇌를 통해 연산 작동되는 심리적 상태가 변화된다는 것을 의미한다(이는 역으로도 설명이 가능하다고 본다).

진화심리학적 관점에서는 인간의 본성과 관련하여 이성적이다, 비이성적이다, 아니면, 착하다(性善說), 악하다(性惡說), 혹은 백지상태(白紙說)로 바라보지 않는다. 모든 유기체는 진화를 거듭하게 되는데, 이의 본질은 '생존과 번식'에 있다는 것이다.[36]

SECTION 03 범죄피해자 중심의 접근

1. 범죄피해자 중심의 접근 의미

그런데 어떠한 범죄일지라도 '피해자 없는 범죄'(victimless crime)는 존재하기 어렵다고 본다. 범죄행위란 범행의 실행주체로서 가해자가 있다면 그 범행의 대상인 피해자가 존재하는 것은 당연한 것이다.[37] 따라서 범죄현상, 원인, 그리고 대책에 대한 접근은 가해자인 범죄자뿐만 아니라 범죄피해자에 대한 논의가 함께 이루어졌을 때 보다 성과가 있다고 본다.

범죄피해를 이론적으로 설명하려는 노력은 크게 두 가지 형태로 구분할 수 있다. 하나는 범죄피해 분포의 불균형성을 설명하기 위한 것으로서 특정 사람들이 다른 사람들에 비해서 범죄피해를 당할 가능성이 높다는 현상을 설명하는데 관심을 가지고 있다. 여기에서는 '기회'(機會, opportunity)라는 개념에 초점을 두어 개인이나 사회환경적 차원에서 범죄피해의 가능성을 증가시키는 요인을 찾아내고 그것으로 범죄피해를 설명하고자 한다.[38]

이와 같이 범죄기회(犯罪機會)를 중심으로 범죄피해를 설명하는 이론은 다시 두 가지로 구분할 수 있다. 첫 번째는 개인에 초점을 맞추어 각 개인의 특성이 범죄피해와 연관되는지에 관심을 두

---

36 최선우(2010), "성범죄에 대한 진화심리학적 접근", 한국범죄심리연구 6(2), p. 244.

37 다만 그동안 피해자 없는 범죄로 논의되는 것은 일반적인 범죄의 피해자와는 다른 성격을 가진다고 볼 수 있다. 즉, 가해자와 피해자와의 관계에서 볼 때, 동일범죄의 가해자가 동시에 피해자가 되는 경우가 이에 해당된다. 또 범죄의 피해자가 특정인이 아닌 다수인이어서 가해자와의 관계가 분명하지 않은 경우가 있다. 가해자가 동시에 피해자인 범죄는 개인적 차원의 범죄(예: 매춘, 약물남용, 자살 등)이며, 반대로 불특정 다수인(소비자 또는 일반시민)이 피해자인 경우에는 기업범죄(예: 공정거래 위반, 허위광고, 환경범죄, 위해식품 및 안전성 결함제품 판매 등)를 들 수 있다. 이윤호(2008), 앞의 책, pp. 139~157.

38 다른 하나는 범죄가 발생하여 진행되는 과정에서 가해자와 피해자 간에 이루어지는 상호작용을 중심으로 범죄피해를 설명한다. 피해자가 가해자와 상호작용을 주고받는 과정에서 피해자가 어떠한 역할을 하는지 사회적 교환의 맥락에서 설명하고자 하는 것이다. 이 글에서는 위의 첫 번째 논의를 중심으로 접근하고자 한다. 노성호·권창국·김연수(2012), 피해자학, 서울: 그린, pp. 93~117.

고 있다. 이와 관련하여 생활양식이론(Life Style Theory) 또는 일상활동이론(Routine Activity Theory) 등이 대표적이다. 이러한 이론적 관점에서 본다면, 개인의 인구학적 특성과 그에 따른 생활양식 또는 일상활동의 차이에 따라서 범죄피해를 당할 가능성이 달라진다고 본다.

두 번째는 개인을 둘러싸고 있는 주위 환경에 초점을 맞추어 사회적 환경의 변화와 피해를 당할 확률 간의 연관성을 가지는 입장으로써 쇼(Shaw)와 멕케이(McKay)로 대표되는 미국 시카고학파의 사회해체론(社會解體論, Social Disorganization Theory)을 피해자학에 적용시켜 설명하며, 개인을 둘러싼 사회가 해체 또는 붕괴될 때 그 사회의 구성원은 범죄의 피해를 당할 확률이 높아진다는 점을 설명하고 있다.

2. 개인적 차원의 범죄피해이론

개인적 차원의 범죄기회이론은 범죄피해를 설명하는 생활양식의 특성에 따라 다시 둘로 구분할 수 있다. 하나는 사람들의 일상적인 생활양식을 중심으로 범죄피해를 설명하는 것으로서 사람들의 일반적인 생활과 관련된 기회구조에 따라서 범죄피해의 가능성이 달라진다는 것이다. 다른 하나는 비행적·일탈적 생활양식과 범죄피해의 관계를 설명하는 것으로, 일탈적인 생활습관이나 범죄 가해행동과 범죄피해의 가능성과 관련되는 방식을 설명한다.

생활양식이론은 범죄를 설명함에 있어서 가해자보다는 범죄가 발생하는 상황에 관심을 가진다. 따라서 범죄피해연구를 통해서 범죄발생 상황을 파악하는데 초점을 둔다. 범죄가 발생하기 위해서는 범죄자의 범행의도와 범죄기회가 일치하여야 한다. 이에 범죄자의 범행동기 또는 의도뿐만 아니라 동기를 실행하기 위한 기회의 수를 증가시키거나 감소시키는 요인들에 대한 설명이 필요하다.

모든 사람들은 범죄피해의 가능성이 있는 잠재적 범죄피해자이다. 그렇지만 범죄는 무작위적으로 발생하거나 우발적으로 발생하는 것이 아니다. 사회구조적인 요인이나 환경에 의해서 영향을 받기 때문에 특정 개인이 범죄피해자가 될 가능성도 무작위적으로 분포되어 있다기보다는 개인활동의 시간적·공간적 특성에 의해 영향을 받는다. 이에 생활양식이론가들은 범죄발생이나 범죄피해가 피해자의 일상생활과 밀접한 관련이 있다고 본다.[39]

1) 생활양식 – 노출이론

기본적으로 범죄피해의 위험성이 높은 생활양식을 가지고 있는 사람들이 범죄피해를 당할 가

---

39 위의 책, pp. 94~97.

능성이 높다고 보는 입장이다. 여기에서 생활양식은 '직업적 활동(직장, 학교, 가정 등)과 여가활동 등을 포함한 매일의 일상적 활동'을 의미하는 것으로, 생활양식－노출이론은 개인적인 생활양식에 관심을 가지고 있다. 즉, 특정 개인이 어디에 가고, 언제 가며, 누구와 접촉을 하며, 어디에 살고, 어디에서 일하는가와 같이 사람들의 일상적인 활동에 따라 그들이 범죄피해를 당할 기회가 어떻게 변하게 되는가에 관심을 가지고 있다. 이러한 점에서 본다면, 가정주부보다는 직장을 갖고 집 밖에서 많은 활동을 하는 남성이 범죄위험에 노출될 가능성이 높기 때문에 그만큼 범죄피해의 가능성이 높다고 볼 수 있다. 또 심야에 유흥지역 등에 종사하는 여성들은 더 범죄피해 가능성이 높다고 볼 수 있다.

따라서 이 이론에 의하면 범죄피해가 시간과 공간에 따라서 일정하게 분포되어 있지 않으며, 범죄피해의 위험성이 높은 지역과 위험성이 높은 시간대가 있으며, 유사하게 범죄의 위험성이 높은 사람이 존재한다는 가정에 기초하고 있다.

2) 일상활동이론

일상활동이론은 기존의 범죄학이론들이 범죄의 공간적 분포에만 관심을 가지고 피해자에 대한 연구를 소홀하게 했음을 비판하고, 범죄자와 피해자가 함께 시간과 공간에 걸쳐 분포되는 양식과 그들의 일상활동을 고려하여 범죄피해에 대하여 설명하는데 관심을 두고 있다. 이러한 일상활동이론은 코헨(Cohen)과 펠슨(Felson)에 의해 주장된 이론으로,[40] 위의 생활양식－노출이론과는 기본적

● 범죄피해의 위험성 요소

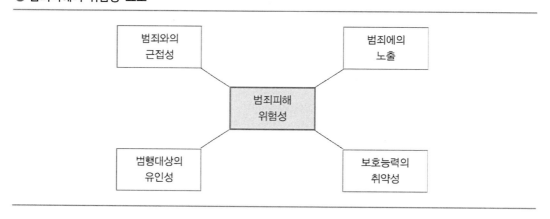

---

40 Lawrence E. Cohen and Marcus Felson(1979), "Social Change and Crime Rate Trends: A Routine Activity Approach", American Sociological Review 44, pp. 588~608.

으로 사용하는 용어와 설명하고자 하는 대상에서 차이가 있지만 한편으로는 유사성을 많이 가지고 있다.[41]

한편, 그동안 논의되어 온 기회이론 즉, 생활양식 – 노출이론과 일상활동이론을 종합하여 범죄피해이론에 대한 접근이 이루어졌다. 즉, 범죄피해를 당할 위험성을 설명하기 위하여 네 가지의 중개역할을 하는 요인을 제시하였는데, 이는 근접성(proximity), 노출(exposure), 대상의 유인성(target attractiveness), 보호·감시능력(capable guardianship)이 바로 그것이다.[42]

(1) 범죄와의 근접성

한 개인이 범죄피해자가 되는데 있어서 가장 중요한 요소 가운데 하나로 범죄자와의 물리적 근접성을 들 수 있다. 이것은 범죄다발지역(우범지역 및 유흥업소 주변의 주택 등)에 가까울수록 피해 위험성이 증대된다는 것을 의미하며, 여기에서 말하는 근접성이란 범죄의 잠재적 피해자가 사는 곳 또는 활동하는 곳과 상대적으로 많은 수의 범죄자가 발견된 지역과의 물리적 거리로 나타낼 수 있다.[43]

범죄다발지역에 거주하는 사람일수록 범죄피해자가 될 위험성이 더 높은 이유는 범죄자와의 빈번한 접촉가능성을 증대시키기 때문이다. 물리적 근접성의 보편적인 척도는 도시와 농촌 등 거주지역, 소득수준이나 실업률 등 사회경제적 특성, 거주지역의 안전인식 등이 이용되고 있다. 이렇게 근접성의 지표가 무엇이든 근접성과 범죄피해의 위험성 증대가 서로 연관된다는 것은 많은 실증적 연구결과로서 입증되고 있다.

(2) 범죄에의 노출

범죄에 대한 노출은 잠재적 범죄자에게 범죄대상이 시간적·공간적으로 얼마나 노출되어 있는가를 의미하는 것이다. 범죄의 발생은 범죄자와 피해자의 접촉에 의해서 이루어지는데, 잠재적 피해자의 노출의 정도가 그 접촉의 정도에 영향을 미친다. 예컨대, 밤중에 공공장소에서 많은 시간

---

[41] 다만, 생활양식 – 노출이론은 사회적 계층에 따른 범죄피해의 위험성 차이를 설명하기 위한 것이라면, 일상활동이론은 시간의 흐름에 따른 범죄율의 변화를 설명하기 위한 것이었다는 점에서 기본적이 차이가 있다. 즉, 일상활동이론은 개인적 차원에서 범죄피해의 가능성을 높이는 요인을 고려하기보다는 거시적인 차원에서 범죄발생이 지속적으로 증가하는 원인을 설명함에 있어서 범죄피해의 가능성을 높이는 사람들의 일상적인 활동의 변화의 차원을 고려한 것이다. 요약건대, 미국의 경우 제2차 세계대전 이후, 직업, 교육, 여가에 있어서 일상활동의 변화에 주목하고 범죄율의 변화는 바로 그러한 일상활동의 변화에서 유래한다고 본 것이다. 노성호·권창국·김연수(2012), 앞의 책, p. 97.

[42] 이윤호(2008), 앞의 책, pp. 392~394.

[43] Lawrence E. Cohen, et al.(1981), "Social Inequality and Predatory Criminal Victimization: An Exposition and Test of a Formal Theory", American Sociology Review 46, pp. 505~524.

을 소비하는 사람은 대인범죄에의 노출 정도가 크며, 침입통로(문과 창 등)가 많으며 외진 곳에 놓인 집의 경우 주거침입절도에 대한 노출이 크다고 볼 수 있다. 이처럼 범죄에의 노출은 일반적으로 개인의 생활양식과 일상적인 활동에 기인하는 바가 크다고 본다.

(3) 범행대상의 유인성

이는 범죄대상으로서의 매력을 의미하는 것으로서 잠재적인 범죄자가 범죄대상에 대해서 가질 수 있는 물질적 혹은 상징적 욕구에 부합되는 정도를 말하는 것으로, 잠재적 피해자가 범죄자가 원하는 속성을 가지고 있는 정도를 말한다.

이러한 유인성은 인구사회적 특성에서 형성된다. 고가의 물건이 많은 집이나 상점, 외출시 화려한 옷차림을 하고 다니는 것, 현금을 많이 소지하거나 고급 물건을 사용하는 것 등이 유인성의 예가 될 수 있다. 다른 조건이 동등하다면 잠재적 범죄대상의 유인성의 클수록 범죄피해의 위험성은 커진다고 볼 수 있다.

(4) 보호/감시능력의 취약성

보호능력이라는 것은 범죄피해의 대상이 될 수 있는 사람이나 물건에 대한 범죄발생을 미연에 방지할 수 있는 능력을 말한다. 따라서 보호능력이란 대인적 또는 사회적인 면과 물리적인 면을 아울러 내포하고 있다. 사회적 보호능력이란 가족구성원, 이웃주민과의 친분 또는 협조와 같은 것을 들 수 있다. 물리적 차원의 보호능력은 방범시설·장치(CCTV, 방범센서, 방범조명, 잠금장치, 출입통제장치 등)를 통해서 이루어질 수 있으며, 기타 집단적인 방범활동에 참여하는 것도 해당된다고 본다.

따라서 어떠한 형태의 보호능력이든 보호능력의 강화는 곧 범죄자에 대한 비용과 노력의 증대를 초래하고, 이는 범죄피해의 기회를 감소시킬 것이다.

3) 구조 – 선택이론

미테(Miethe)와 마이어(Meier)는 기회이론을 더욱 심화시켜 구조–선택이론을 제시하였다. 일상활동이론에서 제시한 4가지 요인(즉, 근접성, 노출, 대상의 매력, 보호/감시능력)을 사용하여 범죄피해를 설명하고 있지만, 여기에서는 요인 간의 차원을 다르게 설명하고 있다.[44]

이에 대해서 두 가지 명제를 사용해서 설명하고 있다.[45] 첫째, 일상활동은 잠재적 범죄자와 피해자 사이의 접촉을 만들어 내는 기회구조(機會構造)를 만들어 낸다. 일상활동의 패턴은 어떤 사람

---

44 노성호·권창국·김연수(2012), 앞의 책, p. 101 재인용.
45 위의 책, pp. 101~102.

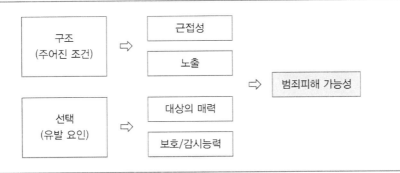

출처: 노성호·권창국·김연수(2012), 피해자학, 서울: 그린, p. 101 재인용.

이나 '재산'을 더 큰 위험에 노출시키게 되는데, 4가지 요인 가운데 근접성과 노출이 사람과 재산을 서로 다른 정도의 위험에 처하기 때문에 구조적 요인으로 들고 있다.

둘째, 특정범행 목표 또는 대상의 선정은 그 목표를 선정함으로써 얻게 되는 보수와 그에 따른 위험(또는 비용)에 대한 합리적인 판단에 따라 결정되는데, 범죄피해대상에 대한 주관적 평가(매력·유인성)와 보호장치와 감시의 수준이 최종적인 범죄피해대상의 선택을 결정한다는 것이다. 여기에서 목표의 매력성과 대상이 사용할 수 있는 보호능력은 일정한 수준의 위험을 갖는 상황 속에서 가해자가 어떠한 목표를 선정할 것인지를 결정하는데 영향을 주기 때문에 '선택적 요인'으로 제시하고 있다. 즉, 유인성과 보호 및 감시능력에 대한 판단은 범죄자의 주관적 평가에 따른다.

요약건대, 개인의 일상활동에 따라서 개인의 근접성이나 노출 정도가 달라지는데, 이들에 대해서 범죄가 발생할 가능성이 높은 구조적 기회가 만들어지고, 그러한 구조적 기회의 맥락속에서 최종적인 범죄피해자로서의 선택은 잠재적 피해대상의 유인성과 보호수준에 따라 결정된다는 것이다.

3. 지역적 차원의 범죄피해이론

위에서 살펴본 범죄기회이론이 생활양식 – 노출이론과 일상활동이론과 같이 개인적 특성을 중심으로 범죄피해를 설명하는데 초점을 두었다. 그리고 이러한 개인적 수준의 설명을 좀 더 거시적인 관점에서 보완하고자 하는 노력이 이루어졌는데, 그러한 노력 중의 하나가 구조 – 선택이론이라고 할 수 있다.

그런데 범죄피해는 개인적인 특성뿐만 아니라 지역적 특성에 의해서도 영향을 받을 수 있음은 물론이다. 이와 관련하여 사회해체론, 집합효율성이론, 그리고 깨진창이론 등의 관점에서 접근할 수 있다.

1) 사회해체이론적 접근

(1) 전통적 사회해체론

앞에서는 범죄자 관점에서 사회해체론적 논의를 하였는데, 이는 범죄피해자 관점에서도 설명이 가능하다고 본다. 이러한 사회해체론적 관점에서 범죄문제를 진단하는 것은 비교적 오래전의 일이다. 이와 관련하여 쇼(Shaw)와 맥케이(Mckay)는 시카고 지역의 전이지역(轉移地域)이 오랜 시간 동안 그 지역 거주민의 특성이 계속 변화함에도 불구하고 범죄율이 계속 높은 이유에 대해서 관심을 가졌다. 범죄율이 높은 전이지역은 가난하고, 인구의 이동이 잦고, 여러 인종이 함께 거주하는 특성을 보였으며, 이러한 지역이 가진 특성을 '사회해체'(社會解體, social disorganization)라고 불렀다. 즉, 지역마다 범죄율에 차이를 보이는 것은 거주민의 개인적 특성 때문이 아니라 그 지역의 '생태적 특성'(生態的 特性)때문이라고 본 것이다.[46]

이러한 사회해체론적 관점에서 초기와 후기에 약간 달리 설명되고 있다. 초기에는 문화전달이론적 시각이 강하였다. 즉, 전이지역에는 외부에서 이민자들이 많이 몰려들어 기존 거주자들과 문화적으로 충돌과 갈등을 일으킴으로 인해서 지역이 통합되지 못하고 해체되며, 범죄를 용인하는 이민자들의 '문화적 가치'(文化的 價値)가 전달되어 범죄발생 가능성이 높다고 보았다. 그렇지만 후기에는 통제론적 시각이 좀 더 강조되었는데, 가치의 전달보다는 지역의 '결속력'(結束力)이나 '유대의 약화'를 범죄의 원인으로 보게 된 것이다.

요약건대, 전이지역의 구성원들은 상호관계에 있어서 일시적·익명적이며, 결속력이 약할뿐만 아니라 공통된 가치가 결여됨으로 인해서 지역사회의 문제들을 해결할 수 있는 규제나 통제력을 가지지 못함으로써 범죄율이 증대된다는 것이다.

(2) 수정된 사회해체론

수정된 사회해체론은 '통제'에 초점을 맞추고 지역의 특성과 범죄의 관계를 설명하고자 하였다. 이에 따라 지역의 '구조적 특성'(構造的 特性)이 범죄의 발생에 영향을 미치는 사회적 과정 즉, 매개요인으로써 지역의 통합정도에 따른 사회통제를 중요하게 보았다. 이와 관련하여 브루식(Bursik)과 그래스믹(Grasmik)은 지역의 사회통제는 다양한 사회제도(가족, 학교, 종교단체, 정치 집단 등)와 관계되어 있다고 하였다. 그리고 지역의 사회통제 수준은 지역 구성원들 간의 사회적 결속력(비공식적 사회통제 등)과 외부의 자원을 끌어와 지역의 통제력으로 활용하는 지역리더의 역량(정책 이슈화 등)에 따라 차이가 있다고 하였다.[47]

---

46 위의 책, p. 108 재인용.
47 위의 책, p. 109 재인용.

지역의 구조적 특성(가난, 이질적인 인종구성, 잦은 인구이동 등)은 지역주민들의 관계적 연결망에 영향을 미치고, 지역의 관계적 연결망이 다양한 종류의 사회통제에 영향을 끼쳐 그 지역의 수준을 결정한다고 보았다. 여기에서 지역의 사회적 통제는 세 가지 수준에서 설명하였다.

　　첫째는 가장 기본적인 통제인 개인적 통제(個人的 統制)로 가족, 친구, 친지 등 친밀한 집단을 근간으로 하는 통제이다. 소집단 내에서 사회통제는 사회적 지지의 경험, 자존감 증진, 우울감 탈피 등에 효과적이다. 둘째는 지역적인 통제(地域的 統制)로 친밀한 집단을 벗어나 좀 더 확대된 대인관계와 학교, 교회, 자발적인 조직 등 지역의 사회제도에 의한 통제를 말한다. 이러한 통제는 비공식적 통제로서 지역의 범죄발생을 억제하는 중요한 기능을 담당하며, 사회해체이론에서 관심을 가지는 통제는 바로 이 영역에서의 통제기능을 말한다. 셋째는 공식적 통제(公式的 統制)로 지역사회가 범죄억제를 위해서 지방자치단체와 경찰 등 공식조직이 협력하여 이루어지는 통제를 말한다.

　　이상과 같이 수정된 사회해체이론에서는 지역주민들 간의 관계적 연결망, 즉 지역의 유대를 매우 중요시하여 지역의 유대가 강한 경우, 사회통제가 높아지고 범죄를 억제하게 된다고 보았다.[48]

2) 집합효율성이론

　　그런데, 사회해체이론과는 반대로 강한 사회유대가 항상 범죄를 억제하는 것은 아니라, 오히려 범죄 집단과의 잦은 접촉으로 인해 범죄나 비행을 조장할 수도 있다는 주장도 제기되고 있다. 사회유대의 내용 또는 사회적 맥락에 따라서 강한 사회유대가 사회통제의 수준을 높여 범죄를 억제하는 것이 아니라 오히려 범죄의 발생을 조장을 할 수 있다는 것이다.[49]

　　차별적 접촉이론에서 나타나는 법위반에 대한 우호적인 태도가 높은 지역에서의 경우, 사회적 연결망이 강한 것은 오히려 일탈이나 반규범적 문화를 전수하고 확산시킬 수 있다는 것이다. 이와 같이 사회해체론에 대한 문제 제기에 따라 사회해체(또는 사회적 결속)와 범죄 간의 관계에 대한 새로운 설명의 필요성을 제시하였고, 그 대안으로 제시된 것이 '집합효율성이론'(集合效率性理論)이다.

　　샘슨(Sampson) 등이 제시한 집합효율성이론은 이러한 문제를 해결하기 위해서 사회유대와 구분되는 개념으로서 문제해결을 위한 능력과 그에 대한 주민들의 믿음과 신뢰를 의미하는 집합효율성의 개념을 사용하고 있다. 지역의 특성과 범죄 간의 관계는 세 가지 형태의 매개과정을 가진다고 보았다.

　　첫 번째 형태는 사회해체이론에서 강조하는 사회적 유대 혹은 상호작용으로 이웃들 간의 유대정도와 상호작용의 빈도를 의미한다. 두 번째는 사회유대와 구별되는 것으로 집합효율성인데, 이는 이

---

48 위의 책, p. 110 재인용.
49 위의 책, pp. 111~112 재인용.

웃 간의 상호신뢰, 비공식적 통제나 사회적 결속에 대한 지역주민의 기대를 말한다. 세 번째는 제도적 차원으로 지역 내 치안유지를 위한 경찰 등 형사사법기관의 공식적 통제를 말한다.

이러한 세 가지 요소 가운데 집합효율성을 범죄통제에 있어서 중요한 요인으로 간주하였는데, 이는 지역에서 발생하는 범죄나 문제 상황을 주민 스스로 해결할 수 있는 능력을 나타내는 지표이며, 지역에서 문제 상황의 해결을 위해 의도하는 결과를 이루기 위한 행동을 이끌어 낼 수 있는 지역의 역량에 대해 지역성원이 함께 공유하는 믿음을 강조하는 개념이다. 즉, 집합효율성이란 지역구성원들 상호간의 신뢰를 바탕으로 지역에서 문제가 발생했을 때, 자발적으로 해결하려는 '집단적 의지'(集團的 意志)로 사회적 연결망 혹은 유대를 지역에 대한 통제력으로 바꾸어 낼 수 있는 능력을 의미한다.

이러한 관점에 따르면, 사회해체의 특성을 보이는 경제적으로 취약하고 인구이동이 잦은 지역일수록 집합효율성은 낮으며, 범죄발생율은 높을 것이라고 보았다. 사회해체된 지역은 지역주민들에 의한 비공식적 통제력 즉, 지역주민들에 의한 적절한 감시와 감독이 낮기 때문에 지역주민이나 외부사람들에 의해서 쉽게 범죄가 이루어질 수 있어 범죄율이 높다는 것이다. 사회유대가 높거나 조직화가 잘 되어 있는 지역의 주민들은 서로 잘 알고 있기 때문에 범죄를 할 경우 쉽게 이웃에 알려질 수 있어 자기가 살고 있는 지역에서 범죄를 하지 않으려 하고, 외부사람이 그 지역에 들어와서 문제가 있는 행동을 하더라도 지역주민들의 협력과 대응으로 그런 행동에 제재를 받고 제대로 완수하지 못할 가능성이 높기 때문에 범죄가 적절히 통제되고 쉽게 일어나지 않는다고 보았다.

이와 유사한 관점에서 스코간(Skogan)은 지역사회의 무질서 개념을 확장하여 지역쇠퇴(地域衰退)의 과정을 설명하였다.[50] 무질서는 지역주민들의 결속력과 조직력을 저해함으로써 지역사회의 통제력을 약화시키고 더 심각한 범죄의 발생을 야기할 수 있다는 것이다. 특정 지역 내에서 '사회적 무질서'(社會的 無秩序: 공공장소에서의 음주행위, 불량 청소년들의 어슬렁거림, 성희롱·성매매 하는 행위, 마약하는 장면 등을 쉽게 목격하는 것 등)나 '물리적 무질서'(物理的 無秩序: 훼손되거나 버려진 건물·물건, 아무데나 널려 있는 쓰레기 등)가 쉽게 눈에 띌 때, 지역주민들은 자신이 살고 있는 동네에 대해 불만이 많으며, 관심을 가지지 않게 되고 서로 간에 도움을 주려 하지도 않게 된다. 즉, 열악한 사회구조적 특성이 무질서를 유발하고, 무질서는 범죄에 대한 두려움을 높이는 동시에 주민들의 자율적 통제와 만족도를 악화시키며, 이는 다시 주민들의 이탈 및 부동산 가격의 하락으로 이어진다는 것이다. 이때 값싼 부동산 가격, 만연한 무질서, 비공식적 통제의 부재는 지역에 대한 애착 없는 외부인과 잠재적 범죄자들이 그 지역으로 이주해 오게 만들고, 결과적으로 심각한 범죄가 증가하게 된다는

---

50 위의 책, p. 111 재인용.

것이다. 이러한 순환연쇄로 인해 지역사회의 유대는 깨지고 사회경제적 상황은 더욱 악화됨으로써 그 결과는 지역사회의 쇠퇴로 나타나게 된다.

3) 깨진창이론

지역의 특성과 범죄의 관계를 설명하는 또 다른 이론은 깨진창이론(Broken Window Theory)이라 불린다. 이 이론은 특정지역의 무질서와 범죄발생의 관계를 설명하는데 초점을 맞추는데, 범죄의 두려움에 관한 연구에서 비롯되었다. 윌슨(Wilson)과 켈링(Kelling)은 무질서(無秩序)와 범죄는 서로 상승작용(相乘作用)을 일으키면서 발전한다고 주장하면서, 무질서가 범죄발생 증가의 가장 직접적인 원인이라고 하였다.[51]

◐ 어느 심리학자의 실험

스탠포드대학의 심리학자인 짐바르도(P. G. Zimbardo)는 세워둔 자동차에 대한 '파괴행위' 진행과 정에 대한 연구(1969)를 실시한 후, 이에 대한 실험결과 보고서를 작성하였다.

"차량 번호판이 없는 한 대의 자동차를 준비하여, 그 자동차의 본넷을 열어 놓은 채 브롱크스 (Bronx, 미국 뉴욕 주 남동부에 있는 자치구)에 있는 어느 길거리에 주차시켜 놓았다. 그리고 이와 유 사한 자동차를 팰러앨토(Palo Alto, 미국 캘리포니아 주 샌타클래라 군에 있는 시) 지역의 길거리에 주차시켜 놓았다. 브롱크스에 세워둔 자동차는 방치해 놓은 지 10분 이내에 곧바로 일부의 사람들 (vandals)에 의하여 공격을 받게 되었다. 자동차 주변에 처음 도착한 무리 중의 첫 번째는 한 가족 이 었는데, 아버지, 어머니, 그리고 어린 아들이었다. 그들은 차량의 라디에이터와 베터리를 제거하였다. 이후 24시간 이내에 값어치가 나가는 모든 차량부품들은 완전히 분해되어, 사라져 버렸다. 이후 자동 차는 마구 파괴되기 시작하였다. 자동차의 창문은 박살이 났으며, 다른 부품들도 파괴되고 찢어 없어 졌다. 아이들은 마치 자동차를 운동장처럼 이용하여 그 위에 올라가서 뛰어 놀기 시작하였다. 파괴행 위에 참여한 대다수의 사람들은 말쑥하게 차려입은 아주 깔끔한 백인들이었다.

그런데 팰러앨토에 세워 둔 자동차는 1주일이 넘게 아무도 손을 대지 않은 채로 그대로 있었다. 그 때 짐바르도는 큰 쇠망치로 자동차의 일부를 부숴버렸다. 그러자 곧, 지나가는 행인들이 가담하기 시 작하였다. 몇 시간 안에 그 자동차는 완전히 파괴되었다. 이번에도 첫 번째 실험에서 목격된 것처럼 상 당히 품행이 단정한 것처럼 보이는 백인들이 파괴행위를 한 것으로 나타났다. 이와 같은 파괴행위를

---

51 여기에서 무질서란 공통의 기준과 가치를 파괴하는 무례한 행동을 의미하는 것으로, 불량스러운 10대들이 몰려다니며 무분별하게 행동하거나 훼손되고 버려진 건물이 많은 지역, 술집·오락시설이 밀집한 유흥가나 외국인이 많은 거리, 마약과 폭력이 횡행하는 지역 등의 모습을 무질서라고 보았다. 위의 책, pp. 111~112 재인용.

할 것이라고는 꿈에도 생각하지 않았던 평범한 사람들에게조차 자동차 파괴는 정당한 게임거리로 전락하게 된 것이다. 결과적으로 두 지역의 자동차는 모두 파괴되었지만, 브롱크스와 같이 도시의 익명성과 자동차들이 자주 방치되고, 물건들이 자주 도난당하고, 주변 기물들이 파손되는 지역은 팰러앨토와 같이 개인 소유물에 대한 의식과 법준수에 대한 인식이 있는 지역보다 훨씬 빨리 파괴행위가 시작되었음을 알 수 있다.

이 실험을 통해 여러 가지 의미 있는 결과(즉, 지역사회의 수준에 따른 구성원들의 법준수 태도 등)를 발견할 수 있는데 이 가운데 특히, 깨진창이론(Broken－Window Theory)을 검증하였다고 볼 수 있다. 이러한 관점에서 보면, 만일 깨어진 창문이 신속하게 보수되지 않으면, 그 집에 있는 다른 모든 창문들도 곧바로 파괴되기 시작할 것이다. 그리고 도심 중심가의 도로변이나 번화가에서 퇴폐행위나 무질서, 파괴적 행위, 낙서, 위협적인 구걸행위, 나뒹구는 쓰레기, 노상방뇨 등이 방치된다면, 결국 심각한 범죄로 발전될 가능성이 높을 것이다. 이러한 깨진창이론이 경찰활동에 응용되어 이른바 '무관용 경찰활동'(Zero Tolerance Policing) 전략으로 실행되어 '경미한 범죄자에 대한 엄격한 대응'이 모색되기도 하였다.[52]

출처: 임준태, 범죄통제론(2003), 서울: 좋은세상, pp. 498~501 재인용.

월슨과 켈링은 이러한 무질서를 깨어진 창에 비유하여 설명하는데, 건물 내의 유리창 하나가 깨지고 그대로 방치하게 되면 시간이 지남에 따라 건물 내의 다른 유리창도 모두 깨지게 되며 건물 자체가 황폐화되고, 결국 일탈적인 청소년들이 와서 약물남용이나 폭력행위 등과 같은 문제행동을 하는 범죄의 소굴이 된다는 것이다. 이로 인하여 지역사회의 주민은 불안감을 느끼게 되고 지역사회의 삶의 질을 저하시킨다는 것이다.

따라서 범죄를 억제하기 위해서는 무질서에 대한 엄격한 대응 즉, '무관용'정책이 가장 효과적이라고 보았다. 무질서한 행동이나 환경을 개선하지 않고 그냥 두면 주민들의 불안감은 더욱 커지고, 더 심각한 범죄의 기회를 제공하게 되기 때문이다. 실제로 이러한 무관용정책은 미국 뉴욕시의 치안대책으로 활용된 바 있으며, 심각한 범죄의 발생을 감소시키는 효과가 있는 것으로 나타났다.

---

[52] 그러나 주의할 것은 경찰의 무관용(無寬容)적인 태도는 시민과의 거리감과 갈등을 야기할 가능성이 있으며, 따라서 커뮤니티 경찰활동(community policing)은 본질적으로 무관용을 지향하는 것은 아니라는 점이다. 경찰이 경미한 기초질서위반사범까지 엄격하게 대응을 한다면, 장기적으로 시민과 불편한 관계를 초래할 가능성도 있기 때문이다. 바꿔 말하면, 깨진창이론의 근거에 기초하여 경찰이 관용적인 태도로 사전예방적 접근을 할 것인지, 무관용적인 태도로 사후대응적 접근을 할 것인지에 대해서는 진지한 고민이 필요하다고 본다. 최선우(2017), 경찰학, 서울: 그린, pp. 573~574.

이상과 같은 논의에 따르면, 범죄가 발생하기 위해서는 동기가 부여된 범죄자, 범행대상으로서 가치 있는 피해자나 표적, 범행을 용이하게 하는 사회적 여건이라는 적어도 세 가지 필요조건이 갖추어져야 한다. 따라서 범죄자이론, 범죄피해자이론의 대부분은 이들 세 가지 조건을 기초로 하고 있다. 그러나 중요한 것은 이러한 요건들이 충분조건은 아니라고 본다. 그리고 범죄에 대한 보다 체계적인 접근을 위해서는 범죄자와 피해자 특성이 결합되는 조건 내지 특성에 대한 논의가 필요하다고 본다.[53]

1. 범죄자이론과 범죄피해자이론의 호환 가능성

최근 20여년에 걸쳐 범죄원인 연구의 새로운 추세 가운데 하나는 설명력을 높이기 위한 이론의 통합이다. 이론의 통합은 범죄에 대한 보다 정확하고 포괄적인 모형을 제공할 수 있다. 따라서 범죄학에 있어서 통합이란 전혀 새로운 것은 아니다. 사실, 어떻게 보면 대부분의 피해이론도 어느 정도의 이론들의 통합과정의 결과라고도 볼 수 있다. 다만, 아직까지 범죄자이론과 범죄피해자이론의 포괄적 통합은 이루어지지 않은 실정이다.

지금까지 대부분의 범죄자이론을 범죄 동기에 대한 결정론적 이론으로 간주해 왔기 때문에 범죄는 특정한 생물학적, 사회적, 경제적, 그리고 환경적 조건들에 의해 양산되는 것으로 인식해 왔다. 그러나 중요한 것은 이들 범죄자이론의 어느 하나도 범죄행위에 가담하는 '능력'을 문제점으로 고려하고 있지는 않다는 사실이다. 즉, 일단 범행의 동기나 욕구가 있으면 범죄는 일어나는 것으로 가정되는 것이다. 대부분의 강력범죄의 범행에는 피해자나 표적, 범행을 용이하게 하는 여건, 일정한 기술이나 신체적 능력, 그리고 범행을 위한 도구 등 단지 몇 가지 기본적 전제가 있을 뿐이라는 것을 고려한다면 그러한 인식은 충분히 이해할 수 있을 것이다.

그러나 이러한 시각은 잠재적 피해자의 행동이 범죄기회의 제공을 결정한다는 사실을 인식하지는 못한다. 특정한 지역에 대한 범죄기회가 넘친다면 즉, 범죄기회만으로도 범죄에 필요한 유일한 동기가 될 수 있다. 실제로 기존의 상황적 범죄예방대책과 환경설계를 통한 범죄예방 등은 '범죄욕구는 범죄를 용이하게 하는 환경을 제거함으로써 제한될 수 있다'는 가정에 따라 범죄동기가 거의 무시하고 있다.[54]

---

53 이하 이윤호(2008), 앞의 책, pp. 404~406 재인용.
54 R. V. Clarke(1983), "Situational Crime Prevention: Theory and Practice", in M. Tonry and N. Morris

이러한 기존 범죄자이론의 근본적인 약점은 생활유형과 일상활동에 따라 생기는 범죄기회가 어떻게 범죄동기의 표출을 가능하게 하거나 제약하는가를 고려하지 않는다는 점이다.

한편, 범죄피해자이론은 범죄의 기회구조와 범죄표적의 선택과 관련된 요소를 직접적으로 다루고 있다. 범죄기회이론은 잠재적 범죄자에 대한 잠재적 피해자의 노출과 근접성을 증대시킴으로써 어떻게 일상활동과 생활유형의 특성이 강력범죄를 용이하게 하는지를 지적하고 있다. 위험하고 취약한 상황에의 근접성과 노출이 그 사람을 이미 더 높은 범죄피해의 위험성에 처하게 하지만, 이러한 특정한 환경에서 그 사람이 실제 피해자가 되고 안 되고는 범죄표적의 매력과 표적의 보호능력에 달려있다는 것이다. 이런 시각에서 본다면, 범죄자는 가장 적은 비용으로 가장 큰 이익을 제공하는 범죄표적을 선택하는 합리적인 행위자일 것이다. 그러나 범죄자이론의 주류인 범죄동기를 양산하거나 사회적 제재를 약화시키는 사회적 영향력은 범죄피해자이론에서는 대부분 무시되고 있다.

그런데 범죄자이론과 범죄피해자이론의 통합은 범죄가 범죄가담의 결정(범행)과 특정한 범죄피해대상의 선택(표적 - 선택)이라는 두 가지 과정을 내포하고 있음을 인식하는 것이다. 두 가지 모두가 범죄를 완전하기 이해하기 위해서는 고려되어야 한다는 점이다. 적정한 범죄표적과 범행을 용이하게 하는 여건이 없는 상황에서 범행의사는 성립되지 않는다고 본다. 따라서 잠재적 피해자나 범죄자의 행동과 사회적 여건을 무시하는 범죄이론은 불완전한 것이 되어 버린다.

범죄피해자이론에 있어서 합리적 의사결정자로서의 범죄자의 인상은 대부분 범죄자이론의 저변에 깔린 범죄원인의 결정적 개념과는 반대라고 할 수 있다. 그러나 범행과 표적－선택이 범죄생태학에 있어서 전혀 다른 별개의 과정이라는 것을 고려한다면, 그러한 인식이 전혀 양립할 수 없는 것은 아니라고 본다. 외적 영향력이나 내적 사회통제의 부재가 개인으로 하여금 자신의 문제에 대한 범죄적 해결을 추구하게 할 수 있지만 범행을 범죄유형과 특정 표적의 선택이라는 관점에서 행위자는 상당한 선택의 여지를 가지게 된다.

2. 범죄자이론과 범죄피해자이론의 발전적 통합모형

범죄사건에 대한 완전한 설명을 위해서는 범죄자, 피해자, 그리고 이 두가지를 결합시키는 '사회적 여건'(Social Context)에 대한 관심을 필요로 한다.[55] 대부분의 범죄학이론들이 범죄자의 특성

(eds.), Crime and Justice: An Annual Review of Research, vol.4, Chicago: University of Chicago Press, pp. 225~256.
55 이하 이윤호(2008), 앞의 책, pp. 406~408 재인용.

을 다루고, 피해자의 행위와 특성을 연구해 왔다.[56] 대인적 환경과 물리적 환경의 요소 모두를 포함하는 사회적 여건이란 범죄의사와 매력적인 피해자 특성이 행동으로 옮겨지는 장소라 할 수 있다.

범죄자의 범행동기와 피해자 특성에 의해서 제공되는 범죄기회는 서로 연관되지만 그 관계의 방향은 분명하지가 않다. 특히, 동기를 가진 범죄자가 적절한 표적을 찾을 수도 있지만 반대로 잠재적 범죄피해자의 특성이 범죄의사를 생성시킬 수도 있는 것이다. 그러나 광범위한 사회적 여건이 범죄에 기여하지 않는 한 범죄행동이 범죄의사와 매력적인 범죄피해자 특성의 존재만으로 초래되는 것은 아니다.

통합모형에 의하면, 아래의 그림의 점선 부분처럼 범죄자의 동기, 피해자의 특성, 그리고 사회적 여건의 연계가 이상적이거나 최적의 경우가 아닐 때도 범죄가 발생할 수 있다. 예컨대, 범죄동

● 범죄이론의 발전적 모형

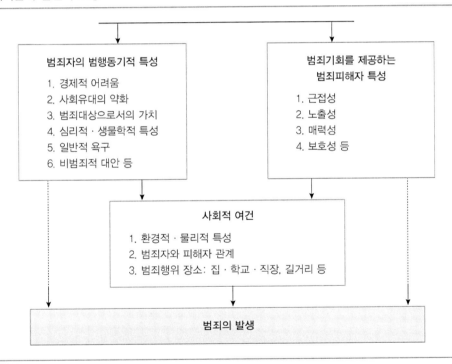

출처: 이윤호(2008), 범죄학, 서울: 박영사, p. 404 재인용.

---

56 Terrance D. Miethe and Robert F. Meier(1090), "Criminal Opportunity and Victimization Rates: A Structural Choice Theory of Criminal Victimization", Journal of Research in Crime and Delinquence 27, pp. 247~266.

기가 너무 강해서 범죄자가 가장 매력적인 표적, 시간, 장소를 선택함에 있어서 건전한 판단력을 행사하지 못할 수도 있다. 다수의 격정에 의한 폭력범죄나 극심한 빈곤으로 인한 도구적 재산범죄가 이 경우에 해당될 수 있다. 반대로, 매력적이고, 접근이 용이하며, 보호되지 않은 범죄표적으로 인한 범죄기회와 범행을 용이하게 하는 사회적 여건은 범행하지 않고 그냥 지나치기에는 너무나 좋아서 심지어 사전 범행동기가 전혀 없었고, 범행을 부추길 만한 상황이 없는 사람까지 범행에 가담하게 할 수도 있을 것이다. 따라서 범죄자, 피해자, 사회적 여건의 통합은 범죄사건의 발생가능성을 극적으로 증대시키지만, 경우에 따라서는 이 가운데 단 하나의 요소만 존재하더라도 가능한 것이다.

이러한 범죄발생의 발전적 모형에 의하면, 범죄자들이 가지는 범죄동기의 원천은 경제적 어려움, 사회적 유대관계의 취약함, 범죄대상의 가치, 심리적 또는 생물학적 특성, 금전이나 성(性)과 같은 일반적 욕구, 비범죄적 대안의 부재 등 다양한 요소들을 포함하고 있다.

그리고 이 모형에서는 피해자의 특성도 중요시되고 있다. 즉, 생활양식 – 노출이론과 일상활동이론이 파악하는 범죄기회를 창출하는 범죄피해자의 기본적 특성으로서 범죄자와의 근접성, 범죄위험성이 높은 상황에의 노출, 범행대상으로서의 매력, 그리고 보호/감시의 부재라고 할 수 있다.

한편, 과거의 범죄이론에서는 사회적 여건이 크게 다루어지지 않았지만, 통합이론에서는 중요한 요소로 인식되고 있다.[57] 여기에서 사회적 여건이라는 것은 범죄가 발생하는 환경적·물리적 특성(건축물과 같은 공간, 색채, 조명, 온도, 소리, 기압, 계절, 날씨, 시간 등), 가해자와 피해자의 관계, 그리고 범죄가 발생하는 장소(집, 학교, 직장, 길거리, 여가시설 등) 즉, 미시적인 환경을 의미하는 것이다.

---

57 G. D. LaFree and C. Birkbeck(1991), "The Neglect Situation: A Cross – national Study of the Situational Characteristics of Crime", Criminology 29(1), pp. 73~98.

Chapter 06

환경에 대한 인간의 행동과정: 지각 · 인지 · 태도

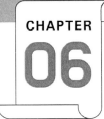

환경에 대한 인간의 행동과정: 지각·인지·태도

SECTION 01 환경에 대한 인간의 지각·인지·태도

제5장에서 살펴본 바와 같이, 범죄라는 것은 일정한 환경적 조건하에서 범죄자와 피해자의 상호작용 속에서 발생한다고 볼 수 있다. 즉, 어떤 개인의 범죄성(犯罪性) 내지 범행동기가 생래적으로 형성된 것이라 할지라도 그것이 어떠한 외부조건의 영향 없이 표출되는 것은 아니라고 본다. 범죄라는 것도 하나의 인간행동(人間行動)이며, 따라서 일반론적 관점에서 인간이 환경에 대해서 어떻게 지각·인지하고, 태도를 보이며, 결과적으로 그것이 어떠한 행동으로 나타나는지를 살펴보는 것은 중요한 일이라고 본다.

1. 환경에 대한 인간의 자극과 반응과정

인간이 환경의 자극을 받아들이고 이에 대하여 반응하는 과정은 일반적으로 환경에 대한 지각(知覺, perception), 인지(認知, cognition), 그리고 태도(態度, attitude)로 설명된다.

환경지각은 인체의 감각기관을 통하여 현존하는 환경에 대한 정보를 감지하여 받아들이는 과정을 의미한다. 환경인지는 현존하는 또는 과거에 경험했던 환경(또는 자극)에 대한 정보를 저장, 조직, 재편성, 추출하는 과정을 말한다. 환경에 대한 태도는 환경의 내용에 대해 '우호적' 또는 '비우호적'인 감정을 말하는 것으로서 선호도 또는 만족도 등으로 표현된다.[1]

예컨대, 잠재적 성범죄자가 범행대상을 물색할 때, 어떠한 주어진 환경에 대한 지각과 인지과정을 거쳐 자신이 범죄를 저질러도 문제가 없는지를 결정(즉, 태도)하게 될 것이다. 이러한 점에서 범죄자는 발각되거나 실패하지 않고 성공적으로 범죄를 저지를 수 있는 만족할만한 환경을 물색

---

1 C.J. Holahan(1982), Environmental Psychology, N.Y.: Random House, Inc., p. 24.

하게 되는 것이다. 반대로 일반 부녀자(잠재적 성범죄 피해자)는 어떠한 환경에 놓여 있을 때, 마찬가지로 그에 대한 지각, 인지, 그리고 태도의 과정을 거치면서 그에 대한 대응(자리에 머무르거나 벗어남 등)을 할 것이다.

이러한 점에서 볼 때, 환경설계에 의한 범죄예방이 성과를 갖기 위해서는 잠재적 범죄자에 대해서는 비우호적인 환경을 조성하고, 잠재적 피해자에 대해서는 우호적인 환경을 만드는 것은 중요한 일이다.

이를 위해 인간의 심리적 역학관계와 그로 인한 행태에 영향을 미치는 환경적 요소를 고려하는 것은 중요한 일이다. 다만, 논리적으로는 이러한 가정이 가능하지만 현실적으로는 쉬운 일은 아니다. 환경에 대한 '좋고 나쁨'에 대한 지각, 인지, 태도는 범죄자와 일반시민 여부를 떠나서 그것을 받아들이는 각각의 개인차가 존재하기 때문이다. 따라서 모두에게 적용될 수는 없지만, 적어도 일반적으로 관점에서 다수에 적용될 수 있는 환경적 요소를 설계·구축하는 것이 필요하다고 본다.

물론, 이러한 환경에 대한 지각, 인지, 그리고 태도는 상호 독립된 별개의 과정이 아니고, 상호 연결된 하나의 과정을 이루는 부분으로 이해된다.

환경심리학이 대두되기 시작한 이래 환경심리학의 여러 분야 가운데 환경지각 및 인지에 관한 연구가 가장 활발하였다고 할 수 있다. 인간은 환경직각 및 인지과정을 통해 주변 환경을 알고, 이해하게 되므로 인간행태를 이해하기 위해서는 환경지각 및 인지에 대한 연구가 필수적이다.[2]

일반적으로 지각과 인지는 연속된 하나의 과정으로 이해된다. 지각은 '감각기관(눈, 귀, 코, 입, 피부 등)의 생리적 자극을 통하여 외부의 환경적 요소를 받아들이는 과정'을 말한다. 그리고 인지는 '과거 및 현재의 외부적 환경과 현재 및 미래의 인간행태를 연결짓는 앎(awareness) 또는 지식(knowing)을 얻는 다양한 수단'을 의미한다.[3] 또한 인지는 '개인의 환경에 관한 지식이 증가되거나

● 인간의 환경에 대한 자극-반응과정

출처: 임승빈(2007), 환경심리와 인간행태: 친인간적 환경설계연구, 서울: 보문당, p. 49.

---

2 임승빈(2007), 환경심리와 인간행태: 친인간적 환경설계연구, 서울: 보문당, p. 49.
3 G.T. Moore & R.G. Golledge(1976), "Environmental Knowing: Concepts and Theories", in G.T. Moore & R.G. Golledge(eds), Environmental Knowing, Pennsylvania: Dowden, Hutchinoson & Ross, Inc, p. 6.

수정되는 과정'이라고도 할 수 있다. 이러한 점에서 지각은 넓은 의미의 인지의 한 부분적 과정이라고 볼 수 있다.

일반적으로 지각은 '환경적 사물을 받아들이는 과정'을 강조하고 인지는 '아는 과정'을 강조하는 것이 보통이다. 인간이 어떤 환경 또는 사물을 지각할 때, 본인의 생각, 그 사물에 대한 인상 또는 그 사물과 관련된 과거의 경험 등에 따라 그 사물을 인지하게 된다. 따라서 지각과 인지는 별개의 과정이라기보다는 거의 동시에 일어나는 상호 융합된 하나의 과정이라고 볼 수 있다.

한편, 환경지각과 인지를 연속된 전후의 과정으로만 볼 것이 아니라 별개의 과정으로도 이해할 수도 있다. 예컨대, 불을 보고 '불이야'라고 소리를 지를 경우에는 환경적 자극을 지각하고, 곧바로 반응으로 이어진다고 볼 수 있다. 또한 눈을 감고서 추억 속의 장소 또는 도시의 가로망을 회상하며 예전의 느낌을 되살리거나 길을 찾아가는 과정은 직접적인 지각과정을 거치지 않고 인지과정을 거쳐 반응으로 연결되는 것으로 볼 수 있다.

이러한 환경지각 및 인지는 일반심리학에서의 지각 및 인지에 관한 이론적, 경험적 연구에 기초를 두고 있으나 네 가지 측면에서 전통적인 지각 및 인지와 구별된다.[4]

첫째, 환경지각 및 인지에서는 환경심리학과 마찬가지로 연구의 대상이 종합적인 사회물리적 환경이다. 전통적인 지각 및 인지에 관한 연구는 사물, 빛, 행태 등과 같이 종합적 환경으로부터 추출된 부분적 인자를 연구단위로 하였으나, 환경지각 및 인지에서는 개인에게 종합적으로 영향을 미치는 생태적 상황이 연구단위가 된다. 생태적 상황이라 함은 개인이 처해있는 여러 인자가 상호작용하는 포괄적인 사회물리적 환경을 말한다.

둘째, 전통적인 지각과 인지에 관한 구별과는 달리 환경지각 및 환경인지에 관한 연구에서는 두 분야 간의 명확한 구별이 적다. 개인의 감지, 기억, 태도 및 믿음 등을 포함하는 사회물리적 환경에 관한 앎에 관련된 것은 환경지각 또는 환경인지에 모두 속한다고 볼 수 있다.

셋째, 전통심리학에서는 지각 및 인지의 '과정'에 보다 관심을 두고 있는 반면 환경심리학에서는 지각 및 인지의 '내용'에 보다 관심을 둔다. 따라서 환경지각 및 인지에서는 지각 및 인지에 관계되는 생태적 상황의 연구에 초점을 맞춘다.

넷째, 환경지각 및 인지에 관한 연구는 심리학뿐만 아니라 인류학, 건축, 조경, 도시계획, 지리학, 사회학 등 여러 분야에서 이루어져 왔으며, 이러한 종합과학적 노력이 이 분야의 발전에 크게 기여하고 있다.

---

4 임승빈(2007), 앞의 책, pp. 50~51.

2. 환경의 규모와 인간의 지각·인지

환경지각 또는 환경인지의 대상의 측면에서 볼 때, 환경지각은 보다 인체와 가까운 주변 환경에 관계되며, 환경인지는 대규모 환경에 주로 관계된다고 볼 수 있다.[5]

인간의 감각기관이 감지할 수 있는 범위 내의 환경(가시권, 가청권 등)에서는 감각기관을 통한 자극의 감지가 인간의 행태에 미치는 영향이 크다. 한편, 이러한 범위를 넘어서는 광범위한 환경(도시, 지역, 국가 등)과 관련된 인간의 행태(이미지, 길찾기 등)는 해당 환경에 대하여 인간이 이미 알고 있는 정보가 상대적으로 중요하게 된다. 즉, 부분적 또는 소규모 환경의 연속된 지각을 통하여 정보를 저장하고 여과시킴으로써 전체 또는 대규모 환경에 대한 인지가 이루어진다고 볼 수 있다.

이러한 측면에서 볼 때, 세 단계의 환경규모(또는 공간규모)를 생각해 볼 수 있을 것이다. 즉, 인체 주변에 인체의 오관이 도달할 수 있는 범위의 공간규모를 '지각적 공간'이라고 부를 수 있으며, 오관이 도달할 수 있는 범위를 넘어서 인간이 인지할 수 있는 범위의 공간규모(도시 등)를 '인지적 공간'이라고 부를 수 있을 것이다. 그리고 이보다 더욱 광범위하여 구체적 공간인지는 어려우며 다만 관념적으로 이해하는 공간(지역, 국가 등)은 '지리적 공간'이라고 부를 수 있을 것이다.

생각건대, 범죄예방 환경설계는 이러한 환경규모를 고려하여 적절하게 접근해야 할 것이다. 국가전체의 환경을 안전하게 구축하는 것이 가장 바람직할 것이나 현실적으로는 어렵기 때문에 잠재적 범죄발생 가능성이 높은 어떠한 도시나 특정 지역을 중심으로 접근하는 것이 요구된다. 그리고 보다 중요한 것은 개개인이 직접적으로 범죄에 대한 두려움 등을 느낄 수 있는(그리고 반면, 잠재적 범죄자들에게는 체포의 가능성을 인식할 수 있는) 지각적 공간에 대한 개선이 구체적으로 이루어져야 한다는 점이다.

● 인간이 인식하는 세 단계의 공간규모

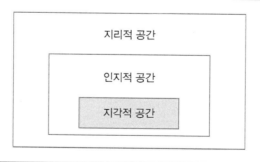

출처: 임승빈(2007), 환경심리와 인간행태: 친인간적 환경설계연구, 서울: 보문당, p. 52.

---

5 위의 책, pp. 51~52.

하나의 환경(공간 또는 장소)가 바람직한 환경이 되기 위해서는 공간의 전체적인 구조가 명료하여 공간인지가 쉽게 이루어지고, 부분적으로는 다양한 구성을 이루어 공간지각에 쾌적함과 편안함이 줄 수 있어야 할 것이다. 더 나아가 공간에 대한 안전감(安全感)을 줄 수 있어야 할 것이다. 이는 공간에 대한 지각과정과 인지과정이 상호 보완적으로 이루어져야 한다는 것을 의미한다.

환경에 대한 인간의 지각

1. 환경지각의 의의

환경의 지각은 인간이 살고 있는 환경에 관한 지식을 바탕으로 이루어지며, 이러한 지식은 인간이 환경에 적응하는데 필수적인 것이다. 인간은 환경의 지각을 통하여 일상환경의 중요 정보를 받아들이며, 다른 사람과의 정보교환 및 사회적 상호작용이 가능해지며 다양한 삶의 경험을 즐길 수 있다.

이러한 환경에 대한 지각은 내용면에서 현존하는 자극의 감지 및 유사한 자극에 대한 과거 경험에 관한 정보를 포함한다. 즉, 지각은 현재의 자극과 과거의 경험을 바탕으로 자극대상으로부터 일정한 패턴을 추출하며, 동시에 일정한 패턴과 관련된 의미를 추출하는 과정을 의미한다.

2. 환경지각의 방법

그렇다면, 인간은 환경을 어떻게 지각하는가? 외부로부터의 자극은 다양한 형태가 있는데, 이에 대해 인간은 감각기관 즉, 눈(색), 귀(소리), 코(냄새), 혀(맛), 피부(촉감) 등을 통하여 이를 받아들인다. 물론, 외부의 자극의 정도에 따라서 이를 감지할 수도, 감지하지 못할 수도 있다. 그리고 인간은 몇가지 자극을 거의 동시에 감지하는 것이 보통이다.[6]

---

6 이와 같이 지각을 생리적 과정의 측면에서 접근하는 것을 구조적 접근 또는 구조주의(structuralism)라고 한다. P.A. Bell, J.D. Fisher & R.J. Lomis(1978), Environmental Psychology, Philadelphia: W.B. Saunder Company.; 이하 임승빈(2007), 앞의 책, pp. 54~62 재인용.

1) 총체적 접근

총체적 접근에서는 인간이 환경적 요소 또는 다양한 자극을 각각 지각하는 것이 아니고, 통합된 하나로 지각한다고 보는 입장이다. 이러한 접근에는 형태심리학(形態心理學, Gestalt Psychology)과 장(場)의 이론(Field Theory)이 있다.

(1) 형태심리학

형태심리학(Gestalt Psychology)에서는 지각을 하나의 '총체적인 과정'(holistic process)으로 접근한다. 여기에서 게쉬탈트(Gestalt)라는 말은 '형태 또는 모습을 지닌 독자적 특성을 띤 실체'를 의미한다.[7]

이러한 형태심리학의 발달은 인간의 지각과정을 몇 개의 요소 또는 인자로 나누어 분석하는 연구에 대한 비판으로 대두되었다고 볼 수 있다. 형태심리학자들은 '전체는 부분의 합 이상'이며, 따라서 인간의 지각은 '총체적인 과정'으로서만 이해가 가능하다는 것이다. 여기에서 전체는 부분의 합 이상이라는 말의 의미는 인간은 어떠한 사물이나 형상을 볼 때, 보고 있는 그 대상 하나만을 단순하게 보는 것이 아니라 해당 대상과 그 주변의 상황을 함께 인식하면서 보게 된다는 것이다. 예컨대, 노란색 오렌지가 노란색 종이위에 놓여 있을 때와 파랑색 종이위에 놓여 있을 때는 그 선명도나 느낌이 달라 보이는데 이러한 지각의 차이는 오렌지와 주변색상의 관계에서 비롯된 것이라 할 수 있다. 요약컨대, 인간은 어떤 상황이나 대상을 볼 때 대상과 그 주변까지 종합적으

게쉬탈트의 예(1)	게쉬탈트의 예(2)

출처: http://blog.naver.com/zavatool/204127418(좌). http://cafe.daum.net/gamemind/hD6j(우).

---

7 K. Koffka(1963), Principles of Gestalt Psychology, N.Y.: Harcourt, Brace & World, Inc, p. 682.

로 보고 인식하게 된다. 따라서 전체적으로 인식한 형태는 개별적으로 보는 것보다 정보의 양이 많은 것이다.[8]

(2) 장의 이론

형태심리학자인 코프카(Koffka)는 지리적 환경(geographical environment)과 행태적 환경을 구분하고 있다.[9]

지리적 환경은 물리적 환경을 말하는 것으로, 인간과 무관하게 존재하고 있는 것을 말한다. 이에 대해서 행태적 환경은 지리적 환경과 인간(보다 일반적으로는 유기체)의 상태에 따라서 형성된다.

이러한 구분은 다음의 실험으로 설명할 수 있다. "어느 방의 천장에 바나나를 매달아 놓고 이곳에서 약 3미터 떨어진 곳에 상자를 놓는다. 원숭이를 한 마리씩 방안에 넣고 관찰해보면 상자를 바나나 밑에 운반하여 바나나를 먹는 원숭이도 있고, 바나나를 잡으려고 이리저리 뛰다가 포기하는 원숭이도 있다. 이 경우 물리적 환경 즉, 지리적 환경은 변함이 없으나 두 마리의 원숭이는 서로 다른 행동을 보여주고 있다. 즉, 지리적 환경은 동일하나 행태적 환경은 동일하지 않음을 나타내고 있는 것이다."[10]

한편 형태심리학자인 레빈(Lewin)은 심리적 장(場, field)의 개념을 도입하여 인간행태를 설명하고자 하였다. 심리적 장의 개념은 코프카가 제안한 행태적 환경의 개념과 일치하지는 않지만 유사한 개념으로 볼 수 있다.

여기에서 레빈은 '인간행태'(B)는 '개인의 특성 및 기타 개인적인 인자'(P)와 '개인에게 지각되는 환경'(E)의 함수로 나타난다고 하였다.[11]

$$(B) = f(P \cdot E)$$

어떻게 보면, 개인적 특성에 따라 달라진다고 볼 수 있다. 동일한 조건(물론, 완벽한 동일성은 아니

---

8 게쉬탈트를 설명하는 대표적인 원리로는 다음과 같은 것이 있다. ① 유사성(similarity)의 법칙: 사람은 집중하기 위해서 가장 간단하고 안정적인 형태를 선택한다. 이것은 뇌가 가능한 한 단순한 자극 형태를 유지해서 즉시 인식할 수 있는 간단한 형태가 간단한 의미를 전달하기를 원한다. ② 근접성(proximity)의 법칙: 인간의 뇌는 멀리 떨어져 있는 두 물체보다는 서로 근접해 있는 물체들을 밀접하게 연관시킨다. ③ 연속성(continuance)의 법칙: 인간의 뇌는 선의 갑작스럽거나 급격한 움직임의 변화를 좋아하지 않는다. 즉, 뇌는 가능한 한 선의 부드러운 연속을 추구한다. ④ 공동운명(common fate)의 법칙: 예컨대, 같은 방향을 보는 사람은 하늘을 지향하는 다섯 개의 화살이나 모아진 다섯 개의 손가락이 모두 동일한 방향을 가리키므로 정신적으로 같이 분류하는 경향이 있다. http://blog.naver.com/PostView.

9 K. Koffka(1963), op. cit., p. 27.

10 Ibid., p. 29.

11 W.H. Ittelson, et al.(1974), An Introduction to Environmental Psychology, Holt, Rinehart and Winston, Inc., p. 69.

지만)의 환경에 개인이 가지고 있는 고유한 특성이 어떻게 작용하느냐가 인간행태로 나타나기 때문이다.

이는 범죄예방 환경설계를 통해서 범죄행동을 예방 또는 억제하는 것이 결코 쉽지 않다는 것을 의미한다. 주어진 환경에 반응하는 인간의 행태가 다르고, 따라서 어떠한 범죄자는 예방적 환경에 긴장하여 범행을 포기할 수도 있지만 어떠한 범죄자에게는 더욱 매력적인 것으로 받아들여질 수도 있기 때문이다.

레빈은 또한 이러한 함수관계를 설명하는데 있어서 유의성(valence)의 개념을 도입하고 있다. 즉, 인간의 생활공간(life space) 내의 사물, 상황 또는 다른 사람은 긍정적 또는 부정적인 유의성을 지니고 있다는 것이다. 예컨대, 목마른 사람에게 음수대는 긍정적인 유의성을 지니게 되어 가까이 가고 싶은 심리적 작용이 일어난다. 또한 땀을 흘리는 사람에게 직사광은 부정적인 유의성을 지니게 되어 이로부터 멀어지려는 심리적 작용에 의하여 그늘로 피하게 된다. 따라서 레빈은 인간의 행위를 시간의 흐름에 따라 변화하는 환경적 유의성에 의하여 설명하고자 하였다. 이러한 유의성은 외적 환경 자체에 내재되어 있는 것이 아니라 인간의 내적 욕구 또는 필요성과 지각된 외적 환경과의 상호작용에 의하여 형성되는 것이다.

또한 유의성은 물리학에서 말하는 벡터(vector)와 같이 힘의 크기와 방향성을 지니고 있다. 즉, 생활공간 내의 사물 또는 상황은 그것을 보는 사람이 가까이 또는 멀리 가고자 하는 방향성을 지니고 있으며, 가까이 또는 멀리 가고자 하는 힘의 크기도 사물 또는 상황에 따라 다르게 된다.

이러한 유의성의 강도는 공간적·시간적 거리가 가까울수록 커진다고 볼 수 있다. 목마른 사람은 물이 멀리 있을 때보다 가까이 있을 때(공간적 거리) 물을 마시고자 하는 충동이 더욱 커지며, 어린이들은 소풍날(시간적 거리)이 가까워 올수록 더욱 흥분하여 잠을 잘 이루지 못하는 경우가 많아진다.

마찬가지로 성범죄를 저지르고자 하는 잠재적 성범죄자 역시 범행대상이 가까이 있을 경우 그 충동이 더욱 커지며, 아울러 그러한 범행시간이 임박할수록 더욱 욕망이 강화된다고 볼 수 있을 것이다.

2) 기능적 접근

기능적 접근은 인간의 환경지각이 인간행동을 위한 정보(情報)를 제공해주어 환경 내에서 인간의 활동이 원활하게 이루어지도록 하는 기능을 가지고 있다고 보는 입장이다. 이러한 접근에는 생태적 접근(Ecological Theory)와 확률적 접근(Probabilistic Theory)이 있다.[12]

---

12 임승빈(2007), 앞의 책, pp. 57~52.

(1) 생태적 접근

생태적 접근에서 의미하는 '생태적'이라는 말은 개인적·사회적·물리적 환경 상호간의 적응을 의미하는 것이다. 이 관점에서는 환경적 자극이라는 것은 생태적 특성을 가지고 있으며, 인간은 자극의 패턴 자체에 이미 내재되어 있는 의미를 받아들인다는 것이다. 따라서 주어진 환경에 대해서 사람은 자극의 재구성·해석 등의 과정을 거쳐서 의미를 추출할 필요가 없이 직접 지각한다는 것이다.

깁슨(Gibson)은 이러한 관점에서 환경의 지각은 환경으로부터 인간에게 도달되는 자극의 직접적인 산물이라고 하였다.[13] 여기에서 깁슨은 환경지각의 기능적(機能的)인 면에서의 중요성을 강조하였다. 즉, 환경지각은 단순한 자극의 감지에서 끝나는 것이 아니며, 인간과 같은 유기체가 환경 내에서 원활하게 활동할 수 있는 바탕을 마련한다는 것이다. 이와 같이 환경지각은 인간이 환경 내에서 원활한 활동을 하기 위한 수단이라는 관점을 기능적 접근(functionalism)이라고 한다.[14]

깁슨은 이러한 기능적 접근과 관련하여 '지원성'(affordance)의 개념을 도입하였다. 지원성은 인간이 일정한 환경 내에서 접하게 되는 사물의 '변하지 않는 기능적 특성'(invariant functional properties)이라고 정의하고 있다.[15]

이와 같이 인간은 환경 내에서 대상물의 지원성을 지각하게 되며, 바꿔 말하면 지원성의 지각은 환경과 어떻게 상호작용할 것인가를 지각하는 것이라고 말할 수 있다. 즉, 생태적 환경(행태적 장: 벤치, 가로등, 화단, 나무, 울타리 등)은 다양한 자극을 주는 대상으로 구성되어 있으며 이들 자극대상은 각기 다양한 지원성을 대표하고 있다. 인간은 생태적 환경 내의 다양한 지원성을 지각하고 이러한 지각을 바탕으로 환경 내에서의 행위를 결정하게 된다는 것이다.

> ● **사물의 지원성과 범죄예방 환경설계**
> 이러한 지원성은 유기체 종류에 따라 다르게 지각될 수 있다. 예컨대, 한그루의 나무는 인간에게는 그늘을 주는 휴식의 지원성을 지닌다고 지각될 것이나 새들에게는 종족을 번식할 수 있는 집(새둥지)을 지을 수 있는 지원성을 지닌다고 지각될 것이다. 그리고 사람 또는 상황에 따라서도 서로 다른 지원성을 지각하게 될 것이다. 예컨대, 한그루의 나무는 지친 사람에게는 휴식장소로서의 지원성으로 지

---

13 C.J. Holahan(1982), Environmental Psychology, N.Y.: Random House, Inc, p. 37.

14 P.A. Bell, J.D. Fisher & R.J. Lomis(1978), Environmental Psychology, Philadelphia: W.B. Saunder Company.

15 예컨대, 한 물체가 매우 단단하고 지면에 도출되어 있으며, 윗면이 비교적 평평하고 수평에 가까울 경우 이 물체는 앉는 기능에 대한 '지원성'을 가지고 있다고 볼 수 있다. 공원에서 의자 형태의 구조물을 보면 인간은 그러한 사물의 지원성을 지각한다는 것이다.

각될 것이나 땔감을 찾는 사람에게는 연료로서의 지원성을 지각하게 될 것이다. 한편, 한그루의 나무
는 잠재적 범죄자에게는 은신할 수 있는 장소로서 지원성을 지각하게 될 것이다.[16]

요약건대, 하나의 물체는 여러 유형의 지원성을 지닐 수 있으며, 인간은 상황적 특성에 따라 적절한
지원성을 지각하게 된다. 이러한 점에서 볼 때, 환경설계는 생태적 상황 하에서 적절한 지원성을 마련
하는 작업이라고 할 수 있다. 특정 환경에서 요구되는 다양한 행태적 여건을 적절히 지원해 줄 수 있
는 다양한 지원성을 창조하는 작업이 환경설계라고 할 수 있다. 범죄예방 환경설계의 관점에서 이를
역으로 생각하면, 잠재적 범죄자들의 범행을 유리하게 하는 지원성을 제공하지 않도록 환경설계를 하
는 것이 하나의 주안점이 될 것이다.

이상과 같은 깁슨의 주장은 환경지각을 총체적 과정(holistic process)으로 이해하려 한다는 점에
서 형태심리학자들과 같은 입장을 취하고 있다. 또한 깁슨이 중요하게 여긴 '생태적 특성'의 개념
은 형태심리학자들의 '게쉬탈트' 개념과는 대비되는 개념이라고 할 수 있다.

즉, 형태심리학자들은 환경적 자극에 게쉬탈트(독자적 특성을 지닌 실체: entity)가 존재한다고 보는
것에 비하여 깁슨은 개인적, 사회적, 물리적 환경이 어우러진 '생태적 특성'이 존재한다고 보고 있
는 것이다. 깁슨은 이러한 관점에서 한걸음 더 나아가 의미지각, 그리고 환경지각의 기능적 면에
서의 새로운 관점을 부각시켰기 때문에, 그의 이론을 생태적 기능주의라고 보기도 한다.

(2) 확률적 접근

그런데, 브룬스윅(Brunswik)은 깁슨의 견해와는 대조적으로 지각과정에서 개인의 역할을 강조하
고 있다. 개인에게 도달되는 환경적 자극은 단편적인 정보일 뿐이며 감지된 자극을 해석하는데 있
어서 개인이 보다 적극적인 역할을 한다는 것이다.[17]

예컨대, 일정한 거리에 있는 물체로부터 시각적 자극이 망막에 도달하면 관찰자는 그 물체가 멀
리 있는 큰 물체인지 혹은 가까이에 있는 작은 물체인지를 판단하여야 한다. 이처럼 지각에 있어서
'모호성'(ambiguity)은 관찰자가 실제 상황에 대한 '확률적 추정'(probabilistic estimate)을 함으로써 해석
된다. 이러한 확률적 판단은 환경에 대한 '최선의 추정' 또는 '학습된 추측'이라고 할 수 있을 것이다.

이처럼 환경으로부터 개인에게 도달되는 자극의 모호성 및 모순성에 대처하기 위하여 사람들
은 환경에 관한 여러 유형의 확률적 상황을 알고 있어야 한다. 이러한 확률적 판단은 수많은 '환
경적 장'(環境的 場)으로부터의 자극의 패턴을 감지함으로써 가능해진다.

---

16 임승빈(2007), 앞의 책, p. 59.
17 C.J. Holahan(1982), op. cit., p. 38.

우리는 모든 가능한 환경을 경험할 수는 없으므로 우리의 판단은 완벽할 수 없으며, 확률적 추정에 불과할 뿐이다. 환경지각이 인간행위를 적절히 수행하는데 기여한다고 보는 브룬스윅의 이론을 '확률적 기능주의'(probabilistic functionalism)라고 부른다.

브룬스윅은 환경지각과정에서의 개인의 역할을 설명하기 위해 '렌즈모델'(lens model)을 제시하였다. 지각과정은 렌즈가 빛을 모아서 비추는 과정과 유사하다고 본 것이다. 즉, 지각과정은 환경으로부터 다양한 자극들을 모아서 '재구성'(再構成)함으로써 이루어진다고 보았다.[18]

이상에서 살펴본 바와 같이 인간은 자극대상으로부터 자극패턴을 감지하며, 여기에 과거의 경험 또는 기억을 바탕으로 자극대상을 인지하고, 자극대상과 관련된 의미 또는 상징성을 추출하게 되며 동시에 기능적인 측면에서 지원성을 인지하게 된다. 이러한 과정을 종합하여 지각이라고 부르며, 이러한 지각과정이 생태적 환경 하에서 수행될 때에 이를 환경지각이라고 할 수 있다.

따라서 생태적 접근과 확률적 접근을 상호 보완적으로 결합한다면, 지금까지 언급된 환경지각의 내용을 포괄할 수 있는 개념적 틀이 도출될 것으로 보인다. 렌즈모델에서는 환경에 해당되는 부분을 생태적 환경으로 바꾸어 놓는다면, 보다 포괄적인 틀이 만들어진 것이다. 개인적, 사회적, 물리적 환경이 어우러진 생태적 환경으로부터의 자극을 받아 들여 이들 자극은 다시 개인의 경험 또는 기억에 의하여 재구성되고 해석된다고 보는 것이다. 요약건대, '생태적 환경'과 '개인적 역할'이 동시에 중요하다고 보는 것이다.

● 환경설계와 환경심리

환경설계의 많은 이론들이 환경지각 관련이론에 근거를 두고 있다. 특히 시각적 환경설계시에는 형태심리학(Gestalt Psychology)이 많은 영향을 미쳐왔다. 환경설계가들은 이들 이론에 근거하여 환경적 자극요소들이 독립된 별개가 아니고 통일된 하나의 전체로서 지각됨을 이해하고 있으며, 이는 환경설계작업의 기초가 되고 있다.

또한 최근 환경설계가들은 환경이 지녀야 하는 적절한 정도의 시각적 복잡성과 같은 물리적 구성에만 국한하지 않고, 물리적 환경에 대하여 개인이 느끼는 의미, 상징성까지도 관심을 보여 왔으며 이는 브룬수윅의 렌즈모델과 관계가 깊다.

생각건대, 환경심리학은 인간의 지각과정을 밝혀내고, 환경설계가들은 이러한 과정을 응용하여 환경

---

18 이러한 확률적 이론은 생태적 이론에 비하여 많은 주목을 받고 있다. 최근의 지각이론에서는 개인의 지각을 설명하는데 있어서 개인의 기억 및 정보처리과정을 중요시하는 경향을 나타내고 있다. 브룬스윅의 렌즈모델은 환경지각, 인지, 태도를 융합시킨 개념적 틀로서 또는 인간과 환경의 관계를 설명, 관찰하는 종합적인 틀로써 쓰여질 수 있는 가능성을 보여주고 있다. Ibid., p. 40.

을 창조한다. 따라서 환경심리학자와 환경설계가는 역방향으로 작업한다고 볼 수 있다. 즉, 환경심리학자는 특정한 환경으로부터 오는 자극을 인간이 어떻게 지각하느냐에 관련된 '환경 → 인간'의 방향에 관심이 있다면, 환경설계가는 특정한 지각효과를 가져오기 위하여 인간이 어떠한 환경을 필요로 하는지를 알고자 하는 '인간 → 환경'의 방향에 관심이 있다고 할 수 있다.

출처: 임승빈(2007), 환경심리와 인간행태: 친인간적 환경설계연구, 서울: 보문당, pp. 62∼63.

3. 환경지각의 대상

1) 형태의 지각

(1) 도형과 배경

일정한 시각적 범위 내에서 특정한 형태 또는 사물은 돋보이며, 그 밖의 것들은 주의를 끌지 못한다. 이때 돋보이는 형태를 '도형'(圖形, figure)이라고 하고 그 밖의 것들은 '배경'(背景, ground)이라고 한다.[19]

① **도형과 배경의 구분:** 이러한 도형과 배경의 구분은 1915년 덴마크 심리학자 루빈(E. Rubin)에 의해서 시작되었는데, 그는 도형과 배경의 차이점을 다음과 같이 설명하고 있다.[20]

도형과 배경의 사례(1)

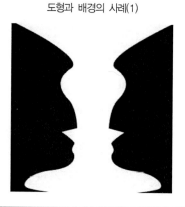

도형과 배경의 사례(2)

출처: http://shia729.blog.me/220484046418(좌). http://blog.naver.com/wjdghk1228/100210547684(우).

19 이하 임승빈(2007), 앞의 책, pp. 95∼101 재인용.
20 H.R. Schiffman(1976), Sensation and Perception: An Integrated Approach, John & Sons, Inc, pp. 236∼238.

첫째, 도형은 '물건'(thing)과 같은 성질을 지니며 도형의 외곽 부분에는 뚜렷한 윤곽이 있어 일정한 행태를 지닌다. 이에 비하여 배경은 '물질'(substance)과 같은 성질을 지니며 형태가 없는 것처럼 보인다. 둘째, 도형은 관찰자에게 보다 가깝게 느껴지며 배경보다 앞에 있는 것처럼 느껴진다. 셋째, 도형은 배경에 비하여 더욱 인상적이며, 지배적이고, 잘 기억된다. 또한 도형은 배경에 비하여 더욱 의미있는 형태로 연상된다.

이러한 도형과 배경의 구분은 형태지각에 있어서 기초적 과정이며, 도형은 배경으로부터 튀어나와서, 완전한 하나의 '단위'(unit)로 지각된다. 이러한 완전한 단위의 지각은 의미를 지닌 형태로 인지하기 이전에 독립적으로 이루어진다. 즉, 우선적으로 관찰대상의 윤곽(contour)을 지각하고, 이에 기초하여 의미를 지닌 형태로 인지하게 된다. 사람은 우선적으로 윤곽선이 어느 쪽에 속하는가를 판단하여 도형과 배경을 구분하여, 그 도형이 어떤 형태를 지녔는가를 인지하는 것으로 볼 수 있다. 따라서 어떠한 형태의 지각에 있어서 '윤곽'이 중요한 역할을 하고 있음을 알 수 있다.

② 도형과 배경의 역전과 전이: 일정한 시각적 범위 내에서 도형과 배경이 확연히 구분되는 경우가 보통이나, 불분명한 경우도 많이 있다. 보는 사람이 주의(注意)를 어디에 집중하느냐에 따라 도형과 배경이 달라진다는 의미이다. 이러한 설명은 관찰자가 일정한 지점에 머물러 있을 때의 도형과 배경의 관계를 설명하고 있다.

그러나 실제 환경 내에서 인간은 끊임없이 움직이기 때문에 도형과 배경의 관계는 변하게 된다. 예컨대, 하나의 건물이 있을 때 건물의 유리창을 가까이에서 보게 되면 유리창의 틀이 도형으로, 유리는 배경이 된다. 조금 멀리 떨어져 건물전체를 볼 정도가 되면 창문전체가 도형으로, 건물벽면이 배경으로 보인다. 그리고 조금 더 멀리 떨어져서 건물과 주변경관을 함께 볼 수 있게 되면 건물전체가 도형으로, 주변경관이 배경이 된다. 건물로부터 더욱 멀어져 주변의 산과

도형과 배경의 관계(1)

도형과 배경의 관계(2)

출처: http://cafe.daum.net/designsource/GSNC(좌). http://slimwindow.tistory.com/1(우).

하늘이 보게 되면, 산이 도형으로 하늘이 배경으로 등장하게 된다. 이러한 도형과 배경의 전이 현상은 환경설계 또는 다양한 공간의 연결을 위하여 응용되고 있음을 알 수 있다.

(2) 도형조직의 원리

도형으로 지각되는 시각적 요소의 조직원리와 관련하여 형태심리학(Gestalt Psychology)에 의하여 연구되었는데, 이와 관련된 몇 가지 조직원리를 살펴보면 다음과 같다.[21]

① 근접성: 근접성(近接性, nearness or proximity)은 시각적 요소 간의 거리에 따라 시각적 요소의 그룹이 결정된다는 것을 말한다. 즉, 가까이 있는 요소들은 하나의 그룹으로 느껴지며 멀리 떨어진 요소는 별개의 그룹으로 느껴진다.

● 근접성

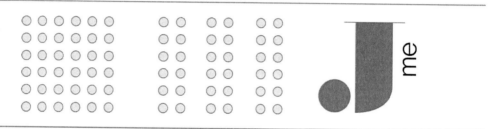

출처: http://blog.naver.com/wjdghk1228/100210547684.

② 유사성: 유사성(類似性, similarity)은 시각적 요소간의 거리가 동일한 경우에는 유사한 물리적 특성을 지닌 요소들끼리 하나의 그룹으로 느껴지는 것을 말한다.

● 유사성

출처: http://blog.naver.com/wjdghk1228/100210547684.

---

21 Ibid., pp. 238~241.

③ 연속성: 연속성(連續性, continuation)은 직선 또는 곡선을 따라 같은 방향으로 연결된 것처럼 보이는 요소들은 동일한 그룹으로 느껴지는 것을 말한다.

● 연속성

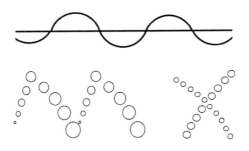

출처: http://shia729.blog.me/220484046418.

④ 방향성: 방향성(方向性, common fate)은 동일한 방향으로 움직이는 요소들은 동일한 그룹으로 보이는 것을 말한다. 이는 유사성의 원리에 기초한다고 볼 수 있으며, 움직이는 요소에 적용되는 것이 다를 뿐이다. 따라서 움직이는 요소가 많이 있을 때 평행한 방향으로 움직이는 요소들은 동일한 그룹으로 보인다.

● 방향성

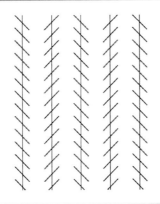

출처: http://shia729.blog.me/220484046418.

⑤ 완결성: 완결성 또는 폐쇄성(閉鎖性: closure)은 시각적 요소를 지각함에 있어서 더욱 완전한 도형을 선호하는 방향으로 묶여서 그룹(특정한 형태)을 형성한다.

● 완결성

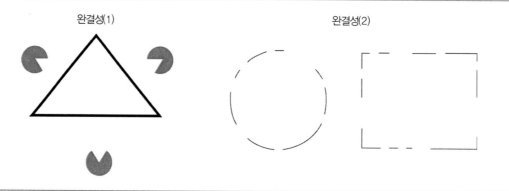

완결성(1)　　　　　　　　　　　　　　완결성(2)

출처: http://blog.naver.com/wjdghk1228/100210547684(좌).
　　　http://blog.naver.com/wjdghk1228/100210547684(우).

⑥ **대칭성:** 대칭성(對稱性)은 시각적 요소들은 비대칭적인 것보다는 자연스럽고 균형이 있고, 대칭적인 구성을 이루는 방향으로 그룹을 형성하는 것을 말한다.

● 대칭성

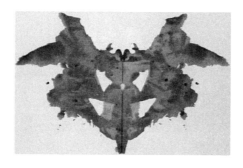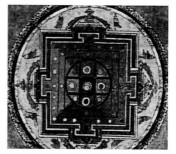

출처: 동아사이언스(2015.05.21.)

⑦ **간결성:** 사람은 여러 가지 시각적 요소 가운데 가장 간단하고 가장 안정된 도형으로 지각하는 경향이 있다. 즉, 하나의 도형을 구성하는 정보가 적을수록 도형으로서 지각될 가능성이 높다고 볼 수 있다. 이것을 간결성(簡潔性) '최소의 원리'라고 부르기도 한다. 아래의 그림을 보면 수많은 복잡한 형태로 지각될 수도 있지만 사람들은 단순히 다섯 개의 원이 모여 있는 것으로 지각하는 경향이 있다.

출처: http://blog.naver.com/wjdghk1228/100210547684.

2) 공간의 지각

공간의 지각은 기본적으로 깊이와 거리의 지각에 기초를 두고 있다. 깊이와 거리의 지각은 한 눈만을 이용해도 가능한 경우가 대부분이나 두 눈을 모두 이용해야 하는 경우도 있다. 한 눈만을 이용해도 되는 것을 단안단서(monocular cue), 두 눈을 모두 이용해야 되는 것을 양안단서(binocular cue)라고 한다.[22]

(1) 단안단서

① **중복배치**: 두 개의 물체가 상호간에 부분적으로 중복되거나 가려져 보일 때에는 완전하게 보이는 물체가 거려진 물체보다 가까이 있는 것으로 보인다.

② **명료성**: 명료하게 보이는 물체는 가까이 느껴지며 희미하게 보이는 물체는 멀리 느껴진다. 따라서 맑은 날에는 멀리 있는 산 또는 건물이 가깝게 느껴지며, 안개가 낀 날이나 흐린 날에는 멀리 느껴진다.

③ **빛과 그림자**: 일반적으로 물체의 표면은 광원에 가까울수록 밝게 보인다. 또한 사람은 햇빛, 전등과 같은 광원이 위에 있는 곳에 익숙해져 있다.

④ **높이**: 일반적으로 시각적 범위 내에서 높이 있는 것이 낮게 있는 것보다 멀리 보인다. 이는 사람이 서 있을 때 가까운 지면은 시각적 범위의 아래쪽에 위치하며, 먼 수평선 또는 지평선은 이보다 위쪽에 위치함에 익숙해져 있기 때문이다.

⑤ **선형투시**: 평면에서 깊이를 느끼게 하기 위하여 선형투시(linear perspective) 즉, 선원근법의 기법이 많이 이용된다. 평행선은 소실점(vanishing point)에서 만나게 되므로 멀어질수록 폭이 좁아진다.

---

22 이하 임승빈(2007), 앞의 책, pp. 101~107 재인용.

출처: http://blog.naver.com/juicylife89/70158042859.

⑥ 질감의 변화(texture gradients): 사람은 표면의 질감을 통하여 물체를 지각한다. 일반적으로 질감의 밀도가 높으면 높을수록 멀리 있는 것으로 보여진다. 그리고 질감의 불연속 또는 불규칙성은 물체 표면의 불연속 또는 불규칙성을 나타낸다.

⑦ 움직임에 따른 변위(motion parallax): 관찰자가 머리를 돌리거나 움직이면, 관찰되는 물체의 상대적 위치도 변하게 되며, 이러한 변화는 거리의 지각에 영향을 미친다.

　　일반적으로 관찰자가 움직이면 가까이 있는 물체는 빨리 움직이며, 멀리 있는 물체는 상대적으로 천천히 움직이는 것처럼 보인다. 또한 물체가 움직이는 방향과 속도는 관찰자가 어디에 시선을 고정하느냐에 달려있다.

⑧ 친근감(familiarity): 잘 알고 있는 물체의 크기를 지각할 때에는 '친근감'이 크기의 지각에 기여할 수 있다. 그러나 시각적 범위에 내재한 시각적 정보가 우선적으로 지배적인 역할을 하며, 시각적 정보가 확실하지 않을 때에는 이미 알고 있는 기억(친근감)에 따라서 크기를 지각하게 된다.

⑨ 상대적 크기(relative size): 크기가 다른 유사한 형태의 물체가 있을 경우에 큰 물체가 가까이 있는 것으로 느껴지며 작은 물체는 멀리 있는 것으로 느껴진다.

● 상대적 크기

출처: H.R. Schiffman(1976), Sensation and Perception: An Integrated Approach, John & Sons, Inc, p. 283.

또한 크기가 익숙한 물체가 다른 물체와 함께 비슷한 거리에 있을 때에는 익숙한 물체와의 비교에 의해서 다른 물체의 크기를 짐작할 수 있다. 이는 건축 및 조경투시도 설계시 자주 사용되는 기법으로써 익숙한 크기의 사람 또는 자동차를 그려서 다른 건물 또는 수목의 크기를 상대적으로 짐작할 수 있게 해준다.

(2) 양안단서

이상과 같은 단안단서들은 공간지각에 충분한 대부분의 정보를 제공해주고 있으나, 보다 깊이 있는 공간지각을 위해서는 양안단서가 필요하다.

우리가 어떤 사물에 대해 왼쪽 눈 또는 오른쪽 눈을 감고 보는 것과 두 눈을 모두 뜨고 보는 것은 각각 차이가 있게 된다. 즉, 사람의 두 눈은 3차원적인 물체를 지각하는데 있어서 약간씩 다른 상을 받아들인다. 여기에서 상의 차이가 발생하게 되는데, 이러한 상의 차이를 통해서 물체에 대한 깊이를 지각하게 되는 것이다.

따라서 일반적으로 사람은 공간지각을 할 때 두 눈을 이용하여 시각적으로 초점을 맞춘다. 이를 위해 두 눈은 일정 지점의 좌우의 시선이 만나도록 움직인다.

3) 시간의 지각

(1) 생물학적 시간지각과 인지적 시간지각

사실, 시간은 구체적인 물체가 아니라 하나의 개념이다. 인간은 시간의 흐름을 감지할 수 있는 구체적인 감각기관을 가지고 있지는 않다. 다만, 인체의 생리적 순환 또는 환경적 자극에 기초하여 종합적으로 판단하게 된다.[23]

흔히들 어린아이들을 보면 시간지각 능력이 떨어진다고 본다. 예컨대, 놀이공원에서 친구들과 노는 것에 빠져서 해가 진 사실도 지각하지 못하는 경우가 종종 있다. 또 생물학적으로도 나이를 먹어감에 따라 시간이 빨리 지나간다고 느끼게 된다.

① 생물학적 측면: 생물학적 측면에 볼 때, 인체기능의 순환적 특성은 잘 알려져 있는 사실이다. 하루 중의 시간은 식사, 취침 등 인간의 행동에 영향을 미친다. 이러한 생물학적 순환을 '생물학적 시계'(biological clock)라고 부르기도 한다. 그러나 이 생물학적 시계는 정확하지 못하고 경우에 따라서 변화하며 구체적인 시간을 읽기가 어렵다. 그리고 인체의 생리적 상태에 따라 시간의 지각이 달라지는 경우를 볼 수 있다.

예컨대, 대변 및 소변과 같은 생리현상이 심한 경우 그것을 해결하지 못한 상황(수업시간 등)에

---

23 이하 위의 책, pp. 108~111 재인용.

놓이게 되면, 시간이 매우 천천히 지나가게 느끼는 것을 들 수 있다.

② **인지적 측면**: 인간의 시간지각은 생물학적인 요소보다 인지적인 요소가 보다 많이 작용한다고 한다. 이에 따라 오른스타인(Ornstein)은 시간의 경과를 '경험의 차원'에서 보고자 하였으며, 따라서 의식 또는 기억 속에 저장된 정보의 양이 시간의 경과 정도를 결정한다고 하였다.[24]

이를 뒷받침하기 위하여 오른스타인은 9분 20초 짜리의 녹음테이프 세 개로써 실험을 하였다. 각 테이프는 500Hz 소리를 녹음하고 있는데, 1분에 각각 40번, 80번, 120번을 녹음하였다. 이 소리를 들은 피실험자들은 40번 녹음된 테이프가 가장 짧았고, 120번 녹음된 테이프가 가장 길었다고 응답하였다.

한편, 시각적 자극에 대한 실험에서도 유사한 결과가 도출되었다. 즉, 복잡성의 정도가 상이한 불규칙한 선으로 구성된 도형을 각각 30초씩 보여주고 경과시간을 기록하게 하였다. 이 결과 가장 단순한 도형을 보여주었을 때가 상대적 시간경과 비율이 가장 낮은 것으로 나타났다.

위의 두 가지 실험은 피실험자가 시간과 일정한 자극에 주의집중을 동시에 하는 경우이다. 그러나 우리들은 바쁜 일을 하고 난 후 또는 재미있는 영화나 스포츠를 관람한 후에 시간이 보통보다 빨리 흘렀음을 느낀다. 즉, 많은 자극을 받았음에도 불구하고 실제 경과시간보다 짧은 시간이 흘렀다고 느낀다. 이는 흥미있는 자극인 경우 시간의 흐름에 주의집중을 하지 않음으로 인한 결과로 볼 수 있다.

또한 우리는 반대의 경우도 경험한다. 약속시간이 지나서까지 약속한 사람이 나타나지 않을 때 시간이 평소보다 늦게 가는 것처럼 느낄 것이다. 이는 주로 시간에만 주의집중을 함으로써 실제 경과시간보다 더 늦게 시간이 가는 것처럼 느끼는 것이다.

오른스타인의 실험에서 볼 수 있는 바와 같이 흥미성 및 선호도가 비슷한 자극일 경우는 정보의 양이 적을수록 시간경과가 짧게 느껴진다고 할 수 있으나, 정보의 양이 비슷하고 흥미성 및 선호도가 상이한 자극일 경우에는 자극의 흥미성 및 선호도가 높을수록 시간에의 주의집중이 낮고 시간경과가 짧게 느껴진다고 할 수 있다.

● **정보량과 흥미성에 따른 시간경과의 지각**

구분	흥미성 낮음	흥미성 높음
정보량 많음	아주 길게 느껴짐(지루한 강연 등)	짧게 느껴짐(야구, 축구경기 몰입 등)
정보량 적음	길게 느껴짐(사람 기다리기 등)	아주 짧게 느껴짐(컴퓨터 게임 등)

출처: 임승빈(2007), 환경심리와 인간행태: 친인간적 환경설계연구, 서울: 보문당, p. 111.

---

24 H.R. Schiffman(1976), op. cit., p. 358.

(2) 도시환경의 시간성

인간이 살아가는 환경에서 공간(空間)과 시간(時間)의 지각은 별개의 과정으로 볼 수 있으나 이 둘은 상호 관련성이 깊다. 공간과 시간이 자연스럽게 조화를 이룸은 바람직한 인간환경 조성을 위한 필수조건이라고 할 수 있다.[25]

사실, 인간이 살아가는 도시환경은 시간 및 계절의 경과에 따라 지각되는 상황(긍정적 환경 또는 부정적 환경)이 극단적으로 나타날 수도 있다. 즉, 낮과 밤의 도시환경, 봄·여름·가을·겨울의 도시환경, 화창한 날과 비오는 날의 도시환경에 대한 인간의 지각은 매우 다르다고 본다.

예컨대, 낮에는 도시가 평화로워 보여도 밤에는 공포와 두려움으로 가득 찬 도시로 지각될 수도 있을 것이다. 또 이와 같이 지각된 도시환경의 호불호가 범죄발생의 정도와 관련성이 있는지의 여부를 살펴보는 것도 의미가 있다고 본다.

요약건대, 인간을 포함한 모든 환경은 시간성을 지닌다. 인간은 과거의 추억과 미래의 희망을 가지고 현재를 살아간다고 볼 수 있다. 인간은 도시 내에서 시간의 흐름을 지각하고, 시간의 지각은 적절한 행동을 위한 바탕을 마련한다. 예컨대, 변화된 도시환경을 보고 변화되기 전의 환경을 회상하면서 시간의 흐름을 느낀다. 논과 밭이었던 곳에 아파트가 들어섰다면 논과 밭을 기억하고 있는 사람은 아파트를 보면서 세월의 흐름을 느낄 것이다.

(3) 환경설계와 시간성

인간과 환경은 숙명적으로 시간성을 지닌다. 시간의 흐름에 따라 인간은 끊임없이 움직이며, 환경 또한 끊임없이 변화해간다. 끊임없이 변화하는 환경 속에서 인간이 과거-현재-미래의 시간적 상황을 명료하게 파악할 수 있으며, 동시에 시간의 흐름에 따른 인간의 연속적 행동이 보다 원만히 이루어질 수 있도록 함이 환경설계에서 추구하는 바라 할 수 있다. 이러한 관점에서 린치(Lynch)는 시간성을 고려한 환경설계의 측면을 다음과 같이 열거하고 있다.[26]

① 시간의 구성: 도시의 성장, 발전 또는 침체로 인하여 도시에는 시대적 유산이 계속적으로 축적된다. 이러한 결과로 도시의 각 부분은 서로 상이한 시간을 대표하는 것이 보통이다. 이러한 상황에서 도시에 가해지는 변화(도시설계, 재개발, 문화재 복원 등)를 계획할 때 시간성의 고려는 필수적이다.

이 경우 시간성의 점진적 변화 또는 극단적인 대비를 추구할 수 있다. 점진적 변화는 오래된 건물 또는 공간과 현대식 건물 또는 공간 사이에 완충적인 건물 또는 공간을 설정하는 것이다.

---

25 임승빈(2007), 앞의 책, p. 112.
26 위의 책, pp. 114~116 재인용.

대비효과를 추구할 경우에는 오래된 것과 현대적인 것을 인접하여 위치시킨다. 이때 오래된 것과 새로운 것을 단순히 섞어 놓은 것이 아니고, 각각이 보다 풍부한 의미를 지니며 동시에 전체적으로 짜임새 있는 하나가 될 수 있도록 해야 할 것이다.

◎ 도시의 다양성을 통한 CPTED

제이콥스(J. Jacobs)는 도시의 다양성이 도시의 범죄를 예방할 수 있다는 점을 강조하였다. 도심권 내에 전통적인 건물, 오래된 건물을 무조건 철거하지 말고 주변 환경과 적절하게 조화시킴으로서 도시민들의 정신적 건강에 기여할 수도 있을 것이다. 이를 위해서 그는 다음과 같은 네 가지 조건이 필수적으로 이루어져야 한다고 하였다.

① 지구와 그 내부의 가능한 한 많은 지역이 하나 이상, 가급적이면 둘 이상의 주요기능에 이바지해야 한다. 이로써 각기 다른 일정으로 외출을 하고 서로 다른 목적으로 그 장소에 있지만 많은 시설을 공통으로 이용할 수 있는 사람들이 언제나 확실하게 존재해야 한다.

② 대부분의 블록이 짧아야 한다. 즉, 모퉁이를 돌 기회와 거리가 많이 있어야 한다.

③ 경제적 수익이 다양하도록 하기 위해 상당한 비중의 오래된 건물을 비롯하여 햇수와 상태가 각기 다른 여러 건물이 지구에 섞여 있어야 한다. 꽤 촘촘하게 섞여 있을수록 좋다.

④ 어떤 이유로든 간에 사람들이 충분히 오밀조밀하게 집중되어 있어야 한다. 단순히 주거 때문에 거기에 있는 사람들의 경우에도 마찬가지이다.

출처: J. Jacobs/유강은 역(2014), 미국대도시의 죽음과 삶, 서울: 그린비, pp. 201~211.

---

② **주기적인 변화의 추구**: 시간의 구성은 인접한 환경의 서로 다른 시대적 배경 또는 역사성을 상호 연결시키는 것을 말한다면, 변화의 추구는 일정한 환경을 시간 또는 계절의 주기적 변화에 따라 리듬감 있게 변화시키는 것을 말한다.

이러한 경우의 대표적인 예는 낙엽수에서 찾아 볼 수 있다. 낙엽수는 겨울과 여름에 상이한 모습을 보여주지만 각각 논리적으로, 시각적으로 상호 연결되어 있다. 각각의 형태는 모든 사람들에게 익숙하며 나름대로 의미를 함축하고 있다. 이러한 변화의 또다른 예로써, 네온사인 간판도 계절별로 색을 바꾸는 장치를 설치히는 것은 어떠할까. 많은 사람들이 도시를 찾을 수 있도록 변화를 준다면 활력이 넘치지 않을까.

조경가들은 수목 또는 화훼를 배식함에 있어서 꽃의 색깔, 수형, 열매 등의 계절적인 변화를 고려한다. 실내에서는 집안의 행사에 맞추어 또는 계절에 따라 커튼 색깔을 바꾸기도 하며 가구 배치를 달리하기도 한다.

건물외관은 형태자체를 변화시키기는 어려우나 페인트칠 또는 조명 등을 통하여 계절감을 줄 수도 있다. 백화점 또는 광장 등을 크리스마스 때 전등 또는 만국기 등으로 장식하는 것도 이러한 범주에 속한다고 볼 수 있다.

이러한 주기적 변화는 의도적으로 조성할 수도 있으나 사람의 생활을 통해 자연스럽게 이루어지기도 한다. 즉, 도시의 가로에서는 하루 중, 연중 사람의 혼잡도, 옷차림 등이 주기적으로 변화하며 이를 통하여 도시의 생동감을 느끼게 된다. 나무가 옷을 갈아입듯이 도시의 거리도 자연스럽게 변화, 생성되어 가야 할 것이다.

③ **시간성의 강조**: 앞서의 두 경우와 모두 관련이 있으나 조금 다른 측면에서 도시의 시간성을 파악할 수 있는 단서들을 부각시킬 수 있다. 조경가들은 폭포의 흐름을 강조하기 위하여 시선을 적절히 유도하며 물소리를 이용한다. 마찬가지로 건물의 유리벽은 구름의 흐름을 보여 주며 저녁노을을 반사시켜 시간성을 강조한다.

이러한 시간성의 부각은 도시를 자연과 더욱 가깝게 하여, 풍부한 의미를 전달해주고 궁극적으로 인간행동의 바탕을 형성한다.

④ **움직임의 고려**: 사람은 통로를 따라 움직이며 환경을 경험한다. 이러한 연속적인 공간경험이 축적되어 장소에 대한 이미지가 형성된다. 이러한 것을 착안하여 공간을 부호화하고 이를 이용하여 연속적 경험을 유도할 수도 있다.

도시가로, 공원보행로 또는 기념적 공간의 선형적 구성과 리듬과 통일성 그리고 변화를 줄 수 있는 방안을 환경설계가들은 오래 전부터 추구해 온 것이 사실이다. 이와 같은 움직임에 대한 고려는 환경설계를 위한 시간성의 고려에서 빼놓을 수 없는 요소인 것이다.

4) 의미의 지각

(1) 의미의 지각의 의미

인간이 환경을 지각하고 반응함에 있어서 환경이 지니고 있는 의미를 파악하는 것은 매우 중요한 일이다. 앞에서 언급한 바와 같이 환경지각에 있어서 지원성(affordance)의 개념은 인간이 환경을 지각함에 있어서 '앉을 수 있다', '비를 피할 수 있다'와 같은 환경 또는 대상물의 '기능적 특성'을 지각한다는 것이었다. 이를 좀 더 확대 해석한다면 '기능적 의미'를 지각한다고 볼 수도 있다.[27]

CPTED에 있어서도 이러한 의미를 전달할 수 있는 시설물 및 표지등을 함으로써 잠재적 범죄자에 대한 경고와 잠재적 피해자에 대한 지원성 두 가지 목표를 달성할 수 있을 것이다.

---

27 이하 위의 책, pp. 117~118 재인용.

호주의 안전한 집 표시

서울 마포구 염리동 지킴이 집 표시

출처: 위키백과(https://en.wikipedia.org)(좌). http://www.samsamstory.com/1875(우).

의미를 전달하는 대상물의 형태와 형태가 지닌 행위적 의미의 일치성은 중요하다. 잘못된 또는 부적절한 환경 또는 건축물과 시설물은 잘못된 의미를 전달하거나 지각 자체를 못할 수도 있다.

(2) 환경적 의미의 전달

인간은 환경을 세부적으로 분석, 평가하기 전에 총체적, 감정적으로 대응하며, 이러한 총체적, 감정적 반응은 인간 자신에게 전달되는 행위적 의미에 기초를 둔다. 여기서 환경의 의미는 깁슨 (Gibson)이 주장한 기능적 특성(지원성)의 개념으로 볼 수도 있으며, 의미 전달과정에서 개인의 역할을 강조하게 되면, 브룬스윅의 렌즈모델과 근접하게 된다.

① 의미와 기능: 의미와 기능은 밀접한 관계가 있다. 일반적으로 의미는 기능의 내용을 포함하는 것이 보통이다. 예컨대, 하나의 승용차가 있을 때 이 승용차는 사람을 태우고 목적지에 도달한 다는 기본적인 기능을 가지고 있다. 이 경우에 한 사람이 승용차를 보고 느끼는 의미는 '타고 어디론가 갈 수 있다'라는 승용차의 기능과 관련된 행위적 의미가 기본적인 사항이 된다. 그리고 일정 환경 또는 사물의 의미나 기능은 대개의 경우 단 한 가지가 아니고 복합적인 의미나 기능을 지니는 것이 보통이다.

생각건대, 어떠한 환경 또는 건축물은 본연의 목적을 가지고 있다고 본다. 이 본연의 목적은 여러 가지 기능을 수행한다. 예컨대, 주거의 경우 가족들에게 휴식, 편안함, 공동체의식 등의 기능을 하며, 아울러 범죄예방 등 안전성확보의 목적도 가지고 있다. 한편, 어떠한 구조물 또는 시설물은 범죄예방의 특정 목적을 가지고 있는 것도 있다. 예컨대, CCTV 등은 그러한 용도로 널리 활용된다. 즉, 어떠한 출입이 개방된 건물 내부에 낙서나 쓰레기 투기, 방뇨 등 일탈행위

방문자의 얼굴이
이 CCTV에 녹화되고 있습니다.

출처: http://cafe.daum.net/ytkm9/IRKN.

가 빈번하게 일어나는 곳에 CCTV를 설치함으로써 일정한 억제효과를 기대할 수 있을 것이다. 아울러, 벽면에 일정한 '경고 내용'을 표지판으로 부착한다면 그 효과는 더욱 높아질 수 있을 것이다. 심지어는 진짜 CCTV가 아닌 가짜 CCTV만 설치하여도 그러한 효과를 기대할 수 있다.

② 표면적인 기능과 잠재적인 기능: 기능적 관점에서 보면, 표면적 기능과 잠재적 기능으로 나누어 볼 수 있다. 표면적 기능은 눈에 보이는 확실한 기능을 말하며, 앞에서 설명한 승용차의 예를 들면 '사람의 수송'이 이에 속할 것이다. 이때 승용차는 수송의 기능 외에 소유주의 사회적 또는 경제적 지위를 나타낸다는 부수적인 기능이 있으며 이를 잠재적 기능이라고 할 수 있다.

어떠한 건물에 특별한 울타리는 설치되어 있지는 않지만 주변 보행자길 및 도로와 구분되는 화단 및 조형물 등을 조성하는 것은 표면적으로는 미(美)적인 것을 관계자들에게 제공하는 기능을 가진다. 그러나 잠재적으로는 화단 및 조형물 등은 사적공간(私的空間)과 공적공간(公的空間)을 구분해주는 경계로 일종의 '영역성'(領域性)을 형성해줌으로써 외부인들이 이를 지각할 수 있도록 해주는 기능을 한다고 볼 수 있다.

③ 지각적 의미와 연상적 의미: 의미의 측면에서 본다면 지각적 의미와 연상적 의미로 구분할 수 있다. 지각적 의미는 환경 또는 대상물에 대한 지각을 통하여 받아들이는 1차적 의미를 말한다. 이는 표면적 기능과 관련성이 많다. 승용차를 예로 든다면, 1차적으로 느끼는 수송의 의미가 이에 해당된다고 볼 수 있다.

연상적 의미는 지각적 의미에서 한 단계 더 들어가 환경 또는 대상물이 함축하는 바를 의미한다. 따라서 잠재적 기능과 관련성이 많으며 승용차가 함축하고 있는 소유주의 사회적 또는 경제적 지위가 이에 해당된다고 볼 수 있다. 분수에 맞지 않는 차량을 소유할 때 또는 지나치게 고가의 차량을 소유하게 되면 오히려 폐단이 생길 수도 있다. 예컨대, 금전적인 것을 목적으로 하는 강도나 절도범 등은 잠재적 피해자를 물색할 때, 여러가지 변수들이 고려되지만 경제적인 능력은 중요한 고려사항이 된다고 본다. 따라서 범죄피해의 가능성이 높은 환경에서 고가의 외제차를 타고 다님으로써 범죄를 당할 가능성이 있다고 본다.

⚠ 여성약사 납치살해 사건

지난 2006년 전북에서 여성약사 황모씨(41)를 납치해서 돈을 빼앗은 뒤 살해한 용의자들이 범행 58일 만에 체포되었다. 교도소 동기인 형모씨(34. 무직)와 신모씨(31. 무직), 그리고 납치에 가담한 장모씨(31. 공사장 인부)는 9월 28일 낮 12시경 황모씨의 약국 뒤편 아파트 주차장에서 미용실에 가기 위해 BMW 530 승용차를 타려던 황모씨를 납치 살해하였다.

경찰조사과정에서 이들은 다방 운영자금을 마련할 목적으로 범행을 저질렀으며, 양국을 경영하고 수입차를 타고 다니는 황모씨가 현금이 많을 것으로 생각해 범행대상으로 삼은 것으로 나타났다. 이들은 이후 20여 차례에 걸쳐 황모씨를 미행하여 동선(動線)을 파악하고 예행연습까지 한 것으로 밝혀졌다.

출처: http://blog.daum.net/iamguilty/8935567.

생각건대, 환경과 인간 사이에는 무언의 의미전달이 이루어지고 있다고 할 수 있다. 즉, 인간은 환경 내에서 환경의 기능 및 의미를 파악함에 있어서 말을 사용하지 않고 오관(五觀)을 이용하되, 오관 중에서도 주로 시각(視覺)에 의존하게 된다.

전통적으로 환경설계가들은 1차적이며 직접적으로 파악되는 지각적 의미에 주로 관심을 가져왔다. 그러나 이용자 또는 일반대중이 환경으로부터 의미를 전달받고 행동함에 있어서는 직접적인 지각적 의미뿐만 아니라 연상적 의미도 중요한 역할을 한다. 따라서 환경설계가들은 환경과 인간행동 사이에 발생하는 무언의 의미전달과정에서의 '연상적 의미'에도 많은 관심을 기울여야 할 것이다.

5) 시각적 선호

(1) 시각적 선호의 의미

시각적 선호는 시각적 환경에 대한 개인의 또는 일정 집단의 호불호(好不好)라고 할 수 있다. 따라서 일반적으로 환경적 자극과 시각적 선호의 관계성에 관한 연구는 환경의 미적 질을 높이는 문제와 직접적으로 연결된다. 즉, 아름다운 환경이라 함은 시각적 선호가 높은 환경이라고 말할 수 있다.[28]

---

28 이하 위의 책, pp. 131~132 재인용.

사실, 환경적 자극은 인체의 오관 즉, 시각뿐만 아니라 청각, 후각, 미각, 촉각을 통하여 들어오는 정보가 종합되어 나타난다. 그런데, 이러한 오관 중에서 시각적 전달이 일반적으로 가장 중요한 역할을 한다. 인간의 환경지각 가운데 87%가 시각에 의존하는 것으로 알려져 있다.[29] 물론, 소리(도심지의 소음, 새소리, 물소리 등), 냄새(음식냄새, 꽃향기, 매연냄새 등) 등이 환경의 질을 좌우할 수도 있지만, 일반적으로는 시각적 전달이 환경에 의한 자극의 질을 좌우하는 주요 인자가 된다고 볼 수 있다.

뭉크의 절규(The Scream, 1895)	군산 히로쓰 가옥의 나무벽

출처: 현대인의 불안감을 표현한 뭉크(E. Munch, 1863~1944)의 작품(좌). 중앙일보(2016.02.29.)(우).[30]

⬥ 두려움의 근원

제가 세상에서 가장 싫어하는 것이 두 가지 있습니다. 하나는 바이킹을 타는 것이고 다른 하나는 공포영화를 보는 것입니다. 특히 일본 공포영화를 제일 무서워해서 TV에서 뭔가 그런 것을 방영하고 있다 싶으면 재빨리 채널을 돌려버립니다. 그런데 예전에 베이징에 출장가서 호텔에 묵고 있을 때였습니다. 혼자 심야에 침대에 누워서 무심코 채널을 돌리고 있었는데, 아뿔싸 채널이 돌아가자마자 검은 우물이 나오는 것입니다. 순간 손은 얼어붙은 듯 움직이지 않았고 저는 그 우물에서 기어 나오는 귀신을 보고 말았습니다. 영화 <링>이었습니다. 한 번 보니 끝날 때까지 못 돌리겠더군요. 친구들과 같이 보는 것도 꺼리는 귀신영화를 심야에 혼자서, 그것도 타국의 호텔 방에서 보다니 최악이었습니다. 한

---

29 A. Correy(1983), "Visual Perception and Scenic Assessment in Australia", IFLA Yearbook, pp. 181~189.
30 군산에는 일제점령기 때 만들어진 근대문화 유산이 많다. 사진은 군산시 신흥동에서 포목점을 운영했던 일본인 상인 히로쓰 게이샤브로가 지은 가옥의 한 부분이다. 나무 판자에 박힌 못에서 흘러나온 녹물과 검은 곰팡이가 만든 형상이 노르웨이 화가 뭉크의 '절규'를 닮은 듯하다. 문득 일제강점기에 신음하던 민초들의 신음소리가 들리는 듯하다. 중앙일보(2016.02.29.).

동안 긴 머리 소복 귀신의 잔상에 시달리던 저는 곰곰이 생각해보았습니다.

공포의 본질은 무엇일까, 왜 똑같은 공포영화인데 미국보다 일본 것이 더 무섭게 느껴질까. 그것은 바로 '정보의 부재'입니다. 영화 초반부 평온하게 영화를 시청하던 관객들이 긴장하기 시작하는 것은 화면에 주인공의 얼굴만 클로즈업으로 비치고 주위가 보이지 않을 때 부터입니다. 뭐가 튀어나올지 정보가 차단되는 것입니다. 우물을 비쳐도 속이 검어 들여다보이지 않게 합니다. 시각정보 부재를 이용하는 것이지요. 일본 영화가 더 무서운 것도 같은 원리입니다. 미국 영화보다 훨씬 더 정보가 절제되고 차단되어 있습니다. 심지어 대사도 적고 여운을 남기는 게 보통입니다. 그렇습니다. 공포의 본질은 '정보 부재에 대한 불안'인 것입니다. 고문을 하는 사람들은 그 희생자들의 공포를 극대화하기 위해 눈을 가린다고 합니다. 고통은 무엇이 올지 몰라 불안해할 때 최고조에 이릅니다.

사람은 보고, 듣고, 만지고, 맛보고, 냄새 맡는 오감을 통해 주위와 상황의 정보를 얻고, 또 그 정보에 의지해 심리적 안정을 찾는 존재입니다. 그런데 이 '정보 부재'라는 동전은 아주 중요한 뒷면을 가지고 있습니다. 모든 두려움의 이면에는 '영원과 만날 기회'가 아로새겨져 있습니다. 하늘이 우리에게 말씀하시는 순간은 '정보 부재'로 불안해하고 두려워할 때입니다. 삶의 진리는 배부른 사람에게, 그러니까 오감으로 파악한 정보에 의지하여 인간적인 확신에 차 있는 사람에게는 모습을 드러내지 않습니다. 영적이고 지혜로운 사람은 그 비밀을 알고 자원해서 오감 정보 부재의 상황으로 들어갑니다. 그래서 때론 도시의 소음이 없는 깊은 숲을 찾고, 불을 끄고 조용히 묵상하고, 기도할 때 눈을 감습니다. '거룩한 두려움' 속으로 자진해서 들어가는 것입니다. 공포는 기피대상이 아닙니다. 우리의 공포는 사실상 영원을 만나는 유일한 창이자 절호의 기회인 것입니다.

출처: 문단열씨의 책 『단열단상』중 '두려움의 근원'에서[31]

시각적 선호라는 것은 '쾌락감'의 일종으로서 시각적 환경에 대한 호불호를 말하는 것이다. 일정한 환경에서 시각적 질은 이용자들의 그 환경에 대한 시각적 선호에 달려있다고 할 수 있다.

범죄자들의 관점에도 시각적으로 선호하는 환경이 존재한다. 즉 자신들이 범죄를 저지르는데 유리한 시각적 조건이 범죄의 성공확률을 높여줄 것이고, 따라서 그러한 환경이 조성되었을 때, 범죄자들은 쾌락감을 느끼고 범행을 자행할 것이다.

많은 환경설계가들 또는 환경디자이너들은 자신들의 미적(美的) 감각이 일반대중보다 뛰어나다고 생각하여 자신들의 미적 가치를 환경설계에 반영시키는 경우가 일반적이다. 따라서 실제 이용자(도시 시민, 내부 직원, 고객 등)의 시각적 선호 또는 미적 가치가 설계에 반영되지 못하는 경우가 적지 않다. 그러나 환경설계 프로젝트의 규모가 점점 대형화하고, 대중을 위한 프로젝트가 증대하고 있는 현대사회에서 일반대중의 미적 가치를 설계에 반영시켜야 한다는 것은 당연한 일이다.

---

31 http://cafe.daum.net/109throom/ABlS.; 장은서(2012), "한국 범죄스릴러 영화에 나타난 폭력성 표현에 대한 연구: 시각적, 청각적 폭력성을 중심으로", 홍익대학교 영상대학원 석사학위논문.

사실, 지나치게 미적 가치만을 강조하다보면, 실용적인 부분이 심각하게 떨어지는 경우도 있다. 이는 잘못된 건축설계라 할 수 있다. 또 그것으로 인해 도시황폐화, 건축황폐화, 범죄의 온상이 될 수도 있을 것이다.

환경설계가들은 일반대중의 미적 가치에 부응하는 환경을 조성하여야 하는 역할 이외에도, 보다 이상적인 미적 환경을 창조하여 대중의 미적 수준을 고양시켜야 하는 역할도 지니고 있다. 그러나 이상적 환경을 창조함에 있어서도 설계가의 독단에 의하지 않고, 몇 개의 대안을 제시하여 이용자로 하여금 선택할 수 있도록 함이 바람직하다.

(2) 시각적 선호를 결정짓는 변수

이러한 시각적 선호를 결정짓는 변수는 크게 물리적 변수, 상징적 변수, 그리고 개인적 변수로 나누어 볼 수 있다.[32]

① 물리적 변수: 일정한 환경에서 물리적 구성요소들이 시각적 선호에 영향을 미친다는 것은 분명

브라질 쿠리치바 생태도시	중국 네이멍구의 유령도시

출처: http://blog.daum.net/kedo1880/6982868(좌).[33]; 한국일보(2012.07.25.)(우).[34]

32 임승빈(2007), 앞의 책, pp. 133~136.
33 친환경도시(1인당 녹지 면적 약 54m²) 쿠리치바(Curitiba)는 브라질 파라나 주의 주도이다. 이 도시는 해발 932m의 고지에 자리 잡고, 인구 약 326만 명(2009년 현재)이르는 브라질 남부의 정치, 경제, 문화의 중심지이다. 이 도시는 개발도상국의 전형적인 대도시였지만, 혁신적인 대중교통 체계와 보행자 중심의 녹색 교통시스템을 운용하여 새로운 도시로 거듭남에 따라 국제사회의 주목을 받고 있다. 쿠리치바는 '지구에서 환경적으로 가장 올바르게 사는 도시', '세계에서 가장 현명한 도시' 등으로 지칭되며, 국제 연합 환경 계획(UNEP)을 비롯한 많은 국제기구와 연구소 등에서 개발도상국의 대표적인 도시발전 사례로 꼽고 있다. 한편, 이명박정부 때 쿠리치바를 벤치마킹하여 대한민국 수도 서울의 교통시스템을 개선하여 현재에 이르고 있다. 위키백과(https://ko.wikipedia.org).; 다음백과(http://100.daum.net/encyclopedia).
34 중국 네이멍구(內蒙古) 자치구에 '유령도시'가 있다. 석탄과 가스자원이 풍부한 중국 지하자원의 보고(寶庫) 오

한 사실이다. 이들 물리적 변수로서는 식생, 물, 지형 등을 들 수 있다. 예컨대, 자연경관에서 식생, 물, 지형 등의 다양성이 증가하면 시각적 선호도도 그에 따라서 증가한다. 그러나 이들 양자의 관계는 직선이 아닌 비직선(non - linear)인 관계가 있음이 밝혀지고 있다. 이밖에도 색채, 질감, 형태 등을 들 수 있다. 환경디자이너들은 이들에 대하여 많은 관심을 가지고 실무 경험을 토대로 한 연구를 하였으나, 이들은 거의 모두가 경험이나 직관에 의지한 것이므로 과학적이고 합리적인 토대가 약하다고 할 수 있다.

환경설계가들은 이들 물리적 변수들의 적절한 결합을 통하여 시각적으로 높은 질의 환경을 추구하므로 이들 물리적 변수와 시각적 선호의 관계를 파악하는 것은 매우 중요하다.

② 상징적 변수: 일정한 환경에 함축된 상징적 의미 역시 시각적 선호에 영향을 미치고 있다. 이러한 상징적 변수에 관한 연구는 시각자원관리 분야에서 많이 이루어지고 있다. 예컨대, 수경관 (水景觀)을 보여주는 동일한 슬라이드에 '호수'(lake), '저수지'(reservoir)로 각각 이름을 붙여 그 선호도를 비교한 결과 호수라고 한 경우에 시각적 선호도가 더 높은 것을 발견하였다. 이와 유사한 방법으로 '자연림'과 '수목농장'으로 명명하여 비교한 결과 자연림이 더 높은 선호도를 보였다.

● **부산 구명동 치안올레길(1)**

출처: http://blog.naver.com/lovetll101/220155050256.[35]

르도스 지역에 들어선 신도시 캉바시가 바로 그곳이나. 부동산 거품이 한창일 때 건설한 이 도시에 정작 사람을 찾아보기 힘들다. 30㎢의 면적에 100만 명의 인구를 예상하고 건설되었는데, 4년이 지난 현재에도 공식인구는 3만 명에 불과하고 실제 거주인구는 이보다 훨씬 적을 것으로 추정된다. 가장 큰 이유는 사막 한가운데 덩그러니 들어서 주변으로 나가는 도로도 제대로 갖추지 못했고, 각종 편의시설도 운영되지 않아 거주하기 힘든 탓이다. 또 다른 이유로 중국부동산 가격의 급등을 들고 있다. 전문가들은 캉바시 같은 유령도시가 중국 내에 10곳 이상 있을 것으로 추정하고 있다. 한국일보(2012.07.25.)

35 부산시 북구 구포2동에 위치한 구명(龜明) 행복마을의 치안올레길 표시 및 전경이다. 구포역 인근이 밤에 위험하다는 소문이 많이 나고 있는데, 이러한 부정적 이미지를 쇄신하기 위해 깨끗하고 안전한 치안 올레길을 만들게 되었다. 골목의 꺾어지는 부분마다 비상호출 버튼이 설치되어 있어 경찰이 출동할 수 있도록 되어 있다.

출처: http://polinlove.tistory.com/3721.

한편, 환경디자이너 역시 물리적 환경의 상징적 의미에 관하여 많은 연구를 하고 있다. 디자인에서 상징적 의미의 고려는 종교적 또는 기념적인 건축, 광장 등의 설계와 직접적인 관련이 있다. 이들은 보통 전쟁, 평화, 번영 등의 상징적인 의미를 함축하게 된다. 예컨대, 거리의 이름, 마을 이름 등을 구성원들이 선호하는 또는 호감을 갖는 이름으로 명명하는 것은 매우 중요한 의미가 있다고 본다.

이처럼 물리적 환경은 개인에게 일정한 상징적 의미로 지각되며, 이러한 상징적 의미가 결과적으로 시각적 선호에 영향을 미치게 된다. 따라서 일정한 장소나 건물의 설계시 그 장소나 건물이 내포하여야 하는 상징적 의미를 표현하는 것을 중요한 일이다.

③ 개인적 변수: 개인적 변수는 개인의 연령, 성, 학력, 성격, 순간적인 심리상태 등에 관계된다. 시각적 선호는 개인이 느끼는 호불호의 감정이며, 이는 개인마다 차이가 있을 수 있으므로, 시각적 선호를 연구하는데 있어서 사실상 가장 어렵고 중요한 변수라고 할 수 있다. 개개인의 시각적 선호를 다루는 데는 어려움이 많으므로 일단 집단 상호간의 시각적 선호에 대한 연구가 많이 이루어져 왔다.

사실, 모든 일반대중에게 공통되는 미적 가치를 찾아낸다는 것은 매우 어려운 일이지만, 일정 집단 내에서는 많은 유사성을 보여주고 있다. 그리고 일정한 사회적 집단 내에서 그리고 일정한 문화적 집단 내에서 집단구성원 간의 높은 유사성이 발견되고 있다. 따라서 모든 대중에게 공통되는 미적 가치는 찾기 힘들다 할지라도 일정 이용자 집단을 대상으로 이들의 공통적인 미적 가치를 찾아내어 설계에 반영시키는 것은 가능하다고 본다.

이러한 인간의 시각적 선호를 측정하는 방법은 ㉠ 행태적 측정(관찰시간, 선택 등), ㉡ 정신생리측정(뇌파측정 등), ㉢ 구두측정 등이 있다. 예컨대, 고령자들이 주로 사용하고 있는 지역, 젊은 세대들이 살고 있는 지역 등으로 유형화 하여 이들을 대상으로 공통적으로 나타나는 시각적 선호를 파악할 수도 있을 것이다. 이는 지역의 공공기관 또는 상업시설(어린이 시설, 병원, 커피숍, 식당 등)을 대상으로도 파악할 수 있을 것이다.

(3) 환경설계에의 응용

이러한 시각적 질의 절대적 측정은 사실상 어려우며 다만 상대적 측정은 가능하다고 본다. 시각적 질은 주관적 가치이므로 어느 것이 절대적으로 좋다 또는 나쁘다고 말하기는 힘들다. 그러나 일정한 집단이 어떤 대상을 좀 더 좋아하거나 싫어한다고 이야기할 수는 있을 것이다.

이러한 점을 고려하여 어떠한 지역과 장소에 대해 일정한 규모로 세분화하고 각 지역과 장소의 시각적 선호도를 계량화한다면, 선호도에 따른 도면화가 가능할 것이다. 아울러 몇 가지 설계안을 놓고 시각적 질의 측면을 비교한다면 합리적인 선택이 가능할 것이다. 또한 시각적 선호를 예측할 수 있는 모델을 개발할 수도 있을 것이다. 이는 시간과 비용 등이 많이 들 수 있지만 물리적, 상징적, 개인적 변수 등을 모두 고려하여 적절한 환경설계를 할 수 있을 것이다.

SECTION 03 환경에 대한 인간의 인지

1. 환경인지의 의의

환경인지(環境認知, Environmental Cognition)는 사람들이 환경에 대하여 지니고 있는 앎, 인상, 정보, 이미지, 믿음 등과 관련된다.[36] 환경인지는 공간적인 면에서 국가, 지역, 도시 등과 같이 주로 대규모 환경과 관련되지만 건물내부 또는 건물사이의 공간 등과 같이 소규모 환경과도 관련된다. 아울러 자연환경 및 인공환경을 포함하여 물리적, 사회적, 문화적, 정치적, 경제적인 것 등 인간환경 모두에 관련된다. 그리고 환경인지는 환경에 대한 정보와 이미지뿐만 아니라 환경의 성격, 구조 등에 대한 인상 및 이와 관련된 의미, 중요성, 상징성 등을 포함하고 있다.

앞에서 살펴본 환경지각은 인간이 '환경을 어떻게 받아들이느냐'에 초점을 맞추고 있다면, 환경인지는 지각된 정보의 해석, 평가, 수성을 통하여 인간의 머리 속에 '무엇'이 들어있느냐에 보다 초점을 두고 있다고 볼 수 있다.

---

36 G.T. Moore & R.G. Golledge(1976), op. cit.; 임승빈(2007), 앞의 책, p. 63.

2. 인간의 성장에 따른 공간인지

인간이 대규모 환경 속에서 사물의 위치 및 거리에 관한 공간인지 능력은 태어날 때부터 타고난 것이 아니라 성장하면서 점차적으로 형성되는 것인데, 이를 세 단계로 나누어 볼 수 있다.[37] 따라서 범죄예방 환경설계에 있어서도 이러한 연령에 따른 이러한 환경인지능력을 충분히 고려해야 한다.

1) 자아중심단계

첫 번째 단계는 자아중심적(自我中心的, egocentric orientation) 단계이다. 네 살 미만의 어린이들은 자신의 위치 또는 움직임을 중심으로 공간을 인식한다. 이 경우 환경은 주로 통행로를 중심으로 한 '움직임의 통로'로 이해되며, 어떠한 랜드마크(landmark)는 독립적인 의미를 지니지 못하고, 단지 '움직임의 통로'와의 관계성만을 지닌다. 이러한 초보적인 공간인지는 두 지점을 연결하고 방향감각 정도를 가지는 정도라고 할 수 있다.

따라서 네 살 미만의 어린이들의 안전성을 확보하고자 하는 경우에는 이러한 점을 고려하고, 아울러 보호자에 대한 배려가 동시에 이루어질 수 있도록 하는 환경설계가 이루어져야 할 것이다.

또한, 매우 드물겠지만 자아중심적 사고를 가진 잠재적 범죄자 즉, 지극히 지적수준이 낮고, 환경에 대한 인지능력이 떨어지는 범죄자에 대해서는 어떠한 환경설계를 통한 예방조치를 취한다는 것은 어렵다고 본다.

2) 고정된 위치 인지단계

두 번째 단계는 고정된 위치(fixed reference system)를 인지하는 단계이다. 보통 네 살에서 일곱 살 사이에 형성된다. 이 단계에서는 환경 내의 고정된 물체(건물, 담장, 가로등과 같은 랜드마크 등)를 방향을 찾기 위한 기준으로 이용하는 능력을 갖게 된다.

그러나 환경 내의 여러 랜드마크 상호간의 단일한 위치체계를 인지하지는 못하며, 각각의 랜드마크는 상호 독립된 좌표체계를 갖춘 것으로 인지하기 때문에 정확한 거리 및 상대적 위치감각이 불안정하다.[38] 바꿔 말하면, 주변 환경물들(즉, 랜드마크)을 통해서 내가 서 있는 위치를 인지할 수는 있는데, 그것

---

37 N.R. Feimer(1981), "Environmental Perception and Cognition in Rural Context", in A.W. Childs & G.B. Melton (eds.), Rural Psychology, N.Y.: Plenum Press.; 임승빈(2007), 앞의 책, pp. 64~65 재인용.

38 랜드마크(landmark) 또는 경계표(境界標)는 원래 탐험가나 여행자 등이 특정 지역을 돌아다니던 중에 원래 있던 장소로 돌아올 수 있도록 표식을 해둔 것을 가리키는 말이었다. 그러나 오늘날에는 뜻이 더 넓어져 건물이나 상징물, 조형물 등이 어떤 곳을 상징적으로 대표하는 의미를 띨 때 랜드마크라고 부르게 되었다. 위키백과(https://ko.wikipedia.org).

을 기준(즉, 단일좌표체계)으로 전체를 인지하지는 못하는 상태이다. 이 경우 시내의 이곳 저곳을 다니게 되면(극장에도 가고, 식당도 가고, 공원에 가고) 전체적인 차원에서 공간을 인지하지 못한다는 것을 의미한다.

3) 단일좌표 인지단계

세 번째 단계는 공간에 관한 단일좌표체계(coordinated system)를 인지하는 단계이다. 보통 아홉 살에서 열두 살 사이에 형성된다. 이 단계에 이르면, 어린이들은 자신의 위치나 움직임에 관계없이 공간 내 구성요소 상호간의 관계를 파악할 수 있게 되어 거리 및 상대적인 위치에 대한 감각을 지니게 된다.

이상과 같은 세 단계의 발달단계에 대해서 대부분의 학자들은 일치된 견해를 보이고 있으나 연령구분에 있어서는 다소 이견이 있다. 사실, 공간인지 능력은 개인차가 존재한다고 본다. 따라서 성인이 되어서도 공간 감각이 떨어지는 사람은 주변상황에 대한 파악을 잘 하지 못하는 경우(길을 잃어버리는 경우 등)가 있다. 그리고 노인이 되어 뇌손상(치매 등)의 문제로 이러한 능력이 저하된다고 볼 수 있다.

⚠ **CPTED 적용의 어려움: 고령화사회와 치매노인의 증가**

우리나라 치매환자가 2015년 현재 약 45만 명으로 지난 5년(2011~2015) 동안 16만 여명(56%) 증가한 것으로 나타났다. 80세 이상 노인 5명 중 1명이 치매를 앓고 있는 셈이다. 지난 2016년 4월 17일 건강보험심사평가원의 건강보험 및 의료급여 심사 결정 자료에 따르면, 치매환자 수가 2011년 29만 4,647명에서 지난해 45만 9,068명으로 급증한 것으로 나타난 것이다. 같은 기간 진료비도 8,655억원에서 1조 6,285억원으로 2배 가까이 증가한 것으로 나타났다.

한편, 2015년 치매환자 중 80세 이상 환자는 25만 5,260명으로, 80세 이상 인구(131만 2,000명)의 19%에 이르고 있다. 이는 5년 전보다 11만 7,410명(85%)이 증가한 수치이다. 연령별로 놓고 보면 80대가 42.8%(20만 6,190명)로 가장 많았고, 70대(35.6%) 90세 이상(10.2%) 60대(8.7%)가 그 뒤를 이었다. 노인에게 흔한 질병이지만 50세 미만 환자도 0.5%를 차지하고 있다.

출처: 한국일보(2016.04.17.).

---

3. 공간인지의 구체화

인간이 물리적 환경(도시, 지역, 건물 등)에 대해 지각·인지하는 과정에서 과거의 경험 및 개인적 특성에 따라 나름대로 여과하는 과정을 거친다. 인간의 감각기관은 환경 구성요소 전체를 동시에 인지할 수는 없으며, 감지된 자극이라 할지라도 특별한 경우를 제외하고는 곧 잊어버리는 경우가 많다. 물리적 환경요소 가운데 강한 인상 또는 어떠한 의미를 주는 요소는 기억 속에 오래 남아 있으나 그렇지 않은 경우는 곧 지워져 버린다. 또한 기억 속에 남아 있는 물리적 환경요소들의 공간적 상관관계는 실제 환경의 공간적 상관관계와 반드시 일치하는 것은 아니다. 오히려 사람들마다 다소 변형된 상관관계를 인지하고 있는 것이 보통이다.[39]

그렇다면, 인간은 물리적 환경에서 어떠한 요소들을 더욱 강하게 인지하며, 요소 상호간의 공간적 관련성을 어떻게 인지하게 되는가? 이와 같은 공간인지를 구체화하기 제안된 방법이 '인지도'(認知圖, cognitive mapping)이다. 이는 인지된 물리적 환경이 머리 속에 어떠한 형태로 존재하는가를 '인지도'를 통하여 미루어 짐작하고자 하는 것이다.[40]

린치(Lynch)는 이러한 인지도를 통하여 도시환경의 인지에서의 주요 요소를 추출하여 도시설계 분야에 많은 기여를 하였다. 이후 스타이니츠(Steinitz)는 도시환경의 물리적 형태의 인식에서 한 걸음 나아가 물리적 형태가 도시 사람들에게 주는 행위적 의미의 중요성을 강조하였다. 즉, 물리적 형태의 인지와 동시에 물리적 형태가 지닌 의미까지도 인지한다는 것이다.

1) 이미지

린치(Lynch)는 도시의 이미지를 연구함으로서 도시 설계의 새로운 측면을 제시하였다. 여기에서 이미지(Image)는 인간환경의 전체적인 패턴에 대한 이해 및 식별성을 높이는데 관계되는 개념이다. 린치는 이미지성(Imageability)을 다음과 같이 정의하고 있다. "관찰자에게 강한 이미지를 줄 수 있는 물리적 사물이 지닌 성질이다....식별성(legibility)이라고 불러도 좋을 것이며, 또 다른 측면에서 가시성(visibility)이라고 부를 수도 있을 것이다."[41]

범죄예방 환경설계 차원에서 볼 때, 이러한 이미지를 통해서 범죄에 취약하게 보이지 않고 주변 지역사회로부터 고립되지 않게 지역사회를 조성할 수 있을 것이다.[42] 바꿔 말하면, 잠재적인 범죄자가 범죄를 실행하기에 용이하다고 인상되는 이미지가 되지 않도록 환경이 설계되어야 함을

---

39 임승빈(2007), 앞의 책, p. 66.

40 이 방법은 인지도를 보고 실제 환경이 어떠한 형태로 인지되었는가를 연구하는 것이므로 인지도가 과연 인지된 내용을 그대로 표현하고 있는가의 타당성 문제가 제기될 수 있으며, 또한 개인별 표현 능력(도면화)에 따른 차이가 문제점으로 제기될 수도 있다. 그러나 이 방법의 타당성 문제는 사실상 증명하기가 거의 불가능하다. 즉, 머리 속에 들어 있는 환경인지의 내용을 알 수 있다면 구태여 인지도가 필요하지 않을 것이기 때문이다. 다만 여러 사람의 인지도가 공통된 패턴을 보인다면, 이 패턴을 근거로 일반화된 설명을 시도할 수는 있다고 본다.

41 K. Lynch(1979), The Image of the City, Mass: MIT Press, p. 9.; 임승빈(2007), 앞의 책, pp. 67~72 재인용.

42 S. P. Lab(1988), Crime Prevention: Approaches, Practices and Evaluation, Cincinnati: Anderson Publishing Co, pp. 17~18.; 최응렬(2006), 환경설계를 통한 범죄예방, 경기: 한국학술정보, pp. 47~48.

의미하는 것이다.

린치는 세 개의 도시에 대한 사례연구를 통하여 도시의 이미지 형성에 기여하는 물리적 요소로서 통로(paths), 경계·가장자리(edges), 지구·지역(districts), 결절점·중심점(nods), 그리고 랜드마크(landmark)의 다섯 가지를 제시하였다.[43] 물론, 이러한 개념들이 다소 모호한 측면이 있고, 경우에 따라서는 중복적인 의미도 가지고 있다고 본다.

그리고 이러한 일정한 물리적 환경은 관찰자의 입장에 따라 상이한 요소로 해석될 수 있다. 즉, 고속도로는 운전자에게는 '통로'로 보일 것이나, 보행자에게는 '경계'(즉, 막다른 가장자리)로 보여 질 것이다. 따라서 이러한 다섯 가지 요소는 일정한 관찰자의 관점에서 그 의미를 갖는다고 볼 수 있다.

● 랜드마크의 예

출처: http://www.samsamstory.com/1875.[44]

2) 형태와 행위적 의미의 일치성

스타이니츠(Steinitz)는 린치의 이미지 개념을 더욱 발전시켜 그래픽 및 상관계수 분석을 통하여 도시환경에서의 '형태(形態, form)와 행위(行爲, activity)의 일치'를 연구하였다.[45]

린치의 연구는 물리적 형태의 시각적 이미지에 주안점을 두었으나 스타이니츠는 물리적 형태

---

43 린치는 도시의 이미지 분석방법으로 두 가지 방법에 의한 결과를 종합하였다. 첫 번째 방법은 훈련된 조사자가 현장관찰을 통하여 도시의 강한 이미지 또는 약한 이미지를 지닌 곳, 일반적 패턴, 부분적 특징 등을 표현하는 지도 및 간단한 보고서를 작성하였다. 두 번째 방법은 도시 시민들 가운데서 표본을 추출하고 도면, 스케치, 설문 등을 통하여 언급된 물리적 요소들의 빈도수, 강한 요소들, 도시구조에 대한 느낌, 종합적 이미지 등을 조사하는 것이다. K. Linch(1979), op. cit., pp. 155~156.; 이후 여러 학자들의 후속연구들을 통해서 린치의 연구결과들을 뒷받침해주고 있다.

44 범죄예방 환경설계 차원에서 이루어진 서울 마포구 염리동 소금길은 가는 곳마다 유난히 눈에 띄는 숫자가 적힌 노란 가로등이 설치되어 있다. 1~69번까지 가로등에 붙어 있는 이 숫자로 위급사항 발생시 위치를 쉽게 파악하여 전달할 수 있어서 '소금 등대'라는 애칭을 갖고 있다.

45 C. Steinitz(1968), "Meaning and the Congruence of Urban Form and Activity", AIP 34(4), pp. 233~248.

와 그 형태가 지닌 행위적 의미(meaning)의 상호 관련성을 주안점으로 하였다. 그는 '행위의 의미를 수반하지 않는 물리적 형태에 대한 지식은 무용한 것'이라고 주장하였으며, '형태에 대한 지식은 그와 연관된 행위를 인지하는데 도움이 되어야 한다'고 하였다.

스타이니츠는 자신의 연구에서 형태와 행위 사이의 일치성(congruence)을 세 가지 유형으로 구분하였다. 타입(type), 밀도(intensity), 그리고 영향(significance)의 일치성이 그것이다.

타입의 일치성은 주어진 형태(건물타입 및 투과성)와 행위의 종류(행위 빈도수)가 함께 나타나는 것을 말한다. 밀도의 일치성은 형태 밀도(공간 및 정보의 밀도)와 행위 밀도(혼합성)의 일치를 의미한다. 영향의 일치성은 노출된 형태(자동차, 지하철, 보행로에 노출된 정도)와 주요 행위(노출된 형태에 의해 영향을 받는 사람의 상대적 숫자와 그 영향의 정도)가 함께 나타나는 것을 말한다.

스타이니츠의 연구는 환경설계에 있어서 공간, 형태, 움직임의 중요성뿐만 아니라 형태가 지닌 행위적 의미성을 보여주고 있다. 단순한 물리적 구성의 차원을 넘어서 행위의 의미를 전달해 줄 수 있어야 바람직한 도시환경이 될 수 있다는 것이다. 이상과 같이 린치와 스타이니츠의 연구는 시각적 환경인지 및 의미를 도시설계에 응용하는데 많은 기여를 하였다. 즉, 실제 도시설계를 위한 기초적인 분석자료를 제공해 주었고, 더 나아가 인간—환경의 관계를 설명하고 이해하는데 도움을 주었다.

3) 자연환경에서의 인지도

그렇다면, 국립공원 등과 같은 자연환경에서도 린치가 제시한 통로(paths), 경계·가장자리(edges), 지구·지역(districts), 결절점·중심점(nods), 그리고 랜드마크(landmark)의 다섯 가지 요소가 동일하게 적용될 수 있을까?

자연환경은 물리적 환경과 동일하지는 않겠지만 어느 정도는 적용이 가능하다고 본다. 예컨대, 국립공원을 돌아보고 나서 또는 등산을 하고 나서 인지정도를 떠올릴 때, 가장 중요한 요소는 통로, 랜드마크, 그리고 지역일 것이다.

먼저, 자신이 지나온 통로(도로, 등산로 등)를 중심으로 공간구조를 파악할 것이며, 통로 주변의 기암절벽, 봉우리 등의 독특한 지형이 랜드마크 역할을 할 것이다. 그리고 식생군(소나무숲 등) 또는 넓은 호수 등이 지역으로 인지될 것이다. 이에 비하여 특별한 경우를 제외하고는 경계·가장자리 및 중심점은 중요성이 덜 할 것으로 보여진다. 물론, 경관단위가 뚜렷이 구별되는 경우(호수와 산, 초지와 성림 등)에는 경계가 인지될 수 있으며, 등산객들이 모이는 절이나 주차장, 광장, 전망대 등은 중심점으로 인식될 수 있을 것이다. 실제로 대학생들이 자연공원을 둘러본 후 그린 인지도에서는 통로로 연결된 랜드마크와 그리고 식생과 지형에 다른 여러 개의 지역이 두드러지게 나

타나고 있다.[46]

이처럼 자연환경에서의 인지도는 도시환경에서의 인지도와 거의 유사한 구성요소(통로, 랜드마크 등)를 지닌다고 볼 수 있으나 각 요소의 중요성은 다소 차이가 있다고 본다.

4) 인공물과 자연물의 인지도

환경에 인공물과 자연물이 함께 존재할 때에는 인지도 면에서는 자연물보다 인공물이 두드러지게 나타난다고 볼 수 있다.[47] 인공물이 대부분의 경우 인간활동과 결부된 의미를 지니고 있어서 주의를 끌기 때문이다. 또한 인공물의 형태가 자연물에 비하여 불투시성의 면들로 구성되어 있으며 경계(모서리)가 뚜렷한 기하학적 형태를 지니고 있어서 지각 강도가 높기 때문이라고 할 수 있다.

물론, 이러한 것은 일반적인 경우이며, 극단적인 경우에 대해 생각해볼 필요가 있다. 즉, 자연경관 속에 위치한 인공물은 당연히 두드러져 보일 것이나, 인공환경에 위치한 자연물 역시 경우에 따라서는 두드러져 보일 것이다. 따라서 인공물과 자연물의 인지도 역시 상대적인 관점에서 접근할 필요가 있을 것이다.

우리는 도로확장 공사를 하면서 도로 한복판에 고립되어 있는 커다란 고목에 대한 기억이 주변의 건물에 대한 기억보다 생생하게 떠오르는 경험을 지니고 있다. 이는 주변의 인공환경에 비하여 자연환경이 두드러지게 지각·인지되는 것에서 비롯된다. 고목이 인간행위와 관련된 어떠한 의미를 지니지 않고 있음에도 불구하고 단지 시각적 두드러짐(일종의 랜드마크적인 성격으로 인해)에 의하여 기억 속에 강하게 남아 있는 것이다.

이러한 관점에서 볼 때, 인공물이든 자연물이든 주변 환경 및 배경에 비교하여 의미적 측면에서 또는 시각적 측면에서 강한 대비효과를 지니는 요소가 인지도에 두드러지게 나타난다고 볼 수 있다.

4. 도시의 이미지 유형

린치의 연구는 도시의 이미지를 구성하는 주된 공간적 요소를 도출하였다는데 의미가 있다. 그런데 도시의 이미지 내용이 무엇인가에 관해서는 언급을 하고 있지 않다. 도시의 공간적 요소들이 결합하여 어떠한 이미지를 형성하는지에 대해서는 다루고 있지 않다. 여기에서 도시의 이미지 유

---

46 R. Kaplan(1976), "Way–Finding in the Natural Environment", in G.T. Moore & R. C. Galledge(eds.), Environmental Knowing, Stroudsburg, PA: Dowden, Hutchinsion & Ross, pp. 46~57.

47 N.R. Feimer(1981), op. cit.; 임승빈(2007), 앞의 책, p. 71.

형과 도시 내의 구역별 이미지 분석에 대해서 살펴보기로 한다.[48]

　도시의 이미지는 공간적인 요소뿐만 아니라 비공간적인 요소에 의하여 형성된다고 볼 수 있다. 통로(도로 등) 및 랜드마크와 같은 물리적 요소는 물론이고 도시의 경제적·사회적 요인(산업유형, 특산품, 지역주민의 특성 등), 환경적 요인(기후, 환경오염 등), 역사적·문화적 요인(문화재, 스포츠, 축제 등) 제반 요인에 의하여 도시의 이미지가 형성된다. 따라서 도시의 이미지는 매우 다양하여 긍정적 또는 부정적 이미지를 가질 수도 있고, 강하거나 또는 약한 이미지를 지닐 수도 있다.

낙서가 가득한 뉴욕 지하철(1981년)　　　　　깨끗한 뉴욕 지하철(2015년)

출처: http://cafe.daum.net/ssaumjil/LnOm(좌). http://blog.naver.com/nikon84/220547117515(우).

🔺 도시 이미지 형성요인의 다양성: 범죄도시 이미지

　2005년부터 2008년까지 강력범죄 건수 4년 연속 1위라는 부끄러운 성적표를 받았던 경기도 부천시는 이후 '안전도시, 범죄 없는 부천만들기'를 선포하였다. 범죄율 최고라는 부천의 도시 이미지를 획기적으로 개선하기 위한 것이었다. 그러나 이러한 노력에도 불구하고 최근 일어난 강력사건들로 인해 그동안 부천에서 발생한 범죄들이 수면으로 떠오르며 세간의 주목을 받고 있다.

　지난 2016년 1월 15일 아들을 무차별 살해하고 시신을 토막 내 냉장고에 보관한 엽기적인 사건이 부천에서 발생하였다. 또 2월 3일 부천에 거주하는 모신학대학의 겸임교수이자 현직목사인 이모(47)씨와 계모 백모(40)씨가 자신의 작은 딸을 지속적으로 폭행해 숨지게 하고 1년 동안 자신의 집에 방치한 사건이 발생하였다. 그리고 최근 화제가 되고 있는 아동학대와 친부모에 의한 잔혹한 살인사건이 또 부천에서 발생했다는 점에서 충격은 커지고 있다. 2015년 전국 250개 경찰서 가운데 가장 많은 범죄가 발생한 곳은 경기도 부천 원미경찰서로 파악되었다. 경찰청 자료에 의하면 원미경찰서가 2만 1,190여건, 서울 강남경찰서 2만 1,090건, 송파경찰서가 2만 20여건으로 나타났다.

---

48 위의 책, pp. 72~74 재인용.

그렇다면, 행정구역이 그렇게 크지 않은 부천에서 특히 많은 범죄가 발생하는 이유는 무엇인가? 사실, 범죄원인을 설명하는 것은 쉬운 일이 아니다. 다만 환경적 관점에서 볼 때, 열악한 부천시의 상황을 살펴볼 필요가 있다. 부천시의 인구는 약 87만 명 정도이다. 이미 개발된 신도시 가운데 중동과 상동의 인구가 많고 그 밖에 소사나 역곡 등지에 조성된 아파트 단지에도 상당한 인구가 거주하고 있다. 부천은 인근에 있는 수원, 성남, 고양시와 비교해 볼 때, 면적이 턱없이 좁기 때문에 인구밀도가 지극히 높을 수밖에 없다. 인구밀도는 서울 다음으로 부천시가 2위로 전국 최상위권의 인구밀도를 가지고 있다.

한편, 부천시의 경우 높은 성범죄가 문제시 되고 있다. 범죄전문가들은 성범죄율이 도시환경과 무관하지 않다는 보고 있다. 롯데백화점 인근 먹자골목과 상동 세이브존 일대는 이른바 스포츠마사지로 위장한 유사 성매매업소가 곳곳에 들어서 있다. 특히, 밤이 되면 여대생 마사지, 휴게텔, 여대생 키스방 등 불법 퇴폐 유해간판이 어둠을 밝히며 자극적인 사진이 실린 전단이 손님을 유혹하고 있다.

출처: 일요시사(2016.02.22.).

최근 한 연구에서는 우리나라 40개 도시의 이미지를 실증적으로 조사하여 4개의 유형으로 분류한 바 있다. 이 연구에서는 도시의 이미지를 나타내는 10개의 형용사를 선정하여 각 도시별로 평가하고 그 결과를 요인분석하여 선호성(선호-비선호)과 활동성(동적인-정적인)으로 대표되는 두 요인을 추출하였다.[49] 이러한 연구는 도시의 이미지 유형을 체계적으로 연구한 최초의 연구로서 의미가 있으며 앞으로 도시정체성 확립을 위한 연구에 시사하는 바가 크다고 본다. 즉, 현재 도시가 처하고 있는 이미지 포지셔닝(positioning)이 가능하고 이에 기초하여 바람직한 이미지 형성을 위한 방향을 정립하는데 기여할 수 있다.

한편, 도시 전체의 이미지가 정립되어 있다 하더라도 도시가 큰 경우에는 도시 내 구역별 이미지가 도시 전체의 이미지와 서로 다를 수 있다. 따라서 도시 내 구역별 이미지를 파악하고 도시 전체 이미지와의 관계성을 파악하는 작업은 지구단위계획 등 도시설계 차원에서 매우 의미가 있다고 본다.

5. 환경인지와 환경설계

환경인지와 관련하여 예컨대, 도로체계는 밀접한 관련성을 갖는다. 즉, 간결하고 규칙적인 도로체계는 환경의 공간구조에 대한 인지(식별성)를 쉽게 해준다. 이러한 도로체계는 도시에 처음 방

---

49 변재상·최형석·이정원·임승빈(2006), "도시 이미지에 기초한 도시유형 분류", 국토계획, 41(3), pp. 7~20.

문하는 사람에게는 쉽게 도시구조를 파악할 수 있게 해준다. 다만, 해당 도시에서 오랫동안 거주하는 주민들의 입장에서는 단조롭고 지루함을 느낄 수도 있을 것이다.

이는 단순히 도로체계에 국한되는 것은 아니다. 획일적인 건물형태, 획일적인 업종, 획일적인 가로수 등은 도시 구성원들의 삶의 활력소를 떨어뜨리는 역할을 할 수도 있을 것이다. 이는 또 공간이용률을 떨어뜨리게 되고 이로 인해 잠재적 범죄의 문제가 심화될 수도 있을 것이다.

환경의 식별성이 중요한 것은 당연한 것이지만 동시에 다양성을 지녀야 한다는 것을 의미한다. 그렇다면 하나의 도시가 전체적 식별성과 다양성을 동시에 갖추도록 할 수는 없는가? 이는 도시설계가 안고 있는 과제 가운데 하나라고 할 수 있다. 이에 대한 하나의 대안으로서 도시 패턴은 비교적 규칙적이며 단순하게 조성하되, 각 블록마다 개성을 부여하여 상호 식별성을 높이는 방안을 검토할 수 있다. 즉, 전체적으로는 규칙적인 공간구조를 갖되 부분적으로는 다양성을 부여하는 방법이다. 다양성을 부여함에 있어서 앞서 언급된 행위적 의미가 장소별도 적절하게 스며들도록 한다면 더욱 바람직할 것이다.

사실, 오래된 구(舊)도시들은 특별한 도시계획 없이 건설되어 도로체계 등이 매우 복잡하고 다양하고, 또 조잡한 부분이 없지 않다. 그리고 이로 인해 환경인지가 어려운 경우도 발생하게 된다. 따라서 이 경우에는 오히려 재개발 등을 통해 일정한 규칙성을 주는 것도 필요하다.

SECTION 04 환경에 대한 인간의 태도

인간의 태도(態度, attitude)에 관한 연구는 사회심리학의 주요 연구대상 중의 하나라고 할 수 있다. 태도를 정의하는데 있어서 모든 사회심리학자들이 완전히 일치하지는 않으나 '일정한 사물(object) 또는 사건(issue)에 대한 사람의 느낌(feeling)'을 의미한다고 본다.[50] 일부 사회심리학자들은 일정한 사물 또는 사건에 대한 '견해 및 행위'를 포함시켜야 한다고 보기도 한다. 버코위츠(Berkowitz)의 견해에 따르면, '태도는 일정한 사물 또는 일정한 사건에 대한 호의적인 또는 비호의적인 느낌'이라고 정의를 내리고 있다.[51] 즉, 태도라 함은 얼마나 좋아하느냐 또는 싫어하느냐에 관한 것이라고 볼 수 있다.

이러한 점에서 태도는 만족도 또는 선호도와 밀접한 관련이 있음을 알 수 있다. 최근 환경설계

---

50 이하 임승빈(2007), 앞의 책, pp. 76~83 재인용.
51 C.J. Holahan(1982), op. cit., p. 91.

분야에서 사용자들의 만족도 또는 선호도를 높이는데 많은 노력을 기울이고 있기 때문에 이에 관한 연구는 의미가 있다. 더 나아가 범죄예방 등의 안전성에 관한 일반인의 태도를 바람직한 방향으로 유도하는데 유용하게 활용될 수 있을 것이다.

1. 인간태도의 형성

그렇다면 인간의 태도는 어떻게 형성(形成)되는가? 인간이 특정한 사물 또는 사건에 대하여 지니는 태도는 학습의 결과이며 시간에 따라 변화하는 경향이 있다. 다만 어떠한 태도는 선험적일 수도 있다고 본다.

1) 고전적 조건모델

고전적 조건모델(Classical Conditioning)에서는 처음에 아무런 느낌을 주지 못하던 사물, 사건, 그리고 사람이 이들과 관련된 특정 느낌을 반복적으로 경험하게 되면 이들에 대하여 특정한 느낌을 지니도록 학습된다고 보고 있다. 예컨대, 까치를 보는 날은 반드시 좋은 소식을 듣게 된다면 까치에 대해서 처음에는 아무런 느낌이 없었을 것이나 까치와 좋은 소식이 연결되는 상황을 반복적으로 경험함으로써 까치에 대한 호감을 지니게 된다.

연쇄살인범들의 범죄수법을 보면 반복적이라는 것을 알 수 있다. 즉, 특정한 상황에서 살인을 저질렀는데, 그것으로 인해 심리적 쾌감을 받았다면, 이후에도 그와 유사한 상황 속에서 유사한 방법(또는 더 진화된 방법)으로 살인을 반복적으로 저지름으로써 쾌감을 극대화시키는 경향이 있다. 이러한 점에서 경찰의 수사단계에서 범죄수법을 파악하는 것은 중요한 일이다.

위의 예에서 처음에는 아무런 느낌을 수반하지 않는 자극(까치)을 '조건 자극'(conditioned stimulus)이라고 하며, 처음부터 어떤 느낌(호감)을 수반하는 자극(좋은 소식)을 '무조건 자극'(unconditioned stimulus)이라고 한다. 무조건 자극(좋은 소식)에 의하여 자동적으로 발생하는 반응(호감)을 '무조건 반응'(unconditioned response)이라고 한다. 또한 무조건 자극이 조건자극과 동시에 나타나거나 또는 바로 다음에 반복해서 나타날 경우에는 조건 자극은 무조건 자극과 유사한 반응(호감)을 초래한다. 이러한 경우의 반응을 '조건반응'(conditioned response)이라고 한다.

🔺 연쇄살인범 강호순 사건일지

- **2005.10.30.** 경기 안산시 상록구 본오동 장모 집에서 유류로 방화해 전처와 장모 살인(본인 혐의 부인). 전처 명의로 든 4개 보험에서 2007년 4월, 4억 8천만 원 수령.
- **2006. 9. 7.** 강원 정선군 정선읍 애산1리 애산2교 입구에서 걸어서 출근하던 정선군청 여직원 윤모(당시 23세)씨를 차량으로 납치해 성폭행한 뒤 목 졸라 살해, 영월군 영월읍 일명 '삼옥재' 13번 군도 옆 동강변 절벽 아래에 시신 유기.
- **2006.12.14.** 경기 군포시 산본동 노래방에서 배모(당시 45세)씨를 차량으로 납치해 성관계 가진 뒤 넥타이로 목 졸라 살해. 화성시 비봉면 비봉IC 인근 39번 국도변에 암매장.
- **2006.12.24.** 경기 수원시 장안구 화서동 노래방에서 박모(당시 36세)씨를 차량으로 납치해 스타킹으로 목 졸라 살해. 안산시 상록구 사사동 야산에 암매장.
- **2007. 1. 3.** 경기 화성시 신남동 버스정류장에서 박모(당시 52세)씨를 차량으로 납치해 성폭행 후 스타킹으로 목 졸라 살해. 화성시 비봉면 삼화리 야산에 암매장.
- **2007. 1. 6.** 경기 안양시 동안구 관양동 노래방에서 만난 중국 동포 김 모(당시 37세)씨를 유인해 여관에서 성관계를 맺은 뒤 차량으로 이동해 넥타이로 목 졸라 살해. 화성시 마도면 고모리 공터 경사면에 암매장. 공터는 복토 후 L골프장으로 조성됨.
- **2007. 1. 7.** 경기 수원시 권선구 금곡동 버스정류장에서 여대생 연모(당시 20세)씨를 차량으로 납치해 성폭행한 뒤 타이츠로 목 졸라 살해. 수원시 권선구 구운동 황구천변에 암매장.
- **2007. 5. 8.** 경기 안산시 상록구 사사동 야산에 암매장된 세 번째 사건 희생자 박씨 시신 발견.
- **2008.11. 9.** 경기 수원시 권선구 당수동 버스정류장에서 김 모(당시 48세)씨를 차량으로 납치해 스타킹으로 목 졸라 살해. 안산시 성포동 야산에 암매장.
- **2008.12.19.** 경기 군포시 대야미동 군포보건소 앞의 버스정류장에서 여대생 A(당시 21세)씨를 차량으로 납치해 스타킹으로 목 졸라 살해. 화성시 매송면 원리 공터에 암매장.
- **2009. 1.22.** 강호순 여대생 A씨 사건용의차량(에쿠스) CCTV에 찍혀 1차 경찰 조사.
- **2009. 1.24.** 경찰은 증거인멸을 위해 에쿠스와 무쏘승용차를 불태운 강호순을 유력용의자로 지목해 긴급체포.
- **2009. 1.25.** 강호순 A씨 살해 자백. 화성시 매송면 원리 공터에서 A씨 시신 발굴.
- **2009. 1.26.** 경찰은 강호순 구속.
- **2009. 1.29.** 강호순의 수원 당수동 출사 리베로트럭에서 압수한 강호순 점퍼에서 7번째 피살자 김씨 혈흔을 발견해 유전자 검출.
- **2009. 1.30.** 강호순은 경기서남부 실종부녀자 7명 살해 자백. 골프장에 암매장된 김씨 외에 나머지 시신 4구 발굴.
- **2009. 2. 3~11.** 경찰은 검찰에 강호순과 7건의 살인사건 차례로 송치.
- **2009. 2. 7~8.** 골프장에 암매장된 중국 동포 김씨 시신 발굴 실패.
- **2009. 2. 9.** 검찰은 장모 집 방화 살인 의혹사건 재수사. 이후 방화 살인 혐의 확인.

- **2009. 2. 17.** 강호순은 검찰 조사에서 정선군청 여직원 윤씨 살해 추가 자백.
- **2009. 2. 18.** 강원 영월 동강변 절벽에서 윤씨 추정의 유골 발견.
- **2009. 2. 22.** 검찰은 강호순의 7명 연쇄살인과 장모 집 방화 살인 혐의 등으로 구속기소, 정선군청 여직원 윤씨 살해사건은 경찰의 송치를 받아 병합 예정.
- **2009. 4. 22.** 사형선고. 항소.
- **2009. 7. 23.** 항소심에서 사형선고. 상고 포기. 사형확정.

출처: 중앙일보(2009.02.22).; 아시아경제(2009.08.04).; 강맹진(2014), 범죄수사론, 서울: 대왕사, p. 87 재인용.

2) 실용적 조건모델

실용적 조건모델(또는 도구적 조건부여, Instrumental Conditioning)에서는 '보상을 받는 반응은 더욱 강해지고 그렇지 못한 반응은 점차 약해지고 점차 사라지게 된다'고 설명한다. 즉, 바람직한 결과를 초래하는 행위는 반복되어 나타나는 경향이 많으며, 바람직하지 못한 결과를 초래하는 행위는 반복되어 나타나지 않는 경향이 많다.

앞서의 행위가 다시 일어날 확률을 높여주는 사건을 '긍정적 보강'(positive reinforce)이라고 하며, 다시 일어날 확률을 낮추는 사건을 '부정적 보강'(negative reinforce)이라고 한다. 이러한 실험은 손다이크(Thorndike, 1874~1949)나 스키너(Skinner) 등의 동물시험 등에 의하여 널리 확인된바 있다.[52]

이와 관련하여 예컨대, 범죄예방 또는 범죄발생의 두려움 감소를 목적으로 경찰 등이 이웃 주민과의 관계개선 및 친밀도를 증진시키는 프로그램(2세대 CPTED)을 운영하였더니 결과적으로 성과(범죄발생률 감소 및 두려움 감소)가 나타났다면 '긍정적인 보강'에 의하여 이러한 활동이 증대될 가능성이 높아질 것이다. 이러한 목적(범죄예방 및 범죄발생의 두려움 감소)을 위해 지역 주민들의 태도를 변화시키기 위해서는 세 가지 전제조건이 뒤따른다.

첫째로 자극이 외부로 알려져야 한다. 즉, 이러한 범죄예방 등의 목적을 위한 홍보를 대중매체 및 유인물 등을 통하여 그 내용을 접할 수 있는 기회가 마련되어야 한다. 둘째로 이러한 자극의 내용이 이해되어야 한다. 즉, 이웃 주민과의 관계개선 프로그램이 범죄예방 등에 효과가 있다는 것을 구성원들이 충분히 이해할 수 있어야 한다. 셋째로 이러한 홍보내용이 개개인에게 수용될 수

---

52 손다이크(Thorndike, 1874~1949)를 중심으로 시행착오 또는 문제 해결 학습의 연구가 진행되었으며, 이러한 유형의 학습에 대한 연구는 스키너(Skinner)에 의해 조작적 조건형성이라는 이름으로 널리 인식하게 되었다. 도구적 조건화론(instrumental conditioning theory)으로도 불리는 조작적 조건화론은 고전적 조건반응이 외적 자극에 의해 유발된 반응이라고 본다면, 스키너의 입장은 어떤 행동이 자발적으로 의지적으로 일어나게 되는, 즉 의식적으로 어떤 결과를 일으키게 하는 조작적 행동의 결과에 의해서 학습이 이루어진다는 생각을 기본으로 하고 있다. http://cafe.daum.net/OhDDance/5X5.

있어야 한다. 즉, 이웃 주민과의 관계개선 프로그램이 정말로 효과가 있다는 것을 개개인이 수긍해야 한다.

이러한 홍보내용의 수용은 그 내용(프로그램)의 유인성(incentives) 또는 보상의 정도에 달려 있다. 새로운 태도의 형성은 이전의 태도에 비하여 많은 보상이 돌아온다는 사실을 지각함으로써 가능해진다.

2. 태도와 행동의 관계

개인에게 어떠한 태도(긍정 또는 부정적인)가 형성되었다면, 그것은 행동에 영향을 미친다고 가정할 수 있다. 물론 그러한 태도와 실질적인 행동이 반드시 일치하는 것은 아니다.

1) 태도 일치

태도와 행동의 관계를 살펴보면, 먼저 양자의 일치론을 들 수 있다. 즉, 한 사람의 태도 상호간의 불일치 또는 태도와 행동의 불일치는 불편함과 긴장을 초래하므로 그 사람은 자신의 태도 또는 행동을 변화시킴으로써 불편함과 긴장감을 해소한다는 것이다.

예컨대, 어떤 사람이 깨끗한 환경에 대하여 긍정적인 태도를 지니고 있었지만 쓰레기를 함부로 버리는 행동을 해왔다면, 그 사람은 환경에 대한 태도를 바꾸거나(쓰레기를 버리는 것은 심각한 환경문제를 초래하지 않는다는 식으로 생각을 전환함), 행동을 바꿈으로써(쓰레기를 휴지통에 버리기로 함), 태도와 행동의 불일치를 일치의 방향으로 전환시킨다는 것이다. 마찬가지로, 준법의식에 대해서 긍정적인 태도를 지니고 있었지만 스스로가 일탈행위를 해 왔다면, 그 사람은 준법의식에 대한 태도를 바꾸거나(자신의 일탈행위는 준법의식과 특별한 관계가 없다는 식으로 생각을 전환함), 행동을 바꿈으로써(일탈행위를 그만두기로 함), 태도와 행동의 불일치를 일치의 방향으로 전환시킬 수 있을 것이다.

2) 동일한 정도의 일반성 또는 구체성

많은 사회심리학자들의 연구결과를 살펴보면, 태도와 행동의 일반적인 관계성은 매우 높으나 개인의 태도와 구체적인 행동 사이에는 높은 관계성을 보여주지 못하고 있다.

따라서 일반적인 태도에 관한 정보로는 일반적인 경향만을 예측할 수 있으며, 구체적인 개개인의 행동을 예측하기는 어렵다. 예컨대, 범죄에 대한 개개인의 태도를 통해서 구체적인 개개인의 행동을 예측하기는 어렵다는 것을 의미한다. 즉, 잠재적 범죄자들을 대상으로 준법의식 등에 대한 태도를 조사한다면, 긍정적인 결과가 나올 수도 있을 것이다. 그러나 이들이 이러한 태도는 표면적·가식적인 면이 강하기 때문에 실제로 이것을 통해 이들의 행동을 예측하는 것은 결코 쉬운 일이 아니다. 또 예컨대 범죄예방 환경을 조성하거나, 교통사고 발생 환경을 개선함으로써 사람들의 긍정적인 태도(만족감, 준법의식 등)을 이끌어 냈지만 정작 이들이 범죄를 저지르지 않을지 또는 교통신호를 준수할지는 의문이다.

3) 개인차

태도와 행동의 관계성은 개인적인 특성에 의해서도 영향을 받는다고 볼 수 있다. 즉, 행동에 있어서 일관성이 있는 사람의 태도 - 행동의 관계성은 매우 높다는 것이다. 예컨대, 과거의 종교적 행위에서 일관성이 높은 사람은 그렇지 않은 사람에 비하여 종교적 태도와 행동사이의 관계성이 높은 것으로 알려졌다.[53]

마찬가지로, 과거의 준법적 행위에서 일관성이 높은 사람은 그렇지 않은 사람(범죄자 등)에 비하여 준법적 태도와 행동사이의 관계성이 높다고 할 수 있다. 그리고 반대로 범죄행위와 관련하여 일관성이 높은 사람(전과자 등)은 그렇지 않은 사람(준법시민 등)에 비하여 일탈적 태도와 행동사이의 관계성이 높다고 할 수 있다.

3. 인간태도와 환경설계

최근 환경설계에 있어서 인간태도의 중요성은 더욱 강조되고 있다. 이러한 경향은 공공성을 지닌 많은 대형사업들을 진행하는 과정에서 건축설계자 자신의 생각 또는 가치관보다는 이를 이용하는 고객 내지 도시민들의 가치관, 만족도 또는 선호도 등을 반영·고려하기 시작했다는 것을 의미한다.

여기에서 만족도와 선호도는 일정 대상에 대한 긍정적인 또는 부정적인 견해의 정도를 뜻하는 것으로서 동일한 개념으로 사용될 수도 있으나 약간의 개념적 차이가 있다. 만족도는 일정한 대상에 대한 종합적·포괄적인 긍정 또는 부정의 견해를 뜻하나, 선호도는 일정한 대상의 특징 성질에 대한 긍정 또는 부정의 견해를 뜻하는 경우가 많다.

예컨대, 일정 주거단지에 대한 주민의 견해를 이야기 할 때는 종합적인 선호도라고 하기보다는 종합적인 만족도라고 표현함이 타당하다. 또한 일정 주거단지의 공간형태에 대한 주민들의 견해를 이야기할 때는 시각적인 만족도라기보다는 시각적인 선호도라고 표현하는 것이 타당하다. 환경설

---

53 C.J. Holahan(1982), op. cit.; 임승빈(2007), 앞의 책, p. 80.

계와 관련된 선호도에 관한 연구는 주로 시각적 환경에 관련된 연구가 이루어지고 있다.

이상에서 환경지각, 인지, 태도의 각 단계에 관한 기초이론 및 환경설계와 관련된 내용을 살펴보았다. 이를 종합하여 보면, 환경설계의 여러 가지 측면들은 지각, 인지, 태도 어느 한 단계와 보다 밀접한 관련이 있음을 알 수 있다.

공간 및 형태의 물리적 구성원리들은 환경지각과 관련이 깊으며 구체적으로는 조화, 대칭 등 조형의 원리, 복잡성, 다양성 등의 추상적 내용을 포함하고 있다. 그리고 비교적 큰 규모의 환경과 관련된 이미지, 의미 등은 환경인지와 관련이 깊으며, 구체적으로는 도시의 인지도, 기호학(Semiotics) 등이 이에 속한다. 환경에 대한 만족도와 선호도 등은 환경에 대한 태도와 관련이 깊으며, 구체적으로는 이용 후 평가, 시각적 선호 등이 이에 속한다고 볼 수 있다.

따라서 어떠한 하나의 환경설계사업의 진행 속에는 환경지각, 인지, 태도의 각 단계와 모두 관련이 있다고 본다. 여기에서 사업의 특성(장소, 규모, 이용자 등)에 따라 또는 설계과정(프로그램, 세부설계 등)에 따라 세 단계 가운데 어느 하나에 보다 관련이 깊은 것을 알 수 있다. 따라서 CPTED 차원에서 이를 적용한다면, 관련 전문가는 사업의 특성 및 설계과정별로 어떤 문제가 중요한가를 파악하고, 적절한 연구 및 자료수집 방법을 선택해야 할 것이다.[54]

● 환경에 대한 자극 - 반응과정과 설계의 관련성

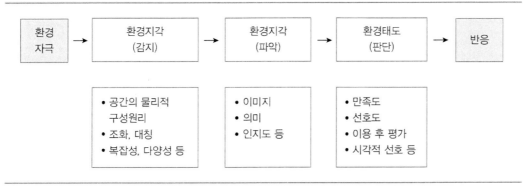

출처: 임승빈(2007), 환경심리와 인간행태: 친인간적 환경설계연구, 서울: 보문당, p. 83.

---

54 위의 책, p. 83.

Chapter **07**

환경적 요소와 인간의 행동: 문화 · 사회 · 감각적 환경

환경적 요소와 인간의 행동: 문화·사회·감각적 환경

CHAPTER 07

SECTION 01 문화적 환경과 인간의 행동

환경과 인간행동을 연구하는데 있어서 문화적 요인(文化的 要因)을 고려하는 것은 필수적이다.[1] 거시적인 관점에서 볼 때, 인간의 행동은 문화적 환경에 의해 영향을 받기 때문이다. 문화적 요인은 인간행동의 보다 근원적인 측면과 관계되며, 장기적·점진적으로 인간행동에 영향을 미친다. 서로 다른 문화권에 속하는 사람들은 어떠한 주어진 환경에 서로 다른 자극을 받고 그에 대한 반응을 하게 된다. 따라서 문화적 환경을 고려하지 않고 단지 피상적으로 어떠한 물리적 환경의 개선을 통하여 범죄예방을 기대하는 것은 한계가 있다고 본다.[2]

1. 문화의 의의와 형성인자

1) 문화의 의의

문화(文化, culture)는 한 사회 집단이 활동하는 토대를 의미하며, 이는 그 집단에 의해 얻어진 지식, 믿음, 도덕, 법, 관습과 관행 등으로 이루어진다. 따라서 문화는 '사회구성원이 공유하는 전반적인 삶의 방식'(the total way of life shared by members of a society)으로 정의될 수 있다. 그리고 문화는 언어, 가치, 상징적인 의미뿐만 아니라 기술과 물질적인 대상도 포함된다.[3] 이처럼 문화를 하나의 사유단위로 놓고 접근한다면, 그 나라의 정치적·경제적·사회적인 특징 모두가 이에 포함된다고 볼 수 있다. 문화라는 것은 결국 정치적·경제적·사회적인 모든 현상의 산물로서 해설될

---

1 임승빈(2007), 환경심리와 인간행태: 친인간적 환경설계연구, 서울: 보문당, p. 144.
2 최선우(2016), "방어공간의 영역성 연구", 경찰학논총 12(1), p. 117.
3 D.B. Brinkerhoff, et al.(1997), Sociology, N.Y.: Wadsworth p. 59.

수 있기 때문이다.

이러한 문화의 개념 속에는 우리들의 사고방식, 감정, 태도와 행동 등을 함축하고 있다. 우리는 우리 주변의 사람들로부터 문화를 배우게 되는데,[4] 여기에는 말하는 것, 얼굴 표정, 신체적 언어 (body language)와 신념 등이 포함된다. 그런데, 사람들은 항상 새로운 사상 및 새롭게 개발된 과학 기술 등을 접하게 됨으로써 자신들이 속한 문화가 변화하게 된다. 예컨대, 페미니즘(feminism)과 사이버공간이 우리 문화에 접목됨으로써 새로운 문화적 변동을 가져다주고 있음을 알 수 있다.[5]

이러한 문화를 물질문화(material culture)와 비물질문화(non - material culture)로 구분할 수 있다. 주택, 주거단지, 공공건물, 거리, 도구(포크, 젓가락, 칼, 자동차, 컴퓨터 등)은 물질문화에 해당되고, 신념, 태도, 교육, 언어, 가치, 규칙, 기준, 사회적 관행, 법, 지식, 그리고 아이들 양육 방식 등은 비물질문화에 해당된다고 할 수 있다. 여기에서 물질문화는 해당 문화가 지지하고 있는 가치와 믿음을 반영하고 있음을 종종 볼 수 있다.

여기에서 문화를 특징짓는 핵심요소로 언어와 가치를 들 수 있다. 기본적으로 언어(language)는 문화를 반영한다. 따라서 어떤 민족 내지 국가에서 공통으로 사용하는 언어는 기본적으로 구성원들이 문화적으로 동질감을 느끼도록 해준다. 그리고 가치(values)는 언어 다음으로 어떤 문화를 특징 짓는 핵심요소가 된다. 가치는 우리 삶에서 일어나는 일에 관한 우리의 감정을 인도하고, 우리가 옳거나 옳지 않은 판단을 내리는 기준이 되는데, 서로 상이한 문화는 이러한 가치체계 또한 상이하게 나타난다.

2) 문화의 형성인자

기본적으로 문화는 물리적 환경과 인간의 상호작용으로 형성된다고 볼 수 있다. 환경적 측면에서는 지형과 기후가 중요한 역할을 한다. 평지, 산지, 바닷가 등과 같은 지형과 열대, 온대, 한대 등과 같은 기후조건이 해당 지역의 문화형성에 결정적인 역할을 하는 인자임은 잘 알려진 사실이다.

또한 유사한 환경 하에서도 인종에 따라서 상이한 문화를 형성하기도 한다. 예컨대, 미국 LA 한인타운, 샌프란시스코 차이나타운 등은 독자적인 문화를 형성하고 자신들만의 일정한 영역성을 형성하고 있음을 알 수 있다. 마찬가지로 한국 경기도 안산의 다문화 마을 등도 독특한 문화적 특

---

4 문화는 특히, 어린이들에게 전달된다. 어린이 즉, 문화의 새로운 구성원들에 대한 교육을 통하여 '동의'가 대대로 후손에게 이어지게 된다. 어린이들은 가족 또는 사회에 적합한 식사태도, 놀이, 일, 성역할, 또는 금기사항 등을 배움으로써 문화를 계승하며, 경우에 따라서는 어느 정도의 변화를 시도하기도 한다.

5 M. J. Palmiotto(2000), Community Policing: A Policing Strategy for the 21st Century, Gaithersburg, Maryland: Aspen Publishers, Inc., pp. 33~34.

출처: CBS 노컷뉴스(www.nocutnews.co.kr) 2016.06.07.

성 속에서 자신들만의 영역성을 형성하고 있다고 볼 수 있다.[6]

   이처럼 한 나라일지라도 문화적 특징이 전체사회에 동일하게 나타나는 것은 아니다. 그것은 성, 연령, 종교, 지역, 인종, 경제수준 등 수많은 요인에 의해서 전체적인 특성을 공유하면서도 개별적인 특성을 갖는 '하위문화'(下位文化)로 분화되어 나타나기 때문이다. 따라서 환경설계에 의한 방어공간의 영역성 형성은 이러한 복잡다양한 문화적 특성을 고려하여 형성하는 것이 바람직하다고 본다.

   한편, 문화는 시간성을 지니고 있어서 시간의 흐름에 따라 계승, 발전 또는 쇠퇴되어 간다. 따

● 과거와 현재의 공존: 서울 숭례문과 63빌딩

출처: https://blog.naver.com/pilseung11/60001858931(좌).
     https://blog.naver.com/nhn053/10160725742(우).

---

6 최선우(2016), 앞의 논문, p. 118.

라서 동시대에 과거와 현재가 공존(서울 숭례문과 63빌딩 등)하기도 한다. 그런데, 여기에서 반드시 현대적인 문화만이 좋은 것만은 아니라고 본다. 전통적인 문화 속에서 인간은 삶의 다양성과 자부심, 그리고 결속력(結束力)을 갖게 해주고, 또 한편으로는 정서적 안정감을 부여해주기 때문에 이러한 점을 고려한 환경설계는 중요한 의미를 갖는다.[7]

2. 문화와 인간의 행동

1) 물리적 환경과 인간의 문화적 활동

문화는 물리적 환경과 인간의 상호작용의 결과로 형성된다. 이와 관련하여 문화생태학(cultural ecology)적 관점에서는 물리적 환경이 문화형성에 지배적인 역할을 한다고 보고 있다. 즉, 환경적 특성이 문화형성에 결정적인 역할을 하고 이는 결과적으로 인간행동에 영향을 미친다는 것이다.

예컨대, 기후여건 및 지질학적 여건이 열악한 곳과 양호한 곳의 건축환경과 인간행동은 적지 않은 차이가 있다고 본다. 또 생존이 어려운 척박한 환경에서 생활하는 인간들은 구성원들 간의 긴밀한 상호작용과 통솔자의 리더십이 중요한 역할을 한다. 그러나 식량원이 풍부하고 기후조건이 생활하기에 적절한 곳에서 생활하는 인간들은 개별적이고 매우 약한 리더십을 형성하고 있음을 알 수 있다.

그러나 환경과 인간행동 사이에는 단순한 일방향적인 인과관계로 맺어지는 것이 아니고 더욱 복잡한 거미줄과 같은 인과관계로 형성된다고 보기도 한다. 물리적 환경 즉, 지형, 기후, 식량원 등이 거의 동일함에도 집단 간의 문화적 차이가 존재하는 경우도 있기 때문에 환경적 인자만으로 인간의 문화적 활동(내지 행동)을 설명하는 데는 한계가 있다.[8]

이는 환경적 요인이 중요한 역할을 하고 있음은 분명한 사실이지만, 환경적 요인이 일방적으로 문화적 활동을 결정하지는 않음을 보여준다. 보다 복잡한 거미줄과 같은 인과관계에 의하여 인간의 문화적 활동이 설명되어야 함을 말해준다.

---

7 Jane Jacobs/유강은 역(2014), 미국 대도시의 죽음과 삶, 서울: 그린비, pp. 257~272.
8 아프리카 자이레(Zaire)의 숲속에 사는 피그미(Pygmies)족의 예를 들어보면, 이 부족은 숲이 우거진 열대우림 지역에 사는데, 숲에서 식량을 쉽게 얻으며, 풍부한 야생동물을 사냥하며 살고 있다. 그런데 부족들 간에 상이한 사냥방법을 택하고 있음을 알 수 있다. 어떤 피그미족은 많은 사람들이 공동으로 커다란 그물을 사용하는데 비하여, 다른 피그미족은 소규모 집단이 화살을 이용하고 있다. 지형, 기후, 식량원 등이 거의 동일한데도 이와 같은 차이를 보이고 있는 것이다. I. Altman and M.M. Chemers(1980), Culture and Environment Monterey, Ca: Brooks/Cole.; 임승빈(2007), 앞의 책, pp. 147~148 재인용.

2) 문화와 인간행동의 관계성

일정한 문화가 어떠한 인과관계에 형성되었든 간에 동일 문화권 내의 사람들은 유사한 가치관,[9] 그리고 생활양식(주거형태 등)을 지니며, 따라서 유사한 행동을 보여준다고 볼 수 있다.[10]

사실, 문화라고 하는 것은 매우 포괄적인 의미를 지니며, 사회체계, 규범, 관습 등을 형성하는 세계관, 믿음, 가치 등을 공유하는 일정한 집단은 동일한 문화권에 속하게 된다. 동일한 문화권 내의 사람들은 동일한 세계관을 지닌다. 세계관은 사람들의 이상을 나타내며 실제 행동에 직접적으로 연결되기에는 거리가 있다. 이러한 세계관은 여러 가치들로 구성되어 있으며, 가치는 인간생활을 구성하는 여러 인자들 간에 상대적 중요성과 관계가 있다. 가치관은 세계관보다는 구체적이기는 하나 실제 행동과의 직접적인 연결은 아직 거리가 있다고 볼 수 있다. 가치는 이미지 또는 선험적 도식(schema)를 통하여 구현되며, 구체적인 모습으로 드러난다.

● 문화적 전통에 의한 영역표시: 목장승과 고추매단 새끼줄

출처: http://blog.daum.net/e-chungnam/1929(좌).[11] https://blog.naver.com/bomi3699/150184344133(우).[12]

---

9 문화와 형사사법 태도에 관해서는 심희기(1996), "한국문화와 형사사법제도: 신유학적 형사사법제도의 공과와 그 장래에 대한 전망", 형사정책연구 7(4) 참조.

10 임승빈(2007), 앞의 책, p. 148.

11 장승(長丞)은 민간신앙의 한 형태로 마을의 수호신 역할을 하며, 사찰이나 지역 간의 경계표·이정표 구실도 한다. 대부분 남녀 1쌍을 세우고, 5방위 또는 경계 표시마다 11곳~12곳에 세운다. 솟대·돌무더기·서낭당·신목·선돌 등과 함께 동제 복합문화를 이룬다. 지역과 문화에 따라 장승·장성·장신·벅수·벅시·돌하루방·수살이·수살목이라고도 불린다. 재료에 따라서 목장승·석장승·복합장승으로 분류된다. 목장승의 형태는 솟대형·목주형·신장조상형이 있다. 석장승의 형태로는 선돌형·석적형·석비형·돌무더기형이 있고, 복합장승은 돌무더기나 흙무더기에 솟대와 석인의 복합 형태를 이룬다. 동쪽에 있는 장승에는 동방청제축귀장군, 서쪽에는 서방백제축귀장군, 남쪽에는 남방적제축귀장군, 북쪽에는 북방흑제축귀장군이라는 신명을 써서 잡귀를 쫓는다. 다음백과(http://100.daum.net/encyclopedia).

12 금줄(禁-)은 부정(不淨)을 막기 위하여 문이나 길 어귀에 건너질러 매거나 신성(神聖)한 대상물에 매는 새끼줄을 말한다. 삼일칠(三七日), 즉 아이를 낳은 지 스무하루 째의 날(세이레라고도 함)을 말하며, 이 기간 동안

이상에서 언급된 세계관, 가치, 선험적 도식은 생활양식(life style)으로 응결되며, 생활양식은 물리적 환경과 직접적인 관련을 맺는다. 생활양식에 따라서 구체적인 인간의 행동이 지배받으며, 행동의 패턴을 형성한다. 인간이 행동은 생활양식에 기초를 두고 있으며, 생활양식은 더욱 포괄적인 문화의 영향으로 형성된다는 의미이다.

3) 문화에 따른 인간행동의 차이

서로 다른 문화권에 속한 사람들 사이에 상이한 행동을 보여주고 있음은 잘 알려진 사실이다. 그리고 한 나라에서도 지역에 따라 생활양식에 차이가 있으며, 상이한 행동을 나타낼 수 있다. 예컨대, 우리나라는 단일민족이면서도 충청, 영남, 호남, 제주 등 지방의 방언이 존재하며, 음식 등에 있어서도 차이를 보여준다. 더 높은 문화적 단계 즉, 국가 또는 대륙 사이에는 더욱 큰 차이를 발견할 수 있다.

3. 문화와 인조환경

문화에 따라 사람의 행동에 차이가 있으며, 동시에 인조환경에도 차이가 나타난다. 상이한 생활양식에 대한 욕구가 상이한 도시 및 주택의 형태를 필요로 하였기 때문이다.[13]

1) 문화와 도시형태

도시는 문화의 산물이라고 할 수 있다. 즉, 도시에는 도시인들의 사고방식, 사회적 체계, 더 나아가서는 세계관이 함축되어 있다. 전통적인 회교도의 도시와 미국의 도시를 비교해보자. 전통적인 회교도들의 도시는 외부로부터 폐쇄되어 진입이 통제되어 있으며, 중앙의 시장(Bazaar)을 중심축으로 하여 좌우에 근린주구가 모여져 있다. 이 형태는 도시 내에서 도시의 출입은 물론 주민의 통행이 특정 지역에 국한되도록 제한하고 있으며, 이는 종교적·사회적 영향에 기인하는 것으로 보여진다. 한편, 미국의 도시들은 접근성 및 이동성을 최대한 고려하고 있다. 자동차의 이용이 생활의 중요한 부분을 차지하고 있는 미국에서는 접근성을 높이려는 노력이 많이 이루어져 왔으며, 이에 따라 고속도로와 개방적인 도시형태로 나타나고 있다.

은 금줄(볏짚, 빨간고추, 숯, 실타래)을 쳐서 가족이나 이웃주민의 출입을 삼가며, 특히 부정한 곳에 다녀온 사람은 출입을 절대 금한다. 세이레 새벽에 삼신에게 흰밥과 미역국을 올리고 나서 잠시 후 산모가 먹으며, 금줄을 내리고 비로소 이웃사람들의 출입을 허용한다. 이 기간은 또한 산모의 조리기간이기도 하다.

13 이하 임승빈(2007), 앞의 책, pp. 151~155 재인용.

이와 같이 문화 및 생활양식이 도시형태의 결정에 중요한 역할을 하고 있음을 볼 수 있다. 물론, 오늘날 이러한 전통적 문화 및 생활양식에 따른 도시의 특성의 구분이 모호해 지고 있다. 오히려 동일한 국가 내에서 소득수준, 가치관 등에 따라 도시 또는 커뮤니티가 형성되고 있다고 볼 수 있다. 이와 관련하여 예컨대, 타워팰리스 등과 같은 폐쇄공동체(Gated Community)를 들 수 있다.

그리고 세계화와 개방화가 가속화된 오늘날 어떠한 도시가 지향하는 가치가 모호해진 것도 들 수 있다. 물론, 명분상으로는 특정 도시가 지향하는 가치(문화도시 광주 등)가 존재하기는 하지만, 현실적으로 해당 도시가 그러한 가치를 제대로 반영하고 있는지는 의문이다.

한편, 오늘날 도시개발에 따른 전통적 구도시에 대한 신도시(new town)가 매우 빠르게 건설되고 있다. 이러한 구도시와 신도시를 특징짓는 문화적 특징을 검토할 필요가 있을 것이다.

2) 문화와 주거형태

주거형태는 정주패턴과 주택평면구성 두 가지 측면에서 볼 수 있다. 이들 정주패턴과 주거평면은 기후, 지형, 건축재료, 건축기술, 종교, 사회적 조직, 가족의 구성 등과 같은 문화의 형성인자들에 의해 영향을 받는다.

(1) 정주패턴

우리나라 농촌의 정주패턴을 보면 대개 구릉을 배경으로 한 집촌을 형성하고 있다. 구릉을 배경으로 함으로써 겨울을 찬바람을 막을 수 있으며, 산기슭에 위치함으로써 지하수의 이용이 가능하다. 또 농사일을 서로 도우면서 공동작업을 하기 위하여 집촌(集村)의 형성이 유리하다. 이에 비하여 미국과 같이 넓은 농경지를 가진 곳에서는 넓은 면적을 관리하기에 편리하도록 농경지 한 가운데 농가가 위치하게 되므로 산촌(散村)을 형성하고 있다. 이와 같이 생활양식 및 물리적 환경에 따라서 정주패턴이 달라진다.

그러나 이러한 정주패턴의 특성은 도시발전이 진전되는 과정에서 많이 희석되었다고 본다. 인구의 대부분이 도시에 집중되고 아파트와 같은 다세대주택이 보편화됨에 따라 일종의 집촌이 형성되었다고 볼 수 있다. 이처럼 우리 사회는 근대도시화 이후 아파트문화가 보편적으로 자리잡게 되었음을 알 수 있다.

그런데, 무분별한 도시의 개발로 인해 전통적인 배산임수(背山臨水)의 원칙 역시 지켜지지 않는 경우가 적지 않고, 경우에 따라서는 주거지역으로 적합하지 않는 곳에 위치하고, 주변환경의 열악한 요소와 결합됨으로써 삶의 질은 저하되고, 이에 따른 범죄발생의 잠재적 위험성 역시 높다고 볼 수 있다.

> ### ⚠ 주거장소의 범죄발생 위험성
>
> 2014년 장소별(아파트·연립·다세대, 단독주택, 고속도로, 노상, 상점, 시장·노점, 숙박업소·목욕탕, 유흥접객업소, 사무실, 공장, 공사장, 창고, 역·대합실, 지하철, 흥행장, 학교, 금융기관 등) 범죄발생 장소 가운데서 주거장소의 특징을 살펴보면 다음과 같다.
>
> 즉, 전체 범죄 639,295건 가운데서 노상(路上) 169,643건(26.5%)을 제외한다면, 주거장소 즉, 아파트·연립·다세대 39,015건(6.1%), 단독주택 44,098건(6.9%)으로 양자를 합치면 가장 높은 범죄발생건수를 보여주고 있다. 그리고 노상 역시 주거장소와 인접한 경우도 적지 않기 때문에 주거장소와 주변지역의 범죄문제는 심각한 수준이라고 할 수 있다.
>
> 출처: 대검찰청(2015), 범죄분석, pp. 394~395 재구성.

(2) 주택의 평면구성

주택의 평면구성은 가족의 구성, 구성원의 위계, 종교 등에 의하여 영향을 받는다. 또한 실내공간의 구성에 있어서도 구성원의 위계 및 생활양식을 나타낸다.

한편 주택을 중심으로 한 공간의 영역성(領域性)에 대한 해석이 문화에 따라 달라짐도 알 수 있다. 한국, 중국, 인도 등에서는 대지 경계를 둘러싼 담당 안의 전부를 사유영역으로 생각하나 영국, 미국에서는 이와 상이한 영역성을 지닌다. 영국에서는 도로와 건물의 중간쯤에 담장이 있으며, 따라서 프라이버시가 있는 사유영역은 담장 안쪽이 되어 앞서의 경우보다 좁은 사유영역을 지닌다. 미국의 경우에는 담장이 없는 경우가 많으며, 건물 뒤쪽의 대지를 사유영역으로 보게 되므로 가장 좁은 사유영역을 지닌다. 이 경우 도로와 건물사이의 공간은 반공적(semi - public)인 영역이 된다.

이러한 사실을 다른 관점에서 내적 프라이버시와 외적 프라이버시로 구분하여 생각해볼 수 있다. 한국의 경우와 같이 엄격한 담장이 존재하는 주택은 담장외부에 대하여 강한 외적 프라이버시를 지니고 있다. 그런데, 담장 내부의 부분적 공간 사이에 유지되는 내적 프라이버시는 상대적으로 약하다고 볼 수 있다. 반면, 미국과 같이 담장이 없는 곳에서는 외적 프라이버시는 약하나, 건물내부의 각 부분적 공간(침실 등) 상호간에는 강한 내적 프라이버시를 지닌다고 볼 수 있다.

(3) 선택모델

도시, 주택 등 인조환경을 결정하는 인자는 문화적, 사회적, 경제적 인자 등을 포함하여 무수히 많으며, 이들의 복잡한 상호작용에 의하여 인조환경의 물리적 형태가 형성된다. 물리적 환경의 형성은 '선택과정'을 통하여 이루어지는 것이다. 즉, 물리적 환경의 형성은 관련 인자들이 복합된 다양한 대안 가운데서 여러 단계의 선택과정을 거치면서 이루어진다고 볼 수 있다.

따라서 도시 및 주거형태는 구성원들의 가치, 생활양식에 따른 적절한 선택의 결과로서 이루어진다. 더 나아가서 도시 및 주택의 양식은 일정한 집단의 문화 및 규범에 근거한 일관성 있는 선택의 결과로서 형성된다고 볼 수 있다.

또한 기후적, 지형적, 사회적 제약이 강한 경우에는 선택의 폭이 좁아지며, 그렇지 않을 경우에는 선택의 폭이 넓어진다. 현대는 과학기술의 발달로 기후적, 지형적 제약을 극복할 수 있으며, 자유로운 사회구조를 지니고 있으므로 과거보다 선택의 폭이 넓다고 볼 수 있다. 선택의 폭이 넓어질수록 선택은 더욱 복잡한 과정을 거치게 되며, 이러한 결과로서 보다 다양한 도시 및 주거형태가 출발하고 있다.

그러나 한편으로는 대부분의 주거형태는 이미 만들어진 기성제품과 같다. 소비자들은 자신들의 일정한 기준에 의해 단지 선택할 뿐이다. 이러한 선택에 영향을 미치는 교육, 문화, 교통, 환경, 여가, 안전, 경제성 등 '삶의 질'(Quality of life)을 결정하는 요인들 가운데 소비자가 우선시 하는 것을 중심으로 이루어진다고 볼 수 있다.

SECTION 02 사회적 환경과 인간의 행동

인간의 사회적 환경은 문화적 환경과 밀접한 관련이 있다. 일정한 사회의 특성은 문화적 환경의 영향을 많이 받기 때문이다. 사회는 공동생활(共同生活)을 하는 사람들의 다양한 형태의 조직화된 집단이나 세계를 의미(가족, 마을, 조합, 정당, 기업, 국가 등)하며,[14] 이는 인간과 인간의 상호작용에 의해서 형성된다고 볼 수 있다.

이러한 사회적 환경은 여러 관점에서 접근할 수 있는데, 여기에서는 주로 사회·공간적 측면과 관련된 행태에 관하여 살펴보기로 한다.[15] 사회·공간적 행태라는 것은 개인간 또는 집단간에 유지되는 공간규모를 말하는 것으로서 개인적 공간, 영역성, 혼잡 등이 중요한 개념이다.

1. 개인적 공간

우리가 주변의 일정한 그룹을 이루고 있는 동물들을 관찰하여 보면 그들은 개체 상호간에 일

---

14 다음국어사전(http://dic.daum.net/word/view).
15 이하 임승빈(2007), 앞의 책, pp. 156~164 재인용.

정한 거리를 유지하고 있음을 볼 수 있다. 예컨대, 날아가는 기러기 떼, 물속의 오리 떼 등은 하나의 커다란 무리를 이루고 있으나 각 개체 간에는 일정한 간격을 유지하고 있다. 이러한 현상은 동물들에게만 있는 것이 아니라 인간사회에서도 흔히 볼 수 있다. 예컨대, 사람들이 지하철에 앉아서 지하철을 기다리거나 줄을 서서 버스를 기다릴 때, 광장에 많은 사람들이 모여 강연이나 음악을 들을 때, 또 공원벤치에 앉아서 사적인 일(독서, 전화, 이야기 등)들을 할 때 등을 보면 개인 상호 간에 일정한 간격 또는 거리를 유지하고 있음을 알 수 있다.

이러한 사실을 생각해 볼 때, 개인이 어떠한 환경 내에서 점유하는 공간은 개인의 피부가 경계가 아니고, 개인 주변의 보이지 않는 공간을 포함한 보다 연장된 경계를 지니고 있음을 알 수 있다. 따라서 이와 같은 보이지 않는 경계를 다른 사람이 침입하면 물러서거나 심한 경우에는 침입자와 다툼이 일어날 수도 있다. 이와 같이 개인과 개인 사이에 유지되는 간격을 개인적 거리(personal distance)라고 하며, 개인 주변에 형성되어 개인이 점유하는 공간을 개인적 공간(personal space)라고 부른다.

이와 관련하여 좀머(Sommer)는 "개인적 공간은 타인이 침범할 수 없는 인체를 둘러싸고 있는 보이지 않는 경계를 가진 구역이다"라고 정의를 내리고 있으며, "개인적 공간은 원형일 필요도 없으며, 사방으로 같은 거리를 유지할 필요도 없다(일반적으로 사람들은 전면보다는 측면에서 더 좁은 거리를 유지하는 경향이 있다)"라고 설명하고 있다.[16] 한편, 개인적 공간은 개인 주변에 형성되는 비누방울(bubble)로 인식되기도 한다.

이러한 점에서 개인적 공간은 개인 주변에 형성되는 보이지 않는 경계를 지는 공간이라 할 수 있으며, 그 경계는 개인이 이동함에 따라 같이 움직이며, 상황의 변화에 따라 늘어나거나 줄어들 수 있으며, 그 크기는 모든 사람이 다 같지 않고 개인 또는 상황에 따라서 변화된다고 볼 수 있다.

1) 개인적 공간의 거리 및 기능

홀(Hall)은 사람을 대상으로 조사한 결과 네 종류의 대인 간격을 구분하였다.[17] 이러한 개인적 공간의 거리는 개인의 정신적·신체적 특징에 따라 다소 간에 차이가 있을 수 있으나 대략적으로 비슷하다고 본다.

16 R. Sommer(1969), Personal Space, N.J.: Prentice Hall, p. 26.
17 E.T. Hall(1966), The Hidden Dimension, N.Y.: Doubleday.; 임승빈(2007), 앞의 책, p. 158 재인용.

(1) 친밀한 거리

친밀한 거리(intimate distance)는 0~1.5피트(0~약 45cm)의 거리로, 아기를 안아 준다거나 이성 간의 교제 등 아주 가까운 사람들 사이에서, 또는 레슬링, 유도, 씨름 등 운동경기시에 유지되는 거리를 말한다.

(2) 개인적 거리

개인적 거리(personal distance)는 1.5~4피트(약 45cm~1.2m)의 거리로, 친한 친구 또는 잘 아는 사람들 간의 일상적 대화에서 유지되는 거리를 말한다.

(3) 사회적 거리

사회적 거리(social distance)는 4~12피트(약 1.5m~3.5m)의 거리로, 주로 업무상의 대화에서 유지되는 거리를 말한다.

(4) 공적 거리

공적 거리(public distance)는 12피트(약 3.5m) 이상의 거리로서 연극의 배우와 관객, 연사와 청중 사이에서 유지되는 보다 공적인 모임에서 유지되는 거리라고 할 수 있다.

그리고 이상과 같은 네 가지 차원의 개인적 공간은 방어기능 및 정보교환(communication)기능의 두 가지 측면에서 설명될 수 있다. 먼저, 개인적 공간은 정신적인 또는 물리적인 외부의 공격 및 위협에 대한 완충작용을 하는 일종의 '방어공간'(防禦空間, defensible space)으로의 기능을 가지고 있다. 위협을 느끼지 않을 때 개인 거리는 좁아질 수 있으며, 위협 또는 압박을 많이 느낄수록 먼 거리를 유지하려고 할 것이다.

다음으로 개인적 공간의 거리는 정보교환(눈, 코, 귀, 입, 피부 등)의 선택과 밀접한 관계를 지니고 있으며, 동시에 정보교환의 양이나 질과도 밀접한 관계가 있다. 즉, 거리가 좁을수록 보다 사적인 그리고 많은 양의 정보교환이 이루어질 수 있으며, 거리가 멀어질수록 보다 공적이며 제한된 양의 정보교환이 이루어진다. 또한 가까울수록 냄새 및 접촉을 통한 정보교환이 많이 이루어지며, 멀어질수록 소리 및 시각에 의한 정보교환이 많이 이루어진다.

2) 개인적 공간의 변수

이상과 같은 개인적 공간은 개인이 직면하거나 느끼고 있는 주변 상황, 개인적 차이, 물리적 공간의 형태 등에 따라서 달라지게 된다.

(1) 상황적 변수

먼저, 상황적 변수로서 매력도, 유사성, 접촉의 분위기 등을 들 수 있다. 예컨대, 남녀 간의 거리는 상호간에 느끼는 매력의 정도가 높을수록 좁아지며, 연령, 인종, 사회적 지위가 유사한 사람들 간의 거리는 유사하지 않는 사람들간의 거리보다 좁게 유지된다는 연구 결과가 있다.

(2) 개인적 변수

개인적 변수로서는 인종과 문화의 차이, 소득의 차이, 연령의 차이, 성격과 성의 차이 등을 들 수 있다. 이러한 요인들에 의해 개인이 다른 사람들과 일정한 거리를 둔다고 볼 수 있다. 다만, 이러한 변수들을 일반적으로 하여 각 집단 간의 비교하는 것은 쉬운 일이 아니라고 본다.

성격과 관련해 볼 때, 내향적인 사람은 외향적인 사람보다 먼 거리를 유지하는 경향이 있다고 볼 수 있다. 그리고 남자들은 친근한 상대와 마주보기를 좋아하나 여자들은 옆에 나란히 앉기를 선호하는 경향이 있다. 또한 남자들의 경우 친근의 정도가 높을수록 마주보는 거리가 좁아지나 측면의 접촉에서는 별 차이가 없으며, 여자들의 경우 친근의 정도가 높을수록 측면의 접촉거리가 좁아지나 마주보는 접촉의 거리는 친근의 정도와 무관한 것으로 나타났다.

(3) 물리적 변수

물리적 변수는 주로 공간의 규모와 관련된다. 천장이 낮은 곳에서는 높은 곳보다, 작은 방에서는 큰 방에서보다, 구석진 곳에서는 한가운데서보다, 내부에서는 외부공간에서보다 좁은 거리를 유지하는 것으로 나타나고 있다.

(4) 환경설계에의 적용

이러한 개인적 공간의 개념은 주로 개인적 접촉이 이루어지는 환경 및 공간의 설계에 응용된다. 거실 또는 사무실 의자, 공원벤치 등의 배치에 있어서, 배치여하에 따라서 개인적 접촉의 양 및 질이 달라진다.

일반적으로 한쪽 방향만 향하도록 평행되게 배치된 곳에서는 최소의 대화가 이루어지며, 이러한 예는 도로 옆의 보행로에 설치된 벤치, 지하철 및 버스터미널 등에 설치된 벤치 등에서 볼 수 있다. 거실 또는 사무실 등에서는 마주보거나 90도의 각도를 유지하여 배치하면 자연스러운 대화 또는 정보교환을 유도할 수 있다.

따라서 보다 안락하고 쾌적한 대화 분위기가 조성되기 위해서는 마주보는 거리, 옆 사람과의 거리 등이 너무 가깝거나 너무 멀지 않도록 하는 것이 요구된다. 이러한 적절한 거리의 기준은 위에서 언급한 여러 가지 변수의 영향을 받기 때문에 이에 대한 과학적인 연구가 필요하다.

최소한의 대화가 이루어지는 벤치

자연스러운 대화가 이루어지는 벤치

출처: http://gyinews.co.kr/ArticleView(좌). http://blog.naver.com/ziotv/30124416204(우).

2. 영역성

개인적 공간은 사람의 움직임에 따라서 이동하며 보이지 않는 공간인데 비하여 영역(領域)은 주로 주거지역을 중심으로 고정적(固定的)이며 가시적(可視的)인 일정한 지역 또는 공간을 말한다. 이러한 영역성은 사람뿐만 아니라 동물에서도 흔히 볼 수 있는 행태이다. 동물의 영역성에 대하여 여러 사람이 내린 정의를 살펴보면 다음과 같다.[18]

> "영역은 동물의 집 주위에 형성되어 방어되는 부분이다(Burt, 1943)."
>
> "영역은 동종의 다른 개체가 침입함을 막고 그 안에 살기 위한 지역이다. 영역은 먹이를 찾고, 짝을 찾고, 새끼를 키우는 등의 여러 기능에 이용된다. 따라서 개인화된 공간이며 외부의 침입에 대하여 방어하는 지역이다(Hediger, 1950)."
>
> "영역성은 시공간적으로 표현되는 고도로 복잡한 행태체계의 개념으로 설명된다. 영역성은 개체 혹은 그룹의 일정 지역의 방어를 포함하며, 예방적인 공격, 실제의 싸움 등을 포함한다(Carpenter, 1958)."

이러한 동물세계에서의 영역성은 동물의 생존과 관계되는 먹이 확보, 종족 번식 등의 기능과 밀접한 관련성을 가지고 있으며, 이러한 목적 달성을 위하여 영역 내에서 다른 개체의 공격에 대한 방어 그리고 동일 개체 내의 경쟁이 이루어진다고 볼 수 있다. 따라서 동물세계에서 한 동물이 다른 동물들의 영역을 침범했을 때에는 극단적인 공격을 하며, 경우에 따라서는 평상시의 먹이사

---

18 P.A. Bell, J.D. Fisher & R.J. Lomis(1978), Environmental Psychology, Philadelphia: W.B. Saunder Company.; 임승빈(2007), 앞의 책, p. 161.

슬관계가 역전되기도 한다. 예컨대, 아프리카 초원에서 육식동물인 사자 한마리가 초식동물인 버팔로 무리가 있는 영역으로 들어갔다가 공격을 받아 죽음을 당하는 경우도 발생하는 것을 볼 수 있다. 한편, 인간의 영역성에 대해서도 많은 사람들이 정의를 내리고 있다.[19]

> "영역의 행태는 공간의 일부를 소유하며 필요한 경우에는 타인의 침입을 방어하는 욕구를 나타낸다(Stea, 1965)."

> "영역은 개인, 가족 등에 의하여 통제되는 지역이다. 통제는 물리적 투쟁이나 대결보다는 실질적이고 잠재적인 소유로써 표현된다(Sommer, 1966)."

> "영역은 개인 또는 집단이 사용하며, 외부에 대하여 방어하는 한정된 공간이다. 장소에 대한 심리적 식별성(psychological identification)을 포함하며, 소유태도(attitude of possessiveness), 사물의 배치 등에 의하여 상징화된다(Pastalan, 1970).

> "영역은 개인화되거나 표시된 지역, 그리고 침입으로부터 방어되는 지리적 공간이다(Sommer, 1969)."

> "영역성은 공간을 통제하려는 의도를 의미한다. 영역은 공공, 가정 또는 개인적일 수 있다(Lyman and Scott, 1967)."

이상의 정의들을 요약하여 보면, 인간사회에서 영역은 개인 또는 일정한 집단의 사람들이 사용하며, 실질적인 또는 심리적인 소유권(사생활 사주소에 대한 배타적인 권리 등)을 행사하는 '일정한 지역'(地域)을 말한다고 볼 수 있다. 이러한 영역은 표시물의 배치 등을 통한 개인화 또는 집단화된 공간이며, 공공영역, 가정영역, 개인영역 등과 같이 사회적 단위의 위계 및 단계에 따라 구분된다.

그리고 인간사회에서의 영역성은 동물세계에서처럼 기본적 생존에 관계된다기보다는 구성원들간에 귀속감을 느끼게 함으로써 심리적 안정감을 주며, 외부와의 사회적 작용을 함에 있어서 구심적인 역할을 하게 해준다. 이러한 구심점이 결여된다면 심리적·사회적 불안정이 초래될 것이다.

1) 영역의 분류

영역성에 관련된 형태는 다양한 특성을 지닌다. 첫째, 프라이버시, 가족의 안전, 소유권의 보호 등 여러 가지 동기가 있다. 둘째, 크기, 위치 등의 지리적인 형태를 지니고 있다. 셋째, 개인, 가족, 커뮤니티 등 사회적 단위별로 구분된다. 넷째, 반영구적인 형태(집 등) 또는 잠정적·일시적인 형태(버스 및 지하철의 좌석 등)의 영역으로 표현되는 시간성을 가지고 있다. 다섯째, 나무를 심거나 개인 소유물을 좌석에 남겨 놓거나 하는 다양한 영역표시 행위 및 침입에 대한 방어행위를 하는

---

19 P.A. Bell, J.D. Fisher & R.J. Lomis(1978), op. cit.; 임승빈(2007), 앞의 책, pp. 161~162 재인용.

특성이 있다.

이상과 같은 다양한 특성을 지니는 영역성은 주로 사회적 단위의 차원에서 1차적 영역, 2차적 영역, 3차적 영역의 세 가지로 분류해 볼 수 있다.[20]

(1) 1차적 영역

1차적 영역은 사적 영역(私的 領域)으로서 일상생활의 중심이 되는 반영구적으로 점유되는 지역 또는 공간을 말한다. 여기에는 가정, 사무실 등이 대표적이다. 이러한 곳은 높은 프라이버시가 요구되는 공간이며, 외부로부터의 침입에 대한 배타성이 높다.

(2) 2차적 영역

2차적 영역은 1차적 영역보다 배타성이 낮으며 사회적으로 특정한 집단의 소속구성원들이 점유하는 공간을 말한다. 교실, 기숙사식당, 교회 등이 대표적이다. 이러한 곳은 어느 정도까지는 공간을 개인화시킬 수 있으며, 1차적 영역보다는 덜 영구적이다. 2차적 영역은 보통 1차적 영역과 공적 영역을 연결시켜주는 공간이며, 두 영역의 중간쯤에 위치한다고 볼 수 있다.

(3) 3차적 영역

3차적 영역은 공적 영역(公的 領域)을 의미하는 것으로서 배타성이 가장 낮으며 일정시의 이용자는 잠재적인 이용자 가운데의 한사람일 뿐이다. 길거리, 광장, 공원 등이 이에 속하며, 거의 모든 사람의 접근이 허용되기 때문에 프라이버시의 유지도는 가장 낮다.

2) 환경설계에의 응용

영역성은 다양한 사회적 집단의 형태와 직접적인 관련이 있으므로 이에 대한 분석은 지역사회 도시계획에 있어서 필수적인 사항이라고 할 수 있다.

이와 관련하여 뉴먼(Newman)은 범죄발생률이 높은 아파트 지역에서 1차적 영역성만 존재하고 2차적, 3차적 영역성의 구분이 없음이 범죄발생의 원인이라는 점을 지적하였다.[21] 따라서 아파트 주변 공간에 대해서 주민들이 귀속감을 갖도록 단지 내의 정원, 울타리, 식재 등을 둠으로써 2차적 영역과 3차적 영역의 구분을 명확하게 하여 범죄의 발생을 줄일 수 있다는 것이다.

아파트 주변의 공간에 대해서 주민들이 보다 높은 소유의식 또는 소속감을 느끼도록 함으로써

---

20 I. Altman(1975), The Environmental and Social Behavior Monterey, C.A.: Brooks/Cole.; 임승빈(2007), 앞의 책, pp. 162~163 재인용.
21 O. Newman(1973), Defensible Space: Crime Prevention Through Urban Design, N.Y.: Macmillan Publishing Company.; 임승빈(2007), 앞의 책, pp. 163~164 재인용.

이들이 관심을 갖고 아끼게 되어 외부인의 침입을 어렵게 만든다는 논리는 영역성을 응용한 좋은 예라고 할 수 있다.

한편, 옥외 공간에서 영역성을 가장 뚜렷하게 나타내는 것은 울타리라고 할 수 있다. 우리나라 아파트 단지를 보면, 단지의 경계에 담장(높지도 않고, 시야도 차단되지 않은 개방형)을 설치하고 있는데, 이는 단지 내의 프라이버시와 안전관리를 위한 점도 있지만, 일반적으로 영역의 상징적인 경계표시를 해준다.

특히, 아파트 단지의 입구에는 문(門)은 존재하지 않고 문주(門柱)만 설치하는데 이는 문을 매달기 위한 본래의 기능을 위한 것이 전혀 아님은 분명하다. 즉, 이는 영역의 입구 또는 경계를 표시하는 상징적인 기능을 가진 대표적인 것이다. 이러한 사실은 인간의 영역성에 관련된 필요성이 환경조성에 의식적으로 또는 무의식적으로 나타나고 있는 좋은 예라고 할 수 있다.

물론, 이러한 상징적 영역성이 과연 잠재적 범죄 더 나아가 상습범죄를 예방할 수 있을 것인지에 대해서는 확신하기가 어렵다. 따라서 그 이상의 감시 및 통제 메커니즘이 보완·적용되어야 할 것이다.

3. 혼잡

1) 혼잡의 개념

혼잡(混雜, crowding)은 기본적으로 밀도와 관련되는 개념이다. 도시화가 진행됨에 따라 한정된 지역에 많은 사람들이 살게 되어 과밀화로 인한 문제점이 증가함에 따라 이에 대한 관심이 높아지고 있다.[22] 범죄와 무질서, 보건 등의 문제는 이의 대표적인 현상이라고 할 수 있다.

인간사회에서의 밀도는 보통 물리적 밀도와 사회적 밀도의 두 가지로 구분된다. 물리적 밀도는 일정한 면적에 얼마나 많은 사람이 거주하는가 또는 모여 있는가 하는 것이다. 사회적 밀도는 사람 수에 관계없이 얼마나 많은 사회적 접촉이 일어나는가 하는 것이다. 예컨대, 우리나라 아파트의 경우 물리적 주거밀도는 매우 높으나 사회적 밀도 즉, 아파트 주민 간의 대화 또는 접촉의 정도는 매우 낮다. 현대도시의 주거 문제 가운데 하나는 물리적 밀도는 매우 높으나 사회적 밀도는 반대로 매우 낮다는 섬이다.

이 밖에도 지각된 밀도를 들 수 있다. 이는 물리적 밀도의 고저에 관계없이 개인이 느끼는 혼잡의 정도를 말한다. 일반적으로 고밀도에서는 개인적 공간 또는 영역을 유지하기가 어려우므로

---

22 이하 위의 책, pp. 164~166 재인용.

혼잡한 자동차도로

혼잡한 지하철

출처: http://blog.naver.com/little1492/220260084745(좌). http://www.kjtimes.com/news/article(우).

비정상적인 행태가 나타나게 된다.

고밀도가 동물에 미치는 생리적·행태적 영향에 관하여 많은 연구가 이루어졌다. 이들 연구에 의하면, 사회적·공간적 고밀도는 간, 콩팥, 뇌 등의 기관을 변화시키며 스트레스의 지표로 보여지는 분비선 기능의 이상을 초래한다. 이러한 이상은 번식기능을 약화시킨다. 또한 고밀도에서는 공격적 행태의 증가가 초래되기도 한다.[23] 최근 자동차 보복범죄 및 층간소음으로 인한 범죄, 그리고 불특정인을 대상으로 한 '묻지마식 범죄'는 이러한 관점에서 접근할 수도 있을 것이다.

⚠ 무차별 길거리 테러

2017년 3월 22일 영국 런던 웨스트민스터 다리 인근에서 흉기를 든 괴한이 지나가는 행인에 대해서 무차별적으로 흉기를 휘두르는 사건이 발생하였다. 사건 발생 후 출동한 영국 경찰은 테러 피의자를 사살했으며, 이 과정에서 경찰은 피의자가 휘두른 칼에 의해 숨겼다. 이 사고로 모두 4명이 숨지고 20여명이 다쳤다.

출처: 뉴스1 코리아(2017.03.23.).

또한 고밀도는 인간에게도 부정적 반응을 초래한다. 고밀도에서는 낮은 밀도에서보다 타인에 대한 호감이 떨어진다. 이러한 부정적인 반응은 남자가 여자보다 더욱 강한 것으로 나타나고 있으

---

23 P.A. Bell, J.D. Fisher & R.J. Lomis(1978), op. cit.; 임승빈(2007), 앞의 책, p. 165.

● 질서 있는 혼잡: 부산해운대 해맞이 인파

출처: http://cafe.daum.net/dgbudongsantech/a9j.

며, 이러한 사실은 남자의 개인적 공간 크기가 여자보다 크다는 점을 시사해준다. 또한 고밀도에서는 맥박 및 혈압이 증가하며 결과적으로 질병의 발생으로 연결된다고 본다. 이러한 생리적 변화 현상도 여자보다 남자에게서 더욱 현저하게 나타나고 있다. 사람들은 고밀도인 도시보다 저밀도인 조그마한 마을에서 다른 사람에게 더욱 친절하며 도움을 주고 고마움을 주고자 하는 마음의 여유가 더욱 많이 생긴다고 한다. 또한 매우 복잡하고 정밀을 요하는 작업을 수행하는데 있어 높은 밀도에서는 작업능률이 떨어지는 것도 관찰되고 있다.

한편, 밀도가 높다고 하여 반드시 혼잡하다고 느끼는 것은 아니다. 축제 때의 길거리 또는 상가는 물리적 밀도가 매우 높으나 혼잡하지 않고 오히려 즐거운 분위기로 느껴질 수도 있다.

이와 같이 혼잡한가 아닌가를 느끼는 것은 개인적인 차이(성별, 성격, 연령 등), 상황적 조건(분위기, 행위의 종류 등), 그리고 사회적 조건(사람들과의 관계성, 접촉의 밀도 등) 등에 따라 달라진다고 볼 수 있다.

2) 환경설계의 응용

일정한 장소가 혼잡한가 아닌가를 결정하기 위해서 먼저 개인에게 할당된 물리적 공간의 크기를 조사해야 하며, 다음으로 앞에서 언급된 개인적, 상황적, 사회적 여건에 비추어 보아 혼잡의 정도를 파악해야 할 것이다. 혼잡하다고 판단되었을 경우 이를 완화시킬 수 있는 대책을 기존의 연구결과로부터 알아보면 다음과 같다.

천장이 높은 곳은 낮은 곳보다, 장방형(직사각형)의 방은 정방형(정사각형)의 방보다, 외부로의 시야가 열려 있는 방(창문, 문 등)은 시야가 닫혀 있는 방보다 덜 혼잡하게 느껴진다. 또한 행위가 방한가운데서 일어나는 경우는 방 구석에서 일어나는 경우보다, 적절한 칸막이가 있는 것은 없는 곳보다, 밝은 곳은 어두운 곳보다, 벽에 시각적 장식(사진, 포스터 등)이 있는 경우는 없는 경우보다 덜 혼잡하게 느껴진다.

이상에서 열거된 사항들은 단편적인 연구결과들이며 주로 실내공간에 대한 연구이므로 이외에 공간에 대해서는 따로 연구를 해야 하는 대부분은 옥외공간에도 적용될 수 있을 것이다. 예컨대, 옥외공간에서 벽면은 수벽 또는 축대 등이 될 수 있으며, 벽장식은 조각물 등으로 비유될 수 있을 것이다. 사람이 많이 모이는 도심지의 미니파크, 어린이 놀이터 등은 혼잡한 공간을 설계할 때는 이상의 자료들이 좋은 참고가 될 것이다.

4. 사회적 행동의 이론적 모델

이상에서 논의한 인간의 공간적 행태(spatial behavior)에 관계되는 개인적 공간, 영역성, 혼잡의 개념들은 독립된 형태로 설명하였으나 상호 밀접한 연관성을 가지고 있다고 볼 수 있다. 이러한 세 가지 개념들의 상호관련성을 파악하고 일관성 있게 설명하기 위하여 다음과 같은 다섯 가지 모델이 제시되고 있다. 이러한 모델들이 가지고 있는 특징이 명확히 구분된다기보다는 일정부분 중복되는 부분이 있음은 물론이다. 따라서 이러한 모델들의 특징을 모두 고려하면서 인간의 공간적 행태를 이해해야 할 것이다.[24]

1) 프라이버시모델

프라이버시모델은 개인의 공간적 행태를 '프라이버시의 조절작용'(privacy regulation mechanism)으로 이해하고 있다. 즉, 개인적 공간 및 영역성은 적정한 프라이버시의 정도를 성취하기 위한 행태로 해석할 수 있다. 또한 혼잡은 적정한 프라이버시를 달성하지 못할 경우에 발생하는 것으로 보고 있다. 이와 같은 프라이버시모델은 매우 포괄적인 개념으로서 인간의 공간행태를 개념적으로 연결시키는데 있어서는 의의가 있다. 그러나 프라이버시의 개념이 너무 포괄적이고 구체적이지 못하다는 단점이 있다.

2) 스트레스모델

스트레스모델은 개인의 공간적 행태를 스트레스적 상황을 극복하기 위한 작용으로 보고 있다.[25] 일단 스트레스를 받게 되면 그에 대한 대응조치를 취하게 되며, 계속된 스트레스는 후유증

---

24 이하 위의 책, pp. 166~171 재인용.

25 G.W. Evans & W. Eichelman(1976), "Preliminary Models of Conceptual Linkages Among Proxemic Variables", Environment & Behavior vol. 8, pp. 87~116.

을 수반할 수 있다는 것이다. 개인적 공간 및 영역의 침입과 혼잡의 상황은 스트레스를 초래하므로 개인적 공간 및 영역의 확보는 스트레스를 막는 수단이 되는 것이다. 모르는 사람과 접촉을 한다든가 구두시험을 본다든가 하는 스트레스적 상황일 경우 더 넓은 개인적 공간을 유지하고 있는 것을 볼 수 있다.

이러한 스트레스의 지표로 생리적 지표(맥박, 혈압, 분비선 등), 심리적 지표(개인의 특정 상황에 대한 주관적 평가 등), 행태적 지표(작업 능률, 긴장, 피로 등) 등이 있다. 그러나 스트레스의 정의 및 지표가 불분명하고 논란의 대상이 되고 있음이 이 모델의 단점으로 지적된다.

3) 정보과잉모델

이 모델의 주된 관점은 '우리가 다른 사람과 아주 가깝게 있으면 보통의 경우보다 더 많은 정보를 소화하도록 강요된다'는 점이다. 이러한 정보의 과다는 정보의 소화, 판단, 결정이 더 많이 작용하도록 유도하므로 혼돈 및 스트레스를 초래하게 된다.

이 정보과잉모델을 익숙함(familiarity)과 관련시켜 본다면, 다음과 같은 사실을 유추할 수 있다. 즉, 일정한 물리적 밀도 하에서 잘 아는 사람끼리 익숙한 환경 내에 있는 경우는 잘 모르는 사람들끼리 잘 모르는 환경 내에 있는 것보다 덜 혼잡하게 느낀다는 것이다. 잘 아는 사람들끼리 가까이 있는 경우는 소화시켜야 하는 정보의 양이 모르는 사람들끼리 있는 경우보다 적기 때문에 정보 소화에 대한 압박이 적을 것이다. 반대로 모르는 사람들끼리 있을 경우에는 많은 정보를 소화시켜야 하므로 정보소화에 대한 압박이 크기 때문에 가능한 먼 거리를 유지하는 것이 필요하다고 볼 수 있다.

물론, 정보과잉모델은 인간의 환경 내의 행태를 너무 단순화시키고 있다는 비판을 받고 있다.[26] 인간의 행태를 결정짓는 것은 정보의 양뿐만 아니라 인간의 기대 또는 의도가 이와 더불어 작용하기 때문이다. 즉, 정보 자체보다도 인간의 과거의 경험 등에 관련된 정보의 해석 여하에 따

● 동일한 사회적 밀도 하에서 혼잡을 느끼는 정도

환경 〳 인간	잘 아는 집단	잘 모르는 집단
익숙한 환경	낮다	중간
익숙하지 못한 환경	중간	높다

출처: 임승빈(2007), 환경심리와 인간행태: 친인간적 환경설계연구, 서울: 보문당, p. 168.

---

26 Ibid., pp. 87~116.

라 스트레스의 정도가 결정된다고 할 수 있다.

이와 관련하여 드소(Desor)는 천장까지 이르는 불투명 칸막이, 중간 높이의 불투명 칸막이, 투명 칸막이 세 종류를 사용하여 혼잡의 정보를 조사한 결과 세 경우의 사이에 별 차이가 없다는 것을 발견하였다. 이 사실은 시각적 자극(정보)이 지각된 혼잡에 영향을 미치지 않는다는 사실을 보여줌으로써 정보모델의 단점을 지적하고 있다. 또한 작업자에 대한 정보의 증가가 작업능률 및 스트레스 지표에 영향을 미치지 않는데 반하여 개인적 공간의 침범은 작업능률 및 스트레스 지표에 영향을 미친다는 사실이 보고되었다.

이러한 정보모델은 일정 부분 흥미로운 관점을 보여주고 있으나 너무 단순화된 개념적 접근을 하고 있기 때문에 이러한 점들이 보완되어야 할 것이다.

4) 2차원모델

2차원모델은 개인의 공간적 행태는 개인적 필요와 사회적 제약의 상호작용의 결과에서 비롯된다고 보고 있다.[27] 즉, 개인이 가지고 있는 개인적인 감정과 욕구 등은 보다 거시적인 사회적 제약과의 타협하에 구체적인 행태로 이루어진다는 것이다. 개인적 공간은 개인적 프라이버시의 필요성과 사회적 접촉의 필요성이 상호작용하여 적정한 수준에서 그 경계가 이루어진다는 의미이다.

또한 미시적 수준과 거시적 수준의 결합으로 결정된다고 보기도 한다.[28] 미시적 관점은 보다 직접적인 개인적 행태의 제약과 관련되며 거시적 관점은 장시간에 걸친, 그리고 여러 장소에 걸친 공간적 상호작용으로 개인적 공간과 혼잡의 상호관련성이 설명된다고 주장하는 것이다.

그러나 공간적 행태에 영향을 미치는 것은 개인적·사회적인 인자뿐만 아니라 환경적 인자도 영향을 미친다. 운동경기를 관람석에서 관람할 경우는 주변 사람과의 사회적 접촉에 대한 기대가 거의 없으므로 혼잡하게 느껴지지 않는다. 반면, 가정이나 교실 등에서는 주변 사람과의 사회적 접촉의 기대가 커지므로 많은 사람들이 모이게 되면 혼잡하게 느껴질 것이다.

그렇다면, 지하철에서는 사회적 접촉의 기대가 전혀 없는데도 왜 많은 혼잡을 느끼게 되는 것인가? 운동경기장에서는 운동경기에 주의를 집중하게 되므로 주변 사람과의 접촉이 자연스럽게 최소한으로 제한되지만 버스나 지하철에서는 특별히 따로 주의를 집중할 것이 거의 없기 때문에 주변 사람에게로 주의가 집중되어 상대적으로 느끼는 혼잡의 정도가 높다고 볼 수 있다.

---

27 Ibid., pp. 87~116.

28 D. Stokols(1973), "The Relationship between Micro and Macro Crowding Phenomena", Man−Environment System vol. 3, pp. 139~149.

5) 기능적 모델

기능적 모델은 앞에서 설명한 여러 가지 모델이 개인의 공간적 행태를 설명하는데 있어서 완전하지 못한 점을 보완하고자 한 것이다. 따라서 이 모델은 보다 일반론적 관점에서 여러 가지 기능적인 면에서 개인의 공간적 행태를 설명하려고 시도한다. 즉, 인간의 환경에의 적응기능, 에너지 이용 및 생산기능, 사회적 협동의 기능 등이 공간적 행태의 기초가 된다는 것이다.[29]

영역은 동물에게 있어서 먹이 및 자원의 경쟁을 완화시키며, 포식자에게 잡히는 비율을 낮추어 종 내의 상호 충돌을 적게 하는 등의 적응적 장점이 있다. 인간에게는 이러한 적응적 행태가 그대로 적용되지는 않는다. 왜냐하면 인간에게는 환경인지능력(環境認知能力, cognitive mapping abilities)이 있으며, 에너지의 이용 및 생산능력이 있기 때문이다. 식량이나 은신처를 얻기 위하여 일정한 지역에 인간의 활동이 한정되는 것은 아니다. 인간사회에서의 영역은 동물세계의 전통적 영역의 기능에서부터 변형된 기능을 지닌다고 볼 수 있다.

인간은 유목시대로부터 사회적 협동의 유리함을 파악하고 있으며 또한 사회적 접촉을 추구하는 사회적 동물이라 할 수 있다. 그러나 과도한 접촉은 개인적 자아에 대한 위협이 된다. 이러한 관점에서 개인적 공간은 타인의 위협으로부터 오는 스트레스를 막으며 동시에 자아를 표현하는 기능을 가졌다고 볼 수 있다. 또한 영역도 자아 또는 일정 집단의 식별성을 나타내는 상징적 표현 기능을 가지고 있다고 볼 수 있다. 따라서 사회적 집단화의 필요성과 개인적 자아의 유지 사이에 형성되는 긴장이 공간적 행태에 관련된다고 볼 수는 없다. 이 모델은 인간의 공간적 행태를 설명하는 새로운 측면을 제시하고는 있으나, 너무 일반론적으로 접근하고 있다는 점에서 한계가 있다.

SECTION 03 감각적 환경과 인간의 행동

미시적 관점에서 볼 때, 인간이 일정한 환경 내에서 호불호(好不好)를 느끼는 정도는 인체의 다섯 가지 감각기관(感覺器官), 즉 오관(五官: 시각, 청각, 후각, 미각, 촉각)을 통해서 직접적으로 감지되는 자극의 질에 의하여 많은 부분이 좌우된다.[30] 예컨대, 일정한 장소의 색채, 조명, 소음, 바람, 기

---

29 G.W. Evans & W. Eichelman(1976), "Preliminary Models of Conceptual Linkages Among Proxemic Variables", Environment & Behavior, vol. 8, pp. 87~116.

30 인간의 외부환경에 대한 정보수집능력은 시각에 의해서 83%, 청각 11%, 후각 3.5%, 촉각 1.5%, 미각 1.0%의 비율로 이루어진다고 한다. 고광의(1992), 정보와 이론의 실체, 서울: 이상학습, p. 230.; 이러한 점에서 시각이 중요한 역할을 한다는 것을 알 수 있다. 그러나 나머지 요소 역시 결코 간과되어서는 안 된다. 인간은 시각

온, 대기오염 등과 같은 인자는 장소의 호불호를 결정하는 중요한 사항들이다. 이들 요소의 변화에 따라 인간의 심리적 상태, 행동에 변화를 초래하며, 따라서 이들을 적절한 수준으로 유지시키기 위한 노력은 환경설계에서 중요한 고려사항이 된다.

1. 색채와 인간의 행동

사람은 외부의 자극을 받아들여 이를 지각하고 과거의 경험 등에 비추어 해석하고, 그 결과를 토대로 행동한다. 여기에서 특히 색은 여러 가지 지각요소 가운데 매우 즉각적으로 처리되어 특별히 주의를 기울이지 않아도 바로 지각되는 경향이 있다. 또한 색은 사물의 형태나 깊이와 같은 다른 시각적 요소에 비해 특정 정서 반응을 더 잘 유발하는 자극이기도 하다.[31]

이러한 점에서 색은 인간이 환경을 지각하는데 있어서 가장 중요한 인자 가운데 하나라고 볼 수 있다. 따라서 환경설계 차원에서 볼 때 색은 인간행동에 근간이 되는 정서(情緖) 형성에 영향을 줄 수 있다는 점에서 중요하게 고려되어야 할 것이다.

그런데, 색채가 유발하는 정서는 인류 보편적인 측면 이외에도 국가나 문화, 지리환경 등에 따라 차이가 있다. 또한 시대사조에 따른 차이 즉, 적용시점이나 상황 등에 따라 차이가 있을 수 있다. 이러한 이유로 종래에 색이 인간행태에 미치는 영향에 대한 여러 연구가 이루어져 왔지만 대부분 특정 조건하에서 이루어진 것이므로 이를 일반화하는 것은 한계가 있다.[32]

그리고 우리가 실제로 지각할 때, 단 하나의 색만을 지각하는 경우는 거의 없으며 여러 가지 색이 상이한 면적을 차지하는 것에 대해 동시에 지각하게 된다. 따라서 중요한 것은 여러 색이 다양한 패턴으로 나타날 때에 인간이 어떻게 느끼는가 하는 것이다. 그러나 이러한 색의 패턴은 너무나 다양하기 때문에 각각의 경우를 일일이 연구하는 것은 거의 불가능하며, 따라서 환경적 색채가 인간행태에 어떠한 영향을 미치는가에 관한 연구가 쉽지 않다.

그러나 색이 인간행동에 적지 않은 영향을 미친다는 것은 분명한 사실이고, 범죄예방을 위한 환경설계에 있어서 이러한 점을 고려한다면, 일정 부분 효과를 거둘 수 있을 것이다.

뿐만 아니라 나머지 감각적 요소들을 종합적으로 분석·판단하는 즉, 다면적 사고(多面的 思顧)를 하기 때문이다. 최선우(2016), 앞의 논문, pp. 118~119.

31 박준휘 외(2014), 셉테드(CPTED)이론과 실무(Ⅰ), 한국형사정책연구원, p. 126.

32 임승빈(2007), 앞의 책, p. 202.

1) 빛과 색의 관계

빛이 있음에 색이 있다. 어둠 속에서는 색은커녕 물체의 존재자체도 판단하기 어렵지만 밝은 빛 아래에서는 사물 특유의 색채를 명확히 볼 수 있다.

이러한 빛은 여러 가지 색 파장으로 이루어져 있다. 1666년 영국의 물리학자 뉴턴(Newton)은 프리즘을 이용한 분광실험을 통해 빛이 빨강색, 주황색, 노란색, 초록색, 파랑색, 남색, 보라색의 7가지 스펙트럼으로 구성되어 있음을 과학적으로 규명하였다. 또 이 실험으로 인해 우리가 일곱 색깔 무지개를 한꺼번에 볼 수 있는 것은 작은 물방울 입자가 분광작용을 일으킨 결과라는 사실을 알게 되었다.[33]

그런데, 이러한 색은 나름대로 파장과 주파수를 가지고 있다. 빨강의 파장이 가장 길고 보라색의 파장이 가장 짧으며 주파수에 따라 다른 색 지각을 일으킨다. 쉽게 말해 따뜻한 계통의 색일수록 투과율이 높고 차가운 계통의 색일수록 투과율이 낮다.

우리의 눈에 시시각각 하늘의 색이 다르게 보이는 것도 바로 이러한 파장과 주파수의 작용 때문이다. 낮에는 빛의 거리가 짧아 단파의 산란작용이 일어나 하늘이 파랗게 보이지만 해질 무렵에는 빛이 통과해야 하는 대기층의 거리가 길어지는 까닭에 파장이 긴 붉은 계통의 색들만이 우리 눈에 들어오면서 붉은 노을을 보게 되는 것이다.

뿐만 아니라 빛은 만물에 비칠 때, 굴절·산란·흡수·반사 작용을 거쳐 우리 눈에 도달한다. 그에 따라 우리는 같은 사과를 보더라도 각도에 따라 붉은색의 농도를 다르게 느끼게 된다.

그러므로 물체 그 자체가 색을 가지고 있는 것이 아니라 물체 표면에서 반사되는 빛의 속성에 따라 색채가 결정되는 것이다. 이를테면 긴 파장을 많이 반사하고 짧은 파장을 흡수하면 붉은 색으로 보인다. 또 같은 물체라도 형광등과 같은 백색전등에서 보는 것과 백열전등과 같은 황색전등에서 볼 때 생기는 차이도 파장의 차이에서 일어나는 현상이다.

2) 주요색의 특징: 단일 색 관점

(1) 빨강색

빨강색(red)은 피나 불 등을 떠올리게 하는 것으로서 고대 원시사회에서도 의미 있는 색으로 인식되었는데, 이는 빨강색이 생명(生命)과 밀접한 관련성을 갖기 때문인 것으로 보인다.[34]

---

33 박영수(2011), 색채의 상징, 색채의 심리, 경기: 살림출판사, pp. 7~8.
34 박준휘 외(2014), 앞의 책, p. 126.

퇴장·금지   매력

출처: http://blog.daum.net/daum0123/151(좌). http://blog.daum.net/kjjdm/16888568(우).

실제로 사람들에게 생명과 관련된 색을 떠올려 보도록 하면, 일반적으로 빨강색이나 초록색을 떠올리는데, 전자는 동물의 생명, 후자는 식물의 생명과 관련성이 있다고 볼 수 있다. 한편, 빨강색은 고기나 과일에서 흔히 볼 수 있는 색으로 먹을 거리와 연결되어 있기 때문에 식욕을 자극하는 긍정적인 효과도 가지고 있다.

이처럼 빨강색은 인류의 생존과 종족 보존에 직접적으로 관련되어 있다고 볼 수 있으며, 정신적이기보다는 육체적 강함 또는 성적(性的)인 것들을 상징하는 색으로 활용되고 있다.

즉, 빨강색이 주는 위압감은 상대방을 지배하려는 인상을 주게 된다. 예컨대, 육체적으로도 피를 본다거나 분노하게 되면 얼굴색이 붉어지게 되고 이는 공격적인 에너지를 발산하게 된다. 이러한 점으로 인해 사람들은 빨강색을 보면 이를 회피하고자 하는 마음도 생기게 된다. 그렇기 때문에 빨강색은 위험을 표시하는 색으로 활용되고 있다.[35]

(2) 파랑색

파랑색(blue)은 문화권에 따른 선호의 차이가 가장 적은 색 가운데 하나로 인식되고 있다. 이처럼 파랑색은 인종과 국적을 초월하여 보편적으로 무난하게 수용되는 색이기 때문에 예컨대, 국제연합 엠블럼(emblem)은 이를 잘 활용하였다고 볼 수 있다. 그리고 국제연합의 산하기구 엠블럼 역

---

35 레드카드(Red Card), 신호등, 적색수배서 등은 이러한 의미를 갖는다. 여기에서 예컨대, 레드카드는 스포츠 경기 중에 규칙 위반에 대한 퇴장(退場)의 의미로 꺼내는 카드이다. 즉, 축구를 비롯해 럭비, 배구, 핸드볼, 필드하키 등 여러 스포츠 종목에서 레드카드는 악질적 반칙을 한 선수에 대한 퇴장 처분을 의미한다. 위키백과(https://ko.wikipedia.org).; 한편, 빨강색은 생존과 종족보존과 같은 생명력(生命力)을 연상시킨다는 점에서 매력적인 색임에는 틀림없다. 빨간색 옷을 입게 되면 이성들로부터 호감을 갖게 되고, 여성들의 경우에는 가임기에 보다 적극적으로 빨간 옷을 입어 매력적으로 보이려는 경향도 있다고 본다.

● 국제연합(UN: United Nations) 엠블럼

시 모두 파랑색을 바탕으로 하고 있음은 물론이다.

파랑색은 맑은 날의 하늘이나 바다가 연상되어 항공 분야에서 많이 활용되는 색이며, 대기원근법(aerial perspective)에 의해 멀리 있는 물체 등을 표현할 때 사용된다.[36]

한편 파랑색은 그리움을 뜻하는 색이 되기도 한다. 그리고 다른 색에 비하여 파랑색은 자연에서 사물의 색으로 접하기 어려운 특징이 있으며, 이 때문에 현실이나 현재가 아닌 것을 상징하는 경우가 많다. 이러한 이유로 파랑은 붉은 색으로 표현되는 현실 세계의 인간과 대비되는 신성함을 상징하거나 무채색과 더불어 현재에 존재하는 것이 아닌 미래의 과학기술을 나타내는 데 쓰이거나, 초현실주의 그림에서 볼 수 있듯이 무의식(無意識)을 표현하는데 쓰이기도 한다.

파랑색은 또한 신뢰를 상징하여 금융 분야에서 많이 활용되고 있으며, 마찬가지 이유로 영업이나 면접 같은 사무적인 대면상황에서는 남색 양복이 추천되기도 한다. 파랑은 푸른 하늘이나 고요한 바다처럼 정적인 느낌을 주는 것으로 평가되어 오랜 세월 동안 학습이나 명상을 위한 공간처럼 차분함과 집중이 필요한 공간에 추천되어 왔다.

---

36 대기원근법(大氣遠近法, aerial perspective): 멀리 보이는 물체의 색이 대기에 의해 다르게 보이는 것을 이용하여 그 색의 변화를 조절함으로써 원근을 표현하는 기법이다. 이 용어는 레오나르도 다 빈치가 <회화의 기법>에서 처음 사용했다. 짧은 파장이 가장 많이 산란되므로 멀리 있는 어두운 물체는 대부분 푸른색을 띠고, 긴 파장은 덜 산란되며 멀리 있는 밝은 물체는 실제보다 붉게 보인다. 멀리 있는 사물의 윤곽은 가까이 있는 것보다 덜 명료하게 보이고 세부도 흐리게 보인다. 먼 사물은 가까이 있는 비슷한 색조의 사물보다 엷게 보이고 아주 먼 곳은 밝은 곳과 그늘진 곳의 대조도 덜하게 보인다. 이 기법은 중세에 사라졌다가 15세기 플랑드르 화가들이 다시 쓰기 시작하면서 유럽 화가들에게 기본적 기법이 되었다. 8세기경부터 중국 산수화가들도 이 기법을 사용했다. 다음백과(http://100.daum.net/encyclopedia).

그러나 최근의 한 연구에서는 파랑색은 창의적으로 문제를 해결하는 상황에서 유용하며, 세부사항을 정확히 회상하여 정확도를 높여야 하는 과제에서는 오히려 빨강색이 더 유리한 것으로 나타나기도 하였다.

(3) 초록색

초록색은 식물을 포함한 자연을 연상시키는 색이며, 맛은 다소 밍밍하거나 쌉쌀하지만 수분을 담고 있는 먹거리의 색이기도 하다. 숲에서 사람은 실제로 피로가 해소되고 더 건강해지기도 하기 때문에 초록색은 휴식이나 안전을 상징한다. 즉, 초록색은 실내 환경에서도 스트레스를 줄여주는 효과가 있으며, 초록색이 주는 치유효과는 다양한 환경에서 활용될 수 있을 것이다.

또한 초록색이 갖고 있는 안전(安全)의 이미지를 물리적 환경에 적용한 대표적인 예로는 초록색 신호등과 건물 내 비상구 표시등을 들 수 있다. 신호등이 초록색으로 바뀌면 사람들은 안심하고 길을 건너고, 비상시 어둠 속에서 빛나는 초록색 표시등은 사람들이 가야할 방향을 안내해주는 역할을 한다.

한편, 초록색 중에서 상대적으로 연한 색상은 흔히 봄의 새싹이나 새순에서 볼 수 있기 때문에 미숙한 젊음과 연결되고, 긍정적인 의미에서는 희망을 상징하기도 한다.

🌑 **안전과 두려움**

출처: https://blog.naver.com/blossomis/220821269051(좌).
　　　https://blog.naver.com/ssertser/220522738206(가운데).
　　　https://blog.naver.com/jelly_dear/220364498054(우).

우리가 눈을 통해서 시각적인 정보를 받아들일 수 있는 것은 눈의 망막에 있는 시세포(간상체, 추상체) 때문이다.

망막에 있는 간상체는 빛에 대한 민감도가 매우 높아서 약한 빛도 감지할 수 있다. 인간이 아주 작은 빛에서도 사물을 분간할 수 있는 것은 바로 간상체 덕분이다. 간상체는 한 가지 색소만으로 구성되어 있어 회색조(gray scale)만을 감지할 수 있는 것이 특징이다.

한편, 망막에 있는 추상체 덕에 인간은 색을 감지할 수 있다. 추상체는 감상체와는 달리 미세한 빛에는 반응하지 않는다. 밝은 곳에서 어두운 곳으로 들어가면 아무 것도 보이지 않다가 서서히 회복되는 현상은 추상체의 이러한 특징 때문이다.[37]

그런데 예컨대, 건물에 화재 등이 발생하게 되면 대부분의 경우 정전이 되기 때문에 대부분의 경우는 어두운 상황에 놓이게 되고 이런 상황에서는 추상체 보다는 간상체에 더 의존을 하게 된다. 하지만 간상체는 색을 잘 구분하지 못하는 특성을 갖고 있다. 다만 간상체는 빛의 파장이 500nm인 녹색광 만큼은 잘 흡수하기 때문에 어두운 곳에서도 다른 색깔에 비해서 녹색이 눈에 더 잘 띄게 된다.

그러나 초록색이 식물이 아닌 인공적인 사물에 적용되어 사용될 때에는 소재와 톤에 대해서 고려할 필요가 있다. 이는 초록색이 양서류나 파충류를 연상시키거나 중독될 수 있는 금속성 물질(구리 등)들을 연상시키는 경우들이 있기 때문이다. 식물성 느낌의 초록색은 심리적으로 긍정적인 효과를 주는 반면, 광물성 또는 동물성 초록색은 그렇지 않을 수도 있다는 점을 고려하여야 초록색의 긍정적인 이미지를 제대로 활용할 수 있을 것이다.

(4) 노란색

노란색은 여러 가지 주요 색 가운데 선호도가 그리 높지 않은 색이나, 이 색이 가지고 있는 밝은 측면 때문에 어린 시절에는 어느 정도 선호하는 색이다. 실제로 어린아이들을 대상으로 한 유니폼이나 스쿨버스 등에는 어디서나 눈에 잘 띠는 노란색이 많이 사용된다. 이는 어린 아이들이 이 색을 선호하기 때문에 기능적인 측면뿐만 아니라 심리적인 측면에서도 적절한 활용의 예라고 할 수 있다.

노란색은 동일한 면적일 때 다른 색보다 훨씬 밝게 보이는 특징이 있어서 아동을 대상으로 한

---

37 색광에 대한 시감도가 명암순응상태에 의해 달라지는 것을 '푸르킨예 현상'(Purkinje's Phenomenon)이라고 한다. 명순응시(밝은 곳)에는 붉은색이나 주홍색이, 암순응시(어두운 곳)에는 파란색이 상대적으로 밝게 보인다. 다음백과(http://100.daum.net/encyclopedia).

경고	희망·결단력	집중력

출처: http://blog.daum.net/openphotospace/11823257(좌).
　　　http://blog.naver.com/layfl/220683290006(가운데).
　　　http://oilpricewatch.tistory.com/89(우).

물품 이외에도 주의(注意)나 경고(警告)가 필요한 표지판 등에도 널리 활용되며, 특히 어두운 검정색과 밝은 노란색의 결합은 매우 효과적이다. 한편, 인간은 노화로 인해 나이가 들면 상대적으로 노란 필터를 하나 더 낀 것처럼 전반적으로 색을 좀 더 노르스름하게 보는데, 이는 여러 색을 본래의 색감대로 보지 못하게 됨을 의미한다.

　　노란색이 빛나는 황금이나 태양의 이미지와 연결될 때에는 행복이나 유쾌함 같은 긍정적인 의미를 가지고 있는 것으로 생각되지만, 달빛처럼 흐릿할 때는 시기나 질투 또는 빛바랜 낡은 것을 의미하게 되고, 오히려 선호되지 않는 경향이 있다.

　　그리고 노란색이 다른 색보다 때가 타기 쉬운 점을 감안한다면, 부정적인 인상을 주지 않도록 유지 및 관리에 좀 더 신경을 쓸 필요가 있다.

(5) 핑크색

　　핑크색은 범죄 및 공격성의 억제와 관련하여 가장 많이 언급되는 색이지만 그 효과에 대해서는 논란이 있는 색이다.

　　핑크색과 공격성에 대한 연구는 샤우스(Schauss)로부터 비롯되었는데, 그의 연구의 문제점은 색맹인 사람들에게도 동일한 효과가 나온다는 점이다. 즉, 그의 기대와는 달리 공격성을 완화시키는 핑크색의 효과는 이른바 '요구 특성'(demand characteristics: 참가자 반응성이라고도 함. 참가자들이 실험자의 의도를 해석하여 의도대로든 그 반대로든 편향된 반응을 보이게 하는 것)에 의한 것일 수도 있으며, 이는 후속 연구들에서도 확인되었다.

　　그럼에도 불구하고 반대되는 증거는 잘 알려지지 않은 반면, 샤우스의 초기 연구는 매우 인상적이어서 여러 자료들에서 언급되어 왔기 때문에 오늘날에도 막연히 핑크색이 공격성을 낮추는 색이라고 생각되는 경향이 있다.[38] 그러나 실제로 물리적 환경에서 핑크색을 하나의 배경색 또는 사물의 바탕이 되는 색으로 하는 경우는 별로 없다고 본다.

그러나 핑크색의 직접적인 공격성 완화효과는 확실치 않다. 핑크색은 빨강색에서 채도를 떨어 뜨리면 나타나는 색이고, 오늘날 빨강색이 여성적인 색으로 연합되어 있기 때문에 빨강색보다도 약한 핑크색은 주로 여성성을 강조하기 위한 색이나 여성을 지칭하는 색으로 사용된다.

(6) 주황색

주황색은 노란색처럼 주의를 끄는 색이면서 빨강색처럼 식욕을 자극하는 색이기도 하다. 이 때문에 주황은 경계심을 표현하는 색으로 활용되기도 하는데, 구명조끼나 구명정의 색은 이를 활용한 것으로 볼 수 있다.

주황색이 식욕과 관련되는 이유는 빨강색이 식욕을 자극하는 색인 것과 비슷해서 자연의 많은 과일 등이 빨강이나 주황이기 때문이며, 두 색 모두 요식업계에서 널리 활용된다. 한편, 주황색이 인공적인 제품에 쓰였을 때는 그다지 고급스러워 보이지 않는 색일 수 있으므로 이에 유의하여 색을 활용할 필요가 있다.

● 구명조끼

출처: http://blog.daum.net/whrbrhkd88/18.

(7) 보라색 또는 자주색

보라색 또는 자주색은 일반적으로 흔히 볼 수 있는 색은 아니다. 지리 환경적인 차이가 있기는 하지만, 전통적으로 많은 나라에서 이 색은 염료가 귀해 쉽게 염색하여 활용할 수 있는 색이 아니었기 때문에 왕이나 귀족계급에서 한정적으로 사용되어 왔다. 이러한 이유로 보라색은 고급스러운

---

38 http://blog.naver.com/PostView.

느낌 이외에 신비한 느낌을 주고자 할 때도 사용되며, 그 예로 애니메이션 등에서 마법사를 표현하는 경우를 들 수 있다.

(8) 갈색

갈색의 경우는 특별히 긍정적인 인상을 강하게 주지 않는다. 다만, 갈색의 경우 나무를 그대로 사용하여 바닥이나 벽체를 구성하거나 가구에 활용하는 경우에 긍정적인 인상을 줄 수 있다.

3) 배색과 색의 기능적 활용

(1) 배색의 효과

색의 효과는 일반적으로 단일 색의 관점에서 언급되지만, 현실 세계에서 특정 색을 단독으로 경험하는 경우는 거의 없다. 대부분의 경우 특정 환경은 여러 가지 다른 색들과 함께 제시되기 때문에 단일 색이 주는 인상 못지않게 배색(配色) 상황에 대한 고려가 필요하며, 어떤 면에서는 배색이 더 중요할 수도 있다.[39]

배색은 크게 유사색 중심으로 할 것인지, 대립색 중심으로 할 것인지로 나누어 볼 수 있다. 전자는 조화롭고 무난한 인상을 주는 반면, 후자는 변칙적이고 파격적인 인상을 줄 수 있다. 파랑색과 초록색이 함께 쓰이면 차가운 인상을 주는 것이 전자의 예이며, 옛날에 새색시가 입던 '초록 저고리와 빨간 치마' 즉, 녹의홍상(綠衣紅裳)은 후자의 예라고 할 수 있다.

색환(color circle)에서 멀리 떨어진 색들은 보색에 가까운데,[40] 이를 동일한 크기의 색면으로 배색하는 것은 특이하고 지나치게 강한 인상을 주기 때문에 상대적으로 흔히 보기 어렵다. 그보다는 색들 간에 생기는 일종의 충돌현상을 완화시키면서 심미적으로 아름다운 인상을 줄 수 있도록 색면의 크기를 달리 하는 것을 더 흔하게 볼 수 있는데, 녹의홍상도 그 한 예라고 할 수 있다. 또한 상대적으로 강한 색의 색면이 더 작고 전경으로서 악센트 역할을 하며, 배경이나 바탕 역할을 하는 색면은 더 크다.

(2) 색의 기능적 활용

동일한 색이라 하더라도 다른 색과 함께 사용될 때는 바탕색이나 인접색 등에 의해 색의 인상

---

39 이하 박준휘 외(2014), 앞의 책, pp. 130~131 재인용.
40 색 환에서 서로 마주보고 있는 색을 보색이라고 한다. 보색은 색 환에서 색상 거리가 가장 멀고 색상 차이도 가장 크다. 색 환에서 정반대의 위치에 있는 색을 정보색이라고 한다. 그리고 정보색의 양 옆에 있는 색을 약보색이라고 한다. 곧 빨강의 정보색은 청록이지만 초록도 반대색이라고 할 수 있다. 그것은 초록이 빨강의 약보색이기 때문이다.

이 달라지고, 이에 따라 심미성뿐만 아니라 기능적 측면에서도 시인성(가시성 또는 명시성; visibility or legibility)이나 주목성에 있어서 차이가 생긴다.[41]

시인성을 위하여 인접한 두 색은 서로 다른 밝기로 제공되어야 한다. 인간의 시각 특성상 비슷한 밝기의 두 색이 인접했을 때(등광도, equi - luminance)에는 윤곽선이 뚜렷하게 지각되지 않아서 전반적으로 이미지가 흔들리는 듯한 인상을 줄 수 있다. 시인성은 어두운 바탕에는 밝은 전경의 색이, 밝은 바탕에는 어두운 전경의 색이 사용될 때 좋다. 따라서 파란색 바탕이나 노란색 바탕의 검정색처럼 활용하는 것이 좋다. 한편, 컴퓨터 모니터 화면의 경우 같은 색 조합이라 하더라도 하얀색 바탕의 검정색이 검정색 바탕의 하얀색보다 낫다. 텍스트에서 시인성이라 할 수 있는 가독성은 노란색 바탕에 검은 글씨에서 가장 좋고, 하얀색 바탕에 검은색 글씨가 그 뒤를 잇는다.

한편, 주목성은 무채색보다는 유채색에서 높으며, 같은 유채색에서도 고채도이면서 난색계이 색에서 높다. 주목성이 높은 색은 긍정적인 인상을 불러일으키는 색이기도 하며, 일반적으로 시인성이 높은 색이 주목성이 높은 경향이 있다.

4) 공간적 특성

패션을 포함한 여러 제품들과는 달리 환경이나 특정 공간의 색은 색면의 크기가 매우 큰 경향이 있는데, 이 경우 작은 칼라 칩(chip)에서 느끼는 인상이 공간색에서 그대로 느껴지지 않을 수 있다. 특히 원색에 가까울 때는 어떤 색이든 공간색으로는 지나치게 강하고 부담스러운 느낌을 줄 수 있다. 개인적인 공간에서는 본인의 취향에 따라 머무르는 공간 전면에 원색을 활용하는 것도 가능하지만, 공동 또는 공공을 위한 실내 공간일 경우에는 대부분의 사람들이 큰 거부감을 느끼지 않도록 명도는 높고 채도는 낮은 색들이 활용된다.[42]

한편, 공간색의 배색 상황에서는 한 색의 색면을 너무 크게 두고 다른 색을 인접하여 배치하면 가까운 거리에서는 전체가 한 시야에 들어오지 않아 의도된 배색 효과를 얻기 어려울 수도 있다. 반면, 너무 먼 거리에서는 대기조망 효과 때문에 전체적으로 색이 흐릿하게 보여서 의도와는 다른 효과가 생길 수도 있다. 따라서 공간색의 경우에는 거리에 따른 색 지각 및 배색 효과의 변화에 대해 고려해야 한다.

---

41 가시성은 보다 단순하게 색이 지각될 수 있느냐의 문제라면, 명시성은 얼마나 알아보기 쉬우냐를 지칭하는 것으로 구분할 수 있다. 비슷하게 식별 가능성은 둘 이상의 색이 사용되었을 때 색 간의 구별이 가능한지를 지칭하는 용어이다. 텍스트의 가독성(readability)은 명시성과 밀접한 관련성이 있다.

42 이하 박준휘 외(2014), 앞의 책, pp. 131~132 재인용.

색은 어떤 색상에 적용되느냐에 따라 효과가 달라져서 의복을 포함한 제품 등에 적용될 소재가 무엇인지에 대한 고려가 필요하다. 또한 의복에서 이른바 'TPO'(Time, Place, Occasion)가 중요하듯 공간색의 경우에도 색을 적용하는 공간의 목적에 대한 고려가 필요하다. 즉, 학습이나 사무를 보기 위한 공간인지, 놀이와 사교모임을 위한 공간인지 등에 따라 목표로 하는 효과가 달라질 수 있기 때문에 이에 대한 고려가 필요한 것이다.

전통적으로 학습이나 사무를 보기 위한 공간에서는 차분한 주의집중을 위해 대체로 파랑색이나 초록색이 추천되는 반면 놀이와 사교모임을 위한 공간에서는 유쾌한 기분을 유발하도록 빨강색이나 노란색이 추천되어 왔다.

사람들에게 특정 색에 대해 떠오르는 단어나 정서 상태를 묻거나, 특정 단어나 정서 상태에 대해 연상되는 색을 묻는 연구들에 의하면, 사람들은 색에 대한 일종의 고정관념을 가지고 있는데, 파랑색을 차분한 공간에 적용하는 것은 이러한 심리적 연합에 잘 부합된다.

학생들을 대상으로 한 공간색 선호에 대한 연구에 의하면, 학생들은 단일색으로는 파랑을 선호했지만, 공간에 적용된 색의 배색의 심미적 측면과 공간의 기능을 고려하여 색을 선택하는 경향이 있었다. 예컨대, 학생들이 교실에 대해 선호하는 색과 식당에 대해 선호하는 색은 차이가 있는 것이다.

의복의 색을 포함한 물체의 색은 대상물이 어느 공간에 존재하느냐에 따라 색의 항등성(color constancy, 조명의 변화에도 불구하고 비교적 일정하게 색을 지각하는 인간의 시각적 특성)에도 불구하고 비록 작지만 미묘하게 색감이 달라지고 그 결과 인상이 달라지지기도 한다.

자연스러운 이동 상황에서의 색채 항등성 문제와는 별개로, 실내 공간의 경우에는 백화점처럼 창문을 없애고 원하는 대로 조명을 선택하고 배치하여 밝기나 색채 인상을 통제할 수도 있다. 그리고 미술관처럼 특정 색이 더 잘 재현되도록 할 수도 있다.

저렴한 비용과 에너지 효율 때문에 사무 공간에서 주로 사용되어온 형광등은 그 파장 특성 때문에 공간을 좀 더 차가워 보이게 하였으나, 최근 등장한 발광 다이오드(LED: Lighting Emitting Diode) 조명은 에너지 효율이 높을 뿐만 아니라 다양한 색감을 구현할 수 있어서 공간색의 인상을 다채롭게 만들고 있다.[43] 또한 스마트 조명의 등장으로 색감이 고정되지 않고, 상황에 따라 변화될 수도 있다.

---

43 발광 다이오드(發光 diode)는 순방향으로 전압을 가했을 때 발광하는 반도체 소자이다. 발광 원리는 전계 발광 효과를 이용하고 있다. 또한 수명도 백열등보다 매우 길다. 발광색은 사용되는 재료에 따라서 다르며 자외선 영역에서 가시광선, 적외선 영역까지 발광하는 것을 제조할 수 있다. 일리노이 대학의 닉 호로니악이 1962년에 최초로 개발하였다. 오늘날까지 여러 가지 용도로 사용되었으며 향후 백열등을 대체할 광원으로 기대되고 있다. 위키백과(https://ko.wikipedia.org).

한편, 실내 공간과는 달리 옥외 공간에서 빛은 적절히 통제하기 어려워서 하루 중의 시간이나 계절의 변화에 따라 달라지기 때문에 색의 적용시 이를 고려해야 한다. 특히, 밤에는 외부 조명이 있더라도 낮에 비해 상대적으로 색을 지각하기 어렵고, 최대 민감도를 보이는 파장도 단파장 쪽으로 이동하기 때문에(푸르킨예효과, Purkinje's Effect), 안내 표지 등에 색을 적용하고자 할 때는 이 점을 고려하거나 부분 조명을 배치하는 것이 바람직하다.

5) 범죄예방을 위한 색의 활용

(1) 소극적 접근: 환경개선 및 정비

범죄예방을 위해 색을 활용하는데 있어서 소극적 접근은 색에 대한 고정관념을 1차원적으로 단순하게 이용하는 것이다. 예컨대, 사람들은 노란색 범주 내에서도 어두운 노란색은 선호하지 않고, 특히 오래되어 낡은 느낌이 드는 것에 대해 부정적인 인식을 가지고 있다. 따라서 오래 전에 채색되어 색이 바랜 낡은 공간에 대해서는 본래의 색조를 되살려 줌으로써 환경을 정비할 수 있다.[44]

낡은 공간들은 방치되어 있는 인상을 주고, 이 때문에 치안을 위협하는 것으로 보일 수 있으므로, 그 공간에 거주하는 사람들에게 심리적 불안감이나 공포감을 줄 수 있다. 이는 실제로 높은 범죄발생율로 이어질 수도 있다. 따라서 안전을 도모하기 위해서는 주기적이고 지속적인 환경관리가 필요하다.

불법적이거나 퇴폐적인 낙서는 주기적으로 제거되어야 하고, 안내표지를 포함한 공공시설물도 다시 채색되어야 하는데, 이때 지역사회의 참여를 유도하는 것은 부수적인 효과까지 줄 수 있다.

지역사회활동에 대한 참여는 참여한 것에 대한 관심과 애정을 불러일으키고, 자신이 속한 환경을 더욱 아껴서 깔끔하게 유지할 수 있도록 만들 수 있고, 지역사회의 구성원이 함께 작업함으로써 공동체의식을 함양시킬 수도 있다.

최근 국내에서 유행처럼 번지는 마을의 벽화 작업은 이러한 측면을 잘 살려서 지속가능하도록 만들면 매우 유용할 수 있다. 다만, 시간이 흐른 뒤에 이에 대한 유지 및 관리가 제대로 이루어지지 않을 경우 본래의 환경보다 더 쇠락해 보일 수 있다는 섬에서 신중한 접근이 필요하다. 즉, 벽화작업은 단기적으로는 눈에 띄는 변화를 보여 줄 수 있지만, 특성상 시간이 흐르면서 쉽게 퇴색될 수 있는데, 이 경우 즉각적인 유지보수가 이루어지지 않으면 벽화가 없었을 때보다 더 쇠락해 보일 수 있다.

---

44 박준휘 외(2014), 앞의 책, p. 133.

벽화 없는 유지보수와 벽화 있는 유지보수 간에는 비용상의 차이가 있을 수 있으며, 장기적으로는 벽화의 유지보수가 기존의 다른 시설의 관리처럼 관(官)주도로 이뤄지게 될 가능성이 있다.

이러한 점에서 지속가능성을 고려할 때 예쁜 꽃이나 식물을 한번 벽에 그리는데 참여하도록 하기보다는, 다년생 화초나 나무를 심고 누구나 쉽게 물을 주며 계속적으로 가꿀 수 있도록 함으로써 물리적 환경 개선과 더불어 장기적인 사회참여를 유도할 수 있는 방안을 고려하는 것이 더욱 좋을 것이다.

(2) 적극적 접근

새롭게 형성되는 주거 단지나 신도시 같은 곳에서는 단지 기존의 채색을 관리해 안전을 도모하는 수준에 머무르지 않고 보다 적극적으로 색을 활용하여 아름다운 환경을 만들 수도 있을 것이다. 신도시의 상징 색을 우선 설정하고, 이러한 바탕 하에서 각각의 색을 적용하여 표지판이나 안내판, 그리고 각종 시설물의 기능적 특성을 극대화할 수 있다. 기능적으로 색을 잘 활용하고자 할 때는 소수자에 대한 고려가 반드시 필요하다. 예컨대, 흔히 적록 색맹으로 알려진 사람 등 색각 이상자들도 쉽게 인지할 수 있도록 색을 구성한다든가, 노인을 배려하여 표지에 있는 정보의 색이나 크기를 달리할 수도 있을 것이다.[45]

그리고 색을 기능적으로 활용하는데서 그치지 않고, 공간배색을 고려하여 지역의 컨셉(concept)에 맞는 색을 적용하면 심미성까지 높일 수 있다. 이 경우 지역사회에 거주하는 사람들은 안전감 이외에도 편안하고 행복한 느낌을 가질 수 있다. 지역사회 구성원들의 정신 건강 상태가 좋아지면 이른바 '묻지마 범죄'의 발생을 감소시키고 우울증으로 인한 자살 등을 예방할 수도 있기 때문에 단순히 색을 관리하는데서 그치지 않고, 보다 적극적으로 활용하는 것이 필요하다.

아울러 인공적인 채색보다는 자연적인 소재의 활용이나 조경 등을 통해 색을 활용하는 것이 시각적으로도 보다 자연스럽고, 대기오염의 감소, 나아가 지역공동체 참여라는 부수효과를 유도할 수 있다고 본다(이 부분은 색의 적용 외에도 환경설계 전반에 대한 적용이 가능한 부분이다).

6) 색채의 영향

인간 주변환경의 색채는 순전히 미적인 측면만 있는 것이 아니며, 인간의 기능적 행태와도 관련이 깊다. 따라서 일정한 장소의 색채 선택을 위하여 미적인 요소 외에도 장소의 기능과 성격 등을 함께 고려해야 한다.[46]

---

45 위의 책, pp. 133~134.
46 이하 임승빈(2007), 앞의 책, pp. 199~203 재인용.

색이 인간행태에 미치는 영향은 ① 색의 세 가지 속성인 색상, 명도, 채도의 정도, ② 지각되는 색의 배경, ③ 색을 비추는 빛의 질, ④ 행위의 종류, ⑤ 개인의 나이, 성별, 문화적 배경 등에 의해 좌우된다. 적색은 일반적으로 청색에 비하여 근육긴장, 뇌파, 맥박수, 호흡수 등의 증가를 초래하며, 각성을 높인다.

(1) 색채와 선호도

색의 선호 경향에 있어서는 개인적인 차이, 문화적 배경이 주요 변수로 작용한다. 여러 색을 두 개씩 상호 비교하는 방법을 사용한 한 연구에 의하면 초등학교 어린이들은 나이에 관계없이 색스펙트럼의 차가운 쪽, 즉 녹색, 청색, 보라색 등의 색을 선호하였으나, 이러한 선호도는 나이가 많아짐에 따라 감소되었다.

또한 밝은 색이 어두운 색보다 선호도가 높은 것으로 나타났다. 남학생과 여학생을 비교한 결과 여학생들이 남학생에 비하여 높은 채도 및 명도를 더욱 선호하였다.[47] 이상은 미국의 초등학생에 대한 것이므로 우리나라 학생들에게도 동일하게 적용된다고 보기는 어렵다.

한 설문조사에 의하면, 우리나라 어린이들이 놀이기구의 색깔로서 좋아하는 색은 노란색이라는

🔵 색상, 명도, 채도

색상		색상은 색의 차이를 말한다. 색상환은 이것을 차례로 배치하여 원으로 만든 것이다. 일반적으로 색상환은 12색 또는 24색으로 표시된다.
명도		명도는 색의 밝은 정도를 말한다. 같은 빨강이라도 명도가 변하면 밝은 빨강, 어두운 빨강으로 달라져 보인다. 명도가 가장 높은 색은 흰색이고, 가장 낮은 색은 검정색이다. 명도는 흰색에 가까울수록 높고, 검정색에 가까울수록 낮다. 또한 흰색이나 검정색이 섞이지 않아도 색은 모두 각자의 밝기를 가지고 있다. 순색 12색 가운데 노랑이 명도가 가장 높고 보라나 빨강이 가장 낮다.
채도		채도는 색상의 선명한 정도를 말한다. 채도가 낮으면 '탁하다'라고 표현한다. 채도가 높을수록 색깔은 강하고, 낮을수록 색깔은 없어지고 나중엔 색깔이 전혀 없는 흰색, 검정색, 회색의 무채색이 된다. 채도가 가장 높은 색은 순색이며, 이것에 무채색을 섞는 비율에 따라 색은 늘어난다. 그와 동시에 채도는 낮아진다.

출처: https://blog.naver.com/achimhassar/100007473407.

---

47 N.W. Heimstra & L.H. McFarling(1987), Environmental Psychology, Monterey Ca: Brooks Cole Pub. Co.

응답이 가장 많았고, 다음으로 연두색, 파란색, 보라색, 주황색 순이었다.[48] 이 조사는 놀이기구라는 특정 대상의 색상에 대한 것이므로 일반화시키기 어려운 점은 있으나 문화적 배경이 다른 미국 어린이와 우리나라 어린이의 색상 선호 경향이 상이함을 보여주고 있다.

색에 대하여 느끼는 즐거움의 정도를 예측하는데 있어서 색의 배경과 채광이 중요한 역할을 한다. 일반적으로 배경색이 매우 낮은 채도이면서 명도가 매우 높거나 매우 낮은 경우에 즐거움이 높아진다고 한다.

채광으로서 백색, 엷은 노란색, 엷은 적색, 엷은 녹색, 어두운 녹색일 경우 색에 대한 즐거움이 높아진다. 이들 역시 미국의 경우이므로 우리나라 사람들에게 반드시 적용되지는 않을 것이다. 색은 일반적으로 몇 개의 색이 구성되어 동시에 지각되는 경우가 보통이다. 이 가운데 특히 보색대비는 시선을 집중시키는 효과를 지닌다. 우리나라 사람들은 전통적으로 한복, 방석, 노리개, 단청 등에서 볼 수 있듯이 적색과 청색의 대비효과를 선호하는 경향이 있다.[49]

(2) 실내 색채

일반적으로 적색 계통의 색은 따뜻하게 느껴지고, 청색 계통의 색은 시원하게 느껴지는 것으로 생각된다. 그러나 실내 벽면의 색상과 느끼는 온도의 관계를 연구한 바에 의하면 벽면의 색상이 바뀌었다고 하여도 쾌적하게 느끼는 실제의 온도에는 변화가 없었다.

이러한 사실은 사람들이 비록 적색과 청색에 대하여 각각 따뜻하고 시원하다고 생각하고 있으나 실제 행위(쾌적하다고 느끼는 실내 온도, 덥다고 느끼는 실내 온도)에는 별다른 영향을 미치지 못함을 보여주고 있다.

채도가 높은 색상일수록 복잡성이 높게 느껴졌으며, 방(실내)에 대한 즐거움은 개인마다 차이가 있었으며, 즐거움과 특정 색과의 밀접한 연관관계는 찾아볼 수 없었다.

7) 색채와 환경설계

환경설계에서 색채는 중요한 고려사항 가운데 하나이다. 색채에 대한 고려는 거의 모든 환경설계분야와 관련이 있으므로 매우 광범위한 장소에 다양한 색채구성방법이 이용되고 있다. 정원 또는 공원에서는 계절에 따른 나뭇잎의 색깔변화 및 꽃의 색깔을 고려하여 전체적인 공간의 색채를 계획하며, 동시에 계절에 따른 색채의 변화도 고려한다.

도시의 경우에 사람이 많이 모이는 장소나 상가에는 밝고 채도가 높은 색채를 사용하여 시선

---

48 정대유(1978), "학교내 놀이기구에 대한 어린이의 의식조사 연구", 서울대학교 석사학위논문.
49 김경영(1983), "우리나라 도시환경 색채의 주조색 설정에 관한 연구", 한국조경학회지 11(2), pp. 211~225.

을 끌어주며, 동적인 분위기를 조성하기도 한다. 반면 아파트와 같은 주거용 건물은 보다 온화한 색을 사용하여 부드럽고 친근감 있는 분위기를 조성하는 것이 바람직하다.

아파트와 같은 건물의 경우, 색채계획을 별도로 수립하여 시행하는 것이 보편화되고 있다. 이때에 일반적으로 주조색, 보조색, 강조색을 구분한다. 주조색은 바탕색이 되며 70% 이상의 면적을 차지한다. 주조색은 저채도 중·고명도의 색을 사용하는 경우가 많다. 보조색은 10%~ 30% 미만의 면적을 차지하며 넓은 면적에 변화를 주기 위해 사용한다. 강조색은 10% 미만의 면적을 차지하며, 고채도의 색을 사용하여 시각적으로 흥미를 높이고 특정 부분을 강조하기 위하여 도입한다.

2. 조명과 인간의 행동

1) 빛의 영향

한 장소의 밝기는 그 장소의 분위기를 좌우하는데 큰 역할을 한다. 같은 자연경관이라 할지라도 해가 떠오르는 아침, 맑은 날, 흐린 날, 해가 지는 어스름한 저녁, 어두운 밤에 따라서 경관의 분위기가 달라진다. 특히 깊은 계곡 또는 고층빌딩이 있는 도심에서의 그림자에 의하여 형성되는 명암의 대비는 극적인 공간 분위기를 조성하기도 한다. 이러한 빛이 공간 분위기를 좌우하는데 있어서는 ① 빛의 밝기, ② 광원의 차단 상태, ③ 방향 또는 광원의 위치, ④ 집중조명 등이 주요 변수로 등장한다.[50]

(1) 빛의 밝기

우리는 일정한 장소의 밝기가 사람의 감정에 영향을 미치는 것을 빈번하게 경험한다.[51] 밝은 곳에서는 사람의 마음은 자연히 명랑해지고, 어두운 곳에서는 침울해지거나 마음이 가라앉는 것이 보통이다. 따라서 사람의 활동을 촉진시키기 위해서는 어느 정도 밝은 상태를 유지하는 것이 바람직하다. 그러나 너무 밝은 곳에서는 오히려 마음이 안정되지 않으며, 사색에 잠긴다든지 휴식을 취할 필요가 있을 때에는 적당히 어두운 곳이 좋다.

---

50 이하 임승빈(2007), 앞의 책, pp. 195~199 재인용.

51 일조량이 부족한 북유럽 국가의 우울증 유병률과 자살률이 높은 것은 잘 알려져 있는 사실이다. 이 같은 이유는 햇빛이 우울증의 발생 위험을 낮춰주기 때문이다. 우울증 자가 관리법으로는 햇빛을 쬐면 우리 몸에서 기분을 좋게 하는 호르몬(세로토닌)이 분비되어 우울증을 예방해준다. 가벼운 우울증을 겪고 있다면 일상생활 속에서 정기적으로 시간을 내어 태양광선과 마주하는 것도 도움이 될 수 있다. 우울증 자가 관리법으로 가벼운 산책을 통해 운동까지 곁들이면 우울증 예방에 더욱 효과적이다. http://sbsfune.sbs.co.kr/news.

적당히 밝은 곳에서는 각성(arousal)의 정도가 높아져서 작업능률이 향상된다. 그러나 너무 밝게 되면 각성의 정도가 너무 높아져서 이로부터 회피하려는 경향이 생기고, 작업에 주의집중도가 떨어지므로 작업능률이 낮아지게 된다. 이는 소음, 열 등의 경우와 유사하다고 볼 수 있다.

야간에 가로등의 밝기를 높임으로써 범죄의 발생률이 감소하는 것으로 나타나고 있다. 그러나 이러한 범죄발생률의 감소가 단순히 밝기에만 의한 것인지는 분명하지 않으므로 현재로서는 야간의 가로(街路)의 밝기와 범죄발생과의 관계를 명확히 밝히기는 쉽지 않다. 그러나 가로 및 골목을 더욱 밝게 하고 순찰을 강화하는 등의 조치가 함께 따른다면 범죄발생은 일정수준 줄어들 것이다.

(2) 광원의 차단

광원(光源, 태양 또는 전등)이 직접적으로 비칠 때와 간접적으로 비칠 때는 장소의 분위기가 달라진다. 구름에 가린다든가, 반투명 물체로 가린다든가 간접광을 이용할 경우에는 빛이 분산되어 밝기가 낮아지고 부드러움을 느끼는 것이 보통이다. 간접적으로 빛이 비칠 경우에는 직접광일 때보다 명암대비가 덜 심하게 나타나며 조용하고 친근한 분위기를 조성하게 되어 병실 또는 거실과 같은 곳에서 이용된다.

(3) 빛의 방향

빛의 방향이 바뀜에 따라 그림자 등에 의한 시각적 패턴이 달라지게 된다. 일정한 장소를 지각하는데 있어서 빛의 방향은 커다란 역할을 한다.[52] 자연경관에서는 낮에는 그림자가 짧으나 아침, 저녁에는 태양방향이 수평에 가깝게 되므로 기다란 그림자가 생기게 되어 그림자가 경관의 지각에 주요한 인자로 등장하게 된다.

실내에서는 건축가들이 공간의 분위기에 맞게 의도적으로 채광의 방향을 설정하는 것을 종종 볼 수 있다. 교실, 침실 등에서는 벽면에 창문을 두어 실내 채광을 하는 것이 보통이다. 그러나 교회와 같은 곳에서는 신비감을 불러일으키거나 전시장과 같은 곳에서는 극적인 효과를 내기 위해 천창을 두어 수직적인 채광을 구성하는 경우가 많다.

그러나 보통 실내에서 천장만을 밝게 조명하게 되면 우물 속에서 하늘을 쳐다보는 느낌이 되어 기분이 우울하게 되기 쉬우며, 벽면이 밝고 천장 및 바닥이 어둡게 조명된 방에서는 발코니에 나와 있는 느낌에 되어 기분이 좋아지는 것이 보통이다.

(4) 집중조명

집중조명은 야간에 분수, 조각 또는 건물에 이용되며 실내에서는 무대조명 등에 이용된다. 집

---

52 N.W. Heimstra & L.H. McFarling(1978), op. cit., p. 51.

중조명은 특정 물체 또는 사람에 주의를 집중시키고자 할 때나, 전체 조명이 불투명하고 특정 장소에만 조명이 필요한 경우(공원 보행로, 벤치 부근 등)에 이용된다. 집중조명된 물체는 밝은 낮에 볼 때와는 상이하게 지각되는 것이 보통이다.

조명의 방향 및 밝기에 따라서 더욱 매력적으로 또는 장엄하게 보일수도 있으며, 아래서 조명된 사람의 얼굴처럼 아름다운 물체가 무서운 괴물같이 보일 수도 있다. 이는 본래의 시각적 형태 및 질감이 명암 또는 그림자에 의하여 변형되어 지각되기 때문이다.

이상에서 언급된 네 가지 인자(빛의 밝기, 광원의 차단, 빛의 방향, 조명의 집중) 이외에도 조명의 색깔은 일정한 장소 또는 물체를 지각하는데 중요한 인자로 인식된다.

2) 조명과 범죄예방 환경설계

환경설계에서 조명의 역할은 매우 중요하다. 장소의 특성 및 분위기에 따라서 자연채광 및 인공조명의 도입방법이 결정된다. 거실 등에서는 소파에서 가까운 곳에 부분조명을 하는 경우가 많으며, 교실에서는 실내 어느 장소에서나 균일한 조도를 유지할 수 있도록 창문바깥에 루버(louver) 등을 이용하기도 한다.

백화점과 같은 곳에서는 물품의 본래 색을 제대로 볼 수 있도록 붉은색을 내는 백열등과 푸른색을 내는 형광등을 동시에 사용하기도 한다. 백열등만 사용하거나 형광등만을 사용하면 특정색만 제대로 보이며 다른 색은 제대로 볼 수 없기 때문이다.

이와 같이 장소의 분위기는 채광 또는 조명에 의해 크게 좌우되며, 장소의 기능에 맞는 분위기 조성을 위한 조명 선택은 환경설계에서 필수적인 고려사항이 된다. 최근에는 야간경관에 대한 관심이 높아져서 교량, 주요건물, 문화재 등에 대한 조명이 보편화되고 있는데, 이는 야간의 공간인지도를 높이고 도시 이미지를 향상시키는 기능을 한다고 볼 수 있다.

⬥ 야간조명의 개선과 범죄지도의 구축

영국 스코틀랜드 제2의 도시인 글래스고는 지난 2000년 시내 쇼핑 및 환락거리인 뷰캐너 거리의 가로등을 전부 교체하였디. 도시 경관 차원에서 기존 오렌지색 가로등을 푸른색으로 바꿨는데 예상치 못한 결과가 나왔다. 시내 중심가의 범죄 발생률이 크게 감소한 것이다. 이 결과에 주목한 일본의 나라(奈良)시도 2005년 푸른 가로등을 설치해 범죄율이 30%나 줄어드는 성과를 얻었다.

다만 학계에서는 푸른 가로등과 범죄 감소 효과의 상관관계에 대해 과학적 근거가 희박하다며 반박하는 등 논란도 있다. 또 푸른색 가로등이 주는 심리적 두려움도 이를 꺼려하는 한 요인이 되고 있다. 그러나 일부 전문가들은 환경범죄학 관점에서 충분히 효과가 있을 수 있다는 견해를 내놓고 있다.

이처럼 푸른 가로등이 범죄심리적 접근을 통한 범죄예방책이라면 주민이 스스로 범죄에 노출되는 계기를 줄이는 등 보다 능동적인 범죄 감소 방안에 대한 연구도 활발하게 이루어지고 있다. 대표적인 사례로 범죄예측지도(Crime Spotting)를 들수 있다. 미국 샌프란시스코는 지역별 범죄 유형을 세밀히 분석한 범죄지도를 제작해

노란색 가로등과 푸른색 가로등

주민 누구나 활용할 수 있도록 정보를 공개해 범죄율 감소 등 성과를 내고 있다. 지난 8년간 범죄예측·예보 정확도가 70%를 넘었다고 한다.

한편, 안전행정부가 대통령 업무보고에서 범죄나 사고가 많은 지역을 지도로 표기한 '국민생활안전지도'를 제작·공개하겠다고 밝혔다. 산사태, 침수 등 자연재해와 교통사고, 성폭력 등 강력범죄, 학교폭력 등을 지도로 표기해 공개한다는 것이다. 시범 운영을 거쳐 2015년부터 전국으로 확대한다는 계획도 세웠다.

정부의 범죄지도 공개에 대한 우려의 목소리도 없지 않다. 지역별로 범죄 발생률 등이 비교 공개될 경우 이미지 추락이나 집값 하락 등 사회적 파장이 커질 수 있어서다. 그동안 국회와 경찰청 등이 범죄지도 제작을 검토했다가 반발로 무산된 적도 있다. 반면 일각에서는 범죄지도 공개를 계기로 취약지역에 대한 행정력 보강 등 장점도 주목할 필요가 있다고 주장한다.

2009년 서울시 주최의 세계도시 CIO(최고기술경영자) 포럼에 참석한 샌프란시스코 CIO 크리스 베인은 샌프란시스코의 '데이터SF'(DataSF) 서비스를 소개하면서 시민들이 가공되거나 수정되지 않은 공공의 모든 자료를 활용하는 도시 정보화는 중요한 자산이라고 강조했다. 도시의 모든 정보가 투명하게 공개되고 예측 가능한 사회가 가능해진다면 범죄지도 또한 더 이상 미룰 일만도 아니다.

출처: 매일신문(2013.04.08.).

3. 소음과 인간의 행동

1) 소음의 특성

소음은 인류문명의 산물이며 자연환경에서는 좀처럼 발생되지 않는다. 소음은 인간이 '원하지 않는 소리'라고 할 수 있다.[53] 따라서 절대적인 소음도 있지만 상대적인 소음도 존재한다고 본다. 예컨대, 어떤 사람이 음악을 감상할 때 당사자에게는 즐거운 음악이 될 수 있으나, 다른 사람에게는 소음이 될 수도 있다. 즉, 소음은 원하지 않는다는 심리적인 속성과 귀에 의하여 지각되는 물리적인 속성이 결합된 것이다.

---

53 P.A. Bell, J.D. Fisher & R.J. Lomis(1978), op. cit., p. 95.; 이하 임승빈(2007), 앞의 책, pp. 184~185 재인용.

● 소음 기준표

마이크로바	데시벨(dB)	참고소리
0.0002	0	소리를 감지할 수 있는 한계
0.002	20	간신히 들을 수 있음, 방송국 스튜디오
0.02	40	매우 조용함, 거실 침실
0.2	60	조용함, 6미터 떨어진 곳에 있는 에어컨
2.0	80	대화장애, 15미터 떨어진 고속도로
20.0	100	청각장애, 지하철역, 가까이서 소리지를 때
200.0	120	음성의 최대크기, 디스코장, 비행기 이륙
2000.0	140	고통스러울 정도의 소리, 항공모함 갑판

출처: P.A. Bell, J.D. Fisher & R.J. Lomis(1978), Environmental Psychology, Philadelphia: W.B. Saunder Company, p. 100.

소리는 진폭(amplitude)과 단위시간당 진동수(frequency)에 의하여 강도와 고저가 각각 결정된다. 진폭이 클수록 강음(强音)이 되며, 진동수가 많을수록 고음(高音)이 된다.

진동수가 많을수록 고음이 나오게 되는데, 사람의 귀는 진동수가 1초에 20～20,000Hz 범위일 때 지각할 수 있으며, 이 범위를 넘어서는 소리는 감지하기 어렵다. 일반적으로 우리가 듣는 대부분의 소리는 여러 진동수가 섞인 소리이다. 그리고 진폭이 클수록 강한 음이 나오게 되는데, 사람은 음압을 0.0002마이크로바(microbars)에서부터 소리를 감지하며, 1,000마이크로바를 넘으면 고통을 느낄 정도에 이른다.[54]

일반적으로 주거지역에서는 45dB 이하가 적당하며, 90dB 이상되는 소리를 장시간 들으면 청각장애를 일으키게 된다. 위에서 언급한 바와 같이 데시벨은 소리의 진폭을 재는 단위이다. 그러나 데시벨이 사람이 느끼는 소리의 크기를 정확하게 반영하지는 못한다. 즉, 20데시벨이 증가하면 음압이 10배 증가하게 되나 실제로 10배로 크게 느껴지지는 않는다.

이는 사람이 소리를 지각하게 될 때, 소리의 진폭뿐만 아니라 진동수도 변수로 작용하기 때문이다. 즉, 사람의 500～4,000Hz 범위 내의 소리에 대하여 이 범위 밖의 소리보다 더욱 민감하다.

참고적으로 최근 문제가 되고 있는 아파트 등 시설물 내에서의 층간소음과 관련하여 국가소음정보시스템(www.noiseinfo.or.kr)에 접수된 층간소음 원인을 살펴보면 다음과 같다.

---

54 이러한 압력의 단위인 마이크로바를 대수함수(logarithmic function)로 나타낸 것이 '데시벨'(dB)이며, 음압의 단위로 이용된다. 즉, 20데시벨이 증가할 때마다 음압은 10배로 증가한다. P.A. Bell, J.D. Fisher & R.J. Lomis(1978), Environmental Psychology, Philadelphia: W.B. Saunder Company, p. 100.

● 층간소음 실태

소음원인	접수건수	비율(%)
아이들의 뛰거나 발걸음 소리 등	16,858	71.9
망치소리 등	910	3.9
가구 끄는 소리 등	772	3.3
가전제품(TV, 청소기, 세탁기 등)	732	3.1
악기(피아노 등)	453	1.9
총계	23,444	100.0

출처: 국가소음정보시스템(www.noiseinfo.or.kr)

🔺 공동주택 층간소음의 범위와 기준

1. 층간소음의 범위

공동주택 층간소음의 범위는 입주자 또는 사용자의 활동으로 인하여 발생하는 소음으로서 다른 입주자 또는 사용자에게 피해를 주는 다음 각 호의 소음으로 한다. 다만, 욕실, 화장실 및 다용도실 등에서 급수·배수로 인하여 발생하는 소음은 제외한다.

① 직접충격 소음: 뛰거나 걷는 동작 등으로 인하여 발생하는 소음

② 공기전달 소음: 텔레비전, 음향기기 등의 사용으로 인하여 발생하는 소음

2. 소음의 기준

공동주택의 입주자 및 사용자는 공동주택에서 발생하는 층간소음을 아래에 따른 기준 이하가 되도록 노력하여야 한다.

● 소음의 기준

층간소음의 구분		층간소음의 기준[단위: dB(A)]	
		주간(06:00~22:00)	야간(22:00~06:00)
직접충격 소음	1분간 등가소음도(Leq)	43	38
	최고소음도(Lmax)	57	52
공기전달 소음	5분간 등가소음도(Leq)	45	40

출처: 공동주택 층간소음의 범위와 기준에 관한 규칙(2014.06.03. 제정) 제3조 별표.[55]

---

55 <비고> ① 직접충격 소음은 1분간 등가소음도(Leq) 및 최고소음도(Lmax)로 평가하고, 공기전달 소음은 5분

2) 소음지각의 변수

소음은 원하지 않는 또는 필요 없는 소리이기 때문에 부정적인 환경요소가 된다. 소음으로 인한 부정적 영향의 정도는 일반적으로 소음의 크기, 소음을 예측할 수 있는 정도, 소음을 제어할 수 있는 가능성의 정도에 의하여 영향을 받는다.[56]

① 90데시벨을 넘는 소음은 심리적인 악영향을 줄 뿐만 아니라 8시간 이상 계속 들으면 청력에 지장을 초래한다. 일반적으로 소리가 크면 클수록 대화에 지장을 주며 각성 및 스트레스가 커지며, 더 많은 주의집중을 요하게 된다.

② 예측할 수 없는 즉, 불규칙적인 소음은 규칙적인 소음보다 부정적인 영향이 크다. 주기적인 소음은 연속적 소음보다, 비주기적인 소음은 주기적인 소음보다 방해효과가 크다.

예측 불가능한 소음은 예측 가능한 소음보다 각성(arousal)의 정도를 높이며, 이에 따라 스트레스가 높아진다. 또한 불규칙적인 소음은 이를 지각하고 이해하는데 많은 주의집중을 필요로 하기 때문에 다른 일에 할애될 수 있는 주의집중력이 상대적으로 감소된다. 규칙적인 소음은 이에 적응하기 쉬우나 불규칙적인 소음은 이에 적응하기 어렵다.

③ 사람들은 소음을 제어할 수 없다고 생각할 때에는 제어할 수 있다고 생각할 때보다 더욱 방해를 느낀다. 예컨대, 전기톱이나 드릴을 자신이 사용할 때 시끄럽다고 생각되면 사용을 멈추어 소음을 중단시킬 수 있다. 그러나 옆집에서 다른 사람이 사용할 때에는 제어가 어려워 시끄럽다고 느끼는 정도가 더욱 높게 된다.

이상의 세 가지가 소음을 느끼는데 있어서 중요한 변수라 할 수 있는데 이 밖에도 여러 가지 변수를 들 수 있다. 예컨대 소음에 대하여 시끄럽게 느끼는 정도는 소음이 불필요한 것이라고 생각할 때, 소음을 내는 사람들이 듣는 사람의 입장을 고려하지 않는다고 생각할 때, 소음이 건강에 해롭다고 생각할 때, 소음이 어떠한 두려움을 연상시킬 때, 소음을 듣는 사람이 주변 환경의 다른 측면에 대하여 불만족 할 때에는 그렇지 않은 때보다 높아진다.

간 등가소음도(Leq)로 평가한다. ② 위 표의 기준에도 불구하고 「주택법」 제2조 제2호에 따른 공동주택으로서 「건축법」 제11조에 따라 건축허가를 받은 공동주택과 2005년 6월 30일 이전에 「주택법」 제16조에 따라 사업승인을 받은 공동주택의 직접충격 소음 기준에 대해서는 위 표 제1호에 따른 기준에 5dB(A)을 더한 값을 적용한다. ③ 층간소음의 측정방법은 「환경분야 시험·검사 등에 관한 법률」 제6조 제1항 제2호에 따라 환경부장관이 정하여 고시하는 소음·진동 관련 공정시험기준 중 동일 건물 내에서 사업장 소음을 측정하는 방법을 따르되, 1개 지점 이상에서 1시간 이상 측정하여야 한다. ④ 1분간 등가소음도(Leq) 및 5분간 등가소음도(Leq)는 비고 제3호에 따라 측정한 값 중 가장 높은 값으로 한다. ⑤ 최고소음도(Lmax)는 1시간에 3회 이상 초과할 경우 그 기준을 초과한 것으로 본다.

56 임승빈(2007), 앞의 책, pp. 187~188.

3) 소음의 영향

(1) 육체적·정신적 장애

① 청각장애: 청각장애는 일정한 진동수 하에서 보통 사람들이 감지할 수 있는 최소 데시벨과의 차이로서 측정되며, 이 차이는 청각장애지수로 이용된다. 150데시벨 정도의 고음에서는 고막파열이 일어나며 이보다 낮은 고음(90~120데시벨)에 노출되면 달팽이관에 있는 아주 작은 모세포가 잠정적 또는 영구적으로 손상될 우려가 있다.[57]

② 신체건강: 고음에 노출되면 각성과 스트레스가 높아짐은 이미 언급한 바 있다. 스트레스가 많아짐에 따라 질병발생률이 높아질 수 있다. 물론, 소음과 질병발생과의 직접적인 관련성은 좀더 논의가 필요하다. 소음이 다른 스트레스원(오염물질, 작업시의 긴장감, 경제적 압박 등)과 함께 발생할 때도 고려할 수 있을 것이다.

③ 정신건강: 고음에의 노출은 스트레스를 유발시키므로 정신건강에도 영향을 미칠 수 있음은 쉽게 상상할 수 있다. 고음에의 노출은 두통, 멀리, 불안정, 논쟁, 근심, 성불능 등을 초래하는 것으로 보고되고 있다. 그러나 이러한 결과 역시 신체건강의 경우와 마찬가지로 일반화되기에는 아직 미흡한 부분이 있다.

(2) 사회적 행태에의 영향

① 매력도: 80데시벨 정도의 소음에서는 조용한 경우보다 대인간격을 멀리 유지하는 것을 볼 수 있다. 이는 소음으로 인하여 다른 사람에 대한 친근감의 정도가 떨어지기 때문으로 해석된다. 그러나 여성의 경우에는 84데시벨 정도의 소음에서 다른 여성과의 대인간격을 조용한 경우보다 가깝게 유지함을 볼 수 있는데, 이는 소음으로 인한 불유쾌함을 함께 느끼고자 하는 데서 기인하는 것 같다.

② 공격성: 소음이 있을 경우에는 없는 경우보다 공격적 행위가 증가하는 경향이 있다. 따라서 범죄를 저지른 자들을 대상으로 범행 당시의 상황을 조사할 때, 소음의 정도를 상세하게 조사하는 것도 의미가 있다고 본다. 마찬가지로 주변의 시각적, 청각적, 후각적인 요소들을 분석할 수도 있을 것이다. 그리고 이러한 환경적 요소들이 자신의 범행 당시에 어떠한 영향을 미쳤는지를 물어볼 수도 있을 것이다.

③ 도움: 소음이 증가함에 따라 남을 도와주는 빈도가 줄어든다. 즉, 세 가지 경우(48, 65, 85데시벨)의 상황에서 많은 책을 들고 가는 사람이 책을 떨어뜨렸을 때, 주위의 사람이 책을 줍는 빈도는 소음이 높은 경우 낮아지는 것이 조사된 바 있다.

---

57 이하 위의 책, pp. 188~190 재인용.

4) 소음과 환경설계

현대사회는 사회구조상 각종 소음을 초래하지 않을 수 없게 된다. 따라서 이들 소음을 적절히 차단하고자 하는 노력을 건축설계 과정에서 많이 하고 있다.

고속도로변의 방음벽, 아파트 단지 주변의 방음벽 또는 방음식재, 건물의 방음창 등을 통하여 소음의 영향을 줄이고자 노력하고 있다. 이밖에 비행장, 철길 주변의 주거건축제한도 이와 유사한 노력으로 볼 수 있다.

도로변에 방음벽이 증가함에 따라 방음벽으로 인한 시야차단, 가로환경의 경직화 등이 문제가 되어 투시형방음벽, 담쟁이올리기, 목재 등 자연소재 도입이 증가하고 있다. 고가대로(高街大路)와 바로 인접한 장소 등에 아파트 건축허가를 무분별하게 해줌으로써 소음 등의 문제를 근본적으로 안고 있는 경우도 없지 않다. 한편, 도심지의 공원 등에서는 인공폭포를 도입하여 듣기 좋은 더 큰소리를 이용하여 소음의 영향을 줄이고자 하는 방법도 이용하고 있다.

⚠️ 일명 '층간소음 까막눈 조작사건'

아파트 층간소음 분쟁이 잇따르자 분양 공고에 층간소음 등급을 의무 공개하는 제도가 3년 전 도입되었다. 그러나, 여전히 이를 제대로 공개하는 분양 사업장은 거의 없는 것으로 확인되었다. 건설사들이 의무 공개 대상이 아니라며 피하거나, 글자를 전혀 알아볼 수 없는 방식으로 표기해 시늉만 내고 있기 때문이다.

국토교통부는 2014년 6월 주택법과 관련 법령을 개정, 1,000세대 이상 아파트 분양 시 입주자 모집 공고에 층간소음등급을 공개하도록 하였다. 당시 아파트 층간 소음으로 보복 살인사건이 일어나는 등 사회문제가 심각해지자 소비자의 알권리를 보장하자는 차원에서 규제를 강화한 것이다.

이에 따라 분양 사업자는 소음 관련 등급, 일조량·공기질·에너지 절약 등 환경 관련 등급, 커뮤니티 시설·방범

공동주택성능등급 인증서58

---

58 본문의 사진(인증서)설명: 대부분의 입주자 모집 공고는 이처럼 공동주택성능등급 인증서(우측 중간 지점의 붉은색 네모 부분)가 조그맣게 축소되어 실려 있다. 인터넷에 공개된 원본 파일을 확대한다 해도 글씨는 또렷이 알아볼 수 있도록 커지지만 인증서의 내용은 해상도가 낮아 확인할 수 없다.

안전 등 생활환경 등급, 화재·소방 관련 등급 등 54개 항목에 대한 평가 등급이 기재된 공동주택성능등급 인증서를 분양 공고에 실어야 한다. 공개하지 않거나 허위 사실을 공개할 경우 2년 이하의 징역 또는 2000만 원 이하의 벌금형에 처하도록 하고 있다.

그러나 법 시행 3년이 지난 현재까지도 상당수 아파트들은 이러한 규제에서 벗어나 있다. 법 시행 시점에 사업시행인가를 받은 경우 공개하지 않아도 된다는 단서 조항 때문이다. 이에 건설사들은 공인 기관에서 관련 등급을 받아놓고도 공개하지는 않고 있다.

예컨대, 얼마 전 서울 강동구에 분양한 '고덕 롯데캐슬 베네루체'는 경량충격음(가볍고 딱딱한 충격에 의한 바닥충격음) 1등급, 중량충격음(무겁고 부드러운 충격에 의한 바닥충격음) 3등급을 받아놓고도 공고에는 싣지 않았다.

공개를 하는 경우도 문제다. 법에서 정해놓은 인증서 양식을 그대로 이미지 파일로 본뜬 뒤 분양 공고문에 축소해 붙여놓은 탓에, 인증서가 있다는 것은 확인이 되지만 그 내용은 확인이 불가능하기 때문이다. 얼마 전 홈플러스가 경품 응모 고객의 개인정보를 보험사에 팔 수 있다는 고지를 1mm 크기 글씨로 적시해 비난을 샀는데, 공동주택성능등급 인증서 글씨는 그보다 훨씬 작을 뿐만 아니라 아예 뭉개져 글자라고 볼 수 없는 상황이다. 대림산업이 지난달 경기도 의정부에 분양한 'e편한세상 추동공원 2차'나 포스코건설의 '서동탄역 더샵 파크시티' 등 헤럴드경제가 확인한 대다수 분양공고가 같은 실정이었다.

한 건설사 관계자는 "분양 공고문 형식에 맞추다보니 불가피하게 확인이 어려운 부분이 있다"며 "견본주택에 방문하거나 문의하면 등급을 알려주기 때문에 숨기고 있는 것은 아니다"라고 해명하였다. 문의하는 이들에게만 알려준다는 것은 '공고'라는 법의 취지와 어긋날 수 있다. 국토부 관계자는 "1차적으로는 승인 권한이 있는 지방자치단체에서 걸러지지 않은 것이 문제다"라며 "현행 법규에는 글자체 크기 등에 대한 제한은 없지만, 향후 실태를 파악해 주택법령을 개선하는 방안을 검토하겠다"고 하였다.

출처: 헤럴드경제(2017.06.05.).

4. 바람과 인간의 행동

1) 바람의 지각 및 영향

바람은 자연현상에 의하여 생성되는 것이 보통이다. 오늘날의 도시환경에서는 고층건물 등에 의하여 자연의 바람이 속도가 증가하거나, 방향이 불규칙하게 변하는 문제가 발생하고 있다.[59]

고층건물의 굴뚝의 길이가 짧은 경우, 고층건물에 의한 바람이 굴뚝에서 나오는 매연을 지상으로 보내는 역할을 한다. 또한 강풍이 건물과 부딪칠 경우, 바람은 아래로 내려오게 되며, 건물의

---

59 이하 임승빈(2007), 앞의 책 pp. 178~181 재인용.

● 벤투리의 관

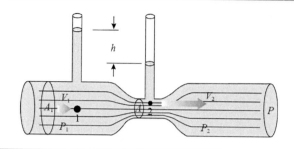

출처: http://blog.daum.net/chonpa2/13.

1층이 개방되었을 경우에는 빠른 바람이 지나는 터널이 생겨 통행에 지장을 초래하게 된다. 이는 마치 '베르누이의 원리'(Bernoulli Principle)를 응용한 '벤투리의 관'(Venturi Tube)을 연상시킨다.[60]

평지인 경우 고도가 올라갈수록 풍속이 빨라지고 난류(turbulence)의 흐름도 증가한다. 또한 수목이 일렬로 심어졌을 때 이와 직각으로 바람이 불 경우 수목 뒤쪽에는 풍속이 현저히 줄어드는데, 이는 수목의 밀식정도, 높이, 식재의 폭에 따라 풍속의 감소 정도가 달라진다. 방풍벽의 경우에는 방풍벽의 투과성 정도에 따라 풍속의 감소효과가 달라진다.

(1) 바람의 지각

인체에는 냄새, 소리, 빛 등을 감지하는 특정 감각기관이 있으나 바람만을 담당하는 감각기관은 존재하지 않는다. 따라서 바람은 몇 개의 감각기관이 작용하여 지각되는 것이 보통이다.

바람에 피부가 노출되었을 경우에는 피부에 있는 압력지각기관이 바람의 존재를 알려줄 것이며, 바람이 매우 덥거나 차거나, 건조하거나 습할 경우에도 피부에 있는 감각기관이 바람을 감지

---

60 네덜란드 과학자 베르누이(D. Bernoulli, 1700~1782)가 발견한 원리이다. ① 과학의 여러 원리 가운데 '베르누이의 원리'(Bernoulli Principle)는 많이 활용된다. 예컨대, 비행기 날개 단면을 보면 윗면은 약간 볼록하게 되어 있어, 아랫면보다 윗면의 폭이 길다. 그러므로 비행기가 앞으로 나아가면, 날개 윗면으로 흐르는 공기의 유속(流速)이 아랫면을 지나는 유속보다 빠르게 되므로, 윗면 쪽의 기압이 아랫면보다 낮아진다. ⌐ 셀과 비행기 날개는 기압이 낮은 윗면 쪽으로 떠오르게 된다(이것이 양력이다). 이처럼 유체(流體: 기체와 액체 등 흐르는 물질)가 운동할 때 기압이 낮아지는 현상을 '베르누이의 원리'라고 한다. ② 주거의 형성에 있어서도 전통적으로 배산임수(背山臨水)를 선호한 것도 바로 이러한 까닭이다. 산(山)의 형상에 있어서도 앞과 뒤가 있으며, 산 형상으로 볼 때, 앞쪽은 경사가 완만하고 포근하게 감싸는 모습을 띠고 있다. 베르누이의 원리 차원에서 본다면, 산의 등 부분(즉, 비행기 날개 윗면)은 기압이 낮아 바람이 유속이 매우 빨라 인간이 정주(定住)하여 살아가는데 있어서 이롭지 못함을 알 수 있다. ③ 한편, 베르누이의 원리에 의해 좁은 관 속에서 나타나는 효과는 따로 '벤투리 효과'(Venturi Effect)라고 한다. 이러한 목적으로 만든 관을 벤투리 관(Venturi Tube)이라고 한다. 이탈리아의 과학자인 벤투리(G.B. Venturi, 1746~1822)는 베르누이의 원리를 응용하여 물이나 향수를 안개처럼 뿌리는 분무기를 처음 만들었다.

할 것이다. 바람에 버티려는 근육의 움직임 또한 바람의 존재를 말하여 줄 것이며, 깃발이 나부끼는 광경을 보았을 경우 역시 바람의 존재를 지각할 것이다.

또한 바람은 장애물을 통과할 때 소리를 내게 되므로 소리의 크기, 진동수 역시 사람의 존재유무 및 강도를 말해줄 것이다.

(2) 행태적 영향

바람은 속도가 낮을 경우 공기유통을 원활하게 하여 긍정적인 영향을 미치나, 아주 속도가 빠른 경우에는 보행에 지장을 초래하며 생명을 위태롭게 할 수도 있다.[61]

● 풍속에 따른 행태적 영향

풍속(mph)	행태적 영향
0~3	지각 못할 정도의 바람
4~7	얼굴에서 바람을 느낌
5~12	깃발, 머리카락, 옷이 휘날림
12~18	먼지, 건조토양, 종이가 날림, 머리카락이 헝클어짐
19~24	신체에서 바람을 느낌, 눈이 흩날림(지상의 최대 허용풍속)
25~31	우산쓰기가 힘듦, 보행에 지장 시작, 바람소리가 들림, 눈이 막 휘날림
32~38	걷기에 불편함
39~46	앞으로 나아가기가 힘듦, 균형잡기가 힘듦
47~55	사람이 날아가 버림

출처: P.A. Bell, J.D. Fisher & R.J. Lomis(1978), Environmental Psychology, Philadelphia: W.B. Saunder Company, p. 130.

이상에서 살펴본 바와 같이 강한 바람은 작업수행능력에 어떤 형태로든지 부정적인 영향을 미친다고 할 수 있으며, 자동차 사고율의 증가와도 관계가 있음이 밝혀지고 있다.

2) 바람과 환경설계

환경설계에서는 바람의 영향을 줄이거나 바람을 이용하는 기법이 도입되고 있다. 겨울의 찬바람을 막기 위한 방풍림의 조성이 있으며, 대기오염과 관련하여 굴뚝의 높이를 인근건물보다 높게

---

61 P.A. Bell, J.D. Fisher & R.J. Lomis(1978), Environmental Psychology, Philadelphia: W.B. Saunder Company, p. 130.

함으로써 오염물질을 멀리 날려 보내는 방법도 이용된다. 물론, 오염물질이 완전히 사라지는 것은 아니기 때문에 근본적인 해결책은 아니라고 본다.[62]

대규모 고층건물의 경우 주변에서 바람의 부정적인 영향을 줄이기 위하여, 건물의 모델을 만들고 모의실험(풍동실험 등)을 통하여 강풍이 발생하는 지점을 예측하고, 부정적인 영향을 줄일 수 있는 건물의 형태 및 배치 대안을 도출하고 있다. 그리고 불가피하게 발생하는 경우 식재, 방풍벽 등을 통한 저감방안을 모색하고 있다. 건물의 저층부를 상부보다 넓게 하면 건물에 부딪친 바람이 지상에 닿기 전에 방향을 바꿀 수 있다.

또한 도시나 단지를 조성할 때에 여름풍향과 평행되게 건물을 배치하여 여름에는 통풍이 잘 되도록 하고 겨울에는 찬 바람을 막을 수 있도록 할 필요가 있다. 그리고 이른바 '바람골'을 이용한 도시외곽의 신선한 찬 공기를 시가지 내부로 유입시키기 위한 방법이 활용되기도 한다.

5. 기타요소와 인간의 행동

1) 기온

(1) 기온의 지각과 온도의 영향

① 기온의 지각: 현대도시 중심부는 도시 외곽 또는 농경지역에 비하여 기온이 높게 나타난다. 이와 같이 같은 위도의 한적한 시골보다 인구 밀도가 높은 도시의 기온이 높게 나타나는 현상을 '열섬'(urban heat island)이라고 한다.[63]

도시는 인구가 많을 뿐만 아니라 건물에서 배출되는 냉난방 열, 자동차 등에서 나오는 인공 열로 인해 도심 지역의 기온이 주변 지역의 기온보다 높아진다. 이것을 등온선도로 표현하면 도심 지역이 섬 모양으로 그려진다고 하여 열섬이라고 부르게 된 것이다. 건물, 도로 등 포장 면적이 넓은 도시는 녹지에 비해 태양 에너지를 더욱 잘 흡수하게 된다. 흡수된 열은 대기로 빠져나가지 못하고 주변의 높은 빌딩에 부딪히며 재반사, 재흡수되면서 열섬 현상이 가중된다.[64]

열의 지각은 소음의 지각과 마찬가지로 물리적 및 심리적 속성을 지닌다. 물리적 속성은 섭씨(C) 또는 화씨(F)로 나타내는 기온의 고저를 의미한다. 심리적 속성은 체온과 기온의 차이로 나타낸다.

---

62 임승빈(2007), 앞의 책, pp. 180~182.

63 이하 위의 책, pp. 172~177 재인용.

64 열섬 현상을 완화하기 위해 서울에서는 서울 숲과 같은 녹지를 조성하거나 청계천처럼 하천을 복원시키기도 한다. 다음백과(http://100.daum.net/encyclopedia).

● 어느 겨울철 서울의 기온 분포

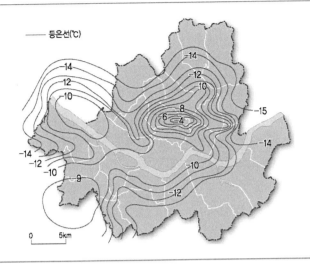

출처: 다음백과(http://100.daum.net/encyclopedia)

인체의 피부에 있는 열감각기관은 실제 외기온도를 전달하지 않고, 외기온도와 체온의 차이를 전달한다. 체온은 보통 37℃를 유지하며, 이보다 체온이 아주 높거나(45℃), 아주 낮게(25℃) 되면 목숨을 잃게 된다. 따라서 체온이 정상보다 올라가거나 내려가면 체온조절작용이 일어난다. 체온이 높아질 경우에는 열의 발산을 위하여 땀을 흘리거나, 숨을 가쁘게 쉬거나 말초혈관

● 서울의 온도 변화

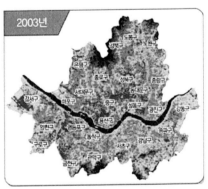

출처: 다음백과(http://100.daum.net/encyclopedia.[65]

---

[65] 최근 도시화가 더욱 진행되면서 서울의 온도가 예전보다 높아졌다는 것을 알 수 있다.

작용 등과 같은 조절작용이 일어난다. 체온이 낮을 경우에는 열을 발생시키고 보존시키기 위하여 신진대사작용이 증대되고 말초혈관이 수축된다.

기온의 지각은 습도와도 관계된다. 섭씨 10℃ 이상에서는 같은 온도라 할지라도 습도가 높아지면 더욱 덥게 느껴진다. 이는 높은 습도에서는 땀의 증발량이 적어지기 때문이다. 이와 같이 습도가 작용하여 쾌적함의 영향을 고려한 것을 유효온도(effective temperature)라고 한다.

기온의 자각은 습도뿐만 아니라 풍속에도 영향을 받는다. 일반적으로 풍속이 빠른 경우에는 느린 경우보다 기온을 낮게 느낀다. 이는 바람이 땀의 증발을 도와주며 동시에 체온을 빼앗아가기 때문이다. 이와 같이 기온과 풍속이 함께 고려된 것을 바람에 의한 '기온감소지수'(wind-chill index)라고 한다.

② 온도의 영향: 온도가 작업에 미치는 영향은 온도의 고저, 작업의 종류에 따라 다르게 된다. 일반적으로 기온이 13℃에서는 자극에 대한 반응속도, 근육의 기민성, 촉각의 판별성 등이 낮아지며 이보다 온도가 낮아질 경우에는 이들 기능이 더욱 둔화된다. 이보다 조금 높은 13~18℃ 사이에서는 각성의 정도가 높아지나, 생리적으로 기온에의 적응에 부담을 줄 정도는 아니므로 작업능률이 높아질 수 있다. 또한 쾌적 온도인 18℃보다 조금 높은 온도인 18~25℃에서도 작업능률이 높아질 수 있는데, 역시 같은 이유로 설명될 수 있다.

또한 32℃까지는 각성을 높이고 이로 인해 단순작업의 능률은 높아질 수 있으나 복잡한 작업일 경우에는 능률이 떨어질 수도 있다. 38℃에 이르게 되면 각성을 높이기보다는 오히려 쇠약하게 되고, 이러한 상황에서는 작업에 심각한 부정적인 영향을 미치게 된다.

이렇게 볼 때, 일반적으로 작업수행을 위한 적정온도는 18~25℃라고 할 수 있다. 그러나 개인마다의 적응능력에 차이가 있어 최고의 능률을 발휘할 수 있는 기온은 개인마다 다를 수 있다.

(2) 사회적 행태에의 영향

① 매력도: 대부분의 사람들은 높은 대기온도에서는 보통의 온도에서보다 다른 사람에 대하여 느끼는 매력의 정도가 낮은 것으로 보고되고 있다.

② 공격성: 일반적으로 혐오감(negative affect)의 정도와 공격성(aggression)은 '거꾸로 U자'의 관계를 지닌다. 낮은 혐오감에서는 공격성이 낮으며, 혐오감이 증가할수록 공격성도 증가하나 혐오감이 일정한 한계를 넘으면 공격성은 감소한다. 예컨대, 보통의 온도에서는 낮은 혐오감으로 공격성이 낮으며, 기온이 높아질수록 타인에 대한 혐오감의 정도가 높아져 공격성이 증가하다가, 아주 높은 온도(아주 높은 혐오감)에서는 오히려 공격성이 아주 낮아지게 된다. 극도의 높은 기온에서는 기력이 쇠약해지고, 더위로부터 도피하려고 하는 생각에 주의가 집중되므로 상대적으로

공격성이 낮아진다.

마찬가지로 낮은 온도로 인한 약한 정도의 혐오감은 공격성을 증대시키거나, 극도로 추운 온도일 경우에는 추위에 대한 대피에 주의를 집중하므로 공격성을 감소시킨다고 볼 수 있다. 실제로 미국에서는(1969~1972) 집단폭행의 발생률이 30℃ 정도에서 가장 높았고, 이보다 낮거나 높은 온도에서는 발생률이 줄어드는 것으로 보고된 바 있다.

정치적 폭력(혁명, 살해, 테러, 게릴라, 폭동 등)은 세계적으로 온난한 지역에서 주로 발생하며, 아주 춥거나 더운 지방에서는 드물게 발생하고 있다.

(3) 열과 환경설계

환경설계시에 인체에 미치는 더위와 추위의 영향을 최소화하기 위한 다양한 기법이 이용되고 있다. 겨울에는 추위를 줄이기 위한 햇빛의 도입과 찬바람의 차단이 중요하고, 반대로 여름에는 햇빛의 차단과 바람의 통과가 중요한 과제가 된다.

우선 건물을 남향으로 배치하여 햇빛을 많이 받도록 함은 기본적인 사항이며, 옥외 공간에서도 어린이 놀이터, 광장 등은 주로 햇빛을 잘 받는 남쪽에 배치하도록 한다. 배식에 있어서도 남쪽에 낙엽활엽수를 배치하여 여름에는 그늘을 주고 겨울에는 햇빛을 받는데 지장이 없도록 할 필요가 있다.

더운 공기를 식히기 위한 연못의 도입도 고려할 수 있다. 또한 바닥면의 복사열을 완화시키기 위해서 가능하면 아스팔트, 콘크리트 포장보다 잔디 등의 지피식물을 이용할 수 있다. 포장이 필수적인 경우에는 보도블록 또는 벽돌 등을 전부 포장하지 않고 블록사이에 간격을 두고 여기에서 잔디 등을 심어 복사열을 최소화시키는 방법 등을 강구할 수 있다.

2) 대기오염

대기오염은 주로 냄새와 시각에 의해서 지각되는데, 이 역시 인간의 건강, 작업수행, 사회적 행태 등에 영향을 미친다고 볼 수 있다.[66]

(1) 대기오염의 지각

자동차, 공장, 가정 등에서 방출되는 매연이 공기를 오염시키고 건강에 영향을 미치는 것은 널리 알려진 사실이다. 오염물질로서 일산화탄소, 아황산가스, 이산화질소, 분진, 탄화수소, 광화학적 물질 등이 있다.

---

66 이하 임승빈(2007), 앞의 책, pp. 192~194 재인용.

대기오염은 일반적으로 냄새와 시계에 의하여 지각되는데, 경우에 따라서는 일산화탄소와 같이 냄새 및 색깔이 없는 것도 있다. 한편, 냄새 및 색깔이 없는 유해물질도 많이 존재한다. 전문가들은 차량의 밀로로 판단하기도 한다. 도시의 대기오염의 50% 정도가 차량매연에 의한 것이므로 정밀한 검사를 요하지 않는 경우에는 차량의 밀도로서 판단할 수 있다. 또한 강우량(비는 대기를 정화), 신호등의 개수(신호대시 시, 가속 시에는 더 많은 오염물질 배출)도 개략적인 지표가 될 수 있다.

(2) 대기오염의 영향

① 건강에의 영향: 대기오염이 건강에 미치는 영향에 대한 지식은 보편화되어 있다. 가장 자주 접하는 대기오염물질은 일산화탄소(CO)인데, 일산화탄소에 오랫동안 노출되면 시각 및 청각장애, 파킨슨병(parkinsonism), 간질, 두통, 피로, 기억장애, 신체불구, 정신병 증세 등을 초래한다.

② 작업수행에의 영향: 탄소를 함유하는 물질의 불완전연소에 의하여 발생되는 일산화탄소는 작업수행에 영향을 미친다는 것은 많이 연구되었다. 일산화탄소에의 노출은 시간 간격의 구별, 자극에의 반응시간, 손의 민첩함, 주의집중에 장애를 초래하는 것으로 알려져 있다. 따라서 간선도로 주변의 대기오염은 운전능력에 영향을 미쳐 교통사고의 위험을 증대시킬 수 있다.

③ 사회적 행태에의 영향

　ⓐ 매력도: 유황암모니아에 노출되었을 경우 서로 잘 아는 사람의 경우에는 매력도가 높아지나 서로 모르는 경우에는 매력도가 낮아진다. 이는 서로 아는 사람 사이에는 스트레스 상황을 함께 나누는 경향을 보이나 서로 모르는 경우는 그렇지 않기 때문으로 풀이된다.

　ⓑ 공격성: 에틸 메르카프탄(ethyl mercaptan) 및 유화암모니아에 노출되었을 경우에 공격성이 증가하는 것을 관찰할 수 있다. 그러나 소음 또는 더위의 경우와 마찬가지로 불쾌한 정도가 아주 심한 경우에는 공격성이 낮아지게 된다.

(3) 대기오염과 환경설계

환경설계에서 대기오염을 줄이거나, 대기오염의 영향을 최소화시키기 위한 노력이 다각도로 이루어지고 있다. 먼저 대기오염을 줄이기 위한 직접적인 방법으로는 오염정화시설을 하거나 공장의 생산공정을 개선하여 오염물질이 배출을 줄여야 할 것이다.

도시계획적인 측면에서는 공업지역의 위치를 선정할 때 주풍향(主風向)을 고려하여 오염물질이 도시 내로 유입되지 않도록 해야 할 것이다. 정책적인 측면에서는 도시의 집중을 제한하고 분산을 유도함으로써 오염물질의 집적 정도를 낮출 수 있을 것이다.

물리적 환경의 규모와 인간의 행동

CHAPTER 08 물리적 환경의 규모와 인간의 행동

인체공학적 접근과 인체관련 모듈

1. 인체공학적 접근

인간의 행동은 환경의 영향을 적지 않게 받는다. 인간은 환경종속적(環境從屬的)이라는 의미이다. 이는 자연환경뿐만 아니라 물리적 환경도 포함된다. 즉, 서로 다른 물리적 공간과 사물의 규모의 특성에 의해 서로 다른 인간행태를 유발시킨다고 볼 수 있다. 이러한 물리적 환경 또는 사물의 특성에 따른 인간행태는 긍정적일수도 있고, 또 부정적일수도 있다. 또 편안함을 느낄 수도 있고, 불편함을 느낄 수도 있다.

이러한 물리적 공간 또는 사물은 척도 또는 규모(規模, Scale: 사물의 구조나 모양의 크기와 범위)와 밀접한 관련성이 있다. 물리적 공간 또는 사물은 건물, 교량·도로·육교·횡단보도, 공원 등에서부터 시설내의 진열대, 놀이터, 화단, 담장, 계단, 책상, 의자 등에 이른다.

중요한 것은 이러한 인체와 접촉하는 물리적 공간 또는 사물은 본연의 기능을 원활하게 수행할 수 있도록 적절한 규모를 가지고 있어야 한다는 것이다. 이러한 이유로 단위공간 및 사물의 규모를 산정하기 위해서는 인체의 치수가 기본적으로 고려되며, 동시에 공간 및 사물의 기능이 고려된다.

따라서 범죄예방 환경설계를 하는데 있어서 인체공학적 관점에서 인체와 관련된 모듈을 설계·개발하는 것은 중요하다고 본다. 인체공학적 접근 및 인체관련 모듈을 설계함으로써 인간의 편안하고 안락한 삶을 제공할 수 있고, 이를 통해 적절한 방어공간(防禦空間)을 형성함으로써 감시효과를 높이고, 안전성을 증대시킬 수 있기 때문이다. 더 나아가 자신의 생활공간에 대한 만족도 향상은 정신적 스트레스 등을 감소시키고, 결과적으로 이로 인한 갈등을 감소시켜주는 역할을 할 것이다.

이러한 인체의 구조 및 기능은 주거환경뿐만 아니라 인간과 접촉하는 모든 공간 또는 도구의

● 인체공학적 구조: 쇼핑센터 내부와 의자

출처: http://blog.naver.com/santagina(좌). https://blog.naver.com/duoback_a/110093210273(우).

설계에서도 고려되어야 한다. 안전성 문제도 마찬가지이다. 미적인 아름다움만 추구할 뿐 인간공학적 접근을 하지 못하면, 안정성을 잃게 되고 이로 인해 범죄 또는 사고 등으로 인한 신체적·물리적 피해를 입게 된다.

물론, 모든 시설이나 도구 등을 계발할 때, 인체공학적인 것을 고려하고 있음은 당연하다. 예컨대, 판매시설의 경우에도 이러한 점을 특히 고려하고 있다. 이는 제품의 판매와도 직결되는 것이기 때문이다. 그러나 실제 설계에 있어서는 키, 팔, 다리 등의 길이가 사람마다 다르기 때문에 이를 정형화 한다는 것은 결코 쉬운 일이 아니다. 따라서 해당 물리적 공간 또는 시설을 이용하는 사람들의 특성을 고려하여 적절한 환경설계를 할 수 있도록 유연성을 가지고 있어야 한다.

예컨대, 고령자가 많이 거주하는 동네의 계단 높이는 젊은 사람들이 많은 곳보다는 낮고 넓게

● 마포구 염리동 소금길의 높은 계단

출처: http://blog.naver.com/clubice1.

설계되어야 안전성을 확보할 수 있을 것이다. 이와 관련하여 마포구 염리동 소금길은 2013년 서울시 범죄예방 디자인 프로젝트 대상 장소로 선정되어 물리적 환경이 개선된 바 있다. 그러나 시각적으로만 물리적 환경이 개선되었고, 동네 노약자들을 고려한 기존의 계단 등에 대한 보수는 이루어지지 못하였다.

한편, 오늘날에는 일정한 규격의 제품이 대량생산되므로 모든 사람에 맞는 제품을 만들기가 어렵다. 따라서 인체의 크기를 설정하고 그 범위에 적합한 제품규격의 범위를 설정해야 한다. 특히, 어린이들의 성장높이를 고려한 제품, 노약자나 장애인의 특성을 고려한 제품 등에 대해서는 유연성을 부여해야 하는 것은 중요한 일이다.

오늘날 인체와 직접적인 접촉이 이루어지는 사물 또는 공간의 규모 및 형태를 결정하기 위하여 인간공학적 측면에서의 실험이 많이 이루어지고 있다. 즉, 가장 편하게 느끼는 의자 등받이의 각도, 손잡이의 두께는 물론 더 나아가서 재료의 질감, 색채 등에 관한 모든 결정은 인간 자체에 대한 연구를 통해서 이루어진다. 또한 개인차를 고려한 유연성의 부여가 필수적이다.

2. 인체와 관련된 모듈

환경설계라는 것은 인간행위를 담는 공간(또는 사물)을 창조하는 것이라 할 수 있다. 이에 대해 웨이드(Wade)는 환경설계의 과정을 다섯 가지 요소로 나누어 설명하고 있다. 즉, 인간(Person), 의도(Purpose), 행위(Behavior), 기능(Function), 그리고 사물(Object)로 나누고 이들의 연관된 작용이 환경설계의 필수적인 고려사항이라고 보았다.[1]

1) 의도

의도(意圖)는 인간과 인간의 행위(行爲)를 연결시켜 주는 추상적 개념이며, 기능(機能) 역시 인간의 행위와 사물을 연결시켜주는 추상적 개념이다. 인간이 일정한 환경 내에서 어떠한 의도(또는 목적)을 지녔을 때, 그 의도는 행위로 나타나며, 그 행위는 행위의 특성에 따라 적절한 사물에 기능에 의하여 지원을 받는다.[2]

'어떤 사람(인간)이 쉬고 싶다(의도)'는 생각이 있을 경우 휴식을 취하게 되는데(행위), 휴식 장소는 앉아 휴식하기에 적절한(기능) 벤치 또는 의자(사물)가 될 것이다. 따라서 벤치 또는 의자를 설

---

1 이하 임승빈(2007), 환경심리와 인간행태: 친인간적 환경설계연구, 서울: 보문당, pp. 206~210 재인용.
2 반대로 지원을 받지 못하는 경우도 있고, 또 그러한 것이 필요할 때도 있다. 예컨대, 잠재적 범죄자의 범죄행위 의도와 행동에 대한 CCTV와 같은 적절한 사물의 설치를 통해서 좌절을 유도하는 것이 바로 그것이다.

인간	→(의도)	행위	←(기능)	사물

출처: 임승빈(2007), 환경심리와 인간행태: 친인간적 환경설계연구, 서울: 보문당, p. 206.

계할 때에는 누가(어른/아이/신체장애자 등), 어떤 의도를 가지고 어떤 행위(앉아 있음, 등을 기댐, 다리를 포갬 등)를 하며, 그 행위가 적절히 일어나도록 하기 위해서는(기능) 어떤 형태를 지녀야 하는가를 검토하여야 한다.

　이러한 것들은 범죄예방에서도 그대로 적용할 수 있다. 즉, '어떤 잠재적 범죄자(인간)이 타인의 담장을 넘어서 절도를 하고 싶다(의도)'는 생각이 있을 경우 대상이 되는 건물을 선택하여 담장을 넘게 되는데(행위), 그 범죄대상은 몰래 넘기에 적절한(기능) 담장이 될 것이다. 따라서 범죄예방적 차원에서 담장을 설계할 때에는 누가(초범, 전과자 등), 어떠한 의도를 가지고 어떤 행위(담장을 부수거나 몰래 넘는 등)를 하며, 그 행위가 가능한 한 일어나지 않도록 하기 위해서는(기능) 어떠한 형태를 지녀야 하는가를 검토해야 할 것이다. 여기에는 건물 담장 자체에 대한 적절한 물리적 설계도 고려되어야 하고, 아울러 CCTV와 같은 감시장치도 고려될 수 있을 것이다.

🔵 자살예방다리의 역설

　2012년 9월 완공한 마포대교 생명의 다리는 우수성을 인정받아 국제광고제에서 총 39개 부문을 수상하였다. 생명의 다리를 설치한 이유는 그동안 많은 사람들이 마포대교에서 투신자살을 했기 때문이다. 생명의 다리 설치 이후에 투신자살에 대한 사회적 관심과 경각심을 불러일으켜 다리를 설치한 다음 일시적으로 실제 투신 및 사망자가 감소하는 효과를 가져다 주었다.

● 마포대교 생명의 다리

그러나 이후 3년간 투신자살 수가 큰 폭으로 증가하였다. 투신자살 수가 늘어난 큰 이유 중 하나로 '코끼리 역설'(코끼리 역설이란 '코끼리를 생각하지마'라고 하면 오히려 생각이 나는 현상)을 들 수 있다. 당시 생명의 다리가 광고 및 SNS를 통해 전국적으로 알려진 것이다. 신문기사나 방송 등을 통한 '보여주기식 방지책'은 오히려 자살률증가란 부작용을 가져다주었다고 볼 수 있다. 유명해지지 않았다면 자살방지라는 목적을 어느 정도 이룰 수 있었을지 모른다. 어쨌든, 마포대교 생명의 다리는 2012년 시작으로 2015년을 마지막으로 추억과 자료로 사라졌다. 시설유지로 적지 않은 금액(연간 약 1억 원, 삼성생명 지원)이 들었는데, 관광지로 유명세를 타면서 유지비용이 점점 커진 것도 사업중단의 한 배경이 되었다.

● 한강다리 자살 시도 현황

구분	2010	2011	2012	2013	2014
전체(25개 다리)	193 (100.0)	196 (100.0)	148 (100.0)	220 (100.0)	396 (100.0)
마포대교	23 (11.9)	11 (5.6)	15 (10.1)	93 (42.3)	184 (46.5)

출처: https://blog.naver.com/jci1919/220515591308.

2) 사물(또는 공간)의 모듈

인간의 행동을 지원해주는 사물 또는 공간은 손잡이, 의자, 책상과 같이 단순한 사물에서부터 주택, 주거단지, 도시와 같이 다양한 기능을 하는 복합적인 공간이 있다.

이러한 인간의 행동을 지원해주는 사물 및 공간은 범죄예방 및 대응에도 적용된다. 따라서 최근 범죄예방 및 대응을 강화해주는 사물 및 공간 역시 개발·적용되고 있다. 예컨대, 캠퍼스 내에서 발생하는 성범죄 등을 예방하고 적절하게 대응하기 위한 최첨단 보안시스템을 구축하는 것 등을 들 수 있다. 또 지하철에서 발생하는 성범죄 등에 대응하기 위한 '지하철안전지킴' 스마트폰 애플리케이션 역시 이에 해당한다고 볼 수 있다.

⚠ **최첨단 안전 캠퍼스 보안시스템**

○○대학은 지난 2015년 5월 학생들의 안전을 위한 최첨단 보안시스템 'Y-Safe'구축을 완료하고 신(新)통합관제선터를 개소하였다. 'Y-Safe'는 지능형 영상감시, 긴급호출 기능, 스마트폰 기반 신변호고 기능, 긴급 재난상황 알림 기능을 갖춘 국내 대학 최초의 보안시스템이라 할 수 있다.

이 보안시스템에 의해 캠퍼스의 감시카메라(CCTV)는 모두 고해상도(200만 화소) 카메라로 교체되었다. 야간 적외선 감지기능까지 있는 1,000여 대의 고해상도 카메라가 캠퍼스 구석 구석을 실시간으로 감시한다. 인적이 드문 외곽지역에도 이상행동자, 비명소리, 화재, 차량궤적 등의 감지와 추적이 가능한 지능형 CCTV를 도입함으로써 각종 범죄 및 재난 사고를 예방하고 최소화 할 수 있도록 하였다. 또한 위험방황 발생시 앱이 깔린 스마트폰을 흔들면 위험신호가 통합관제센터로 전송되고, 출동대원이 현장으로 출동하는 서비스도 제공된다. 이 밖에도 비상상황 발생시 버튼만 누르면 CCTV가 상황을 인식하고 통합관제센터에 전달하는 기능을 갖춘 비상전화와 전자게시판 등의 첨단 보안시스템이 설치되어 캠퍼스 안전이 보다 강화되었다.

🔺 캠퍼스 내 비상·긴급 호출 버튼 등

출처: http://blog.naver.com/yonseiblog/220379700475.

🔺 지하철 안전지킴

지하철 성범죄 및 사건에 대해서 스마트폰 '지하철 안전지킴' 애플리케이션으로 바로 신고할 수 있다. 지하철에서 범죄나 긴급 상황이 발생했을 경우 신고 즉시 실시간 위치와 신고 내용이 지하철 관제센터와 지하철 보안관, 경찰에 통보되어 보안관이나 경찰이 출동할 수 있는 '원스톱'으로 연결되는 시스템이다.

이용 방법은 애플리케이션의 신고버튼 하나로 신고가 가능하며, 지하철 관련 민원사항도 접수가 가능하다. 서울시는 2015년 1월 1일부터 지하철 1호선에서 4호선까지를 대상으로 서비스를 시작하고, 3월부터는 5호선에서 8호선까지 확대할 계획이다.

출처: SBS(2014.12.30.).

이상과 같은 인간의 행동을 지원해주는 사물 및 공간은 인간이 접근 또는 이용하기 쉽도록 인체공학적 설계를 통해서 만들어진 것이라고 볼 수 있다. 바꿔 말하면, 인체공학적 설계를 통하지 않고 만들어진 사물 및 공간은 이를 이용하는데 불편하고, 따라서 본래 의도했던 성과는 기대하기 어려울 것이다.

이러한 불편한 상황은 우리는 일상생활을 하면서 종종 경험하는 것들인데, 이는 부적절한 설계

에서 비롯된 것인데, 반대로 의도적으로 그러한 설계를 하는 경우도 있다.[3]

　모듈(module)은 이들 공간을 설계하는데 있어서 이용되는 기본단위를 말한다. 즉, 사물(구조물) 및 공간 각 부분 간의 상관적인 비율 관계를 위해 사용된 기준 규모 또는 척도를 의미한다.[4] 즉, 여러 크기를 지닌 복합적 공간을 설계함에 있어서 기본단위의 배수로 다양한 공간의 규모를 정하게 되면 여러 가지로 편리하다. 몇 가지 음(音)의 예술적 구성으로 수 만 가지의 작곡을 할 수 있음과 마찬가지로 공간의 구성은 모듈의 설정으로 다양한 공간을 창출할 수 있다.

　모듈은 다양한 사물 또는 공간의 규모에 공통적으로 적용 가능한 최소의 공간적 또는 물리적 단위라고 할 수 있는데, 환경설계에서는 길이와 관련하여 많이 사용한다.[5]

　길이를 재는 단위는 미터(m), 피트(feet: 1피트 30.48cm), 자[尺](尺: 1자 30.3cm)의 세 유형을 흔히 보게 된다. 전통적으로 서구에서는 피트를, 동양에서는 자[척]을 많이 써 왔다. 예컨대, 한옥의 방 크기는 15자, 18자, 21자로 나누어지는데, 이 치수들은 모듈에 대한 하나의 예라 할 수 있다.

　미터는 인체와는 무관한 단위로서 지구둘레(자오선)의 사천만 분의 1을 1미터로 정한 것이다. 이는 10배, 100배, 또는 1/10, 1/100로의 환산이 용이하며 이론적인 계산이 편리하므로 최근에는 미터법을 국제적 길이의 단위로 사용하는 것이 일반적이다.[6]

　일반적인 사물의 모듈과 관련하여 책상과 의자의 높이, 그리고 문의 높이를 살펴보자. 일반적으로 성인 의자의 높이는 1.5자(약 45cm), 책상은 2.5자(약 75cm)일 때 편안하다. 문의 손잡이는 바닥에서부터 3자(약 90cm)일 때 문을 여닫는데 불편을 느끼지 않는다. 식탁의 크기도 한 사람이 차지하는 공간을 고려하여 설계되고, 주택의 경우 방의 크기 및 욕실의 크기, 계단의 높이, 보행길의 형태 등도 이러한 인간의 행동을 고려하여 설계되어야 한다.

　마찬가지로 범죄예방 환경설계의 경우에 적용되는 모든 사물과 공간 역시 이러한 인체공학적 요소를 충분히 고려해야 한다.

---

3 인간의 행동을 지원해주는 사물 및 공간을 의도적으로 불편하게 만드는 경우도 있다. 대표적인 곳 가운데 하나가 흔히들 볼 수 있는 패스트푸드(fast food)점이라 할 수 있다. 패스트푸드점은 소비자가 음식을 구매하여, 빠른 시간에 먹고 나갈 수 있도록 의자를 다소 불편하게 만들거나 빠르고 경쾌한 음악을 틀어 놓는 경우가 종종 있다.

4 오늘날에 모듈은 건축, 공업 제품, 활자나 사진 식자, 책이나 잡지의 레이아웃 구성에 일정한 비례의 기준을 결정하고, 그 조합에 따라 전체 질서를 세우기 위한 척도의 개념으로 사용된다. 다음백과(http://100.daum.net/encyclopedia).

5 임승빈(2007), 앞의 책, pp. 206~208.; 모듈은 스마트폰에도 적용이 가능하다고 본다. 즉, 스마트폰의 구조와 이에 설치된 애플리케이션 역시 인간이 최적의 조건으로 접촉하여 사용할 수 있도록 고안되었을 때, 이용율이 높기 때문이다.

6 이에 비하여 피트(feet)와 자[척](尺)는 인체의 움직임과 관련이 깊다. 피트는 인체의 일부분인 '발'에서 나온 것이며, 자[척] 역시 인체와 관련이 깊다. 피트와 자[척]는 서양과 동양이라는 서로 다른 지역에서 발생되었으나 그 크기는 거의 유사하다. 인체의 크기는 동서양 간에 약간의 차이는 있으나 약 30cm 정도를 기본단위로 하여 구성되어 있음을 알 수 있다.

3) 황금비율

　르 꼬르뷰지에(Le Corbusier)는 인체와 관련된 모듈을 사용함에 있어서 단위 길이의 단순한 배수보다는 황금비율(黃金比率, golden ratio)을 이용하는 것이 보다 타당하다고 하였다.

　이러한 황금비율은 인체공학에 어울리게 만들었고, 건축 공간의 척도인 '모듈'(module) 역시 하나의 이의 예라고 할 수 있다. 따라서 주택 등 건축을 하는데 있어서도 이러한 황금비율을 고려하여 설계하면 보다 편리하고 안전한 공간을 얻을 수 있을 것이다. 그렇다면 황금비율이라는 것은 무엇인가? 예컨대, 아래 네 가지 사각형 그림 가운데서 가장 좋아 보이는 것은 어떠한 것인가?

●　사각형 예시

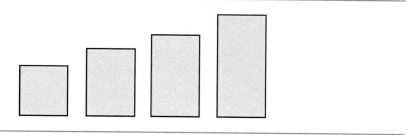

출처: http://blog.naver.com/dgogh2012/220738860860.

　이 경우 대부분의 사람들은 세 번째 사각형을 선택하게 된다. 그 이유는 바로 세 번째 사각형이 황금비율이기 때문이다. 황금비율은 오랜 인류역사와 아주 밀접하고 친숙하게 연관되어 있는 수치라고 할 수 있다. 이는 우리의 인체부터 은하, 식물이 형태에 이르기까지 적용되고 있다(물론, 이러한 황금비율을 아전인수식으로 해석하여 모든 사물에 적용하는 문제도 지적된다).

●　황금비율

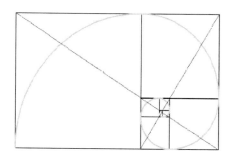

출처: http://blog.naver.com/r2analog/220645758584(좌).
　　　http://blog.naver.com/vector9513/220963803909(우).

황금비율은 정사각형을 수직으로 이등분하여 생기는 한쪽 사각형의 대각선을 반경으로 정사각형의 바깥쪽으로 수평이 되도록 회전시켰을 경우의 밑변 총 길이의 합과 정사각형의 한 변의 길이와의 비례로서 일반적으로 정의되는데, 그 비례는 대략 1:1.618이다. 황금비율은 고대 그리스 수학자 유클리드(Euclid, B.C 330~275)가 정의를 내렸다고 한다.

위에서 살펴본 바와 같이 이러한 황금비율을 지닌 직사각형은 다른 비례를 갖는 직사각형보다 선호되는 것이 일반적이다. 황금분할은 순전히 수학적으로 계산된 비율이지만 실제 자연에서 이러한 비율을 많이 발견하게 된다. 반원의 지름에 황금분할을 연속적으로 적용하면 나선형을 만들게 되는데, 달팽이집에서 나선형을 찾을 수 있다.

한편, 르 꼬르뷔지에는 인체의 경우에 중요한 부분 간의 거리가 황금비율로 설명되어짐을 보여 준 바 있다. 키가 175cm인 사람의 경우에 키의 1/1.618 되는 108cm 부분에 인체의 중심이 있으며, 이 길이가 인체의 기본단위가 되어 기본단위의 2배되는 216cm는 사람이 팔을 위로 뻗었을 경우의 전체 길이가 된다. 즉, 인체의 중심으로부터 아래로는 발끝까지 108cm 위로는 손끝까지 108cm가 된다. 인체의 다른 모든 중요 부분들로 이러한 기본단위로부터 황금비율을 더하고 빼는 방법으로 위치를 찾을 수 있다.

그리고 르 꼬르뷔지에는 이러한 모듈의 원칙은 수학과 인체에 근거한 것이므로 인간환경을 구성하는데 이용할 경우 매우 유용하다고 하였으며, 실제로 건축의 평면, 입면, 단면 등의 설계에서 이를 응용하였다.

● 인체의 황금비율

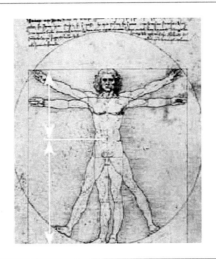

1. 상대적 크기

어떠한 사물이나 공간의 형태, 크기 등을 질서 있게 정리하여 분류하고 구성하는 방법은 무엇일까? 규모(또는 척도, Scale)라는 것은 '상대적인 크기'를 말하는 것이며, 인간관점의 규모(Human Scale)라는 것은 인간의 규모에 비하여 너무 적거나 너무 크지 않은 것을 말한다. 일반적으로 인간은 자신들에게 익숙한 크기의 사물을 통해 공간의 규모를 판단·평가하게 된다.

물론, '정저지와'(井底之蛙) 즉, 우물 안의 개구리라는 말이 있듯이 인간관점의 규모라는 것도 자신이 경험한 것을 바탕으로 하기 때문에 상대적이라고 본다. 예컨대, 초등학교 시절에 학교 운동장이 그렇게도 크고 넓어 보였는데, 성인이 되어 보니 작고 아담한 모습으로 보이는 것을 경험한 적이 있을 것이다. 어린이의 눈에 비치는 환경과 성인의 눈에 비치는 환경은 차이가 있음은 물론이다. 따라서 CPTED를 적용하는데 있어서도 그것이 누구를 위한 것인지를 생각하고, 그러한 당사자의 관점에서 적절한 조치가 이루어져야 한다.

어쨌든, 일반적인 건축관련 환경설계 그리고 범죄예방 환경설계의 기준은 본질적으로 모두 인간생활을 바탕으로 한 것이다. 따라서 인간의 관점에서 시설과 공간에 대한 가장 최적의 환경설계를 하는 것이 바람직하다고 본다.

한편, 상대적인 크기라는 것은 '무엇'과 비교하여 볼 때의 크기를 말하는 것으로, 여기에서 '무엇'은 네 가지를 의미한다고 본다. 첫째, 전체와 비교하는 경우, 둘째, 부분과 비교하는 경우, 셋째, 보통의 크기(usual size)와 비교하는 경우, 넷째, 인간의 크기와 비교하는 경우라고 할 수 있다.[7]

---

7 이하 임승빈(2007), 앞의 책, pp. 211~212 재인용.

◆ 어른과 어린이의 시각 차이[8]

출처: http://blog.naver.com/ljy2132/90115987123.

---

8 어른과 어린이는 바라보는 사물에 대한 시각차이가 존재한다. 이와 관련하여 위에서 다섯 가지 예를 들고 있다.
① 어린이가 깨끗한 복도를 바라볼 때, 그것을 낙서할 수 있는 캔버스(canvas)로 인식할 수 있다. ② 어린이는
학교교실에 대해서 탈출하고 싶은 교도소로 생각할 수 있다. ③ 어린이에게 아빠는 무엇이든 해줄 수 있는 슈
퍼맨(superman)과 같은 존재로 생각될 수 있다. ④ 어린이에게 의사는 아픈 환자를 치료해 주는 고마운 사람
이 아니라 자신에게 고통을 주는 괴물과 같은 존재로 생각될 수 있다. ⑤ 어린이에게 원 내용물은 모두 쓰고 남
은 기다란 봉을 칼과 같은 무기로 생각할 수 있다.

1) 전체와의 비교

전체와의 비교는 건물의 경우에 전체 건물크기에 대한 창문 또는 입구의 크기를 예로 들 수 있다. 건물뿐만 아니라 벽 또는 수목으로 둘러싸여 형성되는 전체 공간의 크기에 대한 가구, 조각 또는 분수의 크기도 이에 해당된다.

2) 부분과의 비교

부분과의 비교는 전체 건물 또는 공간 내의 서로 다른 요소 간의 상대적 크기를 말한다. 건물의 경우에 창문과 벽면의 상대적 크기를 예로 들 수 있으며, 공원에서의 분수와 광장의 상대적 크기를 예로 들 수 있다.

3) 보통의 크기와의 비교

보통의 크기와의 비교는 이미 많이 알고 있는 사물 또는 공간의 크기와의 비교를 말한다. 예컨대, 소형버스라고 한다면 기존의 통상적인 버스의 크기보다 작은 것을 말하며, 소공원이라고 하면 기존의 보통의 공원보다 작은 규모의 공원을 말한다.

4) 인간의 크기와의 비교

인간의 크기와의 비교는 주로 인간과 직접적인 접촉을 하는 사물 또는 공간에 적용된다. 손잡이, 의자, 책상 등의 설계에서는 인체의 크기를 고려함이 필수적이다.

그런데, 이상에서 살펴본 바와 같이 규모 또는 척도라는 것은 항상 기준이 되는 크기가 있어야 하므로 경우에 따라서 적절하게 사용되어야 한다. 따라서 반드시 '무엇'에 비교하여 규모가 크다 또는 작다고 표현하는 것이 바람직하다. 즉, 건물을 대상으로 한다면 대지규모에 비하여 크다는 것인지, 주변 건물에 비하여 크다는 것인지, 또는 도로 폭에 비하여 크다는 것인지를 명확히 해줄 필요가 있다.

이러한 비교를 제대로 해주지 못한다면, 설사 의사소통이 되었다 할지라도 상호간에 다른 의미로 받아들일 가능성은 얼마든지 있다. 이러한 명확성의 결여와 부적절한 의사소통은 범죄예방 환경설계를 하는데 있어서 왜곡된 결과를 가져올 수 있기 때문이다.

앞에서 언급한 바와 같이 인간관점의 규모[척도]라는 것은 인간의 크기에 준하는 사물 또는 공간의 규모를 말한다. 그러나 인간관점의 규모를 지닌 사물 또는 공간의 크기가 정확하게 어느 정도라고 이야기 하는 것은 매우 어려운 일이다. 인체와 직접적인 접촉을 갖는 사물, 즉 도구, 가구 등의 개략적인 크기를 말하기는 비교적 쉽다. 그러나 인간관점의 규모가 보다 일반적으로 사용될

출처: http://blog.naver.com/PostView(좌). http://blog.naver.com/areari/220103610321(우).

경우 즉, 건물의 크기, 또는 중정(中庭: 건물에 둘러싸여 가운데에 있는 정원)의 크기에 관하여 인간이 느끼는 인간관점의 규모를 정확하게 표현하기는 매우 어렵다. 이는 외부환경에 대해 시각적으로 보고 감각적으로 판단하는 인간관점의 상대성에서 비롯된 것이다.

즉, 인간 자신의 크기가 사람마다 다르므로 일괄적으로 인간관점의 규모를 말하기가 어렵다. 일정 건물 또는 공간이 인간관점의 규모를 지녔을 때는 친근감을 느끼는 것이 보통인데, 사람마다 개인차 또는 사회문화적 배경에 따라 친근하게 느끼는 크기가 다르기 때문이다. 따라서 공간과 장소는 해당 세대 및 연령 및 사회문화적 특성에 맞게 건축되어야 한다는 것을 의미한다.

2. 친근감을 느끼는 규모

어떤 면에서 이러한 인간관점의 규모(Human Scale)라는 것은 보통 '친근감을 느낄 수 있는 규모'라고 볼 수 있다. 친근감(親近感)이란 말 그대로 '친하고 가까운 느낌'을 의미한다.[9]

시설이나 공간 등 일정한 대상에 대하여 친하고 가깝게 느낀다는 것은 그 대상을 이미 알고 있거나 또는 어떠한 이유인지는 몰라도 심리적으로 편안함을 느낀다는 것을 의미한다. 이는 인간이 해당 시설이나 공간에 대한 익숙함이나 또는 전체적인 규모의 파악이 이루어졌을 때 가능한 일이다.

생각건대, 인간관점의 규모를 지니기 위해서 일정한 사물 또는 공간이 너무 작고 협소하거나 또는 너무 큰 규모여서는 안 된다.[10] 그리고 인간은 인간 자신의 크기와 어느 정도 비슷한 경우에

---

9 이하 위의 책, pp. 214~217 재인용.
10 물론 예외는 항상 존재한다. 예컨대, 어린아이의 경우 방안의 책상 밑이든 구석진 곳과 같은 협소한 공간에 자

● 위압감을 주는 45층 고층빌딩

출처: http://cafe.daum.net/allme1/Nqal.

는 크기 비교를 하기가 쉽지만, 자신의 크기보다 훨씬 큰 경우에는 정확한 비교를 하기가 힘들다. 즉, 규모가 너무 크면 자신의 크기와의 관계를 파악하기 힘들다.

예컨대, 단층집 높이는 자신의 키보다 두 배 또는 세 배 정도라고 쉽게 파악할 수 있으나, 20층 또는 30층 정도의 고층건물 높이는 자신의 크기와의 관계를 파악하기가 쉽지 않다. 이는 기다란 터널과 같이 사방이 막혀 있는 곳에서도 마찬가지이다. 특히, 낯선 공간의 환경 속에서 주변 환경에 어울리지 않는 고층빌딩은 인간에게 위협감 또는 위압감을 줄 수 있다. 그리고 협소한 공간에 너무 높은 건물이 양 사이드에 밀착되어 있으면 건물에 대한 친근감은 떨어진다.

또 기다란 터널이 협소하게 형성되어 있을 경우에도 인간에게 위협감 또는 위압감을 줄 수 있을 것이다.[11]

신만의 비밀공간을 설정해 놓고, 혼자서 놀이를 하거나 또는 어른들에게 혼났을 경우 그 곳에서 편안함과 위안을 삼는 경우를 종종 목격할 수 있다.

11 이러한 공간은 폐소공포증(Claustrophobia)을 일으킬 수도 있을 것이다. 폐소공포증은 단순히 가둬져 있는 공간뿐만 아니라 천장이 있는 곳이라면 어느 곳이든 불러일으킬 수 있다. 예컨대, 무엇이든, 머리를 마음대로 움직일 수 없게 하는 것들(항공기, 헬리콥터 등), 어떤 곳이든 협소하고 어두운 장소(다락방 등), 도어가 3개뿐인 승용차의 뒷좌석(자신의 바로 옆문이 열리지 않는 뒷좌석), 완전히 물속에 잠겨 있거나 단지 머리만 물 밑에 잠겨있는 경우, 걸을 수 있는 야외갑판이 없는 배, 혹은 공중기체, 자동잠금장치가 된 버스·케이블카·운하용 배·승용차 등, 고층빌딩으로 이루어진 주차장(지하 3, 4층까지 계속 내려갈 경우), 사방이 전자동으로 닫히게 되어 있는 세차장, 동굴, 창문이나 출구 표시가 없는 긴 복도, 가게에 설치된 탈의실, 양옆의 가운데에 끼인 좌석 영화관, 사람들로 꽉 찬 공공장소(연말 쇼핑몰 등), 치과 등 병원 수술실, 자기공명영상(MRI) 장치, 교통체증 된 도로위의 자동차 안 등을 들 수 있다.

● 창문이나 출구 표시가 없는 긴 터널

출처: http://rmdwjdpower.tistory.com/3.

● 협소한 공간

출처: http://blog.naver.com/keai1016/171075827(좌). http://blog.naver.com/lattemacchiato/220587718138(우).

    따라서 인간관점의 규모이기 위해서는 인간 자신의 크기보다 너무 크지 않아서 인간 자신의 크기와의 비례관계를 쉽게 인지할 수 있는 규모이어야 한다.

    또한 인간관점의 규모를 지닌 사물 또는 공간이라 할지라도 친근감을 느끼는 것은 그 사물 또는 공간에 인접하여 있을 때 느끼는 것이지, 너무 멀리 떨어져 있으면 친근감 또는 인간관점의 규모를 느끼기보다는 전체 경관의 일부분으로서 경관의 특성을 느끼게 될 것이다. 인간은 가까이 있을 때는 자신의 크기와 대상물의 크기와의 관계 파악이 쉬우나 너무 멀리 떨어져 있으면 크기의 관계파악이 어려워진다. 따라서 인간관점의 규모이기 위해서는 대상물이 너무 멀리 떨어져 있지 않아서 자신과의 크기에 대한 관계파악이 용이해야 한다.

    건축물 또는 조각물이 인간관점의 규모를 지니기 위해서는 건축물 또는 조각 자체의 크기도 문제가 되지만 그 건축물 또는 조각을 관찰하는 위치도 너무 멀리 떨어지지 않도록 하여야 한다.

    한편, 중정(中庭, 정원)과 같은 경우 이를 둘러싸는 건물의 높이도 인간관점의 규모에 영향을 미치지만, 폭도 영향을 미친다. 중정의 폭이 너무 커지면 둘러싸는 건물로부터 너무 멀어지게 되어 건물크기의 파악이 어려워져 친근감을 느끼기 힘들며, 인간관점의 규모를 벗어나게 된다.

사실, 일정 대상물의 인체에 비한 상대적 크기의 파악은 기본적으로 대상물 자체의 지각을 통하여 직접적으로 이루어진다. 그러나 많은 경우에 대상물과 인접해 있으며, 관찰자를 이미 알고 있는 크기의 물체와의 비교를 통하여 간접적으로 이루어지기도 한다. 즉 실내에서는 가구 또는 창문의 크기가 실내 공간의 크기를 파악하는데 도움을 준다. 옥외에서는 벤치, 동물 또는 다른 사람과의 비교를 통하여 건물 또는 공간의 규모를 간접적으로 파악하는 경우가 보통이다. 따라서 정원에 나무와 잔디만 있는 경우보다 어린이가 놀고 있다면, 그 정원의 규모파악이 쉬워지며 더욱 친근감을 느끼게 된다.[12]

● 실외 및 실내의 중정(中庭)

출처: http://blog.daum.net/favignon - barunson/191(좌). http://blog.naver.com/parkpd75/220646227080(우).

● 투시도

투시도법

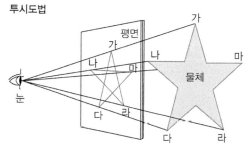 

물체와 눈 사이에 평면을 두고 물체 위의 점과 눈을 연결하여
평면과 만난 점을 구하면, 눈에 보이는 대로의 모습이 생긴다.

출처: 다음백과(http://100.daum.net/encyclopedia/view).

---

12 임승빈(2007), 앞의 책, pp. 216~217.

이러한 사실은 투시도(透視圖, perspective drawing)의 작성에 이용된다.[13] 즉, 건물 또는 정원만 그렸을 경우에는 그 규모를 파악하기 어려우나 자동차 또는 사람을 그려 넣게 되면 전체 공간규모의 파악이 쉬워지고 보는 사람으로 하여금 친근감을 일으키게 되므로 투시도 작성에 많이 이용된다.

이상에서 살펴본 바와 같이, 인간관점의 규모[척도]이기 위해서는 크기 자체가 너무 커서는 안 되며, 관찰지점으로부터 너무 멀리 떨어지지 않도록 하여야 한다는 점을 알 수 있다. 그리고 익숙한 크기의 사물을 대상물과 함께 배치하여 규모의 파악이 용이하도록 해야 한다. 아울러 익숙한 크기기 사물을 대상물과 함께 배치하여 규모의 파악이 용이하도록 해야 한다. 이 밖에도 균형 있는 비례를 유지함으로써 조화성을 지니게 된다면 인간관점의 규모에 더욱 가까워 질 수 있을 것이다. 이는 아래 표와 같이 정리할 수 있을 것이다.[14]

물론, 이러한 인간관점의 규모 즉, 인간에게 친근감을 주는 규모 또는 인간이 친근감을 느끼는 규모는 어떻게 어떠한 방법으로 파악할 것인가 하는 것은 결코 쉬운 일이 아니라고 본다. 생각건대, 친근감은 비교적 보편화된 개념이기 때문에 예컨대, 몇 가지 크기의 건물 또는 공간을 보여주

● **인간관점의 규모의 요건**

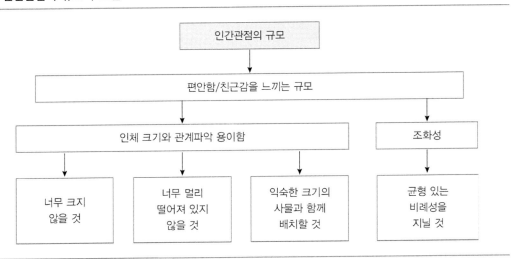

출처: 임승빈(2007), 환경심리와 인간행태: 친인간적 환경설계연구, 서울: 보문당, p. 216.

---

13 투시도는 물체를 눈에 보이는 대로 그린 그림을 일컫는 말이다. 물체와 눈 사이에 하나의 평면을 놓고, 물체 위의 한 점과 눈을 연결하여 이 직선과 평면이 만나는 점을 구한다. 이러한 방법으로 물체 위의 모든 점에 대하여 구하면 본래대로의 물체의 모양을 얻을 수 있다. 투시도는 사진과 같이 원근감이 잘 나타나므로 건물의 그림(설명도)에 널리 이용된다. 다음백과(http://100.daum.net/encyclopedia).
14 임승빈(2007), 앞의 책, p. 216.

● 서울특별시 전경(명동지역, 2016)

고 친근감을 느끼는 정도를 조사한다면 일반대중은 별 어려움을 느끼지 않고 응답해줄 것이다. 물론, 조사가 타당성을 갖기 위해서는 비교대상의 규모만 다르고 여타 다른 공간적 요소가 동일해야 하기 때문에 어려움이 따른다. 그리고 인간관점의 규모가 반드시 친근감으로 대표될 수 있는지에 관한 타당성 역시 증명되어야 하는 등 여러 가지 문제가 뒤따른다.

인간관점의 규모에서 본다면, 거대한 수준으로 산업화·도시화된 현대사회는 이에 맞지 않는다고 볼 수 있다. 바꿔 말하면, 거대한 수준으로 산업화·도시화된 환경은 인간에게 외향적인 삶의 편리성을 제공하였을지는 몰라도 친근감을 주는 데는 한계가 있다고 볼 수 있다. 예컨대, 면적 605.25km^{2}에 인구 1,000만 명이 살고 있는 서울특별시와 같은 경우, 인간관점의 규모로 도시환경설계 또는 범죄예방 환경설계를 하는 것은 결코 쉬운 일이 아니다.

인구규모의 관점을 벗어나 버린 산업화·도시화된 사회에서 범죄예방 또는 감소시킬 수 있는 물리적 환경의 설계와 인간 상호간의 친밀감과 유대감을 형성하는 것은 결코 쉬운 일이 아니라고 본다.

주지하는 바와 같이, 리스먼(D. Riesman, 1909~2002)은 제2차 세계대전 직후의 미국 사회를 관찰하고 현대 대중 사회에서의 미국인의 사회적 성격을 타인 지향형이라고 특징지었다. 또한 사회성의 그늘에 불안과 고독감을 지니고 있는 성격 유형을 '고독한 군중'(The Lonely Crowd)으로 파악한 바 있다. 그의 이와 같은 분석적 시각은 그 뒤 활발히 논의된 탈공업화(脫工業化) 사회론의 선구가 되었다.[15]

그런데, 이와 같은 현대사회의 역기능에도 불구하고 사람들은 산업화·도시화된 도시환경을

---

15 다음백과(http://100.daum.net/encyclopedia).

벗어나 살 수 있느냐 하는 것이다. 마음속에서는 편안함을 추구하면서도 현실은 거대도시를 벗어나는 것을 원치 않는다. 그렇다면, 관건은 이들 양자를 모두 추구할 수 있는 방법은 모색하는데 있다고 볼 수 있다.

SECTION 03 단위공간의 계획

이상에서 인간과 직접적인 접촉이 이루어지는 시설 및 공간의 규모는 인간 자신의 각 부분의 크기가 그 기준이 된다는 점을 살펴보았다. 여기에서는 이와 관련하여 좀 더 구체적으로 살펴보기로 한다. 즉, 각종 시설 및 공간의 이용목적 또는 기능에 따라 규모가 어떻게 변하는지, 그리고 인간행태의 유형에 따른 기준치수를 살펴보기로 한다.[16]

1. 높이와 인간의 행동

인간관점의 규모 및 인간행태에 친근감을 주는 높이와 관련하여 흔히들 의자와 탁자 등의 높이를 가지고 설명하고 있다. 의자와 탁자는 인간이 가정과 직장, 그리고 여가 등에서 가장 일상적이고 빈번하게 접하는 사물이기 때문이다. 바꿔 말하면, 이는 인간이 가장 빈번하고 오랫동안 사용하기 때문에 인체에 가장 적절한 높이(그리고 각도, 쿠션 등)를 어떻게 확보하느냐의 여부에 따라 일상생활의 편안함 또는 불편함에 직접적으로 영향을 미친다고 볼 수 있다.

다만, 여기에서는 범죄예방 환경설계 차원에서 담장과 계단 등을 중심으로 살펴보기로 한다. 물론, 안전성과 편안함 등도 아울러 고려할 수 있을 것이다.

1) 담장

담장 내지 울타리라는 것은 일정한 공간을 둘러막기 위하여 흙, 벽돌, 돌, 나무, 콘크리트, 철재 등으로 쌓아올린 시설물을 말한다. 이러한 담장을 쌓는 목적은 기본적으로 영역성(領域性) 확보에 있다고 볼 수 있다. 즉, 아무나 일정한 공간에 함부로 드나들시 못하게 하고, 또 안이 들여다보이지 않게 하기 위해서이다. 그리고 일정한 공간을 적절하게 구별하기 위해서도 설치하기도 한다. 이러한 담장의 높이는 그 목적에 따라 달라지는데, 이는 네 단계로 나누어 볼 수 있다.

---

16 이하 임승빈(2007), 앞의 책, pp. 217~232 재인용.

(1) 60cm 이하의 담장

60cm 이하의 담장은 두 공간을 상징적으로만 분리할 뿐 두 공간 상호간의 통행이 가능하다. 이 정도의 담장은 일반인들이 원한다면 걸터앉을 수도 있는 높이라 할 수 있다. 플랜터(planter), 연석(緣石, curb) 등이 이에 해당된다.[17]

따라서 이러한 60cm 이하의 담장은 어떠한 출입통제 등의 목적이 있다기보다는 '상징적·지각적 의미로서의 경계'의 개념이 강하다고 볼 수 있다.

● 플랜터(좌)와 연석(우)

출처: http://blog.naver.com/kohngki/20134410757(좌). http://cannaflower.tistory.com/154(우).

● 상징적 의미로서의 담장

출처: 임승빈(2007), 환경심리와 인간행태: 친인간적 환경설계연구, 서울: 보문당, pp. 216~217.

---

17 보행의 안전, 노면배수, 시선유도, 도로용지의 경계, 유지관리 등의 편의를 위하여 보도, 식수대 등과 차도와의 경계에 연접하여 설치하는 경계석을 말한다. 연석(緣石)은 보행자나 자전거를 자동차로부터 보호하고 차도를 이탈한 차량의 진행방향을 변환시키는 등의 역할을 하며, 차도와 보도를 구분하기 위하여 차도에 접하여 연석을 설치하는 경우에는 그 높이를 25㎝ 이하로 한다(도로의 구조·시설 기준에 관한 규칙 제16조 제2항 제1호).

(2) 1.2m 정도의 담장

1.2m 정도 높이의 담장은 인체의 가슴부분에 해당되는 높이로서 두 공간의 상호 왕래는 당사자가 특별한 마음을 먹지 않는 한 힘들다. 다만, 일반성인의 눈높이(1.5m)보다는 낮아서 시각적으로 개방되어 있다.

이 높이는 의자에 앉아 있을 경우의 눈높이(1.1m)보다는 높아서 벤치 주변의 위요(圍繞, 어떤 지역을 빙 둘러서 쌈)된 공간을 조성할 때 이용된다. 따라서 높은 프라이버시를 필요로 할 때에는 이보다 높은 담장을 설치하는 것이 바람직하다.

담장을 설치할 때, 또는 나무 등으로 생울타리를 만들 때에는 일반적인 성인 눈높이인 1.5m 전후는 가능한 한 피하는 것이 바람직하다. 눈높이 수준인 1.5m 전후는 담장 너머가 잘 보이지도 않고, 안 보이지도 않는 어중간한 상태라고 할 수 있다. 이렇게 될 경우 시각적 불편함과 피로함을 느끼기 때문이다.

● 시선의 개방과 프라이버시 제공

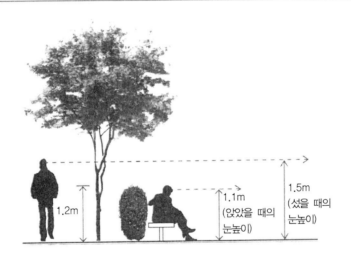

출처: 임승빈(2007), 환경심리와 인간행태: 친인간적 환경설계연구, 서울: 보문당, p. 222.

(3) 1.8m 정도의 담장

1.8m 정도의 담장은 시선보다 높아서 시각적으로 완전히 차단되며, 따라서 높은 프라이버시의 보호가 요구될 때 이용된다.

우리나라의 전통적인 개인주택 담장은 보통 1.8m 이상이어서 내부(정원 등)의 높은 프라이버시를 형성해준다. 서구의 주택이 일반적으로 정원을 시각적으로 개방하고 있는 것과는 비교된다.

담장을 낮게 하여 내부의 정원을 시각적으로 개방하는 것은 도시경관을 위하여 바람직하나 프라이버시의 보호 측면에서는 문제가 있을 수 있다. 따라서 개개인의 생활습관을 고려하지 않고 미적 차원에서 정원을 시각적으로 개방하게 하는 것은 문제가 있다.

다만, 학교, 공장, 관공서 등과 같은 기관의 정원은 시각적으로 개방하는 것이 도시경관을 위

● 외부 시선의 차단에 의한 높은 프라이버시의 제공

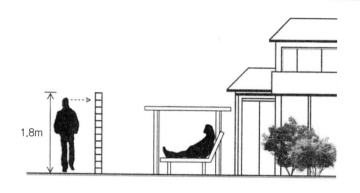

출처: 임승빈(2007), 환경심리와 인간행태: 친인간적 환경설계연구, 서울: 보문당, p. 223.

● 초등학교 담장의 예

출처: http://blog.naver.com/happy2two/220548441094(좌). http://2638250.blog.me/220910133273(우).

해서 바람직 할 것이다. 이러한 점을 고려하여 담장은 1.8m 이상으로 하여 외부의 접근을 차단하되, 내부의 경관을 저해하지 않는 체인링크(Chain link: 철사를 다이아몬드형 또는 사각형 등으로 엮은 형태) 등을 이용하는 방법도 있다.

주지하는 바와 같이 최근 초등학교 등 학교 내에서 성범죄 및 강·절도 문제가 적지 않게 발생하고 있어 사회문제시 되고 있다. 따라서 학교 내부의 경관을 확보함으로써 '자연적 감시'(NaturalSurveillance)를 원활하게 하기 위해 체인링크 등을 적용하되, 담장의 높이를 1.8m 이상으로 함으로써 접근통제를 강화하는 방법 등을 고려할 수 있을 것이다.

(4) 2.4m 이상의 담장

담장의 높이가 2.4m 이상이 되면 손을 위로 뻗었을 때의 높이(2.16m)보다 높게 되어 보통의 방법으로는 넘어갈 수 없다. 일반적으로 군사시설, 산업시설, 교도소, 변전소 등 고도의 안전이 요구되는 경우에 이용된다.

그리고 이러한 높이의 담장에 가시가 달린 철조망(barbed wire) 이른바 '유자철선'(有刺鐵線)을 적용함으로써 그 효과를 높일 수 있다. 그러나 특수목적 시설 외에는 유자철선 등을 사용하는 것은 미관상 바람직하지 못하다고 볼 수 있다.[18]

● 침입에 대한 방어력을 높인 담장

출처: 임승빈(2007), 환경심리와 인간행태: 친인간적 환경설계연구, 서울: 보문당, p. 223(좌).
　　　http://www.swfence.co.kr(우).

---

18 최선우(2019), 민간경비론, 인천: 진영사, p. 414.

(5) 담장의 범죄 및 위험예방

도시환경 내에 설치된 모든 인위적인 공간과 시설물들은 일정한 목적성을 가지고 있다고 본다.

비치(Vitch)는 담장이 단지 최소한의 방어효과를 가져다주지만 ① 외부와의 경계 확인, ② 간단한 방법으로 침입의 차단 및 지연, ③ 허용된 공간(출입문 등)으로 이용자와 방문객, 그리고 직원 등의 통행유도 등의 중요한 기능을 수행한다는 점을 지적하였다.[19]

담장이 낮을 경우 범죄 등 나쁜 의도를 가지고 있는 사람이 담장을 넘어서 주택에 침입하는 것은 용이하다. 반면, 담장의 주변이 개방되어 있다면, 주변사람들에 의한 '자연적 감시'가 쉽게 이루어져 오히려 범죄억제 효과를 기대할 수도 있을 것이다. 최근 공동주택 및 공공시설 등에서 이루어지고 있는 '담장허물기 사업'은 이러한 자연적 감시효과의 증대와 더불어 미적 경관을 확보하기 위한 노력의 일환으로 보인다.

물론, 이러한 전제는 자연적 감시가 이루어졌을 경우에 기대 가능한 것으로서 만약, 새벽시간대 등 사람의 통행이 많이 이루어지지 않는 경우에는 이를 기대하기가 어렵다.

한편, 담장이라는 것 자체가 범죄예방 효과가 별로 없다고 보기도 한다. 통상적으로 범죄를 저지르고자 하는 마음만 먹는다면, 일정 수준의 담장은 쉽게 뛰어 넘을 수 있기 때문이다. 이러한 점에서 담장이라는 것은 일반사람들에게 "담장이 쳐져 있구나! 저곳은 사적공간에 해당하는구나!" 정도의 인식을 심어주는 것으로 생각하기도 한다.

또한 범죄예방에 있어서 담장은 침입의 완벽한 차단보다는 침입시간 지역 등의 효과를 가져다준다고 한다. 이 경우에는 담장은 일정수준의 높이가 있어야 할 것이다. 최근에는 담장의 미적 요소를 확보하기 위하여 시야가 폐쇄된 담장(벽돌 등)보다는 개방된 담장(체인링크 등)을 사용하기도 한다. 이처럼 내부공간에 대한 시각적 프라이버시의 보호가 중요한 요소가 아니라면, 개방감을 주면서도 내부에 대한 진입을 일정 부분 통제할 수 있는 개방된 담장을 설치하는 것도 의미가 있다고 본다.

---

19 M. L. Vitch(1992.7), "Sensing Your Way to Security", Security Management, p. 50.

시야가 차단된 폐쇄형 담장

⇩

시야가 확보된 투시형 담장

출처: http://cafe.daum.net/scsascna/kP9j/242?q.

폐쇄적 담장을 허물고 조경석과 조경으로 개선한 담장[20]

 ⇨

출처: 뉴스웨이(2017.07.28.)

---

20 대구시는 '담장허물기 시민운동 사업'을 지속적으로 해오고 있다. 친환경 녹색도시 조성에 일조하며 지난 21년 동안 이어온 대구시의 '담장허물기 시민운동 사업'은 대구의 특화된 대표 브랜드 사업으로 이미 서울, 부산, 인천, 광주, 대전, 울산, 하남시, 부천시, 창원시 등 수많은 행정기관과 서울경실련, 전남경실련 등 시민단체에서도 벤치마킹 해 갈 정도로 전국적인 주목을 받고 있다. 그동안의 담장허물기 사업 추진실적을 보면, 올해 상반기 총 14개소를 포함 하여 관공서 125개소, 주택·아파트 499개소, 상업시설 76개소, 보육·복지·종교시설 121개소, 공공의료시설 24개 소, 학교 50개소, 기업체 17개소, 기타 7개소 등 총 919개소, 31.7km의 담장을 허물고 367,084㎡의 가로공원을 조성했다. 이를 통해 이웃 간 소통은 물론 마을공동체 문화형성, 대도심의 녹지환경 조성 등의 긍정적인 효과를 가 져왔으며, 해마다 시민들의 참여가 꾸준히 이어지고 있다. 이에 대구시는 2017년 하반기 담장허물기 시민운동 사업 에 참여를 희망하는 대상지를 8월말까지 집중 접수받아 사업에 박차를 가할 예정이다. 참여를 희망하는 시민은 집 중 접수 기간인 8월말까지 대구시 자치행정과나 구, 군 총무부서로 신청하면 된다. 담장허물기 사업대상지로 선정 되면 일정액 상당의 무상시공과 담장공사폐기물 무상처리, 조경자문 및 무료설계 지원 등의 인센티브를 받을 수 있다. 대구시 전재경 자치행정국장은 "담장허물기 시민운동이 시민의 자발적 참여를 통해 적은 예산으로도 우리지역 대표 브랜드사업으로 발전할 수 있었다"며, "전국적 모범사례로 더욱 높은 평가를 받을 수 있도록 시

2) 계단

계단의 치수는 보폭과 관계가 있다. 즉, 발판의 길이에 계단 높이의 두배를 더한 것이 보폭 60~63cm 정도가 되도록 하면 가장 편안히 오르내릴 수 있는 계단이 된다. 따라서 발판의 길이가 길수록 낮은 높이를 갖도록 해야 한다. 그리고 계단을 설치할 때에는 한 단(段)이 있을 경우는 잘 보이지 않아 위험하므로 최소한 2~3단 이상을 설치하는 것이 바람직하다.

그리고, 계단을 오르내리는 일은 평지를 걷는 것보다 힘든 일이므로 계단수가 많은 경우에는 중간에 계단참을 설치하여 쉬어서 올라갈 수 있도록 해야 하며, 동시에 안전성을 도모해야 한다. 이러한 계단참은 폭이 1.2m 이상이어야 하며, 3~4m 높이마다 설치하는 것이 보통이다.

(1) 계단의 설치기준

건축계획에 있어서 계단은 일반적으로 기능적 측면에서 다루어지며, 이것을 어떻게 설치할 것인가에 관한 문제는 전적으로 건축주와 설계자의 자유로운 판단에 의해 이루어진다. 다만, 연면적 200㎡를 초과하는 건축물에 설치하는 계단은 위험방지 등을 목적으로 국토교통부령으로 정하는 기준에 적합해야 한다(건축법시행령 제48조 제1항).

연면적 200m^{2}를 초과하는 건축물에 설치하는 계단의 설치기준은 다음과 같은 4가지가 있다(건축물의 피난·방화구조 등의 기준에 관한 규칙 제15조 제1항).

● 계단의 설치기준(①, ②)

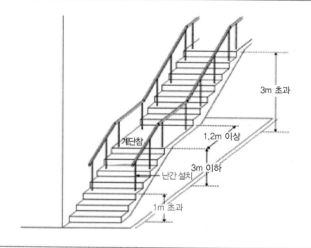

출처: http://cafe.daum.net/haedong3757595/AsFm.

민들이 함께 힘을 모아 나가자"고 말했다. 뉴스웨이(2017.07.28).

① 높이가 3m를 넘는 계단에는 높이 3m 이내마다 유효너비 120cm 이상의 계단참을 설치할 것
② 높이가 1m를 넘는 계단 및 계단참의 양옆에는 난간(벽 또는 이에 대치되는 것을 포함)을 설치할 것
③ 너비가 3m를 넘는 계단에는 계단의 중간에 너비 3m 이내마다 난간을 설치할 것(다만, 계단의 단높이가 15cm 이하이고, 계단의 단너비가 30cm 이상인 경우에는 예외로 한다).

🌑 계단의 설치기준(③)과 예외(우)

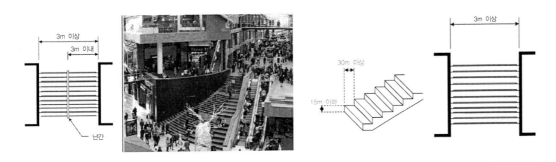

출처: http://cafe.daum.net/haedong3757595/AsFm.

④ 계단의 유효 높이(계단의 바닥 마감면부터 상부 구조체의 하부 마감면까지의 연직방향의 높이를 말함)는 2.1m 이상으로 할 것

🌑 계단의 설치기준(④)

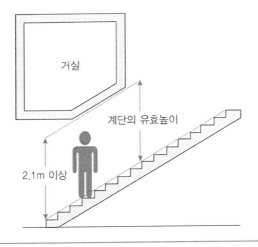

출처: http://cafe.daum.net/haedong3757595/AsFm.

계단의 단높이와 단너비

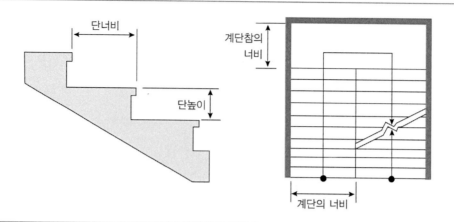

출처: http://cafe.daum.net/haedong3757595/AsFm.

연면적 200m²를 초과하는 건축물에 설치하는 계단 및 계단참의 너비(옥내계단에 한함), 계단의 단높이 및 단너비의 치수는 건축물의 용도 및 거실 바닥면적의 합계에 따라 달리 규정되어 있다.

계단을 설치하는 경우 계단 및 계단참의 너비(옥내계단에 한함), 계단의 단높이 및 단너비의 칫수는 다음의 기준에 적합하도록 하고 있다. 이 경우 돌음계단의 단너비는 그 좁은 너비의 끝부분으로부터 30cm의 위치에서 측정한다(건축물의 피난·방화구조 등의 기준에 관한 규칙 제15조 제2항 각호).

한편, 계단을 돌음계단으로 설치했다면, 돌음계단의 단너비는 그 좁은 너비의 끝부분으로부터 30cm의 위치에서 측정한다(제15조 제2항).

계단의 단높이, 단너비, 계단 및 계단참의 너비 기준

용도	계단 및 계단참의 너비 (옥내계단에 한함)	단높이	단너비
초등학교	150cm 이상	16cm 이상	26cm 이상
중·고등학교		18cm 이하	
문화 및 집회시설(공연장·집회장 및 관람장에 한함)·판매시설 등	120cm 이상	–	–
위층의 거실 바닥면적 합계가 200m² 이상이거나 거실의 바닥면적 합계가 100m² 이상인 지하층		–	–
기타	60cm 이상	–	–
산업안전보건법에 의한 작업장	산업안전 기준에 관한 규칙에서 정한 구조		

돌음계단의 설치기준

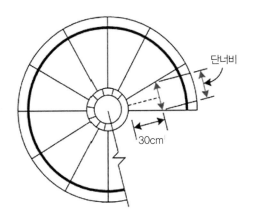

단너비

30cm

그리고 이러한 계단을 이용하는데 있어서 손잡이를 적절하게 설치하는 것은 매우 중요하다.

공동주택(기숙사를 제외)·제1종 근린생활시설·제2종 근린생활시설·문화 및 집회시설·종교시설·판매시설·운수시설·의료시설·노유자시설·업무시설·숙박시설·위락시설 또는 관광휴게시설의 용도에 쓰이는 건축물의 주계단·피난계단 또는 특별피난계단에 설치하는 난간 및 바닥은 아동의 이용에 안전하고 노약자 및 신체장애인의 이용에 편리한 구조로 하여야 하며, 양쪽에 벽 등이 있어 난간이 없는 경우에는 손잡이를 설치하여야 한다(건축물의 피난·방화구조 등의 기준에 관한 규칙 제15조 제3항).

계단 손잡이의 설치

계단을 설치하는 경사로의 기울기는 자동차를 위한 경우에는 설계속도에 따라 달라지나, 보행을 위한 경우는 12.5%(1/8)을 넘지 않도록 하는 것이 보통이다. 아울러 표면을 거친 면으로 하거나 미끄러지지 아니하는 재료로 마감해야 한다(제15조 제5항).

그런데, 계단의 경사와 높이, 폭이 인체에 매우 불편한 계단이 의외로 많이 설치되어 있다. 심지어는 이러한 계단의 벽에 손잡이가 설치되지 않은 경우도 종종 있다. 인체공학적으로 설계하기보다는 건물 자체의 협소한 구조에 억지로 맞추려고 하는 과정에서 또는 비용절감차원에서 이러한 문제가 발생한다고 볼 수 있다.

(2) 계단의 범죄 및 위험예방

계단의 높이와 발판의 길이 역시 이를 이용하는 이용자의 인구사회학적 특성을 고려하는 것이 바람직하다고 본다. 예컨대, 노약자가 많이 거주하는 주거지역이라면, 일반적인 수준의 계단 역시 불편하게 인식될 수 있으며, 경우에 따라서는 안전성에 심각한 문제를 가져다 줄 수도 있다.

특히, 계단이 급경사 형태로 건물의 모퉁이에 설치되어 있고, 일반인들의 통행이 많지 않고, 조명 등이 제대로 설치되어 있지 않다면, 위험성뿐만 아니라 범죄발생 가능성이 높고 및 범죄에 대한 두려움을 불러일으킬 수 있을 것이다.

따라서 범죄예방 환경설계 차원에서 시설 개선 또는 설치를 할 때, 단지 주변담벼락에 대한 페인트 등 미적인 요소만 개선하지 말고, 정작 주민들이 일상적으로 사용하는 노후화된 계단 및 인체공학적으로 설계되지 못한 계단의 개보수에 좀 더 많은 관심을 기울일 필요가 있다.

● **육교계단의 미끄럼 방지 시공**

출처: http://blog.naver.com/charleshahm/220874537181.

2. 폭과 인간의 행동

1) 보행로의 폭

도시의 혼잡 현상 등은 사람들에게 적지 않은 스트레스를 유발하고 있다. 즉, 보행과정에서 상호 어깨가 부딪치는 등의 과정에서 상호간의 스트레스를 불러일으키고 이로 인해 폭력 등의 갈등으로 전개되기도 한다. 따라서 도로의 소통을 원활하게 하는 것과 마찬가지로 보행자들이 다니는 보행로의 소통 역시 원활하게 하는 것도 의미 있는 일이다.

성인 한 사람의 어깨 폭은 일반적으로 42~48cm 정도 되므로 보도의 최소 폭은 60cm이어야 한다. 두 사람이 왕복할 수 있도록 하고자 한다면 1.2m가 최소 폭이 될 것이다. 실내 복도 또는 계단의 경우에도 왕복이 가능하여야 하므로 1.2m 폭이 최소한도로 확보되어야 한다.

또한 보행로에 사람들의 통행을 지나치게 방해하는 전봇대, 가로수 등이 위치해 있거나, 보행로 경계선의 턱 낮춤을 하지 않아 잠재적 안전사고의 위험성(특히, 교통약자의 경우)이 있기 때문에 이에 대한 적절한 조치를 취해야 할 것이다.

● **경계선 턱 낮춤을 하지 않은 보행로 및 위험성**

출처: http://cafe.daum.net/kdcss/Dsja.

2) 도로의 폭

도로는 속도를 수반하게 되며 화물트럭, 버스 등 대형차들도 이용하기 때문에 안전성을 고려하여 옆 차와의 간격을 충분히 확보하여야 한다.

도로의 폭이 좁을 경우, 접촉사고의 위험성이 높을뿐더러 보행로와 마찬가지로 운전자 상호간에 스트레스를 유발하여 이른바 '보복운전' 또는 '운전자 보복범죄'를 자행할 우려가 있다. 최근 이러한 보복운전 또는 운전자 보복범죄가 증가하고 있는데, 이의 여러 원인 가운데 하나로서 도로의 사정 역시 포함된다고 본다.

3. 볼륨과 인간의 행동

1) 내부공간의 볼륨

인간에게 적절한 내부공간의 볼륨(volume)을 일정하게 이야기하는 것은 쉽지 않겠지만, 특수한 경우(화장실, 초소 등)을 제외하고는 그 기준이 1인 방이 될 것이다. 드러누울 수 있고, 옷장, 책상 등 가구를 고려한다면 보통 3평(2.7m×3.6M: 9척×12척)의 방 규모가 한 사람이 사용할 수 있는 최소의 크기라 할 수 있다. 그리고 이 경우 방이 높이는 보통 2.4m(8척)를 많이 사용하고 있다.

이러한 내부공간의 단위볼륨을 수직적으로 확대하면 고층건물의 계단실 또는 엘리베이터실과 같은 공간이 형성되어 매우 협소한 느낌을 주며 사람에 따라서는 이른바 '폐소공포증'(Claustrophobia)을 불러일으키기도 한다. 한편, 단위볼륨을 수평방향으로만 확대하면 복도 또는 열차와 같은 선적 공간이 형성된다. 이러한 공간 역시 협소한 느낌을 주며 동시에 지루한 느낌을 주기 쉽다.

단위볼륨을 수직적으로, 그리고 동시에 수평적(평면적)으로 확대했을 경우에는 무도회장 또는 대회의장과 같은 대규모 공간이 형성된다. 이와 같은 대규모 공간은 많은 사람이 동시에 이용할 때 적절하며, 한 두 사람만이 이러한 규모의 공간에 위치하게 된다면 공간의 규모에 압도당하게 될 것이다.

어떠한 공간에 느끼는 인간의 감정은 상대적이다. 예컨대, 주택의 경우도 마찬가지로 사람에 따라 편안함 등을 느끼는 공간의 규모에는 차이가 있기 마련이다. 다만, 가족구성원의 수에 비하여 너무 크다면 따뜻함, 친근함, 편안함 등이 떨어질 것이다.

● **내부공간의 단위볼륨과 이용형태**

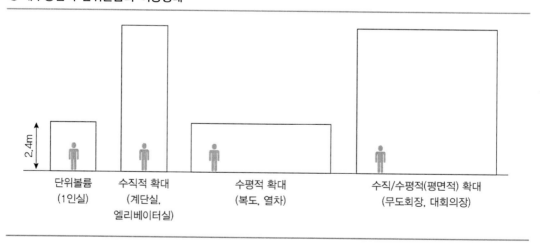

출처: 임승빈(2007), 환경심리와 인간행태: 친인간적 환경설계연구, 서울: 보문당, p. 227.

● 폐소공포증을 자아내는 기다란 보행자 터널

출처: http://blog.naver.com/g9in2t/220255872125.

물론, 경우에 따라서는 건물내부에 비인간적인 규모의 볼륨을 의도적으로 도입하여 해당 장소의 특성을 강조하는 경우도 있다. 예컨대, 교회 또는 성당, 예식장 등에서는 단위볼륨의 수직적 또는 수평적 확대를 통하여 신비로운 분위기를 연출해 내기도 한다. 이는 기능적 의미보다는 상징적 의미를 강조하기 때문이다.

2) 외부공간의 볼륨

건물주변에 형성되는 위부공간에서의 단위볼륨은 주택의 중정(中庭: 정원) 또는 테라스를 예로 들 수 있다. 사실, 외부공간의 최소볼륨을 일관적으로 말하기는 쉽지 않다.

다만, 주택의 중정을 단위볼륨으로 본다면, 높이는 단층집 높이 정도일 것이며, 중정의 폭은 일조를 고려한다면 높이의 1.5배 이상은 되어야 중정으로서의 기능(식재, 일광욕 등)을 할 수 있을 것이다. 이렇게 본다면, 집의 높이를 3.6m로 볼 때, 중정의 폭은 5.4m가 된다. 정방형의 중정을 생각한다면 9평의 크기가 최소의 외부공간 볼륨으로 볼 수 있다.

그런데, 이러한 단위볼륨의 수직적 확대는 굴뚝 또는 우물과 같은 공간을 형성하게 되며, 매우 협소한 느낌을 주고, 이 역시 폐소공포증을 불러 일으키기도 한다. 그리고 단위볼륨의 일방향으로의 수평적 확장은 골목과 같은 선적인 공간을 형성하여 협소하고 지루한 느낌을 준다. 이와 같은 수직적 또는 수평적으로 확대된 공간은 오늘날 대도시의 뒷골목을 형성하는 특징 가운데 하나이다.

많은 고층건물이 세워지고, 이들 건물사이에 형성되는 비좁은 공간은 대로변에서는 잘 느끼지 못하나 건물사이를 왕래하는 통행자들에게는 많은 심리적 부담(범죄피해의 두려움 등)을 주게 된다. 이러한 비인간적 공간의 형성은 현대 도시설계에서의 문제점 가운데 하나라고 할 수 있다.

● 도심의 좁은 골목

● 영화 메이즈러너(2014)의 인간을 가둔 거대 벽

단위볼륨의 수직적 그리고 평면적 확대는 광장(廣場)과 같은 공간을 형성하게 된다. 이러한 공간은 현대 도시구조에서 일종의 '악센트'(accent)를 주며, 동시에 도시공간의 리듬을 형성해 준다. 교통광장, 기념광장, 휴식광장 등은 가로망 중심의 선(線)적 도시구조 내에서 면(面)적인 요소의 역할을 한다.

그렇다면, 외부공간에서 인간이 자연스럽게 이동 또는 여가를 즐길 수 있는 볼륨은 어느 정도가 적당한가. 이 역시 일관적으로 이야기 하기는 어렵지만, 인간이 이용하는 측면에서 본다면 높이는 사람들 왕래에 지장이 없도록 한다면 2.4m 정도는 되어야 할 것이며, 폭은 두 사람이 여유롭게 앉거나 왕복한다면 1.8m 이상은 되어야 한다고 본다.

출처: http://blog.naver.com/leebangheui/80069527242.

이러한 단위볼륨의 수직적 확대는 가로수가 식재되어 있는 지방도로 또는 국도와 같은 공간을 들 수 있다. 그리고 단위볼륨의 평면적 확대는 울폐도(鬱閉度, degree of closure: 나무의 수관(樹冠)과 수관이 서로 접하여 이루고 있는 수림(樹林) 윗층의 전체적인 생김새의 폐쇄 정도)가 높은 숲속 또는 교목으로만 이루어진 공원 같은 경우를 들 수 있다. 그리고 단위볼륨의 수직적, 평면적 확대로는 운동장, 잔디광장 등을 들 수 있다. 주위에 높은 나무가 둘러싸며 가운데 넓은 평지가 형성되어 공간의 볼륨은 최대가 되며 개방감은 절정에 이르게 된다.

이상에서 살펴본 것처럼 인간이 이용하는 모든 공간은 그 기본단위가 인체 또는 인간행위와 밀접한 관계가 있음을 알 수 있다. 모든 공간은 인체가 중심이 된 단위치수, 면적 또는 볼륨에 비추어 보아서 그 공간의 특성을 파악할 수 있으며, 이용행태를 이해할 수 있다.

물론, 여기에서 언급된 기본단위들 역시 다시 임의성이 있음을 배제하기는 어렵기 때문에 이에 대한 많은 관심과 연구를 통해 인간 이용행태에 적절한 공간규모를 설정할 수 있어야 할 것이다.

CPTED의 제도화

CHAPTER 09

CPTED의 제도화

CPTED의 제도화 의의

1. 지속가능한 도시공동체의 모색

우리가 살고 있는 현대도시는 예전과 많이 달라졌다. 이와 관련하여 2006년 정부·민간합동으로 발표한 '함께 가는 희망한국 VISION 2030'에서 우리 사회가 직면한 내부적 문제를 '저출산, 고령화, 저성장, 양극화'라는 키워드(key words)로 표현하였다.[1]

고도성장시대에 만들어진 도시들은 에너지를 낭비하는 비효율적인 도시가 되었고, 저출산·고령화로 변화된 인구구조에 대응하지 못하고 있으며, 특히 '빈익빈 부익부'(貧益貧 富益富)의 양극화는 더욱 심화되고 있다. 이러한 과정에서 범죄와 무질서문제 등 수많은 도시문제가 양적·질적으로 노정되어 왔고, CPTED는 이에 대한 대안 가운데 하나로 많은 관심을 받고 있다고 볼 수 있다.

과거부터 도시계획은 다수 도시민들의 만족과 공공성 실현이라는 원칙으로 도시공간구조를 만들고자 노력해 왔지만, 빠른 사회변화 속에서 유연하게 대응하지 못하였다고 본다. 즉, 많은 도시들이 노후화(老朽化, deterioration)되고, 이로 인해 재기능을 잃어가고 있는 상황에서 도시재개발을 통한 도시재생을 시도하고 있지만, '인간'(human)과 '장소'(place)에 대한 고려 없이 '시장경제' 논리로 접근함으로서 또 다른 한계 내지 문제를 유발하고 있다.[2]

따라서 세계의 많은 도시들이 이러한 문제 인식하에 '지속가능한 도시공동체'(Sustainable Community)를 모색하기 위해 노력하고 있음은 주지의 사실이다. 여기서 '지속가능한 공동체'라는 것은 사람들이 현재뿐만 아니라 미래에도 거주하고, 일하고 싶어하는 지리적 공간이 되어야 한다

---

1 황익주 외(2016), 한국의 도시 지역공동체는 어떻게 형성되는가: 현실·운동·과제, 서울대학교출판문화원, p. 189 재인용.
2 위의 책, p. 189.

는 의미이다. 현재 그리고 미래의 시민들의 다양한 수요를 충족해주면서 환경에 민감하고 높은 삶의 질을 제공하는 공동체이다. 이를 위해서는 기본적으로 '안전'(安全)하고 사회통합적으로 도시가 계획·건축되어 관리됨으로써 모든 구성원들에게 공평한 기회가 주어지고, 이들의 삶의 질을 높여줄 수 있는 양질의 서비스가 제공되어야 할 것이다.

> ### ● 도시공동체: 마을만들기
>
> '마을만들기'는 일본의 마찌즈쿠리(まちづくり)라는 용어를 직역한 것이다. 이는 지역 환경(環境)에 관심을 두고 지역에서 발생하는 관련문제를 지역주민 스스로 해결하기 위한 제반활동을 의미하는 것으로 사용되기 시작하였는데, 현재에는 다양한 의미로 해석을 더해가고 있다.
>
> 마을만들기에서 ① '마을'은 주민의 삶이 영위되는 일정한 공간·공동체를 의미하며,[3] 이러한 마을의 개념을 바탕으로 하므로 그 활동의 주체성(主體性)이 요구된다. 그리고 ② '만들기'는 ⊙ 공간·시설·가로·건축물 등 물리적 환경을 포함한 하드웨어(hardware)적인 부분의 '장소 만들기', ⓒ 축제와 삶의 질 향상을 위한 다양한 프로그램으로 이야기를 만들어주는 소프트웨어(software)적인 부분의 '프로그램 만들기', 그리고 ⓒ 주민과 조직·약속(협정)·운영시스템 등 사람을 포함하는 휴먼웨어(humanware)적인 부분의 '사람만들기'로 해석되기도 한다. 또한 ③ 마을만들기는 공동체의 삶을 회복하는 활동이며, 그 과정에서 주민이 학습과 체험 등의 경험을 통해 민주시민(民主市民)으로 거듭나는 것이므로, 만들어지는 '결과'(結果)보다 '과정'(過程)을 중요시하는 '과정만들기'라고 해석되기도 한다.
>
> 이러한 마을만들기는 최근 지방자치행정의 마을만들기 사업과 함께 환경·안전(安全)·교육·문화 등 다양한 분야로 유행처럼 빠르게 번져가고 있다. 이는 기존의 도시재개발 내지 도시재생 방법에 대한 반성과 함께 복잡한 도시문제에 대해 공동체가 스스로 해답을 찾아가고, 해결방안을 모색하기 위한 것이라 할 수 있다(그러나 아직까지 개별적 단발적인 실험단계에 머물고 있는 수준이며, 따라서 지엽적인 공동체를 넘어 지역과 도시의 재생을 이루기에는 아직 갈 길이 멀다).
>
> 지역과 도시가 숲이라면, 마을과 그 구성원인 주민은 나무와 같은 개별 생물들이라 할 수 있다. 숲은 똑같은 나무로 이루어지는 것이 아니라 수많은 생물들이 일정한 공간을 고루 점유하고 더불어 살아가는 곳이다. 거대한 숲의 생태계(生態系, Ecosystem)가 재생되기 위해서는 어느 생물종만 잘 사는 것이 아니라 생물종의 다양성과 물질의 순환, 개체 간 상호의존(相互依存)의 건강한 관계가 회복되어야 한다. 지역과 도시의 재생 역시 구조화된 논리나 우리공동체, 우리마을만 중요하다는 식으로는 이루어질 수 없다. 각 마을이 서로 간의 다양성을 확보하고, 궁정적인 관계를 맺고 싱싱할 때 숲의 모자이크가 실현가능하고, 지속가능하게 되는 것이다.
>
> 이러한 관점에서 봤을 때, 마을만들기는 어떤 특정한 '소규모 동네'의 수준을 넘어서 지역과 도시라

---

3 최근 지방자치단체의 마을만들기 조례에 있는 마을의 정의를 살펴보면, 주민들이 일상생활을 영위하는 범위와 같은 공간적(空間的) 개념 외에도 경제·환경·문화 등 사회적(社會的) 개념을 포함하여 정서적 유대의식을 바탕으로 공동체를 이루어 모여 사는 지역사회의 가장 기초적인 집단으로 정의하고 있다. 위의 책, p. 195.

는 보다 넓은 지리적 개념으로 이해할 필요가 있다. 이는 과거의 농촌공동체나 가족공동체의 원형으로의 회복이 아니라 현재와 미래의 도시에 맞는 이를테면 '공동체성'(共同體性)의 재생이 필요한 것이다. 그러나 그 과정 면에서 본다면, '나'라는 사람에서 시작되어 '이웃'으로, 이웃에서 '마을'이라는 장소로 퍼져 나가는 재생은 그 각각이 지역과 도시의 재생을 이루는 개성 있는 색을 가진 모자이크의 조각이 될 수 있다는 점에서 중요하다.

출처: 황익주 외(2016), 한국의 도시 지역공동체는 어떻게 형성되는가: 현실·운동·과제, 서울대학교출판문화원, pp. 194~195, p. 190.

2. 법치주의의 구현

오늘날 범죄, 무질서 등 복잡·다양한 문제를 안고 있는 도시환경 속에서 시민들이 자유롭고 안전한 삶을 영위하기 위해서는 지속가능한 도시발전, 지속가능한 도시공동체 내지 지역공동체를 계획·추진하는 일은 중요하다고 본다. 이러한 과정에서 CPTED의 적용 역시 이들 각 도시·지역의 특성을 고려하여, 이들 환경에 부합되는 행태로 적용되어야 한다고 본다. 그리고 중요한 것은 이러한 CPTED 전략이 구체적·직접적으로 실현되기 위해서는 단순히 일시적인 '정치 구호'로 그쳐서는 안 되며, 이에 대한 국가단위 또는 지역단위의 '제도적 지원'이 이루어져야 한다는 점이다.

사실, 그동안 국가 또는 지역사회에서 CPTED에 대한 일시적인 관심이나 단기적인 예산투입을 해오고 있지만, 이러한 접근방식만으로는 이의 성과를 기대하는 것은 한계가 있다고 본다. 따라서 무엇보다도 중요한 것은 이에 대한 적절한 제도적 지원이 이루어져야 하며, 여기에서 말하는 '제도적 지원'이라는 것은 이와 관련된 '법적 근거'(法的 根據)를 마련하고, 이를 중·장기적 관점에서 지속적으로 적용·개선해 나가는 것을 의미하는 것이다.

이러한 국가 및 지방정부 차원의 법적 근거의 요구는 다음과 같은 관점에서 찾을 수 있다.[4]

첫째, 대한민국 헌법 전문(憲法 前文)에는 "우리들과 우리들의 자손의 '안전'(安全)과 자유와 행복을 영원히 확보할 것을 다짐하면서…"라는 내용을 담고 있다. 여기에서 '안전…확보'라는 말은 국가가 개인의 안전과 공공의 안녕을 위하여 노력하여야 한다는 것을 선언한 것이라 할 수 있다. 물론, 이러한 헌법상의 안전에 관한 의미는 다소 추상적인 개념이기는 하지만, '범죄와 무질서 등으로부터의 안전' 역시 당연히 포함되어 있다고 본다. 그리고 이러한 국가의 안전에 대한 구체적인 의무이행을 위해서는 무엇보다도 입법자의 입법(立法)이 전제되어야 한다. 현대 법치국가에서 법에 근거를 두지 않는 국가활동은 불가능한 것이기 때문이다. 따라서 범죄 등으로부터 개인과 공공의 안전한 삶의 질을 향상시키기 위한 CPTED의 법적 근거의 마련은 국가(그리고 지방자치단체)의 기본

---

4 이하 한국셉테드학회 편찬위원회(2015), 셉테드 원리와 운영관리, 한국셉테드학회, pp. 48~49 재인용.

권 보호의무와 부합되는 것이라 할 수 있다.

둘째, 대한민국 헌법과 국가표준기본법을 통해 국가표준제도(國家標準制度)의 운영에 관한 근거를 규정하고 있다. 헌법에서는 '국가는 국가표준제도를 확립한다'고 규정하고 있다(제127조 제2항).[5] CPTED는 아직 국제적으로 그리고 국내적으로 일정한 표준이 정해져 있지 않다. 사실 CPTED와 관련하여 국제적 기준에 따른 국가표준을 마련하는 것이 현실적으로 가능한지에 대해서도 의문이다. 범죄예방을 위한 환경설계적 요소들은 때와 장소에 따라 상이하기 때문이다. 다만, 범죄가 일정한 '물리적 환경의 결함'에서 비롯된다는 것이 뚜렷하게 나타나는 것에 대해서는 의무적으로 표준화(標準化)를 할 필요성이 있다고 본다.

셋째, CPTED의 제도화과정은 원칙적으로 개개인의 안전확보를 위해서 다른 사람의 이익을 침해하지 않는 범위 내에서 이루어져야 한다. 그러나 이러한 원칙에도 불구하고 범죄 등으로부터 개개인의 안전을 증진시키는 과정에서 다른 사람의 이익을 침해할 가능성 또한 없지 않다. CPTED가 일정부분 성과를 거두기 위해서는 일정부분 직업선택의 자유나 사생활 침해 및 주거선택의 자유에 대한 제한이 뒤따를 수 있기 때문이다.

예컨대, 학교의 안전과 범죄예방을 위해서 학교주변에 이를테면 '청소년 유해환경'을 감소시킬 필요성이 있다. 이를 위해서는 학교주변에서 일정한 직업이나 영업형태의 제한 문제, 건축설계시 범죄예방과 관련된 지침의 준수의무 부여로 인한 업무수행의 자유를 제한하는 문제, 그리고 안전성을 위한 가옥형태의 제한으로 인한 사생활 및 주거권의 침해 문제 등이 제기될 수 있을 것이다. 그러나 직업의 선택과 영위는 자유시장경제 원리와 생존권 등의 문제와 직결되는 것이기 때문에 이를 규제하는 것은 결코 쉬운 일이 아니다.

SECTION 02 **외국의 CPTED 제도화 현황**

외국의 CPTED의 제도화 방향을 전체적으로 살펴보면, 중앙정부와 지방자치단체 차원에서 관련 인증제(認證制)의 도입 및 법직 근거의 마련을 통하여 범죄예방을 위한 도시환경을 구축하고,

---

5 국가표준이란 국가사회의 모든 분야에서 정확성, 합리성 및 국제성을 높이기 위하여 국가적으로 공인된 과학적·기술적 공공기준으로서 측정표준·참조표준·성문표준 등 이 법에서 규정하는 모든 표준을 말한다(국가표준기본법 제3조 제1호). 이러한 국가표준과 관련하여 <기본단위>로서 길이의 측정단위인 미터, 질량의 측정단위인 킬로그램, 시간의 측정단위인 초, 전류의 측정단위인 암페어, 온도의 측정단위인 켈빈, 물질량의 측정단위인 몰, 광도의 측정단위인 칸델라 등의 표준화를 들 수 있다(제10조).

● 외국의 CPTED 관련규정

구분	법·조례	주요 내용
미국	아리조나주 Tempe: 설계평가조례의 환경설계규정(1997)	• 건축물의 조명, 조경, 벽과 출입구, 표지판설치 및 주소의 표시, 주차장의 구조 등에 관한 기준과 규격 • 경찰권한: 건축 및 도시설계 관련 범죄예방계획에 대한 평가와 승인 권한, 조례의 규정에 부합되지 않는 건축에 대한 작업중단 등 규제 권한
	플로리다주 Gainesville편의점 행정조례(1986)	• 저녁 8시~새벽 4시 점원 2명 배치 • 적절한 물품진열 및 계산대 위치 • 주차장 및 내부조명 • 유리창에 게시물 부착금지 • 현금의 보관한도 제한
	워싱턴주 Seatac 조례의 환경설계규정(2002)	야외조명, 지상주차장 조명, 주차장 구조, 주유소와 편의점 설계 및 관리, 보행로, 자전거도로, 공원의 조명, 건물의 전면, 조경, 내부공간, 자연적 감시에 대한 환경설계 원칙
영국	범죄와 무질서에 관한 법(1998)	• 지방정부와 경찰은 모든 의사결정과 업무수행에 지역사회의 안전을 고려할 의무가 있음 • 영국 내무부지침: 모든 정책·전략·계획·예산수립에 범죄와 무질서 감소에 기여하는지 여부를 반드시 검토해야 하며, 만약 지방정부가 적절한 예방조치를 하지 않음으로 인해 범죄가 발생하였다면 소송의 대상이 된다고 명시
호주	환경설계평가법 (2001)	• 시드니 올림픽위원회(1998)가 안전설계 개념 도입 • 모든 건축설계 허가관청은 모든 새로운 개발신청을 평가함에 있어서 반드시 범죄위험성을 고려하도록 함 • 뉴사우스 웨일즈: 전철역과 정거장에 범죄예방 환경설계 심사 수행
일본	아이치현 안전한 마을만들기조례 (2004)	• 아이치현 나고야시: 비상전화 및 비상벨, 가로등 설치로 감시성 향상 및 동선통제 • 아이치현 방범모델단지 지정제도: 지정기준은 주택, 도로, 공원, 공용시설, 설비 등의 정비·유지 및 관리에 관한 기준을 제시하여 모두 적합하도록 함

출처: 한국셉테드학회 편찬위원회(2015), 셉테드 원리와 운영관리, 한국셉테드학회, p. 51 재인용.

지역주민들의 범죄두려움을 감소시키며, 안전감을 확보하는 등의 목표를 설정하고 있다. 이를 위해 지방자치단체들은 범죄예방의 중요한 역할을 담당하고 있는 경찰과 공동으로 도시 내의 범죄위험요소 등을 조사·분석하여, 그에 따른 위험요소, 취약성 및 범죄발생 가능성을 측정하고, 이를 토대로 위험방지 및 감소를 위한 해결책을 찾고자 많이 노력하고 있다.

이러한 CPTED의 제도화와 관련하여 일부 국가들(미국, 영국, 호주, 일본 등)의 관련 법·조례[6] 및 내용은 아래와 같이 정리할 수 있다.[7] 다만, 이러한 외국의 CPTED관련 법적·제도적 접근은 주로 물리적 환경개선 즉, 1세대 CPTED에 초점을 두고 있다고 볼 수 있다.

1. 미국의 CPTED

미국의 CPTED는 정부지원에 의한 대형프로젝트 가운데 하나로서 기존의 도시개선 및 재생사업에 주로 이용되었으며, 지방정부 역시 이와 관련된 조례를 제정하여 도시건축행위를 규제하고 있다.[8] 최근에는 미국에서 발생했던 테러사건들로 인해 시설물 안전관리를 위해 주차장, 아파트단지, 호텔, 편의점, 쇼핑몰 등에서 건축주나 건물관리자가 시설물의 개발 계획이나 설계 단계에서 테러 및 범죄 방어를 위한 CPTED에 대한 관심이 크게 증대하고 있다.

1) 템페시의 조례

미국 아리조나주 템페(Tempe)시에서는 1989년 한 경찰관이 CPTED 입법화의 필요성을 공개적으로 제기한 후 약 6년간에 걸쳐 시(市) 당국과 경찰 및 건축가들 사이에 관련 논쟁과 협상이 전개되었다. 그 결과 1997년 시 건축, 개발 및 환경관련 법규에 CPTED 관련조항을 신설하였다. 즉, 시 조례집 설계평가조례(Design Review Ordinance) 규정(제11조)에 4개 항의 일반적인 환경설계규정(Environmental Design articles)을 추가한 것이다. 이 규정들은 특히, 술집, 성인용품점, 당구장, 호텔·모텔, 편의점 등 범죄가 많이 발생하는 장소들에 대한 토지 및 공간 사용을 규제하는 시 조례들과 연계되도록 만들어졌다.

이러한 새로운 규정에 따라 관할경찰에게 이들 장소의 범죄예방계획에 대해 평가하고 승인할수 있는 권한을 부여하였다. 새로운 CPTED 규정은 이들 장소 외에도 모든 새로운 건축과 현 건축물 가액의 50%를 초과하는 모든 증축, 개축, 개조 및 용도변경은 물론, 기존의 다세대주택을 세대별로 분할 등기할 때에도 적용될 수 있도록 하였다.[9]

---

6 조례(條例, Ordinance)는 지방자치단체가 어떤 사무에 관하여 법령의 범위 내에서 지방 의회의 의결을 거쳐 제정한 법을 말한다. 법률은 우리나라 지역에 상관없이 우리나라 국민 모두에게 적용되는 것이지만, 조례는 특정한 지역의 실정에 맞게 정한 것이기 때문에 그 지역 주민에게만 적용된다.

7 이하 각국의 CPTED의 법적·제도적인 내용은 박현호(2014), 범죄예방 환경설계: CPTED와 범죄과학, 서울: 박영사, pp. 42~50.; 박준휘 외(2014), 셉테드(CPTED)이론과 실무(Ⅰ), 한국형사정책연구원, pp. 93~100.; 한국셉테드학회 편찬위원회(2015), 앞의 책, pp. 50~60 재인용.

8 김남정 5인(2014), 기 개발 주거단지의 CPTED 적용방안: 임대아파트단지를 중심으로, 대전: 한국토지주택공사 토지주택연구원, p. 56.

9 표창원(2002), "CPTED(환경설계를 통한 범죄예방) 이론과 Premises Liability(장소 소유·관리자의 법적 책임)

그리고 주목할만한 점은 이러한 템페시의 CPTED 조례는 기본적으로 경찰활동에 그 기반을 두고 있지만, 그 집행과정 및 방법은 '다양한 영역'(multi - disciplinary)과 '다양한 기관(multi - agency)'의 참여방식을 취하고 있다는 점이다. 즉, 템페시 개발업무국(Development Services Department) 산하에 CPTED를 담당하는 전담부서를 두고, 여기에 경찰이 시 건축담당 공무원, 소방공무원, 공원(park)담당 공무원, 교통담당 공무원 등 여러 부서의 공무원들과 함께 근무하면서 건축 및 개발계획에 대해 점검 및 평가를 하는 업무를 수행하고 있다.

CPTED 담당부서에 소속된 경찰에게는 CPTED 관련조례의 규정에 부합되지 않는 건축에 대해서 그 작업을 중지시키거나 단속할 수 있는 권한이 부여되어 있다는 점도 주목할 만하다.[10]

2) 게인스빌시의 조례 등

플로리다주 게인스빌(Gainesvile)시에서 1986년에 일명 '점원 2명법'(Two - Clerk Law)이라 불리는 CPTED 관련 「편의점행정조례」(Convenience Store Ordinance)를 제정하였다.

이 행정조례에서는 강도사건이 빈발하는 저녁 8시부터 다음날 새벽 4시 사이에는 편의점 내에 반드시 2명의 점원이 근무하도록 하였고, 편의점 외부에서 내부로의 시야를 가릴 수 있는 게시물이나 광고물 등을 편의점 유리창에 부착하는 것을 금지하도록 하였으며, 편의점 계산대는 반드시 편의점 외부에서 잘 보이는 곳에 설치하도록 하였다. 또한 주차장 조명의 조도기준을 강화하고, 감시카메라의 화소나 설치장소 등과 관련한 설치기준을 제시하는 등 CPTED원칙을 법제화하였다. 이 외에도 편의점 내에 보유 가능한 현금 한도를 제한하여 그 기준이 초과되었을 시 보안요원이 운반해 갈 수 있도록 규정하는 한편, 종업원들이 범죄예방교육을 이수할 수 있도록 의무화하였다. 또한 이러한 내용의 CPTED 조치들이 시행되고 있음을 알 수 있도록 편의점 외부에 이를 표시에 두도록 규정하였다.[11]

에 대한 고찰", 한국경찰연구 2, pp. 81~100 재인용.; 이러한 규정 내용을 좀 더 구체적으로 본다면, 내부공간, 조명, 조경, 벽과 접근통제를 위한 출입구, 표지판 설치 및 주소의 표시, 건축물 내 각 지점에 안내판(directory)의 설치, 감시창(vision panel)의 설치, 주차장의 구조 등에 대한 기준과 규격을 정하고 있다. 조명을 예를 들자면, IES 조명핸드북에 따라 상업시설에서의 CPTED 조명기준을 정하고 있다. 조명기준에 대한 내용은 박현호 (2014), 앞의 책, p. 46 참조.

10 R. Schneider & T. Kitchen(2002), Planning for Crime Prevention, A Transatlantic Perspective, London: Routledge, p. 149.

11 Ibid., p. 142.; 워싱턴 주의 시택(Sea Tac)시의 조례(Ordinance No. 03 - 1033)에서는 야외조명, 지상 주차장 조명, 주차장 구조, 주유소와 편의점 설계 및 관리, 보행로, 자전거 도로, 공원의 조명, 건물의 전면, 조경, 내부공간, 자연적 감시와 관련한 CPTED원칙과 의무가 자세히 규정되어 있다. www.cityofseatac.com 홈페이지 참조.

2. 영국의 CPTED

1) 범죄와 무질서에 관한 법 등

영국에서 CPTED가 도시계획과 설계에 적극적으로 적용된 된 계기는 1998의 「범죄와 무질서에 관한 법」(CADA: Crime and Disorder Act)이 제정되면서부터라고 할 수 있다.

이 법에서는 범죄와 무질서 감소를 위한 협의회를 구성하도록 규정하고 있다. 즉, 지방정부(도청, 시청 등)는 이 법에 따라 경찰, 비영리단체, 지역주민 및 사업가 등이 중심으로 이루어진 '범죄와 무질서 감소를 위한 협의회'(CDRP: Crime and Disorder Reduction Partnership)를 설립하여 지역차원의 범죄와 무질서에 대한 종합적인 조사와 전략을 수립하도록 하였다.[12]

그리고 이 법의 규정(제17조)에 따라 각 지역 범죄예방 전략의 구체적인 수행을 위해 지방정부의 모든 기관과 부서들이 예산 및 정책결정과 세부전략 수립에 있어서 이를 반영하도록 하였다. 예산 및 정책결정, 그리고 세부전략 수립과정에서 '의무적'으로 각 지역 내의 범죄와 무질서의 감축과 예방을 통한 지역사회 안전을 고려하도록 한 것이다. 만약 지방정부가 범죄예방을 위한 적절한 조치를 취하지 않는 경우에는 이에 대한 법적인 책임에 근거해 소송의 대상이 될 수 있다는 점에서 중요한 의미가 있다.

이 법과 「지방정부법」(Local Government Act, 2000)의 규정(Part1, 제4조)에 따라 영국 내각부총리실은 2004년 '도시계획정책안'에서 CPTED 개념을 핵심사항으로 명시하였다. 그리고 그 세부시행규칙으로 「보다 안전한 장소: 도시계획체계와 범죄예방」(Safer Places: The Planning System and Crime Prevention)이라는 가이드라인을 정하여 전국 지방자치단체에 배포하여, 이를 근거로 지역단위로 도시계획과 설계에 CPTED를 강력히 반영하도록 하였다.[13]

그리고 영국에서 CPTED가 현실화 될 수 있었던 배경에는 범죄와 무질서에 관한 법 외에도 인권법(Human Right Act, 1998)을 들 수 있다. 인권법에서는 재물 등에 대한 개인 소유권의 온전한

---

12 CDRP는 경찰기관, 지방정부, 소방기관 등의 책임기관과 지방의회, 지역협의회, 교육당국, 사회교육당국 등의 협력기관과 사회단체, 기업단체, 이웃감시단체, 종교계, 마약퇴치본부, 자원봉사자, 피해자 지원서비스, 의료기관 등 참여기관 각각의 기능을 지닌 책임기관, 협력기관, 참여기관으로 구성되었다. 강용길(2009), "CPTED 지역협의체 운영모형에 관한 연구", 경찰학연구 9(2), p. 129.

13 이와 관련된 구체적인 범죄예방 전략은 각 지역의 실정에 맞게 조정해 실시하도록 하고 있는데, 이는 '범죄와 무질서에 관한 법'에 따라 제작된 「범죄대응 지침」(Crime Concern) 매뉴얼에 따르도록 하였다. 이 범죄대응 지침의 주요내용은 범죄발생률, 재범률, 실업률, 마약판매, 매매춘, 편부모 가정의 비율 등을 담고 있다. 그리고 여가시설이 부족한 약 2,000개 지역은 특별한 관심을 갖도록 하였다. 이처럼 범죄예방과 관련해 일원론적 접근이 아닌 종합적 접근을 모색하고 있으며, 범죄예방의 성과를 높이기 위해서 건축 및 환경의 개선을 포함한 다양한 활동들을 수행할 것을 권고하고 있다. 도시미래신문(2019.01.18.), "세계 각국의 '범죄예방 환경설계'(CPTED) 사례 분석②."

　　영국의 그레이터맨체스터(Greater Manchester, 잉글랜드 북서부 지역)시의 경우에는 모든 도시개발 및 건축허가 시에 CPTED 담당 경찰관이 해당 건축물이 범죄예방 조치를 적절하게 하였는지를 검토·평가하는 것을 의무화하고 있다.

　　즉, 그레이터맨체스터시 경찰청(GMP)에서 운영하는 안전진단설계(DFSC: Design For Security Consultancy)제도를 통해 도시 개발업체나 건축주는 지방자치단체 도시계획과에 빌딩이나 규모가 있는 건축물에 대한 개발계획 승인을 신청하기에 앞서 경찰의 안전진단설계를 받도록 한 것이다. 따라서 개발업체나 건축주는 경찰의 안전진단설계 전문가들의 자문을 받아 이른바 '범죄예방평가서'(Crime Impact Statement)를 의무적으로 작성·제출하고, 그 이후에 개발계획에 대한 승인전차를 진행할 수 있도록 하였다.

출처: 박현호(2014), 범죄예방 환경설계: CPTED와 범죄과학, 서울: 박영사, pp. 44~45 재인용.

행사, 가족과 평온한 가족생활을 누릴 수 있는 권리 등을 규정하고 있다. 그리고 이러한 권리가 도시계획이나 건축설계의 부실 내지 하자가 원인이 되어 침입강도 및 절도가 발생하게 될 경우, 건축회사나 자치단체를 상대로 소송을 제기할 수 있는 근거가 되기 때문에 건축회사나 지방정부는 이에 대한 현실적인 조치로서 CPTED를 적용하게 되었다는 것이다.

2) CPTED 차원의 안전설계 인증제도 도입

　　1989년 영국의 전국 경찰지휘관협의회(ACPO: Association of Chief Police Officers)가 중심이 되어 CPTED 차원의 안전설계(SBD: Secured by Design) 인증제도가 도입되었다. 이 SBD는 범죄와 무질서에 관한 법에 의한 법적 근거를 토대로 하여, 내무부(Home Office)의 범죄예방국, 지방교통국 등 정부부처와 범죄예방회사(CPI: Crime Prevention Initiatives Limited)[14] 등의 지원과 협의 하에 만들어졌다. 제도 도입 당시에 건축학자를 포함한 많은 관련 전문가들이 참여하였고, 범죄예방 능력을 갖춘 건축의 필요성을 적극적으로 홍보함에 따라 기업에서도 많은 관심을 가졌다.

　　이러한 배경 속에서 SBD 인증제도를 도입한 초창기부터 인증의 '표준화'(標準化) 및 현실화 방법에 대한 논의를 활발히 진행하였다. 이에 따라 인증을 신청한 모든 제조사의 범죄예방 관련 제품에 대한 심사를 실시하고, 이를 통과한 제품들은 다시 경찰의 '재심'을 거쳐 인증을 받는 방식으로 인증 절차를 엄격히 하였다. 즉, 건축물과 제품 등과 관련하여 일정한 검사를 실시하고, 이를

---

14 범죄예방회사(CPI: Crime Prevention Initiatives Limited)는 1999년에 비영리법인회사로 설립되었으며, 민간 경영방식에 의해 SBD 인증 및 로고 판매사업을 하고 있다.

Secured by Design

Secured by Design Licence Holder

This is to certify that:

Monk Metal Windows

The Trading name of : Federated Windows & Doors Ltd

Of:

Hansons Bridge Road
Erdington
Birmingham
B24 0QP

hold a 'Secured by Design' Licence.

Certificate valid for 12 Months from date below and only
for products listed on the Licence Holder's schedule

Please refer to www.securedbydesign.com/companies/index.aspx
for the current schedule information.

Signed: _Hugh Orde_,   Date: 01 January 2012

Sir Hugh Orde OBE
Chairman ACPO CPI Ltd

ACPO Secured by Design 1ᵗ Floor, 10 Victoria Street, London SW1H 0NN

출처: http://www.monkmetalwindows.co.uk/wp-content/uploads/2012/02/SBD-010112.jpg.

통과한 대상에 대해 '경찰이 인정한 요건'(police preferred specification)을 갖추었다는 것을 확인해 주는 과정을 거치도록 한 것이다. 2019년 현재, 700개 이상의 관련업체에서 수천개의 제품 (thousands of products)이 경찰의 인증을 획득하였다.[15]

    SBD 인증 대상은 새로 짓는 건물 또는 리모델링하는 건물, 상업지역, 주차장에 대한 안전설계, 방범관련 제품 등 매우 다양한 영역에 적용되고 있다.[16] SBD 인증제도는 이것은 형식적인 권

---

15 https://www.securedbydesign.com.
16 SBD의 인증범위는 건축물의 계획, 설계, 시공에 대한 시스템인증(소프트웨어)과 창유리, 도어 등 제품(하드웨

고와 홍보에 그치기 쉬운 CPTED 전략을 구체적으로 제도화하고 전국적으로 시행 가능하도록 했다는 점에 의의가 있다.[17]

3. 호주의 CPTED

호주의 뉴사우스웨일즈(State of New South Wales: 호주 남동부) 주정부는 2001년 4월에 「환경계획평가법」(Environmental Planning and Assessment Act)을 개정(제79조C, Section 79C)하여, "건축설계를 허가하는 모든 관청은 모든 새로운 개발 신청을 평가하는데 있어서 반드시 '범죄위험성'(crime risk impact)을 고려하도록 의무화"하였다. 이 개정된 핵심내용은 "도시개발 신청에 대하여 개발에 따른 해당 지역의 자연적·인공적 환경에 대한 영향과 사회적·경제적 영향을 고려해야 한다"는 것이라 할 수 있다.

그리고 이 법의 규정을 근거로 「CPTED 가이드라인」과 매뉴얼을 개발하였고, 주의 모든 지역에서는 지방정부와 경찰, 기타 유관기관들 간의 '범죄예방을 위한 협의체'들이 구성되어 건축설계 및 개발계획 단계에서부터 범죄예방차원의 고려를 할 수 있도록 제반조치를 취하도록 하였다.[18]

「CPTED 가이드라인」은 크게 두 파트(Part)로 구성되었다. 먼저, 파트 A에서는 전담경찰과 함께 공식적인 '범죄위험성평가'를 실시는 것의 필요성을 설명하였다. 그리고 파트 B에서는 범죄위험도를 최소화하기 위한 CPTED의 기본원칙과 전략을 제시해주고 있다.[19] 요약건대, 「CPTED 가이드라인」에 의한 도시계획 및 개발에 대한 범죄위험성평가를 바탕으로 도시계획자, 건축가 범죄예방 전문가 그리고 설계자문위원들이 언제, 어디서, 어떻게 CPTED를 적용해야 하는지 결정하는데 도움을 주고 있다.

한편, 「CPTED설계 세부 매뉴얼」도 마련하고 있는데, 여기에서는 위와 같은 CPTED 기반 범죄위험성평가를 실행하는 경찰 및 지방자치단체의 실무자들을 위한 각론적인 설계지침을 제시하

어)에 대한 인증 모두를 포함하고 있다. 하드웨어가 시스템인증의 요구사항에 필수적으로 포함되어 있기 때문에 양자는 바늘과 실처럼 불가분의 관계를 이루고 있다. 또한 시스템인증은 유럽표준 등을 근간으로 범죄예방회사(CPI)가 자체 개발한 인증 요구사항(지침)과 국가표준(BS)을 기준으로 심사하고 있으며, 제품인증은 국제·국가·단체표준(ISO, BS, LPS)을 인용하여 시행하고 있다. 이에 대한 자세한 내용은 http://sbd.netescape.co.uk/about/index.aspx 참조.

17 최재은·정윤남·김세용(2011), "범죄로부터 안전한 주거환경 조성을 위한 법·재도 개선방안 연구", 대한건축학회논문집 27(3), p. 272.
18 이러한 일련의 절차가 체계적으로 진행될 수 있도록 뉴사우스웨일즈 주정부는 호주·뉴질랜드 위험관리(Risk Management)표준 「ANZS 4360: 2003」에 의하여, 범죄 위험 영향평가를 위해 물리적·사회적 환경을 구성하는 요소의 질적·양적 분석과 이에 대한 위험관리 기법의 적용 및 검토 그리고 환류에 대한 구체적인 기준을 제공하고 있다.
19 http://www.police.nsw.gov.au/community issues/crime prevention/safer by design.

고 있다. 이러한 과정을 거쳐 작성되는 범죄위험성평가 결과보고서는 도시개발 허가에 대한 조건을 부과하거나 개발 신청서를 수정 또는 취소(단, 신청자는 이에 대해 법원에 이의신청할 수 있음)할 수 있는 근거로 사용되고 있다.

4. 일본의 CPTED

일본은 생활안전조례 또는 안전·안심 마을만들기 조례상의 CPTED 관련규정을 통하여 공공시설 및 주거의 안전기준을 강화하고 있다.[20]

이러한 CPTED 관련규정은 1979년 교토부 나가오카교시(京都府下長岡京市)의 부녀자 살인사건을 계기로 제정된 방범조례를 그 기원으로 한다고 볼 수 있다. 그리고 1999년 정령지정도시(政令指定都市)로서,[21] 최초로 교토시(京都市)의 생활안전조례와 도도부현 수준의 효고현(兵庫縣) 마을만들기 기본조례를 시작으로 많은 지방자치단체에서 관련조례를 제정하였다. 특히 교토시(京都市), 오사카부(大阪府), 시가현(滋賀縣), 도쿄도(東京都) 등의 자치조례가 선진적 조례로 주목받고 있다.

그리고 2000년에는 일본경찰청 지침으로 환경설계에 의한 '범죄피해를 당하기 어려운 마을만들기 추진'을 제안하면서 서구의 CPTED 기법을 도입하였다. 즉, 공원, 주차장, 공동주택의 공간 등에 대한 범죄예방 기준, 가정집 잠금장치의 안전기준 등을 설정하였다. 이러한 과정을 통해서 지방자치단체의 관련조례 제정 역시 점차 확대되었다.

1) 오사카부 조례

오사카부(大阪府) '안전한 마을만들기 조례'(2002)에서는 CPTED와 관련하여 지방자치단체, 지역사업자, 주민의 책무를 명확히 하고, 학교·통학로 등에 있어서 안전 확보, 환경정비를 위하여

---

20 이하 일본의 셉테드(CPTED) 법·제도 현황은 김성식·박광섭(2015), "지방자치단체의 환경설계를 통한 범죄예방 정책연구: 범죄예방 도시디자인 조례를 중심으로", 아주법학 8(2)", pp. 457~489 재인용.

21 정령지정도시(政令指定都市, Cities designated by government ordinance of Japan)는 일본 지방자치법 제12장 제1절 제252조의19 제1항에 따라 내각의 징령(政令)으로 지정된 시(市)를 말한다. 일본 법령에서는 지정도시 또는 지정시라고 쓰기도 하며, 줄여서 정령시라고도 한다. 2018년 4월 기준으로 일본의 정령지정도시는 20개 시(市)이다. 이러한 정령지정도시는 광역지자체인 도도부현에 속하지만, 경찰·광역도로·광역하천 등의 사무를 제외하고는 그 권한을 대폭 이양받아 도도부현에 준하는 권한을 행사하며, 산하에 자치권이 없는 행정구를 두고 있다. 정령지정도시의 행정구에는 사무소(구청)를 두고, 구청의 장은 해당 도시의 공무원 중에서 시장이 정한다. 2017년에 70만 명 미만으로 인구가 감소한 시즈오카시 외에 모든 정령지정도시는 인구가 70만 명 이상이며, 대한민국의 시와 비교하면 인구규모상 광역시와 특정시(特定市)에 해당한다. 정령지정도시는 행정구조 면에서는 광역자치단체인 도도부현에 속하고 자치권이 없는 행정구를 두기 때문에 대한민국의 특정시와 비슷하지만, 자치권 행사의 측면에서는 도도부현에 준하는 광범위한 자치권을 행사한다는 점에서 대한민국의 광역시와 비슷하다. 위키백과(https://ko.wikipedia.org).

안전의 관점에서 도로, 공원, 주차장, 공동주택 등의 보급, 정당한 이유 없이 위험한 물건 휴대 금지 등을 내용을 규정하고 있다. 그리고 이 조례에서 근거하여 2002년 9월 학교, 통학로, 도로, 공원, 주차장, 공동주택 등에 대해서 범죄예방을 고려한 설계지침을 정하여 운영하고 있다.

2) 아이치현 조례

마찬가지로 아이치현(愛知縣)의 '안전한 마을만들기 조례'(2004)에서도 CPTED와 관련하여 지방

● 아이치현의 안전한 마을만들기 조례 내용

주택	만능열쇠 등 위법한 해제작업에 강한 잠금장치의 사용, 출입문 입구에 방범카메라 설치, 전망의 확보 등 범죄예방을 고려한 구조 및 설비 등을 규정하는 지침을 정하여 공표하고, 건축주에 대하여는 범죄예방과 관련하여 조언 및 정보를 제공하도록 함(제9조~제11조)
도로, 공원 주차장 등	지방자치단체는 일정 이상의 조도 확보, 전망 확보 등 범죄예방을 고려한 구조 설비 등을 하도록 노력할 의무를 규정하고 관련 범죄예방상의 지침을 정하여 공표하도록 함(제14조, 제15조)
경찰의 책무	경찰책임자는 지방자치단체에 도시계획상 도로, 공원, 공동주택의 구조 등과 관련하여 범죄예방을 위한 중요사항과 시가지 개발사업상의 공공시설의 배치, 규모, 건축물, 건축시설의 정비에 관한 계획 등에 대하여 정보를 제공하거나 조언을 하도록 함(제17조)
심야상업시설 및 지자체의 책무	심야상업시설, 대규모소매점포, 금융기관의 사업자는 해당 영업장에 대하여 범죄예방을 고려한 구조 및 설비 등을 정비하여야 하고, 지방자치단체는 이러한 시설의 설치자, 관리자에 대하여 범죄예방 수준을 높이기 위하여 위하여 필요한 정보제공, 조언, 기타 필요한 조치를 강구하여야 함(제18조, 제19조)
학교 등 아동안전 확보	학교 등의 시설에서 아동에 대한 안전확보 및 안전대책 추진, 통학로 등에 있어서 아동의 안전확보, 그리고 적절한 안전교육을 실시하도록 함(제20조~제24조)
자동차 도난방지 등	자동차 도난방지를 고려한 자동차의 보급, 자동차등록번호표의 확인 의무, 범죄예방을 고려한 자전거·자동판매기의 보급 등을 규정함(제25조~제28조)
위험·위해환경 정비·개선	• 불법 전단지, 낙서, 담배·쓰레기 무단투기, 자동차 등의 위법주차 방치 등으로 인한 무질서는 범죄를 유발하기 때문에 지역자원봉사자단체로 하여금 낙서제거, 위법간판 등의 철거활동을 추진하게 함 • 지방자치단체는 범죄를 유발하는 환경정비에 노력하며, 해당지역 주민의 의견을 반영하여 범죄예방 환경정비 추진지역을 지정하고, 시정책으로 집중관리하도록 함 • 지역사업자는 광고용 간판, 전단지 등 광고물, 상품 기타 물건을 방치하지 않도록 하고, 종업원들의 주차위반 방지를 위한 지도 및 교육 실시, 사업용차량 등의 주차장소 확보 등 위반주차 방지조치 등을 실시하고 이를 위반하는 경우, 공안위원회는 필요한 조치를 강구하여 권고하고, 권고를 이행하지 않으면 권고의 내용을 공표할 수 있도록 함(제29조~제32조)

출처: 한국셉테드학회 편찬위원회(2015), 셉테드 원리와 운영관리, 한국셉테드학회, p. 59 재인용.

자치단체, 지역사업자, 주민 등의 책무를 명확히 규정하고 있다. 이와 관련하여 위의 표에서 보는 바와 같이 주택, 도로, 공원, 자동차주차장 등의 범죄예방 수준의 향상, 범죄예방을 고려한 도시계획, 심야상업시설 등의 범죄예방 수준의 향상, 학교에서 아동의 안전성 확보, 자동차 도난 피해 방지, 범죄를 유발하는 위험이 있는 환경 개선 등을 규정하고 있다.

3) 기타 지방자치단체 조례

그리고 대부분의 지방자치단체의 조례에서는 관련 협의회를 구성하여 지역사회를 대상으로 범죄예방 마을만들기를 위한 조사검토 실시, 지역사회 유형화 및 각 지역의 특성을 고려한 범죄예방 대책 수립에 관한 정책을 추진하고 있다. 그리고 공동주택 및 주차장의 범죄예방 성능 인증 또는 등록제도와 도로 방범카메라 정비사업과 범죄발생시 사용하는 긴급통보시스템 구축사업 등을 통하여 CPTED 정책을 실현하고 있다.

요약건대, 일본은 경찰과 같은 공적 인력만으로는 언제 어디서 발생할지 모르는 범죄를 사전에 예방하는 것은 현실적으로 불가능하다는 것을 인정하고, 경찰인력을 보완하기 위한 방안으로 CPTED를 접목한 '커뮤니티 지향적 범죄예방활동'(Community Oriented Crime Prevention)을 홍보하고, 지역주민들의 자발적인 참여를 적극적으로 유도하고 있다.[22]

SECTION 03 한국의 CPTED 제도화 과정

1. CPTED 도입과 발전

국내에서는 CPTED(셉테드)에 대한 개념과 기법이 환경학자들과 건축학자들에 의해 1980년대 후반 이후에 도입되기 시작하여, 주로 건축공학적인 측면이나 환경공학적인 측면에서 연구가 진행되었다. 이후, 1992년 건설교통부에서 배포한 「방범설계를 위한 지침」을 시작으로 정책적인 측면에서도 이에 대한 연구가 시작되었다. 하지만, 실질적으로 환경범죄학과 공공정책학의 측면에서 CPTED가 연구된 것은 2005년 3월, 경찰청에서 최초로 CPTED 추진계획을 발표하면서부터라고 할 수 있다.[23]

---

22 이형복(2010), CPTED를 통한 대전의 범죄예방 정책방안, 대전발전연구원, p. 53.
23 박준휘 외(2014), 앞의 책, p. 100.

1990년 전후로 국내에 CPTED가 도입된 이래, 이에 대한 인식확대의 필요성이 증가하여 2000년 이후에는 관련 연구가 다변화되기 시작하였다고 볼 수 있다. 즉, 정부와 지방자치단체 등에 의한 CPTED 적용계획이 잇따라 발표되었을 뿐만 아니라, 민간사업체에 의한 상품화 방안이 모색되었고, '한국셉테드학회'가 창립되는 등 활성화되었다. 그 결과 도시, 건축, 주거, 지리, 경찰, 컴퓨터 공학 등 다양한 분야에서 관련 연구성과가 제시되었고, 범죄문제의 심각성으로 인해 중앙정부와 지방자치단체, 그리고 관련업계에서는 이에 대한 적용계획을 증가시켜 오늘에 이르고 있다.

아래에서는 이러한 CPTED의 발전과 관련하여 공공분문과 민간부분 차원에서 어떻게 접근하였는지를 개괄적으로 살펴보기로 한다.[24]

1) 중앙정부

(1) 국토교통부

국토교통부는 2005년에 「수도권 신도시 범죄예방설계지침」을 마련하였고, 2009년 전국 10개 혁신도시에 이를 적용하기로 하였다. 이어서 2010년에는 초고층 건축물에 테러예방설계를 의무화하였고, 신도시 개발과 지속가능한 신도시 계획기준에 CPTED 기준을 도입하였다. 그리고 2013년에는 「건축물의 범죄예방설계 가이드라인」을 제정하고, 공원조성 시 CPTED의 적용을 의무화하였고, 도시개발사업 시 CPTED 계획수립을 의무화하였다.

2014년 건축법(建築法)을 개정하여 '국토교통부장관은 범죄를 예방하고 안전한 생활환경을 조성하기 위하여 건축물, 건축설비 및 대지에 관한 범죄예방 기준을 정하여 고시하도록 하였다. 그리고 대통령령으로 정하는 건축물은 이러한 범죄예방 기준에 따라 건축하여야 한다'는 규정(건축법 제53조의2 제1항, 제2항)을 신설하였다(이에 대해서는 뒤에서 살펴보기로 한다).

(2) 안전행정부와 경찰청

안전행정부(현 행정안전부)와 경찰청은 2009년에 '한국형 안전도시 시범사업'을 추진하여 주민과 자원봉사자 등 지역사회 구성원들이 협력하여 범죄를 예방하고 안전한 보행자환경을 조성하여 안전·안심·안정도시를 구현하는 사업을 실행하였다. 2012년에는 '스마트 안전귀가 앱'을 개발하고, 2013년에는 '안심마을 시범사업'을 추진하였다.

---

24 이하 위의 책, pp. 100~106 재인용.

(3) 여성가족부와 교육부 등

여성가족부와 교육부는 '여성친화도시 만들기 사업'을 추진하고, 아동안전지도를 제작하였다. 또한, 교육부는 2013년에 '학교 셉테드 가이드라인'을 제정하고, 초등학교와 중학교 설계시 CPTED 적용을 의무화하였으며, 학교 블루존 캠페인을 진행하였다. 이밖에 산업자원부와 기술표준원은 2007년 '셉테드 표준화 사업'을 추진하여 현재 진행하고 있다.

2) 지방자치단체와 지방경찰청

(1) 지방자치단체

지방자치단체인 서울시, 인천시, 부산시, 울산시, 대전시, 부천시, 세종시, 양산시 등은 CPTED 관련 지침을 마련하고, 관련사업을 진행해 왔다.

① 부천시: 부천시는 2005년에 'CPTED 시범도시'로 지정되어 지역안전을 위한 방범용 CCTV가 설치되었다. 이어서 2009년에는 「부천시 재건축개발 지역 CPTED 지침」이 제정되었다.

② 대전시 등: 대전시는 2011년에 CPTED에 중점을 둔 건축심의규정을 두었고, 양산시는 2012년에 CPTED 지침을 제·개정하였다. 이어서 인천시, 부산시, 울산시에서 2013년 CPTED 가이드라인 및 조례를 제정하였다.

③ 세종시: 세종시는 2010년에 도시재정비 사업 시 CPTED 적용을 의무화하는 조례를 제정하였고, 2013년에는 'U-City 사업' 시 이를 도입하고, 「안전한 가로환경 조성지침」에 적용하였다.

④ 경기도: 경기도는 2013년에 CPTED 조례 제정과 함께 취약지역 범죄예방을 위한 공공서비스 디자인 매뉴얼을 제정하고, 안전마을 인증제도 도입을 검토하였다. 2014년에는 시·군 대상 CPTED 사업을 공모하였다.

⑤ 서울특별시: 서울특별시는 2008년에 이문, 휘경, 신길 도시재정비촉진지구에 가로정비 중심의 CPTED 기법을 적용하였고, 2009년 구로구에서는 여성안전아파트를 계획하고, 중화뉴타운에서는 범죄예방설계 기법에 도시설계를 접목하고, 관련 지침을 개발하였다. 2013년에는 「주서정비 사업 셉테드 가이드라인」을 마련하고, 도시안전과 안전마을 만들기 사업을 시행하였다. 이어서 '주민참여형 재생산업'에 CPTED를 적용하였다.

(2) 지방경찰청

각 지방경찰청은 다음과 같이 CPTED 관련 사업을 추진 중이다. 큰 틀에서 볼 때, 지방경찰청에 추진하는 CPTED 사업은 경찰청에서 제시한 기본 치안정책을 토대로 하여, 지방자치단체와 연계하여 지역실정에 적합한 이를테면 '지역 맞춤형 CPTED' 관련사업을 추진하고 있다고 볼 수 있다.

① 서울지방경찰청: 서울지방경찰청은 범죄예방 및 범죄감소를 위해 공원 내 범죄취약지의 범죄환경을 개선하고자 하며, 특히 어린이 공원 내 CPTED를 도입하여 리모델링 사업을 추진 중이다. 또한, '범죄예방 백신 프로젝트'를 통해 걷기 무서운 골목길에 CPTED를 적용해 산책과 운동코스의 기능을 제공하고, 이웃 간에 자연적인 감시를 통해 범죄동기가 억제되기를 기대하고 있다.

　　뿐만 아니라, 범죄 취약지역인 공동주택에 도시가스배관 방범덮개를 설치하여 환경을 개선하고 방범시설을 보강함으로서 범죄예방을 꾀하는 사업을 추진 중이다. 이외에도 범죄취약지에 CCTV를 추가하여 설치하는 작업을 하고 있다.

② 부산지방경찰청: 부산지방경찰청은 부산지역 내 9개 유형별로 범죄 취약지역 52곳을 방문해 현장의 범죄요소를 파악하고 CPTED 적용방안을 모색한 후, 부산시 CPTED 가이드라인과 관련 조례를 제정하였다.

③ 대구지방경찰청: 대구지방경찰청은 안전한 대구 건설을 위한 CPTED 도입을 추진하여 대구시 건축조례 개정, 대구시 도시재정비 촉진조례 개정을 추진하였고, 기타 재정비·재건축·재개발 등에서 이 개념을 도입하였다.

④ 광주지방경찰청: 광주지방경찰청은 범죄취약지역에 CCTV를 대규모로 확대 설치하는 사업 등을 통해 범죄예방 효과를 모색하고 있다. 아울러 각 경찰서별로 구청, 자율방범대, 범죄학 관련 전문가 등과 공동으로 지역특성에 맞는 CPTED 기법을 모색하고 있다.

⑤ 대전지방경찰청: 대전지방경찰청은 유비쿼터스 개념이 반영된 신도시 건설을 목적으로 신도시 개발을 위한 설계 단계에서부터 CPTED 개념을 반영하여 진출입로 통제를 강화하고, 주요 교차로에 CCTV를 설치하여 자연적 감시기능을 강화하는 등의 노력을 하고 있다.

⑥ 울산지방경찰청: 울산지방경찰청은 기존의 범죄취약지역, 특히 성폭력범죄 특별관리구역 등의 환경을 개선하고 방범시설을 보강하였다.

⑦ 경기지방경찰청: 경기지방경찰청은 공원, 관내 숲길, 서민보호구역, 노후된 아파트 단지 등이 범죄로부터 안전한 주거환경이 되도록 환경을 개선하고 방범시설을 보강하였다.

　　그동안 CPTED는 새로 개발되는 공동주택 위주로 적용되어 왔다는 점을 고려하여 구(舊)시가지 서민주거지역과 외부의 주변 공원과 도로 등에 중점을 두었다. 또한 어린이공원 리모델링을 완공하고, 성폭력범죄 특별관리구역의 환경을 개선하였고, 여성과 아동이 안전한 거리를 조성 중이다.

⑧ 강원지방경찰청: 강원지방경찰청은 방범용 CCTV를 추가하여 설치하고, 카메라 교체를 추진하여 성폭력관리구역과 서민치안강화구역의 범죄환경을 개선하였다.

⑨ 충남지방경찰청: 충남지방경찰청은 범죄취약지 주변에 CCTV를 설치하여 보완하였고, 가로등을 추가로 설치·교체하였다.

⑩ **전남지방경찰청**: 전남지방경찰청은 성폭력범죄 특별 관리구역과 우려지역에 보완등과 가로등 설치로 주변환경을 개선하고, 지방자치단체와 합동진단을 실시하여 환경개선을 유도하였다.

⑪ **경북지방경찰청**: 경북지방경찰청도 건물의 가스배관덮개를 설치하고, 비상벨, 가로등, CCTV를 설치함으로서 성폭력범죄 특별관리구역의 범죄환경을 개선하였다.

⑫ **경남지방경찰청**: 경남지방경찰청은 창원시 성산구를 치안시범도시로 선정하여 시범도시모델을 개발하였다. 진주시 역시 혁신도시로 선정되어 안전한 도시건설(U - City) 사업이 진행 중이고, 양산시에서는 신축된 원룸을 대상으로 안전한 도시건설하여 시범도시 개발을 추진 중이다.

⑬ **제주지방경찰청**: 제주지방경찰청은 범죄취약지역, 특히 성폭력범죄 특별 관리구역에 가로등과 보안등을 설치하고, 조경을 실시하며, 방범용 CCTV를 설치함으로서 환경개선을 추진해 왔다.

3) 민간기업과 학회

민간기업과 학회 역시 CPTED 관련 지침 등을 개발하고, 이를 적용하는데 노력해 왔다. 2008년, 우림건설은 건설사 최초로 ADT캡스와 안전아파트 업무를 체결하였다. 2009년, 대림산업은 주부 아이디어 공모전에 CPTED를 포함시켰고, 삼성물산은 신길 뉴타운 CPTED 설계에 자문을 받았다. 2010년, 현대힐스테이트는 크라임 프리(crime free) 디자인을 개발하였다.

2010년 3월에는 '한국셉테드학회'가 출범하여 CPTED 가이드라인을 개발하였는데 이에 따라 동부건설, 현대건설, SK건설, 두산건설, 홍한주택종합건설, 호반건설, 반도건설 등 총 11개 아파트의 CPTED를 인증하였다.

● 학회차원의 CPTED 인증

학회차원에서 최초로 제정된 'CPTED' 인증은 2010년 동부건설(인천계양 센트레빌)이 첫 수여자로 선정되었다. 동부건설은 방범로봇 '센트리'를 비롯, 자체 개발한 최적보안 시뮬레이션 프로그램(CP - Check - Pro)을 통한 체계적인 범죄예방설계 등 다양한 설계기법을 개발·적용하고 있다.

이러한 CPTED인증은 '한국셉테드학회'에서 주관하였는데, 주거단지의 공적공간에서 범죄사전 예방 조건에 부합하는 150여개 항목에 대한 심사를 거쳤다. 그동안 서울시 뉴타운지역 등 부분적으로 CPTED가 적용돼 오긴 했지만 본격적인 인증을 받은 곳이 이번 동부건설이 처음이다. 이미 미국, 일본, 영국 등 선진국에서는 CPTED에 의한 아파트 단지 등에 대한 인증이 활발하게 이뤄지는 점을 감안하면 이러한 인증제도의 제정 자체에 의미를 둘 수 있다.

단지전경

방범로봇 센트리[25]

인증위원으로 참가한 학회 전문가들은 "계양 센트레빌의 경우 초기 단계부터 체계적인 범죄예방 설계가 적용된 우수한 단지"라며 "특히, 감시카메라 등 단순 설비에 의존하지 않고, 개방적인 단지설계와 사전에 범죄자의 침입을 방지하는 등의 다양한 설계기법이 도입되었다"고 평가하였다. 그리고 이에 더하여 "맘스존이나 바이크 스테이션 같은 실제 주민들의 활발한 커뮤니티가 일어날 수 있는 공간을 세심하게 배려하고, 이웃 간의 자연스러운 교류가 있을 수 있는 공간을 만들었다는 점에서 궁극적으로 범죄예방 환경설계가 지향하는 바와 같다"고 설명하였다.

출처: https://blog.naver.com/hsbs1004/100181158895(좌).
http://blog.naver.com/ihavebelief/30093266121(우).

그러나 아파트 단지 등의 건축에 있어서 아직까지는 계획단계부터 CPTED 개념이 반영되어 구체화된 사례는 부족하고, 대부분 CCTV 추가설치 등에 중점을 두고 있는 실정이다. 그리고 대부분의 사업체들은 계획·준공 이후 CPTED 개념을 연계시켜 관련 사례로 홍보하고 있는 상황이다.

---

25 단지 내에 설치된 방범로봇 센트리(CCTV)는 360도 회전하여, 범죄사각지대를 최소화하고, 적외선카메라 기능을 가지고 있어 야간에도 움직임을 포착할 수 있다.

● 공공부문과 민간부문 주체별 셉테드(CPTED) 추진현황

중앙정부	지방정부	공공 및 민간기관
국토교통부 • 수도권 신도시 범죄예방설계지침(2005) • 전국10개 혁신도시 셉테드 적용(2009) • 초고층건축물 테러예방설계 의무화(2010) • 신도시개발과 지속가능한 신도시계획기준에 셉테드 기준도입(2010) • 건축물의 범죄예방설계 가이드 라인 제정(2013) • 공원 계획시 셉테드 적용 의무화(2013) • 도시개발사업시 셉테드 계획수립 의무화(2013) • 아파트 등 건축시 '범죄예방설계'적용 의무화(2014.12) **안전행정부/경찰청** • 한국형 안전도시 시범사업 추진(2009) • 스마트 안전귀가 앱개발(2012) • 안심마을 시범사업(2013) **여성가족부/교육부** • 여성친화도시 만들기 • 아동안전지도제작 **교육부** • 학교 셉테드 가이드라인(2013) • 초·중학교 설계시 셉테드 적용 의무화(2013) • 학교 블루존 캠페인(2013) • 산업자원부/기술표준원 • 셉테드 표준화사업(2007) **경찰청** • 셉테드 방안 도입(2005) • 전문인력 셉테드교육(2005~) • 셉테드 설계지침(2007) • 학생안전지역 지정(2013) • 편의점 방범인증제 도입(2013) • 안전공원 DREAM 프로젝트(경기구리경찰서, 2013) • 셉테드 행복마을 조성(부산지방경찰청, 2013~)	**서울시** • 셉테드 설계지침 개발(2009) • 여성이 행복한 도시만들기(2009) • 뉴타운 셉테드 의무화(조례 개정, 2010) • 범죄예방 백신프로젝트(2012) • 약수동 어린이공원 내 셉테드 도입 리모델링(2012) • 주거정비사업 셉테드 가이드라인(2013) • 주민참여형 재생사업에 셉테드 적용(2013) • 도시안전과 안전마을만들기 사업(2013) **인천시** • 셉테드 가이드라인 개발(2013) **부산시** • 셉테드 가이드라인 개발(2013) • 조례 제정(2013) **울산시** • 셉테드 조례 제정(2013) **대전시** • 셉테드에 초점을 둔 건축심의규정(2011) **경기도** • 부천시 셉테드 시범도시 지정(2005) • 부천시 재건축개발 지역 셉테드지침(조례 제정, 2009) • 취약지역 범죄예방을 위한 공공서비스 디장인 매뉴얼 제정(2013) • 셉테드 조례 제정(2013) • 안전마을 인증제도 도입 검토(2013) • 시·군 대상 범죄예방 환경디자인 사업 공모(2014) **세종시** • 도시재정비 사업시 셉테드 적용 의무화(조례 제정, 2010) • U-City사업시 셉테드 도입(2013) • 셉테드 적용 안전한 가로환경 조성지침(2013) **양산시** • 셉테드지침 제·개정(2012·3)	**우림건설** • ADT캡스와 건설사 최초 안전아파트 업무체결(2008) **대림산업** • 주부아이디어 공모전 셉테드 포함(2009) **삼성물산** • 신길뉴타운 셉테드설계 컨설팅(2009) **현대힐스테이트** • 크라임프리(Crime Free) 디자인 개발(2010) **한국셉테드학회** • 셉테드 가이드라인 개발(2010) • 셉테드인증(2013년 말, 동부건설, 현대건설, SK건설 등 11개 아파트 인증)

출처: 박준휘 외(2014), 셉테드(CPTED)이론과 실무(Ⅰ), 한국형사정책연구원, pp. 104~105.

2. CPTED 적용사례

이상과 같은 논의를 바탕으로 아래에서는 CPTED가 적용된 부천시, 판교 신도시, 마포구 염리동의 사례를 간단히 살펴보기로 한다.[26]

1) 부천시 CPTED 시범도시 사업

2004년 경찰청은 부천시를 CPTED 시범지역으로 지정하고 전문가로 T/F팀을 구성하였다. T/F팀에서 제시한 설치기준에 따라 CCTV 설치 및 가로등 개선 등이 주요 CPTED전략으로 채택되어 적용되었다. 이후, 범죄예방효과를 평가하기 위해 부천시 고강동, 소사본동, 심곡동 세 지역을 선정하여 비교분석한 결과, CPTED 시범사업 지역에서 범죄 발생률과 범죄두려움이 감소되었다고 보고된 바 있다.

2) 판교 신도시 및 뉴타운 사업시 CPTED 적용

판교 신도시는 경찰청에서 2005년 제작한 CPTED 가이드라인을 바탕으로 아파트 단지 계획시부터 관련 기법들을 도입·적용하고자 하였다. 이에 따라, 아파트 단지 외부공간과 주차장을 중심으로 부분적으로 CPTED 기법들이 반영되었다.

2008년 5월에는 뉴타운 사업에 CPTED를 적용하기 위한 조사연구가 착수되었고, 이후 이와 관련하여 전문가, 경찰청, 건설청 등의 협의와 간담회가 여러 번 개최되었고, 2009년 3월에 서울시에서 뉴타운 사업(재정비 촉진사업) 시 환경설계를 통해 범죄예방지침 반영을 의무화하겠다는 발표를 하였다.

이어서 2010년 1월에 「도시재정비촉진을 위한 조례」가 개정되어 재정비촉진계획에 포함되어야 하는 사항 중 하나로 '환경설계를 통한 범죄예방에 관한 계획'을 추가하여 CPTED를 제도화시켰다.

3) 마포구 염리동

서울시에서는 경찰, 학계, 디자인 관계자들과 범죄예방디자인 위원회를 만들어 2012년 4월부터 염리동에 CPTED를 적용하였다.

이러한 노력의 일환으로 주민들이 지나다니기 불안해했던 골목길을 연결해 '소금길'이라는 운

---

26 이하 박준휘 외(2014), 앞의 책, pp. 105~106 재인용.

동공간을 만들었고, 이를 통해 주민들의 자연감시가 가능하도록 하였다. 그리고 전봇대마다 1번부터 69번까지 번호를 달아서 신고자가 현재 위치를 정확히 알릴 수 있도록 하였다.[27] 또한, 누구나 도움을 요청할 곳을 만들기 위해 범죄이력이 없고, 이 동네에 오래 산 주민 가운데 6개 가구를 '소금지킴이 집'으로 지정하여 집 대문을 노란색으로 칠하고, 밝은 조명과 카메라, 비상벨을 설치하였다. 그리고 동네 중심부에는 주민들의 사랑방이자 편의물품을 판매하는 '소금나루'를 설치하여 24시간 감시할 수 있는 일종의 '초소'(哨所) 역할을 할 수 있도록 했다.

🔺 국내최초 범죄예방프로젝트 골목길: 염리동 소금길

한때 높은 범죄율로 인하여 범죄의 두려움을 느끼고 사람들이 기피했던 마포구 염리동은 지난 2012년 국내 최초로 CPTED를 적용하여 '염리동 소금길'로 재탄생하였다. 염리동은 옛 마포나루를 거점으로 소금장수와 소금창고가 많았던 지역적 특색을 살려 '소금길'로 이름을 지었다.

골목길마다 노란색, 파란색으로 이루어진 대문, 코스를 알려주는 전봇대, 범죄예방을 위한 소금지킴이집과 비상벨 등 주민들의 아이디어와 자원으로 이루어진 아름다운 길을 만들었다.[28]

출처: http://korean.visitkorea.or.kr/kor/bz15/bz15diyTravelLeaderList.

3. CPTED 관련 법률의 정비 과정

이상에서 살펴본 바와 같이, 최근 CPTED에 대한 사회적 인식과 관심이 증가하면서 지방자치단체를 중심으로 주민의 안전증진을 위한 정책이 강화되어 사업추진의 법적 근거를 마련하기 위한 조례화를 진행하고 있다. 또한 중앙정부에서도 국민안전을 강화하기 위해 국토교통부 소관의 국토 및 도시개발 관련 법률을 중심으로 계획단계에서 범죄예방에 대한 계획 및 검토의무를 보완

---

27 구간은 크게 A구간(노란색)과 B구간(파란색)으로 구분되어 있다. A구간: 가로등 따라 1−3−4−8−13−17−62−68(1.1km 25분 소요), B구간: 가로등 따라 59−55−46−38−32−29−19(0.6km 15분 소요).

28 다음백과(http://100.daum.net/encyclopedia/view).

추진하고 있다.

2010년 경찰청은 국토교통부(舊 국토해양부)에 「국토기본법 및 동 시행령」, 「국토의 계획 및 이용에 관한 법률 시행령」, 「도시 및 주거환경 정비법」, 「도시재정비 촉진을 위한 특별법」, 「건축법」 등의 법률개정을 요구하였다. 요구사항은 관련 법령에 따른 국토의 계획, 도시개발계획, 도시 및 주거환경 정비계획, 도시재정비계획의 내용에 '범죄예방'이 고려될 수 있도록 항목을 추가해달라는 것이다. 국토교통부에서는 위 요구된 법률들 중 「건축법」을 제외한 나머지 법률들을 요구 내용대로 수용하기로 결정하였다(건축법은 2014년에 범죄예방규정을 신설하였다).

이러한 점에서 우리나라의 CPTED 관련법은 2010년을 기점으로 큰 전환이 이루어졌다고 볼 수 있다. 그리고 주목할 만한 것은 특히, 2013년에 이르러 여러 지방자치단체에서 본격적으로 CPTED의 일반화를 위한 조례(條例)를 제정하기 시작했다는 점이다. 이로써 우리나라에 본격적으로 CPTED 제도적 정착가능성이 한결 높아졌다고 볼 수 있다.

이러한 법제화과정은 우리나라 CPTED 발전에 매우 중요한 부분이라 할 수 있다. 향후 이에 대한 단일 법률의 추진과 더불어 지역사회의 네트워크, 유지관리를 중심으로 하는 운영전략, 전문가의 양성, 기관의 협력의무, 효과성에 대한 평가 등이 강화되어야 할 것이다. 아래에서는 이상과 같은 논의를 바탕으로 2010년 이전과 이후의 CPTED 관련 법률 및 조례를 중심으로 살펴보고자 한다.

1) 2010년 이전의 CPTED 관련 법률

범죄예방과 관련하여 기존의 일부 법률에서 이에 대한 조항을 규정하고 있었다. 그런데 이러한 기존의 법률에서 범죄예방 관련 조항들은 법, 시행령, 시행규칙 등에 단편적으로 규정되어 있어 큰 틀에서의 종합적인 범죄예방 효과를 기대하기는 어렵다고 볼 수 있다.[29]

(1) 주택건설기준 등에 관한 규정

「주택건설기준 등에 관한 규정」(대통령령)에서는 "주택과 주택외의 시설을 동일건축물에 복합하여 건설하는 경우 주거의 안전과 소음·악취 등으로부터 주거환경이 보호될 수 있도록 주택과 주택외의 시설이 분리된 구조로 건설하여야 한다"고 규정하고 있다(제12조 제2항).

(2) 주차장법

「주차장법」에서는 "주차대수 30대를 초과하는 규모의 지하 또는 지상주차장에는 관리사무소에

---

29 이하 박준휘 외(2014), 앞의 책, pp. 110~112 재인용.

서 주차장 내부 전체를 볼 수 있는 폐쇄회로 텔레비전(CCTV) 및 녹화장치를 포함하는 방범설비를 설치·관리하여야 한다"고 규정하고 있다(시행규칙 제6조).

(3) 주택법

「주택법」에서는 "공동주택단지안의 방범을 위하여 경비업무에 종사하는 자와 시설물 안전관리 책임자는 시장·군수·구청장이 실시하는 방범교육 및 안전교육을 받아야 한다"고 규정하고 있다 (제49조 제2항). 그리고 "방범교육은 관할 경찰서장에게 위임하거나 위탁할 수 있다"고 규정함으로써 공동주책의 경비업무 종사자에 대한 범죄예방 교육을 의무화하였다(제3항).

(4) 개인정보보호법

「개인정보보호법」에서는 영상정보처리기기인 CCTV의 설치 및 운영에 관한 기준을 제시하고 있다. 이 법률은 개인정보를 보호하기 위하여 CCTV의 설치 및 운영을 제한하는 것이 목적이나 한편으로 범죄예방을 위한 CCTV 설치 및 운영의 법적 근거로 작용한다는 점에서 의미가 있다고 본다. CCTV는 기계적 감시 기능으로써 CPTED의 중요한 실천 요소 가운데 하나라고 할 수 있다.

● 2010년 이전 법률의 CPTED 관련 내용

법률	조항 및 내용
주택건설기준 등에 관한 규정	주택과 주택외의 시설(주민공동시설 제외)을 동일건축물에 복합하여 건설하는 경우에는 주택의 출입구·계단 및 승강기 등을 주택외의 시설과 분리된 구조로 하여 사생활보호·방범 및 방화등 주거의 안전과 소음·악취 등으로부터 주거환경이 보호될 수 있도록 하여야 한다(제12조 제2항).
주차장법	주차대수 30대를 초과하는 규모의 자주식 주차장으로서 지하식 또는 건축물식에 의한 노외주차장에는 관리사무소에서 주차장 내부 전체를 볼 수 있는 폐쇄회로 텔레비전 및 녹화장치를 포함하는 방범설비를 설치·관리하여야 한다(시행규칙 제6조).
주택법	공동주택단지안의 각종 안전사고 예방과 방범을 하기 위하여 경비업무에 종사하는 자와 제1항의 규정에 의하여 수립된 안전관리계획에 의하여 시장·군수·구청장이 실시하는 방법교육 및 안전교육을 받아야 한다(제49조 제2항).
개인정보보호법	① 누구든지 다음의 경우를 제외하고는 공개된 장소에 영상정보처리기기를 설치·운영하여서는 아니 된다. 　1. 법령에서 구체적으로 허용하고 있는 경우 　2. 범죄의 예방 및 수사를 위하여 필요한 경우 　3. 시설안전 및 화재 예방을 위하여 필요한 경우 　4. 교통단속을 위하여 필요한 경우 　5. 교통정보의 수집·분석 및 제공을 위하여 필요한 경우

개인정보보호법	② 누구든지 불특정 다수가 이용하는 목욕실, 화장실, 발한실(發汗室), 탈의실 등 개인의 사생활을 현저히 침해할 우려가 있는 장소의 내부를 볼 수 있도록 영상정보처리기기를 설치·운영하여서는 아니 된다. ③ 제1항 각 호에 따라 영상정보처리기기를 설치·운영하는 자(이하 "영상정보처리기기운영자"라 한다)는 정보주체가 쉽게 인식할 수 있도록 대통령령으로 정하는바에 따라 안내판 설치 등 필요한 조치를 하여야 한다. ④ 영상정보처리기기운영자는 영상정보처리기기의 설치 목적과 다른 목적으로 영상정보처리기기를 임의로 조작하거나 다른 곳을 비춰서는 아니 되며, 녹음기능은 사용할 수 없다(이상 제25조).

출처: 박준휘 외(2014), 셉테드(CPTED)이론과 실무(Ⅰ), 한국형사정책연구원, pp. 111~112 재인용.

2) 2010년 이후의 CPTED 관련 법률

(1) 도시재정비 촉진을 위한 특별법

2011년 5월에 「도시재정비 촉진을 위한 특별법」(약칭: 도시재정비법)을 개정하여 제9조(재정비촉진계획의 수립)에 '재정비촉진사업 시행기간 동안의 범죄예방대책' 규정을 신설하였다.[30]

(2) 국토의 계획 및 이용에 관한 법률 시행령

2011년 9월에 「국토의 계획 및 이용에 관한 법률 시행령」(약칭: 국토계획법 시행령)을 개정하여 제15조(도시·군 기본계획)에 '범죄예방에 관한 사항'을 포함시켰다(그러나 이 범죄예방 규정은 2015년 7월 법 개정으로 다시 삭제되었다).

(3) 도시 및 주거환경 정비법

2012년 2월에 「도시 및 주거환경 정비법」(약칭: 도시정비법)을 개정하여 제28조의2에 '정비구역의 범죄예방' 조항을 신설하였다. 이에 따르면, 시장·군수는 주거환경정비에 대한 사업시행인가를 한 경우 그 사실을 관할 경찰서장에게 통보하여야 하며(의무), 사업시행 인가 후 정비구역 내 주민안전 등을 위하여 순찰강화, 초소의 설치 등 범죄예방을 위해 필요한 시설의 설치 및 관리, 그밖에 주민의 안전을 위하여 필요하다고 인정하는 사항 등을 요청할 수 있도록 하였다.

도시정비법은 2018년 2월에 전부개정되었는데, 이에 따라 제130조에 위의 '정비구역의 범죄예방' 규정을 두었다.

(4) 국토기본법 시행령

2012년 5월에 「국토기본법 시행령」을 개정하여 제5조(도종합계획의 수립 등)에 있어서 범죄예방

---

30 이하 위의 책, pp. 112~114 재인용.

에 관한 계획을 수립하도록 의무화하는 내용을 포함한 개정안을 시행하였다.

(5) 도시공원 및 녹지 등에 관한 법률 및 시행규칙

2012년 12월 「도시공원 및 녹지 등에 관한 법률」(약칭: 공원녹지법)의 시행규칙 제8조를 개정하여, 도시공원 조성을 계획할 때 범죄예방 계획 등을 고려해야 한다고 규정하였다. 그리고 제10조(도시공원의 안전기준) 규정에서 도시공원의 범죄예방을 위하여 일정한 기준에 따라 이를 계획·조성·관리하여야 한다고 규정하였다.

● 2010년 이후 법률의 CPTED 관련 내용

법률	조항 및 내용
도시재정비 촉진을 위한 특별법	제9조(재정비촉진계획의 수립) ① 시장·군수·구청장은 다음 각 호의 사항을 포함한 재정비촉진계획을 수립하여 특별시장·광역시장 또는 도지사에게 결정을 신청하여야 한다. 이 경우 재정비촉진지구가 둘 이상의 시·군·구의 관할지역에 걸쳐 있는 경우에는 관할 시장·군수·구청장이 공동으로 이를 수립한다. (중략) 13조의2. 재정비촉진사업 시행기간 동안의 범죄예방대책
국토의 계획 및 이용에 관한 법률 및 동 시행령	제19조(도시·군 기본계획의 내용) ① 도시·군 기본계획에는 다음 각 호의 사항에 대한 정책 방향이 포함되어야 한다. (중략) 10. 그 밖에 대통령령으로 정하는 사람 시행령 제15조(도시·군 기본계획의 내용) 제19조 제1항 제10호에서 "그 밖에 대통령령으로 정하는 사항"이란 다음 각 호의 사항으로서 도시·군 기본계획의 방향 및 목표 달성과 관련된 사항을 말한다. (중략) 5. 범죄예방에 관한 사항(이 규정은 2015년 7월 법 개정으로 삭제됨)
도시 및 주거환경 정비법	제130조(정비구역의 범죄예방) ① 시장·군수 등은 제50조 제1항에 따른 사업시행인가를 한 경우 그 사실을 관할 경찰서장에게 통보하여야 한다. ② 시장·군수 등은 사업시행계획인가를 한 경우 정비구역 내 주민 안전 등을 위하여 다음 각 호의 사항을 관할 지방경찰청장 또는 경찰서장에게 요청할 수 있다. 1. 순찰 강화 2. 순찰초소의 설치 등 범죄예방을 위하여 필요한 시설의 설치 및 관리 3. 그 밖에 주민의 안전을 위하여 필요하다고 인정하는 사항
국토기본법 및 동 시행령	제13조(도종합계획의 수립) ① 도지사(특별자치도의 경우에는 특별자치도지사를 말함)는 다음 각 호의 사항에 대한 도종합계획을 수립하여야 한다. 다만, 다른 법률에 따라 따로 계획이 수립된 도로서 대통령령으로 정하는 도는 도종합계획을 수립하지 아니할 수 있다. (중략)

국토기본법 및 동 시행령	7. 그 밖에 도의 지속가능한 발전에 필요한 사항으로서 대통령령으로 정하는 사항 시행령 제5조(도종합계획의 수립 등) ② 법 제13조 제1항 제7호에서 "대통령령으로 정하는 사항"이란 다음 각 호의 사항을 말한다. (중략) 3의2. 범죄예방에 관한 사항

도시공원 및 녹지 등에 관한 법률 및 동 시행규칙	제19조(도시공원의 설치 및 관리) ① 도시공원은 특별시장·광역시장·특별자치시장·특별자치도지사·시장 또는 군수가 공원조성계획에 따라 설치·관리한다.
	(중략)
	⑦ 제1항에 따른 도시공원의 설치기준, 관리기준 및 안전기준은 국토교통부령으로 정한다.
	시행규칙 제8조(공원조성계획의 수립기준 등) 법 제16조 제1항에 따라 도시공원이 위치한 행정구역을 관할하는 특별시장·광역시장·특별자치시장·특별자치도지사·시장 또는 군수가 도시공원의 조성계획을 수립하려는 때에는 다음 각 호의 사항을 종합적으로 고려하여야 한다.
	(중략)
	3. 공원조성계획에 다음 각 목의 사항이 포함되도록 할 것
	(중략)
	   다. 공원 조성에 따른 토지의 이용, 동선(動線), 공원시설의 배치, 범죄예방, 상수도·하수도·쓰레기처리장·주차장 등의 기반 시설, 조경 및 식재 등에 대한 부문별 계획
	시행규칙 제10조(도시공원의 안전기준) ① 법 제19조 제7항에 따라 공원시설은 안전성을 확보하기 위하여 다음 각 호의 기준에 따라 설치·관리되어야 한다.
	1. 설치안전 기준
	   가. 주변의 토지이용 및 이용자의 특성 등을 고려하여 도시공원부지의 안과 밖에서 도시공원부지를 사용하는 자의 안전성을 확보할 수 있도록 공원시설을 배치할 것
	(중략)
	② 공원관리청은 도시공원에서의 범죄예방을 위하여 다음 각 호의 기준에 따라 도시공원을 계획·조성·관리하여야 한다.
	1. 도시공원의 내·외부에서 이용자의 시야가 최대한 확보되도록 할 것
	2. 도시공원 이용자들을 출입구·이동로 등 일정한 공간으로 유도 또는 통제하는 시설 등을 배치할 것
	3. 다양한 계층의 이용자들이 다양한 시간대에 도시공원을 이용할 수 있도록 필요한 시설을 배치할 것
	4. 도시공원이 공적인 장소임을 도시공원 이용자에게 인식시킬 수 있는 시설 등을 적절히 배치할 것
	5. 도시공원의 설치·운영 시 안전한 환경을 지속적으로 유지할 수 있도록 적절한 디자인과 자재를 선정·사용할 것

출처: 박준휘 외(2014), 셉테드(CPTED)이론과 실무(Ⅰ), 한국형사정책연구원, pp. 113~114 재인용.

3) 지방자치단체의 CPTED 관련 조례 추진 현황

이상에서 CPTED 관련 법을 살펴보았는데, 여러 지방자치단체 역시 관련 조례를 통해서 이의 제도적·체계적인 적용을 위해 노력하고 있다.[31]

(1) 서울특별시

서울특별시는 2002년부터 시작한 '뉴타운 사업'과 '재정비촉진구역'에 대한 시범사업을 전개하면서 2008년 '서울시 재정비촉진지구 내 "환경설계를 통한 범죄예방" 적용방안 연구'를 실시하여, 뉴타운 지구 내에서의 관련 설계지침을 마련하여 시행하고 있다. 그리고 2010년에는 시 조례인 「서울특별시 도시재정비 촉진을 위한 조례」를 개정하여 제4조의 '재정비촉진계획에 포함되어야 할 사항'으로 4호에 '환경설계를 통한 범죄예방에 관한 계획'을 포함시켰다.[32]

(2) 경기도

경기도는 2013년 11월 전국에서 처음으로 '경기도 범죄예방을 위한 환경 디자인 조례'를 제정하여 2013년 12월에 시행하였다. 이 조례는 목적, 용어의 정의, 적용범위, 기본원칙, 기본책무, 종합계획의 수립, 환경 디자인 기준, 심의위원회 구성 및 운영, 관계기관 등의 협조, 대상사업 등의 협의, 시행규칙 등을 포함하여 총 11개조로 구성되어 있다. 그리고 조례의 제정에 따른 후속조치로 관련 지침 및 시행규칙을 마련하고, 경기도 내 시·군 취약 지역을 대상으로 '함께 만들어 가는 셉테드 적용마을 시범사업'을 추진하고 있다.

(3) 울산광역시와 부산광역시

울산광역시는 2013년 12월 「울산광역시 범죄예방 도시디자인 조례」가 제정되었고, 부산광역시 역시 2013년 10월 「부산광역시 범죄예방 도시디자인 조례」를 제정하였다. 이들 조례의 주요 내용은 경기도와 유사하나 특징적인 항목으로는 '계획적이고 일관성 있는 안전한 도시환경 조성을 위한 사업추진 기본계획을 5년마다 수립한다'는 것과 '범죄예방 도시디자인을 위해 교육청, 검찰청, 경찰청과의 상시 협력체계 구축'을 의무화하는 내용을 포함하고 있다.

---

31 이하 박준휘 외(2014), 앞의 책, pp. 114~118 재인용.

32 구(舊) 도심권의 재개발·재건축 사업이 「도시 및 주거환경 정비법」에 의하여 추진되어 왔는데, 2006년 7월 1일 부터 「도시재정비 촉진을 위한 특별법」이 제정·시행되었고, 이에 따른 하위법령인 지방자치단체별 관련조례가 제정됨으로써 관련사업이 보다 활발하게 추진될 수 있는 계기가 되었다.

🔺 빈집과 범죄 발생·은닉 가능성

최근에는 빈집관리와 관련된 조례가 운영되고 있는 점도 눈에 띈다. 도시 재건축, 재개발지역에 분포하는 빈집들이 범죄 장소 또는 은닉장소로 이용되거나 청소년의 비행장소로 사용되고, 지역주민들에게는 두려움을 증가시키는 공간이 될 우려가 있어 지방자치단체 차원의 관리가 요구되고 있다. 지난 2010년 부산에서 발생한 '김길태 사건'의 한 피해자 역시 폐가(廢家)의 물탱크 안에서 나체로 숨진 채 발견된 바 있다.[33]

그러나 빈집(공가)의 경우 사적 재산 및 관리권의 문제로 공공기관의 체계적인 관리에 한계가 있다. 그러므로 안전한 환경조성을 위해 관리주체에 대한 관리의무와 의무위반에 대한 제재 등 실효성을 담보한 관리방안이 추진되어야 할 것이다.

출처: 박준휘 외(2014), 셉테드(CPTED)이론과 실무(Ⅰ), 한국형사정책연구원, p. 115.

🔵 CPTED 관련 조례

구 분	조례	내용
서울시	도시재정비 촉진을 위한 조례	제4조(재정비촉진계획에 포함되어야 하는 사항) 4. 환경설계를 통한 범죄예방에 관한 계획(2010.1.7.신설)
세종시	도시재정비 촉진을 위한 조례	제5조(재정비촉진계획에 포함되어야 하는 사항) 4. 환경설계를 통한 범죄예방에 관한 계획
경기도	경기도 범죄예방을 위한 환경디자인 조례 (2013.11.11.제정)	제1조(목적) 경기도의 모든 도민이 범죄로부터 안전한 환경에서 생활할 수 있도록 범죄예방 환경 디자인을 공간과 건축물과 적용되고 관리하는데 필요한 사항을 규정함을 목적으로 한다.

---

33 ① 2010년 2월 24일 중학교 입학을 앞둔 A양의 실종 신고가 경찰에 접수되었다. 경찰은 수사에 진전이 없자 27일부터 공개수사를 시작했고, 3월 2일 용의자인 김길태에 대해 공개 수배령을 내리고 본격적인 검거에 나섰다. 실종되었던 A양은 3월 7일 집 부근에 있는 폐가의 물탱크 안에서 나체로 숨진 채 발견되었다. 물탱크 안에는 석회 가루가 뿌려져 있었고 벽돌들을 덮어 위장하였다. A양의 시신에는 목이 졸리고, 성폭행 당한 흔적이 있었다. 경찰은 같은 날 빈집에서 잠을 자고 있던 용의자 김길태를 목격했으나 놓쳤다. 그러다가 10일 오후 3시께 부산광역시 사상구 덕포동 덕포 시장 인근 현대골드빌라 주차장에서 은신 중이던 김길태를 검거하였다. 경찰은 김길태가 A양을 납치해, 부산광역시 사상구 덕포동의 주택가에서 성폭행하고 살해한 뒤 물탱크 안에 시신을 유기했다는 수사 결과를 발표하였다. 이어서 김길태의 DNA와 피살된 여중생의 몸에서 나온 DNA가 일치한다는 사실을 근거로, 살인 혐의로 검찰에 송치하였다. ② 김길태는 검찰에 의해 살인 혐의로 기소되어 1심에서 사형 선고와 함께 정보 공개 10년, 전자 발찌 부착 20년을 선고받았다. 피고의 항소로 2심에서 원심을 깨고 무기 징역으로 감형되었고, 대법원에서 무기 징역형을 최종적으로 확정받았다. ③ 경찰은 김길태 사건에서 인권 침해 논란으로 흉악범 얼굴도 공개하지 않는 관례를 깨고 6년 만에 피의자의 신상을 공개하였다. 국회에서도 흉악범과 성폭력범의 경우 신상 정보 공개를 허용하는 방향으로 법을 개정하였다. 부산역사문화대전(http://busan.grandculture.net/?local=busan).

경기도	경기도 범죄예방을 위한 환경디자인 조례 (2013.11.11.제정)	제3조(적용범위) 　1. 경기도 및 도내 시·군이 시행하는 건축 또는 공간 조성 사업 　2. 위탁하여 운영하는 건축물 또는 공간 　3. 재정이 전부 또는 일부 지원되는 건축물 또는 공간 　4. 그 밖에 도 및 도내 시·군, 공공기관에서 시행하는 신도시 및 도심재개 　　발사업, 주거환경개선사업, 각종 공공시설물 설치 및 환경개선사업 등
부산시	부산광역시 범죄예방 도시디자인 조례 (2013.10.30.제정)	제1조(목적) 시민들이 각종 범죄로부터 안전한 도시환경에서 생활할 수 있도록 건축물 및 도시공간에 범죄예방 도시디자인을 적용하는데 필요한 사항을 규정함을 목적으로 한다. 제5조(기본계획의 수립·시행 등) ① 부산광역시장은 범죄예방 도시디 자인 기본계획을 5년마다 수립·시행하여야 한다.
울산시	울산광역시 범죄예방 도시디자인 조례 (2013.12.31.제정)	제1조(목적) 시민들이 각종 범죄로부터 안전한 도시환경에서 생활할 수 있도록 건축물 및 도시공간에 범죄예방 도시디자인을 적용하는데 필요한 사항을 규정함을 목적으로 한다. 제5조(기본계획의 수립·시행 등) ① 시장은 범죄예방 도시디자인 기 본계획을 5년마다 수립·시행하여야 한다. 　1. 기본계획의 목표와 방향 　2. 제7조에 따른 범죄예방 도시디자인 추진사업에 관한 사항 　3. 범죄예방 도시디자인의 현황 및 실태에 대한 조사 　4. 그 밖에 범죄예방 도시디자인 추진을 위하여 필요한 사항 제7조(범죄예방 도시디자인 추진사업) 　1. 기본계획에 따른 연차별 개선사업 　2. 각종 공공시설 설치 및 환경개선사업과 병행한 안전시범마을 조성사업 　3. 범죄예방 도시디자인 기술연구 사업 　4. 그 밖에 시장이 필요하다고 인정하는 사업
서울시 노원구	노원구 정비사업구역 빈집관리 조례 (2011.10.13.제정)	제1조(목적) 밀집된 빈집이 우범지대화되어 강력범죄의 온상이 되는 것을 미연에 방지하고 풍수해 안전사고 및 방화등 화재에 취약한 지 역을 중점 관리하여 쾌적한 주거 환경조성에 이바지함을 목적으로 한다. 제3조(사업시행인가 협의 등) ① 구청장은 법제28조 제1항에 따른 사 업시행인가를 하고자 하는 경우(인가를 받은 내용을 변경하는 경우 를 포함한다) 사업시행기간에 정비사업구역 내 범죄 발생 및 화재예 방과 안전사고를 방지하기 위하여 관할 경찰서장 및 소방서장 협의 하여야 한다. ② 구청장은 필요 시 경찰서장과 소방서장에게 범죄 및 화재예방대 책을 수립하여 순찰 강화와 중점관리를 요청할 수 있다. 제4조(빈집관리) ⑥ 구청장은 정비사업구역 내 안전사고 방지, 범죄예 방 및 화재예방 등을 위하여 빈집관리 업무 추진에 소요되는 비용을 지원할 수 있다.

인천시	인천시 남구 정비사업구역 빈집관리 조례 (2013.09.23.제정)	제1조(목적) 인천광역시 남구 소재 정비사업구역 내의 밀집된 빈집에 범죄 및 방화 등 사고발생을 미연에 방지하고, 무단투기된 쓰레기로 인한 악취, 해충유입 등 환경피해가 우려되는 지역을 중점 관리하여 쾌적한 주거환경조선에 이바지함을 목적으로 한다. 제3조(협의 및 관리요정 등) 노원구와 동일 제4조(빈집 관리) 노원구와 동일
서울시 관악구	관악구 빈집정비지원 조례 (2014.02.06.제정)	제1조(목적) 빈집의 정비와 활용을 촉진하여 주민의 편익을 증진시키 고, 정비예정구역의 경우에는 범죄, 붕괴, 화재발생 등 안전사고를 예 방하여 안전하고 쾌적한 주거환경 조성에 이바지함을 목적으로 한다. 제6조(지원대상 등) ① 구청장은 정비사업구역이 아닌 지역에서 다음 각 호의 어느 하나에 해당하는 경우에 빈집 정비 비용의 전부 또는 일부를 예산의 범위에서 지원할 수 있다. 3. 빈집으로 인한 안전사고 방지, 범죄예방 및 화재예방 등의 조치 를 위해 필요한 사항 제7조(정비사업구역의 빈집 관리) 노원구와 동일
부산시	부산시 빈집정비지원 조례 (2013.10.30.제정)	제1조(목적) 범죄, 붕괴, 화재 발생 등 안전사고의 우려가 있는 빈집의 정비 지원에 필요한 사항을 규정함으로써 시민이 안전하고 안심할 수 있는 쾌적한 주거환경 조성에 이바지함을 목적으로 한다.

출처: 박준휘 외(2014), 셉테드(CPTED)이론과 실무(Ⅰ), 한국형사정책연구원, pp. 115~116.

CPTED의 실천 과정

CHAPTER 10 CPTED의 실천 과정

SECTION 01 CPTED의 표준화

1. 「CPTED 표준」 개발

CPTED의 실천 과정은 제2장에서 논의한 바와 같이 거시적인 관점에서는 '지속가능한 도시발전'이라는 기본 방향성을 가지고 출발하며, 미시적·중시적 관점에서는 제1세대·2세대 CPTED에서 보다 구체적으로 이루어져야 할 것이다.

그런데, 우리 사회에 존재하는 도시환경 내의 모든 공간과 장소, 그리고 시설에 동일하게 적용되는 CPTED 전략 또는 방법은 존재하지 않는다고 본다. 따라서 원칙적으로 모든 공간과 장소, 그리고 시설이 가지고 있는 고유한 특성을 반영하여 CPTED를 개별적으로 하는 것이 바람직하다고 본다. 그러나 한편으로는 각각의 개별적인 특성을 모두 고려하여 접근한다는 것 역시 결코 쉬운 일이 아니다.

이러한 문제를 최소화하기 위해서는 일정한 공간과 장소, 그리고 시설 등에 일반적으로 적용할 수 있는 CPTED를 위한 일정한 '표준운영절차'(SOP: Standard Operational Procedural) 또는 '표준지침' 마련하고, 그것을 바탕으로 해당 시설 등에 고유한 특성을 발견하여 적절한 대응을 하는 것이 바람직하다고 본다.

이와 관련하여 영국, 덴마크, 프랑스 등은 1990년대 중반부터 '도시계획·건축디자인을 통한 범죄예방'의 절차적 표준화를 추진하면서 유럽표준인 「EN 14383」(도시계획과 건축디자인을 통한 범죄예방) 시리즈를 개발 및 제정해왔다. 이러한 CPTED 유럽표준은 세계에서 유일한 국제적 기준으로 알려져 있다.[1]

---

1 박현호(2014), 범죄예방환경설계: CPTED와 범죄과학, 서울: 박영사, p. 220.

이러한 국제적 기준인 유럽표준에 기반하여 우리나라 '국가표준인증 종합정보센터'에서 개발된 것이 「범죄예방 환경설계(CPTED) 기반표준」(표준번호 KS A 8800)이다.[2]

2. 「CPTED 표준」의 적용범위와 핵심요소

1) 적용범위

이 「범죄예방 환경설계(CPTED) 표준」(이하 'CPTED 표준' 이라고 함)는 신도시뿐만 아니라 구도시 지역의 계획, 설계절차에 적용할 수 있다. 적용 지역의 범위는 주거지역, 상업지역, 공업지역 뿐만 아니라 공공가로 및 공원, 녹지 등 일반대중에게 공개된 공간 모두에 적용할 수 있다.

2) 3대 핵심요소

CPTED는 장소(Where), 대상(What), 주체(Who)의 3대 핵심요소(3W)에 대한 확인과 결정에서부터 출발한다.

장소는 그 지역의 정확한 위치(좌표, 경계, 지번 등)와 지역의 유형(기존 도시지역이나 새롭게 개발되는 지역을 모두 포함)을 파악하는 것을 의미한다. 대상은 기존 지역의 범죄문제 또는 새롭게 개발되는 지역에서 발생 가능한 잠재적 범죄문제를 파악하는 것을 의미한다. 마지막으로 주체는 범죄의 감소 및 예방대책을 이행하기 위한 모든 관계자를 확인하고 결정하는 것을 말한다.

(1) 장소: 적용지역의 선정

① CPTED 적용단계: 도시환경 내의 CPTED는 기존의 지역뿐만 아니라 새롭게 개발하는 지역에도 적용할 수 있다. CPTED 적용단계는 아래 표와 같이 구분할 수 있다.[3]

---

2 「범죄예방 환경설계(CPTED) – 기반표준」은 2008년에 제정되어 2012년에 개정되었다. 이후 5년차가 되는 2017년에 이에 대한 특별한 내용수정 및 변경은 하지 않고, 표준서 서식 등에 대한 변경은 이루어졌다. 이하 국가표준인증 종합정보센터(https://standard.go.kr/KSCI/portalindex.do)의 「범죄예방 환경설계(CPTED) – 기반표준」의 내용을 중심으로 살펴보기로 한다.

3 현재 「범죄예방 환경설계(CPTED) – 기반표준」은 5, 6, 7단계를 중심으로 하고 있으며, 1, 2, 3, 4단계는 다른 관련표준(향후 제정 예정)에서 다루고자 함.

● CPTED 적용단계 및 관련 내용

구분		단계	관계자	가능한 조치	규모
건축설계	1	일상적인 방범의식 고취: 물리적 변경 및 개선은 없음	점유자, 관리자, 경비보안요원 등	• 일상적인 활동 • 관리절차 • 사용/점유패턴 • 경비보안요원 배치 변화	소규모 ⇑
	2	방범장치 개선보안	• 민간경비보안업체 • 보안컨설턴트 • 보안설비전문가 • 건설사업자 등	• 보안장비: 잠금시스템, 경보기, CCTV, 경비조명, 접근통제센서 등	
	3	건축물 개선 및 변경	• 건물주/점유자 • 시설관리자 • 개발사업자 • 건축가 • 건설사업자 등	• 내부개조와 소규모 확장 • 창문과 출입문 교체 • 울타리 교체 등	
	4	새로운 건물 설계	• 건물주, 입주예정자 • 개발사업자 • 건축가 • 건설사업자 등	건물설계와 주변환경과의 관계 고려	
도시설계	5	대규모 개발: 쇼핑센터, 주택, 산업단지 개발 등	• 건축가 • 개발사업자 • 건설사업자 등	• 건물군 • 주차시설 등 구획과 차량 • 보행자 이동계획 등	⇓ 대규모
	6	공공장소에서의 안전증진	• 도시계획가 • 지방자치단체: 대중교통, 공원 등 • 지역단체 등	• 공공시설의 위치 • 개방공간 조경작업 • 도로 조명시설 등	
	7	지구단위의 계획	• 도시계획가 • 개발사업자 • 지역단체 • 지방의원 • 지방자치단체 등	점진적인 재개발과 근린주구의 개선	

② **지역 및 시설의 유형**: 도시지역과 도시계획의 규모는 위의 표 5, 6, 7단계를 참조하여 파악할 수 있다. 이러한 기준에 따라 3종 지역과 4종의 시설 등으로 구분할 수 있다.

한편, 이러한 지역과 시설들은 복합적으로 나타날 수 있다. 예컨대, 주거지역은 대부분 학교와 청소년시설, 상점과 작은 공원 등이 함께 들어서 있기 때문이다(이 밖에도 공공시설/국가중요시설 등을 포함할 수 있을 것이다).

　ㄱ 주거지역

　ㄴ 상업지역

　ㄷ 공업지역

　ㄹ 학교/청소년시설

　ㅁ 쇼핑센터/소매점

　ㅂ 공원

　ㅅ 대중교통시설

　ㅇ 공공시설/국가중요시설 등

그리고 이상과 같은 지역과 시설들은 신규 도시환경과 기존 도시환경에 위치하게 되는데, 이러한 도시환경에 따라 범죄위험평가 방법은 차이가 있다고 본다.

● 지역과 시설 유형에 따른 CPTED 적용 방법

구분	신규환경	기존환경
적용대상	새로운 환경에 대한 개발계획	기존 도시환경의 방범인프라 개선
조사방법	범죄영향평가	범죄분석

즉, 새로운 도시환경은 아직 구체적으로 어떠한 범죄문제(실태 및 두려움 등)가 있는지를 파악하는 것은 어렵기 때문에 대신 기존의 다른 유사한 지역에서 발생하는 범죄문제 등을 고려한 범죄영향평가(CA: Crime Assessment)를 할 필요가 있다.

그리고 기존의 도시환경에 대해서는 공식범죄통계, 범죄피해조사, 주민설문조사, 관찰조사, 피해자 및 범죄자 면담조사 등의 방법을 토대로 적절한 범죄분석(CR: Crime Review)을 해야 한다.

(2) 대상: 문제의 확인

그 지역의 특성을 확인힌 후 나음 단계는 해당 지역에서 발생하는 범죄문제가 무엇인지(범죄분석) 또는 해당 지역에서 장래에 발생하게 될 범죄문제는 무엇이 될지(범죄영향평가)를 예측하는 것이다. 이러한 범죄문제는 두 가지 범주로 나누어 볼 수 있다. 하나는 발생하는 범죄 그 자체이며, 다른 하나는 범죄에 대한 공포/두려움에 관한 것이다.

① 범죄: 도시환경 내에서 생활안전을 위협하는 범죄는 다음과 같은 7가지 형태로 유형화할 수 있다.[4]

　㉠ **침입강도/침입절도(주거 및 상업건물 등)**: 침입시도 포함

　㉡ **시설파손**(낙서, 쓰레기 무단투기 등 무질서 행위 포함)

　㉢ **폭력**
- 갈취/협박
- 폭행/강도(치상 및 치사)
- 상호폭행(싸움)
- 성폭행/성추행

　㉣ **차량범죄**
- 차량절도
- 차량 내 물건 및 부품절도
- 차량 파손 및 방화

　㉤ **절도**
- 상점 들치기
- 소매치기/날치기
- 공공기물 절도
- 기타

　㉥ **방화**

　㉦ **유괴/납치**
- 아동, 여성, 노약자 대상

② **범죄의 공포/두려움**: 범죄의 공포는 특정범죄의 피해자가 될 것으로 느끼는 감정(感情)을 뜻한다. 범죄공포는 '해당지역에 대해서 얼마나 안전하게 느끼는가?, 얼마나 두려움을 느끼는가?' 등과 관련된 설문조사(체감안전도 조사) 등을 통해 측정할 수 있다.

　이러한 범죄의 공포를 느끼거나 야기하는 장소 또는 지역은 실제 범죄가 발생하는 장소와 일정부분 연관성을 가질 수도 있지만, 전혀 그렇지 않은 곳에서도 주위의 여건에 따라 그러한 감정이 생길 수 있다. 이러한 범죄의 공포, 두려움, 불안을 야기하는 장소는 3가지 유형으로 나눌 수 있다.

　㉠ 공포 또는 두려움 유발 요소들이 만연한 장소(유흥가 주변지역 등)

　㉡ 관리가 잘 되지 않는 시설 또는 장소(빈집, 폐가 등)

　㉢ 도시설계에 문제가 많은 장소(감시, 가시성, 구역배치의 부실 등)

　㉣ 기타 불안한 주변요소들이 존재하는 장소

---

4 유럽표준 ENV 14383−2와 UN의 국제범죄피해조사(ICVS) 조사항목, 경찰청 5대 범죄, 형사정책연구원 한국범죄피해자조사 항목 등에서 다루는 대표적인 생활안전 침해범죄를 근거로 재구성하였으며, 이는 형법상 죄명과 일치하지 않을 수 있다.

(3) 주체의 확인: 관계자

　　기존의 도시 또는 새로운 도시가 건설된 지역에 범죄 및 범죄공포를 감소시키기 위해서는 관계자들의 참여가 필수적이다. 다음과 같은 참여 가능한 관계자들을 들 수 있다.

① 지방자치단체/의회(기초, 광역)
　　㉠ 지방자치단체(시청, 구청, 주민자치센터 등)
　　㉡ 지방자치의회
　　㉢ 건설 및 계획위원회(도시계획위원회 등)
　　㉣ 공공장소의 시설관리를 수행하는 부서 등

② 설계사와 도시계획가
　　㉠ 도시계획전문가
　　㉡ 건축전문가
　　㉢ 조경전문가
　　㉣ 토목전문가
　　㉤ 운송/교통전문가

③ 민간 또는 공공 개발업자/건축업자
　　㉠ 건축주, 정비사업조합
　　㉡ 국가 또는 지방자치단체, 공공기관, 정부출연기관, 주택사업공사, 건설업자, 회사 및 법인
　　㉢ 자산투자자(연금 펀드, 은행 등), 부동산투자회사, 자산관리회사, 건설사업관리자

④ 경찰
　　㉠ CPTED 담당 경찰관
　　㉡ 범죄피해자 지원 경찰관
　　㉢ 범죄자료 분석 및 처리 전문가
　　㉣ 공공안전, 치안관련 위원회(생활안전협의회, CPTED 지역체협의체 등)

⑤ 보안/위험 전문가
　　㉠ 범죄예방 및 CPTED 관련 대학교수 등 이론가
　　㉡ 민간보안업체 및 컨설턴트
　　㉢ 보안회사 등

⑥ 개인/조직
　　㉠ 거주자
　　㉡ 건물 소유주
　　㉢ 소매상인, 점원, 학교 교직원 등

3. 「CPTED 표준」의 실행전략

도시(기존도시 및 새로운 도시)에 내재한 지역적 특성과 범죄 및 여러 안전관련 문제를 분석함으로써 해당 지역의 범죄문제 등을 예방 또는 감소시킬 수 있는 전략들을 도출해 낼 수 있다. 그리고 이러한 전략들을 바탕으로 구체적인 기법을 마련할 수 있다. 예컨대, 구체적으로 특정지역의 거리의 조명을 개선한다거나 감시시스템을 강화하는 것 등을 들 수 있다.

이러한 CPTED 전략과 기법을 통해서 일정한 수준의 성과를 기대할 수 있을 것이다. 물론 이러한 CPTED적 접근방법이 어떤 도시가 안고 있는 범죄의 근본적인 원인이 되는 조건들(실업, 빈곤, 가정 붕괴, 마약, TV나 영화의 폭력성, 경찰 및 민간경비 자원의 한계 등)에는 직접적인 영향을 미칠 수는 없다고 본다. 다만, 적절한 CPTED 설계 및 적용을 통해서 범죄발생과 범죄의 공포/두려움을 일정부분 경감하는데 도움을 줄 수 있다고 본다.[5]

1) CPTED의 3가지 범주과 15가지 실행전략

「CPTED 표준」은 이의 적용범위를 ① 도시계획, ② 도시설계, ③ 도시관리 범주로 구분하였다. 그리고 도시계획은 4가지 실행전략, 도시설계는 5가지 실행전략, 도시관리는 6가지 실행전략을 각각 가지고 접근할 수 있다.

도시계획과 도시설계는 신도시(新都市, New town)와 같은 신규 도시환경과 관련성이 크며, 도시관리는 기존 도시환경의 정비 및 유지(즉, 도시재생 내지 도시재개발)와 관련이 있다고 할 수 있다.

(1) 도시계획 범주

도시계획(Urban planning) 범주는 다음의 4가지 전략을 가지고 접근할 수 있다.

① 기존 도시환경의 사회적·물리적 구조의 계승·고려·존중: 기존에 존재하는 해당 도시의 사회적·물리적 구조는 도시환경 내지 문화의 근간이 되기 때문에 이를 전적으로 배제 또는 제거하기보다는 가능한 한 수용하는 것이 바람직하다고 봄. 그리고 이러한 도시환경에 존재하는 사회집단의 비공식적 범죄통제 메커니즘을 최대한 활용하여 협력치안 파트너십을 구축하도록 함

---

5 CPTED가 범죄의 근원이 되는 조건들을 전혀 개선할 수 없는 것은 아니라고 본다. 물론, 이를 위해서는 제2장에서 제시한 '지속가능한 도시발전' 패러다임의 실천이 전제된다. 즉, 범죄예방 환경설계에 의한 그 성과가 보다 높게 나타나기 위해서는 거시적 관점에서 제시한 '지속가능한 도시발전' 패러다임을 정립하고, 국가와 지방자치단체 및 관련 유관기관을 중심으로 일정한 접근모형을 개발·제시되어야 할 것이다. 이를 통해 경제와 환경, 그리고 사회의 역학관계 속에서 특히, 사회적 형평성과 삶의 질 개선을 모색할 수 있는 대안이 제시될 수 있다면, 범죄의 근원이 되는 조건 역시도 개선할 수 있을 것이라고 생각된다.

② **도시의 활동성(liveliness) 증진:** 시설물의 본래의 기능과 미적(美的) 요소 등이 조화롭게 융합되도록 설계하여 이용자들의 활동성이 증대될 수 있도록 함

③ **용도의 혼합·복합사용:** 사회경제적 집단 간의 적절한 혼합을 통한 특정 집단의 고립과 분리의 최소화 하도록 함. 즉, 주거시설(민간주택, 공영주택, 단독주택 등), 상업시설, 공공시설, 여가시설 등을 따로 따로 배치하지 않고, 적절하게 섞어서 배치함으로써 다양한 사람들이 이용할 수 있도록 함

④ **적절한 도시밀도 유지:** 너무 많지도 않고 너무 적지도 않은 도시의 인구규모 등을 확보·유지할 수 있도록 함. 이를 통해 지역구성원들 간에 공동체의식을 함양하는 한편, 사람이 거주하지 않거나 이용하지 않음으로써 생기는 유휴지(遊休地: 사용되고 않고 방치되어 있는 땅)를 최소화 하도록 함

　　이러한 전략을 통해 도시 규모와 그에 맞는 기능을 최대한 고려하고, 그러한 도시기능들을 적절하게 혼합함으로써 도시가 활기를 띠고, 더 나아가 사회통제, 주인의식, 연대감과 소유감 등을 고취할 수 있도록 한다.

　　그리고 이렇게 함으로써 기존의 도시환경에서는 범죄발생 및 범죄두려움을 감소시킬 수 있을 것이며, 새롭게 개발예정인 도시환경에서는 해당 지역이 가능한 한 빠르게 사회적 네트워크를 형성하고, 주변 도시지역과 자연스럽게 융화될 수 있는 환경을 조성할 수 있을 것이다.

(2) 도시설계 범주

　　도시설계(Urban Design) 범주는 다음의 5가지 전략을 가지고 접근할 수 있다.

① **가시성(Visibility):** 시야, 시야선(예컨대, 거주지와 공공장소 사이의 공간, 조명 등) 등 고려
② **접근성(Accessibility):** 방향성, 이동공간, 대체통로, 비인가자의 접근제한 등 고려
③ **영역성(Territoriality):** 인간관점의 규모·척도(human scale) 고려,[6] 명확한 공적·사적공간의 구획 등 고려
④ **매력성(Attractiveness):** 시설물의 이미지, 색, 재질, 조명, 소음, 냄새 등 고려
⑤ **견고성·강건성(Robustness):** 시설물의 출입문, 창문, 가로시설 등 고려

　　이와 같은 도시설계의 개별 전략의 목적은 도시민들 개개인이 어떠한 상황(특히, 범죄와 같은 위험상황 등)을 스스로 통제할 수 있는 가능성을 높이기 위한 것이다. 이렇게 함으로써 도시민들은 커

---

6 인간관점의 규모 내지 척도라는 것은 인간의 행태와 감각에 맞는 공간 구조·규모 등의 설계하여 이를 적용하는 것을 말한다. 예컨대, 어떠한 공간적·장소적 특성과 어울리지 않은 거대한 또는 기묘한 건축구조물 등은 사람들에게 거부감·위화감, 그리고 불편함 등을 줄 수 있기 때문에 지양할 필요가 있다(이에 대한 내용은 제8장 참조) 다음백과(http://100.daum.net/encyclopedia).

뮤니티 내에서의 사회적 통제와 주인의식을 강화할 수 있고, 결과적으로 범죄 내지 반사회적 행위에 적절하게 대응할 수 있는 도시환경이 형성될 수 있을 것이다.

(3) 도시관리 범주

도시관리(Urban Management) 범주는 다음의 6가지 전략을 가지고 접근할 수 있다.

① 범죄대상물의 강화 및 범죄위험요소의 제거
② 유지: 건축된 시설물을 정상적인 상태로 유지
③ 감시: 순찰, CCTV 모니터링 실시 등
④ 규칙: 공공장소에서의 부적절한 개인행동(낙서, 금연장소에서의 흡연, 쓰레기 무단투기 등)에 대한 공공 규칙 제정 등
⑤ 취약 집단 보호: 특정한 취약 집단(예컨대, 가출청소년, 미혼모, 노숙자, 부랑자, 마약·알콜 중독자 등)에 대한 지원시스템 구축
⑥ 범죄예방 홍보: 대중에 대한 범죄예방 메시지 및 행동요령 안내·지도 등

사실, 어떤 도시지역도 범죄 및 무질서 문제로부터 자유롭지 못하다고 볼 수 있다. 따라서 모든 도시는 도시안전을 위한 적절한 관리전략과 대응방법을 모색하고, 이를 적절하게 적용해야 한다. 이를 위해서는 관계기관, 관련전문가, 주민 등의 적극적인 관심과 참여가 요구되며, 여기에 적절한 물리적인 요소(감시 및 통제시스템)의 적용이 이루어져야 한다고 본다.

생각건대, 관리전략은 특히 기존 도시환경에서 범죄문제를 해결하고자 할 때 중요하다고 본다. 기존 도시환경은 도시계획과 설계에 의한 CPTED의 실행이 다소 제한되어 있기 때문이다. 다만, 신규 도시개발의 경우에도 지속적이고 효과적인 도시안전을 확보하기 위해서는 적절한 관리전략이 요구된다.

위에서 제시된 관리전략들은 몇 가지 기법들을 통해 실행될 수 있다. 예컨대, 접근성 전략은 도시구획 지침, 보행망, 교통망, 건물의 입구 배치 등을 통해 가능하다. 그러나 문제는 구체적 상황 속에서 어떠한 기법이 선택되어야 하는지에 관한 것이다. 이상에서 제시한 CPTED 3대 범주와 15대 실행전략을 요약하면 다음과 같다.

CPTED 3대 범주와 15대 실행전략

범주(3)	전략(15)	내용
도시 계획	기존환경 계승	기존에 존재하는 사회적, 물리적 구조의 존중 및 반영
	활동성	시설물 및 환경요소의 기능과 미적 요소가 복합되도록 계획하여 이용자의 활동성 제고
	복합사용	사회경제적 집단 간의 혼합, 특정 집단의 고립 최소화
	밀도	• 공격성과 긴장을 유발하는 초고밀(인구, 차량)의 지양 • 초저밀로 인해 버려진 공간(불용공간) 방지의 최소화
도시 설계	가시성	• 건물이 전체적으로 개방적인 형태로 설계됨 • 개방적 조경 및 식재(교목 및 관목의 높이 유지) • 적절한 야간조명(군제도, 조도, 연색성) 및 조명 간섭요소 최소화
	접근성	• 범죄자의 접근제한(게이트, 펜스, 식재 등) • 보행루트 등의 명확하고 안전한 방향성(고립/함정공간 설계지양) • 적절한 안내표시체계(signage) • 안전한 보행동선, 충분한 피신(대체)루트(alternative route)
	영역성	• 주차장 등 시설/공간규모의 적절성(human scale) • 분명한 공적/사적공간의 구획표시: 단차, 바닥패턴의 변화, 식재, 상징적 문주 등으로 버퍼(buffer) 형성
	매력성	시설물의 첫인상, 색, 재질, 조명, 소음, 냄새 등 미관과 매력요소 갖추도록 함
	강건성	파손에 강한 가로시설물, 건축시설물 등
도시 관리	대상물 강화/제거	• 강건한 재질의 방범창살/셔터/유리/잠금장치 설치 • 절도/파손 피해 우려 시설물의 제거(눈에 안 띄게)
	감시	• 경찰 및 자율방범대와 같은 민간차원의 적절한 순찰 • CCTV 감시(비상벨 포함) 등
	유지보수	• 청결유지, 파손시설의 신속한 보수
	공공규칙	• 공공장소 흡연/음주/무질서 통제를 위한 규칙 마련과 단속
	취약 집단 보호	• 청소년, 노약자 보호 • 노숙자, 부랑자, 알콜중독자 등 쉼터 제공
	방범경고 홍보	• 대중 범죄예방 캠페인 • 경고 메시지 및 행동준칙 홍보(플래카드, 안내 홍보판 등)

출처: 박현호(2014), 범죄예방 환경설계: CPTED와 범죄과학, 서울: 박영사, pp. 226~227.

2) CPTED의 전략적 선택방법

그런데, 모든 CPTED 실행전략이 모든 상황과 모든 범죄에 효과적인 것은 결코 아니라고 본다. 각각의 전략들은 구체적인 상황 속에서만 도움이 되거나, 구체적인 형태의 범죄와 무질서를 예방 또는 감소할 수 있다고 본다. 따라서 일정한 도시환경 속에서 일정한 범죄문제에 대한 기대효과의 수준에 따라서 각각의 전략들을 선택할 수 있어야 한다(그리고 이러한 제시된 범주와 전략 외의 추가적인 사항들도 항상 고려할 수 있어야 할 것이다).

구체적인 기법으로 구성된 전략들은 장소, 시간, 예산, 그리고 선호도에 따라 선택되지만, 최종적인 CPTED 전략이나 기법들은 이를 실행하는 작업 집단(WG: Working Group)에 의사결정에 의해서 이루어질 것이다.

4. 「CPTED 표준」의 실행과정

「CPTED 표준」에 의한 실행과정은 크게 준비단계, 실행단계, 평가 및 환류단계로 구분할 수 있다.

그리고 CPTED의 성과가 극대화되기 위해서는 가능한 한 많은 관계자들이 참여하고, 적용대상이 되는 도시환경의 기본적인 특징(도시발전 수준 등)을 분석하고 아울러 해당 도시의 철저한 범죄조사(범죄분석 또는 범죄영향평가 등)가 이루어져야 할 것이다(도시발전수준의 평가 및 범죄위험평가 등에 대해서는 뒤에서 살펴보기로 한다).

1) 준비단계

(1) 책임기구의 설정

CPTED를 실행하기 위해서는 먼저 책임기구(RB: Responsibility Body) 또는 책임기관이 정해져야 한다. 책임기구는 새로운 도시환경이나 기존의 도시환경에 대한 개발 또는 개선을 허가할 수 있는 권한의 주체를 말한다. 일반적으로 지방자치단체 등이 이에 해당된다.

이러한 책임기구는 앞에서 살펴본 CPTED의 3대 핵심요소라 할 수 있는 장소(Where), 대상(What), 주체(Who)를 확인하고 결정하는 과정에서 그 역할이 시작된다. 보다 구체적으로 본다면, 책임기구는 범죄 및 범죄두려움을 감소시키기 위해 도시계획 등을 수립하는 과정에서 CPTED 실행을 위해서 다음과 같은 역할을 하게 된다.

① 도시안전 목표 수립
② 도시안전 정책 수립

③ 범죄분석(CR) 또는 범죄영향평가(CA) 실시

④ CPTED 안전기준 정립

⑤ CPTED 실행을 위한 인력과 예산 확보 등

기존 도시의 재개발·재건축 등 환경을 개선할 때 또는 신도시를 위한 구체적인 도시계획 및 개발계획을 수립할 때, 이들 책임기구는 계획하고 공표했던 도시안전 목표의 기준치를 달성하기 위해 일련의 절차를 진행하게 될 것이다. 그리고 책임기구는 다른 책무와 관계없이 중립적 위치에 있는 CPTED 책임자를 임명하여 그로 하여금 일정한 권한과 책임을 부여해야 한다.

(2) 사업계획의 공표

CPTED 책임기구의 대표는 도시환경에서 범죄와 범죄 두려움의 감소를 목적으로 하는 일련의 거시적인 사업계획을 수립해야 한다. 그리고 대상 도시지역에서 미래의 안전을 달성하기 위하여 관계자들의 참여를 통해 수립된 세부목표를 공표해야 한다.

이러한 사업계획의 공표 내용 속에는 사업진행을 위한 일반적인 지침도 포함되도록 하는 것이 바람직하다. 예컨대, 각 단계별 마감시간, 문서작업, 예산/인력, 기술적 지원 및 관련 법규 등을 포함한 지침 등이 이에 해당된다.

(3) 작업그룹의 구성

CPTED가 실행되기 위해서는 관련 전문가를 중심으로 한 작업그룹(WG)이 구성되어야 한다.

여기에는 범죄학 및 경찰학자, 공공기관 및 민간분야의 관련전문가, 도시설계 및 건축설계 전문가, 그리고 재건축·재정비, 유지관리 등에 관계된 전문가들 역시 포함될 수 있을 것이다. 또 전문가는 아니지만 지역사회의 주민과 사회적 약자 등 일반인들과 함께 공청회(公聽會) 등을 개최하여 관련 범죄문제에 대한 인식하고 정보를 공유하는 것도 의미가 있다고 본다.

한편, 작업그룹의 업무의 접근방법에는 2가지가 있다. 원칙적으로 통합적 접근방법(직접적 참여방법)에 의하는 것이 바람직하지만, 불가피한 경우에는 대안적 접근방법(간접적 참여방법)을 적용할 수 있다.

① **작업그룹의 기본계획서 작성**: 작업그룹은 CPTED 실행을 위한 목표 및 업무를 설정한 관련 기본계획서를 작성해야 한다.

　㉠ **안전·보안 목표 설정**: 측정 가능한 목표를 말하며, 책임기구가 공표한 안전·보안 정책과 일관성을 유지하도록 함

　㉡ **실행절차 설정**: 계획과 조직화를 포함하여 누가, 무엇을, 언제, 어떻게 할 것인지를 결정

ⓒ 책임과 권한의 설정: 모든 참여자의 역할에 따른 책임과 권한의 설정

ⓔ 기록 및 관리: 사업관련 진행과정, 실행, 유지, 평가관련 적절한 기록 및 유지관리

② 협의체제 구축: 책임기구뿐만 아니라 작업그룹 또한 협의체를 구축하여 상호간에 긴밀한 연락을 취하고 정보를 교환하도록 해야 한다. 각 분야의 전문가들의 역량을 하나로 응집했을 때, 최대한의 성과를 낼 수 있기 때문에 이는 매우 중요한 요소이다.

2) 실행단계

① 1단계: 범죄분석 또는 범죄영향평가

CPTED 실행의 첫 단계는 대상이 되는 도시의 범죄분석 또는 범죄영향평가에서 시작된다.[7] 이러한 범죄분석 및 범죄영향평가는 해당 도시의 범죄위험성(범죄현황 및 두려움)을 진단·평가하는 것을 의미한다. 물론, 기존도시의 범죄를 분석하거나 새로운 도시의 경우, 장래 발생 가능한 범죄를 평가하는 방법은 일정부분 다르다고 본다.

구체적으로 범죄지리정보시스템(GIS)를 활용한 범죄지도 작성(Mapping Crime), 범죄피해자조사, 범죄자 면담조사, 범죄조사 등 다양한 조사분석기법을 활용하도록 한다. 그리고 이러한 결과에 대해서는 책임기구와 논의되어야 할 것이다.

② 2단계: 실행방향 및 세부목표 설정

CPTED를 실행하는 작업그룹은 구체적인 안전·보안관련 세부목표 및 일정을 좀 더 구체적이고 명확하게 정의해야 한다. 아울러 작업그룹은 이러한 안전·보안관련 세부목표를 가능한 한 계량화하여 설정해야 한다.

이러한 진행과정을 좀 더 현실적으로 수행하기 위해서는 적용대상이 되는 도시와 유사한 환경을 가지고 있는 도시 또는 지역을 비교·연구하여 얻어낸 범죄 등 관련 정보를 활용하는 것도 고려할 수 있을 것이다. 즉, 작업그룹은 이러한 비교를 통해서 성과목표를 '동일한', '최소 몇 % 개선된' 등으로 표시할 수도 있을 것이다.[8]

③ 3단계: 추진계획서 작성

작업그룹은 이상과 같은 CPTED 실행방향 및 세부목표 설정을 토대로 추진계획서를 작성해

---

7 지속가능한 도시발전을 위해서는 이러한 범죄분석 또는 범죄영향평가 이전에 기본적으로 해당 도시의 발전수준 또는 발전가능성을 진단·평가하는 것이 선행되어야 한다. 이는 거시적 관점과 중시적·미시적 관점을 포괄하는 총체적 도시진단이 이루어져야 함을 의미한다.

8 예컨대, 「범죄예방 환경설계(CPTED) 표준」을 적용한 지역에 입주한 후, 적용되지 않은 타 지역에 비해 '침입강도/절도, 폭력 등 7종의 범죄를 ○% 감소시키고, 주민의 주거 안전도를 ○% 향상시킴' 등의 형식으로 표시할 수 있을 것이다.

야 한다. 이러한 계획서는 CPTED를 실행하는 구체적인 전략·방법을 수립하기 위한 것이라 할 수 있다. 작업그룹은 다음과 같은 내용을 담은 계획 초안(草案)을 작성해야 한다.

- ㉠ 해당 도시의 범죄문제에 대한 대비책을 수립하지 못한다면, 미래에 어떠한 일이 발생할 것 인지에 대한 시나리오를 작성하여 검토(1단계에서 언급한 범죄분석 또는 범죄영향평가를 통해 추론)
- ㉡ 세부목표가 달성되지 못할 가능성
- ㉢ 2단계에서 설명한 안전·보안 세부목표를 달성할 수 있는 효율적인 전략
- ㉣ 추진할 구체적인 CPTED 기법들
- ㉤ 요구되는 관련 비용
- ㉥ 제안된 CPTED 기법의 기대효과(성과 평가)
- ㉦ 세부목표를 달성하지 못하여 달성하지 못할 잠재적 위험요소들
- ㉧ 기타

　　작업그룹은 책임기구 및 모든 관계자들에게 이러한 계획을 공표하고, 이를 통해 관련내용을 공유할 수 있어야 한다.

④ 4단계: 책임기구의 의사결정

　　책임기구는 작업그룹이 제시한 CPTED 전략 및 방법을 검토하여 이에 대한 어떠한 의사결정(意思決定)을 해야 한다. 또한 책임기구는 작업그룹이 제시한 CPTED 계획의 어떤 측면을 부각시키거나 또는 추가해야 할지에 대해서도 결정을 내릴 수 있을 것이다. 이러한 경우, 작업그룹은 책임기구의 결정에 따라 부가적인 작업을 수행해야 하고, 책임기구는 이에 따라 새롭게 바뀐 방향 및 세부목표들을 제시할 것이다. 이렇게 되면 절차의 진행이 다시 2단계(즉, 실행방향 및 세부목표)로 다시 돌아가서 시작될 것이다.[9]

　　책임기구는 CPTED 전략/대책 등에 관하여 최종 결정을 내리게 되면, 이에 대해서 모든 관계자들의 서명을 받거나 협약(MOU)을 체결하여 사업의 준비를 완료하도록 한다.

⑤ 5단계: 사업의 착수와 실행

　　4단계에서 의사결정된 CPTED 내용에 대해서 이를 착수하고 본격적으로 실행하도록 한다.

3) 평가 및 환류단계: 모니터링/감사, 수정/피드백

　　사업 진행과정에서의 부적절성 또는 예기치 못한 외생변수 등이 발생할 수 있기 때문에 실행

---

9 이렇게 책임기구와 작업그룹의 의견이 일치하지 않을 경우, 다시 접근과정이 다시 이루어져야 하는 번잡하고 비효율적인 문제가 발생하게 된다. 이는 사업을 시작하는 과정에서 책임기구와 작업그룹 상호간의 원활한 의사소통이 이루어지지 못했거나 또는 새로운 위험요소를 미처 발견하지 못한 점 등에서 비롯된 것이라 할 수 있다.

되고 있는 CPTED에 대한 지속적인 모니터링이 이루어져야 한다.

그리고 감사에서는 제2단계에서 기술한 안전·보안 세부목표가 달성되었는지를 조사한다. 감사 내용은 이전의 감사 결과를 평가하는 것뿐만 아니라 감사대상 프로세스와 지역의 중요성·상태 등을 고려하여 접근해야 한다. 이러한 감사의 기준, 범위, 빈도와 방법 등에 대해서도 정하고, 감사

● 범죄예방 환경설계(CPTED) 표준의 실행과정

범 주		진행과정
준비단계		책임기구(RB)의 설정
		⇩
		책임기구의 사업계획 공표
		⇩
		작업그룹(WG)의 구성
		⇩
실행단계	1단계	도시발전단계 진단 범죄분석 또는 범죄영향평가 기존 도시·신도시
		⇩
	2단계	실행방향 및 세부목표 설정
		⇩
	3단계	추진계획서 작성
		⇩
	4단계	책임기구의 의사결정
		⇩
	5단계	사업의 착수와 실행
		⇩
평가 및 환류단계		평가·감사
		⇩
		수정 및 환류(Feedback)

출처: 국가표준인증 종합정보센터(https://standard.go.kr/KSCI/portalindex.do)의 「범죄예방 환경설계(CPTED) - 기반표준」, p. 13 재구성.

위원을 선정하고, 감사를 수행하는 과정에서 객관성과 공정성을 확보해야 한다. 감사의 기획, 수행, 결과보고, 기록유지의 책임과 요건들은 모두 문서화 하도록 한다.

한편, 기존의 도시재건축 내지 재개발과정에서 CPTED를 적용한 후에도 여전히 범죄문제가 해결되지 않는 경우(제2단계에서 기술한 방향·세부목표 참조), 그리고 신도시 개발 후 CPTED에서 정한 범죄문제 관련 세부목표를 달성하지 못하는 경우가 발생할 수 있다. 이에 대해 책임기구는 이러한 상황의 재발을 막기 위해서 범죄문제와 기법 간의 불일치 원인을 분석하는 피드백을 통해 적절한 개선조치를 강구해야 한다. 예컨대, 추가적인 CPTED 대책을 수립하는 등의 조치를 취하는 것 등을 들 수 있다. 이상과 같은 「범죄예방 환경설계 표준」의 실행과정을 요약하면 다음과 같다.

SECTION 02 도시발전 상태의 진단과 범죄위험의 평가

1. 도시발전 상태의 진단

제2장에서 논의한 바와 같이 도시발전은 양적 성장과 질적 성장 두 가지 요소가 동시에 달성될 때 가능하다고 본다. 프리드만과 알론소(Friedmann & Alonso, 1975)가 지적한 것처럼 도시발전은 양적 성장을 통해서 그 효율성을 성취하는 동시에 재분배를 통하여 소득분배의 형평성을 촉진하여야 한다. 즉, 거시적인 관점에서 볼 때, 도시발전의 의의는 물질적으로 풍요로운 사회가 이루어지고, 총량적 성장의 개념을 넘어서 성장의 해택이 사회적으로 공평하게 돌아가도록 하는 것을 말한다.[10] 그러나 그동안의 도시발전 방식은 물질적 풍요로움이 먼저 달성되어야 사회전체에 혜택이 돌아간다는 이른바 '낙수효과'(落水效果, trickle down effect)라는 미명하에 형평성보다는 양적 성장을 우선시 해왔던 것이 사실이다.[11]

그렇다면, 도시발전과 관련하여 보다 구체적으로 어떠한 유형화할 것인가? 이를 위해서는 먼저 어떠한 지표를 기준으로 할 것인지를 파악해야 할 것이다. 주지한 바와 같이 도시발전 정도는 해당 도시의 경제적 수준, 인구 규모와 같은 양적 요소뿐만 아니라 비롯하여 역사, 문화, 사회 등 질적 요소를 모두 고려해야 한다고 본다.[12]

그런데, 양적 도시발전 요소는 계량화가 어느 정도 가능하지만 질적 도시발전 요소는 이의 계

---

10 송주연(2014), "한국의 도시성장과 사회적 지속가능성에 관한 연구", 대구대학교 박사학위논문, p. 39 재인용.
11 위의 논문, p. 39.
12 김종완(2004), "인구변화에 따른 도시성장요인 분석에 관한 연구", 조선대학교 박사학위논문, p. 7.

량화가 어렵기 때문에 분석·평가가 쉽지 않다는 한계가 있다(그러나 이러한 질적 요인이 지속가능한 도시발전 내지 사회적 지속가능성과 밀접한 관련성을 갖기 때문에 간과하지 않을 수 없다). 따라서 기본적으로 양적인 도시발전 요소를 중심으로 유형화하고, 그러한 상태에서 질적인 도시발전 요소를 가능한 한 분석·평가하는 통합적 방법을 모색할 필요가 있다고 본다.

1) 양적 요소에 의한 도시발전 유형화

전통적으로 경제적 수준과 인구 규모는 도시의 양적 발전 측면에서 중요하게 간주되어온 요인이라고 할 수 있다.[13] 도시의 경제적 상황은 도시발전을 위한 일차적 요인일 뿐만 아니라 발전의 정도를 파악하는 중요한 기준이 되기 때문이다. 또한 도시의 경제적 성장은 인구유입을 유발하여 인구증가를 가져오고, 인구는 다시 도시의 경제발전을 촉진시키는 주요 동인(動因)으로서 기능한다.[14]

즉, 경제가 발전된 도시 또는 지역일수록 인구성장의 잠재력이 크다고 할 수 있다. 이러한 점에서 볼 때, 경제적 성장과 인구의 증가는 매우 밀접한 관련성을 가지고 있다고 볼 수 있다.

그렇다면, 이러한 경제적 성장 및 인구의 증가를 가지고 어떻게 도시발전의 정도를 분석·평가할 것인가 하는 것이 관건이다. 이를 위해서 이와 관련된 일정한 지표를 정하고 그 수준에 따라 등급화(等級化) 함으로써 발전 정도를 진단할 수 있을 것이다. 그리고 이러한 등급화를 통해서 개별 도시단위에서 접근할 때 간과하기 쉬운 전체성과 도시전체를 하나로 묶으면 간과하기 쉬운 구체성 및 특수성을 함께 볼 수 있다는 점에서 유용하다고 본다.

이러한 관점(즉, 경제성장과 인구성장)에서 송주연(2014)은 2014년 현재 행정구역을 기준으로 전국 시(市)급 75개 도시를 대상으로 분석한 바 있다.[15] 아래에서는 이를 중심으로 접근방법과 관련하여 간략하게 살펴보기로 한다.

(1) 경제성장률

경제성장(EG: Economic Growth)과 관련하여 평가 지표 가운데 하나인 '지역내총생산'(GRDP:

---

13 홍현옥(1998), "한국 도시성장의 유형화에 관한 연구", 단국대학교 박사학위논문.; 김종완(2004), 위의 논문.; 송상열(2007), "비성장형도시의 쇠퇴원인 분석과 도시재생 방안에 관한 연구", 강원대학교 박사학위논문.; 하재룡(2009), "한국 중소도시의 성장유형과 성장요인에 관한 연구", 전북대학교 박사학위논문.
14 송주연(2014), 앞의 논문, p. 47.
15 이와 관련된 구체적이고 세부적인 내용은 이 논문을 참조하기 바란다. 송주연(2014)은 이 연구에서 도시규모의 영향력을 고려하여 특별시와 광역시는 제외하였고, 시(市)급 도시 중에서 도시발전의 정도가 상대적으로 저조한 군(郡) 단위지역도 제외하였다. 그리고 시급 도시 중에서 세종시와 계룡시는 제외하였다. 2012년에 출범한 세종시는 인구 유입으로 인한 인구의 사회적 변동이 매우 큰 지역이고, 계룡시는 인구가 5만 명 미만이기 때문에 행정적인 시 기준에 미달(지방자치법 제7조 단서)된다. 위의 논문, p. 4.

Gross Regional Domestic Product)을 기준으로 할 수 있다.[16]

이러한 GRDP의 평균과 표준편차를 기준으로 다음과 같이 경제 고성장(EG⁺), 경제 성장(EG⁰), 그리고 경제 저성장(EG⁻)로 3등급화 할 수 있다.[17]

① 경제 고성장 유형: 먼저, 경제 고성장 유형(EG⁺)은 성장률이 평균과 표준편차 값을 더한 값인 45.1%보다 큰 지역으로 전체도시 가운데 GRDP 증가율의 값이 매우 높은 지역을 말한다.

② 경제 성장 유형: 그리고 경제 성장 유형(EG⁰)은 고성장 유형(EG⁺) 값보다는 작지만 평균보다 크거나 같은 지역으로 GRDP 증가율이 비교적 양호한 지역이라 할 수 있다.

③ 경제 저성장 유형: 마지막으로 경제 저성장 유형(EG⁻)는 GRDP 증가율이 평균 27.0%보다 작은 곳으로 경제성장이 저조한 곳을 말한다.

(2) 인구증가율

송주연(2014)은 인구증가와 관련하여 크게 '절대적 증가'와 '절대적 감소'를 기준으로 2단계로 분류한 후, 다시 세부적으로 4단계로 분류하였다.[18]

먼저, ① 절대적 증가 즉, 증가율이 0% 이상인 곳은 인구증가(PG: Population Growth), ② 증가율이 0% 이하를 보이는 곳은 인구감소(PD: Population Decrease)로 2등급화 하였다.

다음으로 인구증가가 이루어진 도시(즉, PG)는 인구증가율 '평균 8.2%'를 기준으로 ① 평균보다 높은 지역은 'PG⁺', ② 증가율이 평균보다 낮은 지역은 'PG⁻'로 분류하였다. 그리고 같은 방법으로 인구감소가 이루어진 도시는 인구감소율 '평균 −1.9%'를 기준으로 ③ 평균보다 낮게 감소한 지역은 'PD⁻', ④ 평균보다 높게 감소한 지역은 'PD⁺'로 분류하였다.

---

16 ① 지역내총생산(GRDP: Gross Regional Domestic Product)은 전국 단위로 집계되는 국내총생산(GDP)와 대응되는 개념으로 각 시도별로 얼마만큼의 부가가치가 발생했는가를 생산측면에서 집계한 수치를 의미한다. 이는 일정기간 동안 일정한 지역에서 생산된 최종 생산물의 합계로서 각 지역의 경제규모를 파악하는데 있어서 유용한 자료가 된다. 한편, 지역에 관계없이 발생하는 국방부문, 수입관세 등은 지역단위의 계산에는 포함되지 않고 별도의 전국 합계치에서만 계산된다. 그리고 GDP와는 이용기초자료, 접근방법이 다르기 때문에 보통 4~5%의 차이가 발생한다. ② GRDP는 생산측면에서의 집계이기 때문에 발생된 소득이 어느 주민에게 얼마만큼 돌아갔는가를 나타내주는 분배측면의 소득과는 차이가 있다. 해당지역에서 생산이 얼마나 이루어 졌는지만을 나타낼 뿐 그 지역 주민들의 소득규모, 즉 1인당 분배소득을 나타내지는 않으므로 도내총생산량의 비교가 곧바로 주민들의 소득수준을 뜻하는 것은 아니다. 우리나라 통계청은 1985년 이후 GRDP를 작성해 왔으나 지역감정을 고려해 공개를 미루어 오다가 1993년부터 발표하기 시작하였다. ③ 그리고 GRDP는 기본적으로 광역시, 도 단위 수준에서 제공되어 왔지만, 2007년부터 전국 시군구 단위까지 공표되고 있다. 다음백과(http://100.daum.net/encyclopedia).; 송주연(2014), 앞의 논문, p. 48.

17 이하 위의 논문, p. 54.

18 이하 위의 논문, p. 54.

● 경제성장 및 인구성장률 산출방법

분석지표	변수	산출방법
경제성장	GRDP 증가율 (2007~2011)	$(GRDP_{2011} - GRDP_{2007})/GRDP_{2007} \times 100$
인구증가	인구 증가율 (2007~2011)	$(인구수_{2011} - 인구수_{2007})/인구수_{2007} \times 100$

출처: 송주연(2014), "한국의 도시성장과 사회적 지속가능성에 관한 연구," 대구대학교 박사학위논문, p. 49.

(3) 경제성장 지표와 인구증가 지표에 따른 도시 유형화

이상과 같은 경제성장 지표(3가지)와 인구증가 지표(4가지)를 세분화하여 함께 고려하면 12가지 유형으로 분류할 수 있다(다만, 경제 고성장 지역에 인구가 평균보다 높게 감소하는 경우는 기대하기 어려우며, 따라서 11개 유형으로 분류할 수 있을 것이다).[19]

● 경제성장 및 인구증가에 따른 도시 유형화 예(Ⅰ)

경제성장 〳 인구성장		경제 고성장 EG⁺	경제 성장 EG0	경제 저성장 EG⁻
증가 PG	PG⁺	용인, 아산, 당진 광양, 거제	파주, 화성, 양산	광명, 동두천, 과천, 남양주, 오산, 의왕, 하남, 안성, 김포, 광주, 양주, 김해
	PG⁻	서산, 군산, 문경 경산	성남, 충주, 제천, 천안, 구미	수원, 의정부, 부천, 평택, 안산, 고양, 시흥, 군포, 이천, 춘천, 원주, 삼척, 청주, 전주, 목포, 순천, 포항, 안동, 창원, 진주, 통영, 사천, 제주
감소 PD	PD⁻	여수	안양, 구리, 공주, 논산, 익산, 영천, 상주, 서귀포	포천, 강릉, 동해, 보령, 영주
	PD⁺	—	정읍, 남원, 나주, 경주	태백, 속초, 김제, 김천, 밀양

출처: 송주연(2014), "한국의 도시성장과 사회적 지속가능성에 관한 연구", 대구대학교 박사학위논문, p. 55.

---

19 위의 논문, p. 55.

분석을 보다 쉽게 하기 위해 인구증가 기준을 PG와 PD 두 가지로 적용하여 다시 5가지 유형(고성장 도시, 성장Ⅰ도시, 성장Ⅱ도시, 저성장 도시, 비성장 도시)으로 구분하여 정리하였다. 그리고 5가지 유형의 명칭은 도시발전의 1차적 요인인 경제성장을 우선적으로 고려하여 정하였다.[20]

① 고성장 도시: 고성장 도시(EG⁺/PG)는 경제가 고성장하고, 아울러 인구가 증가하고 있는 도시를 말한다.

② 성장Ⅰ도시: 성장Ⅰ도시(EG⁰/PG)는 경제가 고성장 하지는 않지만 일정부분 성장을 하고 있으며, 인구가 증가하고 있는 도시를 말한다.

③ 성장Ⅱ도시: 성장Ⅱ도시(EG⁰/PD)는 경제가 일정부분 성장을 하고 있지만 인구는 감소하고 있는 도시를 말한다.

④ 저성장 도시: 저성장 도시(EG⁻/PG)는 경제는 성장하고 있지 않지만(즉, 저성장), 인구는 증가하고 있는 도시를 말한다.

⑤ 비성장 도시: 비성장 도시(EG⁻/PD)는 경제가 성장하지 않고, 아울러 인구도 감소하는 도시를 말한다.

● 경제성장 및 인구증가에 따른 도시 유형화 예(Ⅱ)

	유형	해당도시	비고
1	고성장 도시 (EG⁺ / PG)	용인, 아산, 서산, 당진, 군산, 광양, 문경, 경산, 거제	9개
2	성장Ⅰ도시 (EG⁰ / PG)	성남, 파주, 화성, 충주, 제천, 천안, 구미, 양산	8개
3	성장Ⅱ도시 (EG⁰ / PD)	안양, 구리, 공주, 논산, 익산, 정읍, 남원, 나주, 경주, 영천, 상주, 서귀포	12개
4	저성장 도시 (EG⁻ / PG)	수원, 의정부, 부천, 광명, 평택, 동두천, 안산, 고양, 과천, 남양주, 오산, 시흥, 군포, 의왕, 하남, 이천, 안성, 김포, 광주, 양주, 춘천, 원주, 삼척, 청주, 전주, 목포, 순천, 포항, 안동, 창원, 진주, 통영, 사천, 김해, 제주	35개
5	비성장 도시 (EG⁻ / PD)	포천, 강릉, 동해, 태백, 속초, 보령, 김제, 김천, 영주, 밀양	10개

예외적으로 분류된 여수는 5가지 유형에서 제외함.
출처: 송주연(2014), "한국의 도시성장과 사회적 지속가능성에 관한 연구", 대구대학교 박사학위논문, p. 56.

---

20 이하 위의 논문, p. 56.

🔺 군산 공장폐쇄에 따른 경기침체와 인구변화

도시발전과 쇠퇴는 일정한 기간을 통해서 서서히 진행되는 것이 일반적이다. 그러나 경제 환경의 급격한 변화 등에 의해 빠른 속도로 진행되는 경우도 얼마든지 존재한다. 군산시의 경우가 대표적인 예(例)라 할 수 있다.

주지하는 바와 같이, 2018년 5월 자동차회사인 GM군산이 문을 닫았다. 2017년 7월 현대중공업 군산조선소가 폐쇄된데 이어 GM도 폐쇄된 것이다. 당시 GM은 군산시 총생산액의 약 20%를 차지하고, 수출에 있어서는 거의 50%를 차지한 경우도 있을 만큼 지역경제에 기여하는 비중은 절대적이었다. 당시 GM군산 및 협력업체 근로자는 약 1만 2,700여명, 근로자들과 가족들이 1년에 소비하는 돈이 약 1,400억 원이었다고 한다. 공교롭게도 이 시기에 군산의 아파트 입주물량도 역대 최대를 기록하면서, 부동산 경기 또한 최악의 상황으로 치닫게 되었다.

그렇다면, 2017년 7월과 2018년 5월 군산의 양대 대기업 공장 폐쇄에 따른 군산시의 인구변화 추세는 어떻게 되었는지 살펴보기로 하자(물론, 군산시 전체의 인구변화 원인을 이들 기업의 공장폐쇄와 직접적으로 관련시켜 정확하게 파악하는 것은 한계가 있다). 참고적으로 군산시 인구는 2013년 27만 8,562명으로 정점(頂點)을 찍은 후, 2019년 3월 현재 27만 1,955명(남자 13만 7,515명, 여자 13만 4,440명)에 이르고 있다.[21]

군산시의 2013년부터 2019년 현재까지의 인구증감률을 살펴보면, 2016년 초반까지는 감소하기도 하고 증가하기도 하였다면, 2016년 5월 이후부터 본격적으로 감소하기 시작하였다. 그리고 2017년과 2018년은 그 감소폭이 현저하게 나타났다.[22] 한편, 군산시는 2017년부터 출생자 수보다 사망자수가 더 많은 '자연인구 감소' 현상도 나타나고 있다. 그러나 총인구수의 감소폭에 비해서 자연인구 감소 정도는 미미한 수준이다.

요약건대, 군산시의 인구감소는 외부로의 인구유출(人口流出)에서 비롯된 것이라고 할 수 있다. 이러한 현상이 2017년에 현저하게 나타났는데, 인구이동 경로를 살펴보면 울산 동구, 울산 북구, 그리고 세종시 등으로 많은 인구가 빠져나간 것으로 나타났다. 울산에는 마포조선소가 있고, 현대중공업 군산 공장 폐쇄로 많은 사람들이 동종 업종 일자리를 찾아 떠난 것으로 분석된다.

따라서 그동안 군산시는 인구감소 문제를 극복하기 위해 기획예산과 내에 인구정책계를 신설하고 '인구정책기본조례' 제정을 비롯해 군산형 인구정책 아이디어 공모, 인구정책 시민토론회, 인구정책원회 구성 등 다양한 인구증가 방안을 추진하고 있다. 그러나 이러한 인구정책이 별 효과를 거두지 못하면서 종합적인 재점검에 나서야 한다는 지적이 나온다. 특히 전문가들은 적극적인 기업유치 등을 통한

---

21 군산시 인구는 2019년 3월 말 현재 27만 1,955명인데, 전달보다 274명 감소하였고, 올해에만 690명이 감소하였다. 전북일보(2019.04.08.).; 아시아뉴스통신(2019.04.22.).

22 군산시의 인구수가 감소하는 것에 반해 세대수는 꾸준히 증가하고 있다. 이러한 현상은 비단 군산시에 국한된 것은 아니다. 우리나라의 주요 도시들의 경우 인구수는 감소하고 있지만, 세대 분화 속도가 빠르게 진행되면서, 세대수가 증가하는 현상을 많이 보여주고 있다. http://blog.naver.com/PostView.nhn?blogId=calmwaves&logNo=221440990082.

일자리 창출은 물론 출산율 증가를 위한 특단의 조치가 필요하다는 의견을 제시하고 있다. 경기활성화와 출산율 증가가 관건인 셈이다.

출처: http://blog.naver.com/PostView.nhn?blogId=calmwaves&logNo=221440990082.
전북일보(2019.04.08.).

(4) 도시 유형별 경제구조 및 인구구조의 특징

① 도시 유형별 경제구조의 특징: 위에서 논의한 도시 유형별 도시발전의 핵심 요소인 경제성장과 관련하여 구체적으로 해당 도시에 어떠한 산업(産業)들이 중점적으로 형성 내지 활성화되어 있는지를 살펴보는 것도 의미 있는 일이다.

이러한 도시 유형별 경제구조를 특징짓는 관련 산업으로서 크게 1차 산업, 2차 산업, 3차 산업, 그리고 4차 산업으로 구분할 수 있을 것이다(도시의 경우, 1차 산업은 크게 관련이 없다고 본다). 그리고 이러한 구분 속에서 연구 목적에 맞게 다시 세분화 내지 조정하여 접근할 수 있을 것이다.[23]

② 도시 유형별 인구구조의 특징: 도시발전 요소로서 인구증가를 중요한 요소로 파악하였는데, 경제구조의 특징과 마찬가지로 단순히 외형적인 수치상의 인구증가로 접근해서는 안 된다고 본다. 도시 유형에 따라서 인구규모를 비롯하여 연령별, 성별 인구구조에서 일정한 차이를 보이고 있기 때문이다.[24]

---

23 이와 관련하여 송주연(2014)은 제조업, 도소매·운수·숙박음식업, 그리고 고차서비스업을 중심 분석하였다. ① 기본적으로 도시발전은 산업화를 기반으로 하기 때문에 2차 산업인 제조업(製造業)이 차지하는 비중은 매우 높다고 본다. 비록 산업화 초기에 비해 산업구조가 고도화되면서 제조업이 차지하는 비중은 점차 감소하고 있지만, 이는 도시에 경제적 부와 고용기회 증진 등을 가져다주는 중요한 요인이 된다. ② 산업구조가 고도화되면서, 3차 산업의 비중이 점차 높아지고 있다. 그러나 3차 산업은 다른 산업에 비해 매우 다양하고 광범위하다. 이 가운데 도소매·운수·숙박음식업은 3차 산업 중 가장 많은 사람들이 종사하고 있는 대표적인 업종으로 도시의 상업 활성화 정도를 나타내 준다. ③ 3차 산업 가운데 금융·보험업, 부동산·임대업, 전문서비스업 등으로 구성된 고차서비스업의 경우는 수요자의 접근도가 높은 대도시 지향업종이라는 점에서 타 산업과 구분된다. ④ 이 밖에도 공공·교육·복지서비스, 기타 서비스 업 등이 존재하는데, 이는 양적 도시발전보다는 질적 도시발전 등과 관련된다고 본다. 따라서 ④를 제외한 ①, ②, ③을 기준으로 하여 분석하였다. 송주연(2014), 앞의 논문, pp. 72~73.

24 인구규모가 큰 고성장 도시와 성장Ⅰ 도시, 저성장 도시 유형에서는 전형적인 도시 인구 피라미드 형태인 '별형'(30대~40대의 청장년층 경제생산 연령층이 두터움)을 보여주고 있다. 반면, 인구가 감소하고 있는 성장Ⅱ 도시와 비성장 도시는 이와는 대조적으로 '표주박형'(20대~30대 연령층이 빈약함, 이는 대학진학 및 직장초년생 등이 타지로 이동하는 것을 의미)에 가까운 모습을 보여주고 있다. 위의 논문, p. 92.

2) 양적 도시발전 유형별 질적 도시발전 요소 고려

이상에서 경제성장 및 인구증가 등을 중심으로 한 양적 도시발전에 대해서 살펴보았다. 산업화 이후 근대도시에 집중된 경제적 부는 도시발전의 원동력이 되었고, 경제성장의 이익을 향유하기 위한 많은 인구를 도시로 끌어들였다고 볼 수 있다.

그러나 도시의 양적 성장이 반드시 질적 성장을 수반하는 것은 아니다. 도시의 총량적인 부(富) 및 인구의 증가에도 불구하고 공평하지 못한 부의 분배, 획일적인 삶의 방식, 노동가치의 저하, 참여의 부재, 사회적 약자에 대한 배제와 단절 등으로 인해 질적 도시발전 문제가 끊임없이 대두되고 있기 때문이다.

이러한 질적 도시발전은 지속가능한 도시발전 요소 가운데 하나인 '사회적 지속가능성'과 밀접한 관련성을 가지고 있다. 개념적으로 사회적 지속가능성은 '도시민의 사회적 필요(social needs)를 충족시키고, 이를 통해 사회적 발전을 지속시키는 것'이라 할 수 있다. 도시민이 요구하는 사회적 필요에 대한 관심은 무엇보다도 인간답게 살기 위한 조건에 초점을 둔다는 점에서 '사람'이 중심이 된다. 이러한 점에서 사회적 지속가능성은 '인간 지향적'(people oriented) 관점이라 할 수 있다. 인간 지향적 관점은 사회적 화합과 통합, 삶의 질 등을 향상시키는데 주안점을 두고 사회적 불평등과 배제, 단절, 갈등 등은 감소시켜 궁극적으로 사회복지를 유지하고 증진 시키는데 있다.[25]

이러한 사회적 지속가능성 기본원칙과 관련하여 제2장에서 ① 형평성, ② 다양성, ③ 상호연계, ④ 민주성과 거버넌스, 그리고 ⑤ 삶의 질로 유형화 한 바 있다. 다만 이러한 사회적 지속가능성에 관한 연구와 관심이 증가하고 있음에도 불구하고 아직까지 이에 대한 어떠한 통일된 합의나 기준이 정립된 것은 아니다.

---

25 위의 논문, p. 101 재인용.; ① ㉠ 이러한 상황은 우리나라의 도시발전과정에서도 경험할 수 있다. 우리나라는 1960년대 초 구매력 평가 환율로 계산하면 1,500달러 미만이었던 1인당 국민소득이 2010년에는 약 30,000달러로 약 20배 이상 증가한 것과 같이 지난 반세기에 걸쳐 누구나 인정하는 양적 성장을 이룩하였다. 이러한 성장결과는 우리나라의 성공적인 신화로 회자되면서 여전히 경제발전을 우선시하는 양적 성장론자들의 주장이 성행하고 있다. 그러나 분명한 것은 이러한 과정에서 도시발전의 질적인 측면과 사회적 형평성 등은 저하되고 있다는 점이다. ㉡ 통계청 가계 동향조사에 따르면, 소득분배 불평등을 나타내는 '지니계수'는 2000년 0.286에서 2011년 0.342로 악화되었으며, 2011년 기준 상위 20%의 소득을 하위 20%의 소득으로 나눈 소득 5분위 배율이 약 8배에 달하는 것으로 나타났다. 지니계수(Gini's Coefficient)는 이탈리아 통계학자인 지니(C. Gini)에 의하여 제시되었는데, 전체가구의 소득 불평등도를 나타내는 대표적인 지표로서 0에서 1사이의 비율을 가지며, 1에 가까울수록 불평등도가 높은 상태를 나타낸다. ② 열심히 일한 노동시간에 대한 불평등한 결과는 도시민의 삶에 대한 불만과 비판으로 이어져 범죄문제의 양적·질적 심화를 가져다주고 있으며, OECD 가입 국가 중 가장 높은 자살률을 보여주고 있다. 2011년 OECD 국가별 행복지수에서도 전체 36개국 가운데 우리나라는 24위에 그치고 있다. 위의 논문, p. 39.; 다음백과(http://dic.daum.net/word/view).

질적 도시발전과 관련된 사회적 지속가능성 요소들은 앞에서 설명한 경제성장 및 인구증가와 같은 양적 도시발전 요소와는 달리 계량화가 어렵다는 한계가 있다. 즉, '하드'(hard)한 요소가 아니라 '소프트'(soft)한 요소를 가지고 진단하기 때문이다. 이는 본질적으로 사회적 지속가능성이 가지고 있는 추상성(抽象性)이나 주관성, 그리고 그 주제의 광범위성 등에서 비롯된다. 다만, 그동안의 선행연구들을 토대로 질적 도시발전 내지 사회적 지속가능성과 관련된 분석 주제를 제시하면 다음과 같다.

이상과 같은 하위지표와 관련하여 예컨대, 안전(安全, security)과 관련해서는 범죄발생율, 범죄두려움, 경찰관 수, 교통사고 발생율, 자살률 등을 들 수 있다. 그리고 실업률, 유흥시설 수, 빈집 수, 다문화 수준, 소득 수준 및 격차, 지역갈등, 실업률, 이혼율, 결손가정 내지 결함가정 등도 분석대상으로 삼을 수 있을 것이다. 이처럼 질적 도시발전 요소 즉, 사회적 지속가능성의 각각의 하

● 질적 도시발전(사회적 지속가능성) 분석 요소

연구자 \ 주제	소득	고용	주거	정치	젠더	참여	교육	안전	삶의 만족
Sachs(1999)	○	○							
Stren & Polese(2000)		○		○					
McKenzie(2004)			○				○		○
City of Vancouver(2005)	○	○	○	○		○			
Littig & GrieBler(2005)						○	○		○
Bramley et al.(2006)						○		●	
김재한(2007)		○	○	○	○	○	○	●	
Chan & Lee(2008)		○							○
Colantonio(2008)						○		●	○
Pacione(2009)	○								○
김리영(2010)	○	○	○					●	
The Young Foundation(2010)		○	○	○		○	○		
Dixon(2011)	○	○	○		○	○	○	●	○
고재경(2012)						○	○	●	○
조인숙(2014)	○	○	○	○		○	○	●	

위의 9가지 분석 요소는 위 선행연구들을 토대로 송주연(2014)이 연구 목적에 맞게 선정한 것임.
출처: 송주연(2014), "한국의 도시성장과 사회적 지속가능성에 관한 연구", 대구대학교 박사학위논문, p. 103 재인용.

위지표들은 단일원칙이 아닌 여러 원칙 속에서 공통으로 이해될 수 있다는 점을 인식하고 접근해야 할 것이다.

2. 도시 범죄위험평가

1) 범죄위험평가의 필요성

이상에서 도시발전 수준을 양적 차원과 질적 차원에서 접근하는 진단하는 방법을 살펴보았다. 그러나 사실, 수많은 정치·경제·사회·문화적 역학관계 속에서 발전 내지 쇠퇴하고 있는 도시의 상태를 분석·평가하는 것이 결코 쉽지 않다는 점은 분명한 사실이다.

그러나 우리가 어떠한 도시 내지 지역에 '환경설계에 의한 범죄예방'(CPTED)을 보다 성공적으로 적용·정착시키기 위해서는 기본적으로 대상이 되는 도시의 발전 수준에 대한 적절한 진단과 평가는 반드시 이루어져야 한다고 본다. 이를 통해서 도시에 내재하고 있는 본질적인 문제들을 통찰할 수 있기 때문이다. 도시발전 수준에 대한 적절한 진단 없이 단기간에 단지 보여주기 식의 '전시행정'(展示行政)에 불과한 전략들은 자원낭비뿐만 아니라 또 다른 지역적·사회적 갈등을 내재시킬 것이다.

CPTED 차원의 '범죄위험평가'라는 것은 이러한 도시발전 수준의 진단과정과 연결되어서 보다 구체적·집중적으로 범죄문제를 진단·분석하는 기본과정이라 할 수 있다. 이러한 점에서 범죄위험평가는 '범죄에 대한 대응책(감소 및 통제 등)을 강구하기 위해 한정된 예산과 인력 등 자원을 효율적으로 배분하기 위한 의사결정을 지원하는 첫 단계'라고 할 수 있다.

CPTED는 일정한 도시 및 지역 등 일정한 지리적 공간을 대상으로 개발, 재생, 정비 사업 등을 통해서 이루어지는데, 이러한 과정에서 적지 않은 경제적 비용이 소요되고, 또 그에 따른 일정한 성과를 거둘 수 있어야 한다. 따라서 체계적인 범죄위험평가를 거치지 않고 관련 사업을 추진하는 것은 예산낭비의 문제 및 기대이하의 성과를 가져다줄 가능성이 크다고 본다. 이러한 점에서 범죄위험평가의 중요성은 이론의 여지가 없다고 본다.

주지하는 바와 같이 범죄예방 대책의 일환으로 CPTED는 1992년 국토교통부의 「방범설계를 위한 지침」을 시작으로 하여 여러 관련법이 제정 및 개정되었고, 또 여러 관련사업이 시행되는 등 활발히 도입되고 있다. 특히, 2010년 발생한 김길태 사건 등 각종 흉악범죄로 인한 국민의 범죄불안감 증가와 2012년 서울시의 '염리동 소금길 사업'의 시작과 더불어 중앙부처 및 지방자치단체의 CPTED 유관 사업이 폭발적으로 늘어나는 계기가 되었다. 이에 따라 2015년을 기준으로 250여개의 관련사업이 전국적으로 시행되고 있다.[26]

---

26 조영진·김서영·박현호(2016), "효과적인 CPTED를 위한 범죄위험평가의 도구 및 항목", 치안정책연구 30(3), p. 386.

그러나 문제는 이러한 사업의 대부분이 대상지 범죄위험과 물리적·사회적 특성에 대한 위험평가 과정 없이 단순히 CCTV설치, 벽화도색 등 시설사업 중심으로 진행되고 있다는 점이며, 그 실효성에 대한 우려가 커지고 있다. 특히, 이러한 과정에서 건축가나 조경설계 전문가의 설계 자율성을 제한하는 문제는 차치하더라도 비용적인 면에서 효과적이고 적절한 CPTED 프로그램의 기획과 계획도 제대로 이루어 지지 못하고 있다. 또한 지역별, 시설별, 환경별 범죄위험의 정도 및 특성을 고려하지 않은 채 천편일률적인 도시설계나 건축물 디자인 지침만 적용하도록 강요하여 불필요한 예산낭비 또는 전시행정으로 전락될 공산이 크다고 볼 수 있다.[27]

CPTED 관련 유일한 국제적 표준인 「유럽표준 EN 14383 – 2」에 따르면, 적용대상지 내의 특정 위치에 존재하는 범죄위험의 환경적 요소를 최소화시키도록 계획하고 보완 및 정비하는데 있어서 범죄위험 특성에 대한 평가는 CPTED의 필수적인 첫 단계로 인식하고 있다.[28]

물론, 국내에서도 범죄위험평가에 대한 필요성이 점진적으로 제기되어 일부 사업에서는 범죄위험평가를 수행하고 이에 기초하여 사업을 시행한 사례가 증가하고 있다. 그러나 이러한 일부 전문기관이 시행한 범죄위험평가 사례를 제외하고는 대부분이 설계사를 통해 위탁시행되는 등 형식적으로 이루어지는 경우가 적지 않다. 따라서 범죄위험평가에 기초한 CPTED를 위해서는 실제 사업을 수행하는 건축도시 분야 실무자(건축가, 경찰 등 관계자)가 보다 쉽고, 체계적으로 이해할 수 있는 평가도구의 표준화가 필요하다고 본다.[29]

2) 범죄위험평가 방법

범죄위험평가가 중요하다면, 과연 어떠한 방법으로 이를 시행할 것인가 하는 것이 관건이 된다. 이를 위해 그동안 국내외의 공공기관, 연구소, 학계, 표준화기구 등에서 다양한 형태의 범죄위험 평가 방법을 개발하여 실제상황에 적용하면서 시행착오를 계속하고 있다.

이와 관련하여 기존의 범죄위험평가 방법을 전체적으로 살펴본다면, 크게 인구통계학적 분석, 범죄자료분석, 공간분석, 현장조사, 설문조사, 그리고 인터뷰조사 6가지로 요약할 수 있다. 따라서 현 단계에서는 이러한 평가방법에 기초하여 범죄위험평가를 보다 체계적으로 접근하는 것이 바람직하다고 본다.[30]

---

27 위의 논문, p. 386.
28 위의 논문, p. 387.
29 위의 논문, p. 387.
30 이하 위의 논문, pp. 398~415 재인용.

● 국내외 범죄위험평가 도구의 비교

분석 자료		분석 방법	인구통계 분석	범죄자료 분석	공간 분석	현장 조사	설문 조사	인터뷰 조사
국내	형사정책 연구원	1차년도	○	△	−	○	○	○
		2차년도	○	△	○	○	○	○
		3차년도	○	△	○	○	−	○
	서울시 재정비 촉진 사업		○	△	−	○	−	−
	경찰청Geopros		△	○	○	−	−	−
국외	영국CIS		○	○	−	○	−	○
	호주CRA		○	○	−	○	−	−
	미국Crimecast		○	○	−	−	−	−
	유럽표준		−	○	−	○	−	○

출처: 조영진·김서영·박현호(2016), "효과적인 CPTED를 위한 범죄위험평가의 도구 및 항목", 치안정책연구 30(3), p. 398.

(1) 인구통계학적 분석

인구통계학적 요인들이 범죄유발 원인을 직접적으로 설명해주고, 또 범죄발생 장소를 구체적으로 찾아내는 것은 아니다. 다만, 이러한 인구통계학적 요인들은 일정부분 범죄발생에 영향을 미치는 부분이 있다고 본다. 따라서 이러한 요인들을 적절하게 고려함으로써 범죄발생 가능성을 일정부분 예측할 수 있게 해주기 때문에 일정부분 사전에 이를 대비할 수 있도록 해준다는 점에서 의미가 있다고 본다.

이와 관련하여 종래의 연구에서 사용하는 인구통계학적 분석항목은 9가지 정도를 들 수 있는데, 이러한 항목들이 실제 범죄발생에 영향을 미치는 것으로 나타났다(아래 표는 이러한 내용을 요약한 것이다).

생각건대, 인구통계학적 요인은 가능한 한 많은 자료들을 대상으로 분석하는 바람직하다고 본다. 이러한 자료들이 범죄와 직접적인 관련성을 보여주지는 못할 수도 있지만, 해당 지역의 전체적인 특성을 파악하는 데는 이만큼 유용한 것도 없다고 본다. 따라서 이혼율뿐만 아니라 좀 더 큰 틀에서 결손가정(缺損家庭)을 살펴보는 것도 의미 있는 일이라고 본다.[31]

---

31 결손가정(缺損家庭, Broken Family)은 가정환경의 결함을 의미하며, 넓은 의미로 보면 구조적, 기능적 결손이 있는 가족뿐만 아니라 가족성원 간의 애정이 결여된 빈껍데기 가족의 성격을 드러내는 심리적 결손가족까지 포괄한다. 즉 가족 내의 인간관계의 해체를 강조하여 결손가정을 크게 5가지로 분류해 볼 수 있다. 첫째, 범죄

측정항목 \ 연구자	박경래 (2012)	최영신 외 (2012)	이대성 외 (2009)	정경석 외 (2009)	기정훈 (2015)	조영진 외 (2016)
인구 밀도	○	○		○	○	○
인구 이동률	○				○	○
기초생활수급 가구비율	○	○				○
저소득 한부모 가구비율	○					○
1인당 재산세 납부액	○		○	○		○
등록외국인 거주율		○				○
이혼율			○			○
청소년 인구비			○			○
노령자 인구비				○		○

출처: 조영진·김서영·박현호(2016), "효과적인 CPTED를 위한 범죄위험평가의 도구 및 항목", 치안정책연구 30(3), p. 399.

(2) 범죄자료의 분석

범죄자료의 분석은 범죄예방 환경설계가 이루어지는 조사 대상지역에서 발생하는 범죄의 유형별, 발생 시간별, 발생 장소별, 발생건수 등을 분석하여 이의 특성을 파악하는 것을 말한다. 이와 관련하여 특히, 범죄 유형별(살인, 강도, 강간 및 강제추행, 폭력, 절도 등) 범죄밀도분석(犯罪密度分析)은 조사 대상지역에서 실제 범죄가 발생했던 지역 및 장소를 지도(map)에 표시해 줌으로써 범죄발생 빈도와 경중(輕重)에 의한 위험성 정도를 파악할 수 있게 해준다. 범죄밀도분석은 일반적으로 '핫스팟 분석'이라고도 한다. '핫스팟'(Hot spot)이라는 것은 범죄밀집지역을 말한다.

이러한 접근방법은 범죄발생 위험도를 예측할 수 있게 해준다는 점에서 직접적이고 효율적인 분석방법이라고 할 수 있다.

이러한 범죄자료의 분석방법은 크게 범죄발생의 기초분석, 범죄발생과 공간환경의 관계, 범죄발생의 시간적·공간적 분포 특성, 공간적 자기상관 분석, 범죄영향요인 분석 등 총 5가지로 구분

적 유형을 가진 가정, 둘째, 강압, 편애, 무관심, 과잉엄격, 학대, 질투, 계부모 그 밖의 간섭적인 친척에 의한 비만족적 인간관계가 있는 가정, 셋째, 부모 중 한 사람이 신체적 또는 정신적 무능력을 가진 가정, 넷째, 인종, 종교, 습관 및 기준의 차이 또는 부도덕한 상황에 의한 사회적 혹은 도덕적으로 부적응된 가정, 다섯째, 실업, 저소득, 취업모와 같은 경제적 압박을 받는 가정 등이다. 일반적으로 심리적 결손은 그 변화를 정확히 측정한다는 것은 어렵기 때문에 결손가정을 논할 때는 구조적, 기능적 결손을 중심으로 살펴보고 있다. 즉 양친 중 한 사람이 사망, 이혼, 별거, 유기 등의 원인에 의해 물질적, 정신적 안정을 결여한 가족과, 양친이 모두 부재한 가족을 결손가정이라고 한다. 미성년의 자녀가 있는 가정에서 아버지가 없는 모자가정, 어머니가 없는 부자가정, 부모가 모두 없이 자녀만으로 이루어진 가정으로 분류할 수 있다. 최근에는 모자가정과 부자가정을 아울러 '한부모가정, 한부모가족'이라 부르기도 한다. 다음오픈지식(http://tip.daum.net/openknow).

측정항목 \ 연구자	정경석 (2010)	정경재 (2009)	허선영 (2013)	조영진 외 (2016)
범죄발생의 기초 분석	○	○	○	○
범죄발생과 공간환경의 관계	○	○	○	
범죄발생의 시공간적 분포 특성	○	○	○	○
공간적 자기상관 분석	○	○		
범죄영향요인 분석	○	○		

출처: 조영진·김서영·박현호(2016), "효과적인 CPTED를 위한 범죄위험평가의 도구 및 항목", 치안정책연구 30(3), p. 401.

할 수 있다.

여기에서 공간적 자기상관분석과 범죄영향요인 분석은 학술적인 분석에 해당하여 실제 범죄위험 평가와는 거리가 있고, 범죄발생과 공간환경의 관계는 현장조사와 병행수행을 전제로 하고 있기 때문에 여기에서는 제외할 필요가 있다. 따라서 범죄발생의 기초분석이라 할 수 있는 '범죄통계 분석'과 '범죄의 시간적·공간적 분포특성 분석'(범죄 핫스팟 분석)을 중심으로 살펴볼 수 있을 것이다.

① 범죄발생의 기초분석: 범죄발생의 기초분석(범죄통계 분석)은 범죄발생 일반현황, 행정구역별 범죄율과 범죄밀도, 토지이용행태별 범죄밀도, 범죄율과 토지이용형태와 영향관계 등을 분석하는 것을 말한다.

② 범죄발생의 시간적·공간적 분포특성 분석: 범죄발생의 시간적·공간적 분포특성 분석은 시간대별, 연도별, 요일별, 계절별, 범죄유형별 분포특성을 분석하는 것을 말한다.

◐ 범죄 지리정보시스템(GIS)

1. 지리정보시스템의 개념

지리정보시스템(GIS: Geographic Information System)은 지리적으로 배열된 정보를 수집·저장·분석·출력할 수 있는 컴퓨터 응용프로그램을 말한다. 지리정보란 공간적인 위치에 관한 정보가 포함되어 있는 것으로서 오래 전부터 사용되어 왔던 종이지도가 그 전형적인 예라 할 수 있다. GIS는 종이지도 대신 전자지도를 이용하여 공간에 관한 정보를 처리한다. 이러한 GIS는 1960년대 광활한 자연환경을 관리하기 위한 토지 및 환경정보시스템에 활용되었는데,[32] 1980년대 중반 이후 개인용 PC의 보급과 소프트웨어의

---

32 GIS는 디지털화된 전자지도를 기반으로 각종 지리적 조건 외에 공간·교통·기상·인구밀도 등 다양한 데이터를 추가 삽입하여 정보를 통합적으로 분석하여 표시한다. 자동차 네비게이션 시스템은 이미 상용화되어 있고, 자원개발이나 환경관리 등으로도 응용이 가능하다. 도시방재계획에 지리정보 시스템을 이용하면 지도상의 빌

개발, 인터넷의 확산 등 컴퓨터기술의 발전은 다양한 분야에서 이의 활용을 촉진시키고 있다. 따라서 형사사법 분야의 범죄분석에서도 이 GIS기법의 활용에 대한 관심과 요구는 점차 커지고 있는 실정이다.[33]

   GIS가 처리하는 공간에 관한 정보(자료)는 크게 지리·공간자료(spatial data)와 속성자료(attribute data)로 구성된다. 지리자료는 위도와 경도로 표시되며 지형의 위치, 크기, 다른 지형요소와의 공간적 위상관계를 나타내는 것이다. 이는 지도상에서 점(point)·선(line)·면(polygon)으로 그려진다. 범죄와 관련하여 GIS를 이용할 때, 점을 이용한 방법은 범죄자의 거주지나 범죄발생장소, 경찰관서 및 교도소의 위치 등 장소를 특정화시킬 필요가 있을 때 유용한 도움을 제공한다. 선을 이용한 방법은 노상강도가 빈번한 거리나, 유흥업소가 늘어선 거리 등을 파악함으로써 특정범죄에 대한 예방활동과 사후대응에 있어서 유용하게 사용될 수 있다. 그리고 면을 이용한 방법은 둘레를 포함하는 폐쇄영역으로서 경찰관서의 관할구역, 우범지역 등을 파악하는데 유용하기 때문에 넓은 지역을 분석대상으로 지역별 위험도를 전체적으로 파악하는데 도움을 준다. 한편, 속성자료는 점·선·면으로 표시된 지형요소(지리자료)에 내포된 물리적·사회적 특성에 관한 자료를 말한다.[34]

   이러한 점·선·면에 나타난 지도는 각각이 독립적인 활용도를 가질 뿐만 아니라 다양한 수준의 정보를 동시에 복합적으로 분석하고 제시할 수도 있다.

☑ **사례** 광주광역시 광산구 공공데이터 플랫폼('광산imap')

5대 강력범죄 발생지역과 공·폐가 분포지역 분석(광산구)

딩이 폭파되거나 무너졌을 경우, 폭빌의 규모를 분석하여 인근지역의 피해상황이나 화재의 연소 범위에 대한 계측, 소방차의 진입도로 확인 등 다양한 시뮬레이션이 가능해진다.

33 국내의 형사사법 분야에 GIS와 지도 분석이 도입되기 시작한 것은 1999년 무렵이다. 당시 뉴욕경찰의 성공사례가 국내에 소개되면서 경찰서에서는 치안활동을 위한 GIS와 범죄분석의 필요성을 인식하기 시작하였다. 그 후 몇 차례의 시험적인 개발을 거쳐 2004년에는 지도 분석과 데이터분석 프로그램을 기존 경찰의 사건관리시스템과 통합한 CRIMS(Crime Information Management System)가 구축되었으며, CRIMS의 범죄지도 프로그램은 이후에도 몇 차례의 개선작업이 진행되어 현재 전국 경찰관서에서 활용하고 있다. 그러나 아직 경찰의 GIS의 업무활용도는 저조한 수준이며, 더욱이 경찰을 제외한 검찰, 교정 등 형사사법 전반에 걸쳐서는 아직 낯선 분야이다. 이현희(2007), "범죄GIS와 형사사법기관의 활용", 한국경찰학회보 14, p. 45.

광주주광역시 광산구가 공공데이터와 지리정보시스템(GIS)을 활용해 주민들의 편의를 높여주는 정책을 펼쳐 눈길을 끌고 있다.

광산구는 생활에 밀접한 10가지의 공공데이터를 그래프, 지도 등으로 시각화해 제공하는 서비스를 시작한 것이다. 10가지 공공데이터는 CCTV 설치 장소, 공중화장실, 체육시설, 공원분포, 도서관·병·의원 현황 등의 자료들이다. 구는 시각화 서비스 대상을 100개 데이터까지 확대할 방침이다.

광산구는 공공데이터와 지리정보시스템에 일찍부터 눈을 떴다. 구는 2014년부터 공공데이터팀을 신설하여 400여 가지의 통계 자료를 모았다. 이 가운데 200여개의 데이터는 지리정보시스템을 활용해 지도화(mapping) 하였다. 인구·안전·교통·도시계획 등 관련 자료는 광산구의 공공데이터 플랫폼인 '광산imap'(imap.gwangsan.go.kr)에 접속하면 접할 수 있다. 이곳에는 동별 강력범죄나 교통사고 빈도뿐만 아니라 외식업·서비스업 등이 어디에 밀집되어 있는지도 표시되어 있다.

한편, 광산구는 공공데이터와 지리정보시스템을 행정에도 활용하고 있다. 2015년 4월 신창동과 첨단2동에 안심 택배보관소를 설치해 여성과 1인 거주자들이 안전하게 택배 서비스를 받을 수 있도록 한 것도 여성인구, 1인 가구 등의 공공데이터를 분석해 나온 결과였다. 광산구는 지도에 표시된 동별 공·폐가 현황을 통해 도시재생 방안을 끌어내기도 하였다.

그리고 광산구의 공공데이터 플랫폼의 '맘편한 광산'란에 들어가면 주민들이 불편한 곳 등의 정보를 올린 것이 지도화 되어있다. 주민들은 이 플랫폼의 각 동별로 '두려운 곳', '보기 안 좋은 곳', '보행위험' 등의 장소도 지도를 통해 확인할 수 있다. 이는 시민들이 각종 정보를 모바일이나 인터넷으로 올려 '집단화'하는 '커뮤니티 매핑' 방식을 활용한 것이다. 광산구가 개발한 '지리정보시스템 데이터 분석시스템'과 '맘편한 광산 모바일앱'은 지난 8월 행정자치부의 '2016 지자체 우수정보시스템'으로 선정되기도 하였다.

출처: 한겨레(2016.09.19.), "광주 광산구, '공공데이터' 활용 행정 눈길"

2. 지리정보시스템을 이용한 범죄 분석 내용

지리정보시스템을 이용한 범죄 분석을 통해 다음과 같은 사항 등을 파악할 수 있다(이 밖에도 여러 가지 관련 정보를 파악할 수 있음은 물론이다).

① 범죄의 군집화 현상: GIS를 이용한 범죄의 공간적 특성을 분석하면, 범죄의 군집화(群集化) 현상이 나타나고 있음을 알 수 있다(물론, 여기에서 제시한 이러한 군집화 현상은 어떤 도시 내지 지역에 대한 거시적 관점에서 접근하는 것이기 때문에 특정 아파트 단지의 범죄문제로 설명하는 데는 한계가 있다).

예컨대, 창원과 마산지역에서 2006년 1년 동안 발생한 5대 범죄(살인·강도·강간·절도·폭력)

---

34 위의 논문, pp. 46~49.

중 1, 4, 7, 11월에 발생한 범죄자료를 GIS를 이용하여 분석한 결과를 살펴보면 범죄의 공간적인 분포는 구도심 지역에 집중되어 발생한 것으로 나타났다. 창원의 경우 동북 측에 면해 있는 상업·주거·준주거지역에서 대부분의 범죄가 발생했으며, 공단지역과 면지역에서는 소수의 범죄가 발생한 것으로 나타났다.[35] 이러한 현상은 다른 연구에서도 뒷받침 해주고 있다. 서울 성북구의 5대 범죄를 중심으로 공간적 특성을 분석한 연구에서도 살인범죄를 제외하고 다른 모든 유형의 범죄는 군집을 이루는 것으로 나타났다. 특히, 그 빈도가 상대적으로 높은 절도와 폭력의 경우 이러한 현상은 매우 뚜렷하게 나타났다.[36]

② 범죄와 토지이용수준과의 상관관계: 범죄는 토지이용수준과 일정부분 상관관계가 있는 것으로 나타나고 있다. 토지이용도라는 것은 상업업무시설, 공동주택시설, 교육시설 등을 의미한다. 각 토지 이용별로 나타난 범죄유형을 GIS로 확인해 본 결과, 상업업무시설에서는 폭력범죄와 절도범죄가 빈번하게 나타났고, 공동주택지에서는 절도범죄의 비율이 다른 범죄유형에 비해 월등히 높게 나타났다. 교육시설지에서는 폭력범죄의 밀도가 가장 높게 나타났는데, 이는 청소년의 비율이 높기 때문인 것으로 판단된다.[37] 일반적으로 공동주택 단지의 범죄문제는 특히 절도와 밀접한 관련성이 있기 때문에 종래의 연구에서도 주로 절도를 중심으로 분석하는 경우가 많다고 본다.

③ 범죄와 건물 층수와의 상관관계: 다소 의외이기는 한데, 범죄는 건물의 층수 수준과도 관계가 있는 것으로 나타난다. 건물의 층수와 범죄의 발생빈도와 관련하여 두 가지 상충된 가설을 설정할 수 있을 것이다. 하나는 층수가 높을수록 다양한 범죄대상이 존재하고, 이에 따라 범죄자로부터 유인요인이 크게 작용하며, 따라서 범죄대상이 될 가능성이 높다는 점이다. 다른 하나는 층수가 높을수록 물리적 접근의 어려움, 보안시스템의 강화 등으로 오히려 범죄의 발생가능성이 낮을 것이라는 점이다. 그러나 일반적으로 고층일수록 범죄발생률이 높은 것으로 나타나고 있다.[38] 이러한 상관관계는 일부 연구에서는 매우 높은 것으로 나타나고 있다는 점에 주목할 필요가 있다. 그러나 이 역시 공동주택의 경비형식과 경비밀도(총세대수/경비원수 및 경비시스템 구축 정도 등)의 차이와도 관련이 있기 때문에 분석 시 주의할 필요가 있다.

④ 범죄와 녹지율과의 상관관계: 범죄와 녹지율과의 상관관계도 고려된다. 건물주변에 조성된 녹지는 범인의 잠재적 은둔처나 심리적 안정요소로 작용할 수 있는지의 여부를 판단할 수 있으므로 녹지율과 범죄율과의 상관관계를 분석하는 것은 의미가 있다고 본다. 이와 관련된 한 연구에서 건물 층수와 범죄율과의 상관관계보다는 약하지만 녹지는 그것이 범죄자에게 제공하는 잠재적인 은둔처로

35 정재희(2007), "범죄로부터 안전한 도시만들기를 위한 환경디자인적 접근", 경남발전연구원, pp. 53~60.

36 박명규(2003), "GIS의 공간분석을 활용한 범죄예측지도의 구현: 서울시 성북구를 사례로", 경희대학교 대학원, 석사학위논문, pp. 22~23.

37 위의 논문, pp. 22~32.

38 O. Newman(1973), Defensible Space: Crime Prevention Through Environmental Design, N.Y.: Collier, pp. 27~28.; 도건효 외(1992), "공동주택의 범죄방어공간도입에 관한 연구", 한국형사정책연구원, p. 28.; 박명규(2003), 위의 논문, pp. 33~34.

써의 역할과 함께 심리적인 안정요소로 작용하고 있는 것으로 나타났다.[39]

⑤ 범죄와 경찰관서와의 상관관계: 마지막으로 범죄는 파출소의 입지 및 순찰경로와의 관계가 있는 것으로 나타난다. 공동주택 단지에 파출소 등 경찰관서가 인접해 있을 경우 어떠한 효과가 있는가와 관련된 한 연구에서는 (서울 강남구와 서초구의 파출소를 중심으로) 파출소를 중심으로 200m까지 범죄율이 급감하고, 그 외의 지역에서는 범죄율이 다시 상승한다는 사실을 밝히고 있다.[40]
파출소의 입지조건이 범죄예방과 밀접한 관련성을 가지고 있다면, 외근경찰의 순찰경로의 합리적·탄력적인 선택은 순찰시간의 단축과 부족한 경찰력 문제의 해결에 도움을 줄 수 있으며, 무엇보다도 강력범죄의 예방에 큰 효과를 기대할 수 있다는 것을 보여주는 것이다. 물론, 공동주택 단지의 범죄문제는 단순히 경찰관서의 인접성뿐만 아니라 공동주택 내의 공간적 특성과 주변 여건(유흥시설 등)의 영향을 적지 않게 받을 수 있다는 점을 고려해야 할 것이다.

(3) 공간분석

① 공간구문론에 의한 공간분석

공간구문론(空間構文論, Space Syntax Theory)은 힐리어와 한손(B. Hillier & J. Hanson, 1984)에 의해 제시된 것으로 공간구조를 '공간'과 '공간' 간의 연결 관계를 통하여 분석하는 것을 말한다.[41] 즉, 이것은 공간구조에 의해 내재되어 있는 사회적 특성을 객관적이고 정량적(定量的)인 방법으로 보여주는 연구방법론이다. 방법론적 특성은 공간과 공간의 관계 그리고 이들을 연결하는 동선(動線)들과의 연결 관계를 파악하여, 건물에서 일어날 수 있는 사회적 교류의 관계를 설명하는 것이다. 연결이 긴밀하게 이루어진 공간은 그렇지 않은 공간에 비해 사람들 간의 교류가 많이 일어날 수 있으며, 공간의 이용 특성도 사적인 행위보다는 공적인 장소로 사용될 가능성이 높다.

이러한 공간구문론적 관점에서 공간분석을 하기 위해서 일정한 측정지표를 두고 있는데, 통합도(統合度, Integration Value), 통제도(統制度, Control Value) 등이 바로 그것이다.[42] 즉, 공간배열

---

39 위의 논문, pp. 36~37.

40 권오은(2002), "GIS를 활용한 범죄지역 분석: 파출소를 중심으로," 서울시립대학교 석사학위논문.

41 이하 이기완(2001), "공간분석 이론을 통한 범죄취약공간 해석에 관한 연구: 아파트 단지내 절도사례를 중심으로", 서울대학교 석사학위논문, pp. 31~41 재인용.

42 ① 공간의 통합도(Integration Value)는 각 공간이 전체공간과 어떤 관계를 나타내는가를 보여준다. 다른 공간에 접근하기 위해서 거쳐야 하는 공간개수의 평균값과 각 공간의 개수와의 관계에서 파악된다. 즉, 통합도가 높을수록 다른 공간으로의 접근이 쉽다. ② 공간의 통제도(Control Value)는 한 공간에 인접한 공간과의 통제 정도를 측정하는데 사용하는 방법으로 n개의 공간과 직접적인 연결관계가 있으면 1/n을 통제하는 것을 의미한다. 통제도가 특정 단위공간과 이웃 단위공간 간의 관계라면, 통합도는 특정공간과 전체공간 간의 관계를 나타낸 것이다. ③ 공간의 연결도(Connectivity Value)는 특정공간에 직접적으로 연결된 다른 공간들의 개수로 표시된다. 따라서 높은 연결계수는 주변의 다른 공간들과 빈번히 연결되는 것을 의미한다. 연결도는 직접적으

의 특성과 관련하여 대칭적/비대칭적 관계가 작용하고 있는 양상을 통합도 지표로 정량화하고, 분배적/비분배적 관계가 작용하고 있는 양상을 통제도 지표로 정량화하고 있다. 여기에서 통합도 지표는 부분 공간들 전체의 관계 속에서 특정 공간의 위치가 갖는 의미를 도출하기 때문에 '거시적·포괄적(global)인 지표'로 하고, 통제도 지표는 인접 공간들과의 연결 관계만을 고려한다는 점에서 '미시적·국지적(local)인 지표'로 이용되는 특성을 갖는다.

바꿔 말하면, 통합도가 가장 높은 공간은 전체에 대해서 가장 대칭적이고, 전체에 통합되어 있는 공간의 성격을 가지게 된다는 의미가 있다. 반대로 통합도가 가장 낮은 공간은 전체에 대해서 가장 비대칭적이고, 격리되어 있는 공간의 성격을 가지게 된다는 의미이다. 따라서 통제도가 가장 높은 공간은 국지적인 수준에서 이 가로 공간을 지나지 않고 다른 공간으로 이동하는 것이 가장 어려운 비배분적 공간임을 나타내며, 통제도가 가장 낮은 공간은 그러한 이동을 통제하는 경향성이 가장 낮은 배분적 공간임을 나타낸다. 이러한 점에서 볼 때, 통합도와 통제도는 공간이 갖는 물리적인 성격을 행동의 주체를 바탕으로 평가하고 분석할 수 있는 객관적인 지표라 할 수 있다.[43]

▲ 공간구문론에 의한 범죄공간 분석

공간구문론의 관점에서 볼 때, 범죄와 관련하여 공동주택단지의 공간적 특성은 여러 연구 결과 일정한 관련이 있는 것으로 나타났다.[44] 그러나 이러한 공간적 특성에 대한 연구결과는 다소 간에 차이를 보이고 있다. 차이가 있다는 것은 공간적 특성과 범죄발생과의 관계가 '있다, 없다'라는 것 보다는 공간적 특성 가운데 '어떠한 요인'이 특히 범죄발생과 관계가 있느냐 하는 문제라고 할 수 있다.

이러한 문제는 결국 분석기준의 문제인데, 예컨대, 출입구(出入口)를 포함한 단위축도 분석을 할 것인가, 내부의 가로만을 이용하여 분석을 할 것인가, 출입구를 포함한 단위축도에서 가로만을 추출하여

로 연결된 주변공간과의 관계성만을 표시하기 때문에 일종의 '국지적 변수'라 할 수 있다. ④ 공간의 명료도 (Intelligibility Value)는 전체와 부분의 관계로 정의하는데, 부분공간에서 전체공간의 이해의 정도를 의미한다. 공간의 명료도는 통합도와 연결도의 상관관계로 정의된다. 즉, 전체적으로 통합되고 부분적으로 연결성이 좋을수록 명료도는 좋아지는 것을 의미한다. 이 값은 부분과 전체의 상관성을 기준으로 결정되는 것으로 공간구조의 특성을 전체적으로 파악하기 위해서 만들어진 변수라 할 수 있다(http://blog.naver.com/baobap47).

43 공간구문론이라는 것은 말 그대로 '공간'(空間) 즉, 어떠한 시설이나 이나 가로(street)가 가지고 있는 공간적 특성들의 체계적인 배열을 여부(마치 한 문장에서 각각의 단어가 체계적으로 배열되었는지의 여부와 같이)를 살펴보는 것이라 할 수 있다. 이는 각 단위공간의 그 크기나 형상에 관계없이 단순화되고 도식화되어 있기 때문에 각각의 공간은 크거나 작거나 혹은 원형이거나 사각형이거나 단위공간으로서의 조건만 맞으면 동일하게 취급된다. 따라서 공간구문론만으로 건축공간이 가진 모든 특성을 설명할 수 없다. 예컨대, 공간 하나하나가 가지는 재료, 빛, 장식, 비례, 크기 등의 특성들 그리고 이들이 불러일으키는 감성적 반응과 인식의 문제는 공간구문론을 통한 직접적인 분석의 대상이 될 수 없다. https://blog.naver.com/baesang03/ 220243482838.

44 임승빈·박창석(1992), "범죄예방을 위한 주거단지 설계기준에 관한 연구", 대한건축학회논문집 8(10).; 최윤

분석할 것인가에 따라 그 결과가 달라지기 때문이다. 출입구는 공동주택단지 내의 주호에서 발생하는 범죄에 있어서, 범죄자가 범행 장소로 이동하면서 거치게 되는 외부의 최후 접근장소이며, 주호로 출입하는데 가장 많은 자연적 감시활동이 이루어지는 장소라고 할 수 있다. 아파트의 출입은 거주자의 측면에서는 공공 영역에서 사적 영역으로의 접근을 의미하고, 범죄자의 입장에서는 일반인의 통행보다는 거주하고 있는 사람의 통행이 일어나는 장소이기 때문에 익명성의 확보가 중요할 것으로 생각된다.[45]

공간구문론에 의한 공간분석 관련 연구 가운데 공동주택 단지에서 발생하는 범죄는 공간의 지엽적 특징을 설명하는 연결도와 통제도와 많은 관련성을 가지고 있는 반면, 명료도와 통합도와 같은 전체의 특징은 범죄와 직접적인 관련이 없는 것으로 나타나기도 하였다.[46] 그러나 다른 연구에서는 공동주택 단지 내의 단위축도에서 발생하는 범죄는 통합도와 매우 깊은 연관이 있으며, 연결도·통제도와도 미약하나마 상관관계가 있다고 보기도 한다.[47] 한편, 공간구문론의 공간분석 측정 지표 가운데 통제도가 범죄발생과 관련이 매우 깊은 것으로 파악되기도 한다.[48]

이러한 통제도는 주동배치의 구성방식에 따라 변화한다는 점에 주목할 필요가 있다. 주동배치라는 것은 단지 내의 아파트가 한 방향 '一자형'으로 구성되어 있는지, 마주보는 '一자형'으로 구성되어 있는지, 아니면 'ㄷ자형'으로 배치되어 있는지, 'ㅁ자형'으로 배치되어 있는지를 말한다.

이에 대한 연구결과, 아파트의 주동배치에 따른 통제도의 값의 변화가 크게 나타났으며, 범죄를 예방할 수 있는 공간적 특성을 갖게 하는 주동배치 방식은 'ㅁ자형' 배치가 가장 효과적이고, 'ㄷ자형'배치도 효과가 있는 것으로 나타났다.[49] 그러나 이러한 주동배치방식은 실제 아파트 건축에서 많이 활용되지 않는다고 본다.

어쨌든, 범죄발생은 통제도가 높아지도록 구성하는 것이 보다 범죄에 안전하며, 단지내부의 가로 연결에 있어서도 보다 긴밀하게 연결된 것이 범죄예방에 효과적이라 할 수 있다. 또한 이러한 측면은 이웃과의 교류 측면에서도 설명이 가능하다. 주동 출입구와 마주보도록 구성되어 있는 경우에는 이웃 간의 친밀도 정도가 한 방향으로 출입구가 배치되어 있는 경우보다 강하다고 할 수 있다. 이를 방어공간의 측면에서 해석하면 통제도가 높을수록 외부의 출입자에 대한 억제효과를 갖는다고 볼 수 있다. 잠재적 범죄자는 공동주택 단지 내부로 들어오면서 거주자들에게 감시를 받는다고 여길 수 있으며, 통제도가 높은 공간은 통제되는 정도가 크기 때문에 이러한 감시기능을 효과적으로 수행할 수 있다고 볼 수 있다.

기존의 여러 연구 결과, 범죄자가 범행대상 선정시 고려하는 것은 쉽게 주변상황을 파악하고 통제할

경·강인호(1993), "아파트 단지 공간구조와 범죄", 대한건축학회논문집 9(58).; 권태정(1998), "고밀도주거단지 내 범죄발생장소의 공간적 특성에 관한 연구", 홍익대학교 석사학위논문.

45 이기완(2001), 앞의 논문, pp. 62~63.
46 최윤경·강인호(1993), 앞의 논문.
47 권태정(1998), 앞의 논문.
48 이기완(2001), 앞의 논문, pp. 72~73.
49 임승빈·박창석(1992), 앞의 논문, p. 58.

수 있는 장소를 보다 선호하는 것으로 나타났음은 주지의 사실이다. 이러한 장소는 인근 공간과의 관계가 긴밀하게 이루어진 장소가 아니라 고립되어 있는 성격이 강한 공간이라고 볼 수 있다. 따라서 범죄를 예방할 수 있는 공간을 계획하기 위해서는 주변공간과의 지엽적인 연결 관계를 보다 적극적으로 고려해야 할 것이다.

② 시각적 접근과 노출이론에 의한 공간분석

베네딕트(M. Benedict, 1978)가 개발한 이소비스트(Isovist)이론은 공간의 '시각 특성'에 초점을 맞춘 분석방법으로서, 공간의 규모나 가시정도를 2차원 평면적인 차원에서 해석하려는 시도이다.[50]

그런데, 이러한 시각적 특성의 지표는 공간의 가시영역을 표시하는 것에 머물러 있기 때문에 보는 것과 보이는 것, 그리고 방향에 대한 고려가 없다는 한계를 가지고 있다. 이러한 문제의 해결을 위해 만들어진 '시각적 접근과 노출이론'(Visual Access & Exposure Theory)은 건물의 내부에서 지정된 위치(standing point)의 값을 파악하고, 그 정도에 따라 공간의 파악 정도를 고려하는 것으로 아케아(J.C. Archea, 1984)에 의해 고안된 방법이다.[51] 이 모델의 특징은 공간 내에 존재하는 무수한 위치의 상관관계를 분석하여 접근과 노출의 수치를 구하고, 각 위치가 가지고 있는 사회적인 성격을 파악할 수 있다는 것이다. 즉, 공간 내에 존재하는 임의의 점(위치)은 실제 사람이 있을 수 있다는 가정에서 설정한 것으로, 이들의 관계를 파악하는 것은 사회적인 활동에서 서로를 인식하고, 대처하는 것에 대한 메커니즘을 고려한 것이다.

공간의 시각적 특성은 임의의 위치에서 공간을 둘러볼 수 있는 정도를 파악할 수 있는 '시각적 접근'과 임의의 위치에서 다른 위치로부터 보일 수 있는 정도를 나타내는 '시각적 노출'로 크게 구분할 수 있다. 즉, 공간 내에서 일어나는 상호작용을 '볼 수 있음'과 '보일 수 있음'으로 파악해 보는 것이다. 시각의 이러한 특성은 인간의 행태적 특성과 매우 밀접한 관련이 있다.

공간 내에서 자신이 많이 노출될 경우에는 행동에 제약을 많이 받게 되고, 반대로 자신이 주변 상황을 잘 파악할 수 있는 경우에는 자유롭게 행동할 수 있는 여지가 있는 것이다. 이러한 상황을 좀 더 자세히 파악해 보면, 공간에서 자신의 노출되는 정도가 적고 주변을 둘러 볼 수 있는 정도가 클 경우에는 가장 적극적으로 주위를 고려하지 않고 행동할 수 있는 가능성이 높은 것이다.

---

50 이는 공간을 평면의 격자 형태로 분할한 뒤 특정 지점에서 360° 방향으로 시선을 방사(ray)한 후 범위 내에 보이는 모든 점들의 집합을 의미하며, 이 방법을 이용하면 특정 지점에서의 보이는 시각영역의 면적, 최대가시반경 등을 측정할 수 있다. 김충식·이인성(2003), "3D-ISOVIST를 이용한 도시경관 분석 기법 연구", 2003년 한국도시설계학회 추계학술발표대회 발표논문, pp. 434~448.
51 이기완(2001), 앞의 논문, pp. 57~58 재인용.

이러한 시각적 접근과 노출이론에 근거하여 공간을 분석하는 방법은 단계에 의한 공간의 깊이를 알아내는 공간구문론의 방법과 이소비스트이론의 개념보다 시각적 특성, 방향과 위치에 대한 고려가 있기 때문에 실제 건물을 사회적인 교류의 측면에서 분석할 수 있는 소지가 풍부하다. 공간에서 일어나는 행위들의 대부분은 사회적 관계에 있는 개인으로 해석될 수 있다. 공간의 성격을 규명하는 것은 공간을 구성하고 있는 인자들에 대한 해석이 가능할 수 있는데, 행동에 방해가 되는 인자들을 제거하기도 하고, 필요한 인자들을 설치하기도 하는 것이다. 이러한 가능성은 공간의 단계를 통하여 이루어지기보다는 미세한 시각적 특성에 근거하여 이루어지기 때문에 쉽게 공간의 사회적 관계를 파악할 수 있다.[52]

🔵 시각적 접근과 노출이론에 의한 범죄공간 분석

일반적으로 가시거리(可視距離)는 눈으로 인식할 수 있는 어떠한 지점도 포함되지만, 사회적인 교류의 시각적 자극은 50m 이내에서 주로 나타나는 것으로 본다. 즉, 이러한 가시거리 범위 내에서 일정한 공식에 의해 값(즉, 시각적 접근과 노출의 정도)을 구하고 이것이 범죄발생과 어떠한 관계가 있는지를 분석하고자 하는 것이다. 앞에서 살펴본 바와 같이 공간의 시각적 특성은 임의의 위치에서 공간을 둘러볼 수 있는 정도를 파악할 수 있는 '시각적 접근'(볼 수 있음)과 임의의 위치에서 다른 위치로부터 보일 수 있는 정도를 나타내는 '시각적 노출'(보일 수 있음)로 크게 구분할 수 있다.

따라서 범죄가 발생한 출입구의 시각적 접근 값과 노출 값을 전체 평균과 비교하면 두 가지 가능성을 갖는다. 시각적 접근 값과 노출 값의 분포가 범죄가 일어나지 않은 장소와 일어난 장소에 균등하게 나타날 가능성과 이들의 분포 특성이 매우 다르게 나타날 가능성이다. 만약 범죄가 일어난 공간이 전체 공간과의 관계에서 편중되어 분포한다면, 범죄발생의 공간적 특성은 전체공간에서 볼 때, 차이가 있다고 판단할 수 있는 것이다.

그러나 이러한 시각적 접근 값과 노출 값에 의한 범죄발생의 공간적 특성은 통계적으로 의미 있는 결과를 얻지는 못하고 있다.[53] 시각적 접근 값의 분포특성은 공동주택단지 내에서는 낮은 반면에 단지를 둘러싸고 있는 빈 공터, 광장, 도로 등은 매우 높은 값을 갖는다(이러한 특성은 시각적 접근 값과 노출 값의 크기를 결정하는 단일공간의 영역이 상대적으로 단지 사이에서는 작기 때문이다).

---

52 방어공간(Defensible Space)연구에서는 사회적 성격 파악이 기본이 되고, 이러한 성격은 시각적 특성을 통하여 분석의 타당성을 얻을 수 있다. 그러나 대규모 지역 내지 시설 등의 성격을 파악함에 있어 시각적 접근과 노출의 개념은 몇 가지 한계를 가지게 된다. 도시에서 일어나는 행위들에 대한 포괄적 해석은 공간구문론에서 쉽게 파악되지만 시각적 접근과 노출은 가로의 연결 관계보다는 시각적 연결 관계에 의해 이루어지기 때문에 상대적으로 파악이 쉽지 않다. 즉, 규모가 커지게 됨에 따라 무수히 많아지는 임의의 위치에 대한 해석과 거리에 대한 문제에 대한 해결이 문제로 남는다.
53 이기완(2001), 앞의 논문, p. 92.

이러한 특성은 시각적 노출 값에서도 비슷하게 나타난다. 즉, 공동주택단지 내의 공간의 크기가 인근의 지역보다 좁은 경우가 대부분이므로 시각적 노출 값의 크기도 이에 영향을 받는 것이다. 이러한 현상은 공동주택단지 대부분에서 발견할 수 있으며, 따라서 범죄의 공간적 특성을 파악하는데 있어서 값들의 크기나 편차가 크지 않기 때문에 단지 사이의 주동 출입구마다 구분이 명확하게 나타나지 않는다고 볼 수 있다.

그러나 범죄발생과 시각적 접근과 노출이 관련이 없는 것은 아니라고 본다. 위 연구에서 어떠한 특징을 발견하지 못한 것은 공동주택단지 주변과 단지 내의 비교상의 문제와 단지 내의 범죄발생 출입구와 발생하지 않은 출입구 간의 공간적 유사성 등에서 비롯된 것으로 볼 수 있기 때문이다(즉, 비교·분석대상을 보다 정교하게 하면 충분히 차이를 발견할 수 있다고 본다).

그리고 위 연구에서 살펴보면, 범죄가 발생한 장소의 대부분은 주변지역에 비하여 시각적 접근 값이 높은 경우가 대부분으로 나타났다. 대상지역을 시각적 접근과 노출의 분포에서 파악하면 대부분의 장소에서는 시각적 접근 값보다 노출 값이 높게 나타난다. 그러나 범죄가 발생한 장소는 시각적 접근 값과 노출 값의 비율이 거의 비슷한 등치선(critical line) 주변이라는 점에 주목할 필요가 있다. 생각건대, 범죄자 자신의 입장에서는 주변을 시각적으로 가능한 한 접근할수록 좋고(시각적 접근 값이 높음), 반면 범죄자들은 자신들이 가능한 한 노출되지 않는 장소(시각적 노출 값이 낮음)를 선호할 것이다. 또 이 가운데서 노출은 일정수준일지라도 시각적 접근이 유리한 경우, 그리고 시각적 접근은 일정수준일지라도 노출이 잘 되지 않는 장소를 선호하고자 할 것이다.

(4) 현장조사

범죄위험 평가에 있어서 현장조사(現場調査, Field Investigation) 역시 중요한 의미를 갖는다. 현장조사라는 것은 말 그대로 조사 대상지역 또는 공간을 직접 방문하여 범죄원인 및 범죄예방관련 각종 특징적인 사항들을 파악하는 것을 의미한다.

그리고 이러한 현장조사는 단순히 주먹구구식으로 현장에 방문하여 관찰하는 식으로 하기보다는 체계적으로 접근했을 때 좀 더 의미 있는 결과를 얻을 수 있다. 따라서 현장조사관련 '점검 항목'(Checklist)을 작성하여 전문가의 시각에서 현장을 관찰해야 한다.

이와 관련된 종래의 연구에서 현장조사 점검 항목이 몇 가지 관점에서 제시되었는데, 조영진 등(2016)은 이를 재정리하여 크게 건축물, 가로, 조명, 조경, 공공기관, 경계, 방범설비, 유지관리, 안내표지 등 9가지로 분류하였다.[54]

이러한 9가지 대상공간을 3가지 단위공간 즉, ① 건축물 단위, ② 가로 단위, ③ 공공공간 단

---

54 조영진·김서영·박현호(2016), "효과적인 CPTED를 위한 범죄위험평가의 도구 및 항목," 치안정책연구 30(3), p. 405.

강부성 (2012)	김아람 (2013)	이유미 (2011)	이은혜 (2008)	SBD	경기도 (2013)	이소영 (2013)	조영진 외 (2016)
공간구조와 용도			형태		건축물	공간구조	건축물
			배치			창문	
			전면부지			이격공간	
	도로의 형태			보도의 배치	도로		가로
	도로의 계획			보도의 설계	도로 기반시설		
조명	조명	조명	조명	보도조명	조명	조명	조명
조경	조경	조경	조경	보도인근 식수	조경 및 녹지	조경	조경
		공원(녹지)		공동구역	공공 시설물		공공공간
	경계선	담장	펜스			담장	경계
보안시설	경비실		lock		방범 시설물	방범시설	방범설비
	방범설비						
청소	유지관리 정도		정돈			환경정비	유지관리
유지관리							
		안내표지판	주소표시			안내표지	안내표지
기타 시설물	가로시설물 포장처리	출입구 주차장 옥외배관 쓰레기장	현관 차량진입로 주차장 교통	주차구역	공동주택 주민활동	출입문 시설배치	–

출처: 조영진·김서영·박현호(2016), "효과적인 CPTED를 위한 범죄위험평가의 도구 및 항목", 치안정책연구 30(3), pp. 405~406.

위로 구분하여 이들 단위공간별 점검 항목을 제시하였다.

그리고 이들 단위공간(건축물, 가로, 공공공간 등) 점검관련 하위 항목은 단위공간을 구성하는 환경요소에 대한 내용으로 조경, 조명, 경계, 구조, 방범설비, 유지관리, 안내사인 등과 관련된 내용으로 작성되었다. 그리고 이에 대한 평가는 '예, 아니오'로 응답할 수 있도록 하였다.[55]

---

55 이하 위의 논문, pp. 407~409.

① 건축물 점검 항목

● 건축물 점검 항목

구분	점검 항목	응답
1	가로를 감시할 수 있는 창문이 있는가	예, 아니오
1-1	조경이 건물의 창문을 가리는가	예, 아니오
2	건물의 현관이 도로에서 보이는 위치에 설치되어 있는가	예, 아니오
3	건물 사이에 사람이 들어갈 수 있는 정도의 이격공간이 있는가	예, 아니오
3-1	이격공간에 조명이 설치되어 있는가	예, 아니오
3-2	이격공간에 출입통제 펜스가 설치되어 있는가	예, 아니오
3-3	이격공간에 CCTV가 설치되어 있는가	예, 아니오
3-4	이격공간이 관리가 되고 있는가(청소 등)	예, 아니오
4	주택 내 침입이 용이한 시설이 있는가	예, 아니오
4-1	건물 외벽에 주거침입의 경로가 될 수 있는 노출된 가스배관이 있는가	예, 아니오
4-2	건물 외벽에 주거침입의 경로가 될 수 있는 캐노피가 있는가	예, 아니오
4-3	침입의 경로가 될 수 있는 기타 시설물이 있는가	예, 아니오
5	방범창이 설치되어 있는가	예, 아니오
6	건물의 현관에 시건장치가 설치되어 있는가	예, 아니오
7	담장이 넘기 쉬운 형태인가	예, 아니오
8	건물의 현관이나 출입구에 조명이 설치되어 있는가	예, 아니오
9	사적공간과 공적공간이 구분되어 있는가	예, 아니오
9-1	사적공간과 공적공간이 담장(또는 울타리)으로 구분되어 있는가	예, 아니오
9-2	사적공간과 공적공간이 식재로 구분되어 있는가	예, 아니오
9-3	사적공간과 공적공간이 포장처리(바닥패턴 등)로 구분되어 있는가	예, 아니오
9-4	사적공간과 공적공간의 경계가 시야확보가 가능한 형태인가	예, 아니오
10	출입구에 주소표지판이 설치되어 있는가	예, 아니오

출처: 조영진·김서영·박현호(2016), "효과적인 CPTED를 위한 범죄위험평가의 도구 및 항목", 치안정책연구 30(3), p. 407.

② 가로 점검 항목

● 가로 점검 항목

구분		점검 항목	응답
1		보행자의 시야를 차단하는 시설물이 있는가	예, 아니오
2		가로와 접해있는 주택과 주택 사이에 사람이 들어갈 수 있는 정도의 이격공간이 있는가	예, 아니오
2-1	이격공간 ①	이격공간에 조명이 설치되어 있는가	예, 아니오
2-2		이격공간에 출입통제 펜스가 설치되어 있는가	예, 아니오
2-3		이격공간에 CCTV가 설치되어 있는가	예, 아니오
2-4		이격공간이 관리가 되고 있는가(청소 등)	예, 아니오
3		식재의 높이와 간격은 보행자의 시야 확보가 가능하도록 정리(전지)되어 있는가	예, 아니오
4		사각지대로 인해 범인이 숨을 수 있는 공간이 있는가	예, 아니오
5		가로를 비추는 조명이 있는가	예, 아니오
		어두운 부분이 생기지 않도록 조명이 충분히 설치되어 있는가	예, 아니오
5-1	조명 ①	조명이 충분히 밝은가	예, 아니오
5-2		조명이 백색등인가	예, 아니오
5-3		조명을 가리는 조경이나 시설물이 있는가	예, 아니오
5-4		조명시설이 고장 없이 유지관리가 잘 되어 있는가	예, 아니오
6		가로는 가급적 짧고 직선으로 계획되어 있는가	예, 아니오
7		가로는 활동을 유발하는 시설(편의점,공원,놀이터 등)과 연계되어 있는가	예, 아니오
8		가로와 주차구역이 분리되어 있는가	예, 아니오
9		CCTV가 설치되어 있는가	예, 아니오
9-1	CCTV ①	CCTV를 가리는 조경이나 시설물이 있는가	예, 아니오
9-2		CCTV는 정상 작동하며 유지관리되고 있는가	예, 아니오
9-3		CCTV 설치 및 작동 안내사인이 설치되어 있는가	예, 아니오
10		비상벨이 설치되어 있는가	예, 아니오
10-1	비상벨 ①	비상벨은 경광등, 경보장치와 연동되도록 설치되어 있는가	예, 아니오
10-2		비상벨은 정상 작동하며 유지관리가 잘 되어 있는가	예, 아니오
11		안내표지판은 유지관리가 잘 되어 있는가	예, 아니오
12		가로시설물 파손 시 수선을 위한 연락처 표지판이 설치되어 있는가	예, 아니오
13		가로는 전반적으로 깨끗(청결)하게 관리되고 있는가	예, 아니오
14		바닥이 파손된 곳이 있는가	예, 아니오
15		가로와 접해있는 건축물의 벽이나 담장이 파손되었는가	예, 아니오
16		가로와 접해있는 건축물의 벽이나 담장에 낙서, 전단지가 있거나 그로인한 흔적이 남아있는가	예, 아니오
17		사각지대를 볼 수 있는 반사경이 설치되어 있는가	예, 아니오
18		불법주차 된 차량이 있는가	예, 아니오

출처: 조영진·김서영·박현호(2016), "효과적인 CPTED를 위한 범죄위험평가의 도구 및 항목", 치안정책연구 30(3), pp. 407~408.

③ 공공공간 점검 항목

● 공공공간 점검 항목

구분		점검 항목	응답
1		식재의 높이와 간격은 보행자의 시야 확보가 가능하도록 정리(전지)되어 있는가	예, 아니오
2		보행자의 시야를 차단하는 시설물이 있는가	예, 아니오
3		사각지대로 인해 범인이 숨을 수 있는 공간이 있는가	예, 아니오
4		공공공간을 비추는 조명이 있는가	예, 아니오
		어두운 부분이 생기지 않도록 조명이 충분히 설치되어 있는가	예, 아니오
4-1	C C T V ①	조명이 충분히 밝은가	예, 아니오
4-2		조명이 백색등인가	예, 아니오
4-3		조명을 가리는 조경이나 시설물이 있는가	예, 아니오
4-4		조명시설이 고장 없이 유지관리가 잘 되어 있는가	예, 아니오
5		CCTV가 설치되어 있는가	예, 아니오
5-1	C C T V ①	CCTV를 가리는 조경이나 시설물이 있는가	예, 아니오
5-2		CCTV는 정상 작동하며 유지관리되고 있는가	예, 아니오
5-3		CCTV 설치 및 작동 안내사인이 설치되어 있는가	예, 아니오
6		비상벨이 설치되어 있는가	예, 아니오
6-1	비 상 벨 ①	비상벨은 경광등, 경보장치와 연동되도록 설치되어 있는가	예, 아니오
6-2		비상벨은 정상 작동하며 유지관리 되고 있는가	예, 아니오
7		개방시간, 배치도 등이 표시된 안내표지판이 설치되어 있는가	예, 아니오
8		어린이의 활동을 유발하는 장소와 화장실은 감시하기 쉬운 곳에 배치되어 있는가	예, 아니오
9		시설물 파손 시 수선을 위한 연락처 표지판이 설치되어 있는가	예, 아니오
10		공간은 전반적으로 깨끗(청결)하게 관리되고 있는가	예, 아니오
11		바닥이 파손된 곳이 있는가	예, 아니오
12		불법주차된 차량이 있는가	예, 아니오

출처: 조영진·김서영·박현호(2016), "효과적인 CPTED를 위한 범죄위험평가의 도구 및 항목", 치안정책연구 30(3), p. 409.

이러한 현장조사 체크리스트는 공간 유형(건축물, 가로, 블록 등)에 따라 복합적으로 활용될 수 있을 것이다. 예컨대, 건축물은 '건축물 단위' 그 자체적으로 체크리스트 적용하면 되지만, 가로(street)는 건축물과 연결되어 있는 좀 더 큰 규모이기 때문에 '가로 단위 체크리스트'와 '건축물 단위 체크리스트'를 병행하여 적용할 수 있을 것이다. 그리고 블록(block)은 가로 등에 의해 구획된 건축물 집단 구역이기 때문에 '건축물 단위 체크리스트', '가로 단위 체크리스트', 그리고 '공공공간 단위 체크리스트'를 모두 병행하여 적용할 수 있을 것이다.[56]

(5) 설문조사

설문조사는 조사 대상지역의 거주자 등을 대상으로 이들이 주변 환경 및 범죄에 대하여 어떠한 인식을 하고 있는지를 파악하기 위한 것이다. 즉, 설문조사를 통해 지역환경에 대한 인식, 대상지역의 범죄에 대한 두려움, 범죄피해 경험, 범죄예방을 위한 조치 및 활동 등을 파악할 수 있다. 그리고 인근 지역과의 비교를 통해 조사 대상지역의 상대적인 범죄위험성 정도를 간접적으로 분석할 수 있을 것이다.

이와 관련하여 종래의 연구에서는 지역 환경에 대한 인식, 이웃관계, 범죄에 대한 불안감, 범죄피해 경험, 범죄예방을 위한 개선사항, 생활범위, 방범환경 인식 등이 측정항목으로 도출되었다. 이와 관련하여 조영진(2016) 등은 이 가운데서 이웃관계, 생활범위, 방범환경 인식 항목은 제외하였다. 이는 직접적인 CPTED 설계시 필요한 지침을 제공하는데 한계가 있기 때문이다.[57]

● 설문조사 측정항목 비교

구분	이유미 (2008)	강석진 (2005)	박정은 (2010)	김태욱 (2014)	박경래 (2012)	조영진 외 (2016)
지역환경에 대한 인식			○		○	○
이웃관계	○	○	○		○	
범죄에 대한 불안감	○	○	○	○	○	○
범죄피해경험(영역적 태도)[58]	○	○			○	○
범죄예방을 위한 개선사항	○	○		○	○	
생활범위	○					
방범환경 인식			○	○	○	

출처: 조영진·김서영·박현호(2016), "효과적인 CPTED를 위한 범죄위험평가의 도구 및 항목", 치안정책연구 30(3), p. 411.

---

56 위의 논문, p. 410.
57 위의 논문, pp. 410~411.
58 이유미(2008), 강석진(2005)의 연구에 따르면, 영역적 태도란 불안감으로 인한 생활의 위축 경험, 단지 내 수상한 사람을 목격할 경우 반응하는 태도를 의미한다. 위의 논문, p. 411 재인용.

따라서 이를 제외하고 크게 ① 지역환경에 대한 인식, ② 범죄에 대한 불안감, ③ 범죄피해 경험(영역적 태도: 불안감으로 인한 생활의 위축 경험, 단지 내 수상한 사람들을 목격할 경우 반응하는 태도를 의미), ④ 범죄예방을 위한 개선사항 4가지로 구분하였다. 여기에 통계분석을 위해 ⑤ 인구통계정보를 추가적으로 포함시켰다.[59]

● 설문조사 측정항목

구분	측정항목
지역 환경에 대한 인식	• 동네에 대한 애착 • 주차 및 보행환경 • 문화시설 및 교육환경 • 동네의 물리적 무질서 • 동네의 사회적 무질서 • 동네의 범죄를 유발하는 환경이나 시설물 등
범죄에 대한 두려움	• 동네에 대한 안전인식 • 범죄에 대한 두려움 • 가족의 피해에 대한 두려움 등
범죄피해 경험	• 절도 및 강도피해 경험 • 주거침입피해 경험 • 폭력 및 협박피해 경험 • 성범죄피해 경험 • 파손 및 손괴피해 경험
범죄예방을 위한 조치 및 활동	동네의 안전을 위해 필요한 범죄예방 조치 등
인구·사회학적 특성	• 성별 • 나이 • 거주기간 및 주소 • 현재 살고 있는 주택의 형태 • 현재 살고 있는 주택의 소유형태 • 결혼여부 및 결혼 상태 • 함께 거주하고 있는 가족의 수 • 개인 및 가구의 월평균 소득 • 직업 • 고용상태

출처: 조영진·김서영·박현호(2016), "효과적인 CPTED를 위한 범죄위험평가의 도구 및 항목", 치안정책연구 30(3), p. 412.

---

59 이에 대한 세부문항은 설문문항이 구체적으로 제시되었던 '박경래 외(2012), 범죄유발 지역·공간에 대한 위험성 평가도구개발·적용 및 정책대안에 관한 연구(Ⅰ), 경제·인문사회연구회 협동연구총서'의 연구를 토대로 하였다. 위의 논문, p. 411.

(6) 인터뷰조사

인터뷰(Interview)조사는 현장조사에서 짧은 시간의 관찰을 통해 확인하기 어려운 조사 대상지역의 정보, 특히 비물리적인 정보를 확인할 수 있다는 점에서 유용성을 갖는다.[60] 따라서 이를 통해 보다 구체적인 범죄에 대한 두려움, 생활여건 등을 파악하여 범죄유발 요인을 찾아내는 것을 목적으로 한다.[61]

응답자 간에 자유롭게 이야기를 나누는 과정에서 조사자가 예측하기 어려운 지역 내의 범죄유발요인과 특징에 대한 정보를 얻을 수 있으며, 안전지도(安全地圖, Safety map: 범죄불안감을 유발하는 장소, 범죄피해 위험이 있는 장소를 표기한 지도) 작성을 통해 범죄유발 장소에 대한 구체적인 위치정보를 얻을 수 있다. 인터뷰조사 대상자는 지역환경을 잘 알고 있는 거주민 또는 상인, 그리고 지역 내 우범지대 등 범죄관련 정보를 잘 알고 있는 경찰 및 지역공무원 등이 될 수 있다.

이러한 인터뷰조사는 조사대상이 되는 주변지역의 물리적/상황적 특성, 심리적 영향, 시각적 조사, 위험요인들, 외부적 특징, 주택의 위치, 주변의 특성, 주택에 대한 접근성, 보행자 접근성, 거주시간, 인접 건물의 거주시간, 조명의 정도, 침입자 경보, 외부 출입문의 접근통제, 경비원의 수준, 입구 및 위험지역 CCTV 및 감시체계 등에 대한 내용으로 진행할 수 있다.

그리고 이러한 인터뷰과정 내용들은 안전지도를 작성하는데 사용될 수 있을 것이다. 이러한 안전지도는 범죄예방 환경설계를 실시하는 실무자가 현장에 대한 현황을 보다 쉽게 파악할 수 있도록 도와주며, 또한 현장조사시에 참고자료로 활용이 가능하다.

한편, 인터뷰조사 진행시에는 세부적인 내용에 대한 질문을 통해 답변을 유도하기보다는 큰 범죄에서 키워드를 중심으로 질문하여 응답자 상호간에 자유롭게 의견을 나누는 과정에서 관련 정보를 얻을 수 있도록 한다.

---

60 면접자(interviewer)가 특정 피면접자(interviewee)를 직접 접촉하고 그에게 자극(주로 언어적인 것)을 주었을 때 나오는 피면접자의 반응을 실마리로 해서 필요한 정보를 얻든지 진단 지도나 치료 등을 하는 수단을 말한다. 인터뷰는 정신분석학에서 처음으로 과학적 · 조직적 수법으로 이용됐는데, 1920년대부터 급속히 발전한 여론조사, 시장조사가 면접법을 채용함에 따라 더욱 발전하게 됐다. 여론조사, 시장조사에서 이용되는 인터뷰에는 케이스 스터디를 목적으로 하여 피면접자의 반응을 면밀히 기술 분석하기 위한 심층인터뷰(depth interview), 그룹인터뷰(group interview), 대량 관찰에 의한 수량적 처리를 전제로 한 포멀인터뷰(formal interview) 등이 있다. 인터뷰에서는 면접자의 영향이 피면접자의 반응을 좌우하는 경우가 있으므로 양자 간의 정신적 교류 및 관계의 형성이 필요하며, 또 면접자는 선입관에 의해 반응을 왜곡시켜 받아들이지 않도록 주의해야 한다. 다음 백과(http://100.daum.net/encyclopedi).

61 이하 조영진 · 김서영 · 박현호(2016), 앞의 논문, pp. 413~414.

● 인터뷰조사 항목

구분	항목	주민	경찰
동네에 대한 인식	동네의 전반적인 분위기 및 생활환경(보행환경, 차량통행, 주차사정, 범죄가 우려되는 환경-취객/비행청소년/몰상식한 이웃/노숙자, 주택 내부 거주시간, 인접 건물의 거주시간, 경비원의 유무 및 수준 등)	○	○
	동네의 범죄를 유발하는 물리적 환경이나 시설물(공터, 유흥업소, 담장, 조명, 조경, CCTV 및 감시체계, 침입자 경보시스템, 출입문의 접근통제, 주택에 대한 접근성 등)	○	○
범죄유발 요인관련 지도표기 및 기타사항	통행량이 적은 길이나 이용이 적은 장소	○	
	잠재적 범죄자/피해자(노숙자, 취객, 비행청소년)가 머무는 장소	○	
	순찰활동 중 발견하거나 주민신고가 들어오는 잠재적 범죄자/피해자(노숙자, 취객, 비행청소년)가 머무는 장소		○
	중점적으로 순찰하는 장소		○
	알고 있는(혹은 들어본) 범죄발생장소	○	○
	낮에 통행하기 불안한 길과 장소 및 불안감의 원인	○	
	밤에 통행하기 불안한 길과 장소 및 불안감의 원인	○	
범죄예방을 위한 개선방안	범죄피해를 줄일 수 있는 환경조성을 위한 구체적인 조치사항	○	○

출처: 조영진·김서영·박현호(2016), "효과적인 CPTED를 위한 범죄위험평가의 도구 및 항목", 치안정책연구 30(3), p. 415.

3) 범죄위험평가에 따른 범죄위험성 정도 및 발생가능성 분석

이상과 같은 종합적인 관점에서 범죄위험평가를 실시하고, 이에 따른 범죄유형별 범죄위험성 정도 및 발생가능성을 가능한 한 계량화하여 분석해야 한다. 범죄위험성과 그 발생가능성을 등급화 하는 것도 고려할 수 있을 것이다.

예컨대, 범죄위험성 수준과 마찬가지로 발생가능성도 그 수준을 등급화(A: 실제로 확실함, B: 가능성 높음, C: 가능성 있음, D: 가능성 약함, E: 가능성 거의 없음, F: 가능성 없음 등)하는 방법이다. 아래 표는 이러한 평가 매트릭스(matrix)를 간단하게 보여주고 있다.[62]

이렇게 범죄유형별 그 위험성과 발생가능성 수준을 등급화 함으로써 그에 상응하는 적절한 대응수준을 환경설계과정에서 고려할 수 있을 것이다.

---

62 최선우(2017), 경호학, 서울: 박영사, p. 250.

● 범죄위험성/발생가능성 정도의 평가 매트릭스

범죄 위험성						
치명적 위험성						
위험성 높음						
위험성 있음						
위험성 약함						
위험성 거의없음						
위험성 없음						
	가능성 없음	가능성 거의없음	가능성 약함	가능성 있음	가능성 높음	실제로 확실함	발생 가능성

Chapter **11**

시설별 CPTED의 적용

CHAPTER 11

시설별 CPTED의 적용

SECTION 01 주거시설의 CPTED

1. 주거시설의 특징

모든 인간의 삶은 주거(住居)에 근간을 두고 있다. 우리 사회가 어떠한 도시의 형태를 취하고 있든 간에 우리 일상생활은 주거지의 평온(平穩)과 안전성(安全性) 등에서 시작될 수밖에 없는 것이다.

바꿔 말하면, 현대도시는 대도시, 중소도시, 그리고 농어촌 지역 등 여러 형태를 취하고 있고, 그 속에는 중심활동 지역(직장·학교 등)과 일반활동 지역(공공시설, 상업시설, 여가시설 등)에 수많은 건축요소가 복잡하게 존재하고 있지만 결과적으로 가장 중요한 삶의 척도이자 출발점은 '주거시설'(住居施設)이라고 할 수 있다.

● 안전영역의 구조화

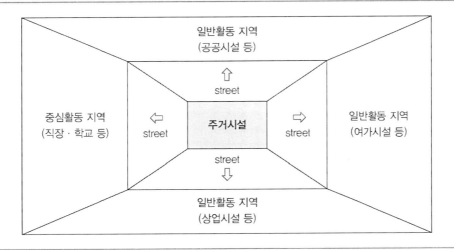

주거시설은 개인에게 보장된 대표적인 사생활불가침(私生活不可侵)지역으로서, 타인에 대해서 배타적인 권리를 행사할 수 있는 곳이라 할 수 있다.[1] 이곳에서 개인은 휴식과 안정을 취하고, 평화로운 가정생활을 영위하게 된다. 이러한 점에서 CPTED는 1차적으로 주거시설에서 출발되어야 한다.[2]

위의 그림에서 보는 바와 같이, 개인의 삶은 내부 장소인 주거장소를 중심으로 해서 자신들의 외부활동 영역으로 확대해 간다고 볼 수 있다. 주거시설에서 이러한 여러 외부시설 등에 접근하기 위해서는 가로(街路, Street)를 이용하게 된다. 이러한 점에서 가로는 주거시설에서 각 시설들로 접근 내지 교류할 수 있도록 해주는 일종의 '가교'(架橋, Bridge) 역할을 한다고 볼 수 있다.

그런데 주거시설은 독립적인 일정수준의 사생활의 보장, 그리고 외부로부터 차단되는 독립성 등을 갖추고 있지만 주변 환경의 시설에 영향을 적지 않게 받는다. 예컨대, 주거시설 주변에 술집과 같은 유흥시설, 호텔·모텔과 같은 숙박시설, 그리고 공장과 같은 산업시설 등이 일정한 경계 없이(즉, 주거시설이 적절한 영역성을 확보하기 어려운 경우) 복잡하게 섞여 있을 경우에는 범죄와 무질서, 소음·공해 등 잠재적 위험성 내지 위해성 등이 내재할 수 있다고 본다.

▲ 1인 가구 시대의 삶의 질과 도시설계

① 1인 가구 시대의 도래

우리 사회의 1인 가구는 지속해서 증가하고 있다. 2017년 1인 가구는 561만 9천 가구로 전체 가구의 28.6%로 나타났다. 그동안의 1인 가구 증가추세를 본다면, 2020년에는 약 600만 가구, 2030년에는 약 700만 가구, 2045년에는 약 800만 가구를 넘어설 것으로 예측하고 있다.

---

[1] 주거의 자유 및 사생활보호는 헌법상에 보장된 대표적인 개인의 권리라 할 수 있다. 이와 관련하여 "모든 국민은 주거의 자유를 침해받지 아니한다. 주거에 대한 압수나 수색을 할 때에는 검사의 신청에 의하여 법관이 발부한 영장을 제시하여야 한다."(제16조), 그리고 "모든 국민은 사생활의 비밀과 자유를 침해받지 아니한다."(제17조)는 규정은 이를 선언한 헌법상 규정이라고 할 수 있다.

[2] ① 주거장소는 인간에게 1차적 영역(the Primary Territory)으로, 강한 심리적 구심성과 장기적 점유라는 특성을 갖는다. 일반적으로 거주자에게는 이곳이 다른 이떠한 영역보나노 안전해야하고 또 안전할 것으로 기대되어야 한다. 그러나 문제는 주거장소의 범죄발생율이 다른 어떤 공간보다 높게 나타나고 있다는 점이다. 우리나라의 경우에도 범죄유형에 따라 차이는 있으나, 주거장소의 범죄발생율은 여타 공공장소에서 보다 높게 나타나 주거장소가 결코 안전한 공간이라는 기대를 어렵게 하고 있다. 이에 대한 세부적인 내용은 노현선(1995), "아파트 거주자의 범죄불안감과 환경특성에 관한 연구: 분당 신도시 아파트 단지를 중심으로," 연세대학교 박사학위논문 참조.; ② 물론, 주거장소 내에서 범죄발생이 높게 나타나는 것은 범죄가 낯선 외부인에 의한 것이 아니라 가족구성원 및 친분 내지 면식(面識)있는 이웃 등에 의해 저질러지는 경우가 적지 않다는 점도 있다고 본다. 이 경우에는 사생활에 대한 침입을 기본적으로 거부·차단하기가 어렵고, 따라서 CPTED 차원의 방어공간(防禦空間, Defensible Space)을 적용하는 것은 쉽지 않다고 본다.

통계청의 통계자료에 따르면 2017년 1인 가구 중 남성은 49.7%, 여성은 50.3%를 차지하고 있다. 연령대별로 보면 남성은 30대(22.2%), 40대(19.5%) 순으로 높고, 여성은 70세 이상(27.9%), 60대 (16.7%) 순으로 높게 나타났다.[3]

● 1인 가구 전망
(단위: 만 명)

구분	1985	1990	1995	2000	2005	2010	2015	2017	2020	2030	2045
가구 수	66.1	102.1	164.2	222.4	317.1	414.2	520.3	561.9	606.8	719.6	809.8

출처: 통계청, 보건복지부 통계자료.; 연합뉴스(2019.02.27.) 재인용.

② 1인 가구의 삶의 질 문제

1인 가구가 이렇게 증가하는 이유로, 고령화사회의 도래와 함께 고령자들이 이혼·별거 또는 사별 등으로 혼자 사는 경우가 많아졌고, 젊은 층의 경우 결혼을 하지 않고 독신으로 지내는 사람들이 많아졌다는 점 등을 들 수 있다. 이러한 1인 가구의 원인과 결과로서 경제적 빈곤은 무과하지 않다고 본다.

건축학적으로 본다면, 혼자 사는 사람들은 일반적으로 작은 집에 살게 된다. 그리고 현대 도시민들의 삶은 실내 공간중심으로 형성되어 있다. 이러한 점에서 볼 때, 작은 집에 사는 1인 거주자의 삶의 질은 떨어지게 마련이다.

과거 대가족 중심의 전통사회에서 살았던 집은 무척 작았다. 그러나 집이 작은 대신 마당이나 골목길 같은 도시와 마을의 외부공간을 사적으로 사용하거나 가까운 이웃들과 함께 공유하며 여유롭게 살았다. 그리고 집이 좁은 탓에 아이들이 학교에서 집에 오면, 어른들은 "애들아 밖에 가서 놀아라!"하였고, 아이들은 골목길 또는 공터에서 자유롭게 놀았던 시절이 있었다.

그러나 2018년 현재 우리나라 인구의 60%는 골목길도 없고, 마당도 없는 아파트에서 살고 있다. 아파트의 경우 10년 전에는 4인 가구가 주류였고, 중산층은 30평형대 아파트에 사는 것이 기준이었다. 이 경우 한 사람은 자신이 방과 더불어 거실과 부엌 공간을 사용하게 된다. 1인당 약 20평 정도의 공간을 사용하는 셈이다. 그러나 오늘날 1인 가구는 주로 8평 이하의 원룸 등에 생활하고 있다. 1인당 사용공간이 1/3로 줄어든 것이다.

과거에는 자기 방을 열고 나가면 거실이라는 공공의 공간에서 가족들을 만날 수 있었다. 그러나 지금의 1인 가구는 여유 공간을 찾아 볼 수 없는 원룸에 갇혀 살고, SNS를 이용해 사람들을 만난다. 사용하는 공간보다 더 작은 손바닥만 한 스마트폰을 쳐다보며 살고 있는 것이다.

그런데, 부모와 아파트에 살면 눈치가 보여 친구를 초대할 수 없고, 원룸에 살면 공간이 작아 초대할 수가 없다. 이러한 상황에서 어디 편안한 곳에 앉아서 친구와 이야기를 나누려면 한 끼 식사비 정도로 비싼 커피 값을 지불하고 카페에 앉아야 한다. 우리가 사는 현대사회는 공간을 즐기려면 돈을 지불해야 한다. 그것이 집값이든 월세든 카페의 커피값이든 마찬가지이다.

---

3 http://cafe.daum.net/subdued20club/ReHf/2208007.

과거에는 소유하지 않아도, 또 비용을 지불하지 않아도 즐길 수 있는 공간들이 많았지만 이제는 '몇 평'으로 계산되는 공간을 얼마나 소유하고 있느냐가 그 사람의 삶의 질을 평가하는 기준이 되었다. 이러한 이유로 우리는 열심히 일해서 한 평이라도 넓은 집으로 이사를 가고 싶어 한다. 그러나 아이러니하게도 세상의 흐름은 거꾸로 1인 가구의 작은 집으로 향하고 있다.

③ 뉴요커가 좁은 집에 살아도 되는 이유

전 세계에서 가장 작은 집에 사는 사람들은 누구일까? 선진국 중에서 단위 면적당 부동산이 가장 비싼 미국 뉴욕에 사는 사람들일 것이다. 그런데, 이들 '뉴요커'들의 라이프 스타일(life style)을 살펴보면 그렇게 불쌍하거나 비참하게 느껴지지 않는다.

그 이유는 공간 소비의 측면에서 뉴요커들은 아주 넓은 면적을 영유하며 살기 때문이다. 즉, 집 크기는 몇 평이 되지 않지만 이들은 뉴욕 센트럴 파크(Central Park)나 브라이언트 파크(Bryant Park)와 같은 각종 공원들이 촘촘하게 박혀 있는 도시에 살고 있다. 그리고 이들 공원들은 인접해 있어서 걸어서 그 공원들을 오가며 즐긴다. 여름에는 브라이언트 파크에서 영화를 보고, 겨울에는 스케이트를 탄다. 유니언 스퀘어에서 열리는 장터에서 유기농 먹거리를 사고, 센트럴 파크에서 조깅과 일광욕을 즐긴다.

최근 들어서는 하이라인(High Line)과 같은 신개념 고가도로 위의 공원을 산책하면서, 저녁노을과 맨해튼의 도시경관을 동시에 즐기기도 한다(하이라인 공원에 대해서는 뒤에서 다시 살펴보기로 한다). 그리고 모마(MoMA: the Museum of Modern Art)와 같은 세계적인 미술관들도 매주 금요일 저녁에 가면 공짜로 관람할 수 있다. 요약건대, 뉴요커들의 삶은 자신들이 세 들어 사는 작은 방에 갇혀 있지 않다는 점이다. 그들은 도시 곳곳에 펼쳐져 있는 즐겁고 재미있는 공간들을 거의 무료로 즐기면서 살 수 있다.

④ 1인 가구를 위한 도시설계

우리나라도 1인 가구가 늘어나는 변화에 맞추어 이에 맞는 도시설계가 이루어져야 한다(물론, 이것은 1인 가구의 문제가 아니라고 본다. 도시에 생활하는 모든 사람들의 삶의 질을 향상시켜 줄 수 있는 노력이 필요하다). 따라서 도시구조를 부유한 사람들만이 갈 수 있는 공간들로 채워 갈 것이 아니라 일반 도시민들이 저렴하고 편안하게 이용할 수 있는 곳들이 다양하게 많아져야 한다. 그리고 도시의 이용한 장소들은 가능한 한 자동차가 아니라 걸어서 갈 수 있을만한 거리에 분포되어 있어야 하고, 서로 연결되어야 한다. 대표적인 공공시설인 공원도 이러한 형식으로 위치해 있어야 할 것이다.

출처: 유현준(2018), 어디서 살 것인가: 우리가 살고 싶은 곳의 기준을 바꾸다, 서울: 을유문화사, pp. 88~92.

그런데, 주거시설에 대한 선호도는 지극히 개인적인 가치판단에 의존한다. 이는 모든 개개인을 만족하는 최상의 주거시설은 존재하지 않는다는 것을 의미한다. 그리고 보다 중요한 것은 한 개인의 주거시설에 대한 선호도 역시 살아가면서 변화한다는 것이다.

따라서 일반적으로 주거시설의 안전성 여부가 이를 선택하는 중요한 요인이 될 수 있지만, 그것이 주거선택의 결정적 요인이 되지 않을 수도 있다. 바꿔 말하면, 개인의 삶에서 어떠한 것에 의미 내지 가치를 두느냐에 따라서 즉, 경우에 따라서는 범죄와 무질서의 위협은 다른 가치의 추구를 위해서는 불가피하게 용인·감수될 수도 있다는 의미이다. 예컨대, 자신이 거주하고 있는 주변지역이 잠재적인 폭력·침입절도·강도 등의 위험에 노출되어 있다는 점을 인식하지만, 경제적·사회적·문화적인 이유 등으로 다른 곳으로 이사 가는 것이 어려운 경우도 있을 것이다.[4]

한편, 대도시 중심부의 생활은 젊은 미혼 직장인들에게는 매력적이고 편리한 공간이 될 수 있겠지만 가족생활의 관점에서는 불편할 수도 있다. 예컨대, 어린 자녀가 다니는 학교까지 물리적 거리가 멀고, 수많은 낯선 사람들이 주변을 통행하고, 때에 따라 위험한 큰 길을 횡단해야 하는 경우도 있고, 등하교 길 주변에 유흥시설이 인접해 있을 수도 있기 때문이다. 뿐만 아니라 대도시권일수록 놀이터가 너무 협소하거나 경우에 따라서는 없는 지역이 많아 아이들의 건전한 놀이생활을 위한 공간으로서의 역할을 충분히 소화 하지 못하는 경우도 있다. 또한 처음에는 매력적이라고 생각한 주택단지의 주변에 상업시설, 빌딩, 그리고 공영주차장 등이 개발됨에 따라 삭막한 환경으로 바뀌기도 한다.

그러나 이러한 개인적 선호도와 주거환경의 변화에도 불구하고, 자신이 거주하는 또는 활동하는 직장, 그리고 쇼핑 및 여가생활을 하는데 있어서 범죄와 무질서 문제를 전혀 고려하지 사람은 존재하지 않는다고 본다. 모든 개인과 가정은 자신의 생명과 재산에 위협을 가하는 범죄와 무질서에 대한 경각심을 가지고 있으며, 따라서 주거지역 등을 선택하는데 있어서 가능한 한 이를 중요하게 고려해야 한다.

◎ 동양적(東洋的) 관점의 주택의 중요성과 선택 기준

중국 고전(古典) 가운데, 주택(住宅)에 대한 내용을 담고 있는 양택풍수서(陽宅風水書)로서 널리 알려진 책이 바로 『황제택경』(黃帝宅經)이다. 정확한 저작연대나 저자는 이견이 있으나 송나라 때 왕미(王

---

4 주거시설의 선택에 있어서 개인마다 중요하게 고려하는 요인은 다양하다. 이에 대한 한 예는 다음과 같다. "미국 뉴욕의 도심에서 직장생활을 하고 있는 한 젊은 여성은 어머니와 함께 살기 위한 주택을 찾고 있었다. 그런데, 그녀가 제시하는 주택선택 기준은 무엇보다도 '이웃과의 교류를 강요받지 않는 곳'이었다. 그녀가 다른 일반인들이 선호하는 교외의 주택단지를 꺼려하는 가장 큰 이유는 그녀의 일상생활이 주변의 감시와 소문의 대상이 되는 것을 원치 않았기 때문이었다. 즉, 작은 마을 또는 이웃과 교류가 이루어지는 공간 내에서 지나친 관심과 험담 등에 의한 불편함으로부터 피하고 싶었던 것이다." 현대 도시문제로 익명성, 소외감 등이 거론되고 있지만, 대도시에 거주하는 사람들은 '익명성'(匿名性, anonymity)을 원하는 경우도 적지 않다고 본다. C. A. Perry)(1929)/이용근 역(2013), 근린주구론, 도시는 어떻게 오늘의 도시가 되었나, 서울: 커뮤니케이션북스, pp. 1~3 재구성.

微, 420~479)가 저술한 것으로 알려져 있다. 이 책에서는 주택과 관련하여 다음과 같이 설명하고 있다.

"주택이란 곧 음(陰)과 양(陽)의 관건(關鍵, 문에 거는 빗장과 자물쇠로서 어떤 일의 성패나 추이를 가름하는 가장 중요한 부분이나 요인을 뜻함) 즉, 핵심으로서 인간 삶의 근본이요, 규범이면서 궤도(軌道, 살아가는 행선지나 방향)이다. 따라서 지식이 해박하면서도 현명한 군자가 아니면 이러한 도리를 깨닫기 불가능하다.

무릇 사람이 거처하는 곳은 집이 아닌 것이 없으니 비록 대소(大小)가 다르고 음양이 다르기는 하지만 예컨대, 한 손님이 와서 방 한 개를 얻어 거처한다고 해도 역시 길흉과 선악이 있게 되어 있으니, 큰 집은 큰 집대로 설명하는 방법이 있고, 작은 집은 작은 집대로 설명하는 방법이 있다. 그 중에서 수리를 하지 말아야 할 곳을 수리를 하게 되면 반드시 재난이 발생한다. 그러나 적절한 택법(宅法)의 이치대로 수리하거나 환원시키면 재앙은 바로 멈추게 되는 이는 곧 병이 들었을 때 약으로 치료하는 원리와 동일한 이치이다.

따라서 주택이란 사람이 안심입명(安心立命)하는 근본이고, 사람은 주택으로 인해서 자신의 존재가 성립되고 또한 가족이 구성되는 기초가 된다. 거주하는 주택이 편안해야 집안이 대대로 번창하고 융성하게 되나 만약 주거가 불안정 또는 불길하면 가문이나 종족이 쇠약하게 된다. '사람은 주택으로 인해서 모든 명예와 지위가 서게 되고, 주택은 사람에 의해서 존재하게 된다'(人因宅而立 宅因人得存)는 말은 바로 이를 의미하는 것이다.

산천에 존재하는 모든 분묘(墳墓)들도 이와 같이 설명할 수가 있는데, 특히 주택이란 단순히 개인의 거주하는 주택만을 의미하는 것은 아니다. 이는 크게는 국가, 작게는 주·군·현·읍(州郡縣邑) 등 모두가 해당되고, 그 아래로는 촌락(村落)이나 산속의 짐승우리 같은 목책 또는 동굴이라 하더라도 사람이 거처하는 곳이라면 모두가 길흉을 벗어날 수가 없다.

주택을 설계하는 방법은 '5실 5허'(五實五虛)로 설명할 수 있다. 5실(五實)이 되면 집안이 부귀해지고, 5허(五虛)가 되면 집안이 가난해 진다. 먼저, 5실은 ① 택대문소(宅大門小): 집은 큰데 대문이 작을 때, ② 택소인다(宅小人多): 집은 작은데 사람이 많이 살 때, ③ 장원완전(牆垣完全): 울타리 즉, 담장이 잘 쳐졌을 때, ④ 택소육축다(宅小六畜多): 집에 비해서 기르는 가축이 많을 때(六畜: 말, 소, 양, 개, 돼지, 닭), 나무나 화초가 잘 자라는 경우, ⑤ 수구동남류(水溝東南流): 집안의 물이 동남으로 빠질 때를 말한다.

다음으로 5허는 ① 택대인소(宅大人小): 집은 큰데 사람이 적을 때, ② 택소문대(宅小門大): 집은 작은데 대문이 클 때, ③ 장원불완(牆垣不完): 담장이 완전치 못할 때, ④ 정조불처(井竈不處): 우물과 부엌의 배치가 잘못되었을 때, ⑤ 택지다옥소(宅地多屋小): 집터는 넓은데 집이 작을 때를 말한다. 이 가운데 일부 내용(5실 가운데 ④, ⑤ 등)은 우리나라 현대 주택에 적용하는데 다소 무리가 있지만, 다른 내용 등은 참고할 만하다고 본다.[5]

출처: http://blog.naver.com/PostView.; 장태상(2012), 풍수총론, 서울: 한메소프트, pp. 579~595.

---

5 이러한 견해는 다소 형이상학적일수도 있지만 '사람과 집'(人宅)이 상부(相扶)했을 때 편안함과 평온함을 느낄 수 있으며, 그러한 상태의 유지는 결과적으로 범죄와 무질서 등의 위협으로부터 자유롭다는 것을 의미한다고 본다.

2. 주거시설의 CPTED 지침

주거시설은 크게 아파트·주상복합아파트와 단독주택·다세대·연립주택으로 구분할 수 있다.[6] 주거시설은 주거침입범죄의 예방과 주거시설 주변에서 발생할 수 있는 강도·성범죄 등에 초점을 두도록 한다. 주거시설에 대한 CPTED 적용시 사생활침해 문제가 발생할 수 있기 때문에 이를 고려하면서 설계가 이루어져야 할 것이다.[7]

1) 아파트

아파트에 대한 CPTED적용은 물리적 차원의 접근통제를 기본으로 한다. 이를 위해서 아파트 단지의 출입구에 차량 출입차단기를 설치하고, 경비실 경비원 및 CCTV 등에 의한 차량 및 출입자에 대한 통제·감시가 이루어져야 한다. 그리고 아파트 옥상,[8] 계단 창문 등에 대한 적절한 통제가 이루어져야 한다.

아파트 단지 출입구에 단주/볼라드(Bollard)와 같은 물리적 상징물, 그리고 차량 출입구 도로에 돌기형 블록 도로 등을 설계하면, 차량 통제 및 영역성 등을 확보할 수 있다. 그리고 단지 내에 시야(視野)를 가리지 않는 조경 및 조명 등을 설계하여 남의 눈에 띠지 않고 침입하기 힘든 공간이라는 인식을 잠재적 범죄자에게 심어줄 수 있어야 한다.

---

6 현행 주택법에서는 "주택은 세대(世帶)의 구성원이 장기간 독립된 주거생활을 할 수 있는 구조로 된 건축물의 전부 또는 일부 및 그 부속토지를 말하며, 단독주택과 공동주택으로 구분"하고 있다(제2조 제1호). 한편, "준주택은 주택 외의 건축물과 그 부속토지로서 주거시설로 이용 가능한 시설 등을 말하며, 그 범위와 종류는 대통령령으로 정한다"고 규정하고 있다(제2조 제4호).

7 이하 박현호(2014), 범죄예방환경설계 CPTED와 범죄과학, 서울: 박영사, pp. 249~260 재인용.

8 아파트 등 공동주택의 옥상은 상시 개방시 추락, 자살, 침입범죄의 수단이나 통로로 활용되거나 청소년 범죄의 온상이 될 우려가 있다. 그러나 상시 폐쇄할 경우에는 화재발생시 비상대피를 하지 못할 위험이 있다. 이는 소방법에 저촉되기도 한다. 따라서 비상시 자동개폐장치(소방법에 의거 한국소방점검공사 등의 인증을 받은 제품 사용)를 적용하여 평소에는 폐쇄하되, 재난시에는 대피가 가능하도록 할 필요가 있다. 그리고 추가적으로 CCTV를 설치하면, 비상상황에 대한 파악 및 대응이 보다 쉽다. 위의 책, p. 252.

● 국내 최대 아파트 단지 전경[9]

출처: https://news.v.daum.net/v/20180830074343164.

⬢ 도시공간의 단절성과 대규모 아파트 단지의 문제

① 도시공간의 단절성

현대도시의 공간시스템이 갖는 가장 큰 문제가운데 하나는 바로 '도시공간의 단절성'이라 할 수 있다. 도시내부의 각 지역별 공간구획과 잘 발달된 교통시스템에 의해서 도시는 하나이면서도 각기 다른 수많은 조각들로 분절된 것이다.

그리고 이러한 상황에서 언제부터인가 도시 내의 잘사는 동네, 못사는 동네를 구분하기 시작했고, 도시 내의 지역적 특성(긍정적 요소, 부정적 요소)은 더욱 세분화되고 뚜렷해지고 있는 실정이다. 예컨 대, 서울의 경우 처음에는 강남과 강북으로 나뉘더니, 이제는 강남도 강남구, 서초구, 송파구로 나뉘고 있다. 그리고 그 안에서도 논현동, 청담동, 잠원동, 압구정동 등으로 세분화된다. 그리고 같은 동네 안 에서도 아파트 단지별로 나뉜다. 서울이라는 도시는 마치 다도해(多島海)처럼 여러 개의 섬으로 나뉘 고, 그 사이를 자동차를 타고 이동하는 셈이다. 정도의 차이는 있지만 각 지방의 대도시, 중소도시도 상황은 마찬가지이다.

공간적 관점에서 이러한 단절성을 심리적으로 느끼는 이유는 사람들이 자동차나 지하철 등으로 이 동하고 있기 때문이다. 자동차나 지하철을 이용하면 실내로 들어갔다 나오게 되어 경험(經驗)이 단절 된다. 직접 느끼는 외부환경과 유리창 밖으로 느끼는 외부환경은 다르기 때문이다. 어쨌든, 경험이 단 절되면 동네는 나뉘게 된다. 그래서 서울의 경우 도시는 지하철역에 따라 구분된다.

이러한 도시의 단절성을 최소화시키는 방법은 바로 경험을 연속되게 해주는 것이다. 보도(또는 자전 거 등)를 이용한 이동은 가장 좋은 방식이다. 오늘날 거대도시의 등장으로 도시의 일체감을 형성하는 것은 결코 쉬운 일이 아니지만, 하나의 도시공동체(都市共同體)를 형성하기 위해서는 가능한 한 보행 (步行) 중심으로 공간이 연결되어야 한다.

---

9 2018년 말에 입주를 시작하는 송파헬리오시티는 국내 최대 아파트 단지로서, 아파트 대지평수가 여의도 공원면 적 2배가 되며, 총 9,510세대, 5대 권역의 상가동이 위치한다.

② 보행이 불가능한 아파트 주변 환경

주지하는 바와 같이 오늘날 인구가 늘고 고밀화(高密化)되면서 대규모 고층아파트 형식 일반화되고 있다. 그러나 이러한 대규모 고층아파트 형식은 다소 문제를 안고 있다. 특히, 대규모 단지가 되면서 만들어지는 담장이 문제다. 새로 개발된 아파트 단지를 보면, 자동차는 모두 통합된 지하 주차장으로 들어가도록 설계되어 있다. 그리고 지상에는 단지 보행자와 녹지 등으로 구성된다. 피상적으로 보면, 아주 살기 좋은 형태이다. 그러나 이러한 아파트 단지는 수백 미터의 기다란 담장으로 둘러싸여 있다. 이는 아파트라기보다는 성(城, Palace)에 가깝다. 단지에 살지 않는 일반 시민들이 아파트 외곽 인도를 걸어가기에는 사실상 불가능하다.

사람들이 어떤 거리를 걷고 싶은 마음이 들게 하려면 거리의 '이벤트 밀도'가 높아야 한다. 이벤트 밀도라는 것은 내가 선택해서 들어갈 수 있는 가게 입구의 숫자다. 서울의 유명한 거리 5곳을 조사한 결과, 우리가 보통 걷고 싶다고 하는 거리에는 100m 당 30개 이상의 선택 가능한 가게 입구가 있다. 다양한 가게 입구의 숫자는 마치 TV 채널의 숫자와 같다. 일정한 공간에 다양한 가게가 있으면 매번 그곳을 지날 때마다 다양한 선택 내지 경험을 할 수 있다.

그런데, 고밀화 된 아파트 단지 주변 수백미터 이내에 입구가 하나이고, 그것도 주차장으로 들어가는 입구라면, 그 거리는 당연히 걷고 싶지 않은 거리가 된다. 왜 이러한 담장이 만들어져 있을까? 그 이유는 아파트 단지 코너에 원스톱(One Stop) 쇼핑이 가능한 상가건물이 있기 때문이다. 보통 지하철역 등과 가까운 곳에 상가가 배치되어, 이곳에 모든 소비요소(식당, 병원, 약국, 미용실, 학원, 카페 등)가 들어서 있다. 사람들은 이를 편리하게 이용할 수 있고, 다른 일이 생기면, 주차장의 자동차를 타도 다른 동네의 아파트 단지로 가면 된다. 한편, 도시 내에 대규모 쇼핑센터가 들어서고 있다. 아파트 단지의 소비에 실증이 나면, 이러한 쇼핑센터에 가서 훨씬 집약되고 다양한 소비를 즐길 수 있다. 이제 자동차를 타고 다니는 것이 일상화가 되었고, 그러다 보니 도시와 아파트 단지 주변 길거리에는 자동차만 늘어나고 있다. 도시가 점점 커지지만, 사람들이 중심이 아닌 자동차 중심의 도시가 되어가고 있는 것이다.

출처: 유현준(2018), 어디서 살 것인가: 우리가 살고 싶은 곳의 기준을 바꾸다, 서울: 을유문화사, pp. 125~125, pp. 119~122.

③ 아파트 단지 내 외부인 통행제한 문제

"같은 동네에서 꼭 이렇게 해야 합니까?"서울 강남구 L아파트에 사는 A씨는 최근 인접한 H아파트 단지 내 보행로 통과를 제지당하자 막는 경비원에게 항의하였다. L아파트(339세대) 주민들은 바로 옆에 붙은 H아파트의 철문을 통과하려면 성명, 방문이유, 전화번호 등을 적어야 한다.

A씨는 "신원 확인을 받을 땐 마치 내가 현행범이 된 것 같아 차라리 우회해서 간다"고 하였다.

2008년 입주한 H아파트는 1,000세대가 넘는 대단지인 데다 지하철역과 강남구청, 삼릉초교·언주 중학

H아파트 후문에 인근 주민들의 통행을 막기 위해 설치한 철문

교 등이 가까이 인접해 있다. 그런데 2010년 들어 바로 옆 L아파트와 단독주택 등 이웃 주민들과 언성을 높이는 일이 잦아졌다. 작년만 해도 H아파트 단지 내 보행로는 인근 주민들에게 개방되어 통행에 아무런 제한이 없었다. 그러나 작년 12월 철문이 설치된 뒤 공식적으로 길이 막혔다. 인근 주민들은 단지를 가로질러 갈 경우 학교, 관공서, 버스정류장 등을 10분이면 가지만 우회하면 30분이나 걸린다며 불편을 호소하고 있다. 통행인원은 하루 평균 800여명에 이른다.

H아파트 측은 그동안 외부인 출입으로 큰 피해를 입었기 때문에 불가피하게 철문을 설치한 것이라며 앞으로도 통행 제한을 계속하겠다는 입장이다. H아파트 입주자대표회 관계자는 "1년간 아파트를 개방해보니 기물파손, 쓰레기 불법투기는 물론 불미스런 사건이 발생해 참다못해 취한 조치"라며 "단지 내 통행로는 엄연히 사유지인데 외부인이 함부로 사용하는 것은 남의 집 마당에 무단 침입하는 것과 무엇이 다르냐"고 반문하였다. 이 관계자는 "대법원 판례도 단지 내 통행을 막은 한 아파트 측의 손을 들어준 적이 있다"고 밝혔다.

H아파트의 이와 같은 강경한 태도에 관할구청인 강남구도 난감해하고 있다. 강남구 관계자는 "현재 H아파트가 설치한 철문은 정식 허가를 받지 않아 엄격히 말하자면 불법 구조물"이라며 "허가를 내주는 대신 아침 6시부터 저녁 8시까지 개방해줄 것을 요구했으나 H아파트 측이 거부해 난처한 입장"이라고 하였다. 이 관계자는 "그동안 잘 다니던 길이 갑자기 통제되다보니 인근 주민들의 반발이 크다"며 "법적으로는 H아파트가 옳다 해도 담장을 없애고 공원처럼 개방하는 최근 추세와는 역행하는 것이어서 안타깝다"고 하였다.

출처: 한국경제(2010.03.02.)

그리고 아파트 1층을 필로티(piloti) 형태로 설계하면 지상에서 일어나는 모든 일을 감시할 수 있으므로 지상의 사각지대가 사라지게 된다. 다만 필로티 하부의 음영지역은 적절한 조명을 유지해야 사각지대를 방지할 수 있다.[10]

어린이 놀이터는 아파트의 주동 내부에 위치하여 아파트에서 자연스럽게 내려다볼 수 있어야 하며, 아파트 단지 내의 수목은 시야를 가리는 범위 내에 위치해서는 안 된다. 계단, 로비 및 승강기는 내부를 들여다볼 수 있도록 개방형 구조로 설계할 필요가 있다. 그리고 아파트 단지 내의 개

---

10 ① 필로티는 프랑스 건축가 '르 코르뷔지에'(Le Corbusier)가 제창한 건축양식이다. 지상층을 일반인들의 자유로운 왕래와 자동차의 통행을 위하여 개방하는 것이 목적이다. 따라서 거주 부분이나 사무실은 지상을 왕래하는 사람과 차량의 동선에 방해가 되지 않는 2층 이상에 설계한다. 현대 건축개념에서는 원래의 목적뿐만 아니라 하나의 스타일로서 인정되고 있다. 우리나라에서도 최근 일반 건물은 물론 아파트에까지 널리 채용되고 있다. 다만, 지진에 취약한 점, 내화 자재를 사용하지 않았을 경우, 화재 발생 시 피해가 클 수 있다는 단점이 있다. 다음백과(http://100.daum.net/encyclopedia).; 위키백과(https://ko.wikipedia.org).; ② 그리고 유체역할의 기본 법칙인 '베르누이의 원리'(Bernoulli Principle) 차원에서 볼 때, 1층은 저기압에 의한 빠른 바람이 지나는 터널을 형성하여 건강 및, 통행에 지장을 일으킬 우려가 있다.

방형 공용시설물(휴게실, 회의실, 독서실, 헬스장, 노인방 등)을 활용하여 활동성을 증대시킨다면, 감시자의 수가 많아지므로 자연스럽게 범죄예방에 도움이 된다.

○ **원형기둥 디자인**

건물 내의 주차시설 등의 기둥은 사각기둥 및 원형기둥을 적용할 수 있는데, 이 가운데 원형기둥은 자연적 감시의 가시각을 최대화하고, CCTV의 시야범위를 확대할 수 있는 장점이 있다.

출처: http://blog.daum.net/daomsportsmat/155.

주상복합아파트(주거공간과 상업공간이 함께하는 건물)의 경우에는 주거, 상업, 업무, 호텔, 전시 등 복합용도 건축물로 상업시설과 비슷한 성격을 지니고 있다. 유동인구 및 상주인구가 많아 공동화 현상이 나타나지 않고 감시자가 존재한다는 점은 장점이지만, 불특정 다수인의 통행이 이루어지기 때문에 적절한 접근통제가 이루어지지 않을 경우 거주자를 대상으로 한 침입절도, 유괴, (성)폭행, 강도, 소란 등의 문제가 발생할 가능성이 높다. 따라서 상업시설로 연결되는 승강기와 주거시설로 연결되는 승강기를 별도로 구분하여 운행하고, 상업시설에서 주거시설로 연결되는 통로는 거주자들만 출입할 수 있는 출입 통제장치를 설치할 필요가 있다. 그리고 단지 내 상업기능과 주거기능을 위한 차량출입 동선을 분리하고, 주거시설 전용 출입구와 계단을 만들어 범죄발생 가능성을 최소화하도록 해야 한다.

2) 단독주택, 다세대, 연립주택

단독·연립주택의 특성상 주택 단지 전체에 외부인의 접근을 통제하는 것은 사실상 불가능하기 때문에 각각의 주거 건물의 접근통제를 강화해야 한다. 개별 건물마다 출입구는 도로 쪽으로 향하게 하며 출입통제장치를 설치하는 것이 바람직하다. 다만, 단독 연립주택의 배치를 닫힌 구조로 하고 출입구를 최소화 하여 범죄자의 도주로를 차단하도록 하고 주택단지 외곽에는 투시형 울타리나 시야를 가리지 않는 낮은 조경시설을 활용하여 잠재적 범죄자의 접근을 차단하도록 한다.

빌라나 연립주택을 살펴보면, 건물의 사유 영역이 어디서부터인지 애매하게 되어 있는 경우가 많다. 영역성이 확보되지 않은 건물은 범죄자의 입장에서는 영역성이 확보된 건물보다 훨씬 더 매력적인 건물이 된다. 따라서 건물 경계부에 투시형 담장을 설치하거나 낮은 울타리, 잔디 등의 시야를 가리지 않는 조경시설을 설치함으로써 영역성을 확보할 필요가 있다.

조경을 꾸미거나 영역성 확보를 위해 울타리 설치할 때에는 시야를 가리지 않을 정도로 낮거나 투시형이 바람직하다. 조명은 자연광과 유사한 백색등을 사용하며 건물 출입구 방향과 주차장 방향을 비추어야 한다. 그리고 단독·연립주택의 주차장은 지상주차장이 대부분이므로 외부에 노출되어 있는만큼 차량 손괴나 차량털이범죄를 예방하기 위해서 주거지역 내부에서 감시가 가능한 곳에 위치하도록 한다.

● 주거시설의 CPTED 지침

전략/기법		대상범죄							
		1 범죄 두려움	2 침입 강도 /절도	3 파손	4 폭력	5 차량 범죄	6 절도	7 방화	8 유괴 납치
1	기존 도시구조 존중	a							
2	도시의 활기	b							b
3	혼합된 상태	c	c	c	c	c	c	c	c
4	도시 밀도	d			d				
5	가시성	e	e	e	e	e	e	e	e
6	접근성	f	n, z	z		t, z	w, z	z	f(t)
7	영역성	g	o, z	o		u		z	
8	미관	h		h					
9	강건성		p	p				y	
10	범죄대상 강화/제거		q	q				z	
11	유지	i		r				y, z	
12	감시	j		r	s	v	x	y, z	s(v)
13	규칙	k		r				r	
14	특정 집단 (청소년 등) 을 위한 인프라	l		r					l
15	방범홍보	m		r					j

a	지역을 재건축할 경우, 이전의 사회적·물리적 구조를 존중 또는 고려하고 사회적 네트워크와 환경을 유지한다면 범죄공포는 감소될 것이다.
b	지역의 혼합된 사용은 그 지역의 활기를 불어넣는 가장 큰 결정 요소이다. 활동적인 지역은 범죄공포가 감소된다. 이는 주거지역을 사무실, 상점, 녹지공간, 놀이터 등과 혼합함으로써 만들어질 수 있다. 유흥업소, 상가 등 소음 또는 의지의 범죄유발 요인을 끌어들임으로써 근린에 문제를 발생시킬 수 있는 시설은 이와는 반대의 효과를 보인다. 보행자의 도로망은 단순해야 한다. 보도와 차도는 분리되기보다는 가급적 붙어 있어야 한다. 건물의 출입구는 가능한 한 주요 보도와 바로 연결되어야 한다.
c	저소득층이 모여 있는 지역이 큰 규모로 고립 또는 분리되어 있으면 모든 종류의 범죄와 범죄공포를 증가시킨다. 한 지역 내에서의 신중한 사회·경제적 계층의 혼합 배치는 범죄의 위협 및 공포를 감소시킨다.
d	주거지역을 도심 체계에 통합시키고(빈 땅이나 인프라 장벽에 의해 다른 나머지 체계와 분리되지 않고), 일정 수준의 밀도로 건축을 하면(예를 들면, 유럽표준의 경우 1에이커($4,047m^2$)당 10~30개의 주택을 권장하고 있다), 이웃 간의 친밀감을 높이고 노상 범죄의 감소뿐만 아니라 범죄공포를 감소시킨다.
e	공공장소가 창문으로부터 잘 보이거나 공공도로가 적절하게 설계되고 조명이 적절하게 설치되면 강도, 폭행, 차량 범죄, 방화 범죄는 물론 범죄공포도 줄어든다. 아파트 등 주택에서의 가시성이 잘 확보된다면 절도(세탁물, 오토바이, 자전거 등) 등의 위험을 감소시킨다.
f	이웃을 통해서 들어오는 교통을 제한하거나 외부로부터의 격리되는 것을 피하면 범죄공포를 감소시킨다(다만, 요새화나 닫힌 커뮤니티(gated community) 접근은 피함). 보행자/자전거 도로망은 이용자들이 너무 넓게 분산되는 것을 방지함으로써 범죄공포를 감소시킨다(보행자의 통행이 적은 특정 시간대(야간 등)에 주요 노선에서는 일정한 통행량이 유지되어야 함).
g	공적공간에 대한 주민들의 주인의식이 생기거나 휴먼 스케일로 만든 건물은 범죄공포를 감소시킨다.
h	매력적인 조경, 건축물, 거리 구조물 및 도포는 소유감을 강화하며 범죄공포를 감소시키고 파손 위험도 감소시킨다.
i	유지보수가 잘 이루어지면(특히 거주자 스스로 유지보수에 나서면) 주인의식을 강화하고 범죄공포를 감소시킨다. 거주자가 자발적으로 유지보수 작업에 참여하도록 독려하기 위해서는 해당 지역의 자율규제가 효과적이다. 이는 공동주택 주민자치회를 통해 실현될 수 있다.
j	범죄공포는 경찰이나 보안업체의 정기적인 감시(순찰)로 감소될 수 있다. 특히 해당 지역 지구대 경찰관의 도보 순찰이 이루어지면 그 효과는 증가된다.
k	해당 건물의 소유주나 주민회의에 의해 공적공간에 대한 규칙(예를 들면 주민자치규약)을 미리 정해 놓으면 주인의식이 증가하고 유지보수가 잘 되어 범죄공포를 감소시킨다.
l	청소년 집단이나 알코올/마약 중독자, 노숙자들을 위한 대책 및 시설이 마련되어 있으면 공적공간에서 두려움을 유발하는 진단의 노축을 감소시켜 범죄공포를 감소시킨다.
m	사람들이 환영받고 있음을 느끼게 하는 표지판이나 건축, 건물배치는 주인의식과 통제감을 자극하여 범죄공포를 감소시킨다.

n	후면 공간에서의 접근을 차단하는 것은 주거침입(절도)의 위험을 감소시킨다. 방범창이나 문은 주거침입의 위험을 감소시킨다.
o	공공도로와 주택 또는 아파트를 향한 준−사적 진입로 간의 명백한 구분은 주거침입, 파손, 낙서, 방화의 위협을 감소시킨다.
p	견고하고 강한 재질의 문/창틀, 잠금장치 및 유리는 주거침입 및 파손의 위험을 감소시킨다.
q	주거침입 및 파손 행위 이후 행해지는 범죄 대상을 강화/제거는 이어지는 침입 사고, 반복되는 피해를 줄여준다. 파손의 손상 정도를 고려하여 범죄의 대상물을 완전히 제거할 수도 있다.
r	신속한 복구는 계속(추가)되는 파손, 낙서, 방화 등으로부터 생기는 더 많은 손상을 줄여준다. 신속한 복구는 정기적인 감시를 통해 이루어질 수 있다. 유지보수 전략은 공적공간의 사용에 대한 분명한 규칙과의 조합뿐만 아니라 거주자, 청소년 지도자나 보호자들 간의 커뮤니케이션 및 조율을 통해 가장 효과적으로 수행될 수 있다. 또한 청소년들을 위한 모임 시설이 제공되어야 한다.
s	감시는 폭력의 위협을 감소시킨다. 감시는 경찰 또는 경비업체를 통해 수행될 수 있다. 그러나 수위, 경비원이나 관리인에 의해서도 이루어질 수 있으며, CCTV를 통해 출입구, 엘리베이터, 계단, 주차장, 놀이터 등의 감시를 수행할 수 있다.
t	거주민만이 주차장에 접근할 수 있다면(예를 들어 보안카드 시스템) 자동차 범죄, 유괴·납치를 감소시킨다. 접근 통제가 이루어지는 노상주차장은 범죄자에게는 매력적이지 않다.
u	단독주택의 경우, 자신의 집 앞의 개인 주차장이나 주차시설은 소유감 또는 통제된다는 느낌을 주어 자동차 범죄를 감소시킨다.
v	경찰, 경비업체, 관리인, CCTV에 의한 주차장의 감시는 자동차 범죄의 위험을 감소시킨다.
w	불법침입이 불가능한 현관과 자전거 보관소는 자전거 절도나 우편 절도와 같은 특정 범죄를 감소시킨다.
x	경비원이나 CCTV에 의해 감시되는 출입 현관과 자전거 보관소는 절도의 위협을 감소시킨다.
y	불연 소재로 만든 쓰레기통은 방화의 위험을 감소시킨다.
z	감시센서 및 경보기기를 활용하면 범죄위험을 감소시킨다.

출처: 국가표준인증 종합정보센터 「범죄예방 환경설계(CPTED) 기반표준」(표준번호 KS A 8800).

건물들의 배치는 건물이 서로 마주보도록 하여 상호간 감시가 가능하도록 하고 건물 통로 및 계단은 도로를 향하여 전면 창문을 설치하여 공용공간에 발생하는 범죄를 예방한다. 단독·연립주택의 뒤편이나 주택 간의 사이 빈 공간에 사각지대를 만드는 시설물은 가급적 피해야 한다. 그리고 단독·연립주택 1층과 2층 창문은 방범창 또는 전자식 방범장치를 설치하여 잠재적 범죄자의 범죄 욕구를 차단할 수 있도록 한다. 가스배관은 타고 오를 수 없도록 방범덮개로 덮고 창문과 일정거리 이상 거리를 두어야 한다.

위의 표에서는 주거지역의 범죄유형별 그에 상응하는 범죄예방 전략을 간략히 표시한 것이다.

위의 표의 해당 번호에 대한 설명은 그 다음 표에서 설명해주고 있다. 그런데, 주의할 것은 범죄 유형별 범죄예방 전략은 너무나 많은 예외와 변수들이 존재하기 때문에 쉽지 않다는 점이다. 따라서 위의 표는 CPTED를 위한 일종의 예시적 내용들이며, 따라서 개별 도시환경 내지 건축환경구조에 맞게 적절하게 응용 및 보완해야 할 것이다.[11]

SECTION 02 상업시설의 CPTED

1. 상업시설의 특징

상업시설(商業施設)은 사람들이 많이 거주하는 지역의 주변에 있는 상가에는 일상생활에 필요한 재화나 서비스를 제공하는 시설들을 말한다. 백화점·쇼핑센터·슈퍼마켓·편의점, 금융, 식당·커피전문점, 학원, 미용실·이발소, PC방·오락실, 옷가게, 노래연습장·단란주점·유흥주점, 모텔·호텔 등 수많은 시설들이 이에 해당된다.

이러한 상업시설은 일반적인 상가나 개별점포 형식도 있고, 매장 면적이 일정 규모 이상인 시장(市場), 대형할인점·백화점·쇼핑센터와 같은 대형상업시설, 하나의 상업시설과 하나 이상의 다른 용도가 서로 결합하여 판매·업무·주거·숙박·레저 등의 용도로 쓰이는 복합상업시설 등이 있다. 상업시설은 그 특성상 도심에서 통행이 잦거나 인구가 많은 곳에 입지하고 있다. 최근 대형상업시설이 빠른 속도로 확장되면서 재래시장과 동네 상권이 위협받고 있는 실정이다. 이러한 현상을 막기 위해 대형상업시설의 확장이나 영업시간 등을 제한하려는 움직임이 지방자치단체를 중심으로 이루어지기도 한다.[12]

이러한 상업시설은 주변은 주간뿐만 아니라 야간에도 유동인구가 많은데, 근린상업지역(近隣商業地域)과 중심상업지역(中心商業地域)은 각각 특징이 있다고 본다. 즉, 주거지역 주변의 근린상업지역은 주로 주민 등이 일상적으로 이용하기 때문에 상호간에 면식(面識)이 있다면, 도심지에 있는 중심상업지역은 불특정 다수인들이 이용하기 때문에 익명성이 강하다. 물론, 근린상업지역과 중심상업지역이 지리적으로 명확히 구분되는 것은 아니며, 따라서 사람들 간의 관계도 상대적이다.

---

11 이러한 범죄유형별 범죄예방 기법에 관한 최종적인 제안은 작업그룹(WG)의 일원으로 참여하는 범죄예방 전문가들의 세밀한 검토를 토대로 이루어져야 한다. 따라서 위 표에 제시된 내용들은 관련 전문가의 적극적인 참여 없이는 활용도가 제한될 수밖에 없다고 본다.

12 다음백과(http://100.daum.net/encyclopedia).

🔺 도시상권의 지속가능성

① 대규모 소비시스템의 비효율성

앞에서 살펴본 바와 같이 오늘날 도시는 아파트 단지의 대규모화와 단지 내의 쇼핑의 집약화, 그리고 대형 쇼핑센터의 등장으로 특정 공간 중심의 삶이 일상화 되어 가고 있다. 그리고 이러한 삶을 연결시켜주는 도구가 바로 자동차라 할 수 있다. 한편, 통신미디어를 통한 인터넷 홈쇼핑의 비약적인 성장도 주목할 필요가 있다. 이로 인해 영세한 소상공인들이 생존할 수 있는 가능성은 점차 줄어들고 있는 것이 현실이다. 대형 쇼핑센터도 타격을 입기는 마찬가지이다.

어쨌든, 우리가 선택한 라이프 스타일에 맞는 도시공간 구조를 만들어 내고, 결국에는 그러한 방향으로 도시가 발전하고 있다. 그러나 장기적인 관점에서 볼 때, 이러한 대규모 소비시스템은 문제가 적지 않다고 본다. 첫째, 엄청난 에너지를 소비하는 공간시스템이라는 점이다. 과거와 같이 외부공간인 길거리를 따라 가게가 배치되어 있는 구조라면, 냉난방을 하는 공간은 가게 내부로 제한된다. 그러나 지금의 대형 쇼핑센터는 건물 내부 전체에 냉난방을 해야 한다. 또 자동차를 이용하면서 자체적으로 소비하는 에너지도 엄청나다.[13]

둘째, 우리의 삶에서 자연을 빼앗아 간다는 점이다. 오늘날 사람들은 대부분 내부에서 실내에서 생활하고 있다. 아파트와 자동차, 그리고 대형쇼핑센터 등을 이용하는 과정에서 자연환경과 상관없이 생활할 수 있다. 즉, 더운 여름에도 땀을 흘리지 않고, 추운 겨울에도 코트 없이 지낼 수 있다. 그리고 비가 오는 날에도 우산 없이 지낼 수 있다.

한편, 대형쇼핑몰에는 변화하는 자연이 없다보니, 사람들을 끌어 들이기 위해서는 지속적인 변화를 만들어 내고 있다. 따라서 주기적으로 내부 인테리어를 재설계 하고, 더 잦은 변화를 위해 수시로 변화하는 콘텐츠인 멀티플렉스 극장을 도입한다. 계절이 바뀌는 대신 상영하는 영화를 바꿔주는 것이다. 또 대형서점이나 도서관, 그리고 다양한 먹거리 등을 창출해 내고 있다.

요약건대, 현대사회의 공간적 특성은 '변화하는 미디어가 자연을 대체하고 있는 것'이라고 할 수 있다. 물론, 에너지의 엄청난 과소비는 필연적(必然的)이다.

② 상권과 다른 다양한 시설의 조화

인구밀집, 교통혼잡, 공해, 빈부격차, 범죄 등 도시가 안고 있는 문제에도 불구하고 사람들이 도시를 선호하는 이유는 무엇인가? 역설적이지만 도시가 좋은 이유는 많은 사람들이 모여살기 때문이다. 많은 사람들이 있어야 경기가 활성화되고, 또 여러 가지 사회문화적인 혜택을 즐길 수 있다. 그렇다면, 도시의 어느 곳에 사람들이 모이는가? 장사하기 좋은 곳, 즉 상권(商圈)이 형성된 곳에 사람들이 모인다. 가게는 그 규모 여부를 떠나서 불특정 다수가 함께 이용할 수 있는 공간이다. 도시가 좋아지기 위해서는 거리에 성공적인 상권이 형성되고, 거기에 미술관, 박물관, 도서관, 공원과 같은 불특정 다수의 사

---

13 우리나라의 자동차 증가추세는 매우 가파르다. 지난 2000년에 자동차(2륜차 제외) 수는 약 1,200만대 수준이었는데, 2010년에 약 1,800만대, 그리고 2018년 현재 약 2,300만대 수준에 이르고 있다. 사이버경찰청 (https://www.police.go.kr).

람들이 즐길 수 있는 장소가 많아져야 한다.

이 가운데에서 상권이 형성된 거리는 외부공간과 내부공간이 적절하게 어우러진 공간으로, 도시만이 제공하는 특별한 공간이라 할 수 있다. 상권은 경제적인 활동성 내지 활력성을 의미하고, 또 사람들은 그것에 의해서 유인되기 때문이다. 따라서 도시를 활력있게 만드는 상업공간을 어디에 어떻게 배치하느냐가 그 도시공간의 성격을 결정한다. 이러한 상업공간은 고층보다는 저층의 선형으로 적절하게 분포되면 사람들로 하여금 걷고 싶게 만들고, 또 그러한 과정에서 다양한 삶을 영위하게 해준다.

그런데, 최근 많은 비율의 상업활동이 온라인을 통해서 이루어지고 있고, 그 성장속도는 경이로울 정도이다. 바꿔 말하면, 사람들이 걸어 다니면서 쇼핑하기보다는 온라인쇼핑 또는 배달을 통해서 이용하게 되고 이로 인해 도시의 웬만한 가게들은 대부분 사라질 수밖에 없는 운명이라는 것이다. 인구 천만 도시인 서울에서도 주거와 사무실을 제외한 소비, 상업 용도의 연면적이 차지하는 비율은 몇 퍼센트 되지 않는다. 그러다 보니 어느 한 곳에 상권이 쏠리게 되면, 다른 곳은 죽게 되어 있다. 지방도시의 사정은 마찬가지라고 본다. 따라서 어떻게 하면, 상업시설을 적절하게 활용하여 도시 전체가 활기차고 소통이 잘 이루어질 수 있도록 할 것인가 하는 것이 관건이다.

③ 점에서 선으로 전환

도시의 상권을 이상적으로 형성하기 위해서는 저층의 상가들로 도시설계가 이루어지는 것이 바람직하다고 본다. 즐비하게 늘어선 연도형 가게들은 거리에 활기를 주고 사람들을 걷게 만들어 도시를 살리는 좋은 방법 중의 하나가 된다. 그러나 상가건물의 소유주들은 이윤추구를 위해서 가능한 한 자신의 땅위에 높은 상가건물을 짓고자 하기 때문에 현실적으로 결코 쉬운 일은 아니라고 본다.

현재는 거대한 빌딩형 상가가 들어서거나 특정 단지 내에 빌딩형 상가들이 밀집되어 일종의 '점'(點) 형태로 위치하고 있기 때문에 사람들은 걷지 않고 자동차를 이용해 '한 점'에서 '다른 한 점'으로 이동하면서 생활하고 있다. 그러나 균형감 있게 도시가 발전하기 위해서는 '점'이 아닌 '선'(線)으로 바뀌어야 한다. 위에서 언급했듯이, 넓은 도시공간에 상권은 한정되어 있고, 그것이 특정 지역 또는 특정 빌딩에 집중되어 있다면, 나머지 지역의 상권은 결과적으로 타격을 입기 마련이다. 따라서 도시설계시 선형(線型)으로 상권을 형성하여 가능한 한 지역경계 없이 소통될 수 있도록 하는 것이 바람직하다고 본다.

④ 사람중심의 공간: 골목상권

최근 서울을 비롯하여 각 지방에도 골목상권이 크게 활성화되고 있다(물론, 일부 골목상권은 임대료 등의 상승으로 인하여 다시 활기를 잃어가고 있는 것도 사실이다). 과거에는 백화점이나 대형마트 등이 상권의 중심에 있었는데, 어느덧 골목상권은 도시 내의 핫플레이스(hot place)로 자리매김하고 있다.

이러한 이유는 무엇인가? 위에서 언급한 바와 같이 현대 도시인들은 아파트나 빌딩, 그리고 자동차 등으로부터 편리함은 얻고 있지만 점점 더 자연으로부터 멀어지고 있다. 골목길을 살펴보자. 먼저, 골목에는 자연이 항상 있다. 골목길과 복도는 둘 다 사람이 걸어 다니는 길이지만 차이점은 골목에는 항상 변화하는 하늘이 있고, 복도에는 늘 똑같은 전등이 있다는 점이다. 둘째, 골목상권은 변화의 밀도가 높다. 골목상권을 걷다보면 작은 가게들이 줄지어 나타난다. 그리고 그러한 변화는 시대를 초월하고 있다. 대형쇼핑센터에는 현대식의 세련된 소비물품이 주를 이루고 있지만 골목상권에는 현대의 물건뿐만 아니라 옛날의 향수를 불러일으키는 식당과 먹거리, 주점, 그리고 물건들이 진열되어 있어 우리의 감각을 자극시켜준다. 셋째, 더욱이 젊은이들이 거리에 나가면 다른 이성을 접할 기회도 높아진다. 밀집된 공간에서 많은 사람들을 접하게 됨으로써 얻는 즐거움은 배가 된다.

그리고 골목상권이 살아나게 되는 또 하나의 결정적인 이유는 '스마트폰'이다. 스마트폰을 통해서 다양한 명소(名所)를 찾아 갈 수 있다. 일부 젊은이들은 스마트 폰을 이용하여 하나의 '게임'으로 골목상권 속의 간판조차 제대로 갖추고 있지 않은 카페나, 빵집, 음식점을 찾아가는 것을 즐기기도 한다. 그리고 과거에는 골목상권에 가게 되면 영상매체를 포기해야 했다. 그러나 지금은 모든 영상매체를 장소에 구애 받지 않고 즐길 수 있다. 이처럼 자연에 대한 욕구, 외부의 환경적 자극, 사람을 만날 수 있는 기회, 스마트폰이 주는 자유 등이 합쳐져서 사람들이 점점 더 골목상권을 찾아가고 있다고 볼 수 있다.

출처: 유현준(2018), 어디서 살 것인가: 우리가 살고 싶은 곳의 기준을 바꾸다, 서울: 을유문화사, pp. 122~132.

🔵 도로의 폭과 보행자의 이동 가능성

도로의 폭과 보행자의 이동 가능성과 관련하여 '3차선 법칙'이 있다. 이 법칙은 차도가 3차선 이하인 경우에는 보행자의 흐름은 이어지지만, 4차선보다 넓으면 단절된다는 것이다. 이와 관련된 좋은 예가 홍대 앞이다. 지난 15년간 홍대 앞의 상권은 지하철 홍대입구역부터 시작해서 합정역 4거리까지 꾸준히 확장되었다. 그래서 합정역 4거리 건너편에는 메세나폴리스라는 쇼핑몰이 생겨났다. 하지만 홍대 앞에 놀러온 젊은이들은 이 길 건너의 메세나폴리스에는 잘 가지 않는다. 손님이 있다고 하더라도 홍대 앞과는 문화권이 다르다. 왜 홍대 앞을 찾아온 젊은이들은 메세나폴리스에 가지 않을까? 그 이유는 합정역 4거리의 차도가 10차선이기 때문이다.

3차선 이하의 도로가 블록 사이를 유기적으로 연결하는 이유는 무엇인가? 3차선 도로는 무단 횡단이 가능하기 때문이다. 무단 횡단이 된다는 것은 심리적으로 길 건너편을 상황에 따라 그냥 건너갈 만큼 가깝게 느낀다는 것을 의미한다. 물론 도로교통법상으로는 문제가 되지만, 보행자 중심의 도시를 만들기 위해서는 무단 횡단이 가능한 폭의 길들이 만들어져야 한다. 그것이 보행 친화적 도시를 만드는 방법이다.[14]

출처: 유현준(2018), 어디서 살 것인가: 우리가 살고 싶은 곳의 기준을 바꾸다, 서울: 을유문화사, pp. 261~263.

---

14 물론, 3차선 이하의 도로를 만든다고 해서 무단 횡단하는 사람들이 급증해서 많은 교통사고를 유발할 우려가 있다고 볼 필요는 없다고 본다. 이러한 도로의 폭은 일종의 '관념적인 장벽 내지 경계'이기 때문에 그러한 관념적인 장벽을 최소화하자는 의미로 받아들일 필요가 있을 것이다.

어쨌든, 상업시설 주변에는 많은 유동인구가 존재하고, 경우에 따라서는 유흥문화가 함께 성행하기 때문에 이러한 특징과 결부된 살인, 강도, 절도, 성범죄, 폭행, 손괴, 주취자 소란 등과 같은 여러 가지 범죄가 잠재해 있다고 볼 수 있다. 한편, 상업지역으로서 과거에는 번창했으나, 중심상권의 이동으로 쇠퇴하여 유동인구 내지 이용하는 사람들이 크게 감소함으로써 나타나는 문제점(경기침체 및 우범지대화 가능성)도 존재한다고 본다.

이러한 상업시설에 적용되는 CPTED는 범죄위험으로부터 사람과 재산을 보호하기 위해 주변환경과 건물의 배치, 구조, 색상, 형태를 적절히 조화시키는 전박적인 활동을 말한다. 이는 설계뿐만 아니라 건축물의 유지·관리까지 포함된다. 따라서 계획단계에서 범죄예방 전문가가 참여하여 범죄예방요소를 설계에 반영시키고, 범죄예방 효과가 지속적으로 유지될 수 있도록 관리해야 한다.[15]

2. 상업시설의 CPTED 지침

상업시설의 경우, 업무 종료 후 건물의 모든 출입구를 차단해야 하며 오피스텔과 같은 업무지역의 경우에는 1층에 감시 장소를 두거나 출입자를 관찰할 수 있는 CCTV를 설치하여 출입자를 통제해야 한다. 그리고 상업시설의 주차장은 가능한 한 시설 이용자만이 이용할 수 있도록 출입통제장치를 설치하는 것도 고려할 수 있다.[16]

다만, 상업시설의 특성상 외부인의 출입을 최대한 유도해야 하기 때문에 지나치게 영역성을 강조하여 시설 이용자가 건물 이용시 거부감을 불러일으키게 해서는 안 된다. 건물의 출입구 및 매장의 시작 부분은 바닥재를 차별화하는 방법을 사용하거나 건물 전면부에 볼라드 및 조형물을 설치하고 얕은 조경시설을 이용하여 영역성을 확보할 필요가 있다.

그리고 출입구의 코어홀은 직선형으로 설계하여 밖에서 볼 때, 건물 내부의 시야에 사각지대가 생기지 않도록 하고, 빛의 통일성을 확보하여 시야가 불편하지 않도록 해야 한다. 건물 내부의 조명은 백색등을 이용하여 최대한 자연광과 비슷하게 하고 반사판 및 밝은 색 내벽으로 조명의 밝기를 증가시키도록 한다.

---

15 박현호(2014), 앞의 책, p. 260.
16 이하 위의 책, p. 262 재인용.

▲ 출입구 코어홀의 직선배치

상업시설의 건물자체에 대한 영역성을 확보하기 위하여 출입구 부분의 바닥재는 인근 경계도로와 차별화될 수 있도록 설계하고, 내부에 대한 가시성이 확보될 수 있도록 주출입구를 직선으로 하고 투명한 재료를 사용하도록 한다. 그리고 여기에 CCTV 등 감시장치 및 경보장치를 적절하게 배치하도록 한다.

출처: http://blog.daum.net/clubmania09/2515.

건물 출입구 및 승강기는 전면 유리를 이용해 내부가 항상 감시 가능하도록 하고 건물 경계부에 고립/은폐지역이 생기지 않도록 설계하고 물건 적재 및 간이 시설물 설치, 대형 입간판 설치, 대형 쓰레기 투기 등으로 인해 고립/은폐지역이 생겨서도 안 된다. 건물 1층에 차양막을 설치하면 보행자의 활동성을 증대하여 자연감시를 얻는 효과를 기대할 수 있다.

● 상업시설의 CPTED 지침

	전략/기법	대상범죄							
		1 범죄 두려움	2 침입 강도 /절도	3 파손	4 폭력	5 차량 범죄	6 절도	7 방화	8 유괴 납치
1	기존 도시구조 존중								
2	도시의 활기								
3	혼합된 상태								
4	도시 밀도								
5	가시성	a	e	e	e	e	e	e	a
6	접근성		f, u	j, u		o, u	u	u	n(j)
7	영역성		k, u	k				u	

8	미관								
9	강건성		g	g					
10	범죄대상 강화/제거	b	h	h				u	b
11	유지	c		i				s, u	
12	감시	d	i	m	n	p	q	r, u	p(i, t)
13	규칙								
14	특정 집단(청소년 등)을 위한 인프라								
15	방범홍보								

a	가시성이 높고 조명시설이 잘 되어 있으면 범죄공포를 감소시킨다.
b	연성적(soft)인 범죄 대상물 강화방법(낮은 높이의 펜스, 관목 등)은 불법적인 접근을 억제하면서 범죄공포를 감소시킨다.
c	유지보수가 잘 되면 범죄공포를 감소시킨다.
d	감시는 범죄공포를 감소시킨다.
e	가시성이 높으면 침입, 파손, 폭행, 차량(절도)범죄, 절도, 방화를 감소시킨다.
f	밤이나 주말에 출입자를 제한하면 침입범죄의 위험을 감소시킨다.
g	견고하고 강한 재질의 문/창틀·문/창문·잠금장치 및 유리는 주거침입 및 파손의 위험을 감소시킨다.
h	침입이나 파손으로 인하여 피해를 당한 경우에 범죄 대상물 강화나 제거를 하면 반복되는 범죄피해의 위험을 감소시킨다.
i	취약한 출입구에 대한 직접적인 감시나 CCTV에 의한 감시는 불법적인 침입의 위험을 감소시킨다.
j	해당 시설 및 공간으로 통하는 출입로를 통제하면 불법적인 파손의 위험을 감소시킨다.
k	공적공간과 준사적공간의 명백한 구분은 침입과 파손의 위험을 감소시킨다.
l	신속한 복구는 추가적인 범죄를 감소시킨다.
m	취약한 지점에 대한 직접적인 감시는 파손 위험을 감소시킨다.
n	접근로(특히 밤에 이용되는 접근로)에 대한 감시는 폭력 범죄를 감소시킨다. 이 전략은 특별히 CCTV 설비가 갖춰지면 매우 효과적이다.
o	주차시설에 대한 접근 통제는 차량 범죄 위험을 감소시킨다.
p	주차시설에 대한 감시, 특히 CCTV에 의한 감시는 차량 범죄와 절도의 위험을 감소시킨다.
q	파손에 취약한 지점에 대한 직접적 감시는 파손 위험을 감소시킨다.
r	방화에 취약한 지점에 대한 직접적 감시는 방화 위험을 감소시킨다.

s	불연 소재로 만든 쓰레기통은 방화의 위험을 감소시킨다.
t	유괴·납치에 취약한 지점(아동을 대상으로 하는 놀이공간, CCTV 등 감시가 어려운 건물 시설 내의 공간, 주차장 등)에 대한 직접적 감시는 아동대상범죄의 위험을 감소시킨다.
u	감지센서 및 경보기기를 활용하면 범죄위험을 감소시킨다.

출처: 국가표준인증 종합정보센터 「범죄예방 환경설계(CPTED) 기반표준」(표준번호 KS A 8800).

SECTION 03 교육시설의 CPTED

1. 교육시설의 특징

교육시설(Education Facilities)은 교육을 하기 위해 설치한 시설을 말한다. 유치원, 초등학교, 중학교, 고등학교, 대학교, 도서관, 학원 등 교육과 관련된 활동을 하는 모든 시설을 말한다.

청소년들의 일상생활 대부분이 학교와 같은 교육시설에서 이루어진다. 따라서 청소년들의 학습뿐만 아니라 운동과 휴식 등 다양한 활동들이 안전하고 편안하게 이루어질 수 있는 환경이 조성되어야 한다. 학교가 단순히 학생들의 학업성적 향상을 위한 공간이 아닌 '지덕체'(智德體)를 함양할 수 있는 공간이 되어야 한다는 의미이다. 이렇게 되었을 경우 학생들은 건전한 사고방식과 삶의 태도를 갖추게 되고, 이러한 전인교육(全人敎育)이 이루어졌을 경우 우리 사회의 미래도 밝다고 본다.

🔺 학교와 교도소

어린이가 집을 떠나서 12년(초등 6년, 중등 3년, 고등 3년)동안 경험하는 공간이 바로 학교다. 그런데 학교 교실과 건물양식은 건국 이래 바뀌지 않았다. 2019년 현재에도 여전히 대부분의 학교는 수십 개의 똑같은 상자형 교실을 모아 놓은 하나의 네모난 교사동과 운동장으로 구성되어 있다.

한국에서 담장이 있는 대표적인 건축물을 꼽자면 두 가지가 있다. 학교와 교도소다. 둘 다 담을 넘으면 큰일이 난다(최근 들어 학교 담장이 개방형으로 많이 개선되어 있지만 안전상의 이유로 외부와 차단되어 있다). 학교와 교도소 모두 운동장 1개에 4~5층 짜리 건물로 구성되어 있다. 창문의 크기를 빼고는 공간 구성상 비슷하다. 요약건대, 우리나라 학교 건축은 교도소 또는 연병장과 막사의 구성이라고 볼 수 있다. 이러한 공간에서 아이들은 전체주의적 사고방식을 가질 수밖에 없다. 전국 어디에서나 똑같은 크기와 모양의 교실로 구성된 대형 교사에서 12년 동안 키워지는 아이들을 보면, 닭장 안에 갇혀 지내는 양계장 닭이 떠오른다.

학교 교실의 낮은 천장높이도 문제다. 미국의 한 연구결과에 의하면, 3m 이상 높이의 천장이 있는 공간에서 창의적인 생각이 나온다고 한다. 즉, 2.4m, 2.7m, 3m의 천장이 있는 공간에서 시험을 치르게 했는데, 3m의 천장고에서 시험을 친 학생들이 창의적인 문제를 2배나 더 많이 풀었다고 한다. 이처럼 적절하게 높은 천장이 있는 공간은 창의력을 향상시킨다. 그러나 우리나라 교실의 높이는 교육부에서 지정한 2.6m로 동일하다. 아이들이 다양한 모양의 천장이 있는 교실에서 공부할 수 있는 환경을 마련해주어야 보다 건강하고 창의적인 삶을 살 수 있을 것이다.

● 우리나라 충청남도(좌)와 강원도(우)의 초등학교

출처: http://cafe.daum.net/taebaek1961/5FED/264(좌). https://blog.naver.com/yes3man/221032948584(우).

우리나라에서 똑같은 옷을 입고, 똑같은 교실에서 똑같은 식판에 똑같은 밥을 배급받아 먹는 곳은 교도소와 군대, 그리고 학교밖에 없다(물론 교육의 형평성 차원에서 바람직한 면도 있다고 본다). 인간의 인격이 한참 형성되는 시기에 이와 같은 시설에서 12년을 보낸다면, 어떤 어른으로 자라게 될까? 똑같은 옷, 똑같은 식판, 똑같은 음식, 똑같은 교실에 익숙한 채로 자라다 보니 자신과 조금만 달라도 이상한 사람 취급하고 왕따를 시킨다. 이러한 공간에서 자라난 사람은 나와 다르게 생각하는 사람을 인정하기가 쉽지 않을 것이다. 역설적으로, 이러한 곳에서 자라난 아이들은 내면에 '일탈'(逸脫, deviation) 내지 '비행'(非行, delinquence)을 꿈꾸지 않을까? 우리 사회가 직면한 수많은 문제를 해결하기 위해서는 학교 건축의 변화가 절실하다.

● 미국 페어필드(Fairfield)읍의 한 초등학교

출처: http://cafe.daum.net/inufanworld/Aepd.

물론, 과거에는 이러한 형식의 학교가 크게 문제되지 않았다. 왜냐하면, 1970~1980년대에 학교를 다닌 세대만 하더라도 방과 후에는 집에 가서 마당과 골목길에서 친구들과 뛰어 놀 수 있었기 때문이다. 이때에는 자연(自然)과 함께 할 수 있는 시간을 보낼 수 있었지만, 지금의 아이들은 상황이 다르다.

아이들은 마당 대신 거실에서 TV를 보고, 골목길 대신 복도에서 시간을 보내고, 틈만 나면 스마트폰으로 게임을 한다. 학교에 가면 교실에서만 지내고, 방과 후에는 상가에 있는 학원에서 하루를 보낸다. 24시간 중 거의 대부분을 실내에서 보내는 셈이다. 아이들의 삶의 공간에 자연이 없다. 하늘을 볼 시간이 거의 없는 것이다.

생각건대, 똑같은 공간에서 12년을 지내는 아이들이 정상적인 인격체로 성장하기를 바라는 것은 무리라고 본다. 아이들이 같은 반 친구를 왕따시키고, 폭력적으로 바뀌는 것은 학교 공간이 교도소와 비슷해서이다. 학생들에게 생겨나는 병리적인 현상은 교도소에서 일어나는 현상과 비슷하다. 사람은 기본적으로 건축 공간 내지 환경의 영향을 받는다. 아이들에게 다양한 건물과 다양한 형태의 마당 내지 운동장이 있는 교육시설에서 공부할 수 있는 여건을 하루 빨리 마련해 주어야 할 것이다.

출처: 유현준(2018), 어디서 살 것인가: 우리가 살고 싶은 곳의 기준을 바꾸다, 서울: 을유문화사, pp. 25~52.

2. 교육시설의 CPTED 지침

학교와 같은 교육시설은 그 특성상 이용자의 대부분이 학생들로서 교내의 학생들 간의 폭력 및 절도, 그리고 여러 가지 비행 등이 발생할 수 있다. 그리고 외부 일반인이 교내에 불법 침입하여 범죄를 저지르기도 하고, 또 하교하는 학생들을 대상으로 학교 주변에서 범죄를 저지를 수 있다. 따라서 CPTED 적용시 이러한 부분들을 고려해야 할 것이다.[17]

한편, 학생들이 집에서 학교까지 통학하는 데 위험하거나 장해가 되는 요인이 없어야 하며, 특히 교통이 빈번한 도로·철도 등에 대해서는 세심한 안전관리가 이루어져야 할 것이다. 또 학교 수업 시간이 종료된 이후 소속 학생 및 지역주민들이 시설물을 이용하는 과정에서 발생할 수 있는 위험 및 범죄로부터 보호될 수 있도록 유지 및 관리가 이루어져야 할 것이다.

이를 위해서는 경비실과 같은 감시·보호장소는 시설내부의 여러 장소들을 보다 명확하게 관찰할 수 있고, 가장 쉽게 접근할 수 있는 곳에 위치하도록 해야 한다. 또한 이용시간 외에는 외부인의 출입을 제한한다는 안내문과 함께 출입통제 조치 등이 적절하게 이루어져야 한다.

그리고 학교 정문과 같이 통학로에 접한 도로 내지 보도에는 색상·소재를 달리하는 보도 블록을 설치하거나 주변지역과 약간의 높낮이 차이를 두고, 또 안내표지 등을 함으로써 영역성을 확보

---

17 이하 위의 책, p. 270 재인용.

해 줄 필요가 있다. 그리고 학교 담장을 폐쇄적으로 설치하거나 완전한 개방형으로 하기보다는 외부를 관찰하면서도 일정부분 출입을 차단할 수 있는 투시형·창살형 또는 수목형 등의 담장으로 설치하는 것이 바람직하다.

🔺 **투시형·수목형 담장**

학생 안전을 위한 학교 담장으로 투시형은 물론 수목형 담장·울타리가 적극 권장되고 있다. 예컨대, 대구시교육청은 당초 대구시의 담장허물기 및 안하기 운동에 동참하였으나 학교폭력 등이 사회문제로 비화되면서 학생 안전을 위해 담장을 다시 쌓고 있다. 시교육청은 지난해부터 학교 담장이 없던 134개 학교에 담장쌓기를 추진, 이중 101개교에 설치했다. 올해는 나머지 33개 초중고에 대해 담장을 쌓을 예정이다.

문제는 어떠한 형태의 담장을 쌓느냐 하는 것이다. 대구시가 지난해부터 지원 중인 49개교는 투시형담장을 채택하고 있다. 학교 안이 훤히 보이는 이 담장은 높이 1.2m를 기준할 때 100m를 설치할 경우 1,200만~1,500만 원이 소요된다. 초록색 철망 형태의 이 담장은 미관이 크게 좋지 않아 공원형 펜스로 대체할 경우 가격이 2.5~3배나 높은 단점이 있다.

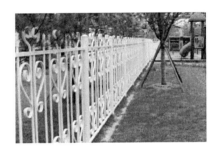

현재 경북고와 동문초 등에 조성된 수목울타리는 사철나무와 남천, 탱자, 피라칸사스 등 나무를 촘촘히 심어 담장으로 활용하는 방식이다. 가격도 저렴하고 교육적인 측면에서도 더 바람직하다는 평이지만 심은 후 5~10년이 걸려야 제 구실을 하는 것이 단점이다. 시교육청 관계자는 "수목울타리는 0.5m 정도 높이의 나무를 1m 구간에 5그루를 심게 되면 5~10년이면 키가 1.5m 정도까지 자라기 때문에 충분히 담장 역할을 대신하고, 1그루에 2,000~3,000원에 구입할 수 있기 때문에 경제적이기도 하다"면서도 "성장 기간이 오래 걸리고 전지작업 등 유지관리는 좀 힘든 측면이 있다"고 하였다.

대구시교육청은 "대구시가 1996년부터 전국 처음으로 추진한 담장허물기 사업에 교육청도 적극 동참하였으나 외부인으로부터 학생들을 지키기 위한 현실적 필요성이 대두, 다시 담장을 쌓고 있다"며 "수목울타리는 유지관리 차원에서 힘들기는 하지만 미관이 뛰어나고 초기 비용도 적게 들어 적극 검토하고 있다"고 하였다.

출처: 한국일보(2013.01.22.).

교육시설의 CPTED 지침

	전략/기법	대상범죄							
		1 범죄 두려움	2 침입 강도 /절도	3 파손	4 폭력	5 차량 범죄	6 절도	7 방화	8 유괴 납치
1	기존 도시구조 존중								
2	도시의 활기	a							a
3	혼합된 상태								
4	도시 밀도	b	b	b	b	b	b	b	b
5	가시성	c	c	c	c	c	c	c	c
6	접근성		d, p	d, p		o, p	p	d, p	i(d)
7	영역성		e	e				e	
8	미관		f	f				f	
9	강건성		j	j					
10	범죄대상 강화/제거		k	k					p
11	유지	g		l				l, p	g
12	감시	h	h	h	h	h	h	h, p	h
13	규칙			m				m	m
14	특정 집단(청소년 등)을 위한 인프라	i		n				n	n
15	방범홍보			n				n	

a	유동량이 많은 도로변의 등하교 길은 범죄공포를 감소시킨다. 유동량이 많은 도로와 버스 정류장 주변에 청소년 시설(아동지킴이 등)이 위치하면 범죄공포와 불쾌한 환경 조성을 줄일 수 있다.
b	자연적 감시가 충분한 도심 쪽에 학교가 위치하면(그러나 고립되지 않아야 함) 범죄공포 및 모든 종류의 범죄 위험을 감소시킨다. 그러나 주변 주택으로부터의 거리는 소음 등에 의한 거주민의 불편이 없을 정도로 충분해야 한다.
c	가시성이 높고 조명시설이 잘 되어 있으면 범죄공포와 모든 종류의 범죄 발생을 감소시킨다. 여기 저기 흩어져 있지 않고 오밀조밀 모여 있는 형태의 학교 설계와 조경이 필요하다. 주차지역, 출입지역, 운동장에는 설계와 관리상의 특별한 주의가 요구된다.

d	학교와 청소년 시설 주변에 펜스(어린이 보호구역 펜스 등)를 설치함으로써 침입범죄, 파손, 방화의 위험을 감소시킨다. 다만, 학교나 청소년 시설로서의 매력이 훼손되지 않는 수준이어야 하고, 그 주위에 별다른 청소년을 위한 공간이 없을 경우에는 방과 후, 주말, 휴일에 그 학교 운동장에서 아이들이 접근하여 이용할 수 있도록 해야 한다. 해당 건물에 대한 접근은 가능한 한 몇몇 지점으로 제한되어야 하며, 가능하면 한 지점이 좋다.
e	공적공간을 둘러싼 학교 구역에 대한 명확한 지정은 주인의식을 강화하여 침입범죄, 파손 및 방화의 위험을 감소시킨다.
f	매력적인 건축물, 조경, 구조물 및 가로 시설, 운동장은 소유감을 강화하여 파손 및 방화의 위험을 감소시킨다.
g	등하교 길과 학교 주변의 공적공간을 잘 유지보수하면 범죄공포를 감소시킨다.
h	등하교 길과 학교 주변에 대한 감시는 범죄공포와 모든 종류(특히 아동대상범죄)의 범죄발생을 감소시킨다. 경비원, 관리인이 효과적이며, 특히 상주하거나 근처에 머무를 경우에 효과는 더욱 커진다(예를 들면 아동지킴이 등 활용). 건물의 입구에서는 안내소가 명확히 표시되어야 한다.
i	약물 중독자와 노숙자(주취자, 행려병자 등)들을 위한 시설 제공은 이 사람들이 학교 주변을 배회하지 못하게 함으로써 범죄공포를 감소시킨다.
j	견고하고 강한 재질의 문/창틀·문/창문·잠금장치 및 유리는 주거침입 및 파손의 위험을 감소시킨다.
k	침입이나 파손으로 인하여 피해를 당한 경우에 범죄 대상물 강화나 제거를 하면 반복되는 범죄피해의 위험을 감소시킨다.
l	건물, 운동장, 학교 주변의 공적공간을 잘 유지보수하면 파손 및 방화의 위험을 감소시킨다.
m	운동장의 사용 방법이나 이웃 주변에서의 내부규칙이 명확히 정해지면 파손 및 방화의 위험을 감소시킨다. 이는 청소년 시설 주변의 공적공간 이용에도 적용된다.
n	장래의 이용자(해당 지역의 청소년 층)와 근처 주민이 청소년 시설의 설계 등의 결정에 참여하면 파손 및 방화의 위험을 감소시킨다.
o	학교 내에 주차시설을 둘 경우, 이웃들로부터 방해받지 않고 자동차를 보호할 수 있다.
p	감지센서 및 경보기기를 활용하면 범죄위험을 감소시킨다.

출처: 국가표준인증 종합정보센터 「범죄예방 환경설계(CPTED) 기반표준」(표준번호 KS A 8800).

SECTION 04 공공시설의 CPTED

1. 공공시설의 특징

공공시설(公共施設, Public Facilities)은 국가 또는 지방자치단체에 의하여 공적인 목적을 수행하기 위하여 만들어진 모든 시설을 말한다. 공적인 목적을 위해 공공기관에 의해 유지, 관리되는 시설에서 제공되는 공공서비스는 보다 넓은 의미의 '사회간접자본'(社會間接資本)으로 분류된다. 철도·도로 등의 교통시설, 공원·녹지 등의 휴식시설, 전기와 가스 등의 공급시설, 국공립학교와 병원, 시군구청, 복지관, 하수도 등이 이에 해당한다. 이러한 공공시설의 설치와 운영에 대한 근거와 기준은 법령으로 정하고 있다.[18]

그리고 공공시설이라고 해서 모두 무상이 아니며 법령에 의해 공공시설의 사용에 대한 요금이나 특정 이용에 대한 수수료를 징수할 수 있다. 한편, 공공시설의 입지와 관련해서 시설의 종류(선호시설 vs. 혐오시설)에 따라 공공기관과 주민의 갈등이 종종 빚어져서 사회문제가 되기도 한다.

> ### ◐ 도시재생: 공원 등 공공시설
>
> ① 공원의 문제점
>
> 도심지 내에서 도시민들에게 편안함과 휴식을 제공하는 대표적인 공공시설은 공원(公園, Park)을 들 수 있다. 그런데, 예컨대 미국 뉴욕과 서울을 비교해 볼 때, 서울에 있는 공원들은 서로 너무 떨어져 있다.
>
> 뉴욕 맨해튼의 경우, 10km 내에 10개의 공원이 위치하고 있다. 이 공원들은 평균 1.04km 정도 떨어져 있고, 공원 간의 보행자 평균 이동 시간은 약 13.7분이다. 반면, 서울의 경우에는 15km 내에 인지도 있는 공원이 9개 있다. 이들 공원 간의 평균 거리는 4.02km이고 공원 간의 보행자 평균 이동시간은 약 1시간 1분이 소요된다.
>
> 이러한 자료에 근거해 보면, 뉴욕 시민은 자신이 있는 위치에서 불과 7분 정도만 걸으면 어느 공원이든 걸어갈 수 있으며, 그 공원이 지겨우면 13.7분 정도만 걸으면 다른 공원으로 갈 수 있다는 것을 의미한다. 반면, 서울 시민의 경우 보통 30분 정도는 걸어야 공원에 도착할 수 있다. 그리고 그 공원에서 다른 공원으로 걸어서 약 1시간이 걸려야 갈 수 있다. 한마디로 편하게 걸어서 갈만한 공원이 없다는 것이다. 차를 가지고 가야 공원에 갈 수 있는데, 정작 공원 주변에는 주차시설이 거의 없다. 대중교통을 이용하는 것도 쉽지 않은 일이다. 서울의 공원은 서울 시민들의 삶과 밀접하게 연결되어 있지 못

---

18 다음백과(http://100.daum.net/encyclopedia).

하다는 것을 의미한다.

따라서 아무리 좋은 공원이 있다 할지라도 거리가 멀면 그 쓰임새가 줄어든다. 그리고 아주 작은 산책로라고 하더라도 내 집 옆에 있는 것은 몇 km 밖의 수천 평의 공원과 비슷한 효과를 가진다고 볼 수 있다. 공원이 우리 가까이 있어야 하는 이유다.

② 보행 중심의 공원 네트워크 설계

앞의 SECTION 01에서 살펴보았듯이, 1인 가구가 빠르게 증가하고 있다. 이렇게 되면 개인이 사용하는 공간이 줄어들고 있는데, 정작 공원과 같이 쉴 수 있는 공공시설도 여의치 않다. 그리고 이러한 휴식 내지 정주할 수 있는 공공 공간의 부족을 해결해 주는 것 가운데 하나가 각종 카페들이다.

우리나라가 전 세계에서 단위 면적당 가장 많은 카페를 보유하고 있는 이유는 결국 우리 국민들이 앉아서 쉴 곳이 많지 않기 때문이다. 우리보다 상황이 좋은 미국 뉴욕시는 더 좋은 곳이 되기 위해 노력하고 있다.

뉴욕시는 최근 센트럴 파크, 타임스 스퀘어, 헤럴드 스퀘어 등 각종 공원과 광장을 연결하는 보행자 네트워크를 강화하고 있다. 브로드웨이의 차선을 줄이고 보행자 도로, 자전거 도로, 그리고 의자가 놓인 공간을 확장하고 있다. 걷고 싶은 거리로 연결되는 '공원 네트워크'를 강화한 것이다.

③ 보행 중심의 공원 네트워크 설계의 중요성

그렇다면, "왜 걸어서 가는 것이 중요한가? 같은 5분이면 지하철로 연결되어도 되지 않는가?"라는 의문을 가질 수 있다. 지하철과 같은 교통시설을 이용하지 않고 걸어서 갈 수 있는 것이 중요한 이유는 경험은 연속되어야 하기 때문이다. 골목길의 옆집 친구 집에 갈 때와 엘리베이터를 타고 다른 층의 친구에게 갈 때의 느낌은 다르다고 본다. 우리 중 누구도 "우울한데 엘리베이터나 타자"고 말하는 사람은 없다. 하늘을 보고 햇볕을 받으며, 골목길을 걸으면 기분이 좋아지지만, 답답한 상자인 엘리베이터를 타고 가는 경험은 유쾌하지가 않다. 몇 십만 년의 경험이 유전자에 각인되어 우리는 주광성(走光性) 동물이 되었다. 교통시설을 이용하면 답답한 실내 공간 속 기억 때문에 경험이 단절된다. 이러한 이유로 우리는 다른 장소로 가고 싶어 하지 않게 되고, 자신의 현재 공간 속에 갇히게 된다. 이러한 점에서 우리의 도시에는 보행자 중심으로 연결되는 네트워크가 필요하다.

1인 가구는 여러 가지 사회경제적인 이유로 피할 수 없는 하나의 대세가 되어 가고 있다. 이러한 상황 속에서 우리의 삶의 질이 떨어지지 않고, 더 행복해지려면 도시 전체를 내 집처럼 즐길 수 있어야 한다. 보행자 중심의 네트워크가 완성되고 촘촘하게 분포된 매력적인 '공짜' 공간이 많아지는 것이 건축적인 해답이 될 수 있다.

◯ 뉴욕 '하이라인'(High Line)공원과 '서울로 7017'공원

서울역 고가를 공원으로 만든 '서울로 7017'이 벤치마킹한 미국 뉴욕 하이라인(High Line) 공원은 뉴욕의 도시재생을 말할 때 빠지지 않는다.

① 뉴욕 하이라인 공원

뉴욕 하이라인은 총 길이 2.33km에 이른다. 하이라인은 이를테면 '협치'로 이루어낸 성과이다. 19세기 중반부터 뉴욕은 산업화·도시화되는 과정에서 화물운송이 급격히 증가하였고, 이를 위해 철도를 부설하였으나, 각종 사건사고가 끊이지 않았다. 이 문제를 해결하기 위해 뉴욕시는 철도를 지상 10m 높이로 올렸다. 건물사이를 뚫고 지나가는 고가철도는 1934년 완공되었고, 당시 엠파이어스테이트 빌딩과 함께 뉴욕의 명물로 자리매김하였다. 그러나 산업과 운송시스템의 변화로 고가철도는 외면받았고, 1980년에 결국 폐쇄되었다.

● 뉴욕 고가철도의 과거(좌)와 현재(우)의 모습

출처: https://brunch.co.kr/@jonathanfeel/73.

그리고 폐쇄된 기찻길은 철거 위기에 놓이게 되었다. 그러나 일부 시민들은 이에 반대하였고, 기찻길 재생을 위한 노력이 시작되었다. 즉, 기찻길 주변지역에 거주하는 작가 조슈아 데이비드와 화가 로버트 해먼드를 중심으로 폐쇄된 기찻길을 공공 공간으로 조성해서 시민들에게 돌려주자는 취지를 가진 '하이라인 친구들'(FHL: Friends of the High Line)이라는 시민단체가 1999년에 결성되었다. 이들은 뉴욕시를 상대로 협상과 설득을 거듭하였다. 이 무렵 고가철길을 따라 다양한 자연식물들이 아름답게 자라난 모습을 찍은 사진들이 대중에 알려지면서 관심을 받게 되었다.

산업화시대에 미국 대도시의 발전에 근간이 되었던 철도의 재생은 흥미로운 사건이었다. 산업혁명의 대표적인 유산이라 할 수 있는 철도시설을 공원 내지 산책로로 재생한 것은 뉴욕이라는 대도시가 어떻게 변모하고 있는지를 보여주고 있는 대표적인 상징물 즉, 이정표(Landmark)가 된 것이다.[19]

하이라인이 곳곳에는 식물들이 자연스럽게 자생하고 있다. 폐쇄된 철로에서 자라온 야생풀을 뽑지 않고 비슷한 환경에서 공존하도록 새로운 식물을 심어 재생이라는 의미를 살렸다고 한다. 특히 곳곳에 벤치가 있고, 일광욕을 즐기거나 누워서 쉴 수도 있는 데크도 마련되어 있다. 그리고 재생 건축의 특징이겠지만, 과거와 현재가 조화롭게 함께 하고 있다. 기존 기찻길의 뼈대를 유지하면서 주변 건축물과의 조화를 고려하였기 때문이다.

---

19 뉴욕 하이라인 공중 공원(공중 산책로)가 첫 번째 사례는 아니다. 이에 앞서 프랑스 파리에 4.5km 길이의 '프롬나드 플랑테'(La Promenade Plantee: 나무로 조성된 산책로라는 뜻)가 있다. 파리 바스티유 역과 연결되었던 뱅센 철도의 1969년 운행이 중단되었고, 버려져 있던 기찻길은 1993년 공중 공원으로 재탄생되었다. https://brunch.co.kr/@jonathanfeel/73.

뉴욕 하이라인은 성공적인 도시재생 사례로 널리 알려져 있다. 해마다 500만 명 이상(2018년에는 800만 명)의 사람들이 이곳을 찾고 있다. 철거 위기에 놓인 고가철로가 다시금 뉴욕을 부흥시킨 셈이다.

출처: https://brunch.co.kr/@jonathanfeel/73.

② 서울로 7017

서울역 고가도로는 서울역을 끼고 퇴계로와 만리재로, 청파로를 이어주는 총길이 938m, 폭 10.3m, 높이 17m의 고가차도로 1970년 8월 15일 개통되었다. 이 고가도로는 1970~1980년대 남대문시장과 청파동과 만리동 봉제공장 등 상인들이 상품을 싣고 나르며 경제성장을 견인하는 역할을 하였다. 그러나 1990년대 말이 되면서 노후화로 인한 안전성이 문제가 제기되었고, 2009년에 운행을 전면 통제하였다. 이후 2009~2012년까지 서울역 고가도로 철거와 주변도로 개선사업 설계용역을 수행하였다.

● 서울 고가차도의 과거(좌)와 현재의 모습(우)

출처: https://blog.naver.com/pobain/221037806881.

이러한 상황에서 2014년 9월 미국 뉴욕을 방문한 박원순 서울시장이 뉴욕의 '하이라인(High Line) 공원'을 모델로 삼아 서울역 고가도로를 '사람' 중심의 녹색 시민 보행공간으로 재생시키겠다는 구상을 밝혔다. 취약시설물은 보수·보강하여 고가도로의 원형을 최대한 보존해가면서 산업 유산에 녹지 프로그램을 통합하고 주변 숭례문, 한양도성, 남대문시장 등 문화유산과 연계한 새로운 서울의 도심 명소를 조성하고자 한 것이다.

이에 따라 서울시는 '서울역 7017 프로젝트'를 통해 서울역 고가를 산책로로 바꾸고, 서울역 광장과 북부 역세권 등으로 통하는 17개의 보행로를 고가와 연결하는 도시재생 사업을 추진하여, 2017년 5월 20일 '서울로 7017'이란 이름으로 개장했다. 7017 프로젝트는 '1970년에 만들어져 2017년에 17개의 사람이 다니는 길로 다시 태어나는 역사적 고가'라는 의미를 담고 있다고 한다.

출처: 다음백과(http://100.daum.net/encyclopedia).

③ 보행 친화적 도시만들기

유현준교수는 사람들이 걷고 싶어 하는 성공적인 가로는 '지하철역과 공원 사이를 연결하는 1.5km 정도의 거리'라고 하였다. 서울시를 예로 한다면, 1.5km 간격으로 '공원 – 지하철역 – 공원 – 지하철역'으로 네트워크가 만들어진다면, 서울시는 연속적으로 걷고 싶은 거리로 연결된, 소통이 활발한 도시가 될 것이라고 하였다. 이를 위해서는 기존의 도시 공원 및 차선에 대한 개선이 필요하다.

현재 서울시는 성과 주변으로 산책로를 만들고 있다. 이는 나쁜 정책은 아니라고 본다. 그러나 아쉬운 것은 성곽을 문화재로 취급하기 때문에 주변에 상업시설이 들어서지 못한다는 점이다. 상업시설이 없고 산책로만 있는 곳이 누가 갈 것인가? 시간이 많은 사람만 갈 것이다. 이는 현재 서울시에는 시간 많은 사람들이 산책하는 길은 많지만 일상 속에서 즐길 수 있는 보행자 도로는 찾아보기 힘들다는 것을 의미한다.

생각건대, 녹도(綠道)와 상업 가로를 분리시켜서는 안된다고 본다. 우리나라처럼 야근을 많이 하는 국민도 세상에 없을 것이다. 상황이 이렇다보니 은퇴하기 전에 누가 여유롭게 위와 같은 산책로를 자유롭게 다닐 수 있을 것인가? 일상생활과 자연히 함께 공존하는 공간 내지 장소를 창출하는 것이 관건이라 할 수 있다.

출처: 유현준(2018), 어디서 살 것인가: 우리가 살고 싶은 곳의 기준을 바꾸다, 서울: 을유문화사, pp. 92~98.

이러한 공공시설은 지역사회와 주민생활에 필수적인 시설이며, 누구나에게 공개되어 있는 시설이고, 또 일정 시간대에는 사람들의 통행이 거의 없는 공간이 되기도 한다. 따라서 CPTED 적용 시에도 이러한 점이 고려되어야 할 것이다.[20]

2. 공공시설의 CPTED 지침

공공시설은 주거지역과는 달리 불특정한 유동인구 및 통행차량이 비율이 매우 높다. 그리고 또 특정 시간대에는 인적이 거의 없는 경우(심야시간대의 공원 등)도 있게 된다. 이러한 상황에서 지나다니는 행인들에 대한 범죄, 자동차 사고 및 자동차에 의한 보행자 안전사고, 그리고 공원 화장실 및 조명이 어두운 사각지대 등에서 여성들을 대상으로 한 성범죄 등이 발생할 수 있다. 따라서 공원의 시설경계는 울타리나 투시형 담장으로 영역을 구분하고, 벤치는 개방공간에 가로등과 함께 설치, 감시가 용이한 위치에 어린이놀이터와 여성쉼터 등의 공간 배치, 취약 정류장에 CCTV 및 비상벨 설치 등의 설계지침이 고려되어야 한다.[21]

1) 도로

도로의 종류는 다양하다. 도로교통법상에서는 ① 「도로법」에 따른 도로, ② 「유료도로법」에 따른 유료도로, ③ 「농어촌도로 정비법」에 따른 농어촌도로, 그리고 ④ 그 밖에 현실적으로 불특정 다수의 사람 또는 차마(車馬)가 통행할 수 있도록 공개된 장소로서 안전하고 원활한 교통을 확

---

20 한국도시설계학회(2007), 행정중심복합도시 지구단위계획수립 및 통합이미지 형성을 위한 총괄관리 용역 상세계획: 안전한 도시 조성계획 보고서, p 98.; 박현호(2014), 앞의 책, p. 276 재인용.
21 이하 박현호(2014), 앞의 책, pp. 277~278 재인용.

보할 필요가 있는 장소로 구분하고 있다(제2조 제1호).

이러한 도로상에서 나타날 수 있는 위험 요소 역시 도로의 특성에 따라 매우 다양하다. 일반적으로 도로상에서 차량에 의한 교통사고, 날치기 등을 방지하기 위해서는 접근통제와 영역성 확보가 중요하다. 차량이 보도에 올라오지 못하도록 연석을 이용하여 보도와 차도를 분리하거나 볼라드, 방호울타리 등을 적절하게 설치할 필요가 있다. 큰 도로에서 작은 도로로 진입하는 경우, 바닥 포장 색이나 재질을 달리하거나 각종 안내표지 등을 이용하여 이를 통행하는 차량 및 사람들의 주의를 환기시키는 것도 하나의 방법이 된다. 그리고 도로의 특정 지점(범죄 및 사고다발지점 등)에는 안내표지 및 CCTV 등을 설치하여 사전예방적 차원에서 주의·경고의 효과를 기대하고, 그리고 사후 대응적 차원에서 증거확보를 위한 수단으로 활용할 수 있어야 한다.

● 볼라드[자동차 진입억제용 말뚝]의 설치 및 관련 문제

볼라드(Bollard)는 자동차가 인도(人道)에 진입하는 것을 막기 위해 차도와 인도 경계면에 세워 둔 구조물을 말한다.

이와 관련하여 현행 「교통약자의 이동편의 증진법」에서는 보행우선구역에서 보행자가 안전하고 편리하게 보행할 수 있도록 '자동차 진입억제용 말뚝'('단주'라고도 함)을 설치할 수 있도록 규정하고 있다(제21조 제5호).

이러한 볼라드는 비단 도로와 인도 사이 등에서 자동차 진입억제뿐만 아니라 어떠한 시설 주변에 설치하여 사람들의 출입을 일정부분 통제하는 효과도 있다고 본다. 그러나 이러한 볼라드의 설치가 일정한 영역성을 확보해준다는 점에서는 의미가 있으나, 잘못된 설치로 인해 경우에 따라서는 보행자들의 안전사고를 유발할 우려도 적지 않다고 본다.

즉, 볼라드의 높이가 낮거나 사각으로 만들어져서 사람들이 보행하다 걸려 넘어질 우려도 있는데, 특히 시각장애인들의 경우에는 자칫 큰 사고로 이어질 우려가 있다.

이러한 점에서 「교통약자 이동편의 증진법 및 시행규칙」에서 이에 대한 설치기준을 정하고 있는데,[22] 실제 주변에서 이를 준수하지 않고, 단지 외관 내지 미적인 요인만을 고려하여 설치하는 경우를 많이 목격할 수 있다.

적절한 볼라드

부적절한 볼라드

출처: https://blog.naver.com/chiwoo0624/119926272.
　　　https://blog.naver.com/sunnyrays/40004722770.

---

22 보행안전시설물의 구조 시설기준: ① 자동차 진입억제용 말뚝은 보행자의 안전하고 편리한 통행을 방해하지

한편, 자연적 감시도 중요하기 때문에 도로주변(버스정류장 포함)의 수목, 입간판, 표지판, 가로등 등은 시야를 가리지 않는 위치 및 높이에 설치할 필요가 있다. 보행자의 시야를 확보하기 위해 교차점 외벽면을 후퇴하여 건축하도록 하는 것도 고려할 수 있다. 또한 퍼걸러(Porgola)[23] 등을 설치하고 보행자 전용도로를 만들어 보행자들이 자주 이용하도록 하면, 자연감시 수준이 높아져 범죄예방에 도움이 된다. 그리고 굴다리, 육교 등의 보행자 전용도로에는 백색 조명을 밝게 설치하고 직선으로 설계하여 자연감시 수준을 높이도록 한다.

길거리에 보행자/자전거가 많아질수록 범죄를 감시하고 약자들을 보호할 기회가 증가한다. 자연감시는 기차 – 자동차 – 자전거 – 도보 순으로 증가한다. 즉, 도보를 이동하는 주민이 많아질수록 자연감시가 증대되고 도보로 이동하면서 주민들 간에 접촉이 많아지면, 지역 친밀도로 높아지며 지역참여도가 높아진다. 이를 통해 수상한 사람이 지역에 침입할 경우 주민들이 쉽게 주의를 기울이고 인식할 수 있다.

따라서 도시 안에서 보행환경을 개선하여 길거리의 일반적인 시민들의 눈과 귀를 많이 확보하는 것이 보다 안전한 공공공간 환경을 조성하는 길이 된다는 점을 인식할 필요가 있다.

2) 공원 및 녹지시설

공원이나 녹지가 증가한다고 하여 무조건 범죄율이 높아지거나 낮아지는 것은 아니다. 녹지가 적은 어린이 공원이나 소규모 공원 등은 범죄율 감소에 그다지 영향을 미치지 않는다. 일정규모 이상의 공원이 고르게 분포해 있을 때, 공원녹지의 범죄감소효과가 가장 크다. 생활권 내에 녹지공간이 형성되었을 때에는 사람들의 야외활동이 증가하기 때문이다.[24]

근처에 산책을 하러 가거나 앉아서 시간을 보내거나 친구를 만나거나 하면서 녹지를 중심으로 한 주변 생활권 내의 사람들의 생활패턴에 변화가 생기는 것이다. 이것은 자연스럽게 '거리의 눈'을 증가시키며 자연적 감시를 창출한다. 조깅, 산책, 데이트, 독서 등의 활동성이 공원녹지라는 공간을 중심으로 형성되면서 범죄를 자연스럽게 예방 내지 억제할 수 있을 것이다.

아니하는 범위 내에서 설치하여야 한다. ② 자동차 진입억제용 말뚝은 밝은 색의 반사도료 등을 사용하여 쉽게 식별할 수 있도록 설치하여야 한다. ③ 자동차 진입억제용 말뚝의 높이는 보행자의 안전을 고려하여 80~100cm로 하고, 그 지름은 10~20cm로 하여야 한다. ④ 자동차 진입억제용 말뚝의 간격은 1.5m 안팎으로 하여야 한다. ⑤ 자동차 진입억제용 말뚝은 보행자 등의 충격을 흡수할 수 있는 재료를 사용하되, 속도가 낮은 자동차의 충격에 견딜 수 있는 구조로 하여야 한다. ⑥ 자동차 진입억제용 말뚝의 0.3m 전면(前面)에는 시각장애인이 충돌 우려가 있는 구조물이 있음을 미리 알 수 있도록 점형 블록을 설치하여야 한다(자동차 진입억제용 말뚝의 경우, 시행규칙 제9조에 따른 별표 2).

23 또는 파고라라고 하며, 휴게시설의 일종으로 버스정류장 등에 설치되어 있다. 사방이 트여있고 골조가 있는 지붕이 있어서 햇볕이나 비를 가릴 수 있으며 앉을 자리가 있는 시설물을 말한다. 위키백과(https://ko.wikipedia.org).
24 이하 박현호(2014), 앞의 책, pp. 282~283 재인용.

한편, 공원 주변의 카페나 레스토랑은 공원에서의 건전한 활동을 조성하는 상업시설이므로 장려되어야 한다. 다만, 공원에 인접한 술집이나 유흥업소는 공원에서의 폭력 등 반사회적 행위를 유발하기 쉬우므로 고려되어야 한다.

그리고 나무의 식재는 시야선(sightlines)을 가리지 않는 높이에 일정한 간격 이상으로 식재하여야 하며 시각적으로 투과되는 수종을 식재하는 것도 고려할 필요가 있다. 또한 고립/은폐가 가능한 공간을 만들지 않도록 꾸준히 보수를 행하여야 한다. 보행로를 따라 지침에 설정된 수준 이상의 조명을 설치하고 주 활동 공간과 시설물 근처 또한 적정 조명을 설치하여야 한다.

또한 범죄가 빈번히 발생할 것으로 예측되는 장소에 CCTV를 설치하고, CCTV 녹화 사실을 안내하는 표지판을 부착하여 범죄 욕구를 감소시키는 것도 하나의 방법이라고 볼 수 있다. 그리고 가로등이나 화장실 등 시설물에 일정한 간격을 두고 비상벨을 설치하여 위급할 때 시급히 도움을 구하고 이에 대한 적절한 대응이 이루어지도록 할 필요가 있다.

● 공원시설의 CPTED 지침

전략/기법	대상범죄							
	1	2	3	4	5	6	7	8
	범죄 두려움	침입 강도 /절도	파손	폭력	차량 범죄	절도	방화	유괴 납치
1 기존 도시구조 존중	a	a	a	a			a	a
2 도시의 활기								
3 혼합된 상태								
4 도시 밀도								
5 가시성	b	b	b	b			b	b
6 접근성	c	c, l	c, l	c	l	l	c, l	c
7 영역성	d	d, l	d	d			d, l	
8 미관			e				e	
9 강건성			e			f	e	
10 범죄대상 강화/제거			f			f	l	
11 유지	g	g	g				g, l	
12 감시	h	h	h	h		h	h, l	h
13 규칙	i		i				i	
14 특정 집단(청소년 등)을 위한 인프라	j							j
15 방범홍보	k					k		k

a	낮 시간 동안의 공원에서의 활동은 자연감시의 역할을 하며, 이는 범죄공포 및 주거침입, 파손, 폭력, 방화 범죄를 감소시킨다. 격리된 장소나 막다른 공간을 피한다.
b	가시성이 높고 조명이 잘 된 장소는 범죄공포가 감소하고 침입범죄, 파손, 폭력, 방화, 유괴·납치의 위험이 적다. 공원 내 주요 통로는 조명시설이 잘 갖추어져야 하지만, 다른 부수적인 통로들은 오히려 어둡게 함으로써 통행을 제한시켜야 한다. 공원의 이용자 수가 적은 경우, 공원 내에 설치된 CCTV로 모니터링 해줄 때에 이용자의 안전감을 높여줄 수 있다.
c	명확한 통로 체계와 가시성이 높은 표지판은 범죄공포 및 개방 시간 외의 침입, 파손, 폭력 및 방화를 감소시킨다. 상황에 따라 일몰시간 동안 공원 전체를 폐쇄하는 것은 매우 효과적인 방법이다. 시내의 작은 공원에서는 이 방법이 실현 가능하고, 교외의 큰 공원에서는 실현이 곤란하다. 공원에 펜스를 설치하는 비용은 공원 개선·보수(furbishing)예산과는 별도로 마련해야 한다. 공원의 보행망은 도심 주변과 잘 연결되어 있어야 한다.
d	(가시성 높은) 긴급전화, 이용로 표지판 등을 설치하거나 특정 집단(예를 들면 청소년 집단)을 위해 공원의 특정 지역을 배치하고 보수함으로써 공원에 대한 감시가 쉬워지고, 이로 인하여 공원 이용자가 책임감을 갖게 되어 범죄공포, 침입, 파손, 폭력 및 방화를 감소시킨다.
e	벤치, 쓰레기통, 표지판, 놀이 기구 등을 견고한 소재로 만들면 파손과 방화의 위험을 감소시킨다. 해당 소재들은 그 자체가 예방 전략이다.
f	공원 벤치와 절도 당하기 쉬운 다른 시설물들은 적절하게 고정되어 있어야 한다. 파손되기 쉬운 시설은 더 단단한 재료로 대체하거나 공원 내에서 파손의 위험이 적은 다른 장소로 이동하여야 한다.
g	공원의 매력 및 활기를 위해 유지보수는 꼭 행해져야 한다. 공원의 유지보수활동은 길 청소, 쓰레기통 비우기, 녹지 관리 등을 뜻한다.
h	감시는 범죄공포, 침입, 파손, 방황의 위험을 감소시키는 중요한 역할을 한다. 경찰, 경비원, 관리인에 의한 전문적인 감시는 이동 순찰(자전거 및 도보 순찰)로 이루어져야 한다. 나무와 수풀이 매우 우거진 공원의 경우에는 (인력배치가 가능한) 관리·경비시설과 CCTV의 가시범위가 제한되어 유용도를 감소시킨다.
i	공원 방문객이 지켜야 할 행동 규칙이 세워져 있으면 범죄공포, 파손, 방황의 위험을 줄이는데 효과적이다. 규칙은 모든 공원 입구에 간단한 도형이나 그림으로 표시되어 설치되어야 한다. 공원 내 취사를 제한하는 명백한 규칙이 정해져 있고 가시성 있는 표지판을 통해 홍보할 경우, 실화나 방화의 위험을 감소시킨다.
j	알코올/마약 중독자, 노숙자 등에 대한 대책(조건, 규정)이 세워져 있으면 이들이 주위에 있음으로써 발생하는 범죄공포가 간소된다. 이 규징에 판한 안내판은 공원 밖에 설치되어야 한다. 어린이 놀이공간·청소년 이용시설(youth shelter) 등은 가시성이 높은 곳에 위치하여야 한다.
k	범죄예방 문구(예컨대, '소매치기 주의'와 같은 문구)는 범죄공포와 절도, 아동대상범죄의 위험을 감소시킨다.
l	감지센서 및 경보기기를 활용하면 범죄위험을 감소시킨다.

출처: 국가표준인증 종합정보센터 「범죄예방 환경설계(CPTED) 기반표준」(표준번호 KS A 8800).

대중교통시설의 CPTED

1. 대중교통시설의 특징

대중교통시설은 많은 도시민들의 이동 수단으로서 '시민의 발'이라는 역할과 기능을 담당하고 있다. 특히 철도역, 지하철역, 버스터미널, 버스정류장, 주차장 등 대중교통시설이 부적절하게 계획·설계, 그리고 관리됨으로서 범죄가 유발되기도 하고, 또 이를 이용하는 사람들은 불안감을 느끼게 된다.

이처럼 대중교통시설이 안전한 환경설계 없이 설계되면, 범죄 또는 비행장소로 악용될 우려가 있기 때문에 계획단계부터 범죄예방 전문가가 참여하며, 범죄예방 설계요소들을 반영시키고, 이의 효과를 높일 수 있는 지속적인 유지 및 관리가 필요하다.

2. 대중교통시설의 CPTED 지침

대중교통시설이라는 환경에서 발생하는 범죄와 무질서 행위는 그 고유한 특징을 가진다. 따라서 대중교통시설만이 가지는 관련 범죄 위험요인들을 확인하고 이해하는 것이 중요하며, 대중교통시설들이 가지는 범죄위험 요인들을 중심으로 방범계획을 수립, CPTED기법을 바탕으로 환경을 디자인하고, 지속적인 유지·관리가 이루어져야 한다.

🔵 **강력범죄 어디에서 많이 발생하는가**

한국형사정책연구원 분석결과, 길거리가 범죄에 가장 취약한 것으로 나타났다. 1993년부터 2005년까지 길거리에서 일어난 강력범죄는 600만 건에 달하였는데, 상업·유흥시설 등 다른 장소에서 발생한 강력범죄 건수를 모두 합해도 길거리 범죄의 절반에도 못 미쳤다.

🔵 **살인·강도 등 강력범죄 발생장소 및 발생건수(1993~2005)**

발생장소	길거리	상업·유흥시설	단독주택	아파트
발생건수	599만 7,766건	113만 6,429건	54만 7,765건	44만 2,505건

출처: 중앙일보(2009.07.24.)

⚫ 연쇄살인범 강호순과 버스정류장

강호순은 2005년 10월 장모 집에 불을 질러 처와 장모를 살해하고, 이후 2006년부터 2008년 12월까지 8명의 여성을 납치 살해한 혐의로 2009년 7월 사형이 확정되었다. 강호순의 납치·살해 방법은 가운데 피해자 접근 방식은 두 가지였다. 하나는 버스정류장에서 버스를 기다리는 부녀자에게 승용차를 이용해 접근한 뒤 차에 태워 범행하는 수법이다. 다른 하나는 노래방에 손님으로 찾아와 2차로 한잔 더 하자며 가게 밖으로 데리고 나오는 방법이다.

이 사건의 희생자들 가운데 4명은 버스정류장에서 실종되어 피해를 당했는데, 수원시 당수동 버스정류장 근처에는 강호순이 일하던 축사가 있고, 군포보건소에서 멀지 않은 곳에는 그의 집이 있었다. 피해자들은 모두 11월에서 1월 사이, 오후 3시와 6시 사이에 강호순의 차에 탔다. 그런데, 왜 목격자가 없을까?

이에 대해 한국형사정책연구원 박경래 연구위원은 "강호순은 이곳 지리에 밝아 언제, 어느 곳이 한적한 지를 잘 알고 있었을 것"이라며, "추운 겨울이라 빨리 차에 타고 싶은 피해자의 심리를 이용한 것으로 보인다"고 하였다. 그리고 강호순의 외견상의 다소 평범한 이미지 및 대낮이기 때문에 남의 차를 탄다는 두려움이 크지 않을 것이라는 점을 악용한 것으로 분석하였다.

① 화성시 신남동 정류장
- 2007년 1월 회사원(52세) 실종
- 인적이 드문 한적한 공장지대
- 버스노선 1개. 1일 10회만 운행

② 수원시 금곡동 정류장
- 2007년 1월 여대생(20세) 실종
- 행인 왕래가 적지 않으나 정류장 뒤에 4~5m 높이의 수목에 가려 가시성이 매우 약함. 높은 나무를 자르거나 낮은 수목으로 대체가 필요함

③ 수원시 당수동 정류장
- 2008년 11월 주부(48세) 실종
- 왕복 8차로인 수인산업도로에서 빠져나오는 도로와 인접. 승차객이 없이 한적하다 못해 음산한 분위기
- 정류장 앞에 멀리 아파트 난지가 있지만 산업도로에 의해 완전히 단절됨

④ 군포시 부곡동 정류장
- 2008년 12월 여대생(21) 실종
- 주변에 보건소 외에 폐업한 꽃집과 개인주택 1채만 있음
- 8차선 국도로 차량이 빠르게 지나감

박경래 연구위원은 "경찰력에만 의존해서는 모든 범죄를 효과적으로 막을 수 없다"며 "버스정류장 앞에 차 덕을 마련하고, 정류장이 보이는 쪽으로 과속차량 단속카메라를 설치하여 감시효과를 높여야 한다고 하였다. 그리고 "문제의 버스정류장 4곳 모두 버스정보시스템(BIS)이 설치돼 있지 않았다"며 "버스도착 시간 안내 장치만 있었더라도 도착 시간을 예상해 강호순의 차를 타지 않았을 수도 있었다"고 진단하였다. 더 나아가 "버스정류장 위치를 정할 때도 외진 곳을 피하는 등 도로·교통 정책 수립에 있어 발상의 전환이 필요하다"고 제안하였다.

참고적으로 캐나다 앨버타주 에드먼턴시는 1995년 '안전한 도시를 위한 디자인 가이드'를 마련한 바 있다. 이 가이드에 따르면 버스 정류장과 전철역 출입구는 거리와 인근 건물에서 잘 보여야 하고, 외진 곳에 있을 경우 유동인구가 많은 곳으로 옮기도록 하고 있다. 정류장에는 운행 스케줄을 알려주는 시스템과 비상벨·비상전화를 갖추고, 범죄에 이용될 만한 조경이나 건축물은 제거 또는 철거하는 것이 바람직하다.

출처: https://blog.naver.com/obscurobjet/221062349943(3번째 사진)
　　중앙일보(2009.07.24.)

대중교통시설의 규모가 크다고 하여 무조건 범죄가 많이 발생하거나 전자경비시설이 많다고 하여 범죄가 사라지는 것은 아니다. 환경설계 단계에서 어떠한 고려를 했느냐에 따라 범죄 안전 수준을 좌우한다. 즉, 해당 시설 내에서 안전 인프라 관련 시설물을 적절히 계획, 설계, 그리고 관리함으로써 이용자들의 이동과 활동 및 인식을 자연스럽게 안전한 방향으로 유도할 수 있다. 특히 개방적인 배치와 설계를 통해 자연스럽게 이용자들 간 상호 감시 역량을 높여주어야 한다.

● 대중교통시설의 CPTED 지침

전략/기법		대상범죄							
		1	2	3	4	5	6	7	8
		범죄 두려움	침입 강도 /절도	파손	폭력	차량 범죄	절도	방화	유괴 납치
1	기존 도시구조 존중	u				v			
2	도시의 활기	a		l					a
3	혼합된 상태								
4	도시 밀도								
5	가시성	b	g	g	g	g	g	g	g(s)
6	접근성	c	h, w	w	o	q, w	o, w		h
7	영역성						w		

8	미관	d		m					
9	강건성		i	i				t	
10	범죄대상 강화/제거		j	j			w		
11	유지	e		n			w		
12	감시	f	k	n	p	r	r, w		k
13	규칙								
14	특정 집단(청소년 등)을 위한 인프라	o		o	o				
15	방범홍보						s		o

		대상범죄							
	전략/기법	1	2	3	4	5	6	7	8
		범죄 두려움	침입 강도 /절도	파손	폭력	차량 범죄	절도	방화	유괴 납치
1	기존 도시구조 존중	a							a
2	도시의 활기	b							b
3	혼합된 상태								
4	도시 밀도	c		c	c				c
5	가시성	d		d	d	d	d	d	d
6	접근성	e		j, u	o, u	o, u	u	u	e
7	영역성			u		q		u	
8	미관	f		f					
9	강건성			k				t	
10	범죄대상 강화/제거			l				u	
11	유시	g		m				u	
12	감시	h		j	p	r	r	u	h(p)
13	규칙	i		i					i
14	특정 집단(청소년 등)을 위한 인프라	n							
15	방범홍보	i		i			s		i

a	기존의 사회적·물리적 교통 인프라 구조가 유지되고 존중되면 자연감시를 활성화시켜 범죄공포를 감소시킨다.
b	사람의 통행이 많은 장소에 위치한 주차장, 버스 정류장, 지하철 입구는 범죄공포가 적다.
c	도심에 빼곡히 위치된 주차장, 버스 정류장, 지하철 입구는 (도와줄 만한) 사람의 존재를 느낄 수 있어 범죄공포와 폭력, 파손의 위험이 적다. 만약 버스 승강장(bus stop)이 안전한 위치에 있지 못하다면 안전한 장소에 별도의 야간전용 승강장을 설치할 수 있다.
d	가시성이 높고 조명이 잘 설치되어 있으면 범죄공포와 교통 시설과 관련된 모든 범죄, 즉 파손, 폭력, 차량범죄, 절도, 방화와 같은 범죄의 위험을 감소시킨다.
e	주차장 사용자만을 한정해서 접근을 통제하면 범죄공포를 감소시킨다. 차량이 주차장에 진출입할 때에만 미닫이 식의 펜스나 셔터를 열게 하고 평소에는 닫아 놓음으로써 노숙자, 주취자나 다른 위험 우범자 진단이 주차장에 들어오는 것을 막을 수 있다.
f	매력적인 시설과 색깔은 범죄공포, 파손, 낙서의 위험을 감소시킨다.
g	유지보수가 잘 되면 범죄공포를 감소시킨다.
h	감시가 잘 되면 범죄공포가 감소된다. 다만, 멀리 떨어진 장소나 지하의 경우 비상전화 부스(emergency call boxes)를 설치함으로써 보안 서비스를 이용할 수 있도록 해야 한다.
i	주차장이나 교통 시설을 적절하게 이용하는 방법에 관한 명확한 규칙이 정해져 있고, 이것이 포스터 등을 통해 대중에게 전달이 잘 되면 감시를 받고 있다는 느낌을 주게 되어 범죄공포와 파손, 낙서의 위험을 감소시킨다.
j	티켓을 소지한 사람에게만 지하철에의 접근을 허용하는 것은 역 시설과 열차에 대한 파손을 줄일 수 있다. 이 전략은 감시전략과 적절히 조화되어야 그 효과를 거둘 수 있는데, 무임승차를 위한 접근을 차단할 수 있다.
k	거리 시설물과 가로등을 견고한 소재로 만들면 파손의 위험을 감소시킬 수 있다.
l	목표물 강화나 파손 피해 가능 시설을 완전하게 제거함으로써 더 심각한 파손으로 인한 피해를 감소시킬 수 있다.
m	파손 이후의 신속한 보수는 추가적인 파손으로부터 그 피해를 줄일 수 있다. 신속한 복구를 통해 그 효과를 보기 위해서는 지속적인 감시와 모니터링 엄격한 관리 정책이 동시에 이뤄져야 한다.
n	주차장에서 (중심가까지) 걸어가는 보도가 안전하지 않다고 판단되는 먼 주차장의 경우, 특히 야간에는 셔틀버스 서비스를 제공함으로써 범죄공포를 감소시킬 수 있다.
o	주차장, 지하철역, 열차에 대한 접근을 통제하는 것은 폭력(성폭력 포함)과 차량범죄(주차장에 한함)의 위험을 감소시킨다. 조명시설이 잘 되어 있고, 펜스 등 장벽이 잘 설치된 노상주차장은 절도범이 잘 접근하지 않는다.
p	주차장, 지하철 역, 모든 종류의 대중교통 수단에 대한 감시체계가 잘 되어 있으면 폭력, 유괴·납치의 위험을 감소시킨다. 이 전략은 관제실에서 운용하는 CCTV 체계와 병행되면 효과적이다.
q	입주민 주차장과 방문객 주차장이 명확히 구분된 지역은 차량범죄의 위험을 감소시킨다.
r	주차시설에 대한 감시(CCTV 감시가 가미될 경우 더욱 효과적)가 이루어지면 차량범죄와 절도의 위험을 감소시킨다.
s	포스터 등을 통한 범죄예방 문구는 범죄공포와 절도의 위험을 감소시킨다.
t	불연서 소재의 쓰레기통은 방화의 위험을 감소시킨다.
u	감지센서 및 경보기기를 활용하면 범죄위험을 감소시킨다.

출처: 국가표준인증 종합정보센터 「범죄예방 환경설계(CPTED) 기반표준」(표준번호 KS A 8800).

Chapter **12**

결 론

CHAPTER 12

결 론

지난 20세기 도시발전모델 내지 도시계획은 기본적으로 3가지 특징을 가지고 있다고 볼 수 있다.[1] 첫째, 도시계획은 어떠한 시설물에 대한 단순한 물리적 계획의 시행 및 인간 거주공간의 설계라는 관념이 지배하면서 정치가나 지역사회의 참여나 개입이 없이 일정한 건축전문가들이 수행하는 기술적 활동으로 인식하였다. 둘째, 도시계획이라고 하는 것은 종합계획, 청사진계획, 배치계획(layout)을 만드는 것이며, 이러한 과정을 통해서 이상적이라고 생각하는 최종계획이 만들어지면, 이것이 곧 도시형태에 대한 안내자이자 미래의 비전을 제시한다고 생각하였다. 셋째, 도시계획이란 특정한 가치관에 기초를 두는 규범적 과업(신도시계획 등)으로 간주하여, 이상적인 생활환경에 대한 이념상이나 계획가의 관점에서 공공선(公共善, public good)을 반영하는 행위로 간주하였다.

그러나 이러한 근대도시발전모델과 이에 대한 단순한 계획적인 사고(思考), 즉 도시에 대한 이상주의[관념주의]적 사고 또는 조감도(鳥瞰圖: 투시도의 하나로, 높은 곳에서 아래를 내려다보았을 때의 모양을 그린 그림이나 지도)적인 관점은 막연한 관념적 유토피아(Utopia)의 만연을 가져왔다는 비판을 받았다.[2]

예컨대, 우리 주변에서 흔히 볼 수 있는 어떠한 시설물의 조감도(아파트 단지 등)를 살펴보면, 아주 그럴듯한 형태로 이용자[입주예정자]를 유혹하고 있음을 알 수 있다. 그리고 이용자들은 실제 건축된 시설물이 아닌 이러한 조감도 및 건축계획이 들어 있는 분양광고, 모델하우스 등에 현혹되어 사전계약을 체결하는 경우가 적지 않다. 그러나 대부분의 현실은 생각했던 것과 같은 그러한 이상적인 도시환경 내지 건축환경을 기대하기는 쉽지 않다.

---

1 UN-HABITAT(2009), Planning Sustainable Cities: Global Report on Human Settlements(2009), p. 49. 김용창(2011), "새로운 도시발전 패러다임 특징과 성장편익 공유형 도시발전 전략의 구성", 공간과 사회 21(1), p. 109 재인용.
2 위의 논문, p. 109.

● 모 아파트 단지 공원의 조감도(좌)와 실제 사진(우)

출처: https://blog.naver.com/h2487537/221131300105.

　이러한 문제는 인간 삶과 도시에 대한 철학적 성찰이 부족한데서 비롯된 것이라 할 수 있다. 즉, 근대도시라는 것이 단지 외양적으로 그럴듯한 모양을 갖추고 그것을 제시하였을 뿐 개개인에게 어떠한 의미를 부여하는 '시간과 장소의 구체성'을 엮는 데는 실패하였다는 것이다. 도시민들의 일상적인 삶과 경험을 바탕으로 도시를 설계하지 못한 까닭이다.[3]

　이러한 근대도시발전모델의 한계는 특히, 국민국가라는 관념 속에서 도시를 단순히 발전을 위한 기능적 공간단위로 인식하면서 노정되었다. 어떠한 도시계획에 앞서 그에 대한 성찰적 사유를 하지 않음으로써, 해당 도시에 대한 정치적·사회적·문화적·역사적 가치 내지 특성을 반영하지 못했던 것이다. 이로 인해서 근대도시는 어떠한 지역적 특성을 반영하지 못한 채 획일화된 형태 또는 패턴으로 자본주의 논리로 건설되어 오늘에 이르고 있는 실정이다. 우리나라 대도시, 중소도시 등을 살펴보면 건축물의 규모 정도에서 차이가 있을 뿐 획일화된 빌딩, 획일화된 아파트 단지, 획일화된 상가, 획일화된 도로구조 등 지역적 특색을 찾아보기 어렵다. 요약건대, '자본주의적 기능을 수행하는 공간단위로서의 도시'가 아니라 '인간의 삶의 질을 충족시켜주는 생동하는 생활터전으로서 도시'를 만들기 위해서는 이러한 근대주의적 도시발전 사고체계를 근본적으로 전환시키는 것이 필요하다는 것이다.[4]

　주지하는 바와 같이, 오늘날 도시발전 연구에서 사회석 정의, 형평성, 그리고 도시의 권리 등이 화두가 되고 있다. 이는 한국의 도시발전 패러다임이 종래의 '양적 발전'에서 탈피하여 '질적 발전' 방향으로 전환되어야 한다는 것을 의미한다.[5] 보다 엄밀하게는 양적 발전뿐만 아니라 질적

---

3 위의 논문, p. 109.
4 위의 논문, pp. 109~110.
5 송주연(2014), "한국의 도시성장과 사회적 지속가능성에 관한 연구", 대구대학교 박사학위논문, p. 170.; 도시발

발전이 아울러 이루어져야 할 것이다. 이러한 문제 인식하에 지속가능한 도시발전 패러다임이 등장한 것이다.

그런데 지속가능한 도시발전의 의미가 경제, 환경, 사회의 세 영역을 중요시하고 있음에도 불구하고, 도시의 질적 발전을 위한 핵심 요소 즉, '사회적 지속가능성'(SS: Social Sustainability) 부분은 여전히 간과되고 있는 실정이다. 도시의 발전이 진정으로 누구를 위한 발전이며, 그 편익은 누가 향유하는지에 대한 문제는 여전히 소홀히 다루어지고 있기 때문이다.[6]

한편, 어떠한 도시의 사회적 지속가능성을 진단·분석하는데 있어서 도시의 치안환경(治安環境) 즉, '안전성'(Security) 수준은 중요한 요인 가운데 하나가 된다. 도시의 안전성 문제는 특히, 범죄와 무질서 등이 문제와 밀접한 관련성을 가지고 있으며, 이는 도시민들의 삶의 질을 저하시키는 중요한 요인이 되기 때문이다.

생각건대, 범죄와 무질서문제를 종래와 같이 단순히 경찰·검찰·법원·교정이라는 공식적 형사사법시스템으로 접근하는 것은 한계가 있다고 본다. 그보다는 지속가능한 도시발전이라는 기본철학을 가지고, 그 속에서 사회적 지속가능성, 사회적 지속가능성 속에서 안전성을 어떻게 확보·유지할 것인지를 고민하고, 그에 대한 일정한 노력을 할 때 소기의 성과를 기대할 수 있다고 본다.

이러한 사회적 지속가능성 논의 속에서 안전성을 확보할 수 있는 대책 내지 전략이 바로 '환경설계에 의한 범죄예방' 즉, 셉테드(CPTED: Crime Prevention Through Environmental Design)라 할 수 있다.

사실, CPTED라는 것 역시 범죄예방을 위한 어떠한 '정형화된 실체'라고 보기는 어렵다고 본다. 이는 '환경설계'와 '범죄예방'이라는 다분히 추상적인 의미 속에서 도시전체와 각각의 시설물을 대상으로 어떠한 구체적인 노력으로 구현하는 이를테면 '추상성과 구체성'을 동시에 갖는 하나의 '범죄예방 패러다임 또는 전술'이라 할 수 있다.

그리고 이러한 CPTED를 다른 관점에서 설명한다면, 도시환경을 '공간'(空間)에서의 '장소'(場所)로 전환시키는 과정이라고 할 수 있다. 이 책 본문에서 CPTED의 중요 개념 가운데 하나인 '방어공간'(防禦空間, Defensible Space) 등의 논의를 전개하는 과정에서 '공간'과 '장소'라는 개념을 혼용해

전에 있어서 지속가능한 도시발전이라는 질적인 성장 논의가 제기된 이유 가운데 하나는 도시의 양적 성장이 질적인 성장으로 결코 귀결되지 않는다는 점이다. 도시의 양적 성장에 따른 유형별로 사회적 지속가능성을 분석한 선행 연구결과를 살펴보면, 양적 성장이 높은 도시보다 그렇지 않은 도시에서 오히려 사회적 지속가능성이 높음을 확인할 수 있기 때문이다. 그리고 양적 성장이 가장 높은 도시임에도 불구하고, 사회적 지속가능성은 중간수준에 머무는 경우도 나타났다. 이러한 결과는 오늘날에도 양적 도시발전 정책이 한계가 있다는 의미이다. 지금까지 '선 성장 후 분배'라는 명분하에 양적 성장이론가들은 이른바 '낙수효과'(trickle down effect)를 주장해 왔지만, 어떠한 또 다른 적절한 조치를 취하지 않는 한 양적 성장의 효과가 질적인 성장으로 이어지지 않는다는 것을 의미한다. 위의 논문, pp. 175~176.
6 위의 논문, p. 170.

● 장소애(場所愛): 엄마 품에 안긴 아기

서 사용하기도 하였다(CPTED 연구가들도 이러한 개념을 혼용하고 있다). 그러나 여기에서는 이에 대한 양자는 본질적인 차이가 존재한다. 그렇다면, 공간(Space)과 장소(Place)의 차이는 무엇인가?

공간의 개념은 유동적이며, 개방적이고, 자유롭다. 그러나 위험이 상존한다. 반면, 장소는 정적이며, 개인들이 부여하는 가치의 안식처이며, 안전과 애정을 느낄 수 있는 고요한 중심이다. 인간은 직접적으로, 그리고 간접적으로 다양한 경험을 하며, 이러한 경험을 통하여 미지의 공간은 친밀한 장소로 바뀐다. 즉, 낯선 '추상적 공간'(abstract space)은 의미로 가득 찬 '구체적 장소'(concrete place)가 된다. 그리고 어떤 지역이 친밀한 장소로서 우리에게 다가올 때 우리는 비로소 그 지역에 대한 느낌 즉, '장소감'(場所感, sense of place)을 가지게 된다.[7] 결국, 무차별적인 공간에서 출발하여 우리가 공간을 더 잘 알게 되고 공간에 가치를 부여하게 됨에 따라 공간은 장소가 되는 것이다.

어린아이는 장소를 어떻게 이해하는가? 보호, 따뜻함, 자양분, 지탱물의 중심으로서 장소를 넓게 이해한다면, 아이에게는 어머니 품은 제일의 장소가 될 것이다. 이러한 점에서 장소는 안정(安定)과 영속(永續)의 이미지를 갖는다. 어머니는 정적이지 않고 동적이지만, 아이에게 어머니는 안정과 영속을 상징한다. 어머니가 가까이에 있으면 낯선 세계는 어린아이에게 별로 두려움을 주지 못한다. 어머니는 그의 친숙한 환경이자 안식처이기 때문이다. 그러나 옆에서 돌봐주는 부모가 없으면 아이는 방황하게 된다.[8] 장소를 잃어버린 까닭이다.

생각건대, 개별성(個別性) 내지 익명성(匿名性)을 바탕으로 하고 있는 현대 산업화·도시화된 사

7 Yi-Fu Tuan/구동회·심승희 역(1995), 공간과 장소, 서울: 대윤, pp. 7~8.
8 위의 책, p. 54.

회 속에서 사적 영역에서 공적 영역에 이르기까지 개개인은 모두 단절된 형태로 생활하고 있다. 이러한 상황에서 범죄와 무질서로부터 안정성을 부여해주는 방어공간의 영역성을 형성하는 것은 결코 쉬운 일이 아니다. 따라서 방어공간의 영역성은 개별성·익명성을 특징으로 하는 공간을 연계성·친밀성을 특징으로 하는 장소로 전환되었을 때 소기의 성과를 기대할 수 있다고 본다.

이 책에서는 근대도시화모델의 한계 및 지속가능한 도시발전 패러다임(특히, 사회적 지속가능성)을 바탕으로 CPTED의 적용에 대해서 살펴보았다. 그러나 오늘날과 같은 세계화·국제화, 그리고 지방화 논리 속에서 성장·발전·쇠퇴하고 있는 수많은 도시를 유형화하고 그에 대한 도시 발전수준을 평가한다는 것은 결코 쉬운 일이 아니라고 본다. 그리고 경제성장을 도시발전의 지상가치로 하는 자본주의의 현실에서 지속가능한 도시발전과 사회적 지속가능성을 주장하는 것 역시 공허한 메아리처럼 들리기도 한다.

그리고 현실적인 도시발전이라는 것은 정치권력적·경제권력적인 요소 등이 복잡하게 얽혀 있기 때문에 다수의 도시민들의 자발적인 노력과 관심 없이는 진정한 의미의 도시발전은 쉬운 일이 아니라고 본다.

또한 도시발전의 수준을 진단하고, 이에 따라 적절한 CPTED를 적용한다는 것 역시 쉬운 일이 아니라고 본다. 각각의 도시가 가지고 있는 수많은 시설(주거, 상업, 산업, 교육, 공업, 공공, 여가시설 등과 길거리의 공개된 장소 등) 및 인구사회학적 요소들은 저마다 복잡하게 얽혀 있기 때문이다. 그리고 이러한 도시의 진단과정에서 무엇보다도 주거시설 및 주거지역에 대한 분석은 매우 중요한 의미를 갖는다고 본다. 본질적으로 모든 인간의 삶은 '주거'(住居)에 근간을 두고 있기 때문이다. 우리사회가 어떠한 도시의 형태를 취하고 있든 간에 우리 일상생활은 주거지의 평온(平穩)과 안전성(安全性) 등에서 시작될 수밖에 없는 것이다.[9]

따라서 최근 들어, 공공부문과 민간부문(지방자치단체, 경찰, 민간경비, 자율방범대 등)를 막론하고 CPTED가 범죄예방을 향상시킬 수 있는 유용한 대안 가운데 하나로 인식되어 마치 유행처럼 퍼지고 있는데, 단지 그것만으로 막연히 이의 성과를 기대하는 것은 경계해야 한다고 본다. 예컨대,

---

9 최선우(2016), "방어공간의 영역성 연구", 경찰학논총 12(1), p. 127.; ① 그런데, 문제는 방어공간의 영역성이 가장 강하고, 동시에 가장 중요시되는 사적 영역인 주거장소 및 주변에서 오히려 범죄가 적지 않게 발생하고 있다는 점이다. 노현선(1995), "아파트 거주자의 범죄불안감과 환경특성에 관한 연구: 분당 신도시 아파트 단지를 중심으로", 연세대학교 박사학위논문. ② 범죄피해조사(2012)에 의하면, 주거지 및 그 주변이 범죄로부터 가장 취약한 것으로 나타나고 있다. 이 조사에 의하면, 폭력피해범죄(성폭력, 강도, 폭행/상해 등)의 경우 약 51.9%가 주거지 및 주거지 주변(주차장, 주택가 및 인접도로)에서 발생한 것으로 나타났다. 그리고 재산피해범죄(소매치기, 주거침입, 일반절도, 손괴 등)의 경우 약 75.9%가 주거지 및 주거지 주변에서 발생한 것으로 나타났다. 김은경·황지태·황의갑·노성훈(2014), 전국범죄피해조사 2012, 한국형사정책연구원, p. 120.; 최선우(2016), 앞의 논문, p. 113 재인용.

2012년에 CPTED 사업구역으로 적용된 서울 염리동의 '소금길', 2014년의 서울 면목동 '미담길' 등은 이 사업의 일환으로 주변 사각지대에 CCTV가 설치되고, 어둡고 좁은 골목길을 산책로로 조성하고, 회색 전봇대에도 노란색 색을 칠하고, 낙후된 담벼락에는 벽화를 그려 넣는 등의 환경개선을 하였다. 그러나 2~3년이 지나고 나서는 정부 및 주민차원의 관리가 제대로 되지 않고 방치되고 있어 오히려 미관상 부작용을 낳고 있다. 더욱이 이러한 CPTED 사업 이후에도 강력범죄가 특별하게 감소하지 않았고, 일부 지역은 증가한 것으로 나타났다.[10]

이러한 사례는 CPTED에 의해 물리적 환경개선을 했음에도 불구하고 정부의 관리부재 및 주민들의 적극적인 참여가 이루어지지 못함으로써 오히려 역효과가 나고 있는 것을 보여준 것이다. 그리고 근본적으로는 이러한 CPTED 사업이 이루어진 해당 지역에 대한 경제·사회·문화적인 진단이 제대로 이루어지지 못한 결과라고도 볼 수 있다. 생각건대, CPTED가 사회적으로 지속가능하기 위해서는 도시민들의 역할은 국가기관 못지않게 중요한 것이다. 따라서 정부의 '근시안적 보여주기식 정책'에 대한 반성과 함께 보다 근본적이고 장기적인 관점에서 국가와 시민이 함께 할 수 있는 방안이 마련되어야 한다고 본다.

---

10 JTBC(2015.10.28.).

참고문헌

1. 국내문헌

1) 저서 및 보고서

강맹진(2014), 범죄수사론, 서울: 대왕사.

강은영 외 4인(2010), 범죄예방을 위한 환경설계의 제도화 방안(Ⅲ): 학교 및 학교주변 범죄예방을 중심으로(총괄보고서), 한국형사정책연구원.

경찰청(2005), 환경설계를 통한 범죄예방(CPTED) 방안.

경찰청(2008), 환경설계를 통한 범죄예방 방안 연구, 경찰청 국외훈련(캐나다 필지방 경찰청)결과보고서.

경찰청(2014), 경찰백서.

경찰청(2014), 경찰통계연보.

고광의(1992), 정보와 이론의 실체, 서울: 이상학습.

김남정 외 5인(2014), 기 개발 주거단지의 CPTED 적용방안: 임대아파트단지를 중심으로, 대전: 한국토지주택공사 토지주택연구원.

김달위(2002), 건축과 생활풍수, 서울: 주택문화사.

김미영(2005), 도시와 GIS, 서울: 성안당.

김상균(2004), 최신 범죄학원론, 경기: 양서원.

김석진(2005), 대산 주역강의(1·2·3), 경기: 한길사.

김은경·황지태·황의갑·노성훈(2014), 전국범죄피해조사 2012, 한국형사정책연구원.

김종의(2005), 음양오행, 부산: 세종출판사.

김형중·이도선·정의롬(2015), 범죄학, 서울: 그린.

노성호·권창국·김연수(2012), 피해자학, 서울: 그린.

뉴어바니즘협회/안건혁·온영태 역(2003), 뉴 어바니즘 헌장: 지역, 근린주구·지구·회랑, 블록·가로·건물, 서울: 한울.

대검찰청(2014-2015), 범죄분석.

대한국토·도시계획학회 편(2012), 서양도시계획사, 서울: 보성각.

덕   원(2005), 명당의 원리, 서울: 정신세계사.

도건효 외(1992), 공동주택의 범죄방어공간도입에 관한 연구, 한국형사정책연구원.

박경래 외(2010), 범죄 및 형사정책에 대한 법경제학적 접근Ⅱ: 범죄의 사회적 비용추세, 한국형사정책연구원.

박경래 외(2012), 범죄유발 지역·공간에 대한 위험성 평가도구개발·적용 및 정책대안에 관한 연구(Ⅰ), 경제·인문사회연구회 협동연구총서.

박시익(1999), 한국의 풍수지리와 건축, 서울: 일빛.

박영수(2011), 색채의 상징, 색채의 심리, 경기: 살림출판사.

박재환(1992), 사회갈등과 이데올로기, 서울: 나남.

박종화 외(2005), 도시행정론: 이론과 정책, 서울: 대명문화사.

박준휘 외(2014), 셉테드(CPTED)이론과 실무(Ⅰ), 한국형사정책연구원.

박현호(2014), 범죄예방 환경설계: CPTED와 범죄과학, 서울: 박영사.

배종대(1996), 형법총론, 서울: 홍문사.

법무연수원(2018), 2017년 범죄백서.

보건복지가족부·고려대학교 산학협력단(공편)(2008), 아동보호구역 내 CCTV 시스템 구축 및 운영을 위한 가이드라인 개발연구.

서울특별시(2009), 서울시 재정비촉진(뉴타운)사업 범죄예방환경설계(CPTED)지침, 서울특별시 균형발전본부.

서윤영(2009), 건축, 권력과 욕망을 말하다, 서울: 궁리.

신영복(2006), 강의: 나의 동양고전 독법, 서울: 돌베개.

유현준(2018), 어디서 살 것인가: 우리가 살고 싶은 곳의 기준을 바꾸다, 서울: 을유문화사.

염건령(1998), 환경설계를 통한 범죄예방시스템에 관한 연구, 공안사법연구소.

이상원(1999), 범죄경제학, 서울: 박영사.

이윤호(2007), 피해자학, 서울: 박영사.

이윤호(2008), 범죄학, 서울: 박영사.

이준표(1998), 도시와 건축, 서울: 태림문화사.

이형복(2010), CPTED를 통한 대전의 범죄예방 정책방안, 대전발전연구원.

임만택(2009), 건축환경학, 서울: 보문당.

임승빈(1988), 환경심리·행태론: 환경설계의 과학적 접근, 서울: 보성문화사.

임승빈(2007), 환경심리와 인간행태: 친인간적 환경설계연구, 서울: 보문당.

임준태(2003), 범죄통제론, 서울: 좋은세상.

임준태(2009), 범죄예방론, 서울: 대영문화사.

장태상(2012), 풍수총론, 서울: 한메소프트.

정경선(1998), 경찰방범론, 경찰대학.

자명·낭 월(2005), 신나는 현공풍수, 낭월명리학당.

전대양(2011), 범죄원인론: 유형과 이론, 강원: 청송출판사.

중앙일보사(1995), 전국 74개시 비교평가 자료집: 『삶의 질』 입체분석.

채성우/김두규 역(2004), 명산론, 서울: 비봉출판사.

최명우(2008), 현공풍수: 시간과 공간의 철학, 서울: 답게.

최봉문·김항집·서동조(1999), 도시정보와 GIS, 서울: 대왕사.

최수형·김지영·황지태·박희정(2015), 전국범죄피해조사 2014, 한국형사정책연구원.

최선우(2002), 치안서비스 공동생산론, 서울: 대왕사.

최선우(2010), 경찰과 커뮤니티, 서울: 대왕사.

최선우(2017), 경찰과 커뮤니티: 커뮤니티 경찰활동, 서울: 박영사.

최선우(2017), 경찰학, 서울: 그린.

최선우(2017), 경호학, 서울: 박영사.

최선우(2019), 민간경비론, 인천: 진영사.

최수형·김지영·황지태·박희정(2015), 전국범죄피해조사 2014, 한국형사정책연구원.

최응렬(2006), 환경설계를 통한 범죄예방, 경기: 한국학술정보.

최창조 역주(2004), 청오경·금낭경, 서울: 민음사.

최창조(2005), 닭이 봉황되다, 서울: 모멘토.

한국도시설계학회(2007), 행정중심복합도시 지구단위계획수립 및 통합이미지 형성을 위한 총괄관리 용역 상세계획: 안전한 도시 조성계획 보고서.

한규성/한필훈 역(1998), 주역에 대한 46가지 질문과 대답, 서울: 동녘.

황경식(1991), 사회정의의 철학적 기초, 서울: 문학과 지성사.

황익주 외(2016), 한국의 도시 지역공동체는 어떻게 형성되는가: 현실·운동·과제, 서울대학교출판문화원.

홍기용(2004), 도시경제론, 서울: 박영사.

홍성열(2000), 범죄심리학, 서울: 학지사.

A. E. Liska, S. F. Messner/장상희 역(2001), 일탈과 범죄사회학, 서울: 경문사.

Barry. Poyner/정무웅·김선필 역(1999), 건축설계와 범죄예방, 서울: 기문당.

C. A. Perry/이용근 역(2013), 근린주구론, 도시는 어떻게 오늘의 도시가 되었나, 서울: 커뮤니케이션북스.

C. Beccaria/이수성·한인섭 역(1997), 범죄와 형벌, 서울: 길안사.

Congress for the New Urbanism/안건혁·온영태(역)(2003), 뉴 어바니즘 헌장: 지역, 근린주구·지구· 회랑, 블록·가로·건물, 서울: 한울.

D. Harvey/최병두·이상률·박규태 역(2001), 희망의 공간, 서울: 한울.

David. M. Buss/김교헌·권선중·이흥표 역(2005), 마음의 기원: 진화심리학, 서울: 나노미디어.

Frank. Williams, Marilyn D. McShane/박승위 역(1994), 사회문제론, 서울: 민영사.

J. Jacobs/유강은 역(2010), 미국 대도시의 죽음과 삶, 서울: 그린비.

Kären M. Hess/이민식 외 역(2013), 민간보안론, 서울: 박영사.

Steven P. Lab/이순래·박철현·김상원 역(2011), 범죄예방론, 서울: 그린.

S. Rossbach/황봉득 역(1995), 풍수로 보는 인테리어, 서울: 동도원.

Stuart Miller & Judith K. Schlitt/류호창 역(2000), 실내디자인과 환경심리, 경기: 유림문화사.

宮元健次/배현미·김종하 역(2008), 건축의 배치계획, 서울: 보문당.

吉田正昭(편)/임만택 역(1993), 환경심리론, 서울: 태림문화사.

內田祥哉/윤협노 역(1987), 건축의 환경심리, 서울: 국제.

長田泰公 외/최희태 역(1991), 건축환경심리, 서울: 국제.

2) 논문

강석진(2009), "안전한 도시관리를 위한 범죄 위험도 평가 연구", 고려대학교 박사학위논문.

강석진·이경훈(2007), "도시주거지역에서의 근린관계 활성화를 통한 방범환경조성에 대한 연구: 수도권 P 시 단독주택지를 중심으로", 대한건축학회논문집: 계획계 23(7): 97－106.

강용길(2009), "CPTED 지역협의체 운영모형에 관한 연구", 경찰학연구 9(2): 125－159.

강준모·권태정(2002), "Space Syntax Theory를 적용한 고밀주거단지 내 범죄발생장소의 공간적 특성", 한국도시설계학회 8(3): 53－89.

강현식·허현태·민병호(2004), "근린주구 장소 형성 및 그 의미에 관한 연구", 대한건축학회 학술발표논문집 24(1): 267－270.

고영미(2004), "풍수이론에 따른 건축배치 및 형태생성에 관한 연구", 동국대학교 석사학위논문.

권오은(2002), "GIS를 활용한 범죄지역 분석: 파출소를 중심으로", 서울시립대학교 석사학위논문.

권태정(2009), "세계화시대의 도시범죄관련 미국 도시설계와 질서유지정책", 국토연구 60: 61－80.

권혜림(2010), "다문화사회의 치안활동에 관한 연구", 한국경찰학회보 12(1): 5－33.

김건·김병선(2011), "일본의 환경설계를 통한 범죄예방 사례연구", 한국셉테드학회지 2(1): 61－72.

김경영(1983), "우리나라 도시환경 색채의 주조색 설정에 관한 연구", 한국조경학회지 11(2): 211－225.

김대진·이효창·김나연·하미경(2009), "아파트 단지 외부공간의 범죄불안감과 조명계획에 관한 연구", 대한건축학회논문집: 계획계 25(1): 133－144.

김동윤(2013), "AHP를 이용한 도시의 삶의 질 비교", 한국 디지털 건축·인테리어학회논문집 13(1): 33－41.

김상호(2015), "범죄지도의 활용과 공개", 한국공안행정학회보 24(1): 45－72.

김성언(2004), "민간경비의 성장과 함의: 치안활동의 신자유주의적 재편과 계약적 통치의 등장", 서울대학교 박사학위논문.

김성언(2011). "범죄의 두려움과 주거 단지의 요새화", 형사정책연구 22(4): 316－346.

김성식·박광섭(2015), "지방자치단체의 환경설계를 통한 범죄예방 정책연구: 범죄예방 도시디자인 조례를 중심으로", 아주법학 8(2): 457 – 489.

김성한(2008), "진화심리학이 성매매에 시사하는 바는 무엇인가", 철학연구 82: 97 – 118.

김세용(2008), "도시의 안전을 고려한 도시설계", 도시문제 43(475): 25 – 37.

김소라(2010), "미국 덴버시 도시계획과 가이드라인에 나타난 특성에 관한 연구", 대한건축학회논문집 계획계 26(5): 161 – 170.

김연수(2013), "도시재생사업과 범죄예방: 도시재생사업과 CPTED, 무질서, 그리고 범죄두려움의 관계를 중심으로", 한국경찰학회보 15(5): 23 – 59.

김영제(2007), "CPTED와 지역 범죄통제 거버넌스가 범죄 두려움에 미치는 영향", 연세대학교 박사학위논문.

김영환(2008), "CPTED 기법을 적용한 주거지역의 범죄예방에 관한 연구", 한국컴퓨터정보학회논문지 13(5): 273 – 278.

김용창(2011), "새로운 도시발전 패러다임 특징과 성장편익 공유형 도시발전 전략의 구성", 공간과 사회 21(1): 105 – 150.

김은형(2010), "로크, 에머슨, 그리고 자연: 쏘로의 초월주의적 사회계약론", 미국학논집 42(3): 243 – 279.

김정희(2009), "GIS와 공간구문론을 이용한 서울시 도시공간구조의 변화분석: 1970 – 2000년대", 고려대학교 박사학위논문.

김종완(2004), "인구변화에 따른 도시성장요인 분석에 관한 연구", 조선대학교 박사학위논문.

김종환(2012), "우리가 원하는 미래, Rio + 20 정상회의 목적, 과정 그리고 결과", 한국전과정평가학회지 13(1): 13 – 25.

김진우·원형성·오세규(2010), "도시 계획주거지 공간구조 변화 고찰: 광주광역시 학동 8거리를 중심으로", 한국도시설계학회지 11(1): 73 – 86.

김창윤(2004), "GIS를 활용한 경찰의 범죄통제에 관한 연구", 동국대학교 박사학위논문.

김충식·이인성(2003), "3D – ISOVIST를 이용한 도시경관 분석 기법 연구", 2003년 한국도시설계학회 추계학술발표대회 발표논문.

김흥순(2007), "비성별적 도시의 모색: 도시환경요소가 주는 잠재적 범죄위협에 대한 여성인식의 고찰", 국토계획 42(1): 35 – 50.

노재형(2002), "환경실세를 통한 범죄예방에 관한 연구: 홍대 앞 TTL거리와 피카소 거리를 대상으로", 홍익대학교 석사학위논문.

노현선(1995), "아파트 거주자의 범죄불안감과 환경특성에 관한 연구: 분당 신도시 아파트 단지를 중심으로", 연세대학교 박사학위논문.

민수홍(2009), "사회 안전과 삶의 질", 한국사회학회 특별 심포지엄.

박기범(2009), "지역사회 범죄예방을 위한 CPTED의 효과성 고찰", 한국지방자치연구 11(2): 133 – 154.

박명규(2003), "GIS의 공간분석을 활용한 범죄예측지도의 구현", 경희대학교 석사학위논문.

박시익(1978), "풍수지리설과 건축계획과의 관계", 고려대학교 석사학위논문.

박시익(1987), "풍수지리설 발생배경에 관한 분석연구: 건축에의 합리적 적용을 위하여", 고려대학교 박사학위논문.

박시익(1992), "주역에 의한 물의 상징성 분석", 건축 36(2): 32−35.

박웅규(2008), "CCTV의 범죄통제에 대한 시민인식에 관한 연구", 동국대학교 박사학위논문.

박정숙(2015), "안전디자인을 통한 지역사회 범죄예방: 야간조명 개선을 중심으로", 한양대학교 석사학위논문.

박현호(2007), "한국적 '환경설계를 통한 범죄예방(CPTED)'의 기술적, 제도적 발전방향 연구", 경찰과 사회 2: 189−357.

박현호(2009), "범죄예방 환경설계(CPTED) 국가표준 KS A 8800: 2008의 경찰학적 고찰", 산업경영논총 16: 1−19.

변재상·최형석·이정원·임승빈(2006), "도시 이미지에 기초한 도시유형 분류", 국토계획 41(3): 7−20.

성기호·박인환·김흥규(2009), "공동주거단지의 범죄취약 공간 분석: 외부공간을 중심으로", 한국도시설계학회지 10(2): 153−164.

송상열(2007), "비성장형도시의 쇠퇴원인 분석과 도시재생 방안에 관한 연구", 강원대학교 박사학위논문.

송주연(2014), "한국의 도시성장과 사회적 지속가능성에 관한 연구", 대구대학교 박사학위논문.

심희기(1996), "한국문화와 형사사법제도: 신유학적 형사사법제도의 공과와 그 장래에 대한 전망," 형사정책연구 7(4): 39−75.

오병록(2012), "생활권 이론과 생활권계획 실태분석 연구: 도시기본계획에서의 생활권계획을 중심으로", 서울도시연구 13(4): 1−20.

윤효진(2009), "신도시계획의 계획지표를 반영한 U−City의 U−방범서비스 개선방안 연구", 대한토목학회논문집−D: 교통공학, 도로공학, 시공관리, 지역 및 도시계획, 철도공학, 측량 및 지형공간정보공학 29(5): 645−654.

이경태·권영주(2010), "삶의 질 측정에 관한 연구: 경기도민을 중심으로", 사회과학연구 17(1): 97−132.

이기완(2001), "공간분석 이론을 통한 범죄취약공간 해석에 관한 연구: 아파트 단지 내 절도사례를 중심으로", 서울대학교 석사학위논문.

이래복(2007), "풍수지리설의 건축계획에 적용 가능성 연구", 군산대학교 석사학위논문.

이만형·김정섭·석혜준(2007), "공간분석 기법에 기초한 주거지역 공간특성과 주거침입범죄와의 관계분석", 대한건축학회논문집: 계획계 23(11): 141−150

이성우·조중구(2006), "공간적·환경적 요인이 범죄피해에 미치는 영향", 서울도시연구 7(2): 57−76.

이유영(2003), "현대적 의미의 풍수를 적용한 주거계획에 관한 연구", 건국대학교 석사학위논문.

이은혜(2007), "지구단위계획에서 환경설계를 통한 범죄예방기법 적용에 대한 연구: 지구단위계획요소별 CPTED기법 유형화를 중심으로", 고려대학교 석사학위논문.

이은혜·강석진·이경훈(2008), "지구단위계획에서 환경설계를 통한 범죄예방기법 적용에 대한 연구 :지구 단위계획 요소별 CPTED기법 유형화를 중심으로", 대한건축학회논문집: 계획계 24(2): 129－138.

이제선·박현호·오세경(2008), "환경설계를 통한 범죄예방(CPTED)의 한국적 도입을 위한 예비적 고찰", 한국지역개발학회지 20(2): 213－232.

이종철(2004), "경제성장－분배－빈곤의 삼중적 인과관계", 한국동서경제연구 16(1): 101－126.

이현희(2007), "범죄GIS와 형사사법기관의 활용", 한국경찰학회보 14: 43－62.

임근식(2012), "지역주민의 삶의 질 인식과 영향요인에 관한 연구: 강원도 시·군을 중심으로", 한국행정과 정책연구 10(1): 47－89.

임승빈·박창석(1992), "범죄예방을 위한 주거단지 설계기준에 관한 연구: 수도권의 K시를 대상으로", 대한건축학회논문집 8(10): 55－63.

임창주(2006), "환경설계를 통한 범죄예방에 관한 연구", 전남대학교 박사학위논문.

장은서(2012), "한국 범죄스릴러 영화에 나타난 폭력성 표현에 대한 연구: 시각적, 청각적 폭력성을 중심으로", 홍익대학교 석사학위논문.

정경석(2010), "공간범죄통합분석모형을 이용한 도시범죄의 시공간적 분포 특성 및 영향요인 분석", 경상대학교 박사학위논문.

정경재(2009), "범죄발생 특성분석을 통한 범죄예방환경설계(CPTED)에 관한 연구: 서울특별시 구로구 사례를 중심으로", 경원대학교 박사학위논문.

정대유(1978), "학교내 놀이기구에 대한 어린이의 의식조사 연구", 서울대학교 석사학위논문.

정재희(2007), "범죄로부터 안전한 도시만들기를 위한 환경디자인적 접근", 경남발전연구원.

조영진·김서영·박현호(2016), "효과적인 CPTED를 위한 범죄위험평가의 도구 및 항목", 치안정책연구 30(3): 385－421.

조인철(2006), "풍수향법의 논리체계와 의미에 관한 연구", 성균관대학교 박사학위논문.

차용진(2013), "삶의 질 측정에 관한 실증적 연구", 한국공공관리학보 27(2): 1－26.

최병두(2012), "지속가능한 발전, 지속가능한가", 박삼옥 외, 지식정보사회의 지리학 탐색, 경기: 한울.

최선우(2010), "다문화사회의 범죄문제와 경찰의 대응", 한국경찰학회보 12(3): 37－60.

최선우(2010), "성범죄에 대한 진화심리학적 접근", 한국범죄심리연구 6(2): 241－262.

최선우·박진(2011), "국가질서와 시민불복종 연구: 소로우(H. D. Thoreau)의 사상을 중심으로", 한국공안행정학회보 45: 201－236.

최선우(2012), "공동주거단지의 범죄발생 특성에 관한 연구: 공간적 분석을 중심으로", 한국민간경비학회보 11(1): 235－257.

최선우(2016), "방어공간의 영역성 연구", 경찰학논총 12(1): 107－133.

최윤경·강인호(1993), "아파트 단지 공간구조와 범죄", 대한건축학회논문집 9(8): 25－32.

최응렬(1994), "환경설계를 통한 범죄예방에 관한 연구: 주거침입절도를 중심으로", 동국대학교 박사학위논문.

최재은·정윤남·김세용(2011), "범죄로부터 안전한 주거환경 조성을 위한 법·재도 개선방안 연구", 대한
건축학회논문집 27(3): 269-276.

최재헌(2010), "한국 도시성장의 변동성 분석", 한국도시지리학회지 13(2): 89-102.

최현식(2008), "공동주택에서 환경설계를 통한 범죄예방(CPTED)이 범죄인식에 미치는 영향", 용인대학교
박사학위논문.

표창원(2002), "CPTED(환경설계를 통한 범죄예방) 이론과 Premises Liability(장소 소유·관리자의 법적
책임)에 대한 고찰", 한국경찰연구 2: 80-100.

표창원(2003), "CPTED(환경설계를 통한 범죄예방)이론과 범죄피해에 대한 건축·시설물 관리자의 법적
책임", 성곡논총 34(2): 51-95.

하재룡(2009), "한국 중소도시의 성장유형과 성장요인에 관한 연구", 전북대학교 박사학위논문.

한형수·유재인·함주영(2009), "환경설계를 활용한 재정비촉진지구내 범죄예방(CPTED) 방안 :목동아파트
입주민 의식조사를 중심으로", 감정평가학논집 8(1): 93-112.

허선영(2013), "범죄발생과 범죄두려움 공간분석을 통한 안전도시 조성연구", 경상대학교 박사학위논문.

홍현옥(1998), "한국 도시상장의 유형화에 관한 연구", 단국대학교 박사학위논문.

황소윤·김광배(2007), "지속가능한 도시건축 이론: New Urbanism의 공간구조 특성을 적용한 주거·휴
양 복합시설 계획안", 대한건축학회 학술발표 논문집 27(1): 489-494.

2. 외국문헌

1) 저서 및 보고서

Allen, John(1977), Assault with a Deadly Weapon: The Autobiography of a Street Criminal,
N.Y.: Patheon.

Altman, I.(1975), The Environmental and Social Behavior Monterey, C.A.: Brooks/Cole.

Altman, I., Chemers, M.M.(1980), Culture and Environment Monterey, Ca: Brooks/Cole.

Atlas, Randall Ⅰ (ed.)(2013), 21st Century Security and CPTED: Design for Critical Infrastructure
Protection and Crime Prevention, N.Y.: CRC Press.

Archea, J.C.(1984), Visual Access and Exposure: An Architectural Basis for Interpersonal
Behavior, The Pennsylvania State University, Doctoral Thesis.

Barron, L. & Gauntlett, E.(2002). Housing and Sustainable Communities Indicators Project:
Stage 1 Report—Model of Social Sustainability. Report of Housing for Sustainable
Community: the State of Housign in Australia.

Bell, P.A, Fisher, J.D & Lomis, R.J.(1978), Environmental Psychology, Philadelphia: W.B.

Saunder Company.

Brinkerhoff, D.B. et al.(1997), Sociology, N.Y.: Wadsworth.

Coleman, A.(1985), Utopia on Trial: Vision and Reality in Planned Housing, London: Hilary Shipman.

Conklin, John E.(1998), Criminology, Boston: Allyn and Bacon.

Crowe, Timothy(2000), Crime Prevention Through Environmental Design: Applications of Architectural Design and Space Management Concepts, National Crime Prevention Institute.

Dixon, T.(2011), Putting the S-Word Back into Sustainability: Can We be More Social?. UK: Berkeley Group.

Elkington, J.(1997), Cannibals with Forks: the Triple Bottom Line of 21st Century Business. Oxford, UK: Capstone.

Federal Bureau of Investigation(2009), Crime in the United States, 2008. Washington, DC: Department of Justice(http://www.fbi.gov/ucr).

Gaines, Larry K., Kappeler, Victor E., Vaughn, Joseph B.(1994), Policing in America, Cincinnati: Anderson Publishing Co.

Gigliotti, R.J., Jason, R.(1984), Security Design for Maximum Pretection, Boston: Butterworths.

Hall, E.T.(1966), The Hidden Dimension, N.Y.: Doubleday.

Heimstra, N.W. & McFarling, L.H.(1987), Environmental Psychology, Monterey Ca: Brooks Cole Pub. Co.

Hess, Kären M. and Wrobleski, Henry M.(1996), Introduction to Private Security, N.Y.: West Publishing Company.

Hillier B. & Hanson. J.(1984), The Social Logic of Space, Cambridge University Press.

Hirschi, Travis(1969), Cause of Delinquency, C.A.: University of California Press.

Hobsbawm, Eric(2008), Globalisation, Democracy and Terrorism, London: Abacus.

Holahan, C.J.(1982), Environmental Psychology, N.Y.: Random House, Inc.

Ittelson, W.H. et al.(1974), An Introduction to Environmental Psychology, Holt, Rinehart and Winston, Inc.

Jeffery, C.R.(1977), Crime Prevention Environmental Design, Beverly Hills: Sage Publications Inc.

Koffka, K.(1963), Principles of Gestalt Psychology, N.Y.: Harcourt, Brace & World, Inc.

Lab, S. P.(1992), Crime Prevention: Approaches, Practices, and Evaluations, Cincinnati: Anderson Publishing Co.

Lynch, K.(1979), The Image of the City, Mass: MIT Press.

Miller, Walter(1981), Violence by Youth Gang and Youth Groups as a Crime Problem in Major American Cities, Washington, D.C.: National Institute of Justice.

Moor, Mark H., et al.(1984), Dangerous Offenders: The Elusive Target of Justice, the President and Fellows of Harvard College.

National Crime Prevention Institute(1986), Understanding Crime Prevention, Boston: Butterworths Publishers.

Newman, O.(1973), Defensible Space: Crime Prevention Through Environmental Design, N.Y.: Collier.

OECE(2012), Measuring Well−Being and the Progress of Society.

Pacione, M.(2009), Urban Geography: A Global Perspective, UK: Routeledge.

Palmiotto, M.J.(2000), Community Policing: A Policing Strategy for the 21st Century, Gaithersburg, Maryland: Aspen Publishers, Inc.

Reid, Sue Titus(1985), Crime and Criminology, N.Y.: Holt, Reinehart and Winston.

Schneider, R. and Kitchen, T.(2002), Planning for Crime Prevention: A Transatlantic Perspective, London: Routledge.

Siegel, Larry J.(1986), Criminology, MN: West Publishing Company.

Shafritz, Jay M., Ott, J. Steven(ed.)(1996), Classics of Organization Theory, N.Y: Wadsworth Publishing Company.

Shaw, Clifford R.(1951), The Natural History of a Delinquent Career, Philadelphia, PA: Alvert Saifer.

ShoemakerDonald J.(1984), Theories of Delinquency: An Examination of Explanation of Delinquent Behavior, N.Y.: Oxford University Press.

Sommer, R.(1969), Personal Space, N.J.: Prentice Hall.

Stoe, D.A. et al.(2003), Using Geographic Information System to Map Crime Victims Services, U.S. National Institute of Justice.

Sutherland, Edwin and Cressey, Donald(1978), Criminology, Philadelphia: Lip Pincott.

Tannenbaum, Frank(1939), Crime and the Community, N.Y.: Columbia University Press.

Verbrugge, L.B. & Taylor, R.B.(1976), Consequences of Population Density: Testing New Hypotheses, Maryland: John Hopkins University.

Walker, Samuel(1998), Popular Justice: A History of American Criminal Justice, NY: Oxford University Press.

Wilson, Edmund O.(1975), Sociobiology, Cambridge: Harvard University Press.

2) 논문

Archea, J.C.(1985), "The Use of Architectural Props in the Conduct of Criminal Acts", Journal of Architectural Planning & Research.

Assefa, G. & Frostell, B.(2007) "Social Sustainability and Social Acceptance in Technology Assessment: A Case Study of Energy Technologies", Technology in Society 29(1).

Barbier, E.B.(1987), "The Concept of Sustainable Economic Development," Environmental Conservation 14(2).

Benedict, M.(1978), "Isovists and Isovist Fields", Paper Presented at the Meeting of the Environmental Design Research Association, Arizona.

Bergel, Pierre van den(1974), "Bringing the Beast Back in: Toward a Bio−social Theory of Aggression", American Sociology Review 39.

Bowers, K. J., and Johnson, S.D.(2003). "Measuring the Geographical Displacement and Diffusion of Benefit Effects of crime Prevention Activity." Journal of Quantitative Criminology 19(3).

Brantingham, P.J. and Brantingham P.L.(1993), "Environment, routine and situation: toward a pattern theroy of crime", in R.V Clarke and M. Felson (eds) Routine Activity and Rational choice. New Brunswick, NJ: Transaction Press.

Brantingham, P.J., Faust, F.L.(1976), "A Conceptual Model of Crime Prevention", Crime & Delinquence 22.

Burkhalter, L. and Castells, M.(2009), "Beyond the Crisis: Toward a New Urban Paradigm", in Lei Qu. et al.(eds) The New Urban Question: Urbanism Beyond Neo−Liberalism, International Forum on Urbanism.

Clarke, R. V.(1983), "Situational Crime Prevention: Theory and Practice", in M. Tonry and N. Morris(eds.), Crime and Justice: An Annual Review of Research, vol.4, Chicago: University of Chicago Press.

Connelly, S.(2007), "Mapping Sustainability Development as a Contested Concept," Local Environment 12(3).

Cohen, Lawrence E., Felson, Marcus(1979), "Social Change and Crime Rate Trends: A Routine Activity Approach", American Sociological Review 44.

Correy, A.(1983), "Visual Perception and Scenic Assessment in Australia", IFLA Yearbook.

Ekblom, P.(2005), "Designing Products Against Crime", in N. Tilley(ed.), Handbook of Crime Prevention and Community Safety, O.R.: Willan Publishing.

Erickson, Maynard L.(1971), "The Group Context of Delinquent Behavior", Social Problems 19.

Evans, G.W & Eichelman, W.(1976), "Preliminary Models of Conceptual Linkages Among Proxemic Variables", Environment & Behavior vol. 8.

Feimer, N.R.(1981), "Environmental Perception and Cognition in Rural Context", in A.W. Childs & G.B. Melton(eds.), Rural Psychology, N.Y.: Plenum Press.

Garfinkle, Harlod(1956), "Conditions of Successful Degradation Ceremonies," American Journal of Sociology vol. 61.

James, J. Q, Kelling, G.L.(1982), "Broken Window: The Police and Neighborhood Safety" in Atlantic Monthly, March.

Kaplan, R.(1976), "Way—Finding in the Natural Environment", in G.T. Moore & R.C. Galledge(eds.), Environmental Knowing, Stroudsburg, PA: Dowden, Hutchinsion & Ross.

Kymlicka, W., Wayne, N.(eds.)(2000), Citizenship in Diverse Societies, N.Y.: Oxford Univ. Press.

Meagher, S. M.(2007), "Philosophy in the Streets Walking the City with Engels and de Certeau", City 11(1).

Miethe, Terrance D. and Meier, Robert F.(1090), "Criminal Opportunity and Victimization Rates: A Structural Choice Theory of Criminal Victimization", Journal of Research in Crime and Delinquence 27.

Moffat, R.E.(1983), "Crime Prevention Through Environmental Design: A Management Perspective." Canadian Journal of Criminology 25(4).

Moore, G.T. & Golledge, R.G.(1976), "Environmental Knowing: Concepts and Theories", in G.T. Moore & R.G. Golledge (eds), Environmental Knowing, Pennsylvania: Dowden, Hutchinoson & Ross, Inc.

Mullaney, A. & Pinfield, G.(1996), "No Indication of Quality or Equity, Town and Country Planning 65(5).

Potts, R. J.(1989), "The role of police in crime prevention through environmental design", Paper Presented at Designing out Crime: Crime Prevention Through Environmental Design(CPTED), Australian Institute of Criminology and NRMA Insurance, Sydney.

Sachs, I.(1999), "Social Sustainability and Whole Development", in Becker, E. & Jahn, T. (eds.). Sustainability and the Social Science, N.Y.: USA: Zed Books and UNESCO.

Saville, G and Cleveland, G.(1997), 2nd Generation CPTED: An Antidote to the Social Y2K Virus of Urban Design, Paper presented at the 2nd Annual International CPTED Conference, Orlando, Florida, December.

Saville, G. and Cleveland, G.(2013), "Second-Generation CPTED: Rise and Fall of Opportunity Theory", in Randall I. Atalas(ed.), 21st Century Security and CPTED: Design for Critical Infrastructure Protection and Crime Prevention, N.Y.: CRC Press.

Schiffman, H.R.(1976), Sensation and Perception: An Integrated Approach, John & Sons, Inc.

Sheley, Joseph F.(1987), "Critical Elements of Criminal Behavior Explanation," in Joseph F. Sheley(ed.), Exploring Crime: Readings in Criminology and Criminal Justice, Belmont, CA: Wadsworth Publishing Company.

Steinitz, C.(1968), "Meaning and the Congruence of Urban Form and Activity", AIP 34(4).

Stokols, D.(1973), "The Relationship between Micro and Macro Crowding Phenomena", Man-Environment System vol. 3.

Tesorero, Francis X. Tesorero(1993.2), "Turn In to Turn Off Employee Theft," Security Management.

UN-HABITAT(2009), Planning Sustainable Cities: Global Report on Human Settlements 2009.

Vitch, Martin L.(1992.7), "Sensing Your Way to Security," Security Management.

Wilson, James Q. and Washburn, Susanne(1993.8), "A Rhythm to the Madness," Times.

Wolfgang, Marvin(1957), "Victim Precipitated Criminal Homicide", Journal of Criminal Law, Criminology and Police Science 48.

찾아보기

이 저서는 2014년 정부(교육부)의 재원으로 한국연구재단의 지원을 받아 수행된 연구임
(NRF-2014S1A6A4027566)

저자약력

최선우

- 동국대학교 경찰행정학과 졸업
- 동국대학교 경찰행정학과 대학원 졸업(법학박사, 경찰학전공)
- 치안연구소 연구원(외래)
- 행정고시, 7급·9급 행정직 시험출제위원
- 경찰공무원 간부후보생·순경 시험출제위원
- 경비지도사·청원경찰 시험출제·선정위원
- 동국대, 경찰대, 관동대, 광운대, 대불대, 순천향대, 원광대, 인천대 등 외래교수
- 현재 광주대학교 경찰·법·행정학부 교수

[주요저서 및 논문]
저서: 경찰면접(2020, 공저)
　　　민간경비론(2019, 제5판)
　　　커뮤니티 경찰활동: 경찰과 커뮤니티(2017)
　　　경찰학(2017, 제3판)
　　　경호학(2017)
　　　경찰과 커뮤니티(2010, 개정판)
　　　경찰교통론(2008, 공저)
　　　치안서비스 공동생산론(2002)
　　　지역사회 경찰활동: 각국의 이슈 및 현황(2001, 역서)

논문 : 경찰공무원의 독직폭행에 관한 연구(2017)
　　　방어공간의 영역성 연구(2017)
　　　권력모델에 의한 형사사법 연구(2017)
　　　영국경찰의 정당성 확보와 저하에 관한 역사적 연구(2016)
　　　수사구조의 근대성과 미군정기의 수사구조 형성과정 연구(2015)
　　　영국 근대경찰의 형성에 관한 연구(2015)
　　　개화기 근대 해양경찰의 등장과 역사적 함의(2015)
　　　국가중요시설의 위험요소 평가 및 대응전략(2015)
　　　영국 민간경비산업의 제도적 정비와 민간조사에 관한 연구(2014)
　　　경찰학의 정체성과 학문분류체계에 관한 연구(2014)
　　　민간경비의 자율적 운영에 관한 연구(2013)
　　　경찰정신에 관한 연구: 차일혁을 중심으로(2012, 공동)
　　　북한의 사이버테러리즘에 관한 연구(2012, 공동)
　　　공동주거 단지의 범죄발생 특성에 관한 연구(2012)
　　　경찰조직의 진단과 건강성 연구(2011)
　　　국가질서와 시민불복종 연구: 소로우의 사상을 중심으로(2011, 공동)
　　　다문화사회의 범죄문제와 경찰의 대응(2011)
　　　성범죄에 대한 진화심리학적 접근(2010)
　　　미군정기 수도경찰청장 장택상 연구(2010, 공동)
　　　민간경비원의 권한에 대한 연구(2009)
　　　연기론적 관점에서 접근한 경찰과 시민의 관계(2009)
　　　미국의 경찰재량권 연구(2009)
　　　대한제국 좌절기의 경찰: 러일전쟁 이후 일제강점 전까지를 중심으로(2008) 외 다수

환경설계와 범죄예방
지속가능한 도시발전과 CPTED

초판발행   2020년 1월 25일
중판발행   2021년 3월 10일

지은이   최선우
펴낸이   안종만·안상준

편 집   조보나
기획/마케팅   이영조
표지디자인   조아라
제 작   고철민·조영환

펴낸곳   (주) 박영사
서울특별시 금천구 가산디지털2로 53, 210호(가산동, 한라시그마밸리)
등록 1959. 3. 11. 제300-1959-1호(倫)
전 화   02)733-6771
f a x   02)736-4818
e-mail   pys@pybook.co.kr
homepage   www.pybook.co.kr
ISBN   979-11-303-0793-0   93350

정 가   32,000원